Villes et itinéraires correspondant à une entrée principale du guide

Halebid	★★★	Exceptionnel
Madurai	★★	Très intéressant
Thanjavur	★	Intéressant
Trichur		À voir
Chidambaram		Villes, sites et itinéraires rattachés à une entrée principale
Salem		Villes repères

À l'intérieur de chaque région, les entrées principales sont classées par ordre alphabétique.

Pour plus de détails, consultez les cartes régionales.

Inde du Sud

À nos lecteurs

Aussi scrupuleusement établi soit-il, ce guide n'est pas à l'abri de modifications de dernières minutes, d'erreurs ou omissions. Ne manquez pas de nous faire part de vos remarques, par courrier (43, quai de Grenelle, 75905 Paris Cedex 15) ou par e-mail (bleus@hachette-livre.fr). Informez-nous aussi de vos découvertes personnelles : nous accordons la plus grande attention au courrier de nos lecteurs.

Inde du Sud

GUIDES BLEUS

Direction : Cécile Boyer-Runge
Direction littéraire : Armelle de Moucheron
Responsable de collection : Béatrice Hemsen-Vigouroux
Édition : Peggy Dion, Paulina Nourissier
Introductions : Jackie Assayag, Catherine Bourzat, Annie Montaut, Amina Okada, Jacques Pouchepadass, Gilles Tarabout, Yves Thoraval
Rédaction générale : Serge Bathendier, Sylvie Mascle, Marc Rousseau
Avec la collaboration de : Nathalie Foucard, Géraldine Péron
Lecture-correction : Pascale Guéret, Sylvie Mascle, Anne-Béatrice Muller
Cartographie : Aurélie Huot, Cyrille Suss
Fabrication : Audrey Detournay
Informatique éditoriale : Lionel Barth
Conception graphique : Intérieur : Emmanuel Le Vallois. Couverture : François Supiot.
Mise en pages : JAD-Hersienne.
Crédit photographique : Couverture : Hoa Qui/Fotostock/B. Morandi ; Hoa Qui/F. Soltan (vignette dos). Intérieur : Ana/M. Borchi : p. 64 ; B. Cavanagh : p. 32, 40, 45, 57, 181 ht ; J. du Sordet : p. 34, 38, 43 ht, 47, 149 – Ask/C. Gibot : p. 376 bas ; C. Lingg : p. 291 ; J. Perrin : p. 37, 111, 237, 268, 272, 285, 287, 294, 376 ht, 379, 396, 405, 419, 421 – Ask/Anzenberger/Y. Levy : p. 267 ht et bas, 299 ; P. Panjiar : p. 271 – **C. Bourzat** : p. 67, 115, 171 – Bridgeman/Giraudon/Lauros : p. 176, 178 – Bridgeman/Pierpont/Morgan Library : p. 377 bas – Corbis/C. et J. Lenars : p. 60 ; F. Leuuwenberg : p. 240 ht et bas, 241 – **Gallimard** : p. 128 - **A. Garde** : p. 81, 88 g., 89 ht, 414 ht, mil. et bas – **Hachette-Livre** : p. 86, 88 d., 89 bas., 91, 144 ht et bas, 145 ht, 229, 280 bas, 377 ht, 378, 380 – Hémisphères/F. Guiziou : p. 228, 232, 236 ; H. Hugues : p. 415 – Hoa Qui/Fotostock/Dinodia : p. 288, 390 – Hoa Qui/Jacana/Anup Shah : p. 273 – Hoa Qui/F. Soltan : p. 54, 147, 156, 157 ; D. H. Wells : p. 398 ; X. Zimbardo : p. 180 ht – Keystone : p. 61 ht, 145 bas ; T. Ollivier : 74 – Magnum/Raghu Rai : p. 304, 305 ht et bas – **R. Mattès** : p. 12, 22, 42, 43 bas, 62, 69, 85, 97, 100 ht et bas, 101 ht et bas, 103, 104, 105, 109,112, 113, 116, 118 ht et bas, 119 ht et bas, 121, 123, 136, 162 ht, 163, 168, 169, 173, 179, 181 bas, 182, 184, 192, 194, 196, 198, 202, 203, 209, 211, 212, 219, 220, 222, 223, 227, 229 ht, 230, 239, 242, 245, 247, 248, 249 ht et bas, 252, 255, 256, 258, 264, 276, 278, 280 ht, 281 ht, 283, 309, 310 ht et bas, 313, 314, 316, 318, 320, 321, 326, 328 ht et mil., 329 ht et bas, 331, 332, 333, 338, 339, 341, 342, 343, 344, 345 ht, mil. et bas, 347, 349, 351, 353, 354, 357, 372, 374, 383, 384 ht – **L. Mouton** : p. 170 ht et bas, 171 bas, 384 bas, 385 ht et bas – **Office national du Tourisme indien** : p. 296, 297 – **G. Pallix** : p. 391 ht et bas, 402, 410, 413 – Photononstop/S. Gaudard : p. 180 bas ; Jovanic : p. 82 ht et bas, 83, 361 ht, 363, 364, 394, 408 – Positif : p. 61 bas – **Y. Thoraval** : p. 130, 132, 134.

43, quai de Grenelle, 75905 Paris Cedex 15 – Internet : www.hachette.com

Sommaire

Sommaire

En savoir plus

Cartes et plans

Abréviations et symboles

alt.	altitude
a.-m.	après-midi
a.-r.	aller-retour
av.	avant
Ave., Aves	*Avenue, Avenues*
Blvd	*Boulevard*
déc.	décembre
dim.	dimanche
Dr.	*Drive* (voie)
dr.	droite
E.	Est
env.	environ
f.	fermé
fév.	février
g.	gauche
h	heure
ha	hectare
hab.	habitant
h.-s.	hors-saison
h. pl.	
j.	jour
J.-C.	Jésus-Christ
janv.	janvier
jeu.	jeudi
juil.	juillet
km	kilomètre
lun.	lundi
m	mètre
mar.	mardi
mat.	matin
mer.	mercredi
mn	minute
Mt	*Mount* (mont)
N.	Nord
nov.	novembre
O.	Ouest
oct.	octobre
ouv.	ouvert
r.-d.-ch.	rez-de-chaussée
Rd	*Road* (route)
rens.	renseignement
réserv.	réservation
r.	règne
r.-v.	rendez-vous
S.	Sud
s.	siècle
sam.	samedi
sem.	semaine
sept.	septembre
sf	sauf
seul.	seulement
St	Saint
St., Sts	*Street, Streets* (rue[s])
t	tonne
t.a.	toute l'année
t.l.j.	tous les jours
v.	vers
ven.	vendredi
vis.	visite
w.-e.	week-end
→	se reporter à
▶	début de détour
◀	fin de détour
☎	téléphone
☏	indicatif local
ⓘ	information

Classification des sites, villes, monuments, musées...

★★★	Exceptionnel
★★	Très intéressant
★	Intéressant

Une présentation rapide des richesses touristiques de l'Inde du Sud

Découvrir

Découvrir

Pour les Indiens du Sud, l'affaire est entendue. Ils sont les héritiers des premiers occupants du sous-continent, les Dravidiens, qui mirent entre eux et les envahisseurs aryens venus du Nord les frontières naturelles que sont les fleuves qui coupent le Deccan d'est ou ouest. Au sanskrit, on oppose ici le tamoul, langue deux fois millénaire ; aux vastes étendues grises et poussiéreuses du bassin du Gange, la luxuriance tropicale des rizières et des vergers, les forêts de cocotiers qui frangent le rivage, du Kerala au Tamil Nadu ; la peau blanche des gens du Nord, la peau noire des habitants du Sud, signe revendiqué d'une appartenance à la terre ancestrale. C'est ici le monde des grands temples, véritables cités religieuses où les artistes de chaque siècle ont donné le meilleur de leur talent. Le monde des campagnes riantes, bien loin des austérités du Nord.

Les régions du guide

■ Bombay

Les Britanniques ont édifié une ville à la mesure de leurs ambitions : larges avenues, édifices imposants, tels l'ancien hôtel de ville, la tour de l'Université ou la gare Victoria. Bombay fut la dernière des grandes villes coloniales de l'Inde, bien après Calcutta ou Madras. Certains quartiers du centre, notamment autour de Flora Fountain, évoquent ainsi les grandes villes industrielles du N. de l'Angleterre dans les années 1930. Bien entendu, la mégapole de 16 millions d'habitants a plus d'un visage. Sur des terrains gagnés sur la mer, entre Nariman Point et le World Trade Centre, au N. de la presqu'île de Colaba, Bombay affiche ses ambitions pour le XXIe s. avec ses buildings de verre et de béton. Au N. de la gare Victoria Station, on plonge dans le désordre apparent des grandes villes indiennes. C'est le domaine des bazars, une plongée dans les couleurs et les parfums de Bombay du Crawford Market au Chor Bazar, en passant par le Javeri Bazar, non loin du sanctuaire de Mumbai, déesse tutélaire de Bombay, qui a donné son nom marathe à la ville.
À quelques encablures de Bombay, les sculptures de la grotte d'Elephanta sont considérées comme des chefs-d'œuvre de l'art classique indien. → *p. 137*.

■ Le Tamil Nadu

Riants paysages frangés de cocotiers, vert tendre des rizières où s'emprisonnent les rayons du soleil, avec de loin en loin la haute silhouette des gopurams : le Tamil Nadu est avant tout un délice pour l'œil, un monde dont chaque élément, des

Rizière dans l'État de Goa.

murs des temples aux saris des femmes, des cornes des vaches aux étals de fleurs, rivalise de couleurs pour séduire la lumière. Le Tamil Nadu est aussi le monde des goûts et des parfums, fruits généreux gorgés de soleil ou épices sauvages descendues des terrasses des Nilgiri Hills pour venir enflammer les palais occidentaux. Mais, pour ses habitants, le Tamil Nadu est avant tout le berceau de la civilisation dravidienne, celle qui a donné à l'Inde du Sud le tamoul, la plus ancienne et la plus prestigieuse de ses langues de culture, et dont l'aire d'influence s'étend bien au-delà des frontières de l'Inde, jusqu'à l'île Maurice et à la Réunion. Quant au patrimoine, la région peut s'enorgueillir de l'un des plus riches de toute l'Inde, des Pallavas du Ier millénaire qui ont laissé leurs temples sculptés à Mahabalipuram, en vue de la côte du golfe du Bengale, jusqu'à la cité religieuse de Madurai, construite par la dynastie des Nayaks, à partir de la fin du XVIe s. Sans oublier les merveilles des Colas, Tanjore, Chidambaram, Gangaikondacholapuram, dont la passion pour les formes animées a couvert les murs de leurs sanctuaires d'un monde merveilleux de statues et donné naissance aux plus beaux bronzes de l'Inde, que l'on peut admirer dans la galerie qui leur est consacrée au musée de Madras. Pour les Français enfin, une étape reste incontournable : celle de Pondichéry, où, 50 ans après la rétrocession de la colonie à l'Inde, les rues continuent de s'appeler Romain-Rolland ou Saint-Louis. → *p. 159*.

Le Kerala

Une dizaine de jours – avec les étapes de liaison – permettront de découvrir les principaux centres d'intérêt de l'État : la vieille ville de Cochin, qui mérite au moins deux jours complets, les lagunes des Backwaters, avec une ou deux journées de bateau, les immenses plages du Sud jusqu'à Trivandrum, et les parcs nationaux des Ghâts occidentaux, dont on visitera au moins le plus accessible sinon le plus important, Periyar.

Un séjour un peu plus long vous permettra de compléter cette approche en visitant plus en détail ces quatre sites et de découvrir d'adorables petits palais, des fermes d'éléphants, des temples, de vieilles églises perdues dans les cocoteraies, d'assister à des festivals, de vous initier à la médecine ayurvédique, au kathakali ou aux arts martiaux. Avec quelques journées encore, vous pourrez rêver de Vasco de Gama et de princes zamorins à Calicut, flâner sur le front de mer de Mahé, épier les oiseaux et les animaux sauvages sur les deltas ou dans les parcs moins connus des Ghâts.

Enfin, Cochin est la porte d'accès aux Laquedives si vous envisagez un séjour balnéaire dans ses îles coralliennes. → *p. 265*.

Le Karnataka et Goa

Une ligne invisible partage la région ; au S., le monde luxuriant de l'Inde tropicale ; au N., les étendues arides du plateau du Deccan. C'est au point de confluence de ces deux mondes que les souverains du royaume de Vijayanagar choisirent d'établir leur capitale au XIVe s. : il en reste le site le plus grandiose de toute l'Inde du Sud, Hampi, où temples et palais abandonnés attestent la grandeur passée au milieu d'un chaos de rochers qui leur sert de décor fantastique. Deux groupes de temples, témoins de deux grands moments de la civilisation indienne : au S., les sanctuaires hoysalas de Belur et de Halebid, à l'architecture sans doute la plus ornée de toute l'Inde ; au N., ceux de Badami, de Pattadakal et d'Aihole, œuvre de la dynastie des Chalukyas, maîtres du centre de l'Inde au Ier millénaire. Deux étapes majeures pour la découverte de la civilisation indienne. Tout au N. de l'État, les voyageurs les plus aventureux, et les moins regardants sur la qualité du logement, pousseront jusqu'à Bijapur, Gulbarga et Bidar, trois anciennes capitales de sultanats musulmans entre le XIVe et le XVIe s. Au N., l'État de Goa est, depuis la découverte du Territoire par les hippies dans les années 1960, synonyme de douceur de vivre et de farniente sous les cocotiers. Il est vrai que les interminables plages de sable sont sublimes, et les campagnes délicieuses, avec leur semis de maisons coloniales et d'églises blanches laissées par les Portugais. Grâce à des possibilités hôtelières nombreuses et variées, des palaces hollywoodiens aux sympathiques guest-houses plantées au bord de l'eau, Goa est l'endroit idéal pour se remettre d'un périple sur les routes de l'Inde du Sud. Après avoir goûté aux délices de la plage, prenez le temps de visiter Velha Goa, 1re capitale de la colonie portugaise où, dans l'église du Bom Jesus, les chrétiens de l'Inde viennent toujours vénérer les reliques de saint François Xavier. → *p. 307*.

■ L'Andhra Pradesh

À l'exception du littoral et de la frange montagneuse qui borde le N. de l'État, l'Andhra Pradesh appartient au Deccan, cet immense plateau aride qui barre le centre du sous-continent et sert de transition entre Inde du Nord et Inde du Sud. Une seule tache verte, mais d'importance, au cœur de l'État : les Nallamalai Hills, région de forêts inextricables qui servent de refuge aux aborigènes. Une route splendide la traverse : elle conduit à Srisailam dont le sanctuaire abrite l'un des 12 lingams de feu de l'Inde. L'Andhra Pradesh se mérite. En dehors de sa capitale Hyderabad, les possibilités hôtelières sont minces et le réseau routier pas des plus fameux. Pourtant, Hyderabad et son ancêtre, la célèbre Golconde, méritent la visite, tout comme Nagarjunakonda, cité religieuse bouddhiste sauvée des eaux d'un barrage par la volonté des hommes. Si l'on ajoute les beaux temples d'Alampur laissés par la fastueuse dynastie des Chalukyas (VIe-VIIIe s.), la ferveur populaire qui entoure le temple de Tirupati perché sur sa colline verdoyante, on pourra faire de la région le but d'un voyage hors des sentiers battus. → *p. 387*.

Que voir

■ Les grands temples

Plus qu'ailleurs en Inde, les temples occupent une place centrale dans les villes du Sud. Véritables cités religieuses, où des compagnies de brahmanes s'affairent à entretenir les statues de culte, à remplir leur mission de charité, à dispenser un enseignement, les temples furent sans cesse agrandis au fil des siècles, par des souverains soucieux de prestige. Ainsi, dans les plus anciens d'entre eux, le noyau originel, qui remonte parfois au haut Moyen Âge, a été littéralement mangé par les ajouts successifs. Le plus impressionnant est sans conteste celui de **Minakshi**** *(p. 207)*, à Madurai, avec son dédale de couloirs et de salles plongées dans la pénombre. Voir également ceux de **Chidambaram*** *(p. 328)*, **Tanjore***** *(p. 243)*, **Tiruvarur*** *(p. 251)*, sans oublier le plus vaste d'entre tous, celui de **Srirangam**** *(p. 255)*, près de Trichy.

■ Les plus beaux musées

À **Bombay** se trouve l'un des plus riches musées de l'Inde, le **Prince of Wales Museum****, qui fait partie des exemples architecturaux d'influence indo-musulmane du quartier du Fort. Ses collections de sculptures gréco-bouddhiques et de miniatures des grandes écoles d'Inde du Nord et du Deccan rappellent que Bombay n'est pas seulement une Babylone obsédée par les cours de la Bourse, mais aussi un grand foyer culturel de l'Inde. Au **Government Museum**** de **Madras** *(p. 174)*, on découvrira une prestigieuse collection de sculptures évoquant toutes les grandes dynasties du pays, et surtout la salle des bronzes, où se distinguent par dizaines les merveilles laissées par les Colas. À **Hyderabad**, le **musée Salar Jung**** *(p. 397)* abrite la foisonnante collection laissée par un Premier ministre du nizam : plusieurs dizaines de salles où l'art et l'artisanat de l'Inde occupent une

Les grandes heures de l'architecture indienne

Depuis le haut Moyen Âge, l'Inde du Sud a vu se succéder une suite de fastueuses dynasties, qui toutes donnèrent naissance à un style particulier. Par ordre chronologique : les **Pallavas**, à la charnière de l'art rupestre et des premiers temples construits (Mahabalipuram, Kanchipuram, Tamil Nadu) ; les **Chalukyas** de Badami (VIe-VIIIe s.), dont les premières réalisations sont des grottes ornées de remarquables sculptures (Badami, Karnataka) et qui érigèrent ensuite des temples maçonnés qui donnèrent naissance à l'architecture dravidienne (Aihole, Pattadakal, Karnataka) ; leur pouvoir s'étendit jusqu'à l'actuel Andhra Pradesh, comme en témoigne la série de temples d'Alampur. Les **Colas** furent les maîtres de l'Inde du Sud entre le IXe et le XIIe s. : les temples de Gangaikondacholapuram, Darasuram, Tanjore sont les plus représentatifs. Les **Hoysalas** régnèrent dans l'actuel Karnataka ; leur style est immédiatement reconnaissable, avec les colonnes comme façonnées autour des salles hypostyles, et leur goût pour l'ornementation dont la délicatesse évoque le travail de l'ivoire : voir les ensembles de Belur et Halebid, et le temple de Somnathpur. Virent ensuite les rois de Vijayanagar (XIVe-XVIe s.), créateurs d'un style véritablement impérial, grandiose plus que délicat, dont le plus beau conservatoire se trouve sur le site de Hampi.

bonne place ; on y verra également des salles européennes, chinoise, japonaise, ou encore une remarquable collection d'horloges. À ne pas manquer non plus, l'**Art Gallery**★★ de **Tanjore** *(p. 247)*, qui renferme quelques-uns des plus célèbres des bronzes colas.

L'empreinte coloniale

Dans le centre-ville de Bombay *(p. 137)*, vous arpenterez un véritable Londres tropical, avec ses façades néoclassiques, autour de **Horniman Circle**★, ou néogothiques, sur Oval Maidan, et jusque sur les pelouses qui forment la suite des **Maidans**. Ce véritable conservatoire de l'architecture victorienne compte, parmi ses fleurons, l'imposante gare de **Victoria Terminus** et la très européenne **Flora Fountain**★, une des places les plus animées de la ville. **Madras** *(p. 164)* fut l'une des capitales des Indes britanniques : presque tout le centre-ville, autour de **Fort Saint George**★, ancienne résidence des gouverneurs, conserve ses édifices de l'époque coloniale, du néogothique de la fin du XIXe s. aux immeubles Art déco des années 1930 de **Georgetown**★. Pour juger de la pompe dont tenaient à s'entourer les officiels anglais, on ne manquera pas de se rendre à l'ancienne **résidence** de **Hyderabad** *(p. 400)*. Les Anglais ne furent pas les seuls Européens présents en Inde du Sud : la ville blanche de **Pondichéry** *(p. 231)* raconte encore près de trois siècles de présence française : y flotte encore une nostalgie de la grandeur impériale, autour de la **place du Gouvernement**★ et de la **rue Dumas**. De l'autre côté de la péninsule, le territoire de **Goa** *(p. 307)* reste fortement imprégné du souvenir des Portugais, dans ses paysages semés d'églises blanches, dans ses maisons coloniales de **Velha Goa**★★★, mais aussi dans sa population, issue en partie de métissages, et parmi laquelle les Fernandes, D'Souza ou Costa sont légion. À **Cochin** *(p. 274)*, au Kerala , l'ancien **Fort Kochi**★★★ raconte une autre aventure coloniale, celle des Hollandais.

Les chrétiens de l'Inde

Saint Thomas, apôtre évangélisateur de l'Inde, repose à **Madras** dans la **cathédrale Saint-Thomas**★*(p. 179)*, saint François Xavier, compagnon d'Ignace de Loyola, dans la **basilique du Bom Jesus**★*(p. 373)*, à **Goa**. D'une côte à l'autre, le christianisme a laissé son empreinte dans toute l'Inde du Sud. Les plus anciennes églises, sanctuaires construits par les colonisateurs, se trouvent à Madras et à Goa. Et le christianisme sous toutes ses chapelles est encore bien vivant, surtout au Kerala où les chrétiens représentent 20 % de la population. À la pointe S. de l'Inde, **Cap**

Comorin* **(Kanyakumari)** *(p. 185)* rassemble, dans une même ferveur, chrétiens et hindous qui viennent côte à côte vénérer l'image féminine de la divinité, qu'on l'appelle Devi ou Vierge Marie.

Les hauts lieux de pèlerinage

Les plus saints des temples hindous attirent chaque jour des milliers de dévots ; l'occasion pour les visiteurs étrangers de découvrir en situation la ferveur religieuse des Indiens. Lors des grandes fêtes annuelles, c'est par centaines de milliers que les fidèles se pressent, dans une cohue indescriptible, pour tenter d'approcher l'idole dans son sanctuaire, ou juchée sur son palanquin de procession. Pour les hindous, les temples les plus vénérés de l'Inde du Sud sont : **Minakshi**** *(p. 207)*, à **Madurai**, où, tous les soirs, Shiva rejoint la déesse en son sanctuaire ; le temple du **Shiva Nataraja*** *(p. 328)* à **Chidambaram**, l'un des cinq grands sanctuaires shivaïtes du Sud ; le temple de **Mallikarjuna à Srisailam** *(p. 413)*, ville sainte au cœur des forêts de l'Andhra Pradesh, où nuit et jour, des haut-parleurs diffusent les litanies en l'honneur de Shiva. Au sanctuaire vishnouite de **Sri Venkateshvara Perumal** de **Tirumalai***, près de **Tirupati** *(p. 419)*, chaque jour, des milliers de pèlerins grimpent la colline pour faire l'offrande de leur chevelure. Les jaïns possèdent également leur lieu saint avec **Sravanabelgola** *(p. 356)* où, au sommet d'une colline, la **statue monumentale de Gomasteswara*** domine le paysage.

Les grandes métropoles

La beauté des campagnes et des paysages d'Inde du Sud ne doit pas détourner des grandes villes : c'est là que bat le cœur vivant de l'Inde d'aujourd'hui, dans un tourbillon d'activités où les petits métiers côtoient les *start-up* des nouvelles technologies. C'est là aussi que la plus extrême misère côtoie la plus grande richesse et que s'expriment les criantes contradictions de la société indienne. **Madras*** *(p. 164)* offre le spectacle d'une de ces grandes mégalopoles de l'Inde, avec ses marchés du centre-ville, à l'ombre des édifices victoriens laissés par les Anglais, ses quartiers paisibles où prospèrent les nouvelles classes moyennes, ou encore ses centres commerciaux flambant neufs, temples de la consommation moderne. **Bangalore** *(p. 322)* présente la particularité unique d'offrir nombre de restaurants luxueux en plein air et de pubs à l'anglaise : la faute en revient aux *golden boys* des nouvelles technologies qui sont venus de toute l'Inde s'employer dans la « Silicon Valley » indienne. **Hyderabad*** *(p. 392)* porte la marque grandiose de son passé musulman, du temps où elle était la capitale des flamboyants nizams : coupoles et minarets des XVIe et XVIIe s. voisinent avec les édifices baroques laissés au début du XXe s. par les derniers souverains, avec, en prime, l'animation de ses bazars parmi lesquels celui des perles, à l'ombre du Char Minar, symbole de la ville.

Mégapole par excellence, **Bombay*** *(p. 137)*, grand port de la côte O., est aussi la mégalopole indienne la plus peuplée : près de 16 millions d'habitants s'entassent dans la presqu'île où se traitent la plupart des affaires du pays. Les quartiers sont nettement séparés : à l'O., tout au bout du front de mer et de Marine Drive, les hauteurs de Malabar Hill portent les riches demeures des grandes fortunes de la ville, tandis que le centre-ville, autour de la gare et des marchés, est nettement plus populaire. Tout au S., l'élan des gratte-ciel de la presqu'île de Colaba illustre le dynamisme de la capitale économique de l'Inde.

Palais et riches demeures

C'est à **Mysore** *(p. 348)* que l'on visitera le plus imposant des palais qu'ont laissés derrière eux les princes de l'Inde coloniale : le **palais du Maharadja***, immense pâtisserie illuminée chaque dimanche soir, où le néogothique le dispute aux références indo-musulmanes. Près de Mysore, à **Srirangapatnam** *(p. 352)*, on verra également le gracieux **pavillon d'été de Tipu Sultan★**. À **Tanjore**, le **complexe des palais royaux** *(p. 247)* est en partie aménagé en musée, tandis que d'autres tombent en ruine ou sont abandonnés aux branches cadettes de l'ancienne famille royale. De la dizaine de palais que possédait le nizam à **Hyderabad** *(p. 392)*, un seul est ouvert à la visite, le **Purana Haveli,** qui n'est certes pas le plus imposant, mais dont la galerie, longue de 70 m, où le prince entreposait ses tenues d'apparat, raconte encore les fastes du temps jadis. Dans un registre plus intime, on peut découvrir, dans le **Chettinad** *(p. 260)*, les riches demeures des commerçants de la région : partis faire fortune dans les grandes villes de l'Inde, ils ont confié la garde de leurs propriétés à quelque parent qui se fera un plaisir de vous faire visiter les lieux. Aux environs de Cap Comorin, le **palais de Padmanabhapuram★★** *(p. 188)*, situé au Tamil Nadu, est une merveille de l'architecture kéralaise ; à voir aussi, dans la capitale du Kerala, le **palais Puthemalika★** *(p. 302)*, ancienne résidence des princes régnants de la région.

L'islam

Depuis le XIIIe s., les vastes étendues du Deccan ont abrité des sultanats prospères où venaient chercher fortune les aventuriers accourus de tout le monde musulman : Turcs, Afghans, Persans, Arabes… Trois de ces anciennes capitales, **Bijapur**, **Bidar** et **Gulbarga** *(p. 359)*, de bien modestes bourgades aujourd'hui, conservent encore des dizaines de mosquées, mausolées et madrasas, avec leurs minarets et coupoles, et parfois leurs décorations de faïences colorées à la manière persane. Gulbarga possède, avec le **Gol Gumbaz★★★**, la 2e plus grande coupole au monde (près de 38 m de diamètre) après celle de Saint-Pierre de Rome. Mais la plus prestigieuse de ces principautés musulmanes reste **Golconde★★★** *(p. 403)*, aux portes de Hyderabad : malgré trois siècles d'abandon, les ruines imposantes de sa forteresse parlent encore à l'imagination.

Forts et citadelles

Les combats que se livrèrent jusqu'au XVIIIe s. les puissances qui voulaient s'emparer de l'Inde ont laissé derrière eux un chapelet de places fortes. Une des plus imposantes est celle de **Gingee★** *(p. 263)*, vertigineux nid d'aigle dont une poignée de soldats français parvint à s'emparer au XVIIIe s. à la suite d'un audacieux coup de main. Les vestiges de la citadelle de **Golconde★★★** *(p. 403)*, bien plus importants, sont également un chef-d'œuvre de l'art militaire. On verra encore la **citadelle** de **Gulbarga** et le **fort★** de **Bidar** *(p. 359)*, encore veillés par quelques fûts de canon. Plus ruinée, la capitale fortifiée de **Srirangapatnam★★** *(p. 352)* : Tipu Sultan, qui tenta de soulever l'Inde du Sud contre la puissance anglaise à la fin du XVIIIe s., y trouva la mort au combat.

Les plages

De la côte de Coromandel à celle de Malabar et jusqu'à Goa, le littoral de l'Inde du Sud est une perpétuelle invitation à la baignade. Les plages du Kerala, à **Kovalam** *(p. 306)*, et celles de **Goa** *(p. 307)* sont sans conteste les plus séduisantes. Mais attention, la mer est souvent dangereuse et la plus extrême prudence s'impose.

Propositions d'itinéraires

Si vous n'envisagez pas un voyage de plus de 10 j., cantonnez-vous à la découverte d'une seule région, ou à un séjour à Goa où vous trouverez amplement de quoi remplir votre temps entre farniente et découverte du territoire. Voici quelques propositions de circuits, pour chacun des États et à travers toute l'Inde du Sud.

1 Dix jours au Tamil Nadu

Un circuit à effectuer en voiture qui vous permettra de découvrir les grands sites dravidiens.

Jour 1 : **Madras*** *(p. 164)*.

Jour 2 *(58 km)* : **Mahabalipuram***** *(p. 214)*.

Jour 3 *(137 km)* : **Chidambaram*** *(p. 238)*. Si vous disposez de temps, vous pourrez faire halte en chemin à **Pondichéry**** *(p. 231)* et passer la nuit sur place.

Jour 4 *(90 km)* : route vers Tanjore ; en chemin, visite de **Gangaikondacholapuram**** *(p. 203)* et **Kumbakonam****. Nuit à Tanjore.

Jour 5 : **Tanjore*** *(p. 243)*.

Jours 6 *(48 km)* ***et 7*** : **Tiruchirapalli**** *(p. 253)*. Visite du **Rock Fort***** l'après-midi. Nuit sur place. Le lendemain, visite du temple de **Srirangam** *(p. 352)* ; un après-midi de détente bien mérité, à moins que les bazars du centre-ville vous distraient de la sieste et de la piscine. Nuit à Tiruchirapalli.

Jour 8 *(201 km)* : route pour Madurai *(p. 205)* ; ceux qui ne craignent pas de longs trajets en voiture pourront suivre l'itinéraire secondaire proposé *(p. 260)* qui vous permettra de découvrir le palais de **Chettinad**. Nuit à Madurai.

Jour 9 : **Madurai**** *(p. 205)*.

Jour 10 : retour en avion à Madras.

2 Dix jours dans le Karnataka

Jour 1 : **Bangalore** *(p. 322)*.

Jour 2 *(131 km)* : route vers Mysore ; en chemin, visite de **Srirangapatnam**** *(p. 352)*. Nuit à Mysore.

Jour 3 : **Mysore*** *(p. 348)* et le **temple de Somnathpur***** ; nuit à Mysore.

Jour 4 *(115 km)* : route vers Hassan ; en chemin, visite de **Sravanabelgola*** *(p. 356)* ; nuit à Hassan.

Jour 5 : visite des sites de **Belur***** *(p. 330)* et **Halebid***** *(p. 332)* dans les environs d'Hassan ; nuit à Hassan.

Jour 6 *(337 km)* : longue route vers Hospet.

Jour 7 : **Hampi***** *(p. 335)*, l'ancienne capitale de Vijayanagar. Nuit à Hospet.

Jours 8 *(173 km)* ***et 9*** : **Badami**** *(p. 312)*, **Aihole**** *(p. 320)* et **Pattadakal***** *(p. 315)* ; nuit à Badami.

Jour 10 *(120 km)* : **Bijapur**** *(p. 364)*.
De Bijapur, vous pourrez rejoindre un aéroport à Pune, dans le Maharashtra, ou à Goa.

3 Sept jours en Andhra Pradesh

Jour 1 : **Hyderabad*** *(p. 392)*, visite de la ville et de **Golconde***** *(p. 403)*.

Jour 2 *(155 km)* : route pour **Nagarjunakonda**** *(p. 416)* ; dans l'après-midi, excursion sur le lac vers le site archéologique.

Jour 3 *(175 km)* : **Srisailam*** *(p. 412)*.

Jour 4 *(179 km)* : **Alampur** *(p. 409)*.

Jours 5 *(381 km)* ***et 6*** : route pour **Tirupati** *(p. 418)* le premier jour ; le lendemain, visite du temple de **Tirumalai*** *(p. 418)*.

Jour 7 : route pour **Madras**⋆ *(p. 164)* ; un petit détour vous permettra de visiter le **temple de Srikalahastushvara**⋆, à **Sri Kalahasti** *(p. 421)*.

4 Dix jours au Kerala

Jours 1 et 2 : **Cochin**⋆⋆⋆ *(p. 274)*.

Jours 3 (130 km) et 4 : **Munnar** *(p. 286)* et ses environs. Le 2e jour, randonnée dans les **Nilgiri Hills**⋆.

Jours 5 (57 km) et 6 : route vers Thekkady. Visite de **Periyar Wildlife Sanctuary**⋆⋆⋆ *(p. 295)*, balades sur le lac et randonnées.

Jours 7 (144 km), 8 et 9 : route vers **Alleppey**⋆ *(p. 289)* pour une excursion de 2 j. sur les **Backwaters**⋆⋆⋆ *(p. 290)*.

Jour 10 (146 km) : **Trivandrum** *(p. 301)*.

Vous pouvez prolonger agréablement ce séjour sur la côte par quelques jours sur les plages de **Kovalam**⋆⋆ *(p. 306)* ou **Varkala**⋆ *(p. 293)*.

5 Les grands sites en 20 jours

C'est le temps minimal pour découvrir les hauts lieux de l'Inde du Sud. Entre Madras et Goa, l'itinéraire est dense et ne ménage guère de moments de repos. On pourra, selon le temps dont on dispose, prolonger certaines étapes d'une journée.

Jour 1 : **Madras**⋆ *(p. 164)*.

Jour 2 (58 km) : **Mahabalipuram**⋆⋆⋆ *(p. 214)* ; visite et nuit sur place.

Jour 3 (137 km) : route pour **Chidambaram**⋆⋆ *(p. 238)* ; visite du temple et nuit sur place.

Jour 4 (90 km) : route pour Tanjore *(p. 243)* ; si l'on part tôt le matin, on peut envisager de faire une halte de quelques heures à **Pondichéry**⋆⋆ *(p. 231)* ; avant d'arriver à Tanjore, visite du temple de **Gangaikondacholapuram**⋆⋆ *(p. 203)* ; l'après-midi, visite des palais de **Tanjore**⋆ *(p. 243)* et nuit sur place.

Jour 5 (48 km) : **Trichy** *(p. 253)* ; visite du temple de Srirangam.

Jour 6 (201 km) : départ matinal pour **Madurai**⋆⋆ *(p. 205)* ; l'après-midi, visite du temple de **Minakshi**⋆⋆ ; nuit sur place.

Jour 7 (156 km) : route pour le Kerala ; en chemin, étape à **Thekkadi**, au cœur du **Periyar Wildlife Sanctuary**⋆⋆⋆ *(p. 295)*. Nuit à Alleppey.

Jour 8 (144 km) : **Alleppey**⋆ *(p. 289)* et découverte des **Backwaters**⋆⋆⋆ *(p. 290)*.

Jour 9 (62 km) : **Cochin**⋆⋆⋆ *(p. 274)*.

Jour 10 : vol **Cochin-Bangalore** *(p. 322)*.

Jour 11 (131 km) : **Mysore**⋆ *(p. 348)* ; en route, visite de **Somnathpur** *(p. 354)* ; l'après-midi, visite du palais.

Jour 12 (115 km) : route pour Hassan ; en chemin, visite de **Sravanabelgola**⋆ *(p. 356)*. Nuit à Hassan.

Jour 13 : **Belur**⋆⋆ *(p. 327)* et **Halebid**⋆⋆⋆ *(p. 332)* ; nuit à Hassan.

Jour 14 (337 km) : route pour **Hospet**.

Jour 15 : visite de la cité de **Hampi**⋆⋆⋆ *(p. 335)* ; nuit à Hospet.

Jour 16 (173 km) : **Badami**⋆⋆ *(p. 311)*, visite de la ville. Nuit sur place.

Jour 17 : visite d'**Aihole**⋆⋆ et **Pattadakal**⋆⋆⋆ *(p. 315)* ; nuit à Badami.

Jours 18 (252 km), 19 et 20 : route pour **Goa** *(p. 307)* et deux jours de repos sur les plages de l'ancienne colonie portugaise.

Informations utiles à la préparation de votre voyage

Partir

Partir

Adresses utiles

■ Délégations de l'Office national indien du tourisme

France : 13, bd Haussmann, 75009 Paris ☎ 01.45.23.30.45 ; http://fr.india-tourism.com
Canada : 60, Bloor Street West, Suite 1003, Toronto, Ontario M4W 3B8 ☎ (416) 962.37.87.

■ Services consulaires

France : 20-22, rue Albéric Magnard, 75016 Paris ☎ 01.40.50.71.71 ; www.amb-inde.fr ; service des visas ☎ 01.40.50.50.91, ouv. en sem. sf j. fériés 9 h 30-11 h 30
Belgique : 217, chaussée de Vleurgat, B-1050 Bruxelles ☎ (02) 640.91.40 ; ouv. lun.-ven. sf j. fériés 9 h 30-11 h 30
Suisse : 9-11, rue du Valais, 1202 Genève ☎ (022) 906.86.76 ; ouv. lun.-ven. 9 h 15-12 h 15
Canada : Consulat de l'Inde, Suite 400, 1835 Younge St., Toronto, Ontario M4S1X8 ☎ (1-416) 960.07.51.

Quand partir

La haute saison touristique s'étend du mois de nov. au mois de mars. Le ciel y est toujours clair et les températures restent très clémentes, à l'instar d'un printemps européen. La journée, le thermomètre oscille entre 14 et 32 °C ; en Andhra Pradesh, il peut monter au-delà de 35 °C.

Les pluies de mousson arrosent le S. du sous-continent à partir du mois de mai jusqu'au mois d'oct. ; sur la côte du Tamil Nadu et à l'extrême S., les pluies arrêtées par la barrière des Ghâts occidentaux sont plus tardives et surviennent en nov.-déc. Ce n'est pas la saison où il est le plus facile d'entreprendre un voyage car les inondations sont à l'origine de multiples perturbations (vols retardés ou annulés, routes coupées). Néanmoins, cette période reste agréable ; entre deux averses, la lumière est très belle

Téléphoner en Inde

Pour appeler l'Inde depuis la France, la Belgique ou la Suisse, composez le 0091, suivi de l'indicatif de la ville sans le 0 initial, puis le n° de votre correspondant.

Le temple d'Airavateshwara à Darasuram est l'une des merveilles de l'architecture des Colas.

sur les paysages détrempés et l'atmosphère très gaie, si du moins les eaux nourricières sont tombées en quantité suffisante. C'est après les premières pluies de mousson que la nature devient la plus belle.

Rens. météo internationale, Météo France ☎ 3250 (n° spécial à 0,34 €/mn) ; www.meteofrance.com • autres sites : www.meteoconsult.fr ou www.lachaine-meteo.com

Formalités

L'entrée en Inde

Un visa délivré par les autorités consulaires indiennes est nécessaire pour l'entrée en Inde ; comptez 50 $ (2004) pour un visa touristique, valable six mois, pour une ou plusieurs entrées dans le pays.

Pour l'obtenir, il faut présenter un passeport en cours de validité (au moins six mois après la date d'entrée en Inde), deux photos d'identité, un titre de transport AR ou une attestation de voyage, ou une assurance de rapatriement (tout cela vous est délivré par votre agent de voyages si vous souscrivez un voyage à forfait). Le dépôt des demandes se fait du lun. au ven. de 9 h 30 à 10 h 30. L'attente y est importante et mieux vaut venir prendre sa place bien avant l'heure d'ouverture. Ayez l'appoint pour régler votre visa en espèces. Il vous faudra revenir chercher votre passeport entre 16 h et 17 h (délai variable) ; l'attente est alors beaucoup moins longue.

Ces réglementations peuvent être sujettes à modification. Aussi, adressez-vous à l'ambassade de l'Inde ou auprès de l'OT. De même, si vous résidez en province, téléphonez directement à l'ambassade afin de connaître la procédure à suivre pour obtenir votre visa par correspondance.

Si vous ne pouvez pas vous déplacer, des sociétés peuvent faire les démarches à votre place. Comptez autour de 25 € pour un visa :

VIP Visas Express, 54, rue de l'Ouest, BP 48, 75661 Paris Cedex 14 ☎ 01.44.10.72.72 ; www.visas-express.fr

Action-visas, 69, rue de la Glacière, 75013 Paris ☎ 0892.707.710 ; www.action-visa.com ; ouv. lun.-ven. 9 h 30-12 h 00 et 13 h 30-18 h 30, sam. 9 h 30-13h.

Assurances

Il vaut mieux souscrire avant votre départ une assurance assistance. Si vous partez en voyage organisé, ce type d'assurance est généralement proposée par les voyagistes. Les voyageurs individuels peuvent en souscrire une auprès de l'agence qui leur a vendu le titre de transport, ou s'adresser à un organisme spécialisé :

AVA (Assurances Voyages Assistance), 24, rue Pierre Sémard, 75009 Paris ☎ 01.53.20.44.20 ; www.ava.fr • ***Elvia Assistance***, 153, rue du Faubourg Saint-Honoré, 75008 Paris ☎ 01.42.99.02.99 ; www.elvia.fr • ***Europ Assistance***, 1, promenade de la Bonnette, 92230 Gennevilliers • ☎ 01.41.85.85.85 ; www.europassistance.com • ***Mondial Assistance***, 2, rue Fragonard, 75017 Paris ☎ 01.40.25.52.04 ; www.mondial-assistance.fr • ***Generali Assurances***, 7, bd Haussmann, 75009 Paris ☎ 01.58.38.27.00 ; www.assurance.generali.fr

Lorsque l'on achète un voyage ou un billet avec une carte de paiement, bon nombre d'assurances voyages sont comprises dans la cotisation annuelle (les cartes Visa Premier ou Platinium et la Gold American Express incluent même une assurance annulation). Inutile donc de vous surassurer. En revanche, vérifiez votre contrat pour savoir exactement pour quoi vous êtes assuré.

Douane

Vous bénéficierez des tolérances habituelles en ce qui concerne vos effets personnels, le tabac (200 cigarettes ou 100 cigarillos), un appareil photo (et 25 pellicules), une caméra jusqu'à 16 mm (et 5 bobines), un magnétophone, une paire de jumelles, du matériel de camping personnel (interdiction de transporter du gaz), etc.
Les caméras vidéo doivent être déclarées à votre arrivée et enregistrées sur votre passeport. À la sortie du pays, les douaniers s'assureront que vous êtes toujours en possession de votre caméra ; en cas de perte ou de vol, faites immédiatement établir un constat par la police et conservez précieusement la déclaration afin de ne pas être accusé de revente.
L'exportation des pierres précieuses et des bijoux dépassant 10 000 roupies ainsi que l'exportation de tout bijou en or (quelle que soit sa valeur marchande) sont soumises à l'obtention d'un permis auprès de la Reserve Bank of India. Lors de l'achat, pensez également à demander au commerçant un certificat d'authenticité et un permis d'exportation.
Au retour, sachez que l'exportation des antiquités indiennes de plus de 100 ans est interdite sans autorisation (pour l'obtenir, s'adresser un mois à l'avance à la direction des musées de New Delhi, Bombay, Calcutta et Madras). L'exportation des peaux d'animaux ou d'objets en peau (serpent, crocodile) est interdite. La douane française peut vous réclamer la TVA pour les achats dépassant 175 $.
Centre de renseignements des douanes, 84, rue d'Hauteville, 75498 Paris Cedex 10 ; ouv. lun.-ven., 9 h-17 h 30 ☎ 0825 douane ou 0825.30.82.63 ; www.douanes.gouv.fr

Argent

La roupie (INR) est divisée en 100 paise (prononcer *paisé*) : 100 INR = 1,74 € ; 1 € = 57,37 INR (janv. 2005). Il existe des billets de 5, 10, 20, 50, 100, 500 et 1 000 INR. L'importation et l'exportation de roupies indiennes sont interdites. En revanche, il n'existe actuellement aucune restriction à l'importation de devises étrangères en billets et en chèques de voyage jusqu'à concurrence de 1 000 $. Au-delà de cette valeur, les devises devront faire l'objet d'une déclaration *(Currency Declaration Form)* à l'entrée en Inde.
Toutes les devises étrangères doivent obligatoirement être converties auprès des organismes de change agréés (banques, hôtels, certains magasins, etc.). Conservez les bordereaux de change, indispensables pour reconvertir l'excédent de monnaie indienne au départ ou pour l'achat de billets d'avion en roupies. Ils vous seront également demandés à la réception de la plupart des hôtels que vous réglerez en roupies. Gardez néanmoins des devises, car certains hôtels de grand standing exigent ce mode de règlement. Les dollars (espèces et chèques de voyage) sont acceptés plus facilement que les euros.

Dans les villes, le paiement par **carte bancaire** (Visa International, American Express, Mastercard, Diners Club) est généralement possible (pour les notes d'hôtels, les billets d'avion, les achats dans les emporia ou magasins d'antiquités, etc.). Le paiement par carte bancaire peut entraîner une majoration des prix de 10 à 20 %. Il est possible de retirer des espèces avec la carte Visa dans les agences de l'Andhra Bank, de la Bank of Baroda, de la Grindlays Bank (1 h d'attente), ainsi que dans celles de la Citybank (la plus rapide en général).
Pour faire opposition en cas de perte ou de vol de votre carte bancaire : **Visa** : n^{os} valables dans le monde entier ☎ 612.9251.3704 ou 1-410.581.9994. Depuis l'Inde, n° spécifique ☎ 000-11-7886.765.944 ; www.visa.com • **American**

Express : n° en France ☎ 01.47.77.72.00 ou 0825.819.000. En Inde ☎ 021.614.2020 ; www.americanexpress.fr • **Eurcard/Mastercard** ☎ 01.45.67.84.84. (24 h/24) en France ou 1-636.722.711 pour tous les pays ; www.euro mastecard.tm.fr • **Diners Club** : n° en Inde ☎ 044.852.24.84.

L'Inde sur Internet

www.amb-inde.fr : site officiel de l'ambassade de l'Inde à Paris. Actualité politique et économique, rubrique « L'Inde et Internet ». Liens vers d'autres sites.

www.incredibleindia.com ou **www.tourismofindia.com** : site de l'OT indien, lien vers la version française du site.

www.tourisminindia.com (anglais) : site officiel du ministère du Tourisme indien.

www.123india.com (anglais) : site portail sur l'Inde.

www.museeguimet.fr (français) : présentation du musée Guimet et de ses collections.

www.auxindes.fr.st (français) : épices et spécialités culinaires de l'Inde.

www.mapofindia.com (anglais) : cartes et plans de ville.

http://ganapati.club.fr : consacré au sympathique dieu Ganesha. Consultez la rubrique « Voyage », très riche et bien informée : http://ganapati.club.fr /voyage/ voyage.html

Médias indiens : **www.timesof india.com** : site du quotidien de référence *The Times* • **www. telegraphindia.com** : site de *The Telegraph*, quotidien implanté à Calcutta • **www.dailypionner.com** : site de *The Pionner*, quotidien de Delhi, au ton très actuel, intéressants articles de société • **www.indian-express. com** : le quotidien *The Indian Express* est réputé pour la qualité de ses enquêtes • **www. outlookofin dia.com** : site de l'hebdomadaire *Outlook* • **www.indiatoday.com**, site du grand hebdo indien *India Today*.

Se documenter

Librairies spécialisées

Éditions Kailash, 69, rue Saint-Jacques, 75005 Paris ☎ 01.43.29.52.52 ; ouv. mar-sam. 14 h-19 h.

Fenêtre sur l'Asie, 49, rue Gay-Lussac, 75005 Paris ☎ 01.43.29.11.00 ; ouv. lun.-sam. 11 h-19 h.

Librairie orientaliste Samuelian, 51, rue Monsieur-le-Prince, 75006 Paris ☎ 01.43.26.88.65 ; ouv. mar.-ven. 11 h-12 h 45, 14 h-18 h 30, sam. 14 h-18 h 30.

Librairie orientaliste Paul Geuthner, 12, rue Vavin, 75006 Paris ; ouv. mar.-ven. 9 h-12 h 15 et 14 h 15-18 h 30 ; fermé lun. matin et sam. toute la journée ☎ 01.46.34.71.30 ; www.geuthner.com

Associations et centres culturels

Le Sri Manikar Vinayakar Alayam, 72, rue Philippe-de-Girard, 75018 Paris ☎ 01.40.34.21.89, dédié à Ganesha, est le seul temple hindou de Paris. Trois offices ont lieu chaque jour (à 10 h, 12 h et 19 h). Le temple est ouvert à tous à condition de se déchausser et de suivre les règles du lieu.

Association française des amis de l'Orient, 19, av. d'Iéna, 75016 Paris (annexe du musée Guimet) ☎ 01.47.23.64.85 ; ouv. lun.-ven. 14 h-18 h. Journées d'études, cycles de cours et de conférences, visites-conférences d'expositions, voyages avec guides conférenciers.

Association Kalarippayat C.N.N., 22 rue Colbert, 93100 Montreuil ☎ 01.48.18.75.66. www. kalaripayat.asso.fr Créée en France en 1995, l'association enseigne la pratique du Kalarippayat, l'art martial traditionnel kéralais : cours réguliers et stages.

Centre de relations culturelles franco-indien, 50, rue Vaneau, 75007 Paris ☎ 01.42.22.80.11 ; www.crcfi.asso.fr ; ouv. lun.-ven. 9 h-12 h et 14 h-18 h. Cours de yoga et de danse indienne (bharatanâtyam), bibliothèque de 3 000 ouvrages en français (consultation sur place, prêt réservé aux adhérents). Programme de voyages en Inde.

Centre Mandapa, 6, rue Wurtz, 75013 Paris ☎ 01.45.89.01.60. Cours de danse indienne et de chant carnatique. Concerts et spectacles de danse.

Centre Soleil d'or, 146, rue Raymond Losserand, 75014 Paris ☎ 01.45.43.50.12. Cours de yoga, danses indiennes, massages ayurvédiques à l'huile, sophrologie, gymnastique douce et art martial indien. Spectacles réguliers.
Maison des cultures du monde, 101, bd Raspail, 75006 Paris ☎ 01.45.44.72.30 ; www.mcm.asso.fr ; ce centre culturel peut proposer des spectacles sur l'Inde, notamment dans le cadre du *Festival de l'imaginaire* qui se déroule chaque année au printemps pendant 3 mois.

Le voyage par avion

■ Lignes régulières

Bombay et Madras sont les deux portes d'entrée aériennes pour l'Inde du Sud.

Au départ de Paris

Air France ☎ 0820.820.820 ; www.air france.fr ; vols quotidiens pour Bombay.
Air India, 3, rue des Colonnes, 75002 Paris ☎ 01.55.35.40.00. www.airindia.com ; 10 vols hebdomadaires pour Bombay.
Delta Airlines ☎ 0800.301.301 ; www.delta.com ; vols directs quotidiens pour Bombay et Madras.
Gulf Air, 9, rue de Téhéran 75008 Paris W 01.49.52.41.41 ; www.gulfair.fr ; vols quotidiens pour Bombay et 5 vols hebdomadaires pour Madras, via Bahrein ou Abu Dhabi.
Lufthansa, www.lufthansa.com ; deux vols quotidiens pour Madras via Francfort.
Thai Airways, 3, av. des Champs-Élysées, 75008 Paris ☎ 01.44.20.70.80 ; dessert Bombay (5 vols/semaine) et Madras pour (7 vols/semaine) via Bangkok.

Au départ de Bruxelles

Air France, aéroport de Bruxelles. Centrale de réserv. pour les clients francophones et anglophones ☎ (070) 22.24.66 ; vol quotidien pour Bombay via Paris t.l.j. sf jeu.
British Airways, www.ba.com ; vols quotidiens pour Bombay via Londres.
Lufthansa, www.lufthansa.com ; vols quotidiens pour Madras via Francfort.

Au départ de Zurich

Air India, Talacker 50, 8001 Zurich ☎ (01) 221.17.57 ; www.airindia.com ; vols Zurich-Bombay, Paris ou Vienne.
Swiss ☎ 0848.800.200 ; www.swiss.com ; vols quotidiens pour Bombay.
Air France, 2, rue du Mont Blanc, 1200 Genève ☎ (022) 827.87.87 ; www.airfrance.ch ; vols quotidiens pour Bombay via Paris.
La plupart des compagnies aériennes incluent désormais le montant de la taxe d'aéroport (500 INR env.) dans le prix du billet retour. À vérifier tout de même au moment de la confirmation de votre vol, par exemple. Si vous partez en pleine saison touristique (aux alentours de Noël par exemple), vous avez intérêt à réserver depuis la France au moins les vols intérieurs et le séjour dans les localités touristiques par l'intermédiaire d'une agence de voyages.

■ Vols à prix réduit

Sur Internet, de nombreux sites proposent des tarifs négociés sur des vols réguliers ou permettent de comparer toutes les offres des compagnies aériennes et revendeurs.
Anyway ☎ 0892.893.892 ; www.anyway.com
Dégriftour-Last Minute.com ☎ 0825.705.000 ; www.degriftour.com ou www.last.minute.com
E-Bookers ☎ 0892.70.09.70 ; www.ebookers.com
Go Voyages, 22, rue d'Astorg, 75009 Paris ☎ 0825.825.747 ; www.govoyages.com

Nouvelles Frontières, 87, bd de Grenelle, 75015 Paris ☎ 0825.000.825 ; www.nouvelles-frontieres.fr ; vols spéciaux et charters.

Opodo ☎ 0892.101.620 ; www.opodo.fr ; vols secs, promos, séjours, hôtels et locations de voiture.

Travelprice ☎ 0892.350.500 ; www.travelprice.com

Voyagermoinscher.com, site Internet qui permet de comparer les tarifs des vols et les offres de voyages disponibles sur Internet. Une sélection des meilleures affaires du moment : promotions, dernières minutes ou enchères.

Le voyage organisé

Le voyage en Inde reste un tourisme à vocation largement culturelle et figure au programme de nombreux tour-opérateurs. À côté du classique circuit en groupe, on trouve des formules de voyages individuels où toutes les prestations sont réservées depuis l'Europe : transports, transferts, hébergements, guides…

Acme Receptif, 501 Kirti Mahal, 19 Rajendra Place, New Delhi 110008 ☎ (00.91.11) 25.74.32.10 ou 25.73.15.68 ; www.acmetours.com ; agence indienne dédiée aux voyageurs francophones : itinéraires personnalisés, réserv. d'hôtels, de billets de trains ou d'avion, locations de voiture avec chauffeur.

Assinter-Découvrir, 56, rue de Londres, 75008 Paris ☎ 01.53.04.89.69 ; www.assinter.fr ; propose un circuit culturel très complet, « Temples sacrés et comptoirs des épices » (17 j.), de Madras à Hassan.

Les Comptoirs du monde, 26, rue du Petit Musc, 75004 Paris ☎ 01.44.54.84.54 ; www.comptoirsdumonde.fr ; circuits et prestations à la carte pour tous les budgets au Karnataka, au Kerala et ses fameux Backwaters, au Tamil Nadu et au Chettinad. Réserv. par téléphone et règlement par carte bleue.

Horizons nouveaux, 67, rue de Crequi, 69006 Lyon ☎ 04.37.47.80.30 ; www.horizonsnouveaux.com ; ce spécialiste de l'Inde et de l'Asie propose de nombreux voyages individuels, par exemple : « Les merveilles du Sud » (16 j.), « La route des temples » (16 j.), ou moins classique, « Le Sud autrement » (15 j.), qui comprend des déplacements à dos d'éléphant, en bateau et de la randonnée.

Kuoni ☎ 0820.05.15.15 (centrale de réserv.) ; www.kuoni.fr ; propose un grand circuit, « Légendes et divinités » (17 j.), et « La danse de Shiva » (13 j.), boucle combinant Tamil Nadu et Kerala avec possibilité d'extension pour une fin de séjour balnéaire. Brochure disponible dans toutes les agences de voyages.

Nouvelles Frontières, 87, bd de Grenelle, 75015 Paris ☎ 0825.000.825 ; www.nouvelles-frontieres.com ; vols secs, circuits, voyages à la carte, séjours aventure. Au programme : « Épices et cocotiers » (16 j.) à travers le luxuriant Kerala, « L'Inde carnatique » (16 j.), tour complet dans l'Inde dravidienne.

La maison des Indes, 7, place Saint-Sulpice, 75006 Paris ☎ 01.56.81.38.38 ; www.maisondesindes.com ; propose un éventail de circuits classiques ou inédits, des voyages en individuel ou en petits groupe qui favorisent une approche insolite de la diversité de l'Inde du Sud. Séjours balnéaires, sélection d'hôtels de charme. Exemples de circuits : « Les grands sites de l'Inde du Sud » (20 j.), « Inde du Sud intime » (14 j.), de Madras à Cochin. Pour préparer votre voyage, des experts donnent, tout au long de l'année, un grand choix de conférences.

Le monde de l'Inde et de l'Asie, 15, rue des Écoles, 75005 Paris ☎ 01.53.10.31.00 ; www.mondeasie.com ; propose exclusivement des voyages à la carte pour individuels et groupes constitués : « Du Chettinad au Kerala » (15 j.), « La côte Ouest » (15 j.), « Voyage au Karnataka et à Goa » (14 j.), séjours balnéaires et ayurvédiques.

Orients, 29, rue des Boulangers, 75005 Paris ☎ 01.40.51.10.40 ; www.orients.com ; avec ce spécialiste des routes caravanières, on découvrira l'Inde dans son ensemble, régionalisée, et surtout l'Inde et ses nombreuses fêtes. Ces voyages originaux sont conçus pour de petits groupes (de 15 à 20 participants), ou sur mesure avec chauffeur. Guides accompagnateurs spécialisés. Propose un grand circuit de 18 j., « La route des dieux et des épices ».

La route des Indes, 7, rue d'Argenteuil, 75001 Paris ☎ 01.42.60.60.90. Ce spécialiste de l'Inde et du monde indien propose des voyages sur mesure et conçoit des itinéraires personnalisés à l'intention des voyageurs individuels. Les conditions de prix sont avantageuses sur les vols, l'hébergement et les transports locaux. Expositions, conférences et projections sont organisées ponctuellement. Une librairie est également à la disposition des voyageurs.

Voyageurs en Inde, 55, rue Sainte-Anne, 75002 Paris ☎ 01.42.86.16.90 ; www.vdm.com ; grand choix de circuits et d'itinéraires à la carte ou déjà montés conçus par des professionnels de la destination. Sur l'Inde du Sud, un itinéraire accompagné de 14 j., « Du Karnataka à l'Andhra Pradesh », « Escapade au Kerala », ou encore « La découverte de l'Inde du S. » (14 j.), à l'extrême S. du sous-continent. Propositions d'excursions et d'itinéraires pour construire et compléter votre voyage selon vos envies.

■ Voyages culturels

Arts & Vie, 251, rue de Vaugirard, 75015 Paris ☎ 01.40.43.20.21 ; www.artsvie.asso.fr ; antennes à Grenoble, Lyon, Marseille et Nice. La 1re association culturelle de voyages à l'étranger propose un circuit au Tamil Nadu et au Kerala conduisant de Madras à Cochin (15 j.) comprenant une croisière sur les Backwaters d'Alleppey.

Clio, 27, rue du Hameau, 75015 Paris ☎ 0826.10.10.82 ; www.clio.fr ; voyages culturels avec des conférenciers spécialisés. Circuits accompagnés : « Trésors de l'Inde du Sud » (15 j.), « Grand Circuit en Inde du Sud » (22 j.).

Explorator, 16, rue de la Banque, 75002 Paris ☎ 01.53.45.85.85 ; www.explo.com ; spécialiste du voyage (à la carte ou organisé) par petits groupes de 6 à 14 personnes centré sur la découverte du patrimoine culturel et humain. Au programme : un grand itinéraire, « Dans les pas des pèlerins » (20 j.), deux voyages au Kerala, « Des comptoirs et des dieux » (17 j.) et « Lagunes et Jardins d'épices » (12 j), et une expédition, « De Madras à Cochin, temples sacrés et lagunes luxuriantes » (17 j.).

Ikhar, 16, rue de la Banque, 75002 Paris ☎ 01.43.06.73.13 ; www.ikhar.com ; ce voyagiste pointu et innovant propose des circuits organisés en petits groupes et des voyages sur mesure. Deux circuits dans le Sud : « Des comptoirs du Kerala aux temples du Tamil Nadu » (18 j.), « Paysages et joyaux du Karnataka et du Tamil Nadu » (20 j.)

Terre entière, 10, rue de Mézières 75006, Paris ☎ 01.44.29.03.03 ; www.terreentiere.com ; propose un voyage animé par un conférencier, « L'Inde du Sud et les trésors du Karnataka » (15 j.).

■ Séjours aventure, randonnées

Allibert, 156, av. de l'Aiguille du Midi, 74400 Chamonix ☎ 04.50.53.88.00 ou 0825.090.190 ; www.allibert-voyages.fr • 37, bd Beaumarchais, 75003 Paris ☎ 01.44.59.35.35 • 15, rue Royale, B-1000 Bruxelles ☎ 02.526.92.90. Voyages à pied de tous niveaux dans le monde entier, marches en haute montagne et dans le désert. En Inde du Sud, un voyage (5 j. de trekking) au cœur des Ghâts occidentaux, « La route des épices » (15 j.).

Club Aventure, 18, rue Séguier, 75006 Paris ☎ 01.44.32.09.30 ; centrale de réserv. ☎ 0826.88.20.80 ; www.clubaventure.fr ; découverte des Ghâts occidentaux et du littoral kéralais : « Lagons et montagnes du Kerala » (15 j.).

Nomade Aventure, 49, rue de la Montagne Sainte-Geneviève, 75005 Paris ☎ 0826.100.326 ; www.nomade-aventure.com ; itinéraires découvertes et treks. Propose un voyage au Karnataka comprenant 1 j. à Bombay, « Des plages métissées aux cités perdues » (12 j.), et un itinéraire de 12 j. au Kerala.

Terres d'Aventure, 6, rue Saint-Victor, 75005 Paris ☎ 0825.847.800 ; www.terdav.com ; un voyage de 14 j. : « De Coromandel à Malabar ».

Séjourner

Informations utiles sur place

Séjourner

Se loger

Catégories des hôtels

Palaces et grands hôtels. Le boom économique de certaines des grandes villes d'Inde du Sud (Bangalore, Madras, Hyderabad) et le développement du tourisme ont doté la région d'hôtels de tout premier ordre. Ils sont le plus souvent gérés par les grandes chaînes indiennes, *Taj* et *Oberoi*, ou internationales comme *Sheraton*. Dans les villes, ils sont toujours situés à l'écart du brouhaha des centres-villes, dans des quartiers périphériques ou au milieu de vastes parcs. Tranquillité et calme y sont assurés, ce qui est en Inde le véritable luxe. Dans les lieux de séjour balnéaire, Goa, Mahaballipuram, etc., ils offrent en outre toutes les facilités propres à ce type d'établissement : piscine, courts de tennis, salle de remise en forme, salon de massage... et le plus souvent un cadre somptueux, comme l'hollywoodien *Leela Palace*, à Goa.

Chaînes hôtelières. On trouve également des hôtels de catégorie immédiatement inférieure, de type 3 étoiles, également gérés par des chaînes : *Southern Star*, au Karnataka (Hassan, Mysore), ou les excellents hôtels *Sangam*, au Tamil Nadu (Madurai, Trichy, Tanjore ; rens. www.sangam.com), qui offrent un confort optimal, un service attentif et une restauration de qualité pour un prix plus abordable.

Petits hôtels. Plus bas dans la classification (équivalent 1 ou 2 étoiles), le pire côtoie l'acceptable : dans les grandes villes où l'offre est assez importante, mieux vaut en visiter plusieurs avant de faire son choix.

Tourist Bungalows. Près des sites isolés, les autorités touristiques de chacun des États gèrent des Tourist Bungalows, simples, généralement convenables, même si certains sont un peu laissés à l'abandon.

Gammes de prix

Hôtels haut de gamme : 120 à 2 000 $.

Établissements de confort européen : 50 à 100 $.

Urgences

En cas de difficulté : ☎ 100, qui doit théoriquement aboutir au standard téléphonique du bureau de police le plus proche. Il est de loin préférable, si vous en avez la possibilité, de vous y rendre vous-même ; c'est ce que vous ferez impérativement en cas de problème sérieux (vol, accident de circulation...) : n'essayez jamais d'arranger les choses « à l'amiable ». Du bureau de police, mettez-vous immédiatement en contact avec votre consulat. Sachez néanmoins que celui-ci ne peut en aucune façon organiser votre rapatriement ni vous consentir une avance d'argent : d'où la nécessité d'avoir souscrit avant le départ une assurance de voyage.

Pêcheurs kéralais manœuvrant des filets chinois.

Les *dhobiwallahs*

La grande majorité des hôtels offre un service de blanchissage ; vous laissez votre linge le matin et vous le récupérez le soir. Dans la plupart des cas, vos vêtements sont confiés à des *dhobiwallahs*, caste de blanchisseurs « autorisés » à entrer en contact avec la malpropreté. Dans chaque localité, un ghât leur est réservé. Là, ils tordent vigoureusement votre linge et le frappent méthodiquement contre une pierre. Si la saleté ne résiste pas à un tel traitement, les boutons non plus, hélas (prévoyez un stock de rechange). Après avoir séché au soleil, vos effets subissent un solide repassage qui rend les plis durs comme des lames avant de vous être retournés, comme neufs, un peu moins épais cependant.

Le dhobighât de Bombay, quartier des blanchisseurs.

Hôtels de bon confort (correspondant à 1 ou 2 étoiles) : 20 à 30 $.
Tourist Bungalows : entre 10 et 15 $.

Attention. Les hôtels de catégorie supérieure exigent le paiement en devises ou la présentation d'un bordereau de change dont le montant couvre la totalité de la note à payer. Dans les petits hôtels, on réglera en roupies.

Réservation. Elle s'impose durant la haute saison touristique *(nov.-mars)* : par exemple, si vous prévoyez un séjour dans les stations balnéaires de Goa, dans les villes saintes comme Kanchipuram ou les grands centres religieux lors des pèlerinages.

Séjourner autrement

Tourisme chez l'habitant, 15, rue des Pas Perdus, 95804 Cergy-Saint-Christophe ☎ 0892.680.336 (0,34 €/mn) ou 01.34.25.44.72 (informations et réserv. de chambres d'hôtes dans plus de 40 pays) ; www.tch-voyage.fr ; hébergements dans tout le pays en guest-houses, pensions de famille, chambres d'hôtes, palais de maharajah ou plus classiquement en hôtels de toutes les catégories.

FUAJ, 27, rue Pajol, 75018 Paris ☎ 01.44.89.87.27 ; www.yhai.org (site de la Fédération indienne). La FUAJ vous renseignera sur les auberges de jeunesse en Inde. Comptez 60-85 INR/personne en dortoir, 200 INR la chambre double.

YMCA Voyages, c/o UCJG, 5, place de Vénétie, 75013 Paris ☎ 01.45.83.62.63 ; entresol du bâtiment n° 5 ; www.ucjg-ymca-france.org ; l'association pourra vous donner les coordonnées des YMCA implantées en Inde, mais elle n'effectue pas de réserv.

Se restaurer

Même si vous redoutez la cuisine épicée et pimentée – celle d'Inde du Sud l'est tout particulièrement –, la découverte de la gastronomie indienne sera l'une des grandes expériences de votre voyage. Les cuisines traditionnelles du Chettinad, au Tamil Nadu, et de l'Andhra Pradesh sont parmi les plus pimentées. Leur variété est infinie, et chaque région a sa façon particulière de préparer et d'assaisonner légumes ou viandes.

Les restaurants

Dans presque tous les cas, sauf dans les restaurants des grands hôtels, où la cuisine européenne est simplement convenable, préférez la cuisine indienne, extrêmement variée et délicieuse, ou la cuisine chinoise (peu ou pas relevée), également servie dans la plupart des restaurants multicuisine. Dans les grandes villes, des établissements proposent sandwiches, pizzas, hamburgers, aussi bons que ceux que l'on peut trouver dans ce genre de restaurants en tous lieux du monde ! Ces endroits ont l'avantage d'être généralement flambant neufs, donc propres. Dans les restaurants de cuisine indienne, essayez le *thali* *(→ arrêt sur images p. 170-171)*, végétarien ou non végétarien, servi au déjeuner et parfois au dîner. Ce repas se termine généralement par le traditionnel *pan*.

Les restaurants les plus chers sont ceux des grands hôtels, où il faut s'attendre à une note de 12 à 25 $. Dans les restaurants de luxe en ville, on paiera de 8 à 16 $; dans les établissements plus simples on pourra déguster un *thali* pour 1 ou 2 $. Il existe en outre d'innombrables petites échoppes où l'on sert principalement toutes sortes de beignets : on peut y manger pour quelques roupies.

Les viandes et leurs accompagnements

Il n'y a pas un **curry** (ou **cari**), mais des centaines : de mouton, de poulet, de poisson, de langouste, de crevette, d'œufs, de légumes, de fruits, de yaourt, de pousses de bambou, qui, par le goût, les parfums, la consistance de la sauce, diffèrent largement les uns des autres. Ceux du Kerala et de Goa sont souvent assaisonnés de noix de coco fraîche râpée ; certains sont assez doux ; d'autres, telles les spécialités de Madras, vous mettent le feu à la bouche. N'essayez pas d'éteindre ce feu avec un verre d'eau, mais mangez plutôt un morceau de chapati ou du riz nature, ou encore du yaourt. Les currys peuvent être présentés avec le ***dal*** (ou ***sambar***), sauce épaisse aux lentilles, avec du riz ou des ***idli*** (boulettes de farine de riz cuites à la vapeur), avec des galettes de blé sans levain, cuites sur le gril ou à la poêle sans matière grasse, appelées **chapatis** ou ***roti***. Les **nans** sont des crêpes de froment cuites dans un four tandoori ; les ***puris***, des sortes de beignets frits au ghee ou à l'huile ; les ***parata***, des crêpes de froment parfois farcies aux légumes. Les ***dosa*** sont des pains confectionnés à partir de farine de lentilles ; fourrés avec des légumes au curry, on les appelle ***masala dosa***. Des ***chatni*** (chutneys), condiments aigres-doux à base de noix de coco, de pois chiches, des **achards**, proches des pickles, à base de citrons, de mangues, de gingembre... accompagnent également les currys.

Les plats de viande et de volaille sont dits ***vindalu*** (ou ***vindaloo***) lorsqu'ils sont préparés à l'ail, aux oignons et au vinaigre, et sont une spécialité de Goa ; le ***biriani*** (de mouton, de poulet ou de légumes), plat de gala chez les musulmans (sa préparation exige 4 h env.), est préparé avec du riz pilaf (riz porté sur le feu quelques minutes, puis revenu

Les nourritures impures

Les habitudes alimentaires reflètent fréquemment une foi ou une référence au système des castes. Chez les musulmans, la viande de porc est considérée comme impure. Chez les jaïns, le végétarisme, absolu, est une conséquence du principe de l'*ahimsa* ; chez les hindous, où il est également inspiré par des sentiments de nature religieuse, et aussi lié au système des castes, il peut être absolu (de nombreux brahmanes, notamment parmi les vishnouites, suivent un régime strictement végétarien) ou concerner seulement certaines viandes ; les unes sont pures, d'autres impures, mais la classification est très mouvante. La viande de bœuf n'est guère consommée (très occasionnellement) chez les hindous que par les intouchables ; quant aux autres viandes et au poisson, les tabous varient d'une caste ou d'une sous-caste à une autre, d'une région à une autre. Les interdits et les prescriptions alimentaires des hindous portent non seulement sur les ingrédients, mais aussi sur la manière de les conserver, de les préparer et de les servir.

Séjourner

Manger à l'indienne

Si vous êtes convié à un repas chez un Indien, veillez à ôter vos chaussures si vous remarquez que vos hôtes ne portent pas les leurs. On vous invitera à vous asseoir devant une table très basse, parfois à même le sol ; l'absence de couverts et la présence d'un *thali* (plateau qui peut être une simple feuille de bananier), portant coupes et coupelle, sur lequel sont directement disposés chapatis, riz, plats en sauce ou currys et condiments divers, annoncent, vous l'avez deviné, que vous allez devoir manger avec vos doigts. Il faut manger seulement de la main droite, la gauche, considérée comme impure, demeure au repos durant tout le repas (vous pouvez néanmoins tenir votre tasse ou votre verre de la main gauche). La main qui a touché la bouche ne redevient pure qu'après avoir été rincée à l'eau (et non simplement essuyée sur une serviette). À la fin du repas, les Indiens ont pour habitude de se laver les mains et de se rincer la bouche. Ils s'attendront donc à ce que vous fassiez de même. De manière générale, il est toujours préférable de donner de la main droite et de recevoir en tendant les deux mains jointes.

Pour éviter les troubles digestifs, souvent causés par l'eau, buvez exclusivement des boissons capsulées (et décapsulées devant vous), abstenez-vous de crudités, de glaces et de glaçons. Il est indispensable de peler les fruits. Les yaourts sont excellents pour la flore intestinale, et, en cas de problèmes, mangez du riz blanc et des bananes.

au beurre, la cuisson étant achevée au-dessus de la viande, elle-même richement épicée) ; le biriani de Hyderabad est le plus réputé.

Partout, vous vous régalerez avec les ***kebabs***, brochettes de mouton, et surtout avec le **poulet tandoori** – les morceaux sont mis à mariner dans du yaourt épicé et sont badigeonnés d'une pâte à base de piment, qui leur donnera une belle coloration rouge orangé, avant d'être cuits dans le ***tandoor***, four en terre.

Les fruits et les douceurs

On trouve des fruits très variés et savoureux (malheureusement assez rarement servis dans les restaurants, à l'exception des salades de fruits), tels que les mangues (en mai-juin), moelleuses et suavement parfumées, les ananas, les pommes-cannelles ou anones (fruit de la famille des ananas, à la chair délicate et sucrée), les goyaves, les bananes (des petites *kadali* aux grosses bananes roses en passant par les *pumpazham*), les jujubes, les mandarines très douces, les noix de cajou, les noix de coco, les délicieux raisins blancs de Hyderabad, croquants et sans pépins.

Les sucreries, très goûtées par les Indiens, surprennent les Occidentaux, qui, généralement, les apprécient peu, car elles sont douceâtres ou gorgées de sirop, tels les ***rossogollas***, boules de caséine cuite dans un épais sirop ; le ***payasam***, mélange de lait, de ghee, de riz, de vermicelle ou de lentilles parsemé de noix de cajou grillées et de raisins secs, dont le Sud est friand ; les **halvas**, pâtes compactes, parfois fourrées de noix de cajou ; les ***Mysore Pak***, fondants, à base de ghee et de sucre ; enfin, les ***laddu***, les ***unniyappom*** (boules de farine de riz avec de la banane, de la noix de coco et du sucre de mélasse cuites dans la friture), les ***bolé*** (crêpes sucrées), etc.

Les boissons

L'eau minérale en bouteille plastique se trouve sans difficulté dans les villes et aux abords des grands sites touristiques. Si, en revanche, vous envisagez un long périple hors des sentiers battus, il est indispensable de prévoir une provision d'eau en bouteille. On trouve également toute une gamme de sodas et de boissons gazeuses.

Pendant ses repas, l'Indien consomme généralement de l'eau, mais vous pourrez arroser les vôtres de jus de fruits, de boissons gazeuses (sucrées ou non) ou de bière (très convenable), de vin (ceux d'importation sont à des prix prohibitifs), notamment celui de Golconde (Hyderabad), qui, en dépit de sa couleur rubis, est loin d'être un joyau à la hauteur des trésors de l'ancienne capitale musulmane du Deccan, ou ceux de Goa. À côté d'un whisky de fabrication locale, de rhum et autres alcools, tel le *feni*, vous trouverez apéritifs et alcools d'importation à des prix très élevés. La prohibition n'est pas en vigueur dans les États d'Inde du Sud. Toutefois, dans certains lieux particulièrement saints, comme à Tirupati ou Srisailam (Andhra Pradesh), toute consommation d'alcool est prohibée. Il en est de même lors de certaines fêtes, comme l'anniversaire de la naissance du Mahatma Gandhi, le 2 octobre, ou les jours d'élections.

Le **thé**, qu'il provienne des collines de Darjeeling, de l'Assam ou des monts Nilgiri, est la boisson nationale de l'Inde. Dans le Sud, il se boit fréquemment, comme partout en Inde, avec du lait et du sucre, mais certains le préfèrent agrémenté en ***masala tea***, ou thé aux épices, parfumé au gingembre ou à la cardamome, plus rarement à la cannelle et au clou de girofle.

Le **café** de l'Inde du Sud est extrêmement apprécié ; de nombreux Français s'accordent à le reconnaître comme le meilleur café au lait du monde.

Marchand de thé et café au lait dans les rues de Madurai.

Le ***lassi***, boisson au yaourt servie glacée, et le **jus de citron vert** pressé allongé d'eau (ou de soda) sont très appréciés, de même que le **lait de coco**, que vous trouverez presque partout dans le Sud.

Se déplacer

Train et avion sont moins chers en Inde qu'en Europe : l'avion dessert toutes les grandes villes du Sud, avec de nombreuses liaisons régionales ainsi qu'avec les grandes villes du Nord. L'Inde possède l'un des réseaux ferrés les plus importants au monde ; si vous n'êtes pas pressé, ce mode de transport vous conduira partout dans le sous-continent. Pendant les périodes de haute saison touristique, les réservations dans les trains et les avions peuvent être difficiles à obtenir *(ci-dessous)*. Si la route reste un bon moyen de découvrir le pays, elle réserve cependant des émotions qui ne doivent rien au paysage.

En avion

Réservations. La réservation est nécessaire sur tous les vols, de même que la confirmation 72 h avant le départ. Malgré le nombre et la fréquence des vols, il est souvent difficile d'obtenir des billets. Il vaut donc mieux réserver vos billets pour l'ensemble de vos déplacements dès votre arrivée en Inde. Vous pouvez aussi réserver des vols intérieurs depuis l'Europe, mais il est de toute façon impératif de confirmer ces réservations dès votre arrivée dans le pays. Pour les étrangers, le règlement des billets d'avion doit être effectué en dollars.
Les horaires des vols ***Indian Airlines*** sont très souvent modifiés. Faites-vous confirmer l'heure exacte la veille de votre départ.

Train dans Victoria Station à Bombay. En dépit de leur lenteur, les trains fonctionnent assez bien, permettant un contact direct avec la vie indienne et laissant tout loisir d'apprécier le paysage.

Conditions d'embarquement. Vous devrez vous présenter à l'aéroport 2 h avant le décollage, même pour les vols intérieurs. *Indian Airlines* est extrêmement strict sur la limitation du poids des bagages (20 kg/personne) : au-delà, vous devrez acquitter une surtaxe pour excédent de bagages. Il est interdit de posséder en cabine tout objet pouvant ressembler à une arme (cela va jusqu'au couteau de poche et à la lime à ongles) ; dans certains aéroports, il vous sera demandé de vider vos appareils électriques de leurs piles (attention aux appareils photo et aux caméscopes) : mieux vaut le faire avant qu'on vous le demande et les glisser dans votre valise enregistrée en soute.

Forfaits. *Indian Airlines* propose trois forfaits « Discover India », de 21 j. (750 $), de 15 j. (500 $) et de 7 j. (300 $) : ils permettent un nombre illimité de vols, à condition de ne pas faire escale deux fois dans la même ville, sauf s'il s'agit d'assurer une correspondance. Un montant de 5 $ *(Passenger Service Fee)* vous sera demandé pour chaque parcours. Des compagnies privées comme *Sahara Airlines* assurent quelques liaisons comme Goa-Bombay et Goa-Delhi dans d'excellentes conditions de confort.

Tous les trains sont pourvus de toilettes.

Vous trouverez une consigne *(cloak room)* dans toutes les gares.

Les porteurs, reconnaissables à leur tenue rouge, vous seront très utiles en vous conduisant directement sur le bon quai. Ils porteront vos valises jusqu'à votre place à l'intérieur de la voiture. 30 à 50 roupies, selon le nombre de bagages, représentent une bonne rémunération.

Faites comme les Indiens, attachez votre valise (fermée à clé) à un pied de la banquette à l'aide de votre propre cadenas.

En train

Moyens sûrs de gagner des régions loin de tout aéroport, ils dépassent rarement 50 à 60 km/h. Les plus rapides sont les **Express**, viennent ensuite les **Mail**, puis les **Passenger Omnibus**.

Cinq classes. Les trains des *Indian State Railways* comptent 5 classes de passagers. Les 1res couchettes climatisées (***First Class A/C*** ; disponibles sur certaines lignes seulement) n'ont rien à envier aux wagons-lits européens. Existent aussi les 1res assises climatisées ***(A/C Chair Car)***. Les 1res couchettes non climatisées ***(First Class Non A/C)*** sont disposées en compartiment de 2 ou 4 passagers (les banquettes se transforment en couchettes pour la nuit). Les 2ndes couchettes climatisées *(A/C 2 Tier)* se composent de boxes de 4 couchettes, séparés par un rideau du couloir où sont installées d'autres couchettes. Pendant les grosses chaleurs, préférez cette classe aux 1res non climatisées. Enfin, les 2ndes non climatisées *(2nd Class non A/C)* sont toujours bondées : exclusivement destinées aux amateurs de contacts humains. Encore que l'on ne se sente jamais seul dans les autres catégories de voitures (les trains indiens transportent chaque jour près de 11 millions de passagers).

Réservation. Elle est recommandée dans toutes les classes. La compagnie des chemins de fer est désormais dotée d'un système de réservation informatisé qui permet, depuis la plupart des grandes agglomérations, de réserver n'importe quel parcours. Une réservation peut être effectuée 6 mois à l'avance. Sachez que, en théorie, il existe un **quota** de places réservées aux étrangers *(Tourist Quota)* grâce à quoi ils peuvent obtenir des places dans un train complet pour les Indiens : **le billet est alors payable en devises**. Dans les grandes gares comme Madras, Bangalore, Trivandrum, Hyderabad-Secunderabad, vous n'aurez donc pas besoin de faire de longues queues. Il existe de même un *VIP Quota* : à vous de convaincre les préposés de votre importance. Lors de la réservation, vous devrez préciser votre âge et votre sexe afin que l'ordinateur répartisse harmonieusement les passagers. Avant de monter dans le train où votre place est réservée, vous irez consulter sur le quai de départ un tableau *(Reservation Chart)* où devra figurer nom, n° de la voiture et n° de la place attribuée. La même liste mentionnant les noms des passagers et les numéros de leurs places est affichée sur chaque voiture.

Forfaits. Les chemins de fer indiens proposent des forfaits *(Indrail Pass)* valables pour un nombre illimité de trajets pendant des périodes de 7, 15, 21, 30, 60 ou 90 j. ; existant pour toutes les classes, ils sont payables en devises et donnent théoriquement priorité lors des réservations. Sur le plan strictement financier, ce type de forfait n'est pas véritablement une affaire, à moins de passer ses journées dans le train. De plus, vous découvrirez rapidement que de nombreux trains ne comprennent pas de *First Class A/C* ni même de *2nd Class A/C*. Les avantages de ce type de forfait ne sont pas d'ordre pécuniaire, mais ils vous épargneront de longues queues pour acheter votre billet. Pour réserv., adressez-vous directement au *Stationmaster*. Vous obtiendrez plus facilement une place dans un train complet pour les Indiens grâce au *Tourist Quota*. On peut acheter ces forfaits en Inde, dans les gares des villes importantes.

Le « Titi », maître à bord. Dans chaque voiture, un TTE *(Travelling Ticket Examiner)* est chargé du confort des passagers. Si vous voyagez de nuit, c'est lui qui vous louera draps et couvertures ; il vous en coûtera quelques roupies. Le stock est généralement insuffisant pour tous les passagers, et vous serez bien avisé de vous adresser à lui sitôt monté dans le train. Toutefois, la propreté souvent douteuse des draps incite à se munir d'un sac de couchage.

Les repas. Sur presque toutes les grandes lignes, des repas chauds sont proposés aux voyageurs pour des sommes très modiques. Le préposé passera prendre votre commande et vous apportera votre plateau-repas à votre place. Cependant, si vous effectuez de longues distances, il est impératif d'emporter de l'eau minérale (introuvable à bord, mais disponible le plus souvent sur les quais de gare).

En autocar, autobus, taxi et rickshaw

Les **autocars** vont à peu près partout, mais seuls les véhicules des compagnies privées ou les cars luxueux et rapides *fast passengers*, qui circulent régulièrement entre les principales villes du pays et s'arrêtent peu, sont relativement confortables. Les autocars ordinaires sont très nombreux, inconfortables, toujours surchargés, mais vous transportent pour une somme très modique.

Dans les villes, les **autobus** sont très bon marché, mais le plus souvent bondés : à exclure si vous avez beaucoup de bagages (valises, gros sacs de voyage…).
Dans les moyennes et grandes villes, on trouvera des **taxis** et des **rickshaws** (scooters à trois roues) : même si chaque véhicule possède un compteur, mieux vaut s'entendre au préalable sur le prix. Vous pourrez également louer taxi ou rickshaw à l'heure, le temps de vos visites. Il existe également des voitures de place, plus coûteuses mais plus confortables, à louer à l'heure ou pour une ou plusieurs journées. Vous en trouverez à la journée par l'intermédiaire de la réception de votre hôtel ou d'un agent de voyage.

En voiture de location

Il est presque impossible de louer une voiture sans chauffeur et, même si c'était possible, le trafic et les dangers de la circulation rendraient l'aventure fort périlleuse. Il vous faudra faire une grande confiance à votre chauffeur pour quitter la route des yeux.

Location. Dans les grandes villes et les localités touristiques, on peut sans difficulté louer dans des hôtels et auprès des agents de voyage des voitures avec chauffeur à des prix en définitive accessibles. Pour une location de quelques heures seulement, vous paierez à la course. Pour une durée plus longue, le prix vous sera donné au km, augmenté de taxes et d'indemnités pour le chauffeur (avec un supplément lorsque le parcours a lieu en montagne). Un supplément est également demandé pour les véhicules climatisés. Prenez garde à l'état des pneus, les garages sont nombreux, et un long périple en voiture conduit parfois à les visiter.

Les embarras de la route

Presque partout, vous partagerez la route avec un nombre et une variété inhabituels (pour vous) d'usagers : très nombreux camions qui, sur les routes à voie unique, vont à toute vitesse, mais qui sont cependant prompts à se rabattre et se laissent doubler ; charrettes formant parfois des trains de plus de 50 véhicules qui vous laisseront « aller à la poussière » de l'accotement ; cyclistes qui, à l'occasion, se déploient en gracieux festons ou zigzaguent à deux, trois, voire quatre, sur un seul engin ; piétons ; animaux, en troupeaux ou solitaires : éléphants le plus souvent placides quand ils sont domestiqués, meutes de singes braillards mais très prudents, paons sauvages à la démarche lente, troupeaux de moutons, de chèvres au détour d'un virage, vaches parfois installées au milieu de la route et qu'il faut absolument éviter. Il est fortement déconseillé de circuler de nuit, à cause des obstacles imprévus, animaux sauvages ou assaillants toujours possibles sur les routes peu fréquentées.
Ne vous attendez pas à maintenir des moyennes élevées : 35 ou 40 km/h relèvent parfois du miracle. Ne roulez jamais à plus de 70 km/h même si la route vous paraît dégagée.

L'Ambassador est la voiture la plus courante en Inde, ce sera sans doute à l'arrière de l'une d'elles que vous prendrez place, un chauffeur intrépide au volant.

Code de la route. Le point le plus important est la conduite à gauche ; cependant, la tendance dominante est la conduite au milieu, voire à droite, mais on se rabat généralement à gauche… le plus tard possible. Quant aux autres règles de conduite, elles ne sont guère respectées. S'il y a des signaux « Stop » à l'intersection des routes principales, la protection qu'ils assurent est des plus relatives. Les panneaux de directions sont parfois écrits dans la langue de la région, ce qui peut dérouter même votre chauffeur lorsque vous passez dans une région dont il ignore la langue ! Si votre chauffeur est étranger à la ville dans laquelle vous vous rendez, n'hésitez pas, pour trouver sans perte de temps un hôtel ou tout autre lieu, à arrêter un rickshaw ou un taxi, et priez son chauffeur de précéder votre voiture.

Santé

Dans la plupart des cas, le séjour en Inde ne pose pas de problèmes majeurs. Il convient cependant de prendre quelques précautions pour s'éviter les petits désagréments qui peuvent rapidement prendre de l'ampleur en zone tropicale. Il est fortement recommandé de préparer son voyage avec son médecin traitant.

Vaccinations

Aucune vaccination n'est obligatoire pour entrer en Inde. Il est toutefois impératif d'être à jour de ses vaccinations, notamment diphtérie, tétanos, polio. Le vaccin contre l'hépatite A est également recommandé ; le vaccin contre la typhoïde se justifie lors de séjours de longue durée. Rappelons que l'hépatite B se transmet par le sang et par contacts sexuels.

Hygiène et précautions

Quelques précautions élémentaires s'imposent : se laver soigneusement les mains avec de l'eau et du savon le plus souvent possible, et systématiquement avant les repas. Surveillez l'apparition de toute plaie, furoncle, bouton… Désinfectez la moindre petite plaie. Si les troubles persistent, faites appeler un médecin anglophone ; ils ont généralement l'habitude des maux dont souffrent les touristes. Prenez garde à la climatisation des hôtels, restaurants et avions : il n'est pas inutile de prévoir un lainage dans votre bagage à main. L'exposition prolongée au soleil – lors des visites notamment – nécessite l'usage de crèmes haute protection ; il est également indispensable de boire abondamment. En cas de traitement prescrit sur place ou d'hospitalisation, refusez systématiquement toute injection réalisée avec du matériel à usages multiples, refusez également toute transfusion sanguine. Tenez-vous à l'écart des chiens et des singes, la rage étant assez répandue en Inde. En cas de morsure, dirigez-vous immédiatement vers l'hôpital le plus proche. Tenez-vous à l'abri du soleil et méfiez-vous des piscines d'hôtels à la propreté souvent aléatoire. En cas de problèmes graves, prenez contact avec votre assureur et faites-vous rapatrier.

Problèmes intestinaux

C'est la 1re cause de désagréments que rencontrent les voyageurs en Inde : la fameuse tourista, désagréable, mais le plus souvent bénigne. En cas de troubles, cocktail antidiarrhéique et antibactérien intestinal accompagné d'une diète sévère à base de riz blanc et de bananes par exemple ; il est impératif de boire beaucoup (thé, eau en bouteille) afin d'éviter une déshydratation due à la diarrhée. Si les symptômes persistent et s'accompagnent de température, il est conseillé de consulter un médecin. Quelques conseils pour prévenir les troubles intestinaux : ne boire que de l'eau en bouteille décapsulée devant vous ;

▲ Application d'huiles essentielles.

Ayurveda, la voie de l'harmonie

L'Ayurveda, ou « savoir (veda) de longévité (ayur) », est la médecine traditionnelle indienne, attribuée à Dhanvantari et consignée dans l'Atharva Veda. Elle est la somme des observations de la nature, des plantes et des animaux, des troubles qui affectent le corps et l'esprit, et des effets des différents remèdes. Avec l'introduction du système allopathique occidental au XIXe s., elle a connu un réel déclin en Inde, sauf dans le Sud où elle fait toujours partie intégrante de la vie quotidienne. Dans les campagnes du Kerala, elle a ses praticiens qui connaissent les pouvoirs médicinaux des épices et cultivent dans leur jardin une « pharmacie de secours », faite de gingembre et de casse. L'Arya Vaidya Sala, hôpital ayurvédique caritatif fondé en 1902 à Kottakkal, près de Calicut, a largement contribué au maintien et à l'application de cette médecine.

Une théorie des correspondances

Traditionnellement transmis et enseigné par les Namputiris, brahmanes malayalis, ceux-là même qui ont reçu la terre du Kerala de Parasurama, cet ensemble de connaissances, compilé voici plus de 2 000 ans, repose sur des bases philosophiques. Le corps humain, comme tout ce qui fait partie de l'univers, est composé de la combinaison en proportions variées des cinq éléments. Ainsi, la terre correspond aux parties solides du corps, tandis que le vide habite tous ses organes creux ; l'eau, ou phlegme, est présente dans tous ses liquides, humeurs et sécrétions ; le feu est la bile ; le vent, le souffle vital. L'action de ces trois derniers éléments, en particulier, contribue au maintien de l'organisme. La maladie survient dès que l'activité de l'un d'eux se trouve perturbée : elle affecte à son tour les autres constituants organiques, le déséquilibre des uns entraînant le déséquilibre des autres. D'où l'autre nom donné à ces trois principes vitaux, *tridosa*, les « trois troubles ».

Du rôle des aliments

La consistance, l'arôme, la couleur et surtout la saveur des aliments contribuent à l'équilibre de l'organisme. Appelées *rasa*, les six saveurs indiennes ajoutent, à notre gamme du doux-salé-acide-amer, le piquant, prêté par exemple au gingembre ou aux feuilles de moutarde, et l'astringent, telle la pulpe de mangue verte, qui produit une légère crispation dans la bouche. Elles-mêmes sont des combinaisons des cinq éléments. Ainsi l'amer et l'astringent, associant tous deux le vent, apaisent un excès d'élément eau dans l'organisme, comme chez les sujets léthargiques. Combinés au sucré, qui, lui, contient l'élément eau, ils combattent plutôt l'excès de feu, manifesté par une transpiration abondante. La terre et l'eau dominent dans le sucré, saveur de prédilection selon l'Ayurveda, car il passe pour favoriser la longévité. D'après cette physiologie du goût, le corps, au moment de manger, agit comme un laboratoire et la digestion opère une alchimie avec les propriétés des aliments.

▲ Outre la prescription des régimes alimentaires, l'Ayurveda puise dans la nature d'autres remèdes lorsque l'harmonie est rompue. En la matière, le Kerala est un inépuisable jardin médicinal.

Une naturopathie

Herbes séchées et réduites en poudre, pommades à absorber enrobées de miel, décoctions ou infusions tirées des sucs d'herbes fraîches, mélanges de poudre et de sirop, pilules de simples écrasés et mélangés à du *ghee*, herbes fermentées, huiles essentielles... les plantes constituent une grande partie des remèdes ayurvédiques. Les sels nutritifs naturels qu'elles contiennent facilitent le système digestif, purifient le sang et neutralisent l'excès d'acides accumulés dans le corps. Les plantes peuvent encore réguler la présence de sucre et la circulation sanguine, fortifier ou agir comme antiseptiques.

Une attraction touristique...

Jusqu'au milieu des années 1990, il n'était guère question d'Ayurveda dans les ouvrages consacrés à l'Inde du Sud. De nos jours, il motive 30 % des séjours touristiques au Kerala. L'antique médecine se vend en packages de rajeunissement, longévité, amaigrissement ou simplement bien-être, très courus en ces temps de surmenage et d'épuisement. À Kovalam, les centres ayurvédiques ont poussé comme des champignons. Les hôtels de luxe sont tous dotés de complexes où sont dispensés bains dans des décoctions de plantes et massages aux huiles essentielles, durant la basse saison de la mousson, pour rentabiliser leurs chambres. Une tendance à consommer avec circonspection. Pour garantir la qualité des traitements le ministère du tourisme du Kerala a mis en place une classification des centres de soins ayurvédiques.

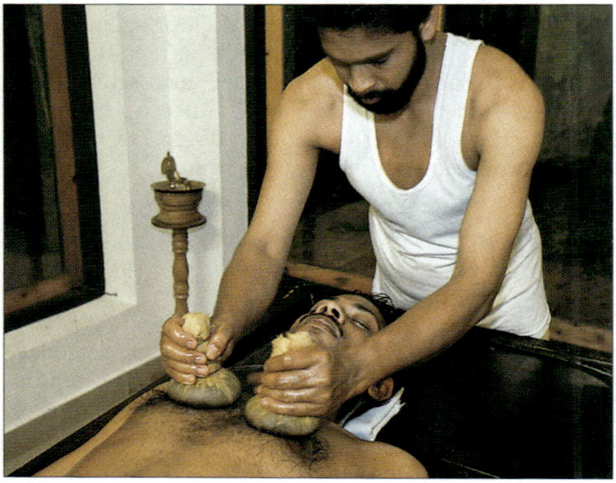

◄ La médecine ayurvédique emploie les herbes administrées sous une dizaine de formes, dont le bain et le massage.

s'abstenir de glaces et de produits laitiers ; consommer les fruits – pelés – avec modération ; évitez les crudités, et proscrivez les produits mal cuits (poissons, viandes) ou réchauffés.

Le paludisme

Toutes les régions de l'Inde en dessous de 2 000 m sont susceptibles d'être impaludées, y compris les grandes villes. La transmission s'effectuant par les moustiques, il est impératif de prévoir des produits répulsifs efficaces, y compris durant la journée, même si l'activité des moustiques est surtout nocturne – du coucher au lever du soleil, avec un pic aux alentours de minuit. Dans les hôtels indiens, on trouve toujours des antimoustiques dans les chambres (sinon demandez à la réception), électriques ou à combustion. On peut également acheter facilement sur place des tortillons ou de la crème antimoustiques. On peut envisager un traitement préventif antipaludéen à mettre en place avec votre médecin. Après votre retour, toute fièvre inexpliquée dans les deux mois qui suivent le voyage doit être considérée *a priori* comme un paludisme jusqu'à preuve du contraire, selon les recommandations de l'Institut Pasteur. Rappelons toutefois que 95 % des cas de paludisme importés en France proviennent d'Afrique subsaharienne.

La dengue

Ces précautions vous prémuniront également contre la dengue, dont le virus est aussi transmis par des moustiques : ces dernières années, les zones touchées par la dengue se sont multipliées : la maladie se signale par une montée de température, des douleurs articulaires, des rougeurs, puis des saignements de nez. Les symptômes disparaissent généralement au bout d'une semaine. La dengue est bénigne la plupart du temps, mais peut être mortelle (dengue hémorragique) dans 1 % des cas, notamment chez les jeunes enfants.

Maladies endémiques

Pays pauvre, l'Inde connaît des maladies endémiques et des épidémies dont sont responsables les conditions de vie des populations : tuberculose, sida, lèpre, choléra ; le Gujarat a même connu, il y a quelques années, une épidémie de peste. Ces maladies, toutefois, ne devraient pas concerner les touristes voyageant dans des conditions de confort décentes.

La trousse à pharmacie

Pour éviter les petits désagréments, une trousse minimale est indispensable. Lors des trajets aériens, il est préférable de la garder avec soi en bagage à main ; les valises enregistrées courent toujours le risque de se perdre. Quelques indispensables : comprimés antifièvre (paracétamol, aspirine) ; produits répulsifs contre les moustiques (en quantité suffisante) ; antidiarrhéique ; désinfectant local, pansements et compresses ; traitement antipaludéen préventif (en accord avec votre médecin) ; antibiotique à large spectre. Il est prudent d'emporter quelques seringues stériles, si l'on doit vous faire une injection d'urgence.

Vivre au quotidien

Argent

L'unité monétaire est la roupie (INR), divisée en 100 paise (paisa au singulier). On trouve des pièces de 10, 25, 50 paise et de 1, 2 et 5 INR, ainsi que des billets de 5, 10, 50, 100, 500 et 1000 INR. Les coupures de 100 et 500 INR sont trop importantes pour les menues dépenses quotidiennes (taxis, rickshaws, boissons, pourboires…) : il est impératif de se munir de petite monnaie avant de quitter son hôtel.

Les cartes bancaires (Visa, Mastercard) sont acceptées dans de très nombreux établissements, hôtels et restaurants, parfois même assez modestes, et dans de nombreux commerces. On trouve désormais des distributeurs automatiques de billets dans toutes les villes d'une certaine importance. Les hôtels de catégorie moyenne et supérieure sont également habilités à pratiquer le change : le taux y est sensiblement le même que dans les banques et l'attente infiniment moins longue. Conservez vos bordereaux de change et vos justificatifs de retrait qui vous seront utiles pour régler votre note dans les hôtels de catégorie supérieure (si vous payez en espèces), et pour convertir en devises les roupies qu'il vous resterait lors de votre départ : des bureaux de change sont prévus à cet effet dans les aéroports.

En janv. 2005 : 1 € = 56,92 INR et 1 INR = 0,075 € • 1 CA $ = 35,57 INR et 1 INR = 0,0278 CA $ • 1 US $ = 43,42 INR et 1 INR = 0,023 US $.

Budget

En avion ou en voiture privée de palace en palace, ou encore à vélo en s'arrêtant dans des guest-rooms, il existe autant de budgets que de voyages en Inde du Sud. Un voyage itinérant de « lune de miel » vous reviendra entre 250 et 300 $/j. pour deux personnes. Pour un séjour balnéaire dans un palace de Goa, comptez 250 $ env. pour une chambre double standard. On peut voyager de manière plus économique, dans d'excellentes conditions de confort, dans des hôtels de type 3 étoiles : il vous en coûtera de 120 à 180 $/j. pour deux personnes ; ce budget vous permettra de prendre l'avion et de louer des voitures à la journée pour vos déplacements entre les villes. Si votre budget est plus modeste, avec 70 $/j. pour deux, vous logerez dans de petits hôtels ou des guests-houses : certaines réservent d'excellentes surprises et toutes permettent un contact plus direct avec la population. Si vous désirez encore moins cher, sachez que l'on peut se nourrir de riz et de légumes pour 1 $/j., et dormir pour guère plus dans les hôtels indiens populaires.

Pourboires et bakchichs

Le pourboire récompense un service, tandis qu'un bakchich permet d'ouvrir des portes. On attendra les deux de vous. Pour les pourboires (restaurants, taxis…) comptez 10 % env. du prix à payer. Pour les menus services, 10 à 20 roupies devraient être un maximum. Si vous donnez davantage, il est fort probable que vous verrez défiler, dans les minutes qui suivent, l'ensemble du personnel de l'étage, l'un vous amenant un bouquet de fleurs, l'autre une savonnette, un troisième son seul sourire. Le montant du bakchich est proportionnel à l'importance du service requis : quelques roupies pour le TTE qui vous a trouvé des draps alors que sa réserve était

Les Indiens ont l'habitude de maintenir les liasses par des agrafes : résultat, les billets sont très souvent troués. S'ils sont trop endommagés, les commerçants les refusent : il convient donc de vérifier soigneusement l'état des billets lors des opérations de change.

officiellement vide, un peu plus peut-être s'il vous trouve une place dans un train bondé. Conclusion : il est impératif d'être toujours en possession de petites coupures. La pratique du bakchich est délicate, bien qu'elle soit très répandue, car les limites qui la séparent de la corruption sont floues. Conservez cependant à l'esprit qu'**un bakchich doit toujours être proposé discrètement** et en aucun cas devant témoins, surtout s'il s'agit de collègues. Ajoutons qu'il ne nous semble pas nécessaire, dans un pays miné par la corruption, de donner de l'argent ni même des cadeaux aux policiers et autres fonctionnaires en service.

Langues

Le hindi, langue nationale de l'Union indienne, est parlée par un Indien sur trois environ, mais son importance s'accroît, et nul doute que l'ambition des milieux officiels est de le voir se substituer à l'anglais comme langue de communication entre les États. Outre les innombrables dialectes et langues tribales, les quatre grandes langues du S., de la famille dravidienne, sont le telugu (en Andhra Pradesh), le kannada ou canarais (au Karnataka), le malayalam (au Kerala) et le tamoul (au Tamil Nadu). L'anglais, parlé par tous les Indiens cultivés, est encore un instrument indispensable, et c'est en anglais que vous vous ferez le plus souvent comprendre, surtout dans les grandes villes. Le français est parlé à Pondichéry (pas autant qu'on pourrait le croire), par quelques antiquaires dans les grandes villes et quelques guides sur les sites.

« Bonjour », « bonsoir », « au revoir » se disent *namaste* ou *namaskar,* en joignant les paumes des mains devant le visage ou la poitrine ; ce salut remplace la poignée de mains et signifie : « Mon âme et la vôtre ne font qu'un » ou « Je salue le dieu qui est en vous ». Dans les grandes villes, les hommes ont adopté la poignée de main à l'occidentale.

Si la reconnaissance s'exprime d'un geste ou d'un regard, le mot « merci » n'existe pas dans les langues indiennes. Les hôtesses de l'air ont mis à la mode l'expression rare *dhanyavad,* qui signifie « soyez prospère » en sanskrit, pour traduire le *thank you* qui conclut leurs annonces en anglais.

À l'heure de l'Inde

L'heure officielle en Inde est en avance de 5 h 30 sur l'heure du méridien de Greenwich, et, par conséquent, de 4 h 30 (3 h 30 en été) sur celle de la France : lorsqu'il est midi à Paris, il est 16 h 30 (15 h 30 en hiver) en Inde. L'Inde n'utilise qu'un seul fuseau horaire.

Le marchandage, une règle d'or

Dans un pays où le niveau de vie reste très bas, il est facile de passer pour un « riche Américain ». Votre condition d'étranger fait que l'on vous proposera des prix 3 à 4 fois supérieurs à un prix « indien ». Faites alors la preuve de votre talent pour le marchandage. En la matière, la réputation des commerçants indiens n'est plus à faire. Ils vous assureront, les yeux dans les yeux, qu'ils descendent en droite ligne des artisans qui ornèrent les palais princiers ou de ceux qui taillaient les diamants de Golconde. Et puisque vous êtes français (ou belge, suisse, lituanien...), par conséquent ami de l'Inde, le marchand sentimental sera prêt à consentir un véritable sacrifice. Devant de telles envolées lyriques, ne perdez pas de vue votre objectif principal : l'article qui vous intéresse et le prix que vous êtes disposé à payer. Gardez le sourire et n'oubliez pas que le marchandage est avant tout un échange courtois, au terme duquel personne ne doit être la dupe de l'autre. Un idéal parfois difficile à atteindre lorsqu'il faut négocier pied à pied le prix d'une course avec un conducteur de rickshaw.

On se lève tôt en Inde ; dès 5 h, avant le lever du jour, les temples reçoivent la visite des fidèles qui viennent faire leurs dévotions avant d'entamer une nouvelle journée. Rues et campagnes s'animent dès le lever du soleil. Les banques, administrations et grands magasins comme les *emporia* d'État suivent, eux, des horaires plus occidentaux.

Les hôtels et les restaurants suivent les usages internationaux. La plupart des grands hôtels possèdent un *coffee-shop* ouvert 24 h/24, bien pratique en cas de départ très matinal. Les petites échoppes populaires, quant à elles, servent tout au long de la journée.

Officiellement, depuis l'indépendance, l'Inde utilise le calendrier « grégorien ». Les calendriers religieux hindous suivent un cycle luni-solaire (mois de 28 j. chacun portant le nom d'une étoile) et sont réglés selon une douzaine de chronologies, ou ères. L'ère *vikram* commence en l'an 57 av. J.-C. L'ère *shaka*, une des plus usitées, débute en l'an 78 de l'ère chrétienne.

Dans toute l'Inde, sont fériés et chômés :
1er jan. : jour de l'An,
26 jan. : *Republic Day*, fête nationale,
En mars : Holi,
En mars/avr. : Vendredi saint,
15 août : anniversaire de l'indépendance,
2 oct. : anniversaire de naissance du Mahatma Gandhi,
25 déc. : Noël.

Courrier

Les services postaux indiens fonctionnent avec régularité, ponctuée cependant d'une tendance certaine à la lenteur. Une lettre postée en Inde mettra 10 j. env. pour parvenir à son destinataire en Europe. Les bureaux de poste sont ouverts de 10 h à 16 h 30 en semaine et de 10 h à 12 h le samedi. Ils restent fermés le dimanche à l'exception de la Poste principale (GPO) des villes importantes, ouverte tous les jours de 8 h à 21 h 30. Le plus souvent, la réception des hôtels propose des timbres à leur clientèle : bien pratique pour éviter le corps à corps des files d'attente devant les guichets de poste.

Comment téléphoner

Pour téléphoner d'Inde vers l'étranger, composer le 00, puis le code du pays (33 pour la France, 32 pour la Belgique, 41 pour la Suisse), suivi de l'indicatif régional et du numéro du correspondant, sans le zéro initial en France. Ex. : pour appeler un numéro en France, composer 00 + 33 + 9 chiffres.
Pour appeler l'Inde depuis l'étranger, composer le 0091, suivi de l'indicatif de la ville sans le 0 initial puis le n° de votre correspondant

Téléphone et Internet

Grâce au développement des liaisons par satellite, il est désormais possible d'atteindre le monde entier par téléphone depuis toute l'Inde. En raison de faibles coûts de communication, le téléphone mobile est très utilisé dans tout le pays : on comptait plus de 54 millions d'abonnés au téléphone portable en Inde en 2004, chiffre qui devrait être multiplié par 3 en 2008. Il est également possible d'utiliser son propre téléphone en France.

Les cafés Internet font désormais partie du paysage des villes indiennes. On en trouve même dans les localités les plus modestes.

Les petites échoppes de téléphone, qui portent les enseignes STD/ISD, se sont multipliées dans tout le pays ; beaucoup restent ouvertes 24/24 h et l'on y paie sa communication deux fois moins cher qu'à partir des hôtels.

Séjourner

Savoir-vivre

L'Inde est l'un des pays qui exigent peut-être le plus de tact de la part des Occidentaux, notamment dans le comportement qu'il convient d'adopter face aux spectacles de misère et à l'égard des pratiques religieuses : il est des moments où il faut savoir oublier son appareil photo. Les Indiens sont très attentifs aux égards et à la courtoisie ; en effet, les rapports humains, conditionnés par le système hiérarchique des castes où chaque individu est tenu de remplir son rang et de rester à sa place, s'inscrivent ainsi dans le cadre de codes bien précis à l'intérieur desquels un Occidental fait rapidement figure d'« éléphant dans un magasin de porcelaine ». Point d'autre conseil que de rester discret, courtois et mesuré en toute circonstance, en gardant à l'esprit que les Européens sont, aux yeux des hindous pieux, assimilés à des intouchables.

Dans les lieux sacrés. Pour visiter les temples, les mosquées et même certains sanctuaires bouddhiques pourtant désaffectés, vous laisserez vos chaussures à l'entrée (et parfois également vos chaussettes), gardées contre une petite pièce. Cette marque de respect ne va pas sans poser de douloureux problèmes lorsqu'il faut traverser de vastes cours surchauffées par le soleil ; nous vous conseillons donc des visites très matinales. Sachez aussi que tous les temples brahmaniques ne sont pas accessibles aux non-hindous. Parfois, l'interdiction se limite au sanctuaire. L'accès aux temples du Kerala n'est ainsi pas autorisé aux touristes. Néanmoins, lorsque des représentations (kathakali, kutiyattam, krishnanattam) se déroulent dans la 1re enceinte, les étrangers sont parfois admis.

Files d'attente. Le principe fondamental est de ne pas laisser le moindre espace entre celui qui vous précède et vous de sorte qu'aucun resquilleur ne puisse s'immiscer. Bien entendu, la personne qui vous suit se fera un devoir de se coller contre votre dos. L'exercice n'est guère agréable par grosse chaleur d'autant qu'il se pratique rarement en silence. Ménagez votre temps et votre bonne humeur. Lorsque c'est possible, faites accomplir ces démarches par un professionnel (un agent de voyages). Le prix du service sera modique en comparaison de ce à quoi vous aurez échappé.

Sécurité

Même si la sécurité n'est pas un problème majeur, il faut néanmoins garder à l'esprit que 40 % de la population vit dans des conditions si précaires qu'un Occidental passe forcément pour quelqu'un de riche, même s'il voyage à petit budget. Quelques précautions élémentaires doivent donc être respectées. Dans les endroits publics, évitez de brandir des liasses de billets ; mieux avoir une réserve de petites coupures dans une poche et le reste de son argent dans une autre, en lieu sûr.

Dans les hôtels bon marché, assurez-vous, avant de vous endormir, que votre porte est bien fermée ; fermez vos valises à clef lorsque vous quittez la chambre où vous ne laisserez aucun objet de valeur pendant la journée. Dans le train, faites comme les Indiens : attachez votre valise (fermée à clef) à un pied de la banquette à l'aide de votre propre cadenas. Attention aux pickpockets, en particulier dans les gares et les lieux touristiques.

Mendicité

Il ne nous appartient pas de vous conseiller sur l'attitude à observer à l'égard des nombreux mendiants ; il faut cependant savoir que ceux qui se pressent à l'entrée des grands temples jouent un rôle religieux en permettant aux dévots de s'acquitter de leur devoir de charité ; quant à ceux que l'on rencontre dans la rue, devant les grands hôtels, sachez que, même si beaucoup appartiennent à des réseaux dont les chefs prélèvent une part importante des « gains », la mendicité demeure pour eux l'unique moyen d'existence.

Photos

Le pays est une invitation permanente à la prise de vue. Mais il est interdit de photographier ponts, aéroports, gares et installations militaires ou stratégiques. Sachez rester délicats avec vos modèles improvisés : demandez toujours l'autorisation avant toute prise de vue.

Astrologues

Les hindous considèrent que les astres exercent une influence sur le destin des hommes ; ils ont donc fréquemment recours au service d'un astrologue avant de prendre une décision importante (construction d'une maison, installation d'un nouveau bureau...) et de fixer les dates d'événements importants, tel le mariage. Ne vous étonnez pas de voir, dans les hôtels, un astrologue tenir boutique entre le coiffeur et le marchand de souvenirs.

Yoga et méditation

De nombreux Occidentaux, tentés par l'aventure mystique, vont en Inde pour suivre les enseignements d'un maître de méditation ou de yoga. Dans un passé récent, certains gourous se sont révélés être de fieffés escrocs : restez donc vigilant à l'égard d'un certain « tourisme mystique ». Entrer dans un ashram demande une préparation et un cheminement intérieur qui ne s'improvisent pas.

Toilettes

N'en cherchez pas en dehors des hôtels et restaurants. Il y en a, en revanche, dans les trains ; des arrêts sont prévus pour les longs trajets en bus. Il est conseillé de toujours se munir de papier hygiénique.

Médias

Journaux. Il est extrêmement difficile de se procurer des journaux et des magazines francophones, et cela même dans les grandes villes. On trouve, en revanche, la presse anglophone *(Herald Tribune, Times)*. Il existe de nombreux quotidiens indiens en langue anglaise, tels *Indian Express,Times of India* ou *The Hindu* ; peu ouverts aux informations internationales, ils constituent une mine pour approcher les réalités du pays via les faits divers. Ne manquez pas les éditions du dimanche où plusieurs pages sont consacrées aux annonces matrimoniales : les parents y présentent leur progéniture, offrant à lire de véritable tranches de vie. On trouve également d'excellents hebdomadaires anglophones, *India Today* étant le meilleur.

Horoscopes

Par la tradition révélée de l'Inde, l'être humain est partie intégrante d'un ordre cosmique *(dharma)*. Entre le microcosme qu'est l'homme et le macrocosme qu'est l'univers, il existe donc naturellement une correspondance. De même que telle conjoncture astrale, observée depuis la plus haute Antiquité, permet de prédire l'arrivée de la mousson, qui régit impitoyablement la vie de l'Inde, de même, pense-t-on, la vie quotidienne de chacun est soumise à l'influence des astres, en particulier des planètes, qui sont, dans l'astrologie indienne, au nombre de neuf : à Mercure, Vénus, Mars, Jupiter et Saturne sont joints la Terre, la Lune et les deux « nœuds », ascendant et descendant, de la Lune. Leurs représentations figurent dans de nombreux temples, où on les vénère particulièrement pour se les rendre propices lors d'occurrences astrales néfastes telles que les éclipses. Des millions d'almanachs *(panchang)* sont publiés chaque année dans toutes les langues, indiquant les moments favorables ou néfastes de chaque jour. On ne saurait exagérer l'importance des astrologues *(jyotishi)* – qui sont des brahmanes –, consultés par des gens de toutes catégories sociales dans les circonstances importantes de leur vie. La date même de l'indépendance de l'Inde, fixée par lord Mountbatten au 15 août 1947, dut être modifiée car, selon les astrologues, ce jour était néfaste : l'indépendance fut déclarée par Nehru le 15 à minuit, c'est-à-dire le 16 août (voir Lapierre et Collins, *Cette nuit la liberté*).

Quelques spécialités artisanales

• **Tamil Nadu**. Saris de soie et de coton à Madras, Kanchipuram, Madurai... À Tanjore vous visiterez les luthiers, bronziers et peintres sur verre. Sur la côte de Coromandel, on trouve de ravissantes boîtes de bois laqué, ainsi des objets en bois de teck.

• **Andhra Pradesh**. Voir surtout les kalamkaris, tissus peints de scènes empruntées aux épopées hindoues, dont le centre de production se trouve à Sri Kalahasti. Hyderabad s'est fait une spécialité du négoce des perles, achetées au poids ou montées. On trouve également dans la région des objets en métal travaillé selon la technique du *bidri* (incrustation de filigranes d'argent sur métal noir) et de ravissants jouets de bois peint dont les plus célèbres sont confectionnés dans la région de Kondapalli. À Srisailam, des populations tribales proposent leur production artisanale.

• **Karnataka**. Soieries encore, à Mysore et Bangalore. Depuis le Moyen Âge, la région est connue pour l'artisanat du santal : le bois est travaillé pour confectionner de délicieux objets et son huile sert à la confection d'encens ou de savon. Les régions montagneuses proposent enfin l'infinie déclinaison de leurs épices.

• **Kerala**. Des épices fraîches et des extraits de plantes (citronnelle, gingembre, eucalyptus, jasmin...), des objets en cuir (tapis et sacs), des textiles (cotonnades de grande qualité), des masques traditionnels, des objets en bois sculptés, des lampes à huile, des pots, des plateaux en cuivre, laiton ou bronze, des miroirs de bronze poli et quelques antiquités (à Trivandrum et dans Jew Street à Cochin).

Dans de nombreux hôtels, vous trouverez à votre réveil, glissée sous la porte de votre chambre, la dernière édition d'un quotidien anglophone.

Télévision. Dans tout le pays, on reçoit désormais par satellite les chaînes d'information anglophones (BBC, CNN), ainsi que les chaînes de loisirs internationales. La réception de TV 5, chaîne internationale francophone, est théoriquement possible, pour peu que votre hôtelier prenne le soin de diriger sa parabole vers le satellite approprié.

Informations touristiques

Il existe deux organismes de renseignements touristiques : l'un est géré par l'État fédéral *(Government of India Tourist Office)*, l'autre *(State Tourist Office)*, localement par l'État concerné. Le 1er est plus largement implanté, mais le 2e mieux documenté.

Les agents de voyages, qui vendent des prestations (réserv. diverses, circuits organisés, location de voiture avec chauffeur), peuvent être des professionnels amoureux de leur région et sont alors un bon recours.

S'il vous est nécessaire de rencontrer des interlocuteurs parlant français, poussez la porte des agences *Air France* ou adressez-vous aux Alliances françaises où vous recevrez le meilleur accueil.

Guides

Ils sont souvent recommandés et parfois indispensables, même s'ils ont tendance à vous détourner vers les magasins de souvenirs. Ils sont rétribués en fonction du nombre de personnes (de 1 à 4, de 5 à 16, et 17 et plus) et de la durée selon des tarifs (modestes) réglementaires disponibles dans les OT (300 roupies env. pour 1/2 j.).

Pour 1 j., comptez un forfait pour le déjeuner. Pour des déplacements en dehors de la ville, de deux ou plusieurs jours, on doit prévoir une indemnité pour le logement et un supplément si le guide parle une langue étrangère.

En revanche, la compagnie des brahmanes qui s'offrent à vous prendre en charge dans les temples est vite lassante et rarement instructive.

Achats et souvenirs

Le voyage en Inde du Sud est une sollicitation permanente à ouvrir son portefeuille et remplir sa valise. Les artisans indiens travaillent l'or, l'argent, la soie, l'ivoire, la laque, la nacre, les pierres précieuses (le diamant), divers bois (santal, bambou, teck...) et des quantités d'autres matières, jusqu'à la fibre de palme, les vieux chiffons, etc., pour en tirer des objets dont la réputation, quant à certains, tels les brocarts et les saris de soie, les marqueteries d'ivoire, de nacre et de bois, n'est plus à faire. Les soieries et les tapis sont souvent fabriqués par les enfants qui travaillent, la plupart du temps, dans des conditions déplorables. Une trentaine de fabricants de tapis (sur 1 500 !), regroupés dans l'association Carpet Manufacturers Association Without Child Labour (CMAWCL), s'interdisent d'employer des enfants.

Rappelez-vous que l'exportation des peaux d'animaux (serpents et autres) est interdite, qu'il s'agisse de peaux brutes ou d'articles manufacturés (fourrures), tout comme celle des antiquités. L'importation d'ivoire en Europe l'est également.

■ Courant électrique

Il est généralement débité sous une tension de 220 V (courant alternatif, 50 cycles), et les prises pour les rasoirs sont du type européen.

■ Poids et mesures

L'Inde a adopté le système métrique. Sur les routes, les distances sont indiquées en kilomètres. Néanmoins, deux unités de mesure traditionnelles sont fréquemment utilisées : le lakh (100 000) et le crore (10 millions).

Spectacles, loisirs et fêtes

Les bons hôtels des grandes villes et les OT proposent le programme des différentes manifestations du moment. Certains spectacles sont liés à des fêtes religieuses mobiles *(→ ci-dessous)*, d'autres sont à dates fixes (comme le festival de Madras, en déc.-janv.). Les journaux de langue anglaise, tels l'*Indian Express* ou le *Hindu*, largement diffusés dans le S., vous informeront des programmes offerts par la ville où vous êtes de passage.

■ Spectacles sportifs

Selon la saison et les occasions, vous pourrez assister dans les grandes villes à des matchs de polo, de cricket ou de football. Des courses de chevaux ont lieu à Bangalore.

■ Cinéma

Allez au moins une fois au cinéma, principale source de distraction des Indiens, pour assister à la projection d'un film produit dans un studio indien. Si l'intrigue est mince, les scènes d'action ne manquent pas. Les salles de cinéma sont en général climatisées, mais l'ambiance dans la salle est chaude.

■ Plages

À l'E. comme à l'O., les côtes du Sud de l'Inde sont relativement dangereuses et la baignade doit être envisagée avec la plus grande circonspection. Sachez également qu'en dehors des zones touristiques (à Goa par exemple), les plages servent souvent de toilettes publiques aux villageois des environs, à leur bétail et aux animaux domestiques.

■ Les grandes fêtes de l'année

L'année indienne est une succession de fêtes nationales ou locales dont les dates varient. En parcourant le Sud, vous rencontrerez forcément une procession ou des manifestations spectaculaires liées à une divinité ou au cycle des saisons. Les bureaux de tourisme publient chaque année la liste *(disponible en oct.)* des fêtes avec leurs dates respectives. Les fêtes musulmanes, qui respectent le calendrier lunaire de l'islam, sont mobiles.

Il s'agit des grandes fêtes liées au calendrier traditionnel hindou célébrées dans un ou plusieurs États du Sud. En outre, chaque temple a son propre calendrier des fêtes qui donnent lieu à des célébrations diverses, notamment des processions de chars.

Janvier. **Pongal (Sankranti)**, l'une des plus joyeuses de l'Inde du Sud, donne lieu à de nombreuses festivités dans chaque village. On fête le renouveau du soleil, les moissons, et l'on remercie tout à la fois la terre et les bœufs qui la travaillent. Pendant les 4 j. que dure la fête, la maison est nettoyée de fond en comble, les vieux pots sont jetés et les murs repeints aux couleurs de Vishnou et de Shiva. Sur le seuil, les femmes tracent de nouveaux *rangoli* (dessins sacrés) aux motifs propres à l'occasion. Les cornes des bœufs sont peintes de couleurs vives pour le plus grand bonheur des photographes. C'est durant la fête de Pongal que sont organisées les courses de taureau, les *jallikattu* (*→ encadré p. 211*).

Février-mars. **Shivaratri**, fête du dieu Shiva, est célébrée dans toute l'Inde ; les dévots passent Mahashivaratri, la nuit de Shiva, en chants et actions de grâce, suivis de *puja* et de processions. Les 4 j. précédents donnent lieu à de grandes foires dans de nombreuses localités : à Chidambaram, la fête est particulièrement spectaculaire avec l'afflux de dizaines de milliers de pèlerins.

Holi célèbre le printemps : à cette occasion, les Indiens ont pour coutume de s'asperger mutuellement d'eau colorée, en rouge le plus souvent, car cette couleur symbolise le sang neuf de l'année. Les touristes sont une cible privilégiée : mieux vaut porter des vêtements usagés ou attendre sagement à l'hôtel la fin des festivités.

Rama Navami commémore, pour les adorateurs de Vishnou, la naissance de Rama, avatar du dieu. Des danseurs miment des épisodes du *Ramayana* et à Hyderabad, le Premier ministre, successeur en la matière des nizams, offre des vêtements luxueux à la divinité.

Avril-mai. **Baishakhi**, nouvel an solaire au Kerala et au Tamil Nadu ; **Yugadi**, nouvel an lunaire au Karnataka, au Kerala et en Andhra Pradesh.

Août-septembre. Fête d'**Onam**, de la moisson, au Kerala, qui donne lieu à de spectaculaires compétitions de barques en forme de serpent.

Ganesha Chaturthi fête le dieu éléphant dans tout le pays ; dans les maisons et les quartiers, on vénère pendant une semaine des effigies d'argile de Ganesha que l'on ira, au terme de la fête, confier à la mer, à la rivière ou au plan d'eau le plus proche, en d'immenses et bruyantes processions. Le 4e j., on évite de regarder la lune pour ne pas attirer le malheur sur soi.

Septembre-octobre. **Dussehra** (prononcer Dashara). Cette fête en l'honneur de Durga prend des formes différentes selon les lieux. Elle est connue en Inde du Sud sous le nom de **Navaratri**, d'après les 9 j. que durent les célébrations. À Mysore – où elle dure 10 j. –, elle prend un tour très spectaculaire : splendides illuminations, défilé d'éléphants et riche programme de musique et de danse.

Octobre-novembre. **Divali**, 20 j. après Dussehra, est la fête des lumières pour ceux dont la vie religieuse est réglée sur le calendrier *vikram*. Durant cette fête de la prospérité, les riches négociants illuminent leurs quartiers de résidence et leurs lieux de travail, et distribuent des vêtements usagés. Les célébrations durent 4 j. dans une joyeuse explosion de feux d'artifice et de pétards.

Comprendre

Un ensemble d'introductions présentant la société, l'histoire et la civilisation de l'Inde du Sud

L'Inde aujourd'hui

par Jackie Assayag

Depuis sa fondation en 1947, à la suite de passions mobilisatrices et d'un drame intense, l'Inde s'est cristallisée en une idée : celle de la démocratie. L'Inde indépendante offre désormais le spectacle d'une activité collective débordante et de personnages hors du commun, l'exemple d'objectifs atteints et de résultats parfois inattendus, en dépit d'échecs mémorables. Seuls les détails et la texture de cette mutation historique, à la fois nationale et postcoloniale, permettent de comprendre la trajectoire singulière de cette vaste région. Formidable laboratoire social tant par la multiplicité de ses langues, l'importance que continuent de revêtir le mariage et la famille, les religions et l'idée de nation, mais aussi la pyramide de ses institutions, que par les formes paradoxales qu'entretient une société faisant la part belle à la modernité alors que sa population est majoritairement pauvre, paysanne, hindoue.

Si l'Inde s'est proclamée haut et fort national-hindouiste dans les années 1980-1990 – au diapason du mouvement de la « contre-sécularisation » planétaire –, elle a mis subitement fin à cette expérience « safran » en votant pour le parti du Congrès aux élections de 2004 ; ce mouvement avait été créé en 1885. Aujourd'hui, la question est de savoir si ces quelque 15 années du règne du national-hindouisme (partagé avec une vingtaine de partis régionaux) n'auront été qu'une parenthèse. Contrainte d'ouvrir son économie sous la pression de l'ajustement structurel en 1991, l'Inde s'insère progressivement dans le nouvel ordre mondial. Elle s'y applique à son rythme, c'est-à-dire à la manière d'un éléphant. L'Inde se mondialise donc bel et bien, mais au travers d'une formule qui lui est propre : la réinvention de sa différence.

L'Inde d'hier et d'aujourd'hui

L'Inde fut-elle découverte ou inventée ? Ce continent monumental, que les Occidentaux plaçaient volontiers aux confins de l'imaginaire et du surréel, fut longtemps perçu à l'instar d'un inventaire exotique ou d'un état d'esprit, au risque d'en dérober l'accès. De fait, en dépit de la circulation des hommes et des marchandises, des idées et des images, pour ne rien dire des autoroutes de l'information et de la mondialisation, l'Inde reste trop souvent ce qu'elle fut depuis l'Antiquité : une terre

Procession de la Ganesha Chaturthi à Bombay.

L'Inde en bref

Superficie : 3 287 000 km²
Langues officielles : 18
Capitale : Delhi (9 817 439 hab.)
Mégalopoles : Bombay (Mumbai), 11 914 398 hab. ; Calcutta 4 580 544 hab., (plus 1 088 704 avec le faubourg de Howrah) ; Madras 4 216 268 hab.
Institutions : démocratie parlementaire, République fédérale : 28 États, 7 territoires • chef de l'État : A.P.J. Abdul Kalam depuis juillet 2002 • chef du gouvernement : Manmohan Singh depuis mai 2004.
Démographie
Population : 1,068 milliard
Densité : 348 hab./km²
Population de moins de 25 ans : 53 %
Taux de natalité : 24,6 ‰
Taux de mortalité : 8,7 ‰
Taux de mortalité infantile : 71 ‰
Pop. rurale : 72 %
Espérance de vie : femmes 64 ans, hommes 62 ans
Indice de fécondité : 3,1
Développement humain : 127e rang mondial
Population vivant avec moins de 1 $ par jour : 35 %
Alphabétisation : femmes 46 %, hommes 69%
Religions
hindous 80,5%, musulmans 13,4%, chrétiens 2,3%, sikhs 1,9%, bouddhistes 0,8%, jaïns 0,4%
Économie
Monnaie : roupie (58 Rs = 1 €)
PIB/hab. : 538 $
Importations : 83,85 milliards de $ (2002)
Exportations : 77,6 milliards de $ (2002)
Dette extérieure : 104,4 milliards de $ (2002)
Taux de croissance du PIB : 4,4% (2002-2003), 6% (2004)
Taux d'inflation : 3,7
L'Inde est dans le monde le 1er producteur de thé, beurre, jute, sucre, longs métrages • le **2e producteur** d'arachides, de blé, de mil-sorgho, de riz, de mica, de logiciels • le **3e producteur** de coton, de tabac, de charbon.

d'affabulation et l'horizon d'exotisme par excellence. Quels que soient les savoirs mobilisés pour lutter contre les clichés, l'idée fantasque d'une Inde dont l'éternité le dispute à la pacotille est toujours prête à renaître, ce qui n'étonnera pas le sens commun puisqu'il y reconnaît la terre des réincarnations. Certes, le roi des serpents à mille têtes, Shesha, sur les anneaux duquel repose le dieu Vishnou, représente la durée illimitée. Mais nul n'est obligé de prendre à la lettre la mythologie hindoue pour en goûter la fantaisie surhumaine. L'Inde n'est en effet rien moins qu'un songe du fait de son ampleur, de la diversité de ses paysages, de son histoire longue et de sa démographie. Sa superficie est six fois celle de la France et s'étend de la chaîne de l'Himalaya, au N., jusqu'au Cap Comorin, au S., où se rejoignent l'océan Indien et la mer d'Arabie. Sa population compte plus d'un milliard d'individus : elle dépassera la Chine à l'horizon 2040 car elle se reproduit au rythme d'une « Australie » par an – aujourd'hui, un homme sur six dans le monde est indien.

Un sous-continent de profusion

Le sous-continent indien n'est pas seulement vaste (3,28 millions de km²), il est aussi immensément varié en termes de géographie physique et de populations.

Le défi consiste donc à penser une région qui inclut les étendues neigeuses de l'Himalaya, les déserts brûlants du Rajasthan, le large plateau du Deccan, la plaine indo-gangétique, les luxuriantes régions côtières en zones tropicales, les forêts denses du N.-E. et les mauvais sols érodés de la vallée du Chambal ; avec, à chaque fois, des peuplements afférents. On y découvre aussi les quatre grands fleuves donneurs de vie : le Gange, la Cauvery, la Narmada et la Krishna, soit autant d'océans de mythologie. Quant à son climat de mousson, avec ses étés chauds et humides, ainsi que ses hivers secs et frais, séparés par deux mois brûlants en mai et juin, il règle encore pour une bonne part le revenu national plus que toute autre variable.

Au moins aussi impressionnants que les variations physiques ou climatiques sont la diversité des cultures et le dynamisme des religions, le foisonnement des traditions, la pluralité des styles de vie, la créativité du système politique et la plasticité relative des institutions. La capacité qu'a la population indienne à s'adapter et à se réinventer au cours de sa longue histoire étonne. Cette faculté vire même au paradoxe. La manière qu'a l'Inde de regarder en arrière pour aller de l'avant ne se révèle pas préjudiciable au progrès, ce que montre son entrée exemplaire à pas comptés mais déterminés dans la mondialisation. Bien des parties de ce monde indien, que l'on décrit fermé sur lui-même, sont plus ouvertes au grand large que ne le sont certains pays industrialisés. La notion d'une essence indienne, à la généalogie supposée linéaire et multimillénaire, n'a pas plus de sens que celle d'un Orient immuable.

S'il existe une classe moyenne indienne, pour une grande part de la population l'acquisition de biens de consommation courante demeure un rêve alimenté par la publicité : plus d'un tiers des Indiens vivent avec moins de 1 $ par jour.

En quête de classes moyennes

Au dire des médias, une « grande classe moyenne » a émergé depuis les années 1980 : ses membres les plus aisés consommeraient les produits du marché mondial. Au regard de la taille et des caractéristiques de cette classe moyenne, il faut toutefois reste lucide ; si ses membres sont effectivement susceptibles d'acheter des biens, comme une radio ou un vélo, seule une minorité est en réalité capable de se procurer des produits de consommation coûteux et durables. Selon le Conseil national pour la recherche économique appliquée, on peut classifier ainsi cette population : 150 millions ont les moyens d'acquérir des biens durables ; 275 millions sont en voie d'assimilation lente aux précédents ; 50 millions y aspirent. Si donc ce groupe semble homogène dans ses visées, il se révèle socio-économiquement segmenté par son pouvoir d'achat, qui le situe entre les six millions de « très riches » et les 500 millions de « très pauvres ». La notion de classe sociale, selon le modèle occidental, s'exporte donc mal. Ces résultats attestent que la classe moyenne indienne est bien celle d'un pays pauvre, placée loin derrière celles des « tigres asiatiques » et de la Chine, ou encore du Mexique et du Brésil. Dès lors, on comprend la désillusion des investisseurs internationaux qui, à la faveur de l'ouverture économique (1980-1990), avaient fondu sur le marché indien sur la base d'une consommation estimée en chiffre démographique absolu de la population, ignorant de la sorte ses composantes sociologiques.

Des Indes contemporaines

Face à cette « esthétique du divers », grande est la tentation du voyageur de marmotter la litanie des contrastes exotiques entre l'ancien et le nouveau, d'opposer la modernité à la tradition et de souligner les contradictions : là, une économie de subsistance (tribale) ; ici, la nouvelle économie informatique (des zones high-tech). Certes, les bidonvilles surpeuplés bourgeonnent au pied des gratte-ciel des mégalopoles. Certes encore, les intouchables côtoient les richissimes hommes d'affaires anglicisés. Certes enfin, les paysans sortis d'un autre âge adulent les stars sophistiquées de Bollywood dont l'occidentalisation à l'indienne, ou l'inverse, ravit les publics de l'Asie du Sud et du Sud-Est jusqu'au Moyen-Orient et l'Afrique subsaharienne.

En dépit des anachronismes apparents, toutes ces Indes dissonantes sont pourtant contemporaines. Elles coexistent et se partagent sur des lignes de frontières sociales et culturelles, ainsi que sur la base d'inégalités économiques souvent criantes. Considérer l'une quelconque de ces Indes comme l'expression fossilisée de la société, telle une « tradition » ou une « civilisation » venue du fond des âges, est une illusion ; comme est un leurre de lui opposer cette Inde qui galoperait vers la modernité, *via* le progrès, à la faveur du culte des hautes technologies. Car les informaticiens aussi bien que les intouchables, les tribaux, les analphabètes ou les pauvres, sont les produits dudit « progrès ». Le tiers-monde et la modernité sont les fruits des contradictions propres au développement économique et social inégal.

La cohorte de laissés-pour-compte de la planète, dépourvus de pouvoir et la plupart du temps rivés au sol, est (in)également embarquée dans les processus mondiaux en cours ; comme le sont les équipes de décideurs qui la mettent en œuvre. Mais ils en tirent, eux, bénéfices, puissance et privilèges. Tous contribuent (sciemment ou à leur insu) à la dynamique d'un monde voulu davantage intégré, quoique toujours plus fragmenté. De cette réalité témoignent les dizaines de milliers de militants – paysans, femmes, intouchables, dirigeants politiques – rassemblés lors du Forum social mondial (FSM) à Mumbai en 2004 ; tous sont pleinement concernés par une mondialisation que la majorité d'entre eux considère comme « im-monde ». Ainsi le débat s'est-il ouvert en Asie, après avoir fait rage dans les pays du Sud et du Nord.

L'Inde une ou multiple ?

Que le voyageur approfondisse cette « esthétique du divers » dans l'histoire, et il découvre que la péninsule indienne s'apparente moins à une civilisation qu'à un carrefour. Depuis la haute époque, avant que cette région ne s'orchestre en États-nations, l'Asie du Sud fut un espace d'échanges et d'emprunts tous azimuts entre ethnies, tribus, peuples et religions, qui s'acculturèrent ou s'affrontèrent sur la base de communautés, féodalités et royaumes. Ceux-ci s'interpénétrèrent ou luttèrent par la guerre, le commerce ou la rapine. Les styles de vie aussi bien que les productions esthétiques et intellectuelles exercèrent leurs influences réciproques. Certes, partages et syncrétismes cédèrent périodiquement face aux orthodoxies ou aux crispations « identitaires ». Mais ce vaste réseau de circulation des hommes, des marchandises et des idées, qui transitèrent soit par les routes terrestres, soit par les voies maritimes, s'est confondu avec le monde eurasiatique. Jusqu'au XIIe s., les frontières de l'Inde restèrent floues, élargies souvent jusqu'en Asie centrale d'un côté, et en Asie du Sud-Est de l'autre. Non seulement les Indiens « civilisèrent » ces populations, sous le chef de l'hindouisation (jusqu'en Chine et même au Japon par le bouddhisme), mais encore de larges parties de ces régions furent elles-mêmes « civilisées » par l'islam. On assista donc à un brassage ou une symbiose culturelle millénaire entre populations hétérogènes, ainsi qu'entre royaumes (hindous) et sultanats. Cela n'empêcha pas conflits et massacres d'être légion. Mais la coexistence et les mélanges, les répulsions comme les hybridations mentales et pratiques autorisèrent de subtiles accommodations entre hindous, sikhs, musulmans, parsis, chrétiens d'espèces diverses ; certains plus ou moins ortho- ou hétérodoxes, tant dans la culture populaire qu'au sein des milieux savants.

Hindous, musulmans, Britanniques

Ce n'est qu'avec l'arrivée des Portugais en Inde du Sud, vers 1500, que la question des identités religieuses fut perçue et traduite en dichotomie ethno-religieuse : la population se partageait en deux « *natios* », deux religions irréconciliables. D'un côté, les hindous, considérés comme les polythéistes autochtones septentrionaux ; de l'autre, les Maures ou musulmans, ces monothéistes venus de l'étranger. Le grand empire des Moghols, fondé vers 1600 et enraciné dans la culture de cour turco-persane, fut alors opposé à la société du Sud, centrée, elle, sur les textes sanskrits, la langue tamoule et les temples minuscules ou monumentaux.
Vue d'Europe, la première représentation alimenta le modèle du « despotisme oriental » dont la catégorie connut une riche destinée dans la philosophie politique européenne en tant que repoussoir absolutiste. La seconde servit à illustrer l'enthousiasme religieux et l'exubérance rituelle des hindous, dont disputaient alors les missions jésuites au travers des questions controversées du culte, de la superstition et de la conversion, enfin de la religion « première ». La conquête britannique, qui a commencé de manière brutale en Inde (du Sud) dans les années 1740, a perpétué l'opposition entre ces deux Indes. Pis, elle a progressivement conforté l'idée que deux communautés clairement séparées vivaient sur un même territoire. À terme, l'Inde vue à travers le prisme sanskrit l'emporta sur le pan turco-persan : l'Inde « véritable » est hindoue plutôt que musulmane. C'est en 1788 que le Grand Partage fut installé sur la *Map of Hindoostan*, qui offrit la première vue de l'Inde considérée comme une réalité territoriale du N. au S.

Du territoire à la nation

La colonisation s'approfondissant, la recherche de l'intégrité et de la pureté indienne s'intensifia, tant chez les Britanniques que parmi les Indiens. Au XIXe s., l'idée se fit jour de condamner la culture musulmane, pourtant longuement patinée en Inde, ainsi que toutes les formes syncrétiques de l'agir et du croire. Des réformateurs musulmans dénoncèrent les superstitions hindoues. Le Raj désarma la paysannerie, afin de mieux la sédentariser, et on réprima dans le même temps l'ensemble des cultures nomades. Dès lors embarqués dans une histoire commune – mais avec des objectifs contradictoires –, colonisateurs et réformistes néo-hindous s'enquirent de l'âge d'or, dit « Inde classique », période durant laquelle s'épanouirent le sanskrit, les *Veda*, le brahmanisme…
La quête de l'unité d'une Inde authentique devint la croix des orientalistes et la bannière safran des militants nationaux-hindouistes. À leurs yeux, les vrais Indiens sont exclusivement issus de cette culture hindoue plurimillénaire. Son origine se confond avec les Aryens, ces habitants présumés nordiques et autochtones. L'idéal politique d'une Inde enfin libérée des allogènes musulmans, britanniques ou chrétiens – colonisateurs à divers titres – a servi de munitions à la lutte pour l'indépendance. Cet idéal religieux, à la fois régressif et purifié, a forgé le désir de nation. Le Bharatiya Janati Party (Parti du peuple hindou) en fut la plus récente incarnation. Certes, l'Inde porte encore trace des sédiments des cultures plurielles cristallisés *dans* et *par* une histoire turbulente et tourmentée, du moins pour qui adopte le regard éloigné et prend acte de la longue durée. Mais la question mérite d'être posée : dans quelles proportions et pour encore combien de temps ?

Diaspora : l'Inde n'est plus dans l'Inde

Longue est l'histoire des migrations depuis le sous-continent indien. Celles-ci remontent à l'Antiquité, avec le commerce maritime et terrestre, et elles n'ont pas cessé depuis lors, notamment par la colonisation et la montée en puissance des empires, pour s'accélérer à la période contemporaine à la faveur du développement des transports, des échanges et de la communication. Ces migrations et les diasporas installées hors de l'Inde ont eu un fort impact sur la destinée du sous-continent, bien au-delà de leur nombre finalement limité.

Les NRI *(Non residents in India)*
À partir des années 1960-1970, les flux migratoires ont été essentiellement le fait, d'une part, de professionnels très qualifiés et anglophones qui s'installent en Grande-Bretagne et aux États-Unis, d'autre part, de travailleurs manuels peu qualifiés engagés dans le sous-continent par des intermédiaires locaux et envoyés dans les pays du Golfe et de l'Asie du Sud-Est. Si ces NRI (non-résidents en Inde) sont loin d'avoir joué un rôle aussi décisif que celui des Chinois d'outre-mer dans le développement de l'économie continentale, leur importance est reconnue en Inde, comme le montrent les facilités qui leur ont été récemment accordées en termes de nationalité, d'investissement et d'accès au personnel politique. On sait, par ailleurs, qu'un tiers des revenus de l'industrie cinématographique de Bollywood provient des NRI. C'est dire combien ceux-ci influent sur les goûts et les modes de comportement des classes moyennes. Par le biais des médias, ils façonnent la « communauté imaginaire » des Indiens aussi bien en Inde qu'ailleurs.

L'ensemble de ces transformations technologiques a favorisé un phénomène social paradoxal : la fascination envers l'international et le cosmopolitisme qui se conjugue à un goût accru pour les cultures vernaculaires, la quête des « racines », voire l'adoption du style ethno-chic. De là, cette tension entre la volonté d'occidentalisation et le refus de s'aliéner de la sorte, l'enthousiasme

◄ À Paris, la communauté hindoue se rassemble pour célébrer la fête de Ganesha, événement majeur du calendrier religieux. Une occasion pour les NRI de manifester leur appartenance à la religion et à la culture indiennes.

affiché pour la mondialisation le disputant à sa dénonciation virulente ; sentiment ambivalent qui alimente à la fois le modernisme et le conservatisme en politique mais, plus dangereusement encore, l'idéologie d'un national-hindouisme éventuellement xénophobe.

▲ **En 1903, le jeune Gandhi est avocat de la cause indienne en Afrique du Sud, après des études de droit en Angleterre. Rentré en Inde à 45 ans passés, il fait figure d'exemple pour tous les émigrés indiens.**

Les migrations contemporaines

Le développement des transports modernes et la baisse du coût des voyages ont favorisé les allers-retours, les échanges, et facilité par conséquent le maintien des liens avec la métropole. Grâce à l'usage du téléphone ou à l'envoi de cassettes audio ou vidéo (notamment de Bollywood et de *world music hinglish* ou *bhangra*), le développement des télévisions satellitaires, ainsi que l'emploi intensif du courrier électronique, les membres des diasporas restent en contact avec leurs familles, leurs amis, leurs relations d'affaires et leurs « cultures » en Inde. Les migrations ont cessé de valoir comme aller simple et définitif : une majorité de migrants s'installent « chez eux en diaspora », de telle manière que leurs enfants disposent du maximum de chances non seulement de réussir économiquement et socialement, mais aussi de retourner au pays. En dépit de discours volontaires, nostalgiques ou militants (hindous ou musulmans), l'intention de retour est la plupart du temps abandonnée et relève de ce que Salman Rushdie a qualifié de « patriotisme imaginaire ».

Mariages, appartenances

À ce titre, les mariages par-dessus les océans ou entre continents avec les Indiens vivant toujours en Inde revêtent une grande importance. Ceux-ci, toujours « arrangés » et négociés par les familles respectives grâce aux nouvelles technologies de communication ou par le moyen de publicités matrimoniales diffusées dans les journaux, outre l'usage des réseaux personnels ou professionnels qui garantissent la réussite d'une entreprise importante entre toutes puisqu'elle vise à reproduire le capital racial, social, culturel et économique de la famille. Quelle famille indienne ne rêve-t-elle pas de marier une fille à un ingénieur de la Silicon Valley, en Californie ? Pour autant bien sûr que la caste, la couleur de l'épiderme, l'éducation et le revenu s'harmonisent. Du côté des *non residents in India* – parfois brocardés *non real Indians* –, c'est une manière de perpétuer le lien du sang et de la culture, l'appartenance à la communauté et à la religion, une façon de maintenir à longue distance l'idée d'autochtonie : les exilés n'ont pas complètement abandonné la terre de leurs ancêtres.

▲ **Extrait de *Joue-la comme Beckham* de Gurinder Chadha, réalisatrice britannique d'origine indienne. Partagée entre le respect des traditions familiales et sa passion émancipatrice pour le football, une jeune anglaise d'origine indienne se retrouve confrontée aux problèmes d'intégration que connaissent les NRI de la seconde génération.**

À Bangalore, une image du mode de vie d'une jeunesse instruite et occidentalisée.

L'Inde en mutation

Les Indiens sentent bien que les dernières décennies du XXe s. ont entraîné une mutation de fond de leur société. L'amplitude des transformations économiques a accéléré les changements politiques, transformé les relations sociales et recomposé la ou les cultures. Les présuppositions élémentaires et les horizons d'attente, les manières de faire et de répondre aux défis, les façons de se concevoir localement, de même qu'en Asie ou dans le monde, mais aussi les modes de consommer et de communiquer, de mener sa vie et d'espérer se sont profondément modifiés. Qui ne voit que l'Inde aujourd'hui n'est plus dans l'Inde ? Et cela pour au moins trois raisons.

D'une part, la libéralisation économique des années 1980 et l'ajustement structurel imposé en 1991 par le Fonds monétaire international (FMI) ont mis fin au développement autocentré et planifié voulu par le Premier ministre Jawaharlal Nehru après l'indépendance : le pays s'ouvre aujourd'hui de plus en plus aux *joint-ventures* et aux biens étrangers. D'autre part, une fraction significative de la population, notamment lesdites classes moyennes qu'on évalue à 150 ou 250 millions d'individus (selon les estimations), accède progressivement au marché mondial des images et à des styles de vie moins vernaculaires et plus cosmopolites (non sans risque d'un retour du refoulé néotraditionaliste). Enfin, l'Inde se conçoit et se projette désormais dans la mondialisation, qu'on l'entende en termes de « délocalisations », avec l'installation de firmes transnationales sur son sol (notamment des logiciels informatiques), ou dans sa riche et puissante diaspora de quelque 1,8 million d'individus installés à l'étranger, certains bardés de diplômes et remarquablement intégrés dans leur société d'accueil, notamment aux États-Unis.

La famille : indivise et patriarcale ?

Il n'y a pas de secteur de la vie sociale en Inde qui soit plus idéalisé que celui de la famille. La vaste et aimante famille indivise indienne est un cliché familier. Dans ce pays s'épanouirait la « grande famille traditionnelle », sous-entendu un type d'organisation opposé au modèle réduit de la famille occidentale, dite nucléaire, au sein de laquelle se développent l'individualisme, l'égoïsme et la solitude. Pourtant, dans ce pays comme ailleurs, les familles tiennent par la glu sociale et non par la magie du sang. Et, à l'instar de toute institution, la famille change en même temps que se transforment les sociétés. Une constante s'impose toutefois : la famille demeure l'enjeu d'un formidable investissement affectif, économique et social, en dépit ou à cause du remplacement des générations. Pour mieux se reproduire, ses membres s'efforcent d'améliorer leurs conditions et leur statut en vue de préparer l'avenir de leurs descendants dans une société aux ressources limitées et dans laquelle la compétition est rude.

■ Diversité et complexité de la famille

Comprendre la famille indienne exige d'abord de ne pas amalgamer trois grands sous-ensembles : le monde des hindous, certes majoritaires (80 %) mais extrêmement divers en termes économique, sociologique, culturel et au regard de la pluralité régionale ; celui des musulmans (14 %), avec leurs pratiques singulières et leur législation propre concernant le code de la famille : mariage et divorce, propriété et héritage ; enfin, le milieu des tribus (8,5 %), lui-même fort contrasté et variablement hindouisé ou stigmatisé.

C'est dire que la famille n'est pas réductible au seul cas exemplaire connu comme famille « indivise » ou « étendue », et couramment appelée *paternal joint family*. Cette expression recouvre un groupe de personnes vivant sous un seul toit qui se reconnaissent des liens de parenté, qui mangent dans un même plat, détiennent la propriété en commun et participent ensemble à des rites conformes à leur tradition ancestrale ; tout cela sous la houlette des hommes. Sa forme typique consiste en un couple et leurs fils mariés, les épouses des fils et leurs enfants, les fils et les filles non mariés, éventuellement une veuve. Cette famille est généralement liée à une propriété terrienne et à une activité professionnelle à la source d'un capital matériel et immatériel plus ou moins important.

Cette organisation simultanément patrimoniale et de résidence, ce dispositif à la fois rituel et de production-consommation apparaît comme un système d'échanges matériels et symboliques entre les générations. Cette organisation est centrée sur l'institution du mariage dont la finalité est la perpétuation du lignage. Une telle configuration se révèle d'autant plus positive que la société indienne est segmentée à l'extrême et que les rapports entre individus et groupes sont fréquemment conflictuels. Raison sans doute pour laquelle la représentation valorisée de la famille indivise reste structurante dans l'imaginaire autochtone et national, comme elle l'avait été pour le panthéon, les grandes épopées et les mythologies.

■ Famille ou maison ?

Entériner une telle vue revient cependant à confondre les faits et les valeurs, et à assimiler les comportements ou les stratégies à des normes, au risque de passer à côté des pratiques conduites *in situ*. La simple lecture des journaux nationaux ou régionaux dément le discours officiel, souvent lénifiant. En effet, aucune donnée empirique ne suggère qu'une majorité d'Indiens ait jamais vécu dans des familles étendues par le passé. La représentation enchantée de la famille, volontiers confondue avec une « tradition » sempiternelle, est une idéalisation rétrospective. Aujourd'hui, il n'est pas sûr que ce type de famille soit prédominant, ni d'ailleurs qu'il décroisse au profit de la famille conjugale, de type élémentaire, à la faveur du progrès ou de l'impact de l'occidentalisation, alors que la transition démographique (inachevée) se diffuse depuis le Sud.

Le modèle de la désintégration de la famille élargie, sous la pression de ladite « modernisation », a fait long feu parce que les Indiens donnent eux-mêmes des définitions variables des familles « indivises » ou « élémentaires » : une mère seule ou un père veuf avec son fils marié, son épouse et ses enfants, est alternativement classé sous l'une ou l'autre catégorie. Cette équivoque explique les erreurs lors des relevés statistiques ou à l'occasion des recensements. Et la confusion s'accroît lorsqu'on prend acte des différences régionales, loin d'être négligeables. Ainsi, par exemple, y a-t-il plus de maisons regroupant des familles indivises dans le Nord hindi que dans le Sud, comme il y a une parenté structurellement distincte entre régions hindi et dravidienne, cette dernière ayant des règles positives de mariage et pas seulement négatives (comme dans le Nord), à tendance matrilinéaire.
Si l'on veut rendre compte des faits, mieux vaut donc considérer la composition des « maisons » *(households)*. On constate alors que les familles élargies ne sont pas statistiquement dominantes et que lesdites familles nucléaires sont généralement plus nombreuses. De plus, la proportion des premières sur les secondes ne décroît pas et la taille moyenne des maisons s'est même apparemment accrue au cours du dernier siècle. Mieux, dans les zones rurales, où le nombre de personnes dans la maison est généralement plus grand, on observe un accroissement simultané des familles nucléaires et à composition élargie ! Enfin, en dépit de la prédominance des familles nucléaires, les individus expérimentent différents types de regroupements et de modes de vie en fonction des cycles de l'existence qu'ils traversent, sans même parler des accidents de vie. En outre, il faut tenir compte des nombreuses migrations saisonnières ou définitives qui dessinent des configurations variables ou instables. Les situations d'emploi, les relations d'affaires liées plus ou moins aux propriétés foncières ou immobilières, *via* le jeu contradictoire des héritages (avec la division égalitaire entre fils et l'exclusion *de facto* des filles), complexifient encore le tableau ; de fait, tous ces paramètres sont propices à des arrangements divers et sujets à variations dans le temps.

Une fois devenue épouse, la femme est dépositaire de l'identité du groupe social auquel elle appartient, garante de l'honneur de la parentèle et du prestige lignager.

Le mariage, cérémonie entre toutes

Partout en Inde, le mariage est la cérémonie du cycle de vie la plus importante. L'arrangement matrimonial équivaut au don d'une vierge d'une famille à une autre famille. Le pedigree, le statut, la moralité mais aussi l'horoscope des partenaires et de leur famille sont scrupuleusement vérifiés avant que l'accord ne soit scellé à la suite des fiançailles. Le mariage apparaît moins comme une union entre deux individus que comme une alliance entre deux collectifs ; une alliance dont la finalité est l'engendrement d'un mâle qui assurera la continuité de la lignée. Le nouveau couple ne prend son indépendance, éventuellement, qu'après la naissance du premier enfant. L'alliance de mariage exprime moins l'autorité des seniors sur les cadets qu'elle n'installe un mécanisme essentiel à la reproduction de la famille comme système de parenté englobé dans la structure plus large de la sous-caste et de la caste.
Nulle autre cérémonie que le mariage ne montre avec autant d'ostentation l'extension de la parenté et les ressources engagées par

les familles pour la réussite de ce rite de passage. L'événement permet de donner à voir le statut et l'honneur, la prospérité et la générosité de la famille, en affirmant du même coup son prestige et son pouvoir. Même au sein des milieux modestes, les invités sont toujours fort nombreux et les dépenses la plupart du temps exorbitantes : on n'hésite jamais à s'endetter pour l'occasion. Pour l'étranger, certains mariages évoquent une espèce de carnaval kitsch (par ailleurs fort sage, sinon formel), une fête avec fleurs à profusion, décorations fastueuses, pavillon sculpté ou coloré, tapis chamarrés, vêtements luxueux, bijoux brillant de mille feux et cadeaux somptueux. Tandis qu'un orchestre joue de la musique en continu, les invités consomment force nourritures variées, salées et sucrées. Le mariage est une cérémonie proprement régalienne dont on ressort fréquemment ébloui ou groggy.

La vie familiale

Le mariage est quasiment toujours arrangé par les deux partis qui s'accordent en termes de (sous-)caste, de statut, de richesse et de diplôme. Les jeunes mariés cohabitent fréquemment avec les parents du mari, la résidence étant patrilocale. Dans ce cadre domestique, les femmes doivent afficher timidité, respect et modestie, faire preuve surtout d'une dévotion sans faille envers les beaux-parents et l'époux, relation analogue à celle que l'on rend à « un dieu sur terre », répète-t-on à l'envi. On attend d'elle qu'elle soit rapidement mère, ce qui lui vaudra une ascension statutaire. Elle est devenue Lakshmi, déesse de la prospérité.

Lorsque les relations sont bonnes entre les membres de la famille, hommes et femmes partagent le travail et les tâches, les ennuis et les joies, conformément à leur sexe, leur génération, leur rang et leur pouvoir. Alors les enfants grandissent parmi les grands-parents, les oncles et les tantes et des cousins (si proches que l'on se réfère à eux en tant que « frères » ou « sœurs ») ; même mariée, la sœur reste sous la protection des frères, comme le rappelle le rituel annuel de nouage de bracelets entre eux.

Mais il n'est pas rare que les tensions au sein de la famille rendent la vie intolérable, notamment pour la jeune épouse que la belle-mère harcèle volontiers avec l'appui du mari et de la belle-famille. C'est que (dans le système de parenté du Nord) la fille est élevée très jeune dans l'idée qu'elle appartiendra à une autre famille après son mariage : « La fille est le fuel de la famille du mari », dit un proverbe. Quant au garçon, il est entendu que son devoir sera de soutenir ses parents à l'âge venant des cheveux blancs : « Le fils est le bâton d'aveugle des vieux parents », selon l'adage.

La dot

Depuis une trentaine d'années, un bouleversement lié au développement de la consommation de masse affecte la condition des femmes : la pratique de la dot se généralise aux dépens du prix de la fiancée (aujourd'hui abandonné). Le phénomène s'est d'abord développé dans les classes moyennes urbaines vers les années 1960-1970. Mais il a gagné le milieu rural sur des bases à peine moins somptuaires. Les parents de la jeune fille doivent donner à leur gendre, ou à sa famille, des prestations en espèces et en nature (bijoux, réfrigérateur, radio, télévision, vidéo, scooter, etc.). Ces versements contraignent les familles à s'endetter lourdement puisque la dot peut représenter plus de 50 fois le revenu annuel moyen ! Cette pratique provoque des tensions au sein des familles et elle est souvent à l'origine de violences domestiques, celles qu'exercent le mari ou la belle-famille sur la jeune mariée lorsque ceux-ci estiment insuffisant le montant des versements. Outre le harcèlement moral et physique, les jeunes épouses sont parfois victimes de morts violentes, déclarées « accidentelles ». En réalité, elles ont été sciemment brûlées vives dans leur cuisine.

Un célèbre psychanalyste indien a souligné l'importance que revêt la fusion rationnelle entre la mère et le fils dans la prime jeunesse, avant que ne s'établisse la priorité du rapport père-fils (conforme au système patriarcal). La dynamique du rapport matrimonial est évidemment fort différente de la relation d'amour ou de la notion de conjugalité telle qu'elle s'exprime en Occident. Mais les modes de vie, de travail et de consommation propres aux classes moyennes favorisent une conception plus individualisée de la personne et du couple, un idéal d'intimité et de compagnonnage entre sexes selon un modèle inconnu dans les autres milieux sociaux où règne la séparation systématique entre hommes et femmes. Alors que les mariages continuent d'être arrangés, les *love affairs* et le romanesque hantent les rêves ou fantasmes, et le cinéma. Les médias sont des pourvoyeurs puissants de mythes érotiques, certains échevelés.

■ La sexualité comme menace sociale

Comme l'attestent les prestiges attachés aux gourous et autres renonçants, la sexualité est généralement perçue comme impure. Son exercice affaiblit les hommes et la répétition de l'acte provoque une consomption. Quant au désir, incarné au premier chef par les femmes, il menace l'ordre social et l'ordre cosmique, ce dont atteste exemplairement la puissance des déesses (terribles) dont on craint plus que tout l'énergie, dite *shakti*. Or toute femme est potentiellement une *shakti*. Le caractère polluant de la sexualité, conçue d'emblée comme féminine, rend les femmes socialement dangereuses pour les hommes.

Dans une société où l'accent est mis sur la pureté et les pollutions, nombre d'obligations visent à sauvegarder la première et à éviter les secondes. Or l'infériorité présumée des femmes les rend sexuellement vulnérables et puissamment menaçantes pour l'idéal de la maîtrise de soi, couplé à l'impératif de chasteté. De là, cette volonté de les contrôler en les mariant *dans* la caste et avec un homme imposé, et si possible à un âge précoce (quoique, aujourd'hui, en recul) ; de là aussi, l'importance attribuée à la virginité et à la réclusion temporaire durant la menstruation. De là enfin, la nécessité de codifier les relations entre sexes : hommes et femmes vivent généralement dans deux mondes séparés *(parda)* et les premiers limitent (autant que faire se peut) les déplacements des filles, des sœurs et des épouses. Parce que les femmes sont au cœur des stratégies de reproduction biologique et sociale, la famille est le creuset de l'identité aussi bien féminine que masculine, et la maison un espace ambigu de coopération et de conflit entre les sexes.

■ Une société patriarcale

Tous les indicateurs attestent de la position dominée des femmes. Leur surmortalité, plus accentuée dans le Nord que dans le Sud, montre la valorisation du garçon et les privilèges qu'on lui accorde en termes de soin et d'alimentation, d'entretien et d'éducation. L'infanticide est assez couramment pratiqué, y compris par le moyen technologique de cliniques où l'on pratique l'amniocentèse : on comptait 933 femmes pour 1 000 hommes, en 2001, et la disproportion ne cesse d'augmenter. D'ici quelques années, 15% d'hommes pourraient ne plus trouver d'épouses – génération dite des « branches nues » –, au point que certains observateurs annoncent le retour du « prix de la fiancée » à proportion de la rareté des femmes.

L'importance que revêt la famille patriarcale le doit certainement à la concentration des mâles dans la maison, que renforce, à l'inverse, la dispersion des femmes dans les familles de leurs époux puisque la résidence est patrilocale. Dans ce type de société, les hommes sont reliés entre eux par la parenté, alors que les femmes n'ont entre elles que des liens d'affins ; du moins avant qu'elles ne deviennent mères et sachant que leurs filles sont des membres transitoires

du groupe. C'est donc plus pour des raisons structurelles (que psychanalytiques) que leur relation aux fils se révèle si puissante et que leur soumission à la domination masculine reste si difficile à subvertir. L'Inde est et restera donc encore longtemps une société patriarcale. Ce qui n'est guère étonnant dans un pays toujours composé de millions de petits propriétaires terriens, d'une large aristocratie foncière et de myriades d'entreprises familiales, soit autant de foyers organisés sur la base de la famille indivise (vécue ou rêvée) que gouverne un patriarche détenteur exclusif de la propriété.
En dépit de ce constat, force est de souligner qu'un grand nombre de femmes luttent et résistent de manière plus ou moins organisée. Ainsi sont-elles à l'origine d'un vaste mouvement *(anti-arack)* qui vise à supprimer la production, la distribution et la consommation d'alcool, source de violence matrimoniale, de décès et de désordre social. Elles ont également pris la tête des luttes contre la construction des barrages géants dans la vallée de la Narmada (en Inde centrale), monstre de béton destructeur de l'environnement et à l'origine du déplacement de populations tribales ou pauvres par centaines de milliers de personnes.

De la ville au monde paysan

L'Inde se caractérise par une urbanisation paradoxale : très limitée si l'on prend en compte l'ensemble de la population (28 % en 2001), très développée, au contraire, si l'on prend les chiffres absolus. Trois mégapoles, Mumbai, Kolkata et Delhi, dépassent 12 millions d'habitants, et Mumbai deviendra en 2015 la deuxième agglomération mondiale (26 millions d'habitants), presque à égalité avec Tokyo, grâce à une croissance de 73 % sur 20 ans ! Il n'en reste pas moins que l'Inde offre l'occasion de réviser le mythe de l'explosion urbaine du tiers-monde, suscité par les images chaotiques de mégapoles plurimillionnaires ou l'imagination incontrôlée d'écrivains ou de journalistes enclins à qualifier de « fourmilière proliférante » l'ensemble des réalités indiennes.

La culture de la noix de coco est la première ressource agricole du Kerala.

Une majorité paysanne

En effet, l'Inde est un pays à prédominance rurale; 72 % des Indiens vivent dans les villages. Et, selon les projections, le pays le restera à moyen terme. Mais cela ne signifie pas que la paysannerie soit assoupie ni que les villages soient sempiternellement traditionnels. D'une part, les mouvements de populations et les échanges de marchandises entre villes et campagnes sont réguliers et souvent importants : déplacements et échanges que favorise une infrastructure dense des transports routier et ferroviaire. D'autre part, les quartiers s'apparentent fréquemment à des bourgs et moult villages s'urbanisent assez rapidement, encore cela dépend-il des régions. Enfin, nombre de campagnes sont assez bien développées et créatrices d'activités économiques diversifiées. Loin d'évoquer le spectre d'un exode rural massif (comme en Chine), les migrations au sein du territoire indien sont dominées par les mouvements intra- ou interrégionaux, en particulier ceux des travailleurs migrants saisonniers et ceux des femmes allant rejoindre le domicile de leur époux après le mariage.

L'agriculture est une composante essentielle de l'économie indienne pour deux raisons : elle compte pour plus du quart du produit intérieur brut (PIB) ; elle représente presque les deux tiers de la population active, soit 600 millions de personnes (un exploitant sur quatre dans le monde est indien). C'est le secteur qui emploie la plus grande force de travail, plus que l'industrie ou les services. Soulignons que plus de 80 % des terres des exploitations agricoles consistent en de petites propriétés (de moins de 2 ha) : l'Inde compte plus de 100 millions d'exploitations agricoles…

Le « paysan moyen »

Brossons le portrait de l'agriculteur moyen indien. Celui-ci possède entre 1,5 et 2,6 ha de terre et chaque 1/2 ha lui rapporte environ 5 000 roupies annuellement, voire 10 000 si c'est vraiment une bonne année. Même si l'on adopte le chiffre le plus haut et le double, le moindre vendeur d'échoppe, sinon le mendiant de Mumbai gagne davantage d'argent (mais, en réalité, la différence est moins forte à cause du coût de la vie dans la mégalopole). Lorsque les riches hommes d'affaires et les décideurs politiques rappellent le besoin pressant de taxer les revenus agricoles, on doit garder à l'esprit qu'en réalité très peu d'exploitants gagnent suffisamment pour entrer dans les catégories imposables. S'il y a effectivement beaucoup de subventions s'agissant des engrais chimiques, de l'électricité et de l'eau pour l'irrigation, nombre de zones rurales manquent de ressources électriques et hydrauliques. Et près de 40 % des villages sont directement raccordés au réseau routier. Pour être sommaire, l'état des lieux donne cependant une idée de l'ampleur du chantier.

Le petit paysan ou fermier d'aujourd'hui est cependant très différent de ses prédécesseurs tant le contexte économique a changé : son propriétaire terrien vit le plus souvent à la ville et n'est plus présent en tant que patron rural. Quant à son plus proche voisin, éventuellement plus prospère, il peut être un producteur d'un produit exotique destiné au marché global. Mais il peut aussi souhaiter s'accaparer sa terre afin d'agrandir sa surface cultivée. Le prêteur d'argent local peut, de son côté, avoir des connexions plus ou moins directes avec le monde du crime organisé. Le politicien local peut lui demander son soutien lors des élections.

Dorénavant, tous les problèmes auxquels les paysans font face attestent que l'Inde est en voie d'intégration dans le marché mondial, alors même que la photographie du paysan misérable donne l'illusion d'une figure hors du temps.

En 1994, une étude du National Council for Applied Economic Research montrait que 59 % des ménages ruraux en Inde avaient un revenu net de moins de 20 000 roupies par an. Une telle somme interdit d'affronter une quelconque crise. Si la mousson est faible, si une bête de trait meurt (et qu'il faut la remplacer), si une maladie se déclare ou si un ver parasite prolifère, s'impose le recours au prêteur d'argent.

La « révolution verte » et la pauvreté agricole

La « révolution verte » des années 1970, avec l'emploi coordonné de semences à haut rendement, d'engrais chimiques, de pesticides et de l'irrigation, a transformé l'Inde de plus grand importateur de grains alimentaires en pays d'autosuffisance céréalière dès 1975, certaines vastes régions devenant de véritables zones d'industrie agricole (notamment en blé et en riz, ou « or blanc »). Reste toutefois le paradoxe suivant : tandis que 500 millions de personnes sont malnutries et un nombre encore plus grand au seuil de l'insécurité alimentaire, 63 millions de tonnes de grains (en septembre 2001) sont conservés par le gouvernement. Ces stocks sont suffisants pour procurer 70 kg par personne, soit la moitié des besoins annuels de céréales pour un individu, à plus de 600 millions d'habitants.

L'introduction sans régulation *ad hoc* de nouvelles technologies a ajouté son lot de problèmes. Après la « révolution verte » des cultures, les exploitants agricoles se sont convertis aux semences hybrides dans leur quête de plus grands bénéfices. Mais ce type de semences est plus coûteux et nécessite davantage d'intrants, non seulement en engrais et pesticides mais encore en termes d'irrigation ; ces cultures sont aussi plus vulnérables aux attaques d'insectes. De là, cette réflexion amère d'un agriculteur du Karnataka : « C'est un cercle vicieux puisque vous investissez davantage dans l'espoir que dans ce que vous allez en réalité gagner. »

Mais la cause principale de la pauvreté des paysans est leur fragilité financière, accrue par l'endettement. Les revenus d'une majorité d'entre eux sont faibles et presque toujours insuffisants.

Régulation et mondialisation

Sous l'égide du Fonds monétaire international (FMI) et de la Banque mondiale (BM), le gouvernement indien a impulsé, en 1991, une « politique d'ajustement structurel ». L'objectif général était l'ouverture de l'économie, jusque-là protectionniste, au marché mondial. Son dossier agricole a plusieurs volets : le démantèlement du système étatique de fixation des prix ; la suppression des subventions sur les intrants ; la libéralisation des commerces des produits de base ; l'abolition du système de gestion alimentaire et l'assèchement des coûts correspondants ; enfin, l'application du système public de distribution de produits alimentaires subventionnés aux seuls pauvres. Toutes ces mesures devaient accroître les échanges avec l'étranger, désormais régulés par le niveau des tarifs douaniers.

Les agriculteurs ont été plus ou moins affectés par les changements des règles domestiques imposés par l'OMC, notamment la libéralisation des prix des produits agricoles et des intrants. Avec l'ouverture du secteur au commerce international, le risque s'accroît et l'incertitude augmente. Peu accoutumés aux variations des prix sur les marchés mondiaux et s'accommodant assez mal des nouveaux aléas, peu d'agriculteurs tirent leur épingle du jeu. Mais pour nombre d'observateurs locaux, c'est plutôt dans la stagnation des investissements publics et l'accent mis sur les mécanismes de prix visant à satisfaire les intérêts de puissants lobbies agricoles qu'il faut chercher l'origine de la crise agricole ; la négligence de l'État indien envers la majorité de ses agriculteurs explique plus sûrement la permanence de la pauvreté rurale en Inde.

En 1988, la fin du monopole public sur les semences a fait naître dans ce secteur d'importantes firmes indiennes. L'entrée des multinationales s'est traduite par la perte d'une partie de l'indépendance dans ce domaine. La firme géante américaine Monsanto a lancé des opérations de vaste envergure en essayant d'introduire des organismes génétiquement modifiés (OGM), dans un pays fort sourcilleux au regard de toute éventuelle « re-colonisation ». Le gouvernement indien fait le grand écart : tandis qu'il prétend contrôler l'entrée des OGM et affecte de prêter attention aux nombreuses ONG indiennes dénonçant les nouvelles semences, il finance toutefois des recherches dans les institutions publiques et a autorisé en 2000 la culture et la commercialisation du coton Bt de Monsanto.

L'Inde politique : mythe et réalité

Le discours inspiré et prophétique que prononça Jawaharlal Nehru, devant le Fort Rouge de Delhi, en 1947 est devenu justement célèbre. Le patricien anglicisé y annonçait au monde et aux Indiens que l'Inde « avait pris rendez-vous avec son destin ». Le pays accédait enfin à l'indépendance après plusieurs siècles de colonisation.

Mais on pourrait défiler autrement le fil de l'histoire du sous-continent. L'Inde est, en effet, née de l'amputation de ses deux ailes orientale et occidentale du Pakistan, le « pays des purs ». La partition scella donc les émancipations nationales sur fond de religions belliqueuses, *via* la division par les Britanniques d'un tracé de frontières nouvelles supposées correspondre à des zones de densités hindoue et musulmane. La convulsion qu'a provoquée le déplacement de 12 millions d'individus, la mort d'un million de personnes, le viol de dizaines de milliers de femmes, la séparation et le déchirement des familles, la destruction des foyers et les propriétés perdues ont constitué un traumatisme sans précédent.

Depuis lors, des conflits ensanglantent périodiquement la péninsule. On compte quatre guerres indo-pakistanaises (1949, 1965, 1971, 2001) et un nombre significatif d'émeutes meurtrières, comme si les violences entre communautés religieuses rejouaient la partition, cette mémoire toujours à vif. L'islamisation progressive du Pakistan, accélérée par les réformes politiques conduites par Zia ul-Haq à partir de 1979, et la montée en puissance de l'hindouisation depuis les années 1980, puis 1990, avec l'accession au pouvoir central du Parti du peuple hindou (Bharatiya Janata Party), ont radicalisé d'autant plus les antagonismes que les frères ennemis sont devenus des puissances nucléaires agressivement communautaires.

■ L'unification de l'Inde : langues, États, régions

Traumatisés par les massacres entre hindous, musulmans et sikhs, ainsi que par l'assassinat du Mahatma Gandhi par des hindous, les constituants ont opté pour un « État souverain, sécularise, démocratique et socialiste » en 1950. Il est vrai qu'au moment de l'indépendance, les nouveaux dirigeants du parti du Congrès, ce mouvement national fondé en 1885, durent se confronter à une Babel à la fois linguistique, territoriale, politique et religieuse.

La question linguistique a des implications politiques parce que le statut des nombreuses langues indiennes privilégie ou handicape différentes catégories de population.

Aujourd'hui, l'Inde compte 18 langues officielles, dont l'anglais qui est parlé par 2 % de la population environ. La langue du colonisateur reste la *lingua franca* des classes sociales privilégiées et de l'élite, le véhicule prestigieux pour l'éducation. Cela vaut également pour les gens du Sud qui ont préféré son maintien en tant qu'idiome de communication national. Depuis le XIXe s., les militants régionalistes luttent contre l'imposition du hindi par le Nord, considérée comme « impérialiste ». Chaque État reconnaît l'anglais en plus de sa propre langue officielle, sachant qu'on dénombre en plus 1 600 langues différentes dont 400 sont parlées par plus de 200 000 individus ; bien que nombre d'entre elles soient mutuellement intelligibles, certaines, dites « tribales », n'ont rien à voir avec les langues officielles.

Une Babel linguistique

À côté des langues appartenant aux groupes tibéto-birman (régions de l'Himalaya) et austro-asiatique (N.-E. et Deccan central), soit 2 % de la population totale environ, les autres idiomes se répartissent en deux grands ensembles : les langues indo-aryennes, au N. (75 %), et les langues dravidiennes, au S. (23 %). Les premières, dérivées du sanskrit, utilisent l'écriture *devanagari*. Elles comprennent le hindi, que parle 40 % de la population, principalement dans la zone indo-gangétique dite « ceinture hindi » *(hindi belt)* ; l'ourdou, propre aux musulmans (dont une majorité ne le parle pas), est oralement la même langue que le hindi mais s'écrit en persan ; enfin, le bengali, le gujarati et le marathi. Les secondes sont parlées dans les quatre États du Sud : Tamil Nadu, Kerala, Andhra Pradesh et Karnataka. Toutes ces langues sont à l'origine de riches littératures, souvent fort anciennes. Le hindi et les langues régionales prospèrent dans les médias, alors que la télévision se divise entre le hindi et le tamoul, dans une moindre mesure le telugu. Tous les Indiens sont polyglottes.

■ Une pyramide démocratique

La division de l'Inde n'est pas seulement linguistique. Sous le Raj, l'Inde comptait 10 provinces britanniques et pas moins de 500 États princiers ! À la suite de l'indépendance, la première tâche fut de (re)membrer le corps de la nation, en destituant notamment les princes compromis avec les colonisateurs. Après des années d'agitation populaire sur fond de revendications régionalistes, le pouvoir central recartographia les États sur la base de grandes divisions linguistiques grâce à la promulgation du State Reorganization Act de 1956. Cet arrangement territorial organisa l'Union indienne qui compte aujourd'hui 35 États et territoires (eux-mêmes divisés en 593 districts) administrés directement par New Delhi.

Le pouvoir central. Simultanément à l'unification territoriale et à l'intégration nationale, la Constitution entra en vigueur le 26 janvier 1950. Cette charte, composée de 395 articles et de multiples alinéas – la plus longue du monde, dit-on –, a donné à l'Inde un régime parlementaire bicaməriste de type britannique. Il garantit au peuple un ensemble de droits fondamentaux dans un cadre fédéraliste centralisé.

La Chambre du peuple (Lok Sabha) comprend 543 membres élus au suffrage universel par un scrutin uninominal à un tour ; la Chambre des États (Rajya Sabha), composée de 232 membres, est élue au suffrage indirect par les assemblées législatives au prorata de leurs populations respectives (12 membres sont désignés par le président de la république). À l'instar du *cabinet system* britannique, c'est le Premier ministre qui exerce en fait le pouvoir exécutif grâce à sa majorité parlementaire, alors que ses pouvoirs ne sont jamais définis par la Constitution. Cet exercice se fait sous la souveraineté du président, qui possède toutes les prérogatives du pouvoir mais n'en exerce aucune.

Le pouvoir local. Au niveau des États, le pouvoir est organisé selon le même schéma que le pouvoir central. Un gouverneur représente le président de l'Union qui désigne le ministre en chef *(chief minister)* au sein du parti majoritaire de l'Assemblée régionale élue au suffrage universel. Malgré la structure fédérale prévue par la Constitution, les États restent sous la coupe du Centre, ainsi qu'en atteste l'usage du *president's rule*, mesure d'exception (qui fut d'ailleurs utilisée par Indira Gandhi en 1975). En dépit de cette structure institutionnelle et gouvernementale décentralisée, les pouvoirs de décision restent concentrés au sein d'une petite élite au sommet qui empêche volontiers l'expression démocratique qu'elle est pourtant censée traduire.

Dans chaque ville, un conseil *(municipal corporation)* est élu au suffrage universel. Cette assemblée choisit un maire. À chacun des niveaux des collectivités locales : district administratif, groupe de villages (jusqu'à 100, dits *block*), village, conseils (de 5 à 31 membres), les représentants sont élus au suffrage universel. Ces assemblées siègent sous les appellations respectives de « zilla parishad », « panchayat samiti », « panchayat ». En dépit de l'emboîtement des structures administratives, dites Panchayat Raj, la mise en application de ces programmes par une lourde bureaucratie fréquemment corrompue n'a pas toujours atteint les objectifs démocratiques et de développement planifié. Les responsables locaux, généralement recrutés parmi les castes dominantes et l'élite régionale, ont fréquemment détourné à leur profit ces programmes au détriment des pauvres et des populations défavorisées.

■ État et sécularisme

Conformément au vœu de Nehru, les constituants firent de tous les citoyens des égaux devant la loi « sans distinction de religion, de race, de secte, de caste ou de lieu de naissance ». Ils refusèrent la création d'un État hindou à destination des seuls hindous, s'opposant à un Pakistan islamique. L'État « sécularisté » préserve cette liberté de croyance qui fonde la démocratie. Neutre à l'égard de toutes les religions, celui-ci interdit toute discrimination envers les minorités (musulmane, sikh, chrétienne, etc.) et peut, le cas échéant, désarmorcer le « communalisme », défini comme défense primordiale de l'identité religieuse. Mais l'insistance des hindous sur le fait qu'ils constituent la majorité de la population, surtout après le décès de Nehru en 1964, contribua à l'assimilation de l'identité indienne à l'identité hindoue, coextensive au territoire national. À leurs yeux, l'idée de majorité (hindoue) distincte des minorités (musulmane, chrétienne, sikh), conçues en termes démographiques plutôt que politiques, doit d'autant plus s'imposer que la règle majoritaire préside au système démocratique. De surcroît, il leur semble évident que seule l'immémoriale « tolérance » hindoue et les symboles afférents - vache, svastika, dieux, trident, ashram, etc. - donnent corps et imaginaire à la nation.

Une des conséquences de ce fait majoritaire paradoxal au regard des données démographiques (900 millions d'hindous pour 150 millions de musulmans) fut le développement du « complexe minoritaire de la majorité », c'est-à-dire leur sentiment d'être menacés « chez eux ». Cette fièvre obsidionale croissante s'accompagne d'une exacerbation de la xénophobie et de la violence (notamment contre les musulmans et les chrétiens).

■ Le socialisme et l'industrie

Devant faire face aux conséquences de près d'un siècle de stagnation économique liée à la colonisation - en 1951, le revenu par tête (53 $) est l'un des plus bas du monde et la population augmente de 5 millions par an -, Nehru adopte en 1948 une version du capitalisme d'État qu'il appelle « socialisme » ! Le mot « socialisme » ne renvoie toutefois pas à la cité future communiste, mais répond à la volonté de tourner le dos à un passé colonial étiqueté « capitaliste et impérialiste ».

Dès 1949, les principes d'une politique économique volontariste fondée sur un développement auto- et statocentré *(self-reliance)* privilégient l'essor industriel dans le cadre d'un marché domestique protégé par un système de réglementations pointilleuses et par l'imposition de lourds tarifs douaniers à l'entrée des produits de consommation. Non seulement cette politique limitera les capacités de production d'un appareil productif insuffisant et obsolète, mais

Le socialisme indien

Le contrôle de l'État sur l'économie, qui impose un haut degré de régulation, s'exerce grâce à une planification quinquennale indicative des objectifs de croissance et de justice sociale. Un tel dirigisme privilégie l'industrialisation et la modernisation par le biais d'investissements massifs de capitaux graduellement concentrés sur des programmes de bien-être et de lutte contre la pauvreté. On cherche ainsi à concilier les intérêts des grands monopoles privés, des petites et moyennes entreprises, ainsi que des groupes de pression paysans, en ne faisant intervenir l'État que pour pallier les insuffisances du marché. Il s'agit donc d'un système d'économie mixte, lequel se fonde sur la reconnaissance de l'entreprise privée (sans nationalisation des grands trusts industriels) contrôlée par l'État et concurrencée par de nouvelles industries en plein essor dans le secteur public. Les usines sont les nouveaux temples de l'Inde : plutôt la sidérurgie que Bénarès !

Six ans après Bandung, la conférence de Belgrade en 1961, à laquelle participent 25 chefs d'État de pays du tiers-monde, marque la naissance du mouvement des non-alignés.

de grands efforts restaient à faire en matière de productivité et de compétitivité, alors que l'endettement s'accroît. La solution de relance sera trouvée dans les années 1980, avec le train de réformes économiques et l'ajustement structurel en 1991. D'autant que l'industrie de pointe, désormais représentée par le logiciel, est une importante source de revenus.

Les principes en déshérence

Des quatre principes posés par Nehru – le socialisme, le sécularisme, la démocratie et le non-alignement –, le premier et le dernier ont été abandonnés, le troisième s'altère avec l'impact de la mondialisation. Quant au deuxième, le sécularisme, il est en voie de redéfinition afin d'acclimater le national-hindouisme chauvin. Au point qu'il est désormais impossible d'écrire sur l'Inde sans faire mention de la crise de grande amplitude qu'y traverse ledit sécularisme, c'est-à-dire les rapports qu'entretiennent État et religions.

La montée en puissance de l'hindouisme autoritaire depuis les années 1980, la destruction de la mosquée d'Ayodhya (édifiée en 1526 par l'empereur Babur) en décembre 1992 par des militants hindous, l'accession du Bharatiya Janata Party (BJP) au pouvoir central de l'État en 1998-1999, à la faveur d'une coalition d'une vingtaine de partis politiques, ainsi que les pogromes d'Ahmedabad planifiés et couverts par les autorités régionales de l'État du Gujarat en février 2002, ont mis en évidence la façon dont l'hindouisme, en tant qu'identité primordiale ou revendication ethnique, a progressivement proclamé l'Inde comme sienne. L'usage de l'idéologie de l'hindouité *(hindoutva)*, comme appel à la mobilisation musclée et déni du sécularisme (en tant qu'idéologie nationale légitime), exacerbe la crise politique et sociale de l'Asie du Sud. Une crise qu'approfondissent les récents événements en Afghanistan avec la guerre par procuration que se livrent, depuis 20 ans au Cachemire, l'Inde et le Pakistan, pour ne rien dire des réalignements géopolitiques suscités par la menace dudit « terrorisme islamique » international depuis l'attentat meurtrier du 11 septembre 2001 sur le sol américain.

Le salut de l'Inde par les élections démocratiques ?

Sachant que l'Inde fut la seule démocratie dans le monde dont la composition de l'électorat s'est transformée entre 1971 et 1996 au profit des sections les plus vulnérables de la société, le sort de ce pays n'est nullement scellé. En 1996, il y eut davantage de pauvres, d'illettrés, de *dalit,* de basses castes, de ruraux, de musulmans (en majorité défavorisés), etc., parmi les votants. Comme si ceux-là étaient les défenseurs actifs de la démocratie (mais non sans risque de dérive populiste).

Dans un pays aussi peuplé et diversifié que l'Inde, l'organisation des élections législatives dans plus de 500 circonscriptions est à la fois une tâche difficile et un formidable espoir. Grâce à une puissante commission électorale, réputée impartiale et intègre, ce ne sont pas moins de 450 millions d'électeurs qui se rendent périodiquement dans les 500 000 bureaux pour déposer leurs bulletins dans les urnes. À destination des électeurs analphabètes, les partis politiques sont représentés par des symboles graphiques (une roue, une vache, une fleur de lotus, une charrue, etc.). Bref, la performance mérite d'être saluée.

Si les fraudes électorales sont relativement rares, la violence accompagne les élections (surtout en zones rurales) : enlèvement des urnes, intimidation des électeurs, menace envers les réticents ou les opposants, voire assassinats. La démagogie et le populisme dans tous les cas font rage lors des campagnes : les tribuns promettent de baisser le prix du riz, d'annuler les dettes, de soutenir les prix agricoles ou industriels sur le marché, et même d'impulser des réformes agraires, sociales et éducatives de grande ampleur.

Il est devenu courant de verser des pots-de-vin aux notables, d'acheter les votes et d'entretenir des clientèles parce que le personnel politique est en voie de criminalisation. En 1998, la commission électorale avait noté que, dans neuf États, environ 1 500 candidats aux élections parlementaires avaient un casier judiciaire pour meurtres, viols ou vols.

La population est devenue pragmatique, sinon cynique, au point que la corruption liée à la criminalisation ne déclenche plus guère d'outrage. Dans un pays où tout se paie, du certificat de naissance à celui de décès, de l'inscription à l'école à l'admission à l'hôpital, en passant par l'obtention d'un emploi de balayeur ou de voirie, plus rien n'étonne. La majorité s'en accommode et attend de ses députés qu'ils fassent quelque chose pour elle en échange du bulletin de vote.

D'aucuns conjecturent que l'institutionnalisation de la présence des femmes pourrait améliorer la situation… mais pour autant que celles-ci résistent à la pression des hommes. Espérons. Après tout, les turbulences et le manque de transparence des élections n'obèrent pas une passion durable chez les Indiens et les Indiennes : celle de la politique. Ainsi va et se perpétue ladite « plus grande démocratie dans le monde ». Non sans provoquer parfois l'étonnement, comme il advint lors des élections de 2004 avec le retour du parti du Congrès au pouvoir central. La dynastie des Gandhi semble avoir encore un avenir politique.

Le non-alignement

Nehru fut le principal inventeur de la notion de « non-alignement ». Il la conçut à partir de la définition donnée par l'Inde de son indépendance politique, de son propre développement et de sa volonté de n'appartenir à aucun système d'alliance militaire d'une des deux superpuissances. Il en devint l'avocat le plus universellement écouté, soutenant sans relâche les mouvements d'indépendance des peuples colonisés. Cette inspiration connaîtra son acmé à la conférence de solidarité afro-asiatique, tenue en avril 1955 à Bandung (Indonésie), sous la houlette des trois dirigeants charismatiques qu'étaient alors Jawaharlal Nehru, le Chinois Zhou Enlai et l'Indonésien Achmed Sukarno.

Cette conférence des « non-alignés » avait rassemblé 27 pays des continents africains et asiatiques cherchant à se fédérer dans une double perspective : s'affirmer politiquement, après la décolonisation, face aux anciennes puissances coloniales, et ne pas s'aligner sur l'un des deux blocs, communiste ou capitaliste. Ce rêve tiers-mondiste s'évanouit avec l'invasion de l'Inde par la Chine en 1962. Mais l'alliance de 18 pays menés par l'Inde, la Chine et le Brésil lors de la 5e conférence ministérielle de l'Organisation mondiale du commerce (OMC), tenue à Cancun (Mexique) en septembre 2003, semble avoir redonné vie à ce vieux songe internationaliste.

Y a-t-il un système des castes en Inde ?

Beaucoup considèrent la société indienne comme l'une des plus diversifiées dans le monde, voire la plus compliquée entre toutes. Dans cet univers social de dimension continentale cohabitent, en effet, les fonctionnaires de Delhi et les chasseurs-cueilleurs des îles Andaman, les exportateurs de matériel informatique de Bangalore et les casseurs de pierres de Calcutta, les artisans pêcheurs du Tamil Nadu et les industriels de l'aquaculture du territoire de Goa, ou encore les brahmanes *kashmiri* ou ceux, *bhumihar,* du Bihar et les cultivateurs itinérants du Mizoram, les barons du sucre du Maharashtra et les porteurs de bois de chauffage de la région du Kumaon, les ingénieurs de forage pétrolier de Mumbai et les intouchables du plus grand bidonville d'Asie dans cette même mégapole.

Une organisation sociale

Évidemment, ces groupes sociaux diffèrent considérablement, en termes d'organisation sociale, de statut, de richesse et de culture. Au point que l'Asie du Sud a pu apparaître comme une mosaïque défiant le classement sociologique et la raison historiographique, sauf à lui imposer un régime d'intelligibilité « englobant » ou étiré dans la durée : soit une hiérarchique harmonieusement articulée, soit une organisation immobile. De fait, les castes ont toujours suscité l'étonnement, l'admiration ou la répulsion. Et une majorité d'observateurs a cru qu'elles étaient un obstacle définitif à la croissance et au développement. Or on constate que le capitalisme indien s'est développé au travers de réseaux familiaux ou de castes.

Certes, les castes reposaient bien sur l'idée de pureté, l'intouchable (« dernier parmi les hommes ») et le brahmane (un « dieu sur terre ») se trouvant aux deux pôles d'un continuum. En désignant par *casta,* « pure », l'organisation qu'ils observaient sur la côte occidentale de l'Inde, les Portugais n'ont toutefois relevé qu'un trait parmi d'autres d'un système social dont on a exagéré la permanence, généralisé la réalité et minoré la flexibilité.

Le modèle et la réalité

Le statut de la caste, en principe indissociable de son activité professionnelle, est défini par la naissance et perpétué par l'endogamie, c'est-à-dire par le mariage à l'intérieur d'un même groupe, critère assurément le plus résiliant jusqu'à aujourd'hui. Mais il faut distinguer entre le modèle théorique et la réalité. D'un côté, la quadripartition en « couleurs », ou « états » *(varna)* – brahmanes, hommes des textes et des rites, *ksatriya,* hommes de la force et du pouvoir, *vaishya,* hommes de la production des biens et des échanges, enfin *shudra,* hommes au service des précédents, « deux fois nés » *(dvija)*, porteurs du cordon de coton consacré ; ce système conçu par des brahmanes, qui l'érigèrent en modèle hiérarchique et de la société et de l'univers, est une représentation hégémonique qui fut toujours discutée et disputée, voire périodiquement combattue. De l'autre côté, la réalité proliférante de centaines de *jati*.

Il ne faut donc pas se représenter la société indienne comme un ordre hiérarchique immuable, fondé sur on ne sait trop quelle charte mythique empreinte de religiosité brahmanique et invitant à de baroques pratiques idolâtriques. Certes, il existe bien un ordre social inégalitaire en Asie du Sud, où la majorité des habitants continue de s'identifier et de se différencier en terme de castes et de pratiques religieuses hindoues, soit autant de formes au travers desquelles s'épanouit le narcissisme de la petite différence. Mais le terme de « caste » traduit en réalité la notion de *jati* (« naissance »), qui impose des règles de conduite affectées d'un degré spécifique de singularité envers les membres des autres groupes héréditaires avec lesquels on cohabite ou que l'on rencontre.

Plusieurs systèmes ?

Parce qu'il s'agit d'un fait de naissance, souvent étayé sur des récits mythiques et interprété fréquemment comme une qualité ethnique ou raciale, cette identification renvoie à plusieurs contextes : le village, avec sa hiérarchie locale qui implique des rapports d'échanges et d'interdits plus ou moins complexes dans un espace segmenté (en castes repérables dans l'habitat) ; la ville, où la diversité, la mixité et la promiscuité sont plus grandes, comme la mobilité sociale apparemment plus fluide ; la région, qui se confond souvent avec le réseau matrimonial et l'aire de « connubialité », mais qui recouvre un ensemble de castes locales, certaines économiquement et politiquement dominantes, d'autres survivant misérablement, d'autres encore occupant les rangs intermédiaires ; enfin, la nation ou la civilisation (indienne), définie par l'ordre des « états », les *varna*, qui ne coïncident pas avec l'ordre quadripartite de la société *(varnashrama)* mais renvoient à une organisation segmentaire, clanique et lignagère, des castes en nombre presque illimité.

Loin de faire système, cette organisation en castes permet aussi bien des fissions – elles furent fréquentes à la période médiévale – que des fusions, nombreuses dans l'Inde moderne. De fait, les castes n'ont jamais constitué un ordre monolithique que dans les textes et lors de rares périodes dans quelques régions limitées. Au fil des siècles, la fluidité de son organisation l'a emporté dans ses rapports complexes aux lignages, clans, sectes et communautés indigènes ou étrangères, la plupart du temps en se superposant aux classes sociales : il demeure une forte corrélation entre le rang social et le statut de caste. Les exemples d'affrontements, voire les « guerres de castes » sont d'abord dus à la répartition fortement inégalitaire de la propriété foncière, au lourd endettement et à l'exploitation sans scrupules d'une main-d'œuvre servile, misérable et désarmée face à la puissance des castes dominantes.

Un système discuté

Dans les années 1960 s'est fait jour l'idée que la caste n'était pas un système archaïque sur le point de disparaître (comme l'avaient déjà pensé respectivement Karl Marx et Max Weber, mais également nombre de « modernisateurs »). Pourtant, l'institution indigène de la caste n'a cessé de se recomposer de manière dynamique et adaptative tout au long des XIXe et XXe s. Notamment, sous la forme d'associations de caste(s), de sectes dévotionnelles *(bhakti)*, de mouvements anti-brahmanes – il fut précoce et virulent dans le Sud –, quand ce ne fut pas sous le chef de regroupements anti-castes ou d'organisations militantes, comme les intouchables qui se sont rebaptisés *dalit* (les « écrasés »). La réorganisation, voire le renforcement ici ou là des castes, a ainsi répondu aux transformations successives de l'État et de la société civile sous la férule administrative du *Raj* britannique, au développement de la lutte anticoloniale et à mesure de la consolidation de la plus grande démocratie parlementaire du monde depuis l'accession à l'indépendance en 1947.

Alors que les discriminations fondées sur les castes (religion, race, sexe, lieu de naissance) ont été prohibées par la Constitution indienne promulguée en 1950 (article 15), elles se sont en réalité d'autant mieux perpétuées que le gouvernement central et les États régionaux ont mis en place et développé des systèmes complexes de discriminations compensatoires – réservations, quotas, emplois – au bénéfice des basses castes et, dans une moindre mesure, des tribaux, des intouchables. Au point que de larges fractions des premières, qui constituent environ 50 % de la population, ont connu une ascension sociale et acquis des positions de pouvoir dans nombre d'administrations, d'organisations et de partis politiques. Cette démocratisation relative, parfois qualifiée de « révolution silencieuse » (des basses castes), a déjà infléchi la destinée sociale et politique du pays. Entre 1971 et 2000, l'Inde est la seule démocratie dans le monde dont la composition de l'électorat s'est transformée au profit des sections les plus vulnérables de la société – hormis les quelque 200 millions d'intouchables qui continuent de vivre comme des parias.

Une nouvelle donne

Aujourd'hui, le sort des castes dans le sous-continent est fortement lié au développement de la classe moyenne. Certes, les racines de cette dernière remontent à la colonisation britannique, mais son extension – artisans, commerçants, petits industriels, paysans enrichis, cadres et professions libérales – prend sa source dans les recompositions sociales successives qu'a connues la société indienne avant et depuis l'indépendance, le développement industriel et ladite « révolution agraire » des années 1960-1970, mais surtout les transformations issues de la libéralisation économique des années 1980 et de l'« ajustement structurel » imposé par le Fonds monétaire international (FMI) en 1991. L'émergence de ces nouvelles couches sociales tant urbaines que rurales a transformé les relations entre groupes sociaux et redistribué en partie la richesse et le pouvoir. L'embourgeoisement (relatif) des familles paysannes et des travailleurs des secteurs public et privé a réorienté les liens qu'entretenaient ces groupes au politique et à l'espace public. En sorte que les modèles statutaires et de pouvoir des castes concernées se sont progressivement réarticulés, tant mentalement que dans les pratiques, aux nouvelles formes de consommation et de styles de vie. Aujourd'hui, les acteurs sociaux oscillent entre la fascination pour le monde développé (euro-américain et asiatique) et le repli sur une indianité *(hindoutva)* authentique, alors que d'autres inventent au quotidien des formes métisses du cosmopolitisme vernaculaire.

Le castéisme : un visage du populisme ?

Finalement, pour comprendre le système des castes dans l'Inde contemporaine, il faut moins s'attacher à son principe idéologique hiérarchique – la pureté – qu'à ses transformations socioéconomiques continues et à sa politisation sur fond de suffrage universel : plus d'un demi-milliard d'électeurs sont aujourd'hui guidés par un régime qui procure à l'Inde une base tant pour la différenciation sociale que la compétition, à ses habitants un principe d'identification ou de différenciation et aux politiques un instrument au service de leur ambition. Mais il n'en reste pas moins que l'usage actuel du « castéisme » dans le champ politique tend à produire un populisme conservateur aux relents fascisants (notamment antimusulman et antichrétien) d'autant plus inquiétant qu'il recrute aussi bien parmi les privilégiés que dans la classe moyenne et la plèbe. De là cette crainte que ne se cristallise une majorité bricolée prétendant incarner la force nationale d'une hindouité fière de son ordre, de sa culture et de son histoire – au détriment de ladite « plus grande démocratie dans le monde ».

Histoire de l'Inde

par Jacques Pouchepadass

Ce qu'il est convenu d'appeler histoire de l'Inde, c'est l'histoire de l'espace compris entre l'arc montagneux de l'Himalaya et de l'Hindu Kuch et les côtes du Deccan, formidable creuset humain et culturel où peuples migrants et envahisseurs se sont succédé et mélangés sans relâche au fil des siècles. Ce sous-continent n'a connu, avant le XVIIIe s., que trois phases de cohésion politique relative, et n'a formé un État réellement unitaire que pendant les deux siècles de la colonisation britannique. Il est de nouveau fractionné aujourd'hui en une demi-douzaine d'États indépendants. Cet ensemble infiniment divers a pourtant toujours été perçu de l'extérieur comme une aire culturelle dotée d'une personnalité propre, dont les habitants partageaient une vision distincte du monde et de la société. Il a été nommé « Inde » par les Perses et les Grecs antiques d'après le fleuve Indus. L'appellation générique « hindou » est également d'origine étrangère et n'a pas d'équivalent dans les langues indigènes.

Aux origines de la civilisation indienne

Si les premiers outils de pierre taillée trouvés dans le sous-continent indien remontent à presque deux millions d'années, le Néolithique, en revanche, y a été comparativement tardif (IIIe millénaire). Une région, toutefois, fait exception, le Bélouchistan, dans la zone où les vallées du plateau iranien débouchent sur la plaine de l'Indus. C'est là qu'a pris naissance à la fin du VIIIe millénaire, en même temps qu'au Moyen-Orient, une des plus vieilles agricultures du monde.

■ La civilisation de l'Indus (v. 2500 - v. 1500 av. J.-C.)

De ce monde paysan est issue, 4 000 ans plus tard, la civilisation urbaine de l'Indus, contemporaine de celle de Sumer en Mésopotamie. Le bassin de l'Indus est alors semé de villes fortifiées à l'urbanisme avancé et surmontées d'acropoles monumentales, dont les principales sont Mohenjo-Daro et Harappa. Cette civilisation commerce avec le monde iranien et l'Asie centrale, et par mer avec la Mésopotamie. Elle a laissé d'admirables sceaux de stéatite ornés d'intailles animalières et porteurs d'inscriptions que nul n'a encore réussi à déchiffrer. Faute de sources textuelles, on ignore presque tout de son histoire. Son extinction, dans la 1re moitié du IIe millénaire, est probablement liée à la décadence du commerce et au dépérissement écologique du système de l'Indus.

Les Indo-Aryens et le monde védique (v. 1500 - 500 av. J.-C.)

C'est alors l'époque où arrive du plateau iranien, par les passes montagneuses de l'Hindu Kuch, une immigration de pasteurs semi-nomades de langue indo-européenne qui se donnent à eux-mêmes le nom d'Aryens. On les connaît par leurs textes sacrés en langue sanskrite, les *Veda*. À mesure qu'ils se répandent à travers l'Inde du Nord, ces pasteurs se sédentarisent en fusionnant avec les sociétés locales, et se convertissent progressivement à l'agriculture. Leurs prêtres, les brahmanes, élaborent en sanskrit une immense littérature de mythes et de spéculations qui est descendue jusqu'à nous, et dont les plus beaux fleurons sont les épopées du *Mahabharata* et du *Ramayana*, composées vers le milieu du Ier millénaire. L'interpénétration entre la culture indo-aryenne et les traditions autochtones est profonde, non seulement dans la vie matérielle mais dans le domaine des institutions, de la langue et de la religion, et c'est grâce à ce processus de synthèse extrêmement diversifié que ce que nous appelons l'hindouisme prend forme.

L'espace gangétique à l'époque du Bouddha (VIe-IVe s. av. J.-C.)

Dans l'Inde du Nord aryanisée au cours du Ier millénaire, les clans peu à peu laissent place aux royaumes. Les textes divisent déjà nettement la société en quatre « classes » ou *varna* (prêtres, guerriers, éleveurs-agriculteurs, serviteurs), conformément à l'idéologie sociale brahmanique d'où naîtra le système des castes. L'expansion démographique accompagne des transformations économiques de grande portée : progrès des défrichements, essor de la riziculture, apparition de l'usage du fer et de la monnaie, renouveau des échanges. La seconde civilisation urbaine de l'histoire indienne s'épanouit bientôt dans la vallée du Gange, où grandissent des villes fortifiées dotées de monuments publics et centres d'un commerce actif.

Au Ve s. av. J.-C. naissent deux sectes religieuses promises à un grand avenir, le jaïnisme et surtout le bouddhisme, qui traduisent une réaction contre la religion magique des *Veda* et l'exclusivisme social des brahmanes. Un puissant royaume, le Magadha, grandit à la même époque sur le Gange. Il englobe déjà la plus grande partie de l'Inde du Nord lorsque Alexandre de Macédoine, après avoir abattu l'Empire perse, franchit l'Indus en 326 et soumet une partie du Pendjab. Son armée refusant d'aller plus loin, il rentre en Perse l'année suivante, mais en laissant derrière lui des garnisons. Il jette ainsi les bases d'une culture indo-grecque qui fleurira dans l'Inde du N.-O. pendant plusieurs siècles.

L'expansion indienne outre-mer

L'Inde antique a exporté sa culture à travers toute l'Asie du Sud-Est, où l'on trouve des inscriptions sanskrites dès le IIIe s. Ce processus d'indianisation, exemple unique d'expansion culturelle sans conquête militaire, s'est étalé sur plus d'un millénaire. Les villes-temples de Borobudur, à Java, d'Angkor, au Cambodge, et de Pagan, en Birmanie, ont été édifiées entre le IXe et le XIIIe s. par des souverains qui portaient des noms sanskrits. Il n'y a pas eu pourtant de « colonisation » indienne de ces régions, mais une profonde imprégnation par les valeurs religieuses, les conceptions sociales, politiques et juridiques, et les traditions littéraires et artistiques de l'Inde. C'est la diaspora des marchands indiens qui a servi de relais à cette diffusion, mais les brahmanes hindous et les moines bouddhistes et jaïns en ont été les acteurs essentiels, en fournissant aux élites locales une tradition savante et une culture politique qui leur étaient nécessaires dans la phase d'émergence des royautés, et dont elles firent un usage immensément créatif.

L'époque classique

Le millénaire qui s'étend des souverains Mauryas aux Guptas, bien que souvent troublé, constitue à la fois l'époque fondatrice de l'unité indienne et l'apogée de la culture sanskrite.

■ L'Empire maurya (IVe-IIIe s. av. J.-C.)

Le trône de Magadha est usurpé vers 320 par Chandragupta Maurya. La dynastie culmine sous l'empereur Asoka (264-227 av. J.-C.), qui règne sur l'Inde entière sauf l'extrême Sud. L'empire, bien que doté d'une bureaucratie et d'une armée permanente, est plutôt une pyramide de royaumes assujettis qu'un État unitaire. C'est alors qu'apparaissent en Inde la grande architecture en pierre de taille et la sculpture sur pierre, où l'on reconnaît des influences grecques et achéménides.

Asoka, empereur dévot, est une des figures légendaires du bouddhisme, alors en plein essor. L'empire se disloque après lui et l'histoire de l'Inde redevient obscure, sauf au Pendjab, où règnent des rois grecs venus de Bactriane au IIIe s. Dans leurs royaumes, notamment sous le roi Ménandre (v. 160 - v. 140 av. J.-C.), s'épanouit une culture indo-grecque où le bouddhisme rencontre l'art hellénistique, et dont le plus beau vestige est un admirable monnayage frappé de portraits royaux.

■ Tourmentes et splendeurs des « siècles obscurs » (IIe s. av. J.-C. - IIIe s.)

Cependant, par contrecoup des mouvements de peuples nomades à travers la haute Asie, l'Inde reçoit par les passes du N.-O. une succession d'invasions. Au Ier s. av. J.-C., les Sakas balaient les derniers royaumes indo-grecs et conquièrent le quart N.-O. de l'Inde, suivis peu après par les Parthes, eux-mêmes supplantés par les Kouchans. Sous le long règne de Kanishka (fin Ier-début IIe s.), l'Empire kouchan s'étend de l'Asie centrale à Bénarès, avec Purushapura (actuelle Peshawar) pour capitale. Cet empire est un espace de paix où se développent le commerce à longue distance, l'agriculture irriguée et l'urbanisation, et dont les souverains tolérants protègent les religions locales (notamment le bouddhisme, dont l'expansion commence alors vers la Haute Asie et la Chine). La philosophie et les lettres sanskrites y fleurissent en même temps que les arts, et notamment la sculpture, dont l'inspiration indienne est imprégnée d'influences helléniques. Au Gandhara, région carrefour et foyer du bouddhisme situé au cœur de l'Empire kouchan, l'art gréco-bouddhique, notamment la sculpture, produit alors ses chefs-d'œuvre.

Fondé au Ier s. av. J.-C., délaissé pendant 400 ans puis réoccupé, le site d'Ajanta forme une véritable chronique du succès et du déclin du bouddhisme auprès des marchands qui suivaient la voie des passes des Ghâts occidentaux.

Les sultanats du Deccan

Le plateau du Deccan n'a rien d'un éden : de vastes étendues grises soulevées de poussière, une terre avare et assoiffée, des étés suffocants d'une épouvantable chaleur, sans l'ombre apaisante de forêts ni le refuge de quelque montagne. Pourtant, entre le XIVe et le début du XVIIe s., ce cœur de l'Inde sembla un Eldorado pour les aventuriers de l'ensemble du monde musulman. Avec la bénédiction du sultan, on pouvait, en quelques années, y amasser de considérables fortunes et atteindre les plus hauts sommets de l'État.

▲ **La citadelle de Bidar possède un important système de fortifications que l'on franchit par la massive Gumbad Darwasa, coiffée d'un dôme.**

Le sultan, maître à bord

À peine les sultans de Delhi eurent-ils conquis le centre de l'Inde, au XIVe s., que des hommes audacieux proclamèrent leur indépendance. C'est en 1347 la fondation du sultanat des Bahmanides, avec Gulbarga pour capitale. Îlot musulman dans un océan hindou, les sultans du Deccan s'appuyaient sur une coalition hétéroclite de chefs de guerre turcs, persans, afghans, caucasiens, abyssiniens, tous équipés de troupes à leur dévotion. Soutien autant que menace potentielle, puisque la succession des sultans ne répondait pas à une logique héréditaire : elle était le résultat des rapports de force entre clans rivaux. Et il ne fut pas rare que des sultans, plus fréquemment encore des ministres ou des personnages importants de l'État, périssent sous les coups de leurs adversaires du moment. Dans ce climat de violence et de peur, il fallait pourtant bien administrer ces immenses territoires : ce fut souvent le fait de lettrés brahmanes chargés de lever l'impôt foncier et les taxes sur le commerce. Car le commerce était florissant dans ces États du Deccan : l'aristocratie réclamait toujours davantage de coursiers du golfe Persique et d'objets de luxe que l'on payait avec les épices indiennes. Un marchand pouvait se hisser jusqu'au pied du trône : tel Mahmud Gawan qui dota Bidar, la capitale de son maître, d'une

▲ **La Jami Masjid, la grande mosquée de Bijapur, choisie pour capitale par la dynastie des Adil Shahi.**

▲ À Bijapur, l'Ibrahim Rauza, l'élégant mausolée d'Ibrahim Adi Shah II.

somptueuse madrasa de style persan que l'on peut toujours admirer. Les sultans eux-mêmes troquaient à l'occasion leurs cimeterres contre les livres de compte et certains possédaient même leur propre manufacture de tissage.

L'art du compromis

Régner sur des masses hindoues, toujours prêtes à s'armer selon les témoins du temps, et louvoyer entre les factions rivales nécessitait, à l'évidence, des talents de diplomate. Contrairement aux États musulmans du Nord, les sultanats du Deccan s'ouvrirent rapidement aux hindous fraîchement convertis à l'islam. Ils ne tardèrent pas à constituer leur propre faction dont la puissance contrebalança celle de l'ensemble des autres musulmans. Les confréries de soufis tôt présentes dans les sultanats – on découvre, à Bidar, les vestiges de nombre de leurs couvents – jouèrent un rôle important dans la vie sociale et spirituelle des villes. Certains de leurs saints, des sultans parfois, furent vénérés après leur mort par l'ensemble de la population. De nos jours encore, on voit musulmans et hindous prier côte à côte autour de leurs tombes, devenues buts de pèlerinage. Certains soufis adoptèrent même les postures des yogis hindous, se dépouillant de leurs vêtements et errant nus dans les campagnes pour prôner l'exemple du renoncement.

Les perles du Deccan

Tuiles vernissées sur les dômes des mausolées et les façades des palais, coupole outrepassée, l'influence des arts persans est manifeste dans chacune des anciennes capitales. Pourtant, les sultans du Deccan surent patronner deux réalisations uniques en Inde, qui, à elles seules, justifient le voyage dans la région. Il s'agit d'abord de la mosquée de Gulbarga, construite au XIVᵉ s. par un architecte novateur et inconnu. Depuis l'époque du Prophète, la mosquée était un espace à ciel ouvert, bordé d'un portique, simple sur trois côtés, augmenté de deux ou trois travées sur le 4ᵉ, celui qui indiquait la direction de La Mecque. Les dignitaires et les religieux prenaient place sous le portique le plus profond tandis que le reste des fidèles se massait dans la cour. Fut-ce par souci d'éviter aux fidèles les ardeurs du soleil indien, ou par volonté de regrouper l'ensemble des clans et de leurs affidés sous un même toit ? Toujours est-il que le génial architecte de Gulbarga conçut de recouvrir la cour de coupoles soutenues par des arcs, à la manière des salles hypostyles des temples hindous et jaïns. L'autre merveille de la région est le célèbre Gol Gumbaz de Bijapur (XVIIᵉ s.), sans doute la plus stupéfiante réalisation de l'architecture musulmane en Inde, avec sa coupole aux proportions démesurées. Les sultanats du Deccan produisirent également une importante littérature, en persan mais aussi en dakhani, variante locale de l'ourdou. On peut enfin voir, au musée Salar Jung de Hyderabad, de délicieux exemples des écoles de miniatures locales.

S.B.

Le morcellement politique du sous-continent n'empêche pas l'essor du commerce et des communautés marchandes, ni le développement des villes et des artisanats. Les corporations marchandes sont des institutions puissantes, dont le commerce caravanier et maritime atteint l'Asie orientale et centrale et la Méditerranée. Le bouddhisme et le jaïnisme, protégés par nombre de princes et de corporations, connaissent un grand développement, d'ailleurs accompagné de schismes (ainsi, dans le bouddhisme, entre le Petit et le Grand Véhicule). Le mécénat royal et marchand permet une floraison de l'art bouddhique et jaïn, dont témoignent les stupas de Bharhut et Sanchi, les sanctuaires rupestres d'Ajanta et d'Ellora, la sculpture du Gandhara et des écoles de Mathura et d'Amaravati.

L'« âge d'or » des Guptas (IVe-VIe s.)

Une nouvelle entreprise conquérante partie du Magadha se développe à partir des environs de 320 sous la dynastie des Guptas. Leur empire s'étend au Ve s. sur toute l'Inde du Nord, du Gujarat au Bengale. Il cède au début du VIe s. sous les coups des Huns hephthalites, cavaliers nomades originaires de l'Altaï qui envahissent l'Inde du Nord et y détruisent les villes et le commerce. Ces Huns sont bientôt contraints au repli par un regain des résistances locales et seront finalement anéantis en Asie centrale par les Turcs. Mais cet épisode marque la fin de l'âge classique de la civilisation indienne.

Le grand siècle des Guptas a été un âge de prospérité, comme le montrent l'abondance et la qualité du monnayage d'or et d'argent, ainsi que les splendides vestiges du mécénat des empereurs et des corporations marchandes. Les souverains hindous tolèrent et protègent le bouddhisme, qui est florissant. Les lettres sanskrites connaissent sous leur patronage un bel épanouissement, dont le chef-d'œuvre est la *Sakuntala* du dramaturge Kalidasa. Le raffinement des mœurs est illustré par le *Kamasutra*, manuel de vie et d'amour du jeune homme de la bonne société cultivée. Le temps des Guptas, enfin, est pour l'art la période classique de la sculpture et de la peinture indiennes.

L'Inde du Nord replonge ensuite dans le morcellement pour six siècles. C'est alors à l'extrême S. du Deccan que la civilisation indienne brille de son plus vif éclat.

L'Inde du Sud dans sa première grandeur

Le Sud dravidien du Deccan, bien que déjà progressivement aryanisé, n'entre dans l'histoire que vers le début de l'ère chrétienne, avec l'apparition des premières inscriptions, rédigées en sanskrit.

Aryens et dravidiens

Les termes « aryen » et « dravidien » désignent des catégories linguistiques. Les langues de l'Inde du Nord, dérivées du sanskrit qui appartient à la famille indo-européenne, sont dites indo-aryennes d'après l'appellation *Arya* (« noble ») que les porteurs de la langue védique se donnaient à eux-mêmes. Les langues de l'Inde du Sud appartiennent à la famille dravidienne. C'est sous l'influence des théories raciales du XIXe s. qu'on s'est mis à identifier ces catégories linguistiques à des populations distinctes, dont les différences biologiques et ethniques se seraient perpétuées jusqu'à nous. On interprétait alors l'immigration des *Arya* védiques dans le sous-continent comme une invasion de conquérants au teint clair qui auraient repoussé vers le S. les aborigènes dravidiens à peau noire. Ce scénario est aujourd'hui périmé, et le brassage continuel des populations dans l'histoire exclut de toute façon la perpétuation de types physiques purs. Si l'Inde de langue dravidienne présente bien des spécificités du point de vue des castes, des rites ou des systèmes de parenté, elle n'en est pas moins essentiellement indienne (les langues dravidiennes sont d'ailleurs très sanskritisées). La revendication identitaire dravidienne d'aujourd'hui n'est qu'une construction idéologique du militantisme régionaliste.

L'âge du *Sangam* (Ier-IVe s.)

La vitalité de la culture locale est attestée par les recueils de poésie profane qui composent le *Sangam*, monument inaugural de la littérature tamoule. La région passe alors de l'âge des chefferies tribales à celui des royaumes et de l'agriculture sédentaire. Elle est dominée par trois maisons royales rivales, Colas à l'E., Pandyas au S. et Cheras à l'O. L'économie prospère de ces royaumes est fondée sur la riziculture irriguée et un commerce maritime actif avec la Méditerranée romaine et l'Asie orientale.

Le monde tamoul des Pallavas aux Colas (VIIe-XIIe s.)

Les VIIe et VIIIe s. sont la grande époque de la dynastie pallava, à laquelle remontent les premiers monuments de pierre de l'Inde du Sud (Mahabalipuram, Kanchipuram), et la poésie mystique tamoule des douze alvars. Au milieu du IXe s., la prééminence passe pour quatre siècles à la dynastie des Colas de Thanjavur. Leur empire méridional, avec ses systèmes d'irrigation et son organisation agraire, est remarquablement administré. Ils appuient l'expansion outre-mer des corporations marchandes et lancent des expéditions maritimes dans l'Insulinde contre le royaume de Srivijaya, qui règne sur les détroits.

Une diaspora indienne se répand dans l'Asie du Sud-Est, où se développent des États hindouisés.Les souverains colas, dont le pouvoir est indissociable de leur fonction rituelle, dotent richement les grands temples (Thanjavur, Gangaikondacholapuram), dont l'architecture et le décor, ainsi que toute la statuaire cola (notamment les bronzes à la cire perdue de Thanjavur), incarnent l'art classique de l'Inde à son sommet.

La prépondérance islamique

Les invasions des XIe-XIIIe s. ouvrent un nouvel âge de la civilisation du sous-continent, celui de la rencontre de l'islam et de l'indianité.

La conquête turque et le sultanat de Delhi (XIe-XIVe s.)

L'Inde du Nord, affaiblie par des guerres intestines continuelles, est victime, au début du XIe s., des raids meurtriers d'un chef turc d'Afghanistan, Mohammed de Ghazni, qui annexe pour 150 ans le Pendjab et les régions voisines.

Un autre chef afghan, Mohammed de Ghor, après avoir vaincu en 1192 la résistance acharnée des Rajput coalisés, conquiert en 10 ans toute l'Inde du Nord jusqu'au Bengale, fondant ainsi le sultanat de Delhi. Cet État musulman n'est d'abord qu'un régime d'occupation militaire sanguinaire et iconoclaste, menacé au-dedans par les rivalités de clans et les rébellions hindoues, et au-dehors par la pression des Mongols sur l'Indus.

La situation se stabilise en 1296 avec l'accession au trône d'Alauddin, chef du clan Khalji, qui abat une poigne de fer sur l'aristocratie musulmane et les princes hindous, repousse les dernières incursions des Mongols, et soumet en trois campagnes tout le Deccan jusqu'à Madurai.Le sultanat, ensuite, s'indianise progressivement, car les nécessités de la coexistence imposent la tolérance mutuelle. Des contaminations réciproques s'observent dans les pratiques religieuses populaires et les courants mystiques, comme dans l'architecture et la musique. L'islam devient progressivement une composante de la civilisation de l'Inde. Le règne de la dynastie Tughluq (1320-1413) est marqué par un déclin progressif, le Deccan, l'Inde centrale puis le Bengale retrouvant leur autonomie sous des monarchies hindoues. En 1398, le conquérant turc Tamerlan lance un raid de pillage dévastateur sur Delhi et la vallée du Gange, d'où il repart chargé d'un énorme butin, laissant l'Inde du Nord dans le chaos.

Vijayanagar et les monarchies régionales (XVe-XVIe s.)

De l'anarchie qui suit émergent, au début du XVe s., une quinzaine d'États régionaux, tous musulmans sauf deux. Dans l'Inde du Nord, les Rajput du Rajasthan reconstituent leurs royaumes et se regroupent en confédération sous la direction de Rana Kumbha (1431-1468). Au S., l'empire de Vijayanagar, fondé en 1336 au cœur du Deccan, englobe un siècle plus tard la plus grande partie de l'Inde péninsulaire. Sa puissance militaire s'appuie sur un réseau de forteresses stratégiques, et son économie sur la riziculture irriguée des plaines côtières et sur le grand commerce maritime des deux côtes du Deccan. L'hindouisme y est florissant, comme les lettres sanskrites et dravidiennes, les sciences et les arts, que le mécénat favorise à l'écart des influences persanes qui s'exercent dans les États musulmans. Il sera abattu en 1565 par une coalition des sultanats du Deccan septentrional.

À la fin du XVe s., l'expansion navale des Portugais met fin à la domination commerciale des musulmans dans l'océan Indien. Vasco de Gama prend pied sur la côte occidentale du Deccan en 1498. Son successeur Albuquerque donne à l'empire maritime portugais ses points d'appui sur tout le pourtour de l'océan Indien, et s'empare en 1510 du port de Goa qui devient sa capitale. L'ère du contact direct entre l'Inde et l'Europe est désormais ouverte.

L'Empire moghol

Né après le siècle d'anarchie qui suit le raid de Tamerlan, ce vaste empire agraire indo-musulman, contemporain de la Renaissance européenne et du « siècle de Louis XIV », fait de l'Inde une des grandes puissances politiques et culturelles des Temps modernes.

L'empereur Mohammed Akbar dans son palanquin (Paris, BNF, Cabinet des Estampes).

Baber et Akbar (1526-1605)

Le sultanat de Delhi, provisoirement anéanti par Tamerlan, renaît de ses cendres à partir de 1451 sous la dynastie des Lodi. Mais ses divisions, au début du siècle suivant, en font une proie facile pour Baber, descendant de Tamerlan et de Gengis Khan qui règne alors à Kaboul, brillant capitaine et fin lettré. Vainqueur des Lodi à Panipat en 1526, il s'empare de Delhi et d'Agra, et fonde l'Empire « moghol » (corruption de « mongol »). Il écrase, l'année suivante, le grand Rajasthan confédéré mené par Rana Sanga. Son successeur Humayun se heurte après 1530 aux ambitions concurrentes d'un noble afghan aux capacités exceptionnelles, Sher Khan. Battu en 1540, il se réfugie en Perse. En six ans de règne, Sher Khan, devenu

Sher Shah, soldat et homme d'État hors pair, impose sa loi à presque toute l'Inde du Nord et en réorganise magistralement le gouvernement, préparant ainsi le terrain à la construction impériale moghole. Sa mort accidentelle en 1545 permet à Humayun de reconquérir son trône avec l'appui perse en 1555, avant de disparaître accidentellement à son tour.

L'expansion reprend sous son fils Akbar (1556-1605), qui régnera sans partage sur l'Afghanistan, l'Inde du Nord et le N.-O. du Deccan. Excellent politique, il ouvre les emplois supérieurs de l'État à toutes les composantes de l'aristocratie du pays (y compris les Rajput), pratique la tolérance à l'égard des hindous, supprimant l'impôt sur les non-croyants, et développe un culte impérial dans lequel convergent les religions constituées. Sur les bases établies par Sher Shah, il dote ses territoires d'une solide armature administrative et fiscale, dont les Britanniques, deux siècles plus tard, recueilleront l'héritage.

■ Le siècle des Grands Moghols (1605-1707)

L'apogée se poursuit sous les règnes de Jahangir (1605-1627) et de Shah Jahan (1627-1658). L'empire, soutenu par une vaste et redoutable armée, inclut désormais tout le Deccan, sauf l'extrême Sud. L'ordre régnant favorise le développement du commerce et des manufactures, et l'essor urbain. Lahore, Delhi, Agra et Ahmedabad comptent alors parmi les plus grandes villes du monde. Le faste de la cour et le souci du prestige chez les grands suscitent une magnifique floraison d'art indo-persan, dont le chef-d'œuvre emblématique est le Taj Mahal.

■ La crise politique et les rivalités européennes (1707-1757)

Le déclin commence sous Aurangzeb (1658-1707), avec la multiplication des rébellions provinciales, et notamment des soulèvements hindous (sikhs et Jats au N. de Delhi, Rajput au Rajasthan, Marathes dans le Deccan). Sous la pression des religieux sunnites, l'empereur renoue avec la discrimination et l'iconoclasme antihindous, qui galvanisent les résistances. Face à l'insaisissable guérilla marathe, les armées mogholes finissent par s'enliser dans le Deccan, où Aurangzeb trouve la mort après 25 ans de vaines et ruineuses campagnes. L'empire glisse ensuite vers l'éclatement.

Le raid de pillage lancé sur Delhi par le shah de Perse en 1739 donne le signal de la débâcle. L'Empire moghol se réduit au territoire de Delhi. Les Marathes, devenus puissance dominante, s'emparent de Delhi en 1757, puis progressent jusqu'au Pendjab. Ils s'y heurtent aux ambitions expansionnistes du nouveau royaume afghan et sont écrasés à Panipat en 1761. Mais leur vainqueur est rappelé en Afghanistan par des problèmes internes. La confédération marathe se fractionne bientôt en cinq royaumes. Le pouvoir est alors vacant au sommet.

Cette situation profite aux compagnies marchandes européennes qui rivalisent pour la maîtrise du commerce des mers indiennes, et dont les comptoirs s'échelonnent sur les côtes du Gujarat au Bengale. Les Hollandais ont délogé les Portugais de leur monopole au début du XVIIe s. Cinquante ans plus tard, c'est leur concurrente britannique, l'East India Company, qui a pris l'avantage, mais elle trouve bientôt sur sa route la Compagnie française des Indes orientales fondée par Colbert, qui est basée à Pondichéry depuis 1673. À partir de 1744, cette rivalité franco-anglaise débouche sur des conflits armés, par contrecoup des guerres qui se succèdent en Europe entre les deux pays, et parce que les deux compagnies se mettent à s'immiscer dans les conflits indiens en vue de conquérir de nouveaux avantages. Sous la direction de Dupleix *(→ encadré p. 232)*, l'influence française atteint son zénith dans le Deccan vers 1750. Elle périclite ensuite sous ses successeurs moins doués, qui pâtissent de surcroît de la supériorité anglaise sur les mers. Battus dans le sous-continent comme en Europe au

Les Français en Inde

Chambéry a sa célèbre fontaine rappelant les largesses du comte De Boigne pour sa ville natale. Lyon a son lycée La Martinière dont le nom conserve la mémoire de son fondateur, Claude Martin. Les deux hommes furent de ces officiers qui, après le rappel de Dupleix et l'abaissement des prétentions françaises en Inde, continuèrent à hisser le drapeau français sur tous les champs de bataille du sous-continent.

◄ **Claude Martin, fils d'un tonnelier lyonnais, amassa une fortune considérable et, établi à Lucknow, devint le créancier des hommes les plus puissants de la ville, du nabab et de la famille royale jusqu'aux officiels britanniques.**

▲ **Dupleix parvint à dominer la moitié du Deccan grâce à un sens aigu de la diplomatie et du commerce : il intervint directement dans les affaires des princes indiens en mettant à leur disposition son armée de cipayes en échange de l'entretien de cette troupe et de concessions commerciales ou territoriales.**

Au service des princes indiens

En 1763, le traité de Paris met fin à la guerre de Sept Ans qui opposa entre elles les puissances européennes sur fond de rivalité franco-anglaise. La France vaincue doit abandonner ses possessions américaines. En Inde, sa présence ne se réduit plus qu'à ses cinq comptoirs, placés sous l'étroite surveillance des Anglais. Les dizaines d'officiers désormais démobilisés, et privés de l'occasion de faire fortune, vont sillonner l'Inde à la tête de leurs troupes, les « partis » français, et se mettre au service des princes indiens. Ils commandent à des compagnies fortes parfois de plusieurs milliers d'hommes, encadrés par d'autres officiers européens, français, mais aussi italiens, hollandais, allemands, qui apportent sur le champ de bataille une force de frappe décisive et redoutée, notamment en matière d'artillerie. En échange de leurs bons, sinon loyaux services – on verra de ces aventuriers passer d'un camp à l'autre selon leurs intérêts –, ils reçoivent en fief d'immenses domaines où ils règnent en quasi-souverains depuis leur quartier général, d'imposantes forteresses construites par des ingénieurs européens et sur lesquelles flotte souvent le drapeau français.

Des nababs français

Présentés à l'époque même comme des agents français, ces aventuriers poursuivaient le plus souvent des buts plus personnels que patriotiques. C'est le cas de Claude Martin (1735-1800), qui s'embarqua très jeune pour l'Inde où il

▲ **Constantia, le palais que Claude Martin avait bâti à Lucknow (Uttar Pradesh), abrite aujourd'hui le collège La Martinière.**

servit sous Lally-Tollendal. Fait prisonnier par les Anglais, il passa sans hésiter à leur service, commandant une troupe prête à marcher sur ses anciens compagnons d'armes. Il enrôla à son service un autre Français, René Madec, lui aussi fait prisonnier par les Anglais, à Gingee en 1761, et qui, sous les armes anglaises, et bientôt pour son propre compte, s'illustra dans toute l'Inde à la tête d'une troupe de 100 000 hommes encadrés par 150 officiers européens. Benoît De Boigne (1734-1832) est une autre de ces figures romanesques : né à Chambéry, cette force de la nature s'engage tout d'abord au service des Anglais, avant de servir les rois marathes à la tête d'une armée de 30 000 hommes en ordre de marche derrière la croix blanche de Savoie. Lorsque les Marathes décident le transfert de leur capitale à Poona, De Boigne, depuis sa citadelle d'Aligarh, est le véritable maître d'une grande partie de l'Inde du Nord. Lorsqu'il quitte les Indes en 1795, De Boigne est remplacé par Pierre Perron, paré du titre de général, dont l'ancienne capitale des Marathes conserve toujours la mémoire avec le Peroo Square qui lui est dédié à Poona.

■ Fidèles à leurs origines

Redoutables hommes de guerre, les aventuriers français furent également des hommes d'affaires avisés. Claude Martin, installé à Lucknow de 1766 à sa mort en 1800, prospéra grâce au commerce de l'indigo, auquel il intéressa René Madec. Par testament, il offrit à Lyon un établissement d'enseignement, connu depuis lors comme le lycée La Martinière, qui possède son homologue, toujours en fonction dans la ville de Lucknow. Car ces exilés n'oubliaient pas leur patrie : De Boigne rentra en Europe en 1795 à la tête d'une colossale fortune et de trois épouses musulmanes et épousa, grâce à l'une et en dépit des autres, une jeune aristocrate exilée à Londres, Adèle d'Osmond. Cette femme, aussi brillante et spirituelle que son époux était fruste, publia de remarquables *Mémoires* des dernières années de l'Ancien Régime à la Restauration. Quant à De Boigne, il consacra une partie de sa fortune à l'embellissement de Chambéry qui lui rendit hommage en lui dédiant, après sa mort, la célèbre fontaine des Éléphants qui orne toujours le centre-ville. René Madec, anobli par Louis XVI, rentra lui aussi dans sa Bretagne natale pour y mener une vie retirée aux côtés de son épouse, la descendante d'une famille française émigrée aux Indes sous Henri IV. On le voyait chevaucher dans la lande bretonne, suivi de son fidèle serviteur indien, coiffé d'un turban et culotté de pantalons bouffants. S.B.

▲ **En 1748, Dupleix parvient à forcer les Anglais à lever le siège de Pondichéry. De 1742 à 1754, sous l'autorité du gouverneur général des Établissements français, le drapeau blanc à fleur de lys a défié les armées anglaises sur tous les champs de bataille de l'Inde.**

terme de la guerre de Sept Ans (1763), les Français ne conservent en Inde que cinq comptoirs, dont Pondichéry.

L'Inde sous les Anglais

Victime de ses divisions face aux ambitions conquérantes du capitalisme européen, l'Inde entre dans l'ère contemporaine en faisant l'expérience de la sujétion coloniale, d'où elle tire à la fois son armature unifiée d'État moderne et des handicaps structurels générateurs de pauvreté.

Essor et suprématie de la Compagnie anglaise des Indes (1757-1858)

Les menées diplomatiques et militaires de Robert Clive donnent à l'East India Company le contrôle du Bengale en 1757, puis de toute l'Inde orientale en 1765. Jusqu'en 1818, à partir de ses bases de Calcutta, Bombay et Madras, elle étend ensuite sa domination de proche en proche sur presque tout le sous-continent à l'E. de l'Indus. L'expansion sera parachevée entre 1843 et 1886 avec l'annexion du Sind, du royaume sikh du Pendjab, du Bélouchistan et enfin de la Birmanie, absorbée par étapes pour décourager toute avancée française à partir de l'Indochine.

Le premier souci dans les régions conquises est d'asseoir l'impôt foncier pour subvenir aux besoins budgétaires du gouvernement, au prix d'une aggravation générale de la condition paysanne. L'Angleterre de la révolution industrielle inonde l'Inde de produits manufacturés et renvoie les artisans ruinés vers l'agriculture, déjà surpeuplée dans les conditions de l'époque. La concurrence du capital européen fait barrage à l'entreprise indigène dans le secteur moderne. La colonie est soumise à un véritable « drainage de richesses » : la métropole y investit peu, les entreprises britanniques y opèrent avec des capitaux empruntés sur place, et les bénéfices qu'elles réalisent sont systématiquement expatriés. L'éducation anglaise est développée et donne naissance à une bourgeoisie anglophone issue des castes supérieures, qui s'engage dans les professions libérales et occupe les échelons moyens de l'administration.

La grande rébellion (1857-1858)

Les fréquentes révoltes paysannes ou tribales sont d'ordinaire facilement réprimées, mais il en va autrement de la grande rébellion militaire, paysanne et aristocratique, dite « révolte des Cipayes », qui enflamme la plaine du Gange puis l'Inde centrale à partir de mai 1857. Née d'une affaire de cartouches

Les maharajahs

L'empire des Indes incluait 562 États indigènes sous protectorat. Beaucoup n'étaient que de modestes seigneuries, mais quelques dizaines étaient de véritables royaumes, dont les souverains avaient droit au titre de maharajah. Il y eut des princes consciencieux et éclairés, mais la plupart étaient de petits potentats oisifs ou tyranniques que leur statut protégé rendait irresponsables. Leur faste fascinait les coloniaux britanniques, et ceux que l'Europe mondaine côtoyait sur les champs de courses du Royaume-Uni et dans les casinos de la Côte d'Azur faisaient partie de la mythologie ordinaire de la presse à sensation de part et d'autre de la Manche. Leurs critiques les plus virulents étaient les nationalistes indiens, qui stigmatisaient leur loyauté envers la Grande-Bretagne, leur archaïsme et leur obscurantisme. À l'indépendance, leurs territoires furent fondus dans l'Union indienne, qui, en compensation, leur accorda des listes civiles et leur laissa leurs biens de famille et des avantages honorifiques. Ces privilèges, très critiqués à gauche, furent abolis par Indira Gandhi en 1971. Certains princes sont entrés dans la vie politique ou les affaires. D'autres vivent des restes de leur patrimoine, quitte parfois à transformer leurs palais en hôtels.

graissées dont l'emploi heurte un tabou des soldats indigènes, la mutinerie vire au soulèvement populaire. Elle exprime le malaise social engendré par la modernisation et la christianisation, et les rancœurs d'une aristocratie spoliée et d'une paysannerie accablée d'impôts. Mais ce n'est qu'une addition de révoltes locales mal coordonnées qui n'englobe qu'une partie du sous-continent. Les Anglais, d'abord pris de court, reprennent l'avantage au bout d'un an, au terme d'une guerre de reconquête ponctuée d'atrocités.

Aprés être parvenue à franchir la porte du Cachemire du Fort Rouge à Delhi, ce n'est qu'au terme d'une semaine de combats que l'armée anglaise put reprendre la ville aux Cipayes.

■ L'apogée de l'empire des Indes (1858-1918)

Ce traumatisme transforme le caractère de la domination coloniale. L'East India Company est abolie, et l'empire des Indes directement rattaché à la Couronne. À l'élan de la mission civilisatrice succèdent le respect affiché des traditions locales et le renforcement des hiérarchies princières et foncières en place. Alors commence le demi-siècle d'apogée du grand Raj victorien, immense colonie d'exploitation soumise à un régime autoritaire et figé.

L'essor considérable de l'agriculture de marché va de pair avec la récurrence de grandes famines meurtrières, qui régressent toutefois au XXe s. grâce aux progrès du ravitaillement par chemin de fer, de l'irrigation, des politiques de prévention. Situation de dépendance, déséquilibres structurels entre secteurs et inégalités spatiales de développement se combinent pour faire de l'Inde colonisée une économie désarticulée, trait majeur de ce qu'on appellera plus tard le sous-développement.

Cependant, la revendication de libertés politiques se développe au sein de la petite élite indigène anglophone, qui se donne en 1885 une organisation militante, le Congrès national indien. Des courants nationalistes radicaux à forte coloration religieuse s'y développent au début du XXe s., et certains groupes clandestins versent dans l'action terroriste.

■ Gandhi et le combat d'indépendance (1917-1947)

Seule l'entrée en scène de Gandhi (→ *arrêt sur images p. 144-145*), dont le charisme suscite la ferveur des foules, donne néanmoins au Congrès, à partir de 1917, une véritable audience populaire. Le Mahatma lance contre le pouvoir colonial des campagnes nationales d'agitation non-violente, cependant que la Ligue musulmane, née en 1906, initialement solidaire du combat pour l'autonomie, adopte ensuite face au Congrès une ligne concurrente communautariste, puis ouvertement séparatiste. Le Congrès refusant tout démembrement, les violences religieuses se déchaînent au lendemain de la guerre. Le gouvernement de Londres dépêche alors Lord Mountbatten à New Delhi en janvier 1947 pour négocier un transfert rapide du pouvoir aux autorités indiennes. L'indépendance est proclamée le 15 août suivant, assortie de la partition du sous-continent en deux États distincts, l'Inde et le Pakistan. Le Pendjab sombre alors dans une furie meurtrière opposant sikhs et hindous d'un côté et musulmans de l'autre, qui fait 500 000 morts, et que prolongent d'immenses exodes de populations (au moins 14 millions de personnes déplacées entre 1947 et 1950).

La construction nationale (1947-1964)

Cette amère expérience inspire aux nouveaux chefs de l'Inde un souci dominant : l'unité. Unification politique, démocratie, égalité sont les maîtres mots de la période qui commence.

Nehru ou le modernisme au pouvoir

Les destinées de l'Inde pendant les deux décennies qui suivent sont gouvernées par un parti hégémonique, le Congrès, et par son chef, Nehru, Premier ministre jusqu'à sa mort en 1964. Un conflit armé éclate dès 1947 avec le Pakistan autour du rattachement de l'État princier du Cachemire que les deux pays revendiquent. Un cessez-le-feu intervient le 1er janvier 1949 sous l'égide de l'ONU, mais sans résoudre le problème de fond.

La Constitution votée en 1950 fait de l'Inde une démocratie parlementaire, condamne le système des castes et l'intouchabilité, et proclame la laïcité de l'État et la liberté religieuse, ainsi que le droit de tous au bien-être et à la justice sociale. Sur la scène internationale, dans le contexte de la guerre froide, l'Inde de Nehru se fait porte-parole de la coexistence pacifique à la tête des pays « non alignés ». Mais la débâcle en 1962, face une attaque éclair lancée par la Chine pour s'emparer de territoires himalayens contestés, puis la mort de Nehru qui suit mettent un terme à ce magistère pacifiste de l'Inde sur la scène internationale.

La voie indienne du développement

À l'intérieur, Nehru engage l'Inde sur la voie du socialisme démocratique, avec une économie mixte à fort secteur public, pilotée par une planification quinquennale. Malgré les inerties administratives et des freins budgétaires, le bilan est considérable en termes d'équipements publics (barrages, centrales, aéroports, réseaux de communication et d'irrigation, équipement scolaire et hospitalier), et une vaste industrie lourde est créée de toutes pièces. Dans l'agriculture, restée très archaïque, l'accent est d'abord mis sur les réformes de structure (réforme agraire, appareil de développement rural). Mais après la mort de Nehru, la recherche de l'autosuffisance alimentaire à court

La partition du sous-continent

Hindous et musulmans, en règle générale, coexistaient pacifiquement dans l'Inde coloniale. Mais les Britanniques institutionnalisèrent les distinctions religieuses en 1919 en créant des électorats communautaires séparés. La logique de division ainsi enclenchée stimula chez les musulmans une conscience de minorité menacée, déjà alertée, depuis quelque temps, par l'émergence de courants hindouistes militants à connotation anti-islamique. Mais l'idée d'un Pakistan séparé, lancée dès 1930, était énergiquement rejetée par le Congrès, et les négociations sur l'avenir constitutionnel de l'Inde échouèrent sur ce point jusqu'en 1945. L'exaspération mutuelle finit par engendrer de sanglantes émeutes communautaires, ce qui persuada les Britanniques pressés d'en finir qu'une partition était inéluctable. Au lendemain de la déclaration d'indépendance fut publié un tracé frontalier hâtif traversant des communautés profondément imbriquées. Si Gandhi put éviter le pire au Bengale, le Pendjab sombra dans des massacres d'une horreur insoutenable. L'antagonisme entre les deux pays s'est poursuivi, provoquant deux guerres et des tensions incessantes. Il perdure au Cachemire au milieu de violences quotidiennes.

terme est privilégiée, et avec elle la « révolution verte », qui concentre le développement subventionné des nouvelles technologies sur les régions avancées et les exploitants aisés. Le succès est spectaculaire : malgré l'augmentation de sa population, l'Inde devient autosuffisante au milieu des années 1970. Mais il a un coût social : les plus riches continuent à s'enrichir, alors que le pourcentage des pauvres reste stable ou progresse.

La démocratie indienne à l'épreuve

L'Inde après Nehru traverse plusieurs crises politiques et affronte de graves tensions sociales et religieuses. Mais elle donne la preuve que son unité d'État fédéral est solide, tout comme son enracinement dans la démocratie.

■ Indira Gandhi : populisme et autoritarisme (1966-1977)

Le successeur de Nehru, Lal Bahadur Shastri, est confronté en septembre 1965 à une nouvelle guerre contre le Pakistan au sujet du Cachemire. Le conflit tourne à l'avantage de l'Inde au bout d'un mois et s'achève par un cessez-le-feu signé sous l'égide de l'ONU. Shastri étant décédé peu après, c'est la fille de Nehru, Indira Gandhi, tacticienne audacieuse sous des apparences timides, politiquement orientée au centre gauche, que le Congrès désigne pour lui succéder. Les élections de 1967 ayant révélé l'usure du Congrès, elle décrète, deux ans plus tard, la nationalisation des 14 plus grandes banques privées du pays, qui suscite la sécession de la fraction conservatrice du parti. Mais après une campagne populiste centrée sur le slogan « À bas la pauvreté ! », elle remporte haut la main les élections de mars 1971.

À ce moment précis, le gouvernement pakistanais lance son armée contre sa province du Bengale oriental, où les autonomistes viennent de remporter les élections. Les réfugiés affluent bientôt par millions au Bengale indien. Indira Gandhi signe en août un traité d'amitié et de coopération avec l'URSS, qui la garantit contre tout risque d'intervention hostile de la Chine, puis dépêche ses troupes au Bengale oriental en décembre. L'armée pakistanaise capitule moins de 15 jours plus tard. La paix est signée à Simla, en 1972. La popularité d'Indira en Inde atteint alors son point culminant.

L'opinion déchante dans les années qui suivent. Un puissant mouvement de contestation se lève en 1974 autour de Jayaprakash Narayan, vétéran gandhien de la lutte d'indépendance. L'année suivante, risquant la chute parce que son mandat de députée est menacé d'invalidation, Indira fait voter par le Parlement l'instauration de l'état d'urgence et publie un programme en 20 points de réforme radicale. Mais les dérives autoritaires du gouvernement font sombrer ce programme dans le discrédit. L'état d'urgence est levé en 1977, au bout de 22 mois.

■ Coalitions et alternances (1977-1991)

Aux élections qui suivent, le Congrès connaît sa première défaite face à une coalition improbable, le parti Janata, qui rassemble des socialistes à la droite hindouiste, et se désagrège deux ans plus tard. Les élections de 1980 le ramènent au pouvoir avec Indira Gandhi. Après les excès de centralisme du passé récent, de graves tensions éclatent entre le Centre et divers États. Au Pendjab, le séparatisme sikh vire à la guerre civile. L'armée indienne donne l'assaut en juillet 1984, au temple d'Or d'Amritsar, lieu saint du sikhisme. Trois mois plus tard, Indira Gandhi est assassinée par ses gardes du corps sikhs. Porté par une vague de sympathie, le Congrès remporte largement les élections en décembre. Il confie le poste de Premier ministre à Rajiv Gandhi, fils aîné d'Indira. Cet homme de 41 ans, sans passé politique, veut libéraliser l'économie et combattre la corruption, l'esprit de caste, l'intolérance religieuse. Il signe la paix avec les sikhs. Mais les tensions entre hindous et musulmans s'exacerbent, et le BJP, parti nationaliste hindou, entame son ascension. En 1988, l'Inde intervient au Sri Lanka, auquel Rajiv a offert une assistance pour démilitariser le N. et l'Est de l'île tenus par une rébellion tamoule. L'opération est un fiasco, bien que le corps expéditionnaire indien compte un moment jusqu'à 50 000 hommes. La tension remonte entre l'Inde et le Pakistan, qui appuie maintenant un mouvement indépendantiste musulman au Cachemire. Enfin, le gouvernement est ébranlé par des affaires de pots-de-vin liés à des contrats d'armement.

Le Congrès est battu en 1989 par une nouvelle coalition, le National Front, qui éclate au bout de 14 mois. Lors de la campagne de 1991, Rajiv Gandhi est assassiné par un commando-suicide de rebelles tamouls sri-lankais, payant ainsi l'intervention indienne dans la guerre civile de l'île. Le Congrès, qui ne remporte que 45 % des sièges, revient au gouvernement grâce à la division de ses adversaires et nomme Narasimha Rao Premier ministre. Le BJP, avec le quart des députés, est le premier parti de l'opposition.

■ Ascension et règne des nationalistes hindous

L'Inde, cette année-là, fait face à une grave crise des paiements et s'engage, sous la pression des agences internationales, dans un processus d'ajustement structurel qui constitue un revirement historique de sa politique économique. Après quatre décennies d'une stratégie de développement étatiste et autocentrée, elle prend le virage libéral de la dérégulation, des privatisations et de l'ouverture au marché. Dès le milieu des années 1990, les grands équilibres sont en voie de rétablissement, et les exportations croissent à un rythme sans précédent. Mais le Congrès perd le soutien des couches pauvres. Or il vient déjà de perdre celui des musulmans, pour n'avoir pas empêché, en 1992, la destruction de la mosquée d'Ayodhya par les extrémistes hindous, qui a déclenché une vague meurtrière de violences intercommunautaires.

Les élections de 1996 sont une nouvelle défaite pour le Congrès et donnent 29 % des sièges au BJP dans une assemblée sans majorité. Le pays revient devant les urnes deux ans plus tard. Le BJP, qui enlève 46 % des sièges avec ses alliés, accède cette fois au pouvoir. Le Premier ministre Atul Behari Vajpayee poursuit la politique de libéralisation et met son radicalisme hindouiste en veilleuse pour ménager ses alliés et l'opinion. Mais son œcuménisme de façade est endommagé par les attaques qui se multiplient contre les chrétiens du pays. Toutefois, sa détermination face au Pakistan, qui soutient la guérilla séparatiste au Cachemire, lui vaut un large consensus dans l'opinion. Il prend la communauté internationale par surprise en faisant procéder, en mai 1998, à cinq essais nucléaires souterrains, qui suscitent aussitôt une réplique identique de la part du Pakistan. Battu d'une voix au début de 1999 lors d'un vote de confiance, son gouvernement est contraint à la démission. Mais l'opposition congressiste échoue à en former un autre, et il reste donc au pouvoir pour gérer les affaires courantes jusqu'aux élections. On frôle la guerre au printemps, lorsque des maquisards infiltrés du Pakistan investissent les positions indiennes sur les hauteurs de Kargil, au Ladakh. Un désengagement militaire est décidé d'un commun accord dans l'été, mais la guérilla redouble de violence au Cachemire, et les duels d'artillerie sur la ligne de contrôle continuent à se succéder malgré les tentatives de médiation internationale.

Aux élections de septembre, le Congrès présidé par Sonia Gandhi, veuve d'origine italienne de Rajiv, essuie une défaite historique, et la coalition disparate menée par le BJP l'emporte d'une courte majorité. La tension entre hindous et musulmans, notamment focalisée par le débat sur la construction d'un temple hindou à la place de la mosquée détruite d'Ayodhya, est très vive. Elle débouche sur un carnage au Gujarat, État contrôlé par le BJP, en février-mars 2002. La tendance, en revanche, est à l'apaisement avec le Pakistan, dont le président Moucharraf, après avoir rejoint les États-Unis sur une ligne antitalibans après le 11 septembre 2001, a mis l'extrémisme islamiste hors la loi en janvier 2002. Un nouveau cessez-le-feu au Cachemire est proclamé en 2003, et le dialogue direct entre les deux chefs de gouvernement reprend officiellement au début de 2004. Mais le plus difficile reste à faire : trouver ensemble la formule qui pacifiera le Cachemire.

Assuré de récolter les dividendes d'une croissance économique exceptionnelle et des succès de sa diplomatie, le BJP avance de plusieurs mois la date des élections générales de 2004, et fait campagne sur le slogan « L'Inde qui brille » (« Shining India »). Contre tous les pronostics, c'est pourtant la coalition adverse emmenée par le Congrès de Sonia Gandhi qui l'emporte le 13 mai. Le monde rural, où vivent les deux tiers des Indiens, a sanctionné une politique qui privilégiait les classes moyennes urbaines et l'économie hightech sans bénéfice pour les masses pauvres, et dont le sectarisme religieux s'est parfois révélé meurtrier. Le nouveau Premier ministre Manmohan Singh, un des principaux artisans de la libéralisation de l'économie lancée en 1991, signe aussitôt avec ses alliés (dont les communistes) un programme commun minimum qui ramène au premier plan la lutte contre la pauvreté et le développement des infrastructures, et qui met un frein aux privatisations d'entreprises publiques et à la liberté de licenciement des employeurs. Il persévère en revanche dans la stratégie de détente contrôlée à l'égard du Pakistan et dans la politique de puissance inaugurée avec les tests nucléaires de 1998.

Lorsque le tsunami du 26 décembre 2004 balaie la côte est du Deccan, faisant près de 11 000 morts et 6 000 disparus (chiffres officiels du 20 janvier 2005), l'Inde refuse l'aide internationale et envoie des secours au Sri Lanka, aux Maldives et en Indonésie, affichant ainsi le statut de puissance régionale et d'acteur majeur de la communauté internationale au nom duquel elle revendique aujourd'hui un siège permanent au Conseil de sécurité de l'ONU.

Le nationalisme hindou

Le nationalisme hindou défend une conception ethnique de la nation indienne définie par son identité hindoue. Ce n'est pas un fondamentalisme centré sur la défense d'une orthodoxie (ce que la diversité extrême de l'hindouisme interdit), mais un courant qui milite pour l'unité et la prééminence des hindous en tant que communauté politique. Ce n'est pas non plus un traditionalisme, car sa visée de puissance dans la cohésion identitaire implique la régénération de la nation par la réforme sociale et la modernisation. Le cadre institutionnel qui correspond à son ambition est l'État-nation homogène au-dedans et respecté au-dehors. Ses racines historiques plongent dans les mouvements de réformisme hindou de la fin du XIXe s. et les courants nationalistes radicaux qui en dérivèrent au début du XXe s., où déjà se faisaient jour des sentiments antimusulmans. Il s'incarne dans une nébuleuse d'organisations dont le cœur est le Rashtriya Swayamsevak Sangh (RSS), fondé en 1925, organisation militante dotée d'une discipline paramilitaire, en principe non politique mais proche des partis de la droite hindouiste et à laquelle appartenait l'assassin de Gandhi. L'un de ces partis est le BJP, né en 1980, qui a gouverné de 1998 à 2004.

Les religions en Inde du Sud

par Gilles Tarabout

Les pratiques et les identités religieuses sont en Inde multiples et complexes. Multiples, car toutes les « grandes » religions mondiales y sont représentées, à côté de mouvements religieux plus particuliers, sans oublier d'innombrables formes locales de culte. Complexes, car elles sont souvent ambiguës et ont été, jusqu'à une époque récente, indissociables d'un ordre sociopolitique extrêmement différencié, aux références identitaires enchevêtrées.

Religion et société en Inde

Les religions présentes en Inde sont diverses par la profondeur historique dont elles se réclament, et par les élaborations plus ou moins savantes auxquelles elles ont donné lieu.

Diversité des affiliations religieuses

Si l'ancienne religion védique (IIe millénaire av. notre ère) n'est plus pratiquée, elle inspire jusqu'à nos jours la dimension orthodoxe au sein de l'hindouisme (sous cette appellation sont regroupés les quatre cinquièmes de la population indienne) et, plus généralement, reste fortement valorisée. D'origine aussi ancienne, le zoroastrisme venu de Perse n'est plus pratiqué que par une petite communauté de Mumbai. L'Inde est par ailleurs le creuset du bouddhisme (VIe s. av. notre ère), qui y disparut à l'époque médiévale avant d'être à nouveau adopté par des basses castes de l'O. de l'Inde au XXe s. Contemporain du bouddhisme, le jaïnisme – connu pour son monachisme exigeant et les règles très strictes destinées à éviter toute violence à l'égard des êtres vivants – s'est maintenu jusqu'à nos jours. Ces religions, ainsi que le mouvement du sikhisme, plus récent (XVIe s.), développé dans le N.-O. de l'Inde, ont produit des textes philosophiques, théologiques et rituels à la fois extrêmement élaborés et en très grand nombre. Le christianisme et l'islam, présents dans le Sud dès leur origine (plus tardivement dans le Nord), ont eu également un impact considérable *(→ arrêt sur image p. 180-181)*. Cependant, plusieurs de ces religions, en particulier l'hindouisme, sont en réalité assez hétérogènes, avec des courants religieux différenciés et des types de pratique très contrastés. Par ailleurs, tout un ensemble de populations dites « tribales », réparties dans l'ensemble de l'Inde, a développé des formes de culte sensiblement distinctes.

■ Religion et ordre social

La diversité religieuse est liée à la fragmentation et à la hiérarchisation sociale. Chaque affiliation religieuse tend à définir un groupe social pensé selon la logique des castes, qui se subdivisera souvent en plusieurs groupes de statut distingués par des variations dans le mode de vie et les pratiques rituelles. Ce processus est apparent également dans des religions venues de l'extérieur comme l'islam et le christianisme, qui se sont enracinées en Inde en assimilant la logique de distinction socioreligieuse particulièrement en évidence dans l'hindouisme. Pour ce dernier, la diversité des pratiques et des points de vue est telle que l'unicité impliquée par le « isme » de cette appellation pose question.
En réalité, c'est la notion même de « religion », au sens de domaine distinct de l'économique ou du politique (distinction issue d'un développement historique propre à l'Occident chrétien), qui s'applique souvent mal. Il y a parfois confusion, aux yeux des intéressés, entre les notions de caste et de religion. Quant aux pratiques religieuses des basses castes, elles sont condamnées comme « superstition » par les castes supérieures, et exclues par elles du champ de la « religion ». Plus généralement, l'implication de notions fondamentales comme la pureté ou la souillure dans des actes quotidiens et dans nombre de relations sociales rend difficile l'emploi de l'opposition « sacré-profane » : tirer l'eau d'un puits est une activité banale, « profane », mais si c'est le fait d'une intouchable dans le quartier des brahmanes, il s'agira d'une souillure rituelle nécessitant une purification religieuse.

Le mot « hindouisme » a été introduit par les Occidentaux à la fin du XVIIIe s. pour désigner l'ensemble des pratiques et des textes religieux des seules hautes castes. Il n'a inclus les castes de bas statut que beaucoup plus récemment, non sans motivations politiques et non sans contestations.

La religion védique correspond aux formes religieuses les plus anciennes qui nous soient connues en Inde, et ce à partir d'un ensemble considérable de textes dits « révélés », les Védas. Bien que l'hindouisme contemporain s'en distingue radicalement et par de très nombreux traits, ces Védas inspirent une partie des pratiques des brahmanes orthodoxes, et sont plus généralement invoqués comme référence fondatrice dans de très nombreux milieux (non sans connotation politique, parfois).

L'originalité du Sud

Dans le domaine religieux, l'Inde du Sud comporte les mêmes traits que le reste de l'Inde, mais ils s'y présentent parfois sous des formes particulières, sans pour autant rendre la région homogène sur ce plan.

■ Une « religion dravidienne » ?

Un débat suranné, parfois repris de nos jours dans une perspective politique de confrontation entre le Sud et le Nord, a opposé à la religion brahmanique, venue du Nord, une supposée « religion dravidienne », typique du Sud, que caractériserait, entre autres, le culte à des « déesses mères ». Or si l'adjectif « dravidien » peut s'appliquer au domaine linguistique et à celui des systèmes de

À l'entrée des villages du Sud de l'Inde veillent souvent les divinités protectrices des lieux, démons grimaçants aux couleurs vives, animaux fantastiques, ou comme ici les Sept Mères (Saptamatrika).

Une poésie dévotionnelle riche et vivante

Deux traditions littéraires tamoules anciennes marquent profondément l'approche religieuse actuelle au Tamil Nadu. L'une est d'orientation éthique, à vocation universelle, et se présente comme un recueil de 1 330 aphorismes composés par Tiruvalluvar (Ve s.), le *Tirukkural.* Le saint a donné son nom à une compagnie de bus, à l'intérieur desquels sont reproduites quelques maximes. De façon moins anecdotique, ces aphorismes forment la base d'une sagesse toujours bien vivante aujourd'hui.

La deuxième tradition est celle des poètes dévotionnels qui ont exprimé leur ferveur dans des hymnes, poèmes et récits composés en tamoul entre le VIe et le XIIe s. Cette littérature est directement liée au développement, à cette époque, du culte des images et des temples royaux dans cette partie de l'Inde. Parfois présentée comme une réaction au bouddhisme et au jaïnisme, elle est à l'origine d'un vaste mouvement religieux qui s'étend dans l'Inde entière, où la relation du fidèle à une divinité d'élection (Shiva, Vishnou) s'exprime en termes émotionnels intenses, souvent même comme un « amour fou » poussant le dévot à se consacrer entièrement à Dieu. Les poètes, 63 shivaïtes (appelés Nayanars) et 12 vishnouïtes (les Alvars), sont devenus des saints au pays tamoul et sont fréquemment représentés à l'intérieur des grands temples. Nombre d'hymnes de cette époque sont intégrés à la liturgie et sont toujours récités par des officiants non brahmanes.

parenté, il ne saurait caractériser ni une population ni une culture (encore moins une « Inde dravidienne », comme cela peut se lire parfois). De fait, la *logique* des pratiques religieuses et la *structure* du panthéon, au-delà du foisonnement de leurs réalisations observables, sont remarquablement constantes de l'Himalaya au cap Comorin, ou du Gujarat au Bengale. De ce point de vue, les cultes populaires du Sud ne permettent pas de caractériser une religion qui serait différente de celle(s) du reste de l'Inde, et les déesses de village que l'on y rencontre (et qui ne sont d'ailleurs pas spécialement des « mères ») se retrouvent partout ailleurs, quoique sous des dénominations et des formes variées. Plus technique, un débat légèrement différent a contrasté une « grande tradition » (le brahmanisme panindien) et une « petite tradition » (les cultes populaires locaux), quelle que soit la région. Mais s'il existe des différences indéniables d'élaboration textuelle, il faut garder présent à l'esprit qu'aucune tradition religieuse ne s'est construite sans une interaction constante et prolongée avec d'autres. Il n'y a pas d'isolat culturel en Inde. De plus, l'extension géographique des modèles rituels populaires n'a rien à envier à celle des traditions savantes panindiennes – elles ne sont, en ce sens, pas plus « locales ». L'Inde du Sud, encore une fois, ne fait pas exception.

■ L'amour dévotionnel

Dans la diversité régionale des pratiques et des affiliations religieuses, il faut remarquer le développement ancien (à partir du VIe s.) d'une approche dévotionnelle *(bhakti)* fondée sur l'expression d'un amour sans limites envers une divinité personnellement choisie, en particulier Shiva ou Vishnou (→ *encadré p. 100-101*). Cette approche fonde une relation intime entre le dévot et le dieu, exprimée volontiers dans le langage amoureux et se prêtant à d'innombrables variations esthétiques (poétiques, musicales, théâtrales, iconographiques). D'un point de vue théologique, cela rend en principe accessible à tous la grâce divine, c'est-à-dire la cessation des naissances successives et l'union ultime avec le divin. L'ascèse, qui suppose de renoncer à sa famille et à ses biens, n'est désormais plus la seule voie vers une telle « libération », et les membres de toutes les castes, du moins en théorie, peuvent en bénéficier. Ce n'est pas pour autant un programme d'émancipation sociale, bien que cette approche ait pu, au cours des siècles, inspirer certains réformateurs dont la vision, elle, a pu être égalitariste. Ainsi, le mouvement des lingayats a été fondé au XIIe s. au Karnataka par l'ascète Basava afin de créer une communauté sans castes, mais avec le temps les lingayats ont formé un nouveau groupe de castes avec ses hiérarchies de statut internes.

Des temples-villes

Si certains saints ont exalté l'amour dévotionnel en dehors de toute forme institutionnelle de culte, le développement de la *bhakti* va en fait étroitement de pair avec le culte rendu à des effigies divines installées dans des temples. C'est là que le dévot peut se rendre afin de voir le dieu et d'être vu de lui *(darsan)*, là qu'il peut présenter des offrandes et recevoir en retour ce que le dieu a béni *(prasad)* – le dévot l'ingérera s'il s'agit de nourriture, ou le mettra sur son corps dans le cas de fleurs, pâte de santal, vermillon, cendres consacrées. Les premiers temples édifiés en pierre datent du VIIe s. et résultent de la volonté de certains rois de donner une visibilité religieuse à leur pouvoir économique et politique. Initialement le fait des dynasties chalukya, au Karnataka, et pallava, au Tamil Nadu, l'exemple est suivi par toutes les autres dynasties du Sud. Les dynasties cola, au Tamil Nadu, et hoysala, au Karnataka, en particulier, ont fait édifier parmi les plus magnifiques temples de la région entre le Xe et le XIVe s. Ces fondations royales se multiplient, souvent associées à l'établissement de villages brahmanes qui quadrillent bientôt l'ensemble du territoire, et les temples eux-mêmes prennent des proportions de plus en plus monumentales. Le nombre des enceintes et la complexité de leurs emboîtements s'accroissent, tandis que des porches grandioses (gopura) atteignent des hauteurs impressionnantes. Le temple devient une véritable ville dans la ville, abritant des centaines de divinités *(→ encadré ci-contre)*, d'innombrables officiants et serviteurs, et attirant, les jours de pèlerinage, des foules immenses.

Les dieux et leurs images

Il est courant d'entendre dire : « Dieu est Un » et « il y a 330 millions de dieux ». Ce paradoxe sur l'un et le multiple est essentiel aux conceptions du divin dans l'hindouisme (en particulier dans les conceptions savantes).

Hiérarchies divines

« Dieu est Un » renvoie à un niveau transcendantal, hors de la perception des hommes ordinaires, et donc hors de toute figuration ou dénomination. Dès qu'il faut nommer, décrire, ce ne seront que des aspects partiels, donc multiples, qui seront pris en

Le temple, espace social et divin

Le temple hindou inscrit, dans un espace physique, un double univers divin et humain. Autour de la divinité principale qui donne son nom au temple, de multiples autres divinités d'importance variable sont installées dans des édicules ou des autels secondaires, ou restent invisibles tout en étant destinataires de rituels. Dans les grands temples, plusieurs centaines de divinités peuvent être honorées, et un très grand nombre d'officiants et de serviteurs de castes différentes s'affairent parmi les dévots de diverses origines.

Deux principes organisent cet espace. L'un associe les orients à des divinités qui leur confèrent des valorisations contrastées : le S. est néfaste car lié à Yama, dieu de la mort, tandis que l'E. ou le N. sont propices, et la plupart des temples s'ouvrent vers l'une ou l'autre de ces deux directions. Le plan même des diverses parties du temple repose sur ce symbolisme des orients. Le 2e principe organisateur est une opposition entre centre et périphérie. Des enceintes concentriques (dans l'idéal, cinq), centrées sur le sanctuaire où se trouve la divinité principale, déterminent des zones de plus en plus extérieures. Les divinités secondaires y sont réparties selon leurs caractéristiques. Par ailleurs, les espaces ainsi définis sont à accès réglementé selon la caste, du moins autrefois. Les intouchables, en particulier, n'étaient ainsi pas autorisés à pénétrer dans l'enceinte la plus extérieure avant les réformes introduites au cours du XXe s.

Shivaïsme et vishnouisme

Plusieurs grands courants dévotionnels sont qualifiés de shivaïtes ou vishnouites, selon que le dieu Shiva ou le dieu Vishnou sont conçus comme étant la divinité ultime ; le divin transcendant. Cela n'exclut pas nécessairement de rendre un culte à d'autres divinités, mais celles-ci sont alors honorées de façon plus particularisée – le Seigneur suprême reste soit Shiva, soit Vishnou.

▲ **Lingodbhava représenté sur le temple de Brihadishwara à Tanjore : Shiva surgissant du lingam. Selon le mythe, pour arbitrer une querelle entre Vishnou et Brahma.**

▲ **Ses formes opulentes, la richesse de ses parures ont fait de Krishna un des thèmes de prédilection des peintres sur verre de Tanjore.**

Des traditions rituelles distinctes

Cette polarisation concerne plutôt les castes supérieures. Elle est plus vive dans certaines organisations dévotionnelles *(sampradaya)* qui peuvent développer un sentiment d'exclusivisme. Elle s'applique aussi à différents courants philosophiques : le philosophe Sankara, né au Kerala au IXe s., est par exemple shivaïte, tandis que Ramanuja, né au pays tamoul au XIIe s., est vishnouite. Elle caractérise, enfin, le rituel des grands temples et les brahmanes habilités à y officier. Au pays tamoul par exemple, les brahmanes Iyengar sont vishnouites, tandis que les Iyer, les Dikshitar et les Gurukkal sont shivaïtes. Les cultes rendus dans les temples correspondants suivent des manuels de rituel distincts (il en existe plusieurs traditions). Vishnouites et shivaïtes ont par conséquent leurs lieux saints spécifiques, dont il est recommandé au dévot de faire le pèlerinage pour acquérir des mérites religieux. Il y a, cependant, des variations régionales : au Kerala par exemple, les brahmanes ne peuvent être classés selon ce critère, les règles rituelles qu'ils suivent leur sont particulières, et ils officient aussi bien dans les temples de Shiva que dans ceux de Vishnou.

Les effigies pour le culte

Vishnou est adoré sous diverses formes, dont les plus populaires sont sans doute deux de ses *avatara* (« incarnation sur terre »), Krishna et Rama. Les effigies à qui est adressé le culte sont, dans leur cas, des statues anthropomorphes,

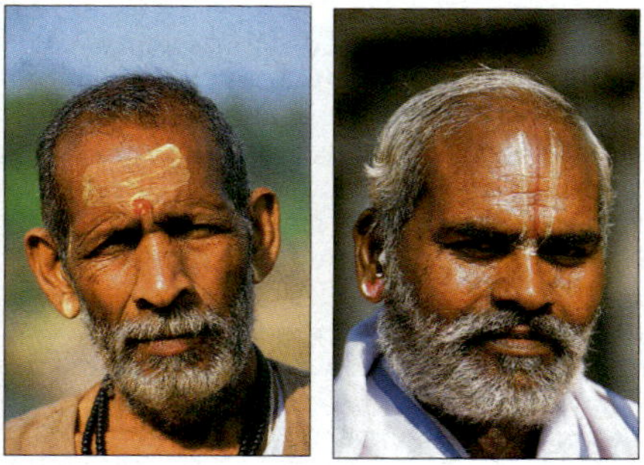

▲ **La marque frontale *(tilaka)* désigne l'identité et l'appartenance religieuse du sadhu. Les shivaïstes utilisent des motifs horizontaux que les Shaktas combinent à un point *(bindu)*. Ces motifs sont réalisés à partir d'une pâte contenant du safran *(kumkum)*, de la poudre de vermillon, de l'argile blanche *(gopi chandana)* ou de la pâte de bois de santal mêlée aux cendres sacrées du petit feu *(dhuni)* devant lequel le sadhu médite. Tous les membres de secte vishnouiste se reconnaissent aux trois lignes verticales portées sur le front. Ce motif comporte de nombreuses variantes, il peut être globalement circulaire ou de la forme d'un coquillage. Parfois, un décor horizontal vient s'ajouter aux traits verticaux. La marque sectaire en forme de U des sadhus vishnouistes est connue sous le nom de « marque debout » *(khara tilaka)*.**

accompagnées ou non de l'épouse (ou des épouses) du dieu. La figuration de Shiva, sous ses divers aspects, est, elle, variable : l'aspect transcendant du dieu est représenté par un objet aniconique (parfois de grande taille), le *linga* (littéralement « phallus », mais cette connotation a disparu de l'esprit des dévots), pierre cylindrique ou tronc conique dressée, qui est le support de la présence du dieu. D'autres aspects, comme Nataraja, « Seigneur de la danse », sont, en revanche, figurés par des statues anthropomorphes. Ces images fixes, installées dans le temple, sont parfois doublées d'images mobiles en métal, qui sont destinées à être portées en procession dans l'enceinte du temple, pour faire la ronde des sanctuaires secondaires, ou bien hors du temple, à l'occasion de fêtes, pour parcourir la ville en char ou en palanquin, se montrer à tous ses dévots et marquer son royaume.

Les pratiques populaires

Le shivaïsme domine largement en Inde du Sud, même si d'importants mouvements vishnouites s'y sont également développés. La distinction, cependant, n'est pas toujours tranchée. D'une part, elle s'applique moins bien parmi les castes de bas statut, dont les divinités se laissent parfois mal ranger dans l'une ou l'autre catégorie. D'autre part, à tous les niveaux de société, l'opposition est rendue plus complexe par l'existence de multiples déesses. Leurs diverses formes, parfois très contrastées (Lakshmi, épouse de Vishnou, est sereine et accorde la richesse, tandis que Kali, émanation ou parfois épouse de Shiva, est terrifiante), tendent néanmoins à être conçues comme autant de facettes d'une même figure divine, la Déesse, ce qui rend plus nuancée l'opposition entre vishnouisme et shivaïsme. Enfin, les fidèles, selon les circonstances, visiteront les sanctuaires de l'une ou l'autre tradition. Cette complexité du vécu religieux se retrouve également dans la pluralité des récits mythologiques auxquels chacun, couramment, se réfère : tandis que Shiva apparaît en de multiples récits édifiants, les deux épopées du *Mahabharata* et du *Ramayana*, très populaires, mettent en scène des formes de Vishnou, respectivement Krishna et Rama.

▲ **Bas-relief du mandapa de Krishna à Mahabalipuram : Krishna est figuré soulevant le mont Govardhana pour sauver les bergers du déluge provoqué par la colère d'Indra.**

compte et qui seront autant de formes immanentes et « spécialisées » du divin. À un 1er niveau, on trouve soit une distinction primordiale entre principe masculin et principe féminin (à la fois « énergie », *sakti*, et « monde phénoménal », *prakriti*), soit une tripartition entre trois grands dieux, Brahma, créateur des mondes, Vishnou, qui en assure l'ordre, et Shiva, destructeur mais ouvrant par là même à un nouveau cycle de création-résorption cosmique. Ces deux principes d'opposition (masculin-féminin, tripartition fonctionnelle) se combinent, chaque dieu ayant une ou plusieurs épouses. Chaque forme divine tend par ailleurs à se différencier en de multiples aspects, plus spécifiques. Enfin, des unités de culte distinctes définissent des formes différentes d'une divinité (le Shiva d'une famille brahmane n'est pas exactement le même que le Shiva honoré par d'autres groupes). À cela s'ajoutent les innombrables morts divinisés *(→ encadré)* et diverses catégories de fantômes et de puissances terrifiantes qui forment, au moins dans le Sud, les cohortes armées des grands dieux ou de la Déesse... Les « 330 millions de dieux » ne sont pas loin.

Ce panthéon est ainsi parcouru par une tension fondamentale entre divin transcendant, qui est le but ultime de toute entreprise de progrès spirituel, et multiplicité des formes particulières et localisées des divinités, proches des fidèles, auxquelles ceux-ci s'adressent pour assurer leur bien-être et leur protection. Cette tension autorise des jeux complexes et incessants de distinction et d'identification entre formes et niveaux différents du divin, ce qui confère une extrême fluidité aux représentations et aux pratiques religieuses.

Que deviennent les morts ?

De nombreux hindous pensent qu'après la mort il y a réincarnation d'un principe vital indestructible dans un autre être dont la nature est déterminée par la plus ou moins grande adéquation des actions accomplies *(karman)* aux règles de vie propres à chaque caste *(svadharma)*. S'il est courant d'espérer les meilleures renaissances possibles, leur succession indéfinie peut être perçue comme indésirable et il faut alors chercher à se libérer de leur enchaînement ; c'est ce que tentent en particulier les adeptes de multiples voies ascétiques. À leur mort, les plus prestigieux d'entre eux sont enterrés assis et sont dits être en méditation indéfinie *(samadhi)*. Plus ordinairement, le défunt est brûlé dans un lieu de crémation à l'écart des habitations. Ses cendres sont jetées dans une rivière (idéalement le Gange) ou dans l'océan. Les rituels post-funéraires visent à parfaire la séparation du mort d'avec les vivants et à l'assimiler aux mânes (il restera dans leur séjour jusqu'à sa prochaine réincarnation). Si ces rites ne sont pas correctement effectués, ou si le défunt a connu une mort violente, il peut devenir un fantôme *(bhut)* qui hante les vivants et les tourmente. Ces croyances et ces pratiques ne sont pas nécessairement partagées parmi les castes de bas statut. Certaines enterrent leurs morts. Beaucoup « installent » leur esprit dans un autel domestique. Et il n'est pas rare que les victimes de malemort se voient divinisées et deviennent des divinités violentes, que le culte permet de rendre protectrices.

Divinité héritée, divinité choisie

Nombre de cultes sont hérités d'une tradition familiale. Cela concerne aussi bien l'affiliation aux grands courants dévotionnels du shivaïsme ou du vishnouisme *(→ arrêt sur images p. 100-101)*, que la participation aux cultes pratiqués dans sa caste ou à ceux qui sont rendus aux divinités protectrices d'un lignage (le sien ou, dans le cas des femmes mariées, celui de l'époux). Pour autant, rien n'exclut la possibilité de décider à titre personnel de rendre un culte à d'autres divinités que l'on se choisit. Ce peut être pour résoudre des difficultés pratiques – telle divinité est réputée écarter tel malheur – ou par conviction dévotionnelle. Dans ce cas, il peut y avoir adhésion à des mouvements dévotionnels « sectaires », auprès d'un maître spirituel *(gourou)* dont on devient le disciple. Ces choix personnels peuvent à leur tour se transmettre en héritage aux générations suivantes.

Les images des dieux

Une image de la puissance divine.

Les divinités ne sont pas toutes figurées par des effigies. Le support de leur culte peut être aniconique (lampe à huile, dessin géométrique, galet, arbre, épée, trident, etc.), ou même ne pas exister. La visualisation des divinités est cependant particulièrement élaborée parmi les castes supérieures, notamment dans les milieux brahmaniques : des versets sanskrits décrivent l'aspect et les attributs des dieux et des déesses, et servent de support mental aux pratiques méditatives, ainsi que de codification pour la réalisation d'effigies concrètes. Celles qui servent pour le culte peuvent être conçues de deux façons différentes, selon les dévots. Pour certains, elles ne sont que des symboles de la divinité, qu'il faut imaginer au-delà de l'objet qui la représente ; pour d'autres, l'effigie est réellement investie de la présence divine et possède des propriétés miraculeuses, comme des récits innombrables le confirment.

Lorsqu'elles sont représentées, les divinités sont souvent montrées avec plusieurs bras et mains, tenant diverses armes ou emblèmes, ou adressant un signe protecteur au dévot. Autrefois, les missionnaires chrétiens y ont vu des monstres. Il s'agit en fait d'une figuration « signalétique » du divin : la multiplicité des attributs permet l'identification de la forme divine représentée, symbolise ses différents pouvoirs, rappelle ses mythes.

Les principales divinités sont accompagnées d'un animal caractéristique, sa monture *(vahana)* : pour Vishnou, l'aigle Garuda ; pour Shiva, le taureau Nandi ; pour la Déesse dans sa forme guerrière, le tigre ou le lion ; pour Ganesha (ou Ganapati), dieu à tête d'éléphant qui « écarte les obstacles » et qui est honoré au début de toute action d'importance (notamment au début de tout culte), un rat.

Il existe de nombreuses variations (régionales, historiques, sociales) dans la codification des images divines. La diffusion, depuis la fin du XIXe s., d'oléographies sur papier, produites et distribuées en masse, tend néanmoins à standardiser de plus en plus le style de ces images.

Diversité des dieux, diversité des rites

À la multiplicité des formes divines répond une multiplicité de façons de rendre le culte. Quelques grands modèles peuvent cependant être dégagés. L'un, qui trace ses origines dans d'anciens cultes védiques et demande une grande expertise rituelle, consiste à procéder à diverses oblations dans un feu sacré, afin de renforcer la puissance des divinités installées en un lieu ou d'assurer une protection particulière à une famille. Un autre, réservé à des divinités dangereuses et pratiqué notamment parmi les castes de bas statut, consiste à sacrifier une victime animale *(→ encadré p. 104)*. Mais le modèle le plus répandu est un rite d'hommage et d'adoration, la *puja*.

La question du sacrifice d'animaux

Les rites solennels de l'ancienne religion védique incluaient d'importants sacrifices d'animaux. Ces pratiques, par la violence faite sur des êtres vivants, ont posé problème aux théoriciens du rituel dès une période reculée. Dès les VIe-Ve s. av. notre ère, bouddhisme et jaïnisme s'en écartent. Les formes de l'hindouisme qui se développent à partir du début de notre ère adoptent, quant à elles, des positions contrastées. Tandis que les cultes rendus par des brahmanes à des divinités supérieures comme Vishnou ou Shiva ne comprennent que des offrandes végétales et sont dits « purs » pour cette raison, d'autres divinités (des formes guerrières de la déesse, des divinités violentes et infériorisées) nécessitent, selon leurs fidèles, d'être nourries par des sacrifices d'animaux. Les officiants en sont alors généralement non brahmanes (même si ces cultes peuvent être commandités par des membres de castes supérieures, dont des brahmanes). L'évolution générale des conceptions et des pratiques religieuses depuis le XIXe s. a renforcé la tendance à une réforme de ces cultes sanglants, condamnés par les castes supérieures et l'élite occidentalisée. Désormais interdits dans la plupart des grands temples publics, ils restent cependant populaires au moins parmi les castes de bas statut, et dans nombre de contextes rituels où la protection ou l'action de divinités violentes est requise (cultes guerriers, exorcismes, cultes rendus à certains morts divinisés).

La *puja*

Typique de la relation dévotionnelle *(bhakti)*, où la divinité est présente dans une image ou sur un support et entretient avec ses fidèles une relation directe, l'hommage de la *puja* varie de la simple offrande d'encens, de lumière (lampe à huile ou camphre allumé) et de pétales de fleurs, que chacun peut faire chez soi, à des cérémonies extrêmement élaborées requérant plusieurs spécialistes. Ce dernier cas se rencontre dans les grands temples, où la divinité principale possède une dimension royale affichée. Le rituel sera alors complexe, réparti en plusieurs cultes distincts tout au long de la journée – lever rituel de la divinité, bains, onctions, habillage et parure, offrandes de lumière, d'encens, de musique, de nourriture –, pour s'achever, la nuit, par le coucher et le sommeil divin. Ces gestes sont accompagnés de la récitation de mantras, formules verbales toutes-puissantes adaptées à chaque divinité et à chaque acte, et conférant à celui-ci son efficacité (une procédure qui participe de conceptions ésotériques diversifiées, regroupées sous le nom de tantrisme – ici, il s'agit de traditions respectant l'orthodoxie brahmanique). Cette routine des cultes, qui concerne également les autres divinités présentes dans le temple mais de façon moins élaborée,

Les fêtes sont l'occasion de sortir l'image mobile de la divinité principale en procession dans la ville – par exemple dans un grand char en bois décoré et tiré par des foules de dévots.

est techniquement très complexe dans son détail. L'exactitude rituelle en est assurée par les traditions familiales des officiants, plus que par le respect littéral des manuels censés régir le culte, ce qui soulève parfois, à l'heure actuelle, des contestations de la part de dévots « puristes ». Au pays tamoul, des écoles de rituel ont été créées pour répondre à ces critiques, et les officiants brahmanes viennent s'y « perfectionner », ce qui tend, à terme, à une certaine normalisation des pratiques.

Rites quotidiens, rites occasionnels

À côté de ces rites quotidiens, d'ampleur très variable selon les contextes, il existe différentes occasions pour effectuer des rites exceptionnels. Ce peut être pour répondre au désir d'un fidèle, qui paiera le rituel spécifique fait à sa demande et qui en recevra les effets positifs. Ce peut être aussi au moment des fêtes des temples, lorsque les divinités y bénéficient d'un surcroît d'activité rituelle. Les dates de ces fêtes sont propres à chaque temple et décidées, pour la plupart, en fonction du calendrier luni-solaire. C'est le moment où les rituels votifs promis à la divinité par les fidèles au cours de l'année précédente sont accomplis *(→ encadré)*. Certains comprennent des épreuves spectaculaires (trajet processionnel en se roulant par terre, marche sur les braises, crochets plantés dans la peau), qui témoignent aux yeux de tous, par l'absence de souffrance du dévot, de la grâce miraculeuse accordée par la divinité pour le protéger.

Les formes de la prêtrise

Dans les sanctuaires non brahmaniques, officiant et fidèles sont souvent de même caste. Dans les grands temples fréquentés par les castes supérieures, il existe, en revanche, une spécialisation marquée des fonctions rituelles, liée à une hiérarchie sociale. Les officiants qui accomplissent la *puja* sont des brahmanes, souvent liés familialement au temple. Une autre forme de prêtrise, très répandue en dehors des

Obtenir la grâce divine

L'ascèse n'est pas qu'un parcours spirituel : c'est aussi un moyen d'acquérir des pouvoirs. Si, dans la mythologie, elle contraint les dieux à accorder ces pouvoirs, dans le quotidien des fidèles, l'approche plus dévotionnelle, fait dépende leur acquisition du bon vouloir divin. Sur ce modèle, plusieurs pratiques permettent d'espérer les faveurs des dieux. En cas de difficultés (économiques ou de santé), ou pour réussir dans un projet, le dévot peut promettre à une divinité d'effectuer un rite d'action de grâce si elle exauce son vœu. Ce rite peut varier (paiement de rituels coûteux, offrande de ses cheveux, marche sur les braises, percements de peau), mais il est précédé d'une préparation ascétique (jeûne, abstinence sexuelle, bains rituels, dévotions répétées) indispensable à son succès. Parfois, le dévot peut chercher à s'attirer la protection divine en s'engageant simplement à ce type d'ascèse temporaire (par exemple, jeûner un jour par semaine). Les pèlerinages dans des temples régionaux sont souvent effectués dans cette perspective. Le temple de Sri Venkateshvara (Vishnou) à Tirupati, en Andhra Pradesh, attire des millions de visiteurs toute l'année. Les pèlerinages confèrent en outre des mérites spirituels, pour soi et sa famille (pèlerinage de Sabarimala, au Kerala) ou pour les défunts (temple de Ramesvaram, au Tamil Nadu). Tous impliquent nécessairement une préparation de type ascétique.

Puja à Sravanabergola. Les prêtres sont secondés par de nombreux assistants appartenant à des castes de moindre statut (musiciens, chanteurs) ainsi que de divers serviteurs de la divinité (marchands de fleurs, blanchisseurs, balayeurs), dont c'est la charge héritée.

Les religions

grands temples brahmaniques, que ce soit dans des sanctuaires publics de moindre importance ou dans des cultes privés de lignages, est la possession institutionnelle, au cours de laquelle la divinité est dite s'incarner temporairement dans un spécialiste « élu » par elle *(→ encadré)*. Parmi les castes de plus bas statut, c'est souvent un même homme, l'aîné du lignage, qui cumule les fonctions d'officiant de la *puja* et de possédé de la divinité. Et au cours des processions divines, des fidèles peuvent se trouver temporairement possédés et « danser le dieu ».

Incarner les dieux

Dans un grand nombre de cultes populaires, que ce soit au niveau de temples de village ou d'autels de lignées, des femmes et, surtout, des hommes sont dits pouvoir être les réceptacles corporels temporaires de divinités. Ces possédés institutionnels parlent et agissent alors en tant que dieu ou déesse, le temps du rituel. Leur rôle est essentiel aux yeux des dévots pour assurer ceux-ci de la protection de la divinité, élucider les problèmes, guérir, bénir, mais aussi arbitrer des litiges locaux (certaines divinités ont des juridictions précises) et exprimer ses propres exigences en termes de culte. Ces officiants particuliers peuvent être distincts et complémentaires de la prêtrise des temples (notamment s'il s'agit de temples fréquentés par les hautes castes), ou bien être ceux-là mêmes qui rendent le culte (c'est en particulier le cas parmi les castes de plus bas statut). Répandus dans toute l'Inde, ces cultes de possession prennent au N. du Kerala et dans la région voisine de Mangalore, au Karnataka, une dimension spectaculaire, impressionnante par l'ampleur des costumes des possédés et la mise en scène théâtralisée du rituel.

Réformisme religieux et laïcité

Le paysage religieux qui vient d'être décrit, tout en restant largement vivace, doit être complété par le développement, depuis le XIXᵉ s., de nombreux mouvements réformistes au sein de l'hindouisme et par l'apparition de nouveaux courants religieux, tous centrés sur des figures charismatiques considérées comme des maîtres spirituels. Ces évolutions contribuent à dessiner un cadre sociopolitique nouveau, où la religion forme un domaine distinct mais peut, du coup, être manipulée à des fins politiciennes.

Mouvements réformistes et nouveaux courants religieux

En réaction au regard critique porté par les missionnaires chrétiens et de nombreux Britanniques sur la société hindoue, des mouvements réformistes se développent, au cours du XIXᵉ s., pour combattre certaines formes de l'orthodoxie brahmanique (par exemple, l'Arya Samaj, fondé en 1875 par Swami Dayananda Saraswati [1824-1883]). Parallèlement, parmi les basses castes, des réformateurs cherchent à modifier les pratiques sociales et religieuses, condamnant les sacrifices d'animaux et promouvant un mode de vie se rapprochant de celui des castes de plus haut statut (ainsi Sri Narayana Guru [1856-1928] pour la caste des récolteurs de vin de palme au Kerala). En s'écartant des exigences rituelles des brahmanes orthodoxes ou en cherchant à supprimer la violence des cultes des basses castes, ces mouvements contribuent, dans le cadre d'une évolution générale de la société, à éroder l'ordre socioreligieux où divinités et modes de culte sont indissociables des positions sociales et des contextes d'action. Ils délimitent et popularisent, notamment parmi les classes moyennes urbaines, une conception de la religion comme activité spirituelle, qui est dès lors décontextualisée et forme par là même un domaine distinct. En témoigne la multiplicité des nouveaux gourous, rassemblant autour d'eux Occidentaux et Indiens aisés autour de messages philosophiques souvent simplifiés mais à vocation universaliste, et pour lesquels le ritualisme apparaît très secondaire (Ma Amritanandamay, au Kerala ; Sathya Sai Baba, en Andhra Pradesh).

■ Religion et électoralisme

Le mouvement de lutte contre les Britanniques a été profondément marqué par ces courants réformistes, par la volonté de constituer un mouvement de masse rassemblant « tous les hindous » (ce qui redéfinit l'« hindouisme »), ainsi que par une certaine radicalisation des rapports entre ceux-ci et les musulmans, dont certains optent pour un séparatisme politique qui aboutira, en 1947, à la création du Pakistan. Avant et après l'indépendance, une fraction hindoue fondamentaliste milite pour que l'Inde soit un État hindou et pour que l'« hindouïté » *(hindutva)* devienne LA culture du pays. Cette tendance s'est développée ces dernières années par le biais de trois organisations liées entre elles et complémentaires : l'organisation cadre du RSS (Rashtriya Swayamsevak Sangh – Association des volontaires nationaux), la fédération religieuse de la VHP (Vishva Hindu Parishad – Association hindoue universelle) et le parti politique du BJP (Bharatiya Janata Party – Parti du peuple indien), au pouvoir à New Delhi pendant plusieurs années, jusqu'aux élections d'avril-mai 2004. Ces organisations, moins implantées dans le Sud mais néanmoins influentes, ont régulièrement et délibérément utilisé les références religieuses afin de développer leur assise et de conquérir le pouvoir.

■ La question du sécularisme

Cette stratégie remet en cause le modèle indien de laïcité, désigné par le terme « sécularisme », tel qu'il est garanti par la Constitution promulguée en 1950. Toutes les religions y sont reconnues sur un pied d'égalité et se voient reconnaître la liberté de pratiquer leurs cultes et d'exercer des activités prosélytes. Cette conception est au cœur des critiques adressées par les tenants de l'*hindutva* et reste un enjeu crucial dans la façon dont l'Inde contemporaine parvient à vivre le foisonnement de ses références religieuses et à équilibrer les multiples tensions sociales qui en sont constitutives.

Temples et dieux de l'Inde du Sud

par Amina Okada

Emblématiques des paysages ruraux et bucoliques de l'Inde du Sud, et plus particulièrement du Tamil Nadu, les gopurams – portes monumentales des temples dravidiens – et les tours sanctuaires pyramidales dressent vers le ciel leurs silhouettes altières surchargées de niches et peuplées d'images divines richement colorées. Témoignages de la ferveur des fidèles au long des siècles, les temples de l'Inde du Sud marquent de leurs formes colossales une région au riche passé artistique et religieux, où furent bâtis quelques-uns des plus beaux sanctuaires de l'Inde médiévale.

Architecture et art rupestres

Bien avant que la ferveur religieuse ne s'exprime dans l'édification de temples grandioses conçus comme autant de châsses abritant l'image de la divinité, l'Inde adorait ses dieux dans le mystère et le secret de cavernes naturelles ou artificielles creusées à main d'homme et de sanctuaires rupestres excavés dans la roche vive des falaises. La caverne étant tenue comme particulièrement sacrée dans la tradition indienne du lieu saint *(tirtha)*, l'architecture rupestre constitua tout naturellement l'un des aspects les plus originaux de l'art de l'Inde ancienne.

Les cavernes bouddhiques et jaïnes

Aménagées à des fins religieuses et initialement conçues à l'imitation des premières constructions en bois, des cavernes artificielles furent creusées et décorées en diverses régions de l'Inde, notamment dans le Deccan occidental, sous l'égide des Satavahanas, au cours des Ier-IIe s. de notre ère. À ces anciens sanctuaires *(caitya)* et monastères *(vihara)* rupestres qui comptent au nombre des premiers témoignages d'architecture bouddhique ou jaïne succèdent, à partir des VIe et VIIe s., dans les territoires méridionaux soumis à l'autorité des souverains pallavas et chalukyas, des cavernes excavées qui ne sont pas sans présenter certains liens stylistiques et formels avec l'art rupestre bouddhique des Satavahanas.

L'art rupestre pallava

Conçues comme des temples dépourvus de déambulatoire, ces cavernes, qui sont presque toujours hindoues, s'ouvrent largement sur une façade à piliers et colonnes et comprennent souvent plusieurs petits sanctuaires excavés dans la paroi postérieure. Les hauts-reliefs qui ornent leurs parois intérieures révèlent un sens du colossal parfaitement adapté à l'esprit des grands mythes hindous. Si l'ensemble le plus ancien de monuments excavés d'époque pallava remonte au règne de Mahendravarman Ier (v. 600-630), l'apogée de cet art rupestre se situe sous le règne du roi Mamalla (v. 630-670), qui fonda, sur la côte de Coromandel, le port de Mamallapuram (ou Mahabalipuram), célèbre aujourd'hui encore pour ses nombreux sanctuaires rupestres et ses temples monolithes. On citera pour exemple la caverne de Mahishasuramardini, constituée de trois sanctuaires et dont la paroi N. s'orne d'une composition magistrale, empreinte de puissance et de fougue, figurant le combat livré par la déesse Durga au démon-buffle Mahishasura. Taillées dans une falaise ocre surplombant un grand lac artificiel, les cavernes chalukyas de Badami, excavées aux VIe-VIIe s., s'ornent elles aussi de hauts-reliefs remarquables et souvent monumentaux.

Le Vishnou trônant sur le serpent Sesha (Badami, grotte n° 3) est un des chefs-d'œuvre de l'art des Chalukyas.

Le temple hindou : microcosme de l'univers

Empreint d'un fort caractère symbolique et cosmologique, le plan général du temple hindou révèle une remarquable uniformité au fil des siècles et des régions de l'Inde, uniformité que tempèrent néanmoins de notables variantes locales.

Les premiers temples construits

Si les plus anciennes cavernes artificielles qui nous soient connues – creusées dans les collines de Barabar et de Nagarjuni, dans le Bihar – datent de l'époque maurya (IVe-IIe s. av. notre ère), les plus anciens temples bâtis en pierre datent quant à eux de l'époque gupta (IVe-VIe s.). Leurs proportions sont encore modestes, comme si les maîtres d'œuvre, ne possédant pas encore la pleine maîtrise des constructions de pierre, raisonnaient toujours en termes d'architecture rupestre.

Un symbole cosmique

Réceptacle du divin et véritable microcosme, le temple tire son caractère sacré des rapports symboliques et des corrélations formelles qu'il entretient avec le cosmos divin ; ainsi était proclamée l'identité de l'univers et du divin par l'intermédiaire de constructions rituelles appelées à reproduire le schéma cosmique. De même que dans la cosmologie indienne l'univers s'organise et se déploie autour de l'embryon *(garbha)* du monde, le temple hindou s'organise autour du sanctuaire *(garbhagriha)*, qui

Un temple modèle

Le temple de Vishnou (début du VIe s.) à Deogarh (Madhya Pradesh), célèbre pour la beauté de ses hauts-reliefs, préfigure les développements architecturaux ultérieurs des grands temples brahmaniques de l'Inde septentrionale et méridionale. Constitué d'un sanctuaire central surmonté d'une tour et entouré de quatre petits sanctuaires latéraux aujourd'hui ruinés, il représente l'un des tout premiers exemples de temple de classe *pancayatana* (« à cinq sanctuaires »), et par là même semble évoquer symboliquement le mont Meru (ou Sumeru) – montagne mythique occupant le centre de la surface terrestre, que la cosmogonie indienne tient pour l'axe du monde et dont elle fait le réceptacle de l'embryon de l'univers – et les quatre « îles » *(dvipa)* qui l'entourent.

Temples et dieux

Seul le desservant du temple, intermédiaire entre le monde des hommes et le monde des dieux, peut approcher le *garbhagriha*.

On sait ainsi que le temple de Brihadishvara (également appelé temple de Rajarajeshvara) à Tanjore – édifié entre 1003 et 1010 par le plus glorieux des empereurs colas, Rajaraja Ier (r. 985-1014), et disposant d'énormes ressources – comptait plusieurs centaines de prêtres et de danseuses sacrées, ainsi que de très nombreux musiciens et récitants.

Des temples-villes

Dès l'époque médiévale, l'Inde se couvre de temples innombrables, bâtis suivant des techniques de plus en plus perfectionnées et présentant une ornementation de plus en plus complexe et foisonnante, édifiés grâce au patronage et aux donations de rois et de princes, voire aux libéralités de commerçants fortunés ou de riches dévots. Certains, parmi les temples les plus importants et les plus actifs, s'apparentent alors à de véritables cités religieuses encloses au sein des enceintes fortifiées et où affluent fidèles et pèlerins. Gravitant autour du temple se pressent ainsi prêtres et desservants, serviteurs du temple, danseuses sacrées *(devadasi)* vouées au divertissement du dieu, musiciens jouant lors des fêtes et des cérémonies, artisans, marchands d'objets de piété ou de fleurs destinées aux offrandes, ou encore pauvres et mendiants. Des inscriptions révèlent que les plus grands temples pouvaient entretenir entre 10 000 et 20 000 personnes !

abrite l'image de la divinité dans le secret et la pénombre de la cella, ainsi dérobée au regard des non-initiés. Le sanctuaire, surmonté par une tour élevée et enchâssant dans son sein l'image divine, évoque dès lors le mont Meru, pivot central de l'univers dont il contient l'embryon.

Une vaste salle (mandapa) est réservée aux fidèles ; généralement hypostyle, elle est reliée au sanctuaire par un vestibule (antarala), un porche (ardhamandapa) lui donnant accès. L'ensemble est édifié à l'intérieur d'une enceinte rectangulaire pouvant englober des sanctuaires annexes de moindres proportions. À partir du XIIe s., les temples élevés par les Pandyas et leurs successeurs sont généralement enclos au sein d'une triple enceinte quadrangulaire percée de portes monumentales (gopuram). Ces enceintes concentriques, qui enveloppent le temple, évoquent les trois ou cinq rangées concentriques de montagnes encerclées par les eaux qui, suivant le schéma cosmologique, enveloppent le mont Meru.

■ Constance des techniques

Soumise à des rituels de construction et régie par des traités iconométriques *(shilpashastra)* consacrés à l'édification des temples en matériaux durables et fixant les règles et les canons gouvernant tant les formes architecturales que la sculpture, l'architecture religieuse de l'Inde présente certaines particularités et constantes techniques, qui se maintiendront sans évolution notable au fil des siècles. Ainsi, l'art du plein cintre, du dôme et de la voûte semble avoir été ignoré des maîtres d'œuvre, lesquels privilégiaient ostensiblement le principe de l'encorbellement par assises horizontales, qui permettait d'obtenir voûte et dôme au moyen d'un entrecroisement de briques ou de dalles de pierre et rendait quasi inutile l'emploi de mortier.

Le temple de style « méridional » ou « dravidien »

Si, d'une extrémité à l'autre du sous-continent, les temples brahmaniques de l'Inde présentent une indéniable cohérence formelle et structurelle, on distingue néanmoins deux styles principaux, auxquels peuvent être ajoutés quelques styles hybrides ou régionaux, reflets d'influences et de traditions locales. Au style dit « septentrional », attesté essentiellement dans le Nord de l'Inde et caractérisé par le dessin curviligne ou « en obus » *(shikhara)* de la tour surmontant le sanctuaire, s'oppose le style dit « méridional » ou « dravidien », dans lequel la tour couronnant le sanctuaire affecte la forme d'une pyramide rectangulaire tronquée. Ce dernier style, dont les nombreux temples élevés en diverses régions de l'Inde du Sud éclairent au fil des siècles l'évolution architecturale et les variations formelles, est attesté dès les VIe-VIIe s., sous l'égide des dynasties pallava et chalukya.

Conventionnellement désignés du nom de *ratha*, « chars », les temples miniatures de Mahabalipuram illustrent les différents types de temples en usage au VIIe s.

■ Le modèle pallava

Le prototype du temple de style dravidien apparaît, réalisé en ronde bosse, dans les petits sanctuaires monolithes de Mahabalipuram, taillés et sculptés dans un même rocher sous le règne du souverain pallava Mamalla (v. 630-670). Deux de ces monolithes, l'Arjuna-ratha, et le Dharmaraja-ratha préfigurent de fait le style dravidien, dont ils possèdent, traitées en réduction, les caractéristiques architecturales et les composantes décoratives : le sanctuaire de plan carré à ressauts ornés de pilastres – soumis au fil des siècles à diverses variations – et surmonté d'une toiture pyramidale constituée de degrés simulant des réductions d'édifices de tailles décroissantes. Au VIIIe s., le temple du Rivage, à Mahabalipuram, et le Kailasanatha de Kanchipuram illustrent, quant à eux, le style pallava à son apogée, style qui connaîtra une évolution notable sous les dynasties ultérieures, et notamment sous les Colas (IXe-XIIIe s.).

■ Fascination du gigantisme

Les premières tendances au gigantisme architectural qui caractérisera nombre de temples médiévaux à partir de l'an mille apparaissent avec l'édification du Brihadishwara de Tanjore (v. 1003-1010), le plus grand des temples construits en Inde à cette époque. La tour pyramidale *(vimana)* de style pallava, initialement de dimensions modestes, est alors remplacée par une impressionnante structure pyramidale, comprenant 13 étages et atteignant 60 m de hauteur, couronnée à son sommet d'une coupole taillée dans un bloc de pierre pesant 80 t. Le temple de Gangaikondacolapuram, élevé sous le règne du Cola Rajendra Ier (1014-1044), révèle les mêmes propensions au gigantisme, lesquelles s'accompagnent d'une ornementation de plus en plus foisonnante, attestée notamment dans le riche décor des mandapas hypostyles.

■ Enceintes et gopuram

La phase suivante de l'architecture dravidienne voit le développement et la multiplication des enceintes concentriques *(prakara)* entourant le temple et les structures annexes. Ces enceintes, empreintes d'un symbolisme cosmologique manifeste déjà mentionné, mais qui répondaient peut-être aussi à la nécessité, en ces temps troublés, de protéger le temple des attaques ennemies comme des incursions de sectes rivales, lui confèrent l'aspect d'une véritable citadelle fortifiée. Percées sur chacun des quatre côtés de la triple enceinte quadrangulaire entourant le temple, des portes monumentales (gopuram) pourvues d'une immense toiture couronnée d'une voûte en berceau tirent vraisemblablement leur forme étonnante, et magnifiée, de celle des portes d'enceinte des villes de l'Inde ancienne (telles qu'elles sont figurées sur les bas-reliefs des premiers siècles de notre ère). Les gopuram, de plan rectangulaire et affectant une forme pyramidale, s'élèvent plus haut que la tour dominant le sanctuaire central, à laquelle ils se rattachent dans leur principe architectural. Successeurs des Colas, les Pandyas (XIIe-XIVe s.) firent élever enceintes, murailles et gopuram autour d'un grand nombre de temples existants. Ces éléments architecturaux, joints à la profusion décorative grandissante et à l'ornementation élaborée et foisonnante des colonnes et des pilastres composites des salles et pavillons hypostyles, constitueront autant de caractéristiques de l'architecture dravidienne tardive, lui conférant par là même sa puissante et profonde originalité.

Des temples gigantesques, telles de véritables cités religieuses

Au XVIe s., à l'époque de Vijayanagar et, plus encore, à l'époque nayak (XVIe-XVIIIe s.), de nouveaux éléments se font jour dans la structure déjà fort complexe des temples dravidiens. Aux vimanas colossaux, aux enceintes concentriques hérissées de gopuram monumentaux et délimitant de vastes cours s'ajoutent dès lors des sanctuaires annexes et divers édifices souvent bâtis à des fins utilitaires – tels que greniers, magasins et réserves.

Un temple, une ville

Ainsi, outre le sanctuaire principal abritant l'image de la divinité à laquelle le temple est consacré, sont également édifiés un sanctuaire destiné à l'épouse principale du dieu *(amman)* et une salle de mariage *(kalyanamandapa)*, où les images du dieu et de la déesse étaient unies les jours de fête. Les larges bassins sacrés bordés de portiques, les galeries couvertes ornées de sculptures monumentales, les salles hypostyles aux proportions imposantes (parfois désignées par l'appellation explicite de « salles aux mille piliers »), la surcharge décorative et la prolifération de sculptures polychromes recouvrant les gopuram constituent en quelque sorte un aboutissement architectural et décoratif. Les maîtres d'œuvre dravidiens finissent par faire des temples brahmaniques des ensembles grandioses aux dimensions d'une petite ville, et par leur conférer l'aspect et le caractère de véritables cités religieuses, et de centres de pèlerinage actifs. De cette ultime et spectaculaire métamorphose du temple hindou, le temple de Minakshi Sundareshwara à Madurai (XVIIe s.) et, plus encore, le temple de Ranganath Swami à Srirangam (XVIIe s.), enclos au sein de ses 7 enceintes fortifiées percées de 21 gopuram, constituent sans nul doute les exemples les plus impressionnants.

Les gopuram peuvent atteindre une hauteur vertigineuse – comme dans le temple de Minakshi Sundareshwara, à Madurai – obtenue par la multiplication des étages superposés (accessibles par des escaliers intérieurs) constituant leur toiture.

Un goût croissant pour l'ornementation

En marge de cette propension au monumental attestée surtout dans le Tamil Nadu, mais partageant avec les grands temples de l'Inde du Sud-Est une même prédilection pour la surcharge décorative et une sorte de luxuriance baroque, des temples furent bâtis dans le Deccan du XIe au XIVe s., sous l'égide des dynasties chalukya et hoysala. Édifiés suivant un plan non plus carré ou rectangulaire, mais cruciforme ou étoilé, et élevés sur un soubassement massif, ces temples – notamment le Chennakeshava à Belur (XIIe s.), le Hoysaleswara à Halebid (XIIe s.) ou encore le Keshava à Somnathpur (XIIIe s.) – sont remarquables par leur ornementation foisonnante et la profusion des sculptures qui revêtent leurs murs, exécutées avec un luxe de détails inouï et une science consommée du bas-relief.

Représentation de l'image divine

Si, comme on l'a vu, la configuration structurelle du temple hindou vise à reproduire, de façon métaphorique, le schéma cosmique de l'univers, le sanctuaire brahmanique, entouré de cours, de bâtiments annexes et d'enceintes, montre de même des affinités symboliques avec le palais royal. Et, de fait, le culte rendu à l'image divine vénérée dans la cella *(garbhagriha)* n'est pas sans présenter certaines analogies rituelles avec les égards et les hommages qui sont dus à un souverain.

■ La statue, réceptacle du divin

Ainsi l'image divine, à l'instar d'un monarque, est-elle baignée, ondoyée, ointe, enduite de pâte de santal, parfumée, parée, éventée, abritée sous un parasol – insigne de dignité et de souveraineté –, nourrie, divertie par des chants et des danses, promenée en palanquin ou sur de grands chars cérémoniels. Car, dans l'hindouisme, la divinité, à l'issue d'une cérémonie rituelle *(pratistha)* gouvernant l'installation de l'image dans le sanctuaire, est appelée à s'incarner dans son image purifiée et consacrée et, étant dès lors physiquement présente, se doit d'être servie et honorée comme un être vivant, comme un hôte de marque.

Aux images dites « fixes » *(mulamurti)*, abritées dans le sanctuaire et généralement en pierre, répondent ainsi les images dites « mobiles » *(utsavamûrti)*, sculptures métalliques conçues comme un substitut à l'image « fixe ». Communément désignées par le terme impropre de « bronzes », elles étaient promenées sur les chars cérémoniels (*ratha* ou *ter*). Les exemples les plus remarquables furent produits dans le Tamil Nadu, à l'époque cola.

Shiva Gajahamurti, c'est-à-dire tueur du démon éléphant : le dieu brandit le corps de l'animal au dessus de sa tête et appuie le pied sur sa tête ; une de ses mains gauches tient la trompe arrachée (sculpture sur pierre du XIIe s., Tanjore, Art Gallery).

■ L'art du bronze dans l'Inde dravidienne

Les sculptures métalliques étaient en théorie constituées d'un alliage traditionnel de cinq métaux *(panca loha)* : or, argent, cuivre, étain et plomb (ou zinc). La combinaison de ces cinq métaux, lesquels sont supposés représenter les cinq éléments de l'univers – la terre, l'eau, le feu, l'air et l'éther –, était censée manifester l'immanence de la divinité, qui participe également des cinq éléments primordiaux constitutifs de l'univers. Les artistes indiens travaillaient le « bronze » suivant le procédé de la fonte à la cire perdue, recourant de préférence à la fonte en plein plutôt qu'à la fonte en creux. Vêtues de soie, ornées de parures et de guirlandes de fleurs, ces images métalliques et « mobiles » étaient alors placées sur de grands chars de bois sculpté – dont les formes massives et la structure étagée évoquent le cosmos et le mont Meru – et promenées en procession à l'occasion des fêtes et des cérémonies quotidiennes *(nityotsava)* ou lors de grandes festivités annuelles *(mahotsava)*.

La musique et la danse

par Catherine Bourzat

De tous les domaines d'expression de la culture indienne, les arts de la musique et de la danse sont les plus accessibles en Occident. Tout simplement grâce à l'obstination d'une poignée de précurseurs passionnés qui leur ont fait une place de plus en plus grande sur les scènes de théâtre parisiennes et au sein des grands festivals européens, en invitant des noms fameux de Calcutta, Madras ou Delhi. Il aura fallu 30 ans, depuis le milieu des années 1970, pour assister à la reconnaissance d'une musique aussi savante qu'elle est différente de la musique classique occidentale et d'une chorégraphie fondée sur des codes complexes et un apprentissage aussi long que celui d'une danseuse étoile. Même si le décryptage de toutes leurs subtilités secrètes reste difficile pour le public occidental, ce dernier est de plus en plus nombreux. Nul n'est besoin d'être érudit pour goûter les saveurs de l'Inde musicale. La musique et la danse sont deux arts nés d'une longue tradition poétique. La première s'est construite sur la métrique des poèmes, pour en devenir l'exploration et l'ornementation vocale et instrumentale. La seconde illustre leurs thèmes et dessine leurs rythmes dans l'espace. En Inde, toute musique, toute danse, est d'abord un poème.

La musique classique

Si l'on reconnaît en Inde deux grandes traditions classiques, la musique hindoustani, propre à l'Inde du Nord, et la musique carnatique, jouée en Inde du Sud, l'une et l'autre reposent sur l'interprétation, avec un répertoire, un rythme et des instruments propres, de la forme musicale la plus répandue : le *raga*.

Écouter la musique, c'est regarder avec ses oreilles

Raga signifie « couleur ». Comme à l'intérieur d'une gamme chromatique, des *raga* principaux, combinés à d'autres, engendrent des modes mélodiques variant à l'infini. Élaborée au xe s., la construction des *raga* est fondée sur une série fixe de notes, choisie à l'intérieur de la gamme des sept notes naturelles : *sa, re, ga, ma, pa, dha, ni*. Certaines de ces notes peuvent être altérées, en doux ou en aigu, mais elles ne correspondent pas à des fréquences fixes. C'est la première d'entre elles, le *sa*, qui, jouée ou chantée selon le choix des musiciens en *do*, *ré* ou n'importe quelle autre note, sert de point d'accroche au reste de la gamme. Outre les altérations possibles, les tonalités naturelles peuvent connaître d'infimes variations, les *shruti*. Une théorie des correspondances rattache chaque note naturelle à un sentiment, dont les *shruti* modulent les effets, en exprimant des sentiments intermédiaires. Lorsqu'un musicien joue un *raga*, il va, au cours de l'*alap* (introduction en soliste), donner d'abord le *sa* de son choix, puis les notes correspondant au *raga* joué, en déclinant tous les ornements qui s'y rattachent. Cette introduction, plus ou moins longue selon les musiciens, ressemble à un accord de l'instrument pour une oreille occidentale. Pour le connaisseur, elle permet de comprendre de quel *raga* il s'agit. Pour l'amateur, elle donne les moyens d'entrer dans la tonalité du *raga*.

La musique savante se caractérise par deux grands concepts : le mode musical *(raga)* et le cycle rythmique *(tala)*.

Les instruments de la musique carnatique comprennent des instruments à vent, des percussions ou des cordophones comme la vina ou le luth tempura.

Les cycles rythmiques

À la fin du prélude tonal de l'*alap*, le musicien, ou le percussionniste qui l'accompagne, va structurer sa musique par la mise en œuvre du cycle rythmique, le *tala*. Il consiste en un nombre défini d'unités de temps, organisées en sections égales ou inégales et répétées d'une manière cyclique. Un système de syllabes mnémotechniques, les *bol*, symbolise chaque type de frappe (plat, aigu, ouvert, fermé…) et permet de mémoriser ces figures rythmiques complexes, dont la structure et le nom varient dans le Nord et le Sud de l'Inde. Assemblés en suites, paires le plus souvent (ex. : *dha dhin dhin dha / dha dhin dhin dha*), les *bol* constituent des séquences rythmiques dont les musiciens marquent les articulations, les points de repère, par des gestes de la main. Un autre élément rythmique important est le tempo, défini pour chaque partie de l'élaboration d'un *raga*. Il y a trois tempi principaux : lent, moyen et rapide.

La place de l'improvisation

Strictement défini par l'association des notes et des phrases rythmiques, le *raga* laisse cependant place à l'improvisation. L'interprète agit comme un peintre qui aurait sur sa palette les couleurs (les notes propres au *raga* choisi) et le canevas (le rythme) dont il ne peut sortir, mais à partir desquels il peut composer autant de tableaux différents. Le caractère improvisé de la musique indienne, modale, monodique et de transmission essentiellement orale, frappe souvent l'auditeur occidental, qui en imagine

Avant les concerts, les musiciens ne « répètent » pas, au sens occidental du terme ; ils « pratiquent ensemble », habituellement ou à l'occasion d'un récital. Sur scène, le dialogue se noue autour de la note fondamentale et des séquences rythmiques dont l'architecture est donnée par un langage gestuel codifié et dont les suites de *bol* peuvent être données vocalement. L'approbation mutuelle s'exprime par des hochements de tête ou des commentaires qui déroutent le spectateur peu familier de manifestations bruyantes de la part des artistes et du public.

À Thiruvaiyaru, dans la région de Tanjore, se tient chaque année un festival de musique en l'honneur de Swamy Tyagaraja, l'un des plus célèbres compositeurs de l'Inde du Sud.

mal la complexité théorique. La maîtrise de la grammaire musicale et l'art d'improviser nécessitent un apprentissage ardu auprès d'un maître, ou plus récemment au sein d'académies universitaires ou privées, pendant de longues années.

Un répertoire de saisons

Des centaines de compositions poétiques ont ainsi été transmises depuis l'époque médiévale dans leur *raga* original, ou chantées dans un autre mode jugé mieux assorti au thème littéraire par un artiste novateur. Aujourd'hui, les musiciens possèdent une centaine de *raga* ; mais le répertoire lyrique mémorisé par les chanteurs est immense, du fait que plusieurs poèmes peuvent être chantés dans le même *raga*. Nés de la poésie, les *raga* sont mis en relation avec une heure du jour ou de la nuit, voire une saison. Cette relation est liée à la correspondance établie entre les notes naturelles et la position des astres. Elle contribue à l'harmonie complexe de la musique savante. Les *raga* sont eux-mêmes personnifiés, voire déifiés, et illustrés dans des séries de miniatures appelées *ragamala* (« guirlande de *raga* »), qui ne représentent pas forcément des scènes musicales. Le Musée national de New Delhi et la galerie de peinture du City Palace, à Jaipur, possèdent un grand nombre de *ragamala*.

La danse classique

La danse est intimement liée à la musique et au théâtre. Elle est, en effet, issue des mêmes principes théoriques énoncés par Bharata et commentée par des auteurs médiévaux et modernes. Traditionnellement tenue pour sacrée, elle concourt à se rendre propices les dieux qui la révélèrent au monde.

Les musiques populaires

D'une facture parfois proche de la musique savante, les musiques populaires, aux racines rurales encore perceptibles, offrent une grande variété régionale. Chants de travail ou de réjouissances sociales et familiales, musiques rituelles et religieuses, musique instrumentale ou accompagnant la danse, les musiques villageoises sont exécutées par des amateurs ou des musiciens professionnels, héritiers des bardes d'anciennes familles princières, chantres des grandes épopées hindoues ou chanteurs-acteurs jouant les légendes courtoises médiévales. Les profonds changements survenus depuis l'indépendance de l'Inde dans le mécénat artistique, le regain d'intérêt du public, le plus grand niveau d'éducation, voire d'érudition des artistes grâce à de nouvelles méthodes d'enseignement de la musique, accompagnés par la modernisation de la lutherie, l'amplification d'instruments de musique de chambre et l'agrandissement des salles de concert sonorisées, contribuent à une intense activité musicale. Art millénaire qui a traditionnellement adapté ou intégré des sonorités nouvelles, des instruments importés, des techniques et des conceptions esthétiques étrangères, la musique indienne reflète bien cette remarquable capacité d'absorption et de renouvellement créateur de la civilisation indienne.

Une origine mythique

Le *Natya shastra,* traité des arts dramatiques codifié par Bharata, raconte que le dieu Brahma créa le théâtre et la danse en prélevant la matière nécessaire dans les quatre *Veda*, les quatre Savoirs : le *pathya* (texte), la *gîta* (chant), l'*abhinaya* (jeu) et les huit *rasa* (saveurs). Puis, tour à tour, les dieux dotèrent le nouvel art : Shiva lui donna sa danse sauvage, son épouse Parvati sa danse voluptueuse, Vishnu le dota de quatre grands styles (gracieux, grandiose, violent et verbal) ; enfin, Vishvakarman, architecte divin, lui fournit la scène. Et le drame put être transporté du ciel sur la terre pour répondre à un double but : enseigner aux hommes et les divertir.

Un plaisir d'esthète

Comme la musique classique, la danse est un art de connaisseur dont la clef est le *rasa*, concept à la fois intellectuel et sensuel du plaisir. Traduit généralement par « saveur », le *rasa* est le fruit d'une réflexion sur l'alchimie qui se produit chez le spectateur lorsque l'exécution d'une danse est bonne. Le vin n'est bon que s'il est bu, et la danse et la musique sont également faites pour être savourées. Cette analyse du plaisir a conduit à une classification des sentiments que danseurs et musiciens peuvent produire et des moyens dont ils disposent. En musique, les *raga* représentent ces moyens. Pour la danse, on les appelle *abhinaya* : ils constituent tout un répertoire d'attitudes corporelles, de mouvements de la tête et des membres, mais aussi des yeux et des différentes parties du visage, de gestes des mains. L'acteur et le danseur puisent dans ce vocabulaire corporel l'expression totalement codifiée. C'est la maîtrise de cette expression qui procure le plaisir du connaisseur qui reconnaît ainsi le sentiment qui l'inspire, de la même manière que les notes égrenées lors de l'*alap* d'un récital lui indiquent quel *raga* va être joué. Musique et danse sont des arts d'interprètes.

Les mains émerveillent, les pieds chantent

Haussement du sourcil, pli de la bouche, battement de paupières, mouvement du bras imitant la trompe d'un éléphant... les *abhinaya* forment l'un des grands domaines d'apprentissage de la danse. Tantôt avec des gestes quotidiens stylisés, tantôt en illustrant des concepts abstraits, les danseurs pourront mimer l'ensemble d'un texte poétique chanté. Ce travail de mime est d'autant plus impressionnant que la plupart des grandes formes classiques sont des danses de solistes au cours desquelles le danseur représente sans aucun accessoire un environnement et des protagonistes dans des actions diverses. Ainsi,

Sous sa forme de Nataraja, « roi de la danse », le dieu Shiva anima l'univers créé par Brahma. Du tambour-sablier tenu dans l'une de ses multiples mains résonne le son primordial qui accompagne sa danse cosmique. Cette scène cosmogonique, coulée dans le bronze ou sculptée dans la pierre, fournit un thème chorégraphique représenté dans divers styles issus de l'antique tradition dansée des temples hindous. Elle apparaît notamment dans les admirables bronzes de la dynastie cola du Tamil Nadu (xe-xiie s.), conservés dans les musées de Tanjore, Delhi, Bombay et Calcutta, et dans la grotte d'Elephanta (viie s.), sur l'île du même nom, près de Bombay.

Les danseurs (hommes et femmes) solistes, en couples ou en groupe, sont accompagnés d'une petite formation orchestrale assise par terre à leur droite, qui se compose d'un chanteur, ou d'une chanteuse, et de quelques musiciens : un flûtiste, un joueur de luth (*sitar* ou *sarod*) ou de violon selon le style, et des percussionnistes.

Quand le théâtre dansé conte la geste de Rama

Le Kerala est une terre où la dévotion a pris de longue date le tour du chant narratif et du théâtre dansé. Avec la complicité d'un poète, le maharaja de Travancore entreprit, au XVIIe s., de rivaliser avec le Zamorin de Calicut et ses jeux dansés consacrés au dieu Krishna. Puisant dans la geste d'une autre incarnation de Vishnu, celle du prince Rama, ils conçurent une pantomime grimée, soutenue par un chœur en malayalam. Ainsi naquit le kathakali, histoire dansée. Et puisque, en Inde, tout le monde connaît l'intrigue avant d'assister à la représentation, voici l'argument de ce conte : injustement exilé en compagnie de son frère Lakshmana et de son épouse Sita, Rama éconduit les avances de l'ogresse Surpanaka. Pour se venger, celle-ci décrit si bien à son frère Ravana, roi-démon de Lanka, les attraits de Sita qu'elle le pousse à enlever la belle. Rama et Lakshmana partent à sa recherche. Ils obtiennent l'aide du roi-singe Sugriva qui met à leur service son général Hanuman. Grâce aux pouvoirs de ce dernier, Rama triomphe des armées démoniaques de Ravana, récupère sa promise et, enfin rappelé d'exil, est couronné roi.

▲ **Dans le langage des couleurs du kathakali, le noir désigne un personnage démoniaque, maléfique.**

◀ **Avant de rentrer en scène, les acteurs subissent de longues heures d'habillage et de maquillage.**

■ Un générique en couleurs

La distribution des rôles du *Ramayana* obéit parfaitement aux archétypes du théâtre classique. Rama est bien sûr le héros, que l'on appelle *paccha* dans le kathakali. En face, Ravana est le *katti* et campe l'adversaire à combattre. Tous deux, et tous les autres caractères qui évoluent à leurs côtés, sont grimés selon un code précis qui participe à la composition du personnage. Hormis la marque de Vishnu apposée sur leur front, les visages de Rama et de son frère sont

◄ **Le visage grimé des acteurs, mis en valeur par la *chutti*, étrange collerette de papier, relaie le jeu des mains indiquant l'humeur des personnages.**

entièrement couverts du vert lumineux qui est l'apanage des *paccha*. Les yeux sont bordés de noir et la bouche ourlée de rouge en une moue hautaine. Ravana est également maquillé de vert, car lui aussi d'ascendance noble, mais un X rouge et blanc éclate sur son visage, trahissant son tempérament violent, tandis que les verrues postiches blanches apposées sur son nez et son front soulignent son caractère orgueilleux. Les singes sont des *tadi*, personnages à barbes postiches. Sita relève des *minukku*, dont le visage est laissé au naturel. Quant à l'ogresse Surpanaka, elle est une *kari*, personnage bestial tout de noir grimé.

■ La voie du silence

Durant toute la représentation, les acteurs ne profèrent pas un son : l'intrigue est contée par le chœur. Ils disposent de la même gestuelle de convention, accentuée par leurs onglets d'argent, que les danseuses de bharata-natyam, pour faire naître une gamme de sentiments, elle-même codifiée. Un hochement de tête vigoureux traduit la fureur de Ravana, intensifiée par un roulement d'yeux circulaire ; quand l'œil de Rama roule de bas en haut, il exprime le caractère merveilleux de son essence divine. Au cours de leur apprentissage, les interprètes ont appris à maîtriser chaque muscle de leur corps. Portées par des pas glissés ou claqués, exécutés sur l'arête externe des pieds, leurs évolutions ont une dimension surhumaine. La performance est d'autant plus physique que la représentation dure plusieurs heures et qu'il faut, pendant tout ce temps, supporter le poids d'une tiare qui pèse de 3 à 7 kg.

■ Quand paraissent les dieux

Annoncée à grand renfort de percussions, la représentation est souvent le point d'orgue de plusieurs jours de cérémonie. Une lampe de cuivre alimentée, tout au long du spectacle, en huile de coco matérialise une scène dans la cour du temple. Les musiciens arrivent les premiers, portant le gong, les tambours et les cymbales qui serviront de soutien rythmique, suivis du chœur. Une succession de rites instaure l'ordre divin et purifie l'espace scénique. Enfin, deux assistants tendent en travers de la scène le *tirassila*, rideau de soie brillante, tandis que monte un chant dévotionnel. Derrière l'étoffe, quelque chose commence à bouger. Paraissent deux pointes de coiffe, puis deux paires de mains qui dansent sur le bord du *tirassila*. Celui-ci s'abaisse et, telles des idoles de temple, Rama et son frère surgissent des ténèbres et s'animent peu à peu au cours d'une danse majestueuse. Une longue séquence rythmique improvisée par les deux tambours salue l'apparition et plonge le public dans une impatience fébrile. Les dieux sont descendus ; l'histoire peut commencer. Et chacun y retrouvera, avec le même plaisir renouvelé, la bravoure de Rama, la férocité de Ravana, la fidélité de Sita, le dévouement de Lakshmana et la loyauté de Hanuman.

▲ **Les acteurs, tous masculins, expriment les sentiments de leur personnages en combinant les 24 gestes de bases, ou *mudras*, du kathakali.**

Théâtre ou rituel ?

Le teyyam est une très ancienne forme de danse rituelle du Kerala qui a lieu chaque année. *Teyyam* veut dire « dieu ». Les histoires des divinités populaires ou tribales sont chantées, dansées, dramatisées et jouées lors des fêtes associées aux autels de village. L'honneur d'incarner un teyyam n'est donné qu'à des membres de certaines communautés qui sont les gardiennes de ce rituel dramatisé, enseigné par leurs pères et transmis de génération en génération. Les massages et exercices physiques issus du kalarippayat jouent un rôle décisif dans leur apprentissage. Dans le cadre du teyyam, l'acteur est bel et bien le réceptacle du dieu et s'y prépare le jour de la représentation par le jeûne et la méditation. Il campe son apparition par son maquillage aux couleurs fortement contrastées. Dans une danse majestueuse, il est graduellement possédé par la divinité.

La racine *nrt*, en sanskrit, veut dire non seulement « danser », mais aussi « mimer », « réciter ».

une danse narrative peut brosser le tableau très codifié d'une scène d'amour entre le dieu Krishna et son amante, mimant le bosquet à l'écart et la couche couverte de pétales de roses, l'audace de l'amant divin et la modestie feinte de sa partenaire.
Au cours d'une représentation, cette danse narrative, appelée *nritya*, alterne avec des séquences de danse pure, *nritta*, où le corps épouse les cycles rythmiques du *tal* dans un dialogue soutenu par le son des clochettes fixées autour des chevilles. La chorégraphie de la danse classique indienne s'appuie sur des attitudes corporelles en totale opposition avec sa contrepartie occidentale : là où les danseurs de ballet se dressent sur les pointes et cherchent à s'envoler, les solistes indiens gardent les pieds sur terre, veillant à maintenir l'équilibre du *brahmasutra*, ligne invisible qui traverse le corps de la tête aux pieds.

Le théâtre dansé

La frontière entre danse et théâtre n'existe pas en Inde, où l'ensemble des arts de la scène relève d'une racine commune en sanskrit. À côté de la chorégraphie pure, *nritta*, et de la danse narrative, *nritya*, existe une 3e forme, plus proche de notre conception du théâtre en ceci qu'elle fait intervenir le texte : *natya*, la « danse-drame », la « danse-mime », qui, combinée au chant et à la musique, est l'expression dansée des poèmes et drames épiques. Son grand foyer est le Kerala où la corporation des Chakyars, conteurs-danseurs, a développé, au cours des âges, d'extraordinaires compositions, mêlant les prescriptions des traités, les nécessités des rituels à ce qu'il faut bien appeler un sens inouï du spectaculaire. De ce barattage est né le kathakali, à la fin du XVIIIe s., que le reste de l'Inde n'a connu qu'en 1927 et que l'Europe n'a découvert qu'en 1967.

Instruire en donnant du plaisir

Dans sa genèse, l'art dramatique indien a souvent revêtu des formes religieuses, sans qu'il soit possible de dire si ce sont des divertissements d'origine profane greffés sur des cérémonies religieuses ou des éléments du rituel s'inspirant de la mythologie et de l'épopée. Ses premières manifestations sont attestées aux environs de notre ère : ce sont des tableaux vivants, où les acteurs miment leur rôle, emprunté aux gestes divines, tandis qu'un récitant explique l'action. La grande époque du drame classique est celle de Kalidasa (fin IVe-début Ve s.), le plus fameux poète de l'Inde. Sa pièce *Vikramorvashiya* donne une clef pour comprendre la mission que la tradition indienne donne au théâtre. Ému de voir l'humanité en pleine déchéance morale, et donc incapable de recevoir les enseignements divins, Indra, le roi des dieux, s'adresse à Brahma pour qu'il lui crée quelque chose. Ce quelque chose devra donner à voir et à entendre, instruire tout en donnant du plaisir. Autrement dit, il faut qu'il y ait du *rasa*, de la « saveur », pour faire passer l'enseignement des valeurs de la société brahmanique. C'est presque l'invention de la pédagogie. Même les démons s'en mêlent, quand Brahma met au point le 5e Veda en en prélevant le contenu sur les quatre autres : il ne saurait être question de laisser le drame descendre parmi les hommes si le mal n'est pas, lui aussi, représenté. Il faut bien le distinguer du bien. Depuis, il est inlassablement répété dans le théâtre indien qu'il faut se conduire comme le héros, non comme son dangereux rival. Manichéisme dramatique ? Oui, mais qui reste aussi l'instrument du jeu des dieux, de leurs métamorphoses, et aspect de la Maya, l'universelle illusion.

Les danseurs du kathakali, parés d'un maquillage rituel très élaboré, portent de gigantesques coiffures et de volumineux costumes qui amplifient leur silhouette.

Un théâtre de tradition

Le traité des arts dramatiques de Bharata suit ces prescriptions à la lettre. Le bien et le mal distribuent les rôles : à droite, le *nâyaka* (héros), celui qui conduit l'action, et sa *nâyîkâ* (compagne) ; à gauche, conformément au vœu des démons, leur adversaire commun, le *pratinâyaka*. De part et d'autre, des rôles secondaires masculins et féminins qui sont autant d'archétypes, de faire-valoir. Chacun est défini par son costume, sa parure et son maquillage. Du côté des hommes, on rencontre le compagnon du héros, qui partage ses qualités sans atteindre sa perfection, le bouffon-confident – un brahmane laid et ridicule le plus souvent –, le *vita*, pendant du parasite du théâtre grec, versé dans les arts et la musique, le messager loyal et courageux qui fait le lien entre le héros et l'héroïne, ou le ministre, intelligent mais menteur et beau parleur. Du côté des femmes paraissent l'autorité de la reine mère, la *mahadevi*, les intrigues de l'épouse royale secondaire, elle aussi de sang royal, ou celle de la favorite, fille de général ou de ministre, et séduisante avant tout, les bons conseils de la courtisane, coquette mais aussi bonne, adroite et artiste, et l'oreille attentive de la messagère, souvent l'esclave ou la sœur de lait de l'héroïne. L'histoire est connue d'avance : le répertoire est le même depuis des siècles. Le *happy end* est de rigueur et la fin tragique acceptée seulement si le héros, averti de son destin terrible, s'y soumet.

Une poésie animée

C'est le même spectacle qui est reproduit indéfiniment. Pour le spectateur, le plaisir se renouvelle grâce au jeu de l'acteur. Comme la danse, le théâtre est doté de la gamme des *abhinaya* pour s'exprimer, à la différence près qu'outre les codes gestuels, ils concernent encore les costumes, le maquillage et la diction. Tout l'art de l'acteur repose sur leur parfaite maîtrise pour que la magie opère. D'autant plus que le théâtre classique indien est totalement dépourvu de décor. La dimension spectaculaire s'incarne entièrement dans le corps et la voix du comédien. L'acteur doit être parfait. Il est un implacable technicien, au service d'un art tellement codifié qu'il en devient immuable et que ce que savoure le public, ce sont les surprises dans le choix de la reprise ou de l'écart.

La voie des maîtres

Malgré leur codification et les grands traités théoriques qui ont accompagné leur évolution, la transmission des arts de la musique et de la danse reste fondée sur l'enseignement d'un maître et son imitation par ses disciples.

Film de Satyajit Ray, *Le Salon de musique* (1958) raconte la passion exclusive d'un prince pour la danse et la musique. La grande chanteuse de ghazal Begum Akhtar et le soliste de shehnâî Bismillah Khan ont participé à ce film.

Krishna Attam et kutiyattam

Le *Krishna Attam* est issu de la *bhakti* et de la littérature de chants dévotionnels. Manadeva, Zamorin de Calicut, rédige en 1650 un cycle de huit jeux de Krishna, fondé sur le texte de la Gita Govinda, poème sanskrit rédigé v. 1200 par Jayadeva sous forme de drame. Pour la forme, il s'inspire du kutiyattam, danse pour soliste développée par les Chakyars, conteurs-danseurs du Kerala. Une performance dont les représentations se déroulent sur plusieurs jours. L'action, rythmée par le son des tambours, repose sur une chorégraphie très codée où le moindre geste a un sens précis. Couronné d'une lourde tiare en bois couverte de papier doré et de fleurs, l'acteur en scène joue tous les rôles, mimant ce que chante la joueuse de cymbales, chantant à son tour tout en jouant, dansant pour évoquer les sentiments du personnage. La pièce de Kalidasa, grand poète et dramaturge, écrite au ve s., reste le modèle du genre. Pour son *Krishna Attam*, Manadeva retire le texte aux acteurs et le confie à un chœur. Débarrassés du texte, les acteurs vont se concentrer davantage sur les *abhinaya*, le cycle des huit pièces qui le composent est joué durant huit nuits consécutives. C'est la première étape de ce qui deviendra le kathakali.

Les salons de musique

Chantant la gloire divine au service d'un temple hindou célèbre ou commandités par un mécène princier mélomane, les musiciens ont longtemps été proches du pouvoir. Princes et rois mettaient à la disposition des maîtres de musique une *gharana*, maison où ils dispensaient leur enseignement à quelques élèves. Les mécènes ne sont plus, mais l'esprit de la *gharana* est resté à travers quelques écoles où les maîtres, les *guru*, entretiennent avec leurs disciples des rapports d'exigence et de responsabilité mutuelles. La transmission orale de la musique savante, non écrite, contribue à son originalité et à l'apparition de styles nouveaux. Les titres honorifiques (*Ustad* et *Pandit* dans le Nord, *Bhâgavatar* dans le Sud) qui distinguent encore certains musiciens sont les dernières traces des privilèges dont ils bénéficiaient jusqu'au milieu du XXe s. Aujourd'hui, de nombreux artistes doivent lutter pour être invités dans les festivals. Cette compétition farouche est un phénomène nouveau pour les musiciens, jadis employés par des patrons connaisseurs et sans doute habitués à une émulation plus artistique dans les cours princières de Jaipur, Gwalior, Lucknow, Bénarès, Tanjore, Mysore ou Hyderabad. Le renom de certaines de ces villes survit encore dans les traditions stylistiques dont se réclament descendants et disciples des musiciens de cour.

Les danseuses du temple

Avant de rejoindre la musique à la cour des princes, la danse classique resta longtemps l'apanage des *devadasi* (« servantes du dieu »). Formées par des maîtres musiciens et chorégraphes, ces danseuses étaient attachées au service d'un temple et symboliquement unies à son dieu. Placées sous la protection du souverain local dont elles recevaient titres et émoluments, elles étaient dotées d'un statut à part. Leur union au dieu les dérobait aux contraintes du mariage hindou et elles étaient libres de se choisir un compagnon. Parfaitement reconnus et admis, leurs enfants poursuivaient souvent leur vocation artistique, les filles en tant que *devadasi*, les garçons comme musiciens.

Le déclin des royaumes hindous protecteurs des *devadasi* et la colonisation britannique entraînèrent

Le Tamil Nadu est le berceau du bharata natyam. Vifs et élégants, les mouvements des danseuses donnent tout leur sens aux gestes des mains *(basta)* et des doigts utilisés pour évoquer un objet, un personnage, un sentiment ou une action.

la fin des danseuses divines. La chute des premiers les priva de ressources, l'arrivée des seconds montra du doigt ces femmes dont la liberté restait unique dans la société indienne. Sans protection, les *devadasi* ne purent plus jouir de leur statut à part. En 1947, un mouvement d'orthodoxie brahmane aboutit même à l'interdiction pour une femme de danser, quels que soient son rang et sa caste, dans l'enceinte d'un édifice sacré. Expulsée du temple, la danse des *devadasi* subsista malgré tout dans une forme artistique dont Madras s'est fait le dépositaire : le *bharata-natyam*.

La littérature dravidienne

par Annie Montaut

Les grandes littératures dravidiennes sont diversement marquées par leurs rapports avec la tradition, littéraire, rhétorique et grammaticale, du sanskrit. La tradition tamoule l'est moins que les autres, étant la plus ancienne et reposant sur un corpus poétique absolument original dont la langue et les figures furent par la suite théorisées dans un traité linguistique aussi célèbre que celui de Panini pour le sanskrit. Les patrons prosodiques, la thématique et les héros régionaux s'y démarquent d'emblée du modèle sanskrit, et le tamoul ira jusqu'à éliminer les termes sanskrits à l'époque moderne (tamoul purifié ou *cen tamil*). Quant aux autres grandes littératures régionales, elles édifièrent leur originalité en négociant à la fois avec les traditions sanskrite et tamoule, négociation visible dans la réécriture-transposition des grandes épopées sanskrites que sont le *Ramayana* de Valmiki et le *Mahabharata* de Vyasa, et explicitée souvent, dès les origines, dans des traités grammaticaux et poétiques. Mais, de même que la culture sanskrite a sa voie savante (brahmanique orthodoxe) et ses voies dissidentes (jaïne, bouddhique, tantrique, le plus souvent exprimées dans les vernaculaires que sont les prakrits), la culture dravidienne est travaillée par la tension entre voie brahmane *(marga)*, en dialogue constant avec le grand récit culturel sanskrit, et voie populaire ou locale *(deshi)*, dissidente à des degrés variés. Cette dernière s'impose comme nouveau canon littéraire dans la littérature de la dévotion mystique dite *bhakti*, avant que n'émerge un nouveau canon, celui de la modernité, issu de la confrontation avec la culture et la littérature occidentales, canon à son tour contesté par ceux de la postmodernité et de la postcolonialité.

Premiers canons : la grammaire au cœur des lettres

Dès les premiers temps, qui s'étagent entre les premiers siècles av. notre ère et le XIIIe s. après selon qu'on considère le tamoul ou le malayalam, la grande culture ou « voie » *(marga)* noble est brahmanique et hindoue. Mais à peine s'impose-t-elle que des dissidences la travaillent, liées le plus souvent à des tendances religieuses hétérodoxes.

En tamoul

La légende fait remonter les plus anciens textes littéraires tamouls aux dix millénaires qui ont précédé notre ère, et à une succession de trois *Sangam*, terme sanskrit signifiant « confluent sacré », c'est-à-dire des réunions ou académies tenues dans les trois royaumes cera, cola et pandya jusque vers 200-400. La datation proposée par les spécialistes, comme pour la littérature sanskrite, n'est pas consensuelle (ainsi, pour Panini, premier grammairien sanskrit, une fourchette de quatre siècles). Le *Tolkappiyam* (autour du Ier s.), traité de grammaire, de rhétorique et de prosodie, en donne la clef théorique, spécifiant la compatibilité des thèmes et des styles, de la symbolique, des figures, définissant la suggestion poétique *(ullurai)* indépendamment de sa contrepartie sanskrite *(dhvani)*. Des nombreux recueils de poèmes du *Sangam*, classés par leur taille, leur sujet (au lyrisme extérieur, ou *puram*, des panégyriques princiers s'oppose le lyrisme intérieur, ou *akam*, de la poésie érotique et quotidienne, dont la variété déborde le canon orthodoxe), le plus célèbre est le *Thirukkural* (long poème). Cette riche littérature profane se prolonge en tamoul avec les cycles dits épiques et didactiques, où les influences hétérodoxes sont sensibles : le célèbre *Shilappadikaram (Roman de l'anneau)*, tragédie de l'erreur judiciaire, est écrit par un moine jaïn (le prince Ilango Adigal) et le *Manimekalai* est d'inspiration bouddhiste ; les jaïns laissent aussi de nombreux traités rhétoriques et grammaticaux.

■ En kannada, telugu, malayalam

Un peu plus tard mais parallèlement, la littérature kannada (premières inscriptions au Ve s.) commence au IXe s., elle aussi, par un traité de poétique, le *Kavirajamarga* (*Voie royale des poètes*, tous les termes du titre étant sanskrits), de Srivijaya, qui pose les canons classiques de la langue et de la grande poésie kannada, suivi, au Xe s., du *Chandombuddi (Océan des mètres)*, de Nagarajan, chaque strophe illustrant le mètre qu'elle présente en l'adoptant, revendication locale plus marquée que le *Kavirajamarga*. L'âge héroïque qui prolonge cette période fondatrice est dominé par le jaïnisme avec Pampa, Poona et Ranna, ce dernier étant l'auteur de *Gadayuddha*, réécriture d'un épisode du *Mahabharata*.

Le premier à fonder le canon classique en telugu, Nannaya (XIe s.), patronné par un roi chalukya, transpose deux chants du *Mahabharata* ; il n'a pas laissé de grammaire, mais a inspiré Tikkana (XIIIe s.), qui recrée aussi des épisodes de la célèbre épopée. C'est Ketana (XIIIe s.) qui donne, avec la première grammaire telugu, la version théorique de ce nouveau canon littéraire et linguistique.

Quant au traité rhétorique et linguistique du malayalam qu'est le *Lilatilakam* (XIVe s.), il constitue explicitement la négociation du statut de la nouvelle

Les langues dravidiennes

La famille dravidienne, d'origine encore controversée, typologiquement proche du japonais ou du turc (agglutinante et à verbe final), peut prétendre à une antiquité comparable à celle du sanskrit. Celui-ci s'est imposé comme la grande langue de la civilisation hindoue dans l'Inde ancienne, privilège culturel encore souligné par son rattachement à la famille indo-européenne dès la fin du XVIIIe s. et contre lequel s'est tôt insurgée la tradition dravidienne. La présence de mots dravidiens (*pazam*, « fruit », *mayil*, « paon », *kanaka*, « or ») dans le Veda – hymnes sanskrits composés durant le IIe millénaire av. J.-C. – ne laisse guère de doute sur l'existence d'une culture dravidienne dans les territoires qu'abordèrent les tribus aryennes dans leur migration sud-orientale. Cette culture s'étendait sans doute au-delà des zones aujourd'hui occupées par les langues du groupe « Nord » dravidien comme le kolami (Maharashtra, Madhya Pradesh). Aujourd'hui, l'ensemble des parlers dravidiens représente un petit cinquième du milliard de locuteurs que compte l'Inde. Seulement quatre de ces langues ont un statut officiel dans les quatre États du Deccan : telugu (Andhra Pradesh), tamoul (Tamil Nadu), kannada ou cannarais (Karnataka) et malayalam (Kerala). Mais de nombreuses langues dites tribales sont aussi parlées et certaines enseignées à l'école primaire (tulu). Le tamoul est la moins influencée par le sanskrit sur le plan lexical, mais les alphabets sont tous dérivés de la brahmi, adaptation de l'écriture araméenne elle-même à l'origine de l'alphabet sanskrit et hindi.

langue par rapport au sanskrit puisqu'il traite du manipravalam, langue mixte sanskrit-malayalam, le premier texte attesté étant une adaptation sur cuivre (XIIIe s.) du traité d'économie politique sanskrit qu'est l'*Arthashastra*.

La contestation des mystiques

Les mouvements de dévotion populaire ou *bhakti*, qui ont abouti à substituer dans toute l'Inde les figures de Shiva et de Vishnou au panthéon védique (Indra, Agni, etc.) et la religion de l'amour à la religion du rite, sont nés dans la culture dravidienne.

Les mystiques tamouls (VIIIe-XIIe s.)

Ce courant puissamment contestataire des formes de la légitimité religieuse ou politique s'exprime dans des formes métriques et linguistiques non canoniques et implique souvent des auteurs de basses castes, des femmes, des brigands, des paysans pauvres. Parallèlement aux shivaïtes (dont la poétesse Karikal), les vishnouites créent une nouvelle tradition avec la poésie mystique des douze Alvars (Namalvar, Tiruppanalvar, Kulacekaran, le poète krishnaïte Periyalvar et sa fille Andal). Ainsi, le *Ramayana* de Kampan est une subversion de l'épopée sanskrite où le « démon » Ravana se trouve aussi flatté que Rama.

Les ascètes de la voix en kannada

Dans la littérature kannada, le courant *shramana* (« ascètes errants », mot sanskrit) comme Tirumankai, qui s'oppose aux canons alors légitimes et au style *champu* alternant vers et prose comme en sanskrit, s'illustre surtout dans le mouvement des virashaivaïtes. Ceux-ci contestent le formalisme religieux et social à travers des porte-parole (*vacanakara*, mot sanskrit) souvent de basses castes, dont les plus radicaux, entre le XIe et le XVIIIe s., furent Basava (XIIe s.) et les femmes Akkamahadevi et Allama Prabhu. Harihara utilise le style populaire *ragale*, en vers blancs et refrains. L'énergie radicale des *vacanakara* passe par la saisie globale des forces marginales que sont les *jangam* (poètes ascètes), le *guru* et le *linga* (symbole shivaïte) dans la rébellion ouverte contre l'hégémonie littéraire qu'incarne le canon brahmanique.

Poésie mystique et poésie de cour en telugu

C'est Somanatha (XIIIe s.) qui illustre le mieux ce courant révolutionnaire virashaivaïte, travaillant le mètre indigène *dvipada*, sceau du genre poétique oral. Des formes de récit théâtral semi-populaire *(jangam katha, yakshagana)* ou populaire *(burrakatha)* apparaissent. La poésie de cour l'emporte pour un temps en telugu avec les *prabandha*, récits centrés sur un personnage princier ou divin (Shrinatha, XIVe-XVe s., Peddana, patronné par le roi Krishnadevaraya, Mallana, Pingali Surana). Potana, à la même époque, signe une version telugu du *Bhagavata*, et la tradition de la poésie religieuse dans les temples porte encore l'écho de la mystique née chez les humbles : Annamayya, chanteur officiel du temple de Tirupati au XVe s., est le premier compositeur de chants dévotionnels *(kirtan)*.

En malayalam

L'émergence des courants dévotionnels est plus tardive : le *Ramayana* de Pannikar date du XVe s. et les chants krishnaites de Cerusseri du XVIe s., deux illustrations de la voie *marga*. C'est Eluttacan qui représente l'expression du Kerala des humbles et des dissidents avec son *Adhyatma Ramayana*, qui, comme son *Mahabharata*, exploite le non canonique « mode oiseau » *(kilipattu)*. Mais c'est aussi le folklore anonyme, dans ses ballades où comédie sociale, sens tragique et allégresse se mêlent, et le théâtre rituel, toujours populaire, comme le krishnanattan, le ramanattan et surtout le kathakali (*Jours d'amour et d'épreuve*, de Unnayi Variar, XVIIe-XVIIIe s.), devenu, entre le XVIIe et le XIXe s., le symbole même du théâtre traditionnel malayali avec ses masques et ses maquillages somptueux.

L'occidentalisation et la modernité

Les littératures modernes signent toutes une confrontation ambivalente avec l'Occident, ses valeurs et ses littératures. Ambivalente, car elles reprennent généralement à leur compte la dénonciation par les Britanniques de certaines injustices sociales comme l'intouchabilité, le mariage des enfants, l'élitisme de l'instruction, le statut des femmes, alors qu'elles se déclarent ouvertement nationalistes, et donc antibritanniques.

Des premiers romans aux écoles « progressistes »

De la fin du XIXe s. datent, avec le développement de l'imprimerie, les premiers romans modernes : *Vie et aventures de Pratap Mudalyar*, en tamoul, de Vedanayakan Pillai – bien que ce soit le poète nationaliste Subramaya Bharati qui modernise le plus profondément la langue et la littérature ; *Indulekha*, de Chandu Menon, en malayalam ; *Indira*, de Venkatarao, en kannada, après le *Ramashvanada*, de Muddana, qui, en 1898, constitue un pont entre les univers culturels traditionnels et modernes ; *Ranganatharamayana*, de Buddha Reddi ; et *Rajashekhara caritramu*, de Viresalingam Pantulu, en telugu.

L'influence croisée de Gandhi et de Marx dans les années 1930, et en littérature de Gorki, se formalise dans l'Association des écrivains progressistes, fondée à l'initiative de Mulk Raj Anand – auteur, en anglais, de *Coolie*, *Intouchable* – à Londres et dont l'impact touche toutes les littératures vernaculaires en Inde, notamment hindi. Le réalisme social revendiqué par cette école vise à mettre la littérature au service du progrès social et à éveiller la conscience des masses en dénonçant l'exploitation dans le monde rural, l'analphabétisme, la misérable condition féminine. Sous divers noms (*pragatisheela*, « progressiste », *abhyudaya*, « essor » en telugu, *navodaya*, « renaissance » en kannada, *jeevat sahitya*, « littérature de la vie » en malayalam), elle touche surtout le monde des lettres malayalam avec Basheer, Menon, Kesava Dev, Takazhi (*Coir*, *Deux mesures de riz*, *Crevettes*, sur une communauté de pêcheurs d'Alleppey), et telugu avec Shri Shri, fondateur de l'Arasam (Abhyudaya Rachayitula Sangam), les « poètes jumeaux » Chellappilla Venkata Sastry et Divakarla Tirupati Sastri. Le mouvement touche aussi, à un moindre degré, le monde kannada – avec Krishna Rao, Bendre, Puttappa – et tamoul –, avec Ka Na Subramanyam (*Les Faux Dieux*, 1946), Puttumaippittan, qui introduit le style parlé dans les dialogues, Rajagopalan, tandis que l'écrivain le plus populaire, Kalki (R. Krishnamurti), produit des romans fleuves historiques.

De l'IPTA au théâtre subversif

L'Association pour le théâtre du peuple indien (Indian People Theater Association) développe des thèmes et des enjeux analogues et institutionnalise le drame moderne pour le grand public. Ibsen et Tchekhov sont particulièrement influents, mais c'est, dès les années 1960, la fréquentation de Brecht, de Gramsci et du théâtre de l'absurde qui donne au théâtre indien son renouveau le plus remarquable : dans le trio des grands dramaturges immédiatement adaptés dans la plupart des langues indiennes et traduits en anglais, figure, à côté du Bengali Badal Sarkar et du Marathe Tendulkar, le dramaturge kannada Girish Karnad, qui, avec Karanth, propose un théâtre total, puissamment subversif, enraciné dans la culture populaire, ses chants et ses motifs folkloriques, comme dans les formes traditionnelles, et où s'associent lyrisme, comique et critique.

Les « postmodernes »

Les années 1950 à 1970 voient également se développer une critique de la modernité sous des noms différents, centrée sur les difficultés économiques, psychiques et intellectuelles de la classe moyenne urbaine, désenchantée et marquée à divers degrés par l'existentialisme et le surréalisme. Dans l'effervescence créatrice qui marque la 2e moitié du XXe s., il est difficile de faire un tri.

En malayalam, le spectre inclut la colère sceptique quant au progrès et l'humour noir d'Ayyappa Panikkar, N. N. Nakkad, K. Ramakrishna, Paul Zakariah, l'impitoyable représentation des luttes de clan et de caste de Sethu *(Pandavapuram)*, la douceur qui sous-tend la critique sociale chez Mukundan *(Delhi, Sur les rives de Maé)*, le doute ontologique chez Vijayan (*Légendes de Kasak*), l'avant-gardisme de Sachidanandan *(La Contrevie)* et la critique subversive de Kamla Das convertie à l'islam *(Le Témoin)*.

En tamoul, si Ashokamitran tend à dominer la scène (*Tannir*, sur le drame de la sécheresse à Madras en 1969), des écrivains plus inventifs comme Janakiram, chantre des amours scandaleuses, Ramamirtham, styliste original, marqué par le marxisme et le freudisme, Jayakantan, Akilan, Sundara Ramaswamy *(Histoire d'un tamarin)*, Chellappah et sa revue *Eluttu*, ouverte aux innovations poétiques, font la variété de la littérature postcoloniale, où les femmes jouent un rôle important comme, Chudamani Raghavan et son lyrisme sombre, Ambai (C. Lakshmi) et son féminisme militant, ou Bama l'intouchable, dont la biographie est traduite en français sous le titre *Sangati*.

En kannada, les auteurs consacrés sont Bendre, K. V. Puttappa, dit Kuvempu, auteur du célèbre *Ramayana darshana* et de *La Maison kanooru*, et surtout Ananthamurthy, qui, avec *Samskara* (l'histoire tragi-comique d'un brahmane déchu sert de prétexte à une réflexion sur l'inanité d'un système socio-religieux désormais vide de sens), s'impose comme un écrivain et un maître à penser panindien.

Son roman, *Le Dieu des petits riens*, valut à Arundhati Roy d'être le premier écrivain indien non expatrié à être récompensé du prestigieux Booker Prize, mais également d'être poursuivie en justice pour sa dénonciation du système des castes.

En telugu, Ramayana Kalpavriksha, *Rangayanakamma (Sacrifice)* offre une image réaliste des contraintes sociales et économiques, alors que les six poètes « nus » *(digambara)*, particulièrement le fondateur de l'école subversive Visaram – « Union pour la création révolutionnaire » – engagent la littérature dans une critique sociale violente et imagée.

Les langues interrégionales

De même que la littérature sanskrite s'est épanouie dans l'Inde dravidienne (Ramanujan), l'ourdou, langue aussi parlée dans les sultanats du Deccan et notamment à Hyderabad, a aussi sa littérature « sudiste » avec Qurat-ul-Ayn Hyder *(Rivières de feu)*.

Enfin, la littérature d'expression anglaise, contribue à la peinture du milieu tamoul avec les descriptions amusées et attendries de la bourgade imaginaire de Malgudi chez Narayan (*Swami and Friends, The Vendor of Sweets, Bachelor of Arts, Waiting for the Mahatma, The Guide*), l'impact du gandhisme sur le paysannat du Sud-Ouest chez Raja Rao (*Kanthapura, Le Serpent et la Corde*), l'humble et dure vie des paysans kéralais chez Kamla Markandeya (*Le Riz et la Mousson*) ; plus contemporain, le célèbre *Dieu des petits riens*, d'Arundhati Roy, rend bien compte de l'univers kéralais dans sa bizarrerie, son comique et son tragique. Kamla Das écrit aussi en anglais (*Summer in Calcutta, Alphabet of Lust, Padmavati*).

Les cinémas de l'Inde

par Yves Thoraval

Le cinéma indien commence seulement à être reconnu dans le monde occidental alors que, depuis les années 1930, ses films et ses stars sont plébiscités, en Asie, au Moyen-Orient, en Afrique et dans le monde arabe. Après avoir supplanté le Japon en 1971, l'Inde demeure le plus grand pays producteur au monde, totalisant, à ce jour, plus de 30 000 fictions et d'innombrables documentaires et films pour la jeunesse. Avec les studios de Madras, premiers producteurs devant Bombay, et ceux d'Hyderabad, les plus vastes du monde, l'Inde du Sud n'est pas en reste dans la création de cette déferlante d'images.

Bombay, creuset du cinéma hindi

L'Inde découvre le cinéma lors de la projection du cinématographe des frères Lumière, le 7 juillet 1896 à Bombay, « porte » cosmopolite de l'Inde ; au programme, les premières bobines Pathé jamais tournées : *L'Arrivée d'un train en gare de La Ciotat* et *La Sortie de l'usine*, six mois seulement après leur projection mondiale à Paris... Quelques années suffiront au sous-continent pour s'approprier ce 7e art balbutiant.

Du « muet » au parlant

Dhundiraj Govind Phalke, brahmane hindou nationaliste, comprit que les innombrables aventures des héros, des dieux hindous et de leurs avatars offraient au 7e art une mine inépuisable de sujets. Son film muet, ***Le Roi Harishchandra***, inspiré d'un épisode du *Mahabharata*, trace en 1913 les premières lignes de l'histoire du cinéma indien et lance un genre mythologique et religieux qui connaîtra une formidable postérité. Ce genre, non dénué d'accents patriotiques, accompagna la gestation de l'Inde indépendante : pas moins de 1 315 films muets de la période 1912-1934 sont parvenus jusqu'à nous.

La révolution du parlant est inaugurée en 1931 à Bombay, quatre ans après sa mise au point aux États-Unis, par ***La Lumière du monde*** *(Alam Ara)* du producteur moderniste Ardeshir Iran : ce film annonce l'explosion cinématographique à venir où s'associeront la musique, la danse et les performances d'acteurs, comme un legs au cinéma des spectacles traditionnels de l'Inde.

Bombay + Hollywood = Bollywood

Le cinéma des années 1930-1960 est dominé par les productions des studios de Bombay. Ces mythiques usines à rêves empruntent à Hollywood le fonctionnement des studios intégrés employant de façon permanente des équipes qui couvrent tous les métiers du cinéma. Les sociétés emblématiques des années 1930,

Le recensement des langues de l'Inde répertorie 1 652 langues et dialectes ; le cinéma n'utilise que 30 langues vernaculaires principales, certaines de façon sporadique.

Chiffres du 1er producteur mondial de films : 800 longs métrages en 2002 • 13 000 salles de cinéma, dont 8 000 dans les États du Sud, 5 fois moins qu'en Chine • 500 ciné-clubs dans toute l'Union • 2,5 milliards de tickets vendus annuellement • 3,5 millions de personnes sont directement ou indirectement employées par l'industrie cinématographique • une star peut tourner 20 films en même temps, sautant d'un tournage à un autre • 15 millions de spectateurs (des hommes à 90 %) entrent chaque jour dans une salle de cinéma • en 2005, 60 millions d'Indiens recevront la télévision par câble

Kohinoor Film ou les mythiques Bombay Talkies du couple légendaire Devika Rani et Himensu Rai, employèrent à vie 400 techniciens et acteurs. Ces firmes, créatrices de féeries orientalistes et de films populaires en costumes à connotation sociale ou religieuse, furent un véritable creuset du cinéma indien. Les *all India films* qui en sortaient étaient considérés comme panindiens à la fois pour le poids qu'ils représentaient dans l'industrie cinématographique et pour leur rôle dans l'émergence d'une identité nationale alors en gestation. De nombreux réalisateurs prirent alors l'habitude de tourner leurs films en deux ou trois langues indiennes au moins.

De la musique, de la danse et une dose de glamour

Pour séduire le public, il faut lui servir les ingrédients qu'il attend : une distribution glamour, une musique rythmée et mélodieuse, des décors somptueux (souvent en carton-pâte), des tournages exotiques, des scènes d'action spectaculaires… ainsi que le respect de l'ordre social et moral, la règle « ni baiser ni nudité à l'écran » étant en vigueur depuis le Raj britannique.

Les films à grand spectacle en hindi-ourdou ont recours à des domaines musicaux d'une surprenante variété, mêlant danse classique ou moderne indienne, ballet, rock'n' roll, flamenco, pimenté d'un zeste de *break* et de *disco*…

La recette d'un film indien

Les films *massala* (« épicés »), spécialité de Bombay, oscillant entre spectacle kitsch, fantaisie musicale et mélodrame, sont célèbres pour leurs immuables archétypes : d'une durée de 3 h en moyenne, portés par 2 ou 3 grandes stars, égayés par 3 à 10 danses et chansons en play-back, d'incessants changements de costumes et affichant un complet mépris pour toute

Sivaji Ganesan (au centre), dans *Les Voies de Dieu* (1965). Cette superstar du cinéma tamoul pouvait tourner simultanément dans 30 films.

Lata Mangeshkar, la plus célèbre des chanteuses, prête sa voix aux héroïnes depuis 50 ans. Au cours de sa longue carrière, elle a enregistré 25 000 chansons pour plus de 2 000 films, en 10 langues différentes. Interprète la plus enregistrée du monde, elle a déclaré : « En Inde, le cinéma n'est qu'un prétexte pour faire des chansons. » Sans doute, puisque la voix de Lata dans la bande originale d'un film suffit à garantir sa rentabilité.

forme de cohérence narrative. Le *happy end* est de rigueur et la répétition, inhérente au genre, fait partie intégrante de l'intrigue.

À quoi servent chansons et danses au cinéma ?

L'Inde possède une très riche tradition de théâtre musical et dansé dans laquelle art dramatique, chant, musique et danse concourent à exprimer le sentiment religieux. Le cinéma porte cet héritage : l'omniprésence de la musique et de la danse à l'écran, fondues dans la trame des films quand elles ne constituent pas purement un prétexte à la narration, est un trait caractéristique du 7e art indien. Purement lyrique, la musique de film ou *filmi* exprime une ambiance, un état d'esprit ou une émotion… Chantés en hindi, ses plus grands succès touchent des centaines de millions d'Indiens jusqu'aux régions les plus reculées grâce à la radio, la télévision, les vidéocassettes et les DVD, le plus souvent piratés…

Dans ces films, dont le sujet est toujours une noble histoire sentimentale, la danse symbolise un contact sexuel impossible à montrer à l'écran. Et les scénarios ne se privent pas de multiplier les prétextes pour faire danser les héros : mariages, fêtes religieuses ou populaires, scènes de cabaret ou de palais, amours déçues ou heureuses, berceuses, chants patriotiques ou *khatak*, genre des *tawaifs*, courtisanes danseuses et chanteuses. À cela s'ajoutent les inévitables scènes de bagarre livrées pour les beaux yeux d'une jolie fille dont les mouvements sont mis au point par des chorégraphes.

Renouveau à Bollywood

La décade 1990-2003 offre de luxueuses productions musicales en hindi de plus en plus fréquemment panachées d'anglais ; ces films pourraient très bien provenir d'Hollywood, si ce n'était leur dose massive de chansons et de danses indiennes. La formule fait rage chez quelque 200 millions de jeunes citadins de 12 à 20 ans, occidentalisés et hédonistes, adeptes des 400 rutilants multiplexes du pays. En 1994, le film *Qui suis-je pour toi ?*, de Sooraj Barjatya, battit tous les records en Inde, attirant en un an 100 millions de spectateurs !

Parmi les films anglophones – hormis les productions des diasporas anglo-saxonnes –, citons le sarcastique *Everybody Says I'm Fine* (2000), réalisé et interprété par Rahul Bose, qui bouleversa la manière de filmer la *movida* de la jeunesse branchée de Bombay, avec cette histoire d'un coiffeur chic vengeant ses parents assassinés. *Parlons-en* (2002), de Ram Madhvani, situe, dans le milieu de la *middle-class* branchée, l'orageux huis clos d'un couple de Bombay décidé à faire le point sur sa vie.

1930-1980, âge d'or de Bollywood

Parmi les films cultes de cette période, citons : *Le Vagabond* (1951), de Raj Kapoor ; *Deux hectares de terre* (ou *Calcutta, ville cruelle*, 1953), du Bengali Bimal Roy, est un film réaliste monté à Bombay, célébrissime en Inde et en Europe, dont l'action se situe dans une Inde encore féodale ; *Mother India* (1957), de Mehboob Khan, plébiscité par Cecil B. De Mille, dresse une gigantesque fresque populaire et patriotique toujours considérée comme un porte-drapeau de l'Inde indépendante ; *Les Assoiffés* (1957), de Guru Dutt, superbe mélodrame romantique sur la soif inextinguible d'amour et de reconnaissance de l'artiste, du créateur et de l'amoureux ; et, du même, *Maître, maîtresse et esclave* (1962), sur la lente décadence morale, physique et matérielle, de la classe des zamidars, propriétaires terriens bengalis. La veine hindoustanie, symbiose entre hindi et ourdou, langue des musulmans indiens, produit également ses films phare : *Le Grand Moghol* (1960) de Karimuddin Asif, extraordinaire film-opéra de 3 h interprété par des artistes exceptionnels tels Dilip Kumar et la sublime Madhubala, qui incarne ici une danseuse-esclave de la cour moghole, amoureuse du prince héritier. Dans une veine proche, *Cœur pur* (1971), de Kamal Amrohi, offre un époustouflant florilège dansé et chanté sur fond d'amours impossibles, de même qu'*Umrao Jaan* (1981), réalisé par Muzaffar Ali, hymne aux *tawaifs*, ces belles courtisanes danseuses et chanteuses.

Le cinéma d'auteur : une expression contestataire

À l'orée des années 1950, trois cinéastes de l'intelligentsia bengali inaugurent ce qui deviendra le premier cinéma d'auteur. Leurs œuvres ouvrent la voie d'un cinéma à thème social, historique et politique.

Les précurseurs bengalis

Satyajit Ray (1921-1992) est considéré comme l'un des plus grands cinéastes indiens contemporains. Caractérisés par leurs préoccupations sociales et leur finesse psychologique, ses films – tous tournés au Bengale, à l'exception des *Joueurs d'échecs* – se situent à l'opposé du cinéma commercial indien. Avec sa trilogie *La Complainte du sentier* (1955), *L'Invaincu* (1956) et *Le Monde d'Apu* (1959), il met en scène un personnage à trois étapes de sa vie, et son passage du monde rural traditionnel à l'univers urbain. Avec *Le Salon de musique* (1958), Ray, lui-même passionné de musique, donne un hymne raffiné et nostalgique à cet art, en retraçant l'inéluctable déclin d'un aristocrate mélomane. Autre chef-d'œuvre, *L'Épouse solitaire* (1964) offre l'un des plus beaux portraits de femme de la fin du XIXe s. jamais réalisé. En 1977, avec *Les Joueurs d'échecs,* tourné en ourdou, qui retracent la sanglante conquête de la principauté d'Oudh par les Britanniques, il s'interroge sur l'Histoire.

Ritwik Ghatak évoque, dans son œuvre, les traumatismes de la Partition de 1947 (*L'Étoile cachée*, 1960). Presque tous ses films, non dénués d'humour, sont d'un romantisme exacerbé. Avec *Un fleuve appelé Titash*, il revient à sa jeunesse, aux années qui précèdent la Partition.

***Ce que la mer a dit* (1996), de la réalisatrice bengalie Ajarna Sen, offre un film convaincant sur un couple citadin saisi par un sentiment croissant d'aliénation au cœur de la modernité.**

Quelques réalisations récentes : 2001-2003

***Ce que le cœur désire* (2001), de Farhan Akhtar, est un film urbain et élégant centré sur la jeunesse dorée. *La Famille indienne* (2001), de Karan Johar, avec Amitabh Bachchan, acteur rompu aux rôles de héros et servi par un casting d'acteurs au top du box-office, met en scène, dans la plus pure tradition des sagas bollywoodiennes, les démêlés sentimentaux d'une famille bourgeoise de Bombay. Sélectionné aux Oscars, *La Taxe* (2001), d'Ashutosh Gowariker, qui fit le tour du monde, décrit la revanche, en 1883, de villageois indiens, épuisés par des sécheresses à répétition et par les taxes du raja local, qui décident de relever le challenge de l'oppresseur britannique lors d'un match de cricket inégalitaire entre va-nu-pieds et officiers anglais repus : s'ils gagnent, leur impôt sera annulé, sinon il sera doublé. *Devdas* (2002), de Sanjay Leela Bhansali, se fonde sur la légende éponyme, inaboutie cependant, typique de ces films patrimoniaux servis par des acteurs et des actrices de rêve : Shah Roukh Khan, Madhuri Dixit et la merveilleuse Aishwara Rai, ex-miss Monde. Dans un tout autre registre, après *Satya* (1997), superbe thriller politique ultraviolent qui auscultait les méfaits de l'extrême droite de Bombay, Ram Gopal Varma a tourné *Company* (2002), ou l'histoire d'un petit voleur devenu l'homme de main d'un politicien sanguinaire.**

Parmi les films de **Mrinal Sen**, de la même génération, *Mr. Shome* (1969), film « à la Tati » parcouru d'un humour ravageur, est salué comme un des actes de naissance du *new indian cinema* (« nouveau cinéma indien »). Militant de gauche, le cinéaste dénonce l'exploitation et la misère des paysans (*Les Marginaux*, 1977) ou la situation des femmes au sein de la famille (*Un jour comme les autres*, 1979).

Le nouveau cinéma indien

En 1969, **Mani Kaul** tourne *Notre pain quotidien* (1969), film d'une nouveauté formelle totale dont l'argument est fondé sur un événement banal : la crainte quotidienne d'une épouse d'être quittée par son mari. Kaul est également l'auteur d'une adaptation de *L'Idiot* de Dostoïevski, *Le Regard* (1989). **Kumar Shahani** aborde le thème de la condition féminine dans *Le Miroir aux illusions* (1972), qui décrit la lutte d'une jeune fille en quête d'émancipation, et *La Vague* (1984).

Les films de **Shyam Benegal** ont joué un rôle majeur dans la reconnaissance du cinéma indien à l'étranger. Grâce, en particulier, à trois films dénonçant l'oppression des paysans par un système encore féodal et celle subie par les femmes indiennes : *La Graine* (1974), *La Fin de la nuit* (1976) et *Le Barattage* (1977). **Govind Nihalam**, quant à lui, dénonce la corruption des hommes politiques et de la police avec *Le Cri du blessé* (1980), *La Demi-Vérité* (1983) et *Le Sang des frères* (1985). **Ketan Mehta**, dans *Madame Illusion*, adaptation osée de *Madame Bovary*, aborde le sujet, délicat en Inde, du désir et de la sexualité de la femme.

Parmi les nouveaux auteurs bengalis, **Gautam Ghose** dénonce la misère et l'oppression des ruraux dans *Notre terre* (1979) et *La Traversée* (1984). Idéologue et humaniste, **Buddhadeb** a donné trois films magnifiques : *Le Danseur-Tigre* (1989), le très poétique *À l'ombre de leurs ailes* (1993), aux préoccupations écologiques et environnementales, et *Conte d'une jeune rebelle* (2002), ou l'aspiration d'une jeune fille à échapper au sort d'épouse que lui réserve la société pour s'enfuir étudier à Calcutta.

Trois cinéastes de l'Inde du Sud

Parmi les quatre grandes cinématographies de l'Inde du Sud, celle du Kerala, État de l'Union indienne le plus alphabétisé, tournée en langue malayalam, est la plus prisée pour la qualité de ses films d'auteurs. **Govindan Aravindan** est un cinéaste du mythe et de la nature : *La Sita d'or* (1977) est un éblouissement visuel tiré du mythologique *Ramayana* ; *La Tente de cirque* (1978) se situe dans un village dont la vie paisible et routinière est provisoirement bouleversée

En 1937, le film marathi de veine dévotionnelle *Sant Tukaram*, de V. Damle et Sheikh Fattelal, reçut un lion à la Mostra de Venise, devenant ainsi le 1er film indien primé à l'étranger. À Cannes, en 1954, le même honneur échut à *Deux hectares de terre* (ou *Calcutta, ville cruelle*) du Bengali Bimal Roy. Le grand réalisateur bengali Satyajit Ray reçut, en 1957, le lion d'Or à Venise pour *La Complainte du sentier* (*Pather Panchali*).

Les films américains, aujourd'hui largement programmés dans les grandes métropoles indiennes, attirent les jeunes d'une manière croissante : *Gladiator* fut un triomphe. Un frein, toutefois, à cet impérialisme : la nudité et le sexe dans les films occidentaux.

Talonnant son voisin et rival tamoul, Hyderabad (Andhra Pradesh) a accueilli, en 1999, le plus vaste complexe de studios en plein air du monde, le Ramoji Film City, du nom du magnat de la presse telugu. Implanté sur 240 ha, le site rassemble 32 unités de studios « capables de reconstituer New York » et une vingtaine de chaînes TV.

Entre 100 000 et 400 000 copies de films en 13 langues sont, chaque année, distribuées dans les salles de cinéma du pays.

Les récentes diasporas indiennes fixées en Amérique du Nord et en Grande-Bretagne tournent à leur tour des films dans leur pays d'adoption. On retiendra les réalisatrices : Deepa Mehta, avec *Sam and Me* (1999) et *Bollywood/Hollywood* (2003) ; Mira Nair, avec *The Wedding Monsoon* (2001), ainsi que Gurinder Chadha et ses délicieux *Bhaji on the Beach* (1993) et *Play-it like Beckham* (2002).

L'Arbre en fleur (*Cheluvi*, 1992) de Ginish Karnad est inspiré par un conte populaire traditionnel du Karnataka.

L'amour en Suisse

La fermeture du Cachemire à la fin des années 1970, pour cause de guerre avec le Pakistan, consterna les producteurs indiens car cette région symbolisait un univers pur et immaculé, *locus* des scènes d'amour imaginaires. Il y eut bien une tentative de substituer aux contreforts de l'Himalaya les riants paysages du Kerala, mais elle fut vite abandonnée. C'est en Suisse que le cinéma indien trouva un décor de montagne dont l'évocation romantique pouvait rivaliser avec le Cachemire. Ainsi, depuis une vingtaine d'années, la Suisse, où les tournages sont moins chers qu'à Paris, Londres ou Venise, attire la crème des vedettes indiennes et, à leur suite, leurs cohortes d'admirateurs. Pour peu qu'une vache suisse broute devant l'objectif ou qu'un chalet exhibe ses pots de géraniums, les groupies fortunées de Bombay, Madras ou Goa, se précipitent dans les Alpes pour rêver au plus près de leurs stars favorites : Raveena Tandon, Manisha Koirala et Aishwara Rai, Ajay Devgan, Shah Roukh Khan, Sunny Deol... toutes comptant en Inde bien plus de fans que Uma Thurman ou Tom Cruise !... Un filon juteux pour les tour-opérateurs indo-suisses.

par le passage d'un cirque ; *Chidambaram* (1985) conte une superbe histoire de passion et de trahison supposée entre deux hommes amoureux de la même femme.

Adoor Gopalakrisnan est issu d'une famille de mécènes du théâtre kathakali et du kutiyattam. Fondateur de la Chitralekha Film Cooperative, structure de production-distribution couplée à des laboratoires, il a formé de nombreux techniciens et réalisateurs. Son influence a jeté les bases techniques d'une cinématographie malayalam devenue synonyme de qualité en Inde. Sa filmographie reflète peu ou prou l'histoire récente du Kerala. Ainsi, *Face à Face* (1989) ausculte l'écart entre idéaux et réalité des luttes entre groupes marxistes dans le Kerala des années 1950-1960. Puis *Les Murs* (1989) se penche sur l'expérience, rendue comme une péripétie du cycle vital *(karma)*, d'un prisonnier politique au moment de l'Indépendance. Plus tard, *L'Homme servile* (1993) illustre puissamment la violence des rapports féodaux encore en vigueur dans le Karnataka voisin.

Shaji N. Karun réalisa au moins deux films qui firent le tour du monde : *Naissance* (1988), situé pendant l'état d'urgence instauré par Indira Gandhi, est, par son minimalisme, aux antipodes du cinéma commercial indien ; et, récemment, *La Dernière Danse* (1998), superbe illustration du déchirement d'un grand danseur de kathakali, qui ignore si son épouse l'aime pour lui-même ou pour le rôle qu'il incarne…

Région par région, les villes et les sites

Visiter

Bombay★

Imaginez une île en forme d'entonnoir et, sur cette île, une mégapole reliée au continent par quelques digues. Imaginez encore que 40 km séparent la partie la plus large de l'entonnoir, au nord de son extrémité la plus étroite, au sud : voilà Bombay, qui piège chaque jour des centaines de milliers de travailleurs dans un de cul-de-sac où se concentre l'essentiel des activités économiques. La capitale industrielle et financière de l'Inde a pour symbole un arc de triomphe planté face à la baie : la Porte de l'Inde. Un emblème bien choisi, car, au XVIIe s., c'est par cette « Bom Bahia », en hommage à l'excellence de sa rade comme l'appelaient les Portugais, que les Britanniques abordèrent le sous-continent. Mais il fallut attendre le percement du canal de Suez (1869) pour que Bombay s'ouvre au commerce international. Cette soudaine et bouillonnante activité fit de Bombay un nouvel Eldorado attirant les populations indiennes les plus diverses : les Gujaratis voisins, les chrétiens de Goa, les sikhs et les jaïns, sans oublier les Parsis, dont la famille Tata, est la plus illustre représentante. Plus près de nous, les Sindhis, hindous chassés du Pakistan lors de la partition de 1947, affluèrent à Bombay, cependant que, chaque année, des cohortes de paysans viennent grossir les masses miséreuses entassées dans les interminables faubourgs de « l'entonnoir »…

Entre ses deux hautes collines de grès rouge, le petit bourg tranquille de Badami (Karnataka) a été l'une des capitales des Chalukyas.

Nom officiel : Mumbai ; capitale de l'État du Maharashtra ; 12 000 000 hab. ; alt. 11 m ; université.

Bombay en 3 promenades

Bombay, plan I : ensemble

C
D
1
2
3
4
S.G. MAHARAJ CHOWK (JACOB CIRCLE)
Clerk Road
Arthur Road
Com. Bapurao Jagtap Marg
N. M. Joshi Marg
Dr. Babasaheb Ambedkar Rd
E. S. Patanwala Marg
Victoria and Albert Museum
Victoria Gardens
Victoria Road
Barrister Nath Pai Marg
1st Avenue
Messant Rd
Dr. Anandrao Nair Road
M. Sethi Marg
Maulana Azad Road
BYCULLA
Motishah Road
Clare Road
M. Mandir Marg
S. Balwant Singh Dhodi Marg
Mazgaon Road
J. Boman Behram Marg
Sr. Jamshedji Jijibhoy Road
Wadi Bunder Rd
DOCKS
Chor Bazar
Shaukatali Road
R. Bhat Marg
Jail Road
JOHAR CHOWK
Mandvi
Vallabhbhai Patel Road
N. Desai Road
Vithalbhai Patel Rd
KHETWADI
Mohammedali Road
Abdul Rehman Street
Temple de Mumbadevi
Yusuf Meheralli Rd.
Nandlal Jani Road
P. D'Mello Road
Dr. B. Jaykar Marg
Jami Masjid
Sheikh Memon St.
Javeri Bazar
Kalbadevi Road
Shankar Shet Road
Taraporevala Aquarium
Tilak Marg
Crawford Market
Port
Temple Wadiaji Fire
Bose Road
Karve
Gandhi Marg
Flyover St.
Lokmania
Naoroji Road
Victoria Terminus
Hôpital Saint-George
Mahapalika Marg
Azad Maidan
Mahatma Gandhi Road
Maharshi Karve Marg
Sir V. Thackersey Marg
(Marine Drive)
Somani Marg
Dadabhay
Doctor
Mint Rd.
Voir plan II p. 140
P. Mehta Rd
Shoorji V. Marg
Singh
Vir Nariman Road

Bombay

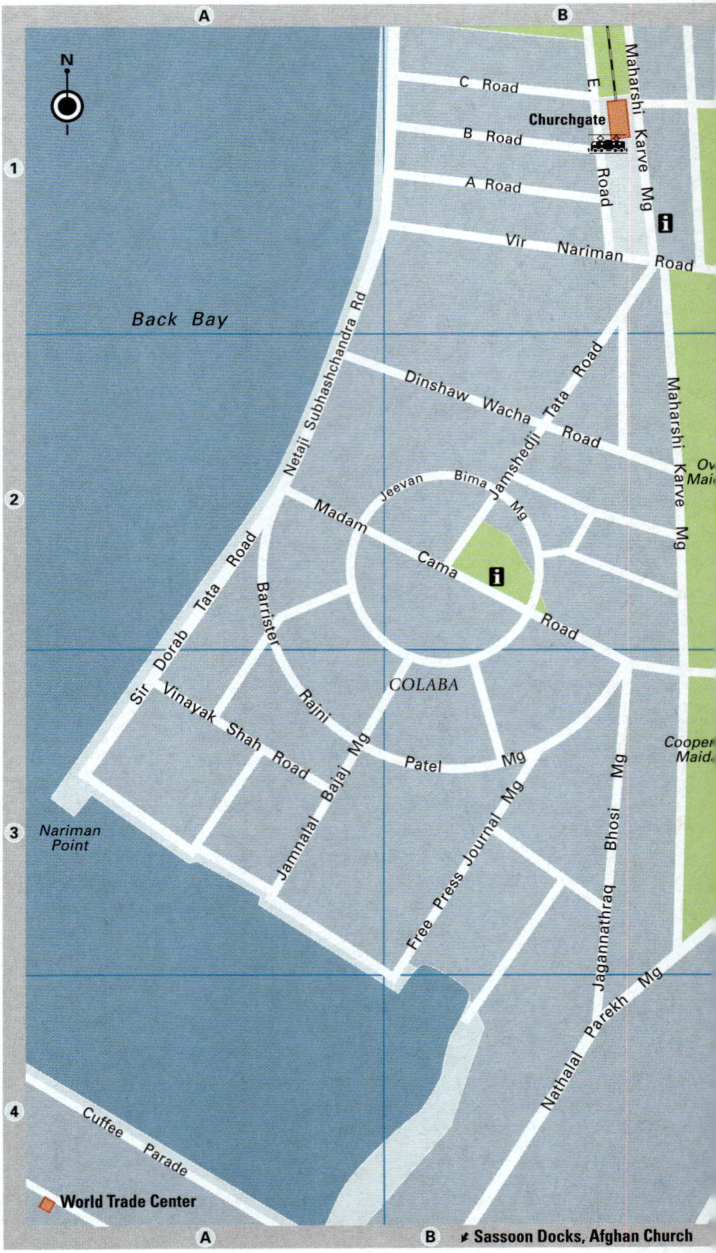

Bombay, plan II : le centre

C
D
1
2
3
4
Azad Maidan
Gymkhana
Maharshi Dadhichi Mg
Dr Dadabhai Naoroji Mg
Pherozshan Mehta Mg
Cawasji Patel Lane
Shahid Bhagat Singh Mg
Ramjib Kamani Path
Shivsagar Ramgulam Mg
Shoorji Vallabhdas Mg
Hôtel des Monnaies (Mint)
Télégraphes
LE FORT
Town Hall et Asiatic Society
Vir Nariman Road
FLORA FOUNTAIN
HORNIMAN CIRCLE
Cathédrale Saint-Thomas
Homi Modi St.
Apollo St.
Maison des Douanes
Port
Nagindas Master Rd
Hammam St.
Mahatma Gandhi Rd
Shahid Bhagat Singh Mg
Kaikashru Dubash Mg
Jehangir Art Gallery
Prince of Wales Museum
WELLINGTON CIRCLE
Cinéma Regal
Shiva Mahara Mg
Rajkavi Bhushan Mg
Tullock Rd
Navroji Rd
Mere Weather Rd
Hôtel Taj
Port
Gateway of India (Porte de l'Inde)
ELEPHANTA
Henry Rd
Causeway
Garden Rd
Arthur Bunder Rd
0
1
2 km
Bombay

☏ 022

ⓘ Government of India Tourist Office, 123 Maharishi Karve Rd, Churchgate ☎ 22.07.43.33, ouv. 8 h 30-18 h, sam. 8 h 30-14 h
• à l'aéroport international, Sahar Terminal ☎ 28.32.53.31, ouv. 24/24 h
• à l'aéroport national Santa Cruz ☎ 26.14.92.00.

ⓘ Maharashtra Tourism Development Corporation (MTDC), CDO Hutments, Madame Cama Rd, Nariman Point ☎ 22.02.67.13.

Hébergement correct. Bombay est très cher : mieux vaut, si vous entrez en Inde par cette ville, prendre un forfait avion-hôtel.

✉ GPO, Nagar Chowk, face à la gare de Victoria Terminus, ouv. 7 h 30-20 h 30.

Fêtes : en août.-sept., une grande procession portant les statues de Ganesha converge vers la plage de Chowpatti pour immerger les effigies. Elle conclut 15 j. de célébration de Ganesha Chaturthi, nativité du dieu à tête d'éléphant.

À ne pas manquer

Bombay mode d'emploi

La meilleure saison

Elle va de novembre à fin mars. Les pluies de mousson sont plus fortes en juin et juillet (484 mm et 616 mm). Tout au long de l'année, les températures restent douces sur le littoral : 20 °C minimum et 28 °C maximum en janvier, 26 °C et 33 °C en mai.

S'orienter

Le cœur historique de Bombay est compris dans le quartier du vieux fort (**II C1**). Derrière l'hôtel *Taj* (**II C3**), le quartier de Colaba Causeway regroupe de nombreux hôtels, restaurants, cafés, magasins d'antiquités et boutiques à la mode. À l'O. de la Porte de l'Inde (Gateway of India, **II D4**), sur des terres en grande partie gagnées sur la mer, commencent les quartiers d'affaires de Nariman Point (**II A3**) et Cuffee Parade (**II A4**), hérissés de gratte-ciel. Encore plus au S., la presqu'île de Colaba est presque entièrement occupée par des installations militaires. Au N. du fort et de Victoria Terminus (**I C-D4**) commencent les bazars de la ville indienne, délimitée, au N., par Parel, ancien quartier des filatures. Malabar Hill (**I A3**) forme une presqu'île couverte de luxuriants jardins et de résidences privées. Ce quartier très préservé est relié au reste de la ville par la « Croisette » de Marine Drive qui s'étire le long de Back Bay, de Nariman Point (**II A3**) à la plage de Chowpatty (**I B3**).

Se déplacer

✈ L'**aéroport Chhatrapati Shivaji** *(30 km au N. du centre-ville)* comprend deux terminaux distants de 4 km l'un de l'autre : Sahar est réservé aux vols internationaux, Santa Cruz aux vols nationaux. Navettes gratuites entre les deux terminaux.

Pour se rendre en ville : **navettes** pour Air India Building, à Nariman Point (**D6**), et ***prepaid taxis*** (régler le montant de la course auprès d'un guichet, puis présenter le reçu au chauffeur de taxi). Prévoir entre 1 h et 2 h de trajet en raison des encombrements. Rens. : ☎ 28.36.67.67

Compagnies aériennes internationales : ***Air India***, Air India Building, Nariman Point ☎ 22.87.64.64, reconfirmation : 148 • ***Air Canada***, Maker Chambers III ☎ 22.02.96.52 • ***Air France***, Maker Chambers VI, Nariman Point ☎ 22.02.34.86 • ***Gulf Air***, Maker Chambers V, Nariman Point ☎ 22.02.17.77 • ***Lufthansa***, Express Towers, Nariman Point ☎ 22.02.08.87.

Compagnies aériennes intérieures : la plupart des compagnies internationales ont leur siège à Nariman Point (II A3). ***Indian Airlines***, Air India Building, Nariman Point ☎ 22.87.02.68 • ***Sahara Unit***, 8, Tulsiani Chamber, Nariman Point ☎ 22.83.60.00 • ***Jet Airways***, aéroport de Sahar ☎ 26.15.61.94.

Liaisons aériennes. Vols quotidiens pour Ahmedabad, Aurangabad, Bangalore, Bhavnagar, Bhopal, Calcutta, Cochin, Coimbatore, Delhi, Goa, Gwalior, Hyderabad, Indore, Jaipur, Jodhpur, Madras, Mangalore, Nagpur, Pune, Rajkot, Trivandrum, Udaipur, Vadodara. Vols hebdomadaires pour Bhubaneshvar, Bhuj, Patna, Bénarès, Lucknow et Nagpur.

Gares ferroviaires : ***Victoria Terminus*** (I C-D4), que l'on appelle ici VT (prononcer « Viti ») ou encore Mumbai Central CST, d'où partent la majorité des grandes lignes • ***Bombay Central*** (I B-C2), appelé BCT, réservé aux trains en partance pour le N. du pays, Gujarat, le Rajasthan, Pendjab et Delhi • ***Church Gate*** (II B1), immense gare de trains de banlieue où transitent, chaque jour, des centaines de milliers d'employés. Dans chacune de ces gares, on peut acheter une carte Indra pass.

Liaisons ferroviaires. Bombay est relié à toutes les grandes villes de l'Inde : Delhi et les cités du Rajasthan, Calcutta, Madras, Bubhaneswar, Hyderabad, Cochin, Madurai. Les trains pour Goa (gare de Madgaon) partent de Victoria Terminus. Rens. : pour le N. (Western Railway) ☎ 131, pour le Deccan et le S., Central Railway et Konkan Railway ☎ 134.

Gare routière State Transport Terminal (I C2), en face de la gare de Bombay Central Railway ☎ 23.09.54.24. Liaisons fréquentes avec toutes les principales localités du Maharashtra, du Gujarat, du Karnataka, du Madhya Pradesh ainsi qu'avec Goa.

Taxis : les taxis jaunes de Bombay sont tous équipés d'un compteur... souvent en panne. Il est préférable de convenir du prix de la course avant le départ. Les taxis sont nombreux dans le centre-ville ; on en trouve également toujours devant les grands hôtels.

Change : nombreux distributeurs automatiques de billets dans le centre, ainsi que dans les terminaux de l'aéroport.

Représentations diplomatiques : ***Consulat de Belgique***, Morena, 11 M. L. Dahanukar Rd ☎ 24.97.43.02 • ***Consulat du Canada***, 4e étage, Maker Chambers VI, Nariman point ☎ 22.87.60.28 • ***Consulat de France***, Hœchst House, 193 Backay Reclamation, Nariman Point ☎ 22.56.69.40.00 • ***Consulat de Suisse***, 102, Maker Chambers IV, Nariman Point ☎ 22.88.45.63.

Alliance française : Theosophy Hall, 40 New Marine Lines ☎ 22.03.61.87.

Bombay dans l'histoire

La dot d'une princesse

Lorsque, en 1661, Catherine de Bragance, fille du roi du Portugal, arrive à Londres pour épouser Charles II d'Angleterre, elle emporte dans sa corbeille de mariage un groupe de sept îles au N. de Goa, que les conquérants portugais avaient nommées Bom Bahia... et quelques feuilles de thé dont elle introduisit l'usage à la cour. Sept ans plus tard, ces territoires furent cédés à la Compagnie des Indes britanniques. Pour ces îlots peuplés de tribus de pêcheurs, les Kolis, l'aventure coloniale commençait. Souvent employés à

Le jeune Gandhi vers 1900.

Gandhi et la nation indienne

Dans le langage de la vénération populaire, Gandhi est *Bapu*, le « Père de la nation », qui a rassemblé le peuple de l'Inde et guidé sa lutte pour la liberté. Son autre surnom, *Mahatma*, « la grande âme », lui vient de Tagore. Ces deux appellations résument ses apports majeurs au processus d'émancipation de la nation indienne, son charisme unificateur et sa conception morale de la politique.

Gandhi lors de la Marche du sel en 1930. Pendant 24 jours et au long de 350 km, il est suivi par une foule de villageois, de journalistes et d'intellectuels. Arrivé à la mer, il ramasse une poignée de sel en signe de rébellion, imité par des milliers de personnes.

La genèse du leader

Né à Purbandar (Gujarat) en 1869 dans une famille aisée de caste marchande, il reçut de son père les préceptes puritains et non-violents de la secte des jaïns. Parti à dix-neuf ans faire son droit à Londres, il y découvre la théosophie et des penseurs spiritualistes occidentaux, qui le conduisent à réfléchir sur sa propre tradition. Il y puisera les deux concepts fondamentaux de son idéologie : la vérité *(satya)* et la non-violence *(ahimsa)*. Rentré en Inde avec un diplôme d'avocat en 1893, il accepte une offre d'emploi en Afrique du Sud où il se heurte aux pratiques discriminatoires qui frappent la communauté indienne immigrée. Il y passera vingt ans à lutter contre l'oppression raciale par des voies légales. Il développe ainsi une philosophie de l'action et des méthodes d'agitation pour lesquelles il forge le terme *satyagraha* (« étreinte de la vérité »), qui désigne l'action courageuse conduite par des moyens non violents au service de la vérité.

Le tacticien de la non-violence

C'est en leader déjà réputé et décidé à servir la cause nationale qu'il rentre en Inde en 1915. Il lance d'abord en 1917-1918, en marge du Congrès, quelques campagnes locales d'agitation non violente en milieu paysan et ouvrier, qui lui valent aussitôt l'adhésion des masses populaires et contraignent l'élite nationaliste à se ranger derrière lui, bien que son style atypique suscite des réticences. Ayant prouvé ses dons éclatants d'organisateur et de tacticien en montant une

En 1931, après s'être rendu à Londres afin de débattre du statut de l'Inde, Gandhi séjourne à Paris. À la fenêtre d'un train, il séduit le peuple parisien comme il a séduit les Londoniens.

manifestation nationale en 1919, il lance avec le Congrès, l'année suivante, un mouvement de non-coopération panindien. Le succès de mobilisation est massif, mais Gandhi met soudainement fin au mouvement en 1922 car celui-ci dégénère en violences. Dès lors, Gandhi se voue à l'éducation politique et morale des masses, n'acceptant de revenir au centre de l'activité politique qu'en 1930, alors que la Grande-Bretagne prépare un nouveau statut constitutionnel pour l'Inde. Il lance alors avec le Congrès un mouvement national de désobéissance civile, habilement inauguré par une Marche du sel très médiatisée, qui défie ostensiblement le monopole gouvernemental de la fabrication du sel. Mais il laisse ensuite le mouvement se désagréger pour se consacrer à la lutte contre l'intouchabilité, qu'il juge plus essentielle.

De la victoire au sacrifice

Sa troisième grande campagne est le mouvement Quit India (« Quittez l'Inde ») de 1942, lancé en pleine guerre mondiale, alors que les Japonais sont aux portes de l'Inde, pour forcer la Grande-Bretagne à promettre l'indépendance. Il est jeté en prison avec le leadership congressiste, et le mouvement prend un tour insurrectionnel dans toute l'Inde, avant d'être écrasé par la répression. Libéré en 1944, Gandhi se donne désormais pour tâche prioritaire la conciliation entre hindous et musulmans, car les massacres intercommunautaires se multiplient à mesure que l'indépendance approche. Au jour de sa proclamation (1947), il se trouve au Bengale et réussit, au risque de sa vie, à éviter un nouveau carnage, alors que l'horreur se déchaîne au Pendjab. C'est ce combat pour la tolérance qui lui vaut d'être assassiné à Delhi en janvier 1948 par un fanatique hindou sur le chemin de son assemblée de prière quotidienne.

Gandhi reste en Inde une référence morale et un symbole de l'émancipation qu'on invoque partout et en toute occasion, bien que le modernisme résolu de Nehru ait lancé le pays sur des voies bien différentes de celles qu'il préconisait. Et il survit au panthéon des héros universels dont se réclament aujourd'hui, au prix peut-être de quelques malentendus, les mouvements pacifistes et alternatifs du monde entier.

Le 20 février 1948, le véhicule qui contient les cendres de Gandhi se dirige vers la rivière Yamuna, près d'Allahabad. La cérémonie d'immersion se déroulera devant des millions d'orphelins, selon les propres termes indiens.

l'époque coloniale comme hommes de peine, les Kolis laissèrent leur nom, anglicisé sous la forme de coolie, à tous les portefaix, de Shanghai à la mer d'Arabie.

La naissance d'une ville

C'est à Gérald Aungier, gouverneur de 1669 à 1677, que Bombay doit sa véritable naissance. Il entreprend d'assainir les marais, fait transférer dans l'archipel le siège de la Compagnie des Indes, ordonne la construction d'un fort, aujourd'hui détruit, qui sera le noyau du développement d'une ville européenne. C'est lui encore qui attire dans la nouvelle cité les meilleurs commerçants de l'Inde, les Parsis et les Gujaratis, en leur concédant terres et privilèges. Dans la 2e moitié du XVIIIe s., d'énormes travaux sont entrepris afin de rendre la rade plus sûre, des terres sont conquises par assèchement et des digues relient les îles entre elles : Mahim et Sion au N., puis Colaba, au S. Désormais, le fort de Bombay est accessible depuis le continent par des routes puis en 1853 par la 1re ligne de chemin de fer construite en Inde.

La Londres tropicale

Les années 1860 ouvrent l'âge d'or de Bombay. Le vieux fort est démantelé pour laisser place à une véritable copie de Londres, avec ses imposants édifices victoriens que l'on peut voir encore de nos jours dans le centre-ville. Le coton fera la prospérité de la ville : des filatures, dont la 1re fut ouverte par un Parsi en 1854, mais surtout de l'exportation du coton du Gujarat, qui revient, après avoir été filé en Angleterre, pour être vendu sur le marché indien. La guerre de Sécession américaine assurera au port de Bombay un quasi-monopole du marché mondial, que viendra renforcer l'ouverture du canal de Suez en 1809.

Un foyer intellectuel et politique

Dans le même temps, Bombay devient un centre intellectuel et politique majeur. L'université est fondée en 1853, et en 1885 se tient dans la ville la 1re session du parti du Congrès indien qui, plus d'un demi-siècle plus tard, conduira le pays à l'indépendance. Le leader nationaliste d'origine marathe, Bal Gangadhar Tilak, dont la devise était : « L'indépendance est mon droit de naissance », place son combat sous la protection du dieu à tête d'éléphant, Ganesha, celui qui écarte tous les obstacles. Après la grande épidémie de peste de 1897, il institue la fête, toujours célébrée en août-septembre, de Ganesha Chaturthi, lors de

« JRD » Tata

Le plus grand magnat de l'industrie indienne est né à Paris en 1909, d'une mère française et d'un père indien, membre de l'influente communauté parsie. Il renonça à la nationalité française lorsque, en 1931 il rentra à Bombay pour rejoindre l'entreprise familiale dont il prit la tête en 1938. Depuis son bureau de Bombay, il régna dès lors sur le plus puissant empire industriel et financier de l'Inde. Au secteur textile et sidérurgique des débuts, ce passionné d'aéronautique (il inaugura la 1re liaison postale entre Bombay et Karachi en 1932) ajouta une compagnie aérienne, Tata Airlines, devenue par la suite la compagnie nationale, dont il resta le PDG jusqu'en 1978. Tata étendit son contrôle sur d'autres secteurs : automobile, avec les fameux camions ; agro-alimentaire, avec le thé ; électronique ; hôtelier avec la chaîne *Taj*, etc. Le groupe devint ainsi un véritable catalogue de l'activité industrielle indienne. Il emploie plus de 250 000 salariés et son chiffre d'affaires représente 2 % du PNB indien. « JRD », comme aimait à se faire appeler ce géant de l'Inde moderne, qui ne parlait pourtant aucune des langues de son pays, s'est éteint à Genève en novembre 1993.

laquelle l'effigie du dieu est immergée dans la mer. C'est aussi à Bombay que Gandhi choisit de s'établir après son retour d'Afrique australe.

Bombay aujourd'hui

La ville de la démesure

Pour le voyageur tout juste sorti de l'aéroport et en route vers le centre-ville, il est difficile de croire que la ville qu'il découvre est l'Eldorado indien s'il voit les immenses bidonvilles nauséabonds (les *slums*) dont les masures de tôle et de carton débordent jusque sur la chaussée. Que l'on n'imagine pas y trouver seulement des populations réduites à la dernière extrémité. Dharavi, le plus grand *slum* de Bombay, compte, parmi ses 600 000 habitants, un bon nombre de membres de la classe moyenne pour qui un logement décent dans le centre-ville est hors de portée. Car Bombay est une des villes les plus chères du monde, où les prix de l'immobilier dépassent ceux de New York et de Tokyo : un appartement luxueux dans le centre s'y négocie en millions de dollars. Les chiffres officiels du recensement de 2001 annoncent une population de 12 millions d'habitants pour le Grand Bombay. Les observateurs avancent le chiffre de 16 millions tant est insaisissable une population qui croît d'un millier de nouveaux arrivants chaque jour. En effet, Bombay reste une terre promise pour les paysans qui, en quittant leurs terres pour la grande ville, se sont en même temps arrachés au XIXe s., au système des castes, à la pression des usuriers. Bombay est la ville de la liberté où, dans les transports surchargés, s'entassent, sans considérations de naissance, brahmanes et intouchables, musulmans, chrétiens et hindous.

La ville de tous les dangers

En 1995, Bombay est devenue Mumbai, du nom de la déesse hindoue protectrice de la cité. Ce fut l'une des premières mesures prises par les nouvelles autorités de Bombay, coalition conduite par le Shiv Sena, parti d'extrême-droite fascisante créé en 1966. Depuis la fin des années 1980, le Shiv Sena quadrille la ville de cellules de militants qui s'illustrèrent violemment lors des émeutes antimusulmanes consécutives à la destruction de la mosquée d'Ayodhya et aux attentats qui ont secoué la ville en 1993. Ce climat d'inquiétude, auquel s'ajouta l'angoisse suscitée par une démo-

Les processions de la Ganesha Chaturthi, la plus importante des fêtes de Bombay, réunit des milliers de fidèles qui se pressent autour des chars portant les effigies colorées du dieu à tête d'éléphant.

Les wallahs, peuple des *slums*

Ils inventent au quotidien tous les métiers à la Porte de l'Inde, colportent, vendent trois bricoles de quincaillerie, confectionnent des paans, transportent les gamelles des banlieusards et les bagages des voyageurs. Les wallahs, petit peuple de Bombay, s'emparent dès l'aube des trottoirs de la ville pour ne dormir que quelques heures dans leur bidonville. Pourtant, Bombay, parfois hautaine dans ses tours de Cuffee Parade ou dans sa Bourse de verre et d'acier, ne serait rien sans eux. Sans cette myriade constamment renouvelée de nouveaux petits métiers qui apparaissent dans cette aberration urbaine, la ville serait paralysée.

graphie folle, fit que les électeurs portèrent le Shiv Sena au pouvoir à Bombay et à l'Assemblée de l'État du Maharashtra.

Après Bombay, ses principales rues et places troquèrent leurs toponymes d'origine coloniale contre un nom marathe. Ainsi, la gare de Victoria Terminus devint « Chhatrapati Shiva Terminus », dans la plus grande indifférence des habitants qui continuent à l'appeler Viti. Dans des déclarations tonitruantes, les autorités municipales proclamèrent leur volonté de mettre un terme à l'immigration dans la ville et de favoriser la « marathisation » des emplois en instaurant des quotas à l'embauche. Autant de mesures annoncées à grands renforts de publicité, mais restées sans autre effet que l'instauration d'un climat de suspicion, voire de violence, entretenu par les militants du Shiv Sena, à l'égard des populations immigrées. À ces tensions s'ajoute l'emprise considérable des toutes-puissantes mafias locales qui ont mis la ville en coupe réglée, rançonnant les plus riches et imposant leur loi dans les bidonvilles. Aux élections de novembre 2004, le Shiv Sena a perdu la majorité à l'assemblée de l'État, au profit du NCP (Nationaliste Congres Party), formation laïque dissidente du parti du Congrès de Sonia Gandhi, mais néanmoins soutenu par lui. Cependant, le Shiv Sena dirige toujours Bombay.

Capitale économique de l'Inde

En matière de chiffres, Bombay aligne les records : 90 % des transactions financières commerciales y sont effectuées, 80 % des fonds de placement s'y sont investis, sa Bourse donne le ton à l'économie indienne et 40 % du commerce du pays transitent par ses installations portuaires ; le tiers des 300 plus grandes entreprises indiennes y ont leur siège. Malgré la concurrence des studios du S., Madras et Hyderabad, Bombay reste la capitale du cinéma indien : Bollywood réalise près de 30 % de la production nationale, les célèbres *massala movies* constituent 85 % des exportations cinématographiques indiennes. De cette intense activité économique, de ces millions qui s'échangent chaque jour, dans des centres commerciaux ultramodernes qui regorgent de produits dernier cri, dans les restaurants et clubs huppés où chaque consommateur dépense, en une nuit, plusieurs mois de salaire d'un employé, chacun espère ici retirer quelques miettes. Bombay demeure une terre promise, la ville de tous les possibles où un laveur de voitures peut devenir capitaine d'industrie et un portefaix, vedette de cinéma adulée.

1 Le centre-ville*

Cet itinéraire vous conduira à travers le quartier du Fort, ancienne ville britannique, où les orgueilleux édifices coloniaux rappellent que Bombay était déjà, au temps des Anglais, la capitale économique des Indes. Une promenade qui n'a rien d'un parcours de santé : ici, les trottoirs aussi sont à ranger au rayon des souvenirs de la période coloniale. Et lorsqu'ils existent, ils sont occupés par des constructions précaires où tout un peuple vaque à ses occupations. C'est donc sur la chaussée qu'il faut assurer sa progression, au milieu d'une circulation folle, nauséabonde et pétaradante.

Combien de temps : 3 h env. sans vis. le Prince of Wales Museum.

Se déplacer : à pied.

■ La Porte de l'Inde (Gateway of India) II D4

Deux édifices emblématiques de la ville se font face : l'hôtel *Taj* et la Porte de l'Inde, arc de

La Porte de l'Inde fut dessinée par George Wittet, maître d'œuvre des monuments de Bombay au tournant du XXe s., dans l'un des deux grands répertoires stylistiques de la ville, le style indo-musulman, emprunté au Gujarat voisin.

triomphe commémorant l'arrivée en terre indienne du roi George V et de la reine Mary, le 17 novembre 1911. Le projet initial de le relier à la ville par une artère majestueuse ne fut jamais entrepris faute de finances. Le 1er bataillon d'infanterie légère du Somerset, dernier détachement britannique à quitter l'Inde, le fit en passant symboliquement sous la Porte de l'Inde, le 28 février 1948. Sur la place, en face de l'arc, une statue équestre du prince Shivaji Bhonsle (1627-1680), fondateur de la dynastie marathe qui défia les Anglais durant un siècle.

Quant à l'**hôtel *Taj***, c'est l'un des fleurons de l'hôtellerie indienne, ouvert en 1904. On peut y entrer pour en découvrir les parties anciennes qui conservent le charme du passé.

■ Wellington Circle II C3

Cette place, connue sous le nom de « Regal Theater », est une institution très respectée de Bombay la cinéphile. Car le **cinéma *Regal**** s'élève toujours à l'angle de Colaba Causeway. Ouvert en 1933, dans le style Art déco, il présentait alors le sommet de la technologie : salle climatisée et parking souterrain avec ascenseurs. L'intérieur, avec ses mosaïques de miroirs dessinées par l'artiste tchèque Karl Schara, vaut le détour.

C'est à Bombay, en 1896, que furent projetés, pour la 1re fois dans le sous-continent, les films des frères Lumière et que fut réalisé, en 1913, le 1er film indien. Les années 1930 furent un des âges d'or du cinéma indien et les musiques écrites pour les films étaient interprétées par les plus grands chanteurs. Des livrets, que les fans déchiffraient pendant la séance dans les salles obscures, étaient vendus à l'entrée des salles de cinéma.

■ Prince of Wales Museum** (Chhatrapati Shivaji Maharaj Vastu Sangrahalaya Museum) II C3

Vis. oct.-fév. 10 h 15-17 h 30, mars-juin 10 h 15-18 h 30, juil.-sept. 10 h 15-18 h ; des audio-guides en français sont proposés aux visiteurs à l'entrée. Prévoir un minimum de 1 h 30.

Les voyageurs ayant parcouru le Karnataka reconnaîtront, dans le dôme qui coiffe l'édifice, une réminiscence du célèbre Gol Gumbaz de Bijapur. L'imposant édifice, construit en 1905 dans le style

La course des *dabbawallah*

La capitale économique de l'Inde se distingue par l'adaptation d'une tradition séculaire au monde moderne : la livraison des *dabba,* sorte de seaux métalliques à compartiments contenant chacun le repas d'un des milliers de fonctionnaires et d'employés travaillant dans le centre-ville. À défaut d'emporter son casse-croûte au bureau, comme c'est l'usage dans le reste du pays, à Bombay, on se fait livrer son déjeuner sur place. Ainsi, chaque jour, dans toute la grande banlieue de Bombay quelque 100 000 épouses préparent le repas de leur mari dans ces boîtes métalliques que des coolies ou *dabbawallah* viendront collecter et achemineront jusqu'à la gare la plus proche. Peu avant midi, ces *dabba* arrivent à Church Gate où ils sont classés d'après leur numéro d'ordre par d'autres équipes qui les livreront à leurs destinataires. Le couvercle de chaque *dabba* porte un code composé de symboles de plusieurs couleurs indiquant le nom, l'adresse et le lieu de travail de son propriétaire. Ainsi, chaque jour vers midi, des centaines de *dabbawallah* s'enfoncent dans les rues de Bombay, leur chargement de *dabba* sur la tête. L'après-midi, la même opération a lieu en sens inverse ; les bidons sales sont collectés et rapportés chez les ménagères.

Jehangir Art Gallery (II C2 ; ouv. t.l.j. sf dim. 10 h-18 h), édifice datant de 1952 et situé derrière le Prince of Wales Museum, abrite des expositions temporaires d'artistes indiens contemporains. Il donne sur Dubash Marg, une des petites rues du quartier ancien de Rampart Row, qui abritait factoreries et entrepôts.

indo-musulman typique de la période coloniale, abrite une importante collection d'art, parmi laquelle se distinguent la section archéologique avec ses sculptures et la collection de miniatures.

Rez-de-chaussée. La salle face à l'entrée est consacrée aux plus anciens témoignages de la civilisation indienne ; on y verra notamment une collection de **figurines* de terre cuite**, provenant de la vallée de l'Indus, réalisée entre 2500 et 1750. La salle à dr. expose une série de **statues**, essentiellement du Ier siècle de notre ère. On y verra quelques réalisations des grandes époques du Sud de l'Inde : Vishnou reposant sur le serpent Seska, Brahma, provenant du site d'Aihole, datées du VIIe s. Un *Sala combattant le lion (→ arrêt sur images p. 328-329)* évoque la période des Hoysalas (v. 1070). Côté g. de la salle, des **reliefs en terre cuite** illustrent l'art du Gandhara, qui s'épanouit dans la région de Peshawar (actuel Pakistan) entre le Ier et le IIIe s. de notre ère ; ces représentations pleines de vie mettent en scène des épisodes de la vie de Bouddha. Le reste du r.-d.-c est occupé par une section d'**histoire naturelle** qui présente un moindre intérêt pour les voyageurs occidentaux.

1er étage. La partie la plus intéressante est l'importante collection de **miniatures**** où de nombreux styles de l'Inde sont représentés. De la période moghole : *Jahangir nourrissant les pauvres à Ajmer* (1640), scène qui veut souligner la tolérance religieuse des Grands Moghols qui partageaient avec les hindous des pèlerinages religieux ; *portrait de Shah Jahan* (v. 1660) ou encore *Vierge à l'Enfant* (v. 1700), thème fréquent dans les miniatures mogholes et dont on peut voir d'autres exemples au musée de Hyderabad par exemple. D'autres écoles sont représentées : miniatures hindoues du Mewar aux coloris plus vifs, ou écoles du Deccan avec ces miniatures de Bijapur, ce *portrait de Shivaji*, chef marathe (v. 1675), ou encore Golconde. À ce même niveau, on peut également voir la salle des **bronzes**, avec quelques belles réalisations des bronziers cholas, tel ce Bouddha du Xe s. Le reste de l'étage présente **objets d'art**, délicats **ivoires**, **jades** ou encore **bijoux**.

2e étage. Il est consacré au legs Tata qui comprend quelques œuvres européennes sans grand intérêt, des porcelaines chinoises et japonaises, ainsi qu'une collection de flacons à tabac. À voir également, le bouclier et les armes de l'empereur Akbar.

Deux princes dans un jardin, extrait de la Gita Govinda (XVIe s., Bombay, Prince of Wales Museum).

Horniman Circle* II C1-2

« Beware of pickpockets, miscreants and anti-social elements », annoncent les panonceaux à l'entrée de la place. Depuis sa complète réhabilitation en 1999, l'ancien Elphinstone Circle, dessiné en 1869, fait l'objet de toutes les attentions de la part des autorités. On se trouve au cœur de l'ancienne ville coloniale dont témoignent une série d'édifices qui dressent leurs imposantes façades dans le quartier : la **maison des Douanes (Custom House**, II D2), établie en 1714 et agrandie d'un étage en 1895, l'**hôtel des Monnaies (Mint**, 1829, II D1) et le **Town Hall** (1833, II D1) illustrent le goût néoclassique de la 1re moitié du XIXe s. Ce dernier abrite l'Asiatic Society, vénérable institution de la ville fondée en 1804 et toujours en activité, qui possède une formidable bibliothèque riche de manuscrits anciens et d'ouvrages précieux que peuvent consulter les chercheurs. Des expositions temporaires y sont présentées.

De l'autre côté de Horniman Circle, la **cathédrale Saint-Thomas***, 1re église anglicane de Bombay, fut inaugurée à Noël 1718. Elle a reçu son beffroi à horloge, couronnant une façade mêlant gothique anglais et néoclassique, en 1835.

Flora Fountain* II C1

C'est l'une des places les plus animées de la ville. Malgré la circulation étourdissante et les affiches colorées qui se sont emparées des façades, elle évoque toujours la ville européenne de jadis, avec, au centre, sa statue de la divinité romaine du printemps. Elle fut érigée en 1864 en l'honneur de Sir Bartle Frere, qui, dans la 2e moitié du XIXe s., ordonna le démantèlement de l'ancien fort pour laisser place à une ville européenne moderne.

Les maidans II B-C 1/2/3

Cette grande coulée verte bordait le flanc occidental de l'ancien fort et s'étendait jadis jusqu'à la mer. C'est aujourd'hui le « Bastille-République » de Bombay, terrain d'exercice privilégié des manifestants de tous poils. Oval

Victoria Terminus, inspirée de la gare Saint-Pancras, à Londres, fut érigée à la fin du XIXe s. à la gloire du colonialisme et de sa « mission civilisatrice », comme en témoigne l'immense statue symbolisant le progrès en marche placée au-dessus du dôme.

Maidan est bordé d'édifices coloniaux du XIXe s. dont les styles disparates sont autant de références à la lointaine Europe. Du N. au S. : **Public Works Office**, inspiré du gothique vénitien ; le **tribunal (High Court)** voisin, gothique anglais cette fois ; plus loin, la **bibliothèque de l'Université (Library)** dresse une imitation du campanile de Florence ; plus au S., l'**université** s'annonce par une tour de 80 m, dont G. B. Shaw disait que « sa hauteur n'avait d'égale que la profondeur de l'ignorance » qui y sévissait ; les **Old Secretariats**, à l'extrémité S. du Maidan, terminent ce passage en revue des architectures européennes avec des portiques empruntés à la Venise gothique.

■ Victoria Terminus (VT ; Chhatrapati Shivaji Terminus) I C-D4

Tous les jours avant midi, Viti connaît la même animation que Churchgate Station *(→ encadré p. 150)*. Classée monument historique, la gare a été rebaptisée « Chhatrapati Shivaji Terminus » par le Shiv Sena, en mars 1996.

La façade du **Bombay Municipal Corporation Building**, construit, dans le style indo-musulman, est, avec la Porte de l'Inde, un autre symbole de Bombay : le 1er visage de la ville que découvrent les passagers qui débarquent à Viti chaque jour.

■ Crawford Market I C3

Après l'hymne au progrès entonné par « Viti », voici un hymne au commerce symbolisé par Crawford Market, marché central, offert à la ville par un généreux philanthrope en 1869. De style néogothique français, mais construit en fonte, l'édifice est à la pointe des recherches architecturales conduites en Europe sur ce nouveau matériau : les halles de Londres furent bâties en 1835, celles de Paris en 1853. L'intérieur a perdu ses allures de pays de cocagne depuis le transfert des halles de fruits et légumes dans le Grand Bombay en mars 1996. Cela permet, en revanche, de remarquer à l'intérieur la **fontaine*** qui passait jusqu'alors inaperçue. Ses bas-reliefs figurant les fleuves de l'Inde ont été dessinés par Lockwood Kipling, père de l'écrivain. Un **marché aux animaux** vivants (de l'écureuil à la tortue en passant par les perroquets) se tient derrière, dans une section en plein air. Dans les rues environnantes on vend de la viande, du poisson (notamment le fameux bombay duck), du tabac, des textiles.

Le Javeri Bazar I C3

Ces quelques rues sont consacrées au commerce de l'or et de l'argent. Au bord du trottoir, d'habiles artisans confectionnent des parures en fil d'or ou d'argent. De nombreuses échoppes sont tenues par des jaïns.

Le Chor Bazar I C2

F. ven. ; depuis Javeri Bazar, prendre un taxi.

Le « marché aux voleurs » est célèbre pour ses boutiques de brocante et d'antiquités, concentrées dans Mutton St., rue principale du quartier. Depuis quelques années, les prix ont singulièrement augmenté et il ne faut guère compter y réaliser l'affaire du siècle. Toutefois, on peut encore trouver, parmi des faux innombrables, quelques pièces anciennes authentiques et des bibelots de l'époque britannique ; les circuits plus ou moins clandestins du commerce des antiquités aboutissent souvent au Chor Bazar, où l'on sait que certains clients étrangers sont prêts à payer un bon prix. L'occasion de rappeler que l'exportation d'objets de plus de 100 ans est rigoureusement interdite.

Le Victoria and Albert Museum (Dr Bhav Daji Lad Museum) I D1

Ouv. 10 h 30-16 h 30 ; prendre un taxi depuis Chor Bazar.

Ouvert en 1872, le musée est essentiellement consacré à l'histoire économique de la Bombay coloniale. On y évoque notamment les figures des grandes dynasties industrielles qui ont fait la fortune de la ville : celle des Sassoon, dont le fondateur David, originaire de Bagdad, arriva en Inde en 1826. Bombay doit aux Sassoon les docks de Colaba, une bibliothèque et un musée, ainsi que deux statues : celle du prince Albert, commandée en 1864 par David Sassoon – la dédicace est en anglais et en hébreu –, l'autre du prince de Galles, don d'Albert Sassoon. Les grandes familles parsies sont également évoquées, notamment leur rôle éminent dans la construction navale. On peut également voir la maquette d'une tour du Silence *(→ p. 154)*. Le musée se trouve dans les Victoria Gardens où est exposé l'éléphant de pierre découvert dans l'île d'Elephanta *(→ p. 155)*.

Le bombay duck n'est pas un palmipède mais du poisson salé et séché, servi frit accompagné de curry. C'est une douceur que l'on s'autorise en famille mais qui ne figure que très rarement à la carte des restaurants. En 1997, une décision de l'Union européenne en a interdit l'importation. Devant l'émotion suscitée par cette mesure, surtout parmi les communautés indiennes établies en Angleterre, Bruxelles a fait machine arrière, à condition que le fameux poisson soit conditionné dans des emballages agréés par l'UE. Au soulagement unanime des habitants des faubourgs de l'Est londonien.

Si vous souhaitez acheter des bijoux, vous devez d'abord vous renseigner sur la valeur du gramme de métal. C'est la base de tout marchandage, à laquelle viendra s'ajouter l'estimation du travail. La teneur en argent se contrôle en frottant l'objet sur une pierre dure noire : une trace blanche est de bon augure.

Jugeant sans doute l'admirable site de Marine Drive digne de figurer parmi les joyaux de la Couronne, les Anglais l'avaient surnommé le « collier de la Reine ».

2 Marine Drive et Malabar Hill★

Malabar Hill est le quartier chic de Bombay où quantité de vedettes de cinéma ont élu domicile. Peu de monuments mais de nombreuses scènes de rue le long de Marine Drive et de Chowpatty Beach, au milieu des belles demeures ou chez les petits métiers de Malabar Hill. Quant aux célèbres tours du Silence des Parsis, vous ne pourrez que les deviner derrière un épais rideau de végétation.

Durée : promenade à faire en taxi ; compter 4 h.

■ Marine Drive★ I C4

Netaji Subash Rd.

Aménagée sur un terrain amendé en 1920, Marine Drive conduit au quartier de Malabar Hill. À l'extrémité de cette « Croisette » tropicale s'ouvre **Chowpatty Beach** (I B3), rendez-vous des habitants de la ville, qu'ils soient fakirs, charmeurs de serpents, employés en rupture de bureau, amoureux transis ou joggers impénitents. C'est là que sont immergées les effigies du dieu éléphant lors de la fête de Ganesha Chaturthi.

■ Le temple jaïn I A3

Ce sanctuaire en marbre fut consacré en 1904 à Rishaba (ou Adinath), premier de la lignée des tirthankaras. À l'étage, la communauté jaïne de Bombay vénère une statue en marbre noir de Parshvanath et une autre de sa parèdre, Devi Padmavati. Aux murs, des peintures reproduisent des scènes de la vie des tirthankaras. Ici, comme dans tous les temples jaïns, règne une atmosphère de recueillement.

■ Les jardins suspendus (Hanging Gardens) I B2

Aménagés sur le flanc méridional de la colline de Malabar, au-dessus des réservoirs qui alimentent Bombay en eau, ces jardins aux haies taillées en forme d'animaux offrent une belle vue sur la baie avec, au 1er plan, au-delà du jardin de Kamala Nehru, la plage de Chowpatty.

En quittant les jardins et en remontant Ridge Rd, on passe devant l'entrée postérieure *(à g.)* de l'enclos des **tours du Silence** (I B2), ou *dakhma*, dans lesquelles les Parsis *(→ encadré)* déposent les corps des défunts. Ce terrain fut alloué à la communauté par le gouverneur Gérald Aungier lorsqu'il fit appel aux Parsis du Gujarat pour aider au développement de Bombay. Protégées par une haute enceinte, elles sont inaccessibles aux visiteurs.

Les héritiers de Zoroastre

Les Parsis, une des minorités les plus actives et les plus puissantes de Bombay, sont originaires de Perse. Émigrés de leur pays d'origine lors de la conquête arabe (VIIe s.), ils s'établirent en Inde de l'O., en particulier au Gujarat. Malgré une forte « acculturation », ils demeurent très attachés à leur religion, le zoroastrisme ou mazdéisme, qu'ils perpétuent en défendant l'accès de leurs temples du Feu aux non-Parsis. C'est dans de véritables amphithéâtres que se déroulent leurs rituels funéraires. Le corps du défunt est transporté jusqu'au plus haut gradin où officie seulement un prêtre, accompagné d'un chien, seul être capable, selon la croyance parsie, de savoir qu'il n'y a vraiment plus un souffle de vie dans le corps. Après le départ du cortège funéraire, le prêtre psalmodie ses prières, puis frappe dans ses mains. Des dizaines d'oiseaux surgissent alors et le prêtre s'en va, leur livrant le cadavre. Ces funérailles par décharnement répondent aux principes de la religion de Zoroastre qui ne permet de souiller ni la terre ni le feu avec un cadavre. 70 % des Parsis de l'Inde vivent aujourd'hui à Bombay. L'action philanthropique de cette communauté joua un grand rôle pour le développement de la ville.

Le temple de Mahalakshmi I B1

Inaccessible aux non-hindous.

Fondé au XVIIIe s., ce temple est le plus populaire des sanctuaires brahmaniques de Bombay. Ses abords, encombrés de petits marchands d'offrandes florales et de noix de coco, sont des plus pittoresques. De la terrasse du temple, vous découvrirez, isolé sur des rochers et accessible à marée basse par une chaussée, le **mausolée de Haji Ali** (I B1), érigé au XIXe s. en l'honneur d'un saint musulman.

Le bhel puri, mélange de riz, de vermicelles frits, d'oignons hachés et de pommes de terre, est le snack favori des habitants de Bombay. Le tout est assaisonné d'un filet de citron, de quelques brins de coriandre et de menthe et d'ail. On trouve des petits vendeurs de bhel puri aux quatre coins de la ville, avec une concentration particulière à Chowpatty Beach.

3 Île d'Elephanta★★★

Situation : hors plan.

Autrefois connue sous les noms de Gharapuri ou Gharipur (« la cité des Grottes »), l'île d'Elephanta, un des hauts lieux de la spiritualité shivaïte, reçut ce dernier nom des Portugais, qui y trouvèrent un énorme éléphant de pierre, aujourd'hui à l'entrée du Victoria Garden. L'une de ses célèbres grottes, consacrée à Shiva, est, avec ses sculptures, l'un des joyaux de l'art indien. Au cœur de l'ombre, le dieu de l'énergie créatrice et de la destruction révèle ses trois visages en une magistrale composition. On ignore à quelle époque précise furent creusées ces grottes. Entre le VIe et le VIIIe s., polémiquent les historiens. Les plus autorisés d'entre eux les datent du VIe s., de la dynastie des Vakatakas, du fait de l'extrême parenté que présentent les reliefs d'Elephanta avec la perfection classique de l'art gupta (IVe-VIe s.).

On découvre, pendant la traversée vers l'île d'Elephanta, les installations du port de Bombay qui s'étendent sur 16 km à vol d'oiseau de Colaba à Sewri. C'est le port le plus actif de l'Inde. Au N., vers le fond de la baie, les pétroliers abordent à Butcher Island, d'où le brut est canalisé vers la raffinerie de Trombay. Le mouvement de ces navires et des tankers croise celui d'anachroniques voiliers destinés à la pêche en haute mer. Vous remarquerez aussi dans le lointain, au N., l'énorme bulbe du réacteur nucléaire de Trombay.

Accès : navettes au départ de la Porte de l'Inde (Gateway of India) toutes les 30 mn, entre 10 h et 15 h, dernier retour v. 18 h 30 ; le service est souvent interrompu pendant la mousson du fait des intempéries. Comptez env. 100 roupies pour la traversée AR ; le billet d'entrée au site s'achète à l'arrivée.

En haut d'un escalier assez raide (possibilité de louer des chaises à porteurs), vous déboucherez sur une esplanade où s'ouvre, au N., l'entrée monumentale de la grotte principale.

La grotte principale

Dès l'entrée dans ce temple rupestre, vous découvrirez deux des grands panneaux sculptés qui font la gloire d'Elephanta, avec, pour thèmes centraux, Shiva Nataraja (« roi de la danse »), à dr., et Shiva Yogeshvara (« maître du yoga »).

Pour visiter les grottes, emportez une lampe de poche puissante ; inutile de vous munir d'un trépied, car la photo à l'aide de ce type de support est interdite à l'intérieur de la grotte principale.

Shiva Nataraja**. Ce panneau, assez bien conservé, montre le dieu, à huit bras, coiffé d'une tiare, joyau d'orfèvrerie, qui, sereinement, exécute sa danse rythmique pour créer le monde et sauver les âmes. Un sourire à peine esquissé éclaire son visage. Ce relief illustre remarquablement l'art indien ; il parvient, par sa puissance d'évocation, à situer le drame qui se déroule devant nous avec cette danse, celui de l'équilibre du monde par le jeu des forces de la vie et de la mort.
Shiva est entouré de sa famille : à dr., Parvati et, à g., ses enfants Skanda, dieu de la guerre, dont la tiare est ornée d'une tête de mort, et Ganesha, divinité à tête d'éléphant. À dr., au-dessus de Parvati, Vishnou montant l'oiseau Garuda, et Indra sur l'éléphant Airavata. À g., au-dessus de Skanda, près de deux ascètes squelettiques, Brahma assis, reconnaissable à ses trois têtes, est supporté par des cygnes.

Shiva Yogeshvara*. Sur une fleur de lotus, dont la tige, maintenue par deux nagas, semble émerger des eaux primordiales, le dieu est assis, dans une posture de yogi, insensible à la présence de dieux et de déesses qui volettent près de lui. À dr. de Shiva, Vishnou monte Garuda. En haut à g., Brahma repose sur des cygnes. Vous entrerez ensuite dans la grotte, imposant sanctuaire noyé dans la pénombre, où d'énormes piliers qui s'épanouissent en chapiteaux bulbeux et côtelés semblent avoir pour fonction de soutenir la montagne qui est au-dessus. D'un pilier à l'autre, il y a parfois des différences de détails et même de dimensions. Vous remarquerez, immédiatement à dr., les puissants dvarapalas qui protègent l'accès au sanctuaire.

Continuez tout droit à travers les nefs du temple pour en atteindre le fond, dérobé aux regards par les ténèbres. Là, vous verrez les sculptures qui font la renommée d'Elephanta : le Shiva tricéphale (Maheshamurti), flanqué *(à g.)* du Shiva androgyne (Ardhanarishvara) et de la descente du Gange sur la terre *(à dr.)*.

« Seule tête, peut-être, digne de s'appeler Inde », pour André Malraux, cette triade symbolise, en trois visages, les trois fonctions du dieu : création, conservation et destruction du monde.

Shiva tricéphale***. Haute de 5,70 m, elle montre, au centre, Shiva sous son aspect de dieu transcendant, maître et conservateur du monde, coiffé d'un somptueux chignon d'où s'échappent les boucles de sa chevelure ; sur sa puissante poitrine s'étale un collier finement ciselé ; le visage grave esquisse une moue pensive sur des lèvres sensuelles. À g., Shiva destructeur, le « Terrible » (Bhairava), un serpent à la main, orne sa chevelure de symboles de mort, mais sa fureur destructrice apparaît tout à la fois contenue et déterminée. À dr., Shiva créateur figure sous des traits féminins, ceux de l'une de ses *sakti*, c'est-à-dire sa puissance et son énergie féminines *(→ p. 102)*. Le modelé des joues, pleines et juvéniles, le nez délicatement arqué et le dessin des lèvres trahissent sa nature féminine.

Shiva androgyne**. Dans sa partie masculine, Ardhanarishvara (« Seigneur dont la moitié est féminine ») tient un cobra, symbole de mort, et dans sa partie féminine, un miroir. Cette dualité se résout sur le visage dans une étrange expression faite de suavité et de fermeté. Le champ du haut-relief est encore occupé par le taureau Nandi, sur lequel s'appuie le dieu androgyne, et par les dieux Brahma, Vishnou, Indra (sur l'éléphant Airavata), Varuna (sur un makara, monstre aquatique) et Skanda, dieu de la guerre, ainsi que par de nombreuses autres figures.

Descente du Gange sur la terre** (Gangadharamurti). Vous remarquerez, à dr. du dieu, Parvati qui reçoit aussi une partie des eaux du Gange. Une des mains gauches de Shiva, aujourd'hui disparue, devait caresser le menton de Parvati, pour apaiser la jalousie de celle-ci envers la déesse du fleuve, tandis qu'une des mains droites, toujours visible, exécute l'*abhayamudra*, geste protecteur destiné à rassurer ceux qu'effraie la terrible puissance destructrice du flot qui se déverse sur la terre. Ganga est représentée au-dessus de la tête de Shiva sous la forme d'une triple tête symbolisant la réunion (à Allahabad, Uttar Pradesh → *Guide Bleu Inde du Nord*) du Gange, de la Yamuna et de la Sarasvati. À g., en bas, Bhagiratha est agenouillé, confondu en actions de grâces pour ce prodige dont est également témoin l'habituelle cohorte des dieux, des ganas, nains difformes serviteurs de Shiva, des déesses, etc.

La chapelle au lingam**. Il s'agit d'un énorme cube de 6,90 m de côté, réservé lors de la taille de la grotte, du sol au plafond. Le lingam, symbole de l'énergie de Shiva (*→ p. 193*), se trouve au centre de ce réduit obscur, percé de quatre portes gardées par des colosses de pierre, hauts de 5 m, qui font office de gardiens. Le lingam n'est pas taillé dans la roche de la colline où la grotte a été creusée, mais dans un bloc de pierre d'une autre provenance.

Dans la travée derrière la chapelle au lingam, c'est-à-dire du côté d'un porche latéral menant à la cour O., se trouvent, l'un en face de l'autre, deux reliefs figurant les épousailles de Shiva et de Parvati *(à g.)* et Shiva tuant le démon Andhaka *(à dr.)*.

Épousailles de Shiva et de Parvati**. La cérémonie est en train de se dérouler, en présence du roi des montagnes, à g., qui pousse sa fille vers le dieu Brahma, accroupi à dr., qui officie comme un prêtre de Vishnou, derrière lui, sans oublier quelques apsaras.

Thème relativement fréquent dans la mythologie hindoue, la séparation en deux moitiés, l'une masculine, l'autre féminine, du dieu (Brahma et Vishnou se scindèrent eux aussi) signifie qu'il doit être considéré comme étant à la fois le père et la mère de la création, comme un couple complémentaire, où la *sakti*, c'est-à-dire la moitié féminine, ne serait que l'un des aspects dde la divinité.

Le mont Kailasha, montagne cosmique de la mythologie hindoue, située au cœur de l'Himalaya, était la résidence de Shiva et de Parvati. Par jalousie, Ravana, roi de Ceylan, géant démoniaque à dix têtes et vingt bras, tenta de renverser la montagne. D'une poussée du pied, Shiva la remit en place, ensevelissant Ravana. Le dieu accorda finalement son pardon à l'agresseur et le délivra.

Parvati, les yeux baissés, parée de délicats bijoux, n'est pas à la g. de Shiva, comme elle apparaît, en qualité d'épouse, sur le relief de la descente du Gange, mais à sa dr., comme se tiennent, aujourd'hui encore avant le mariage, les jeunes filles hindoues.

Le *Kumarasambhava*, poème épique de Kalidasa (une partie de ses œuvres a été traduite en français), qui vécut au ve s. à la cour des Guptas, relate l'éveil de l'amour pour Parvati, fille du roi de l'Himalaya, dans l'âme de Shiva : alors qu'il méditait, le dieu fut frappé par une flèche décochée par Kama, dieu du désir. Vient ensuite l'évocation de leurs épousailles fastueuses.

Shiva et le démon Andhaka** (Andhakasuradhamurti). Un glaive dans une main, une coupe dans l'autre, l'air farouche, les crocs saillants, le dieu destructeur au masque de Bhairava tue le démon Andhaka. Nia, compagnon du démon, qui s'était métamorphosé en éléphant pour charger Shiva, est mort lui aussi et, à deux mains, le dieu vainqueur brandit sa peau tel un trophée (notez la tête du pachyderme, à g.).

Cour O. (accessible par un petit escalier). Vous remarquerez une **citerne** à g. et, en face du porche, un petit **sanctuaire** s'ouvrant par un portique à deux piliers. À l'intérieur de celui-ci, à g., Shiva exécute la danse tandava, accompagné de diverses divinités, telles que Yama montant un buffle, Vishnou et Brahma. À dr., Shiva Yogeshvara, assis sur une fleur de lotus, thème déjà vu à l'entrée principale. Entre les deux reliefs, la porte donne accès à une chapelle rupestre qui abrite un lingam. Il est possible que les sculptures de la cour O. et celles de la cour E. (ci-dessous) soient plus tardives que celles du sanctuaire principal.

En ayant fait demi-tour et traversé le grand temple rupestre dans le sens de la longueur, vous découvrirez, de part et d'autre du large porche, qui communique avec la cour E., deux grands panneaux sculptés ayant pour sujets la *Remise en place du mont Kailasha*, à g., et *Shiva et Parvati sur le mont Kailasha*, à dr.

Remise en place du mont Kailasha. Sur cette composition, Shiva donne la main à Parvati (très mutilée) et retient par les cheveux quelques-uns des occupants de son paradis. Aux pieds du dieu se trouve l'ascète Bhringi (relief en mauvais état), puis viennent Ganesha, Vishnou chevauchant Garuda et des serviteurs ailés.

Shiva et Parvati sur le mont Kailasha. Assez endommagé, ce relief montre l'intimité conjugale de Shiva et de Parvati, dans leur résidence du mont Kailasha, avec ce que l'on pourrait appeler une scène de badinage entre époux, suscitée par l'esprit tendrement jaloux de la déesse qui a remarqué la présence de Ganga dans la chevelure de Shiva. Parvati est entourée de deux servantes ; celle de dr. porte un enfant, probablement Skanda. Aux pieds de Shiva, on distingue l'ascète Bhringi. En haut de la composition, des personnages ailés volettent au-dessus de la montagne.

Cour E. *(accès par un porche qui servait sans doute d'entrée principale au sanctuaire)*. En face de l'escalier, un socle circulaire devait supporter une statue du taureau Nandi. À dr. s'ouvre par un portique (les supports ont été reconstitués) un petit sanctuaire. La chapelle, dégagée du rocher par un corridor de circumambulation et gardée par des dvarapalas, abrite un lingam. À chaque extrémité de la plate-forme devant la salle se trouve une petite cellule. Celle de dr. est ornée de reliefs où l'on distingue des déesses mères (Matrika) entre Ganesha, à g., et Skanda, à dr., et plusieurs autres divinités du panthéon brahmanique.

■ Les grottes 2 à 5

Non loin de la grotte principale ; à dr. en sortant de la cour E.

Deux seulement (grottes 3 et 4) furent achevées ; elles sont en très mauvais état. La grotte 3 possède trois cellules ; celle du centre abrite quelques sculptures (dvarapala, personnage représenté assis au-dessus de la porte). La grotte 4, conçue selon le même plan que la précédente, a ses trois cellules décorées de motifs en fenêtre de chaitya.

■ Les grottes 6 et 7

En face des précédentes.

La mieux conservée après le sanctuaire principal est la grotte 6, formée d'un portique prolongé par trois cellules.

Le Tamil Nadu

Des quatre États de l'Inde du Sud, le Tamil Nadu (« Pays tamoul ») présente sans aucun doute la plus forte identité. Même si la question continue d'être débattue par les spécialistes, le sentiment reste fort ici d'être les descendants des premiers habitants de l'Inde, ceux qui, chassés par l'invasion aryenne, trouvèrent refuge au sud du Deccan. On y pratique le tamoul, langue quasi inchangée depuis vingt-cinq siècles qui, au début de notre ère, produisit des chefs-d'œuvre dans les académies poétiques réunies à Madurai. De Ceylan à l'île Maurice et à la Réunion, l'aire d'expansion du tamoul déborde largement du cadre de l'Union indienne où il est parlé par 53 millions de locuteurs. Posée en principe d'action politique depuis le début du xxe s., la tamoulité n'affiche plus de volonté sécessionniste depuis l'indépendance mais demeure une revendication nécessaire pour tout candidat aux élections locales. Le « Tamilnad » , comme on aime à l'appeler lorsqu'on se pique de retour aux sources, préférant de même Chennai à Madras, est enfin le berceau de l'art dravidien. On y trouve les plus grands temples de l'Inde qu'annoncent de loin, au-dessus des frondaisons des cocotiers, leurs hauts gopurams ruisselant de couleurs, caractéristiques de l'architecture dravidienne. Embellis et agrandis de siècle en siècle, certains temples sont devenus de véritables villes, comme celui de Srirangam, près de Tiruchirapalli, avec ses sept enceintes successives où s'affaire tout un peuple de brahmanes, de serviteurs et d'artisans.

Les entrées principales

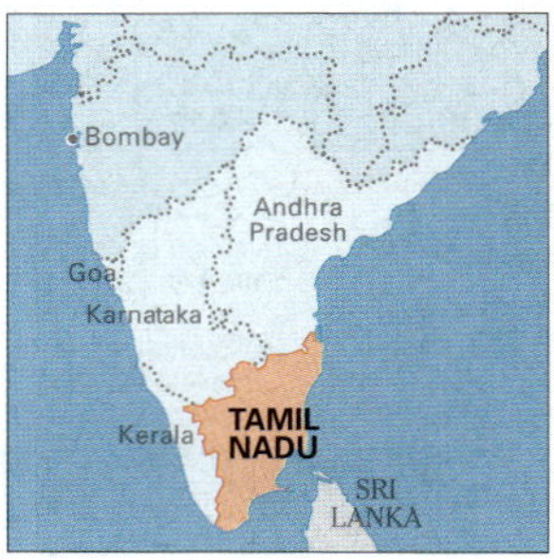

Que voir au Tamil Nadu

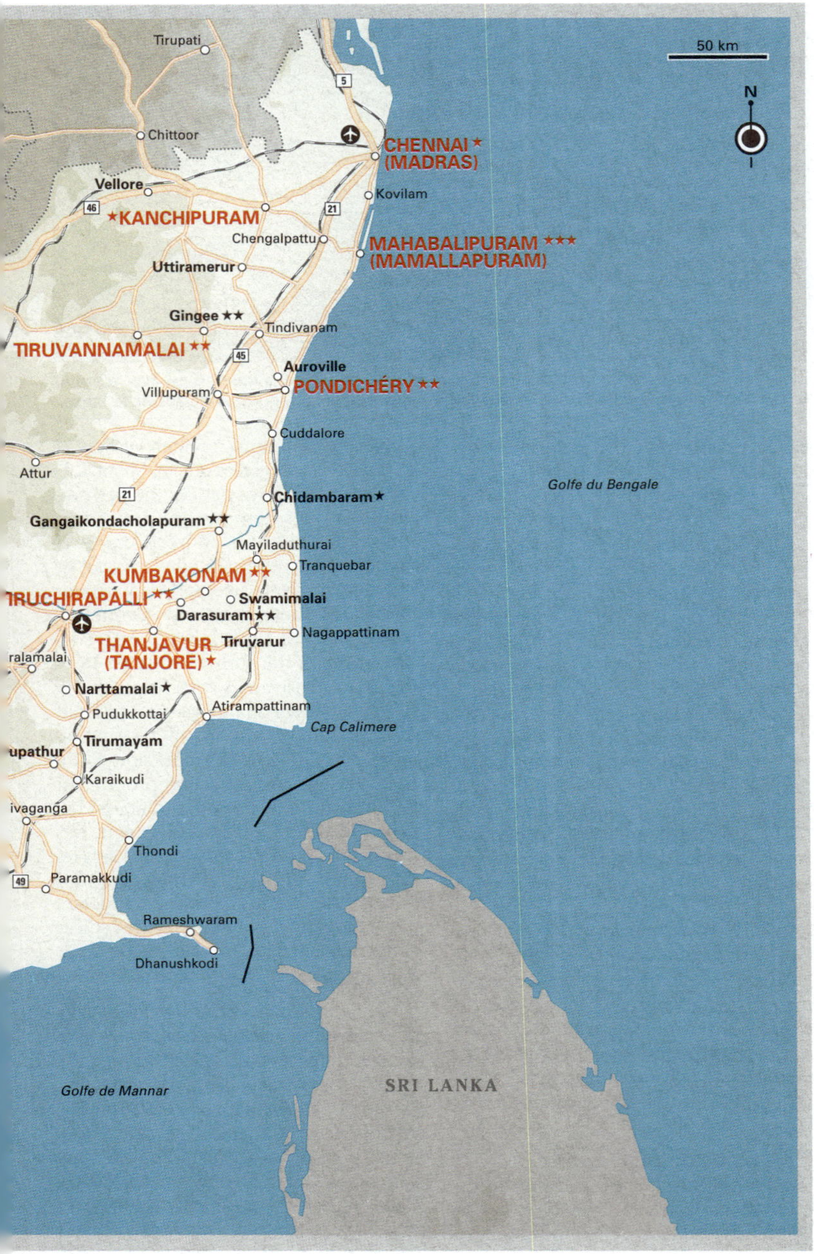
50 km
N
Tirupati
Chittoor
Vellore
CHENNAI ★
(MADRAS)
Kovilam
★KANCHIPURAM
Chengalpattu
MAHABALIPURAM ★★★
(MAMALLAPURAM)
Uttiramerur
Gingee ★★
Tindivanam
TIRUVANNAMALAI ★★
Auroville
PONDICHÉRY ★★
Villupuram
Cuddalore
Attur
Chidambaram★
Golfe du Bengale
Gangaikondacholapuram★★
Mayiladuthurai
Tranquebar
KUMBAKONAM ★★
IRUCHIRAPALLI ★★
Swamimalai
Darasuram★★
Nagappattinam
THANJAVUR
(TANJORE) ★
Tiruvarur
ralamalai
Narttamalai ★
Pudukkottai
Atirampattinam
Cap Calimere
Tirumayam
upathur
Karaikudi
ivaganga
Thondi
Paramakkudi
Rameshwaram
Dhanushkodi
Golfe de Mannar
SRI LANKA
5
21
46
45
49

Capricieuse, la mer du Bengale rabat vers le littoral de puissantes vagues. C'est avec les plus grandes difficultés que les pêcheurs de Madras lancent leurs pirogues au-dessus de la barre.

De la côte de Coromandel aux contreforts des Ghâts

À l'E., plus de 1 000 km de côtes dessinent un long ourlet de plages de sable ouvrant sur le golfe du Bengale. Elles n'ont pas permis pourtant de transformer la région en paradis tropical pour touristes fortunés, la mer y étant presque partout forte et dangereuse. À l'O., la chaîne des Nilgiri, qui culmine à 2 637 m, et les montagnes des Cardamomes marquent la frontière avec le Kerala voisin. Sur leurs hauteurs, couvertes d'épaisses forêts peuplées de tigres, d'éléphants, de cervidés et de singes, les Anglais aménagèrent leurs stations climatiques pour échapper à la canicule estivale. Entre ces deux limites naturelles se déroulent de vastes étendues de plaines et de plateaux, semés de milliers de villages aux maisons en terre battue et au toit de chaume, fragiles abris qu'une mousson trop forte peut emporter. C'est le monde des campagnes aux rizières festonnées de cocotiers succèdent aux plantations de bananiers ou aux champs de coton. Celui où depuis des siècles se perpétue le cycle immuable des travaux et des jours, dans les paysages agricoles sans doute les plus séduisants de l'Inde.

Le poids de l'agriculture

Des rondes de statuettes – ici, une statue monumentale aux couleurs de carnaval, là, un arbre sacré honoré d'offrandes : à l'entrée des villages tamouls, la ferveur populaire tient ainsi à remercier la terre nourricière et les génies qui l'habitent, tout autant qu'à écarter par ces images propitiatoires les démons qui pourraient mettre les récoltes en péril. La terre est généreuse pour peu que le travail de l'homme pourvoie aux caprices du régime des pluies : deux moussons annuelles, une de juin à septembre, l'autre en novembre et décembre ; plus de 45 % des terres cultivables sont irriguées, un chiffre supérieur à la moyenne nationale. Ainsi, le Tamil Nadu est un État exportateur de riz (10 % de la production nationale) et aussi un important producteur de canne à sucre, de coton, d'arachides, sans oublier l'infinie déclinaison des fruits et des produits maraîchers. Dans les montagnes occidentales s'étagent les terrasses des jardins de thé et de caféier ; c'est là également le domaine des épices et des noix de cajou.

Un pôle industriel

La séduction qu'exercent les campagnes tamoules sur les visiteurs ne doit pas faire oublier que l'agriculture ne compte plus que pour 29 % de la richesse de la région. Le Tamil Nadu est l'un des États les plus urbanisés de l'Inde, et le 2e après le Maharashtra pour la production industrielle : une automobile sur trois est assemblée dans le Tamil Nadu, qui a également développé un important secteur pétrochimique. L'État est en outre un important producteur de cuir et de textile (tissus et confection), dont l'exportation contribue à soulager la balance commerciale de l'Inde et fournit 80 % de la production de lignite du pays.

Un régionalisme modéré, mais une forte identité régionale

Banderoles et oriflammes violemment colorées, statues soigneusement parées de guirlandes par les militants, affiches omniprésentes : la vie politique a profondément imprimé sa marque sur les paysages du Tamil Nadu. Depuis 1967, et jusqu'à la défaite, en 2004, de l'AIADMK *(→ p. 169)*, les partis régionalistes tamouls se sont succédé au gouvernement local pratiquement sans interruption pour défendre haut et fort la « tamoulité » face à l'Inde du Nord « aryenne ».

Être tamoul signifie appartenir à une très ancienne civilisation, dont la langue, mère des autres langues dravidiennes, a donné une foisonnante littérature depuis plus de 2 000 ans, et aussi privilégier les castes inférieures et les ex-intouchables au détriment des brahmanes, qui restent considérés comme des étrangers venus du Nord. Cette politique volontariste - qui flirte parfois avec le populisme - conduite depuis près de 40 ans par les partis tamouls a donné des résultats significatifs. Aujourd'hui, le Tamil Nadu affiche un taux d'alphabétisation supérieur à la moyenne nationale, et dans les administrations, le taux d'emplois réservés aux castes défavorisées dépasse les 70 %.

Après le tsunami

Le Tamil Nadu, dont la côte borde le golfe du Bengale, a été l'État indien le plus gravement touché par le tsunami du 26 décembre 2004. S'il semble que Madras, et Pondichéry, protégées par leur aménagement côtier, aient été préservées, en revanche, les villages de pêcheurs situés au S. de Pondichéry, Cuddalore et surtout Nagapattinam déplorent des milliers de victimes. Les fragiles habitations de bois et de palmes des villageois ont été balayées par la force de la vague et leurs bateaux de pêche emportés, laissant les survivants sans ressource et sans abris. À l'heure où nous imprimons, il est difficile d'établir un état précis de la situation et d'estimer les répercussions à long terme.

Toutefois, selon nos sources, les sites touristiques et les infrastructures de l'État seraient intacts et permettraient d'entreprendre un voyage dans cette région sans précautions particulières. Nous vous invitons à vous renseigner au moment de votre départ.

Tout au long de l'année, un cortège de fêtes ponctue les grands moments du calendrier agricole : celle de Pongal, au mois de janvier, est la plus populaire et la plus colorée.

Madras (Chennai)★

Situation : à 60 km N. de Mahabalipuram,
76 km N.-E. de Kanchipuram,
168 km S. de Pondichéry.

4 216 000 hab. ; capitale du Tamil Nadu.

☎ **044**

ℹ Tourism Complex, 1st Floor, Wallajah Rd (Anna Salai, C2) ☎ 253.68.358, www.tamilnadutourism.org ; bureaux également à l'aéroport et à la gare de Chennai Central.

À ne pas manquer

La collection des bronzes★★★ du Government Museum	**178**
L'animation de Georgetown★★	**172**
Le mont Saint-Thomas★	**183**

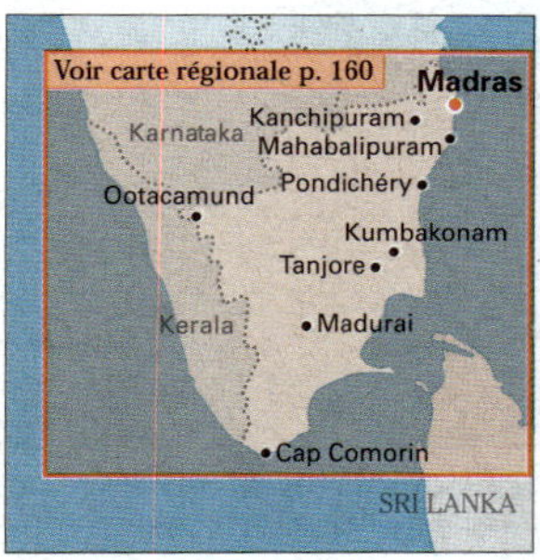

Aucun poète n'a encore chanté Chennai, on continuera donc de nommer Madras la capitale du Tamil Nadu. Car, pour les Français puisant dans leurs souvenirs d'enfance, ce nom ressuscite un monde doux et triste à la fois, celui des rivages enchanteurs et colorés de la France d'outre-mer, celui d'une mélodie mélancolique, écrite au XVIIIe s. par le général Bouillé du temps où il était gouverneur des Antilles, et où les belles créoles, sous leurs varangues, nouaient autour de leurs cheveux les étoffes colorées tissées au bord de la côte de Coromandel. Quatrième ville de l'Inde, Madras engloutit aujourd'hui les visiteurs dans le tourbillon sonore et pollué des grandes métropoles du sous-continent. Toute nostalgie n'en est pas pour autant absente alimentée par les nombreux et splendides édifices coloniaux de celle qui fut la tête de pont des Britanniques en Inde du Sud. Le séjour permettra également de découvrir la somptueuse collection de bronzes que détient le Government Museum, magnifique introduction à la civilisation dravidienne.

Madras mode d'emploi

■ S'orienter

La grande métropole du Sud n'en finit pas de grandir : l'agglomération compte aujourd'hui plus de 7 millions d'habitants sur 1 150 km². Depuis le XVIIIe s., la croissance de la ville s'est faite par absorptions successives des villages environnants : cette histoire se lit encore dans la juxtaposition des quartiers bien distincts qui composent Madras. Deux d'entre eux concentrent l'animation de la ville. **Georgetown** (**C-D1**), au N. du noyau historique de Fort Saint George, avec ses marchés de gros et de détails, ses artisans, mais aussi ses entreprises de négoce et ses banques. L'autre « cœur » de la ville, c'est **Anna Salai** (**B-C2**), longue artère qui traverse le centre-ville où sont concentrés les commerces modernes.

Se déplacer

Comme toujours dans les grandes villes de l'Inde, on se déplacera en taxi ou en rickshaw. Pour visiter le mont Saint-Thomas, il est recommandé de choisir plutôt un taxi en raison de la distance *(10 km du centre)*.

Renseignements pratiques

Représentations diplomatiques : *Consulat de France (→ Pondichéry)* • ***Belgique***, 97, Anna Salai ☎ 235.08.77 • ***Canada***, 827, Anna Salai ☎ 235.08.77.

Aéroport : à 16 km au S.-O. du centre. Vols internationaux et nationaux vers les principales villes de l'Inde. Un service de bus existe vers le centre-ville, mais préférez un taxi (*prepaid taxis*, montant de la course à régler au comptoir à l'intérieur de l'aérogare), plus rapide et guère plus cher.

Compagnies aériennes : ***Air India***, 19, Rukmani Lakshmipathy Rd (C2) ☎ 855.44.77 • ***Indian Airlines***, 19, Rukmani Lakshmipathy Rd (C2) ☎ 2855.30.39 ; à l'aéroport : ☎ 2855.52.00 • ***Air France***, Thapar House, 43-44, Montieth Rd, Egmore ☎ 2855.48.94/48.99/49.16 • ***British Airways***, 8th Floor, Raheja Towers, Sigma Wing, 177, Anna Salai ☎ 2855.46.80 (C2).• ***Lufthansa***, 167, Anna Salai ☎ 852.50.95.

Gares ferroviaires : *Chennai Central* (C1), trains à destination de Tirupati, Bangalore, Hyderabad, Mysore • *Chennai Beach* (D1), trains pour Pondichéry : liaison quotidienne en 5 h env. ☎ 131.

Gare routière : *Koyambedu bus stand* (*7 km O. de Fort Saint George*, h. pl.), liaisons avec toutes les grandes localités de l'État.

Location de voitures avec chauffeur : ***Mercury Travels***, 191, Anna Salai, ☎ 852.29.93 • ***Trade Wings***, 752 Anna Salai ☎ 852 49 21.

Programme

Une journée suffit pour découvrir l'essentiel : commencez par la visite du musée, puis rendez-vous à Fort Saint George d'où vous pourrez continuer à pied vers Georgetown ; de là, un taxi vous conduira, en suivant la promenade du bord de mer, jusqu'à la cathédrale Saint-Thomas. Vous pourrez terminer votre journée en découvrant la ville d'en haut, depuis le belvédère de Saint Thomas Mount.

Au moment de l'impression de ce guide les informations concernant les effets à Madras du tsunami du 26 décembre 2004 sont rassurantes : grâce aux digues destinées à protéger la ville de l'érosion marine, le centre n'aurait pas souffert : dans les quartiers bordant le littoral, Malabar Drive et la plage de Mylapore, qui ont été submergés, les dégâts resteraient limités.
À propos du tsunami → p. 163

Fêtes et manifestations : fév.-mars : procession autour du temple de Kapalishwara • août-sept. : *Vinayaka Chaturthi*, qui dure 3 j., en l'honneur de Ganesha au terme de laquelle des statues du dieu éléphant sont conduites en bordure de mer pour être confiées aux eaux du golfe du Bengale • déc. : festival de Danse et de Musique, où les plus célèbres artistes tamouls côtoient les jeunes espoirs de la musique de l'Inde du Sud.

Les librairies Higginbothams et Bookpoint, situées sur Anna Salai Rd, proposent un vaste choix d'ouvrages en anglais sur la région.

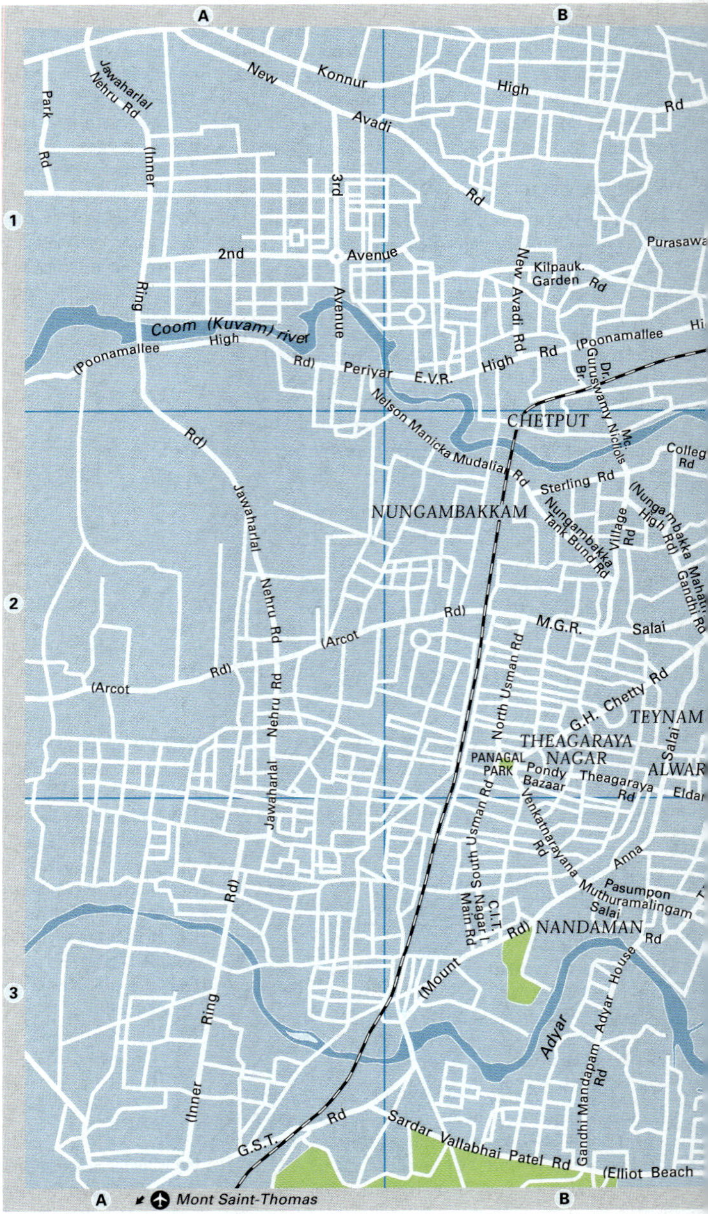
A
B
1
2
3
Park Rd
Jawaharlal Nehru Rd
(Inner
Ring
Rd)
New Konnur High Rd
New Avadi Rd
3rd Avenue
2nd Avenue
Kilpauk Garden Rd
Purasawa
Coom (Kuvam) river
(Poonamallee High Rd)
Periyar E.V.R. High Rd
(Poonamallee Hi
Dr. Guruswamy Br.
Nelson Manicka Mudaliar Rd
CHETPUT
Mc. Nichols
Colleg Rd
Sterling Rd
NUNGAMBAKKAM
Nungambakkam Tank Bund Rd
Village Rd
(Nungambakkam High Rd)
Mahatma Gandhi Rd
Jawaharlal Nehru Rd
(Arcot Rd)
M.G.R. Salai
North Usman Rd
G.H. Chetty Rd
TEYNAM
THEAGARAYA NAGAR
PANAGAL PARK
Pondy Bazaar
Theagaraya Rd
ALWAR
Eldar
Salai
Venkatnarayana Rd
South Usman Rd
C.I.T. Nagar I Main Rd
Anna
Pasumpon Muthuramalingam Salai
NANDAMAN
(Mount Rd)
Rd
Adyar House Rd
Adyar
Gandhi Mandapam Rd
Inner Ring Rd
G.S.T. Rd
Sardar Vallabhai Patel Rd
(Elliot Beach
Mont Saint-Thomas

Madras

C
D
N
1
2
3
GEORGETOWN
VEPERY
PUDUPET
MYLAPORE
Ebrahimji Sahib St.
(Popham Broadway)
V.O.C. Rd
(N. Beach Rd)
Chennai Beach Station
Elephant Gate Br. Rd
Audiappa Naicken St.
N.S.C. Bose Rd
Prakasam Rd
Rajaji Rd
Perambur Barracks Rd
Choolai Bazaar Rd
Hunters Rd
Ritherdon Rd
Chennai Central Station
High Court
Fort Saint-Georges
Musée
Periyar E.V.R. High Rd
Cooum River
Église Sainte-Marie
Flag Staff Rd
Arunachal Naicken St.
Government Museum
Wallajah Rd
(South Beach Rd)
Quaid-e-Milleth High Rd
(Mount Rd)
Woods Rd
Salai
Bharathi Salai
(Pycrofts Rd)
Whites Rd
Westcott Rd
Peters Rd
Dr. Natesan Rd
Besant Rd
Salai
Royapettah Bazaar Rd
(Lloyds Rd)
Cathedral Rd
(E. Elliots Rd)
Kamarajar
Phare
Église de la Luz
Luz Church Rd
Kutchery Rd
Mylapore Bazaar Rd
Rosary Church Rd
Temple de Kapalishwara
Cathédrale Saint-Thomas
Mary's Rd
Golfe du Bengale
San Thome High Rd
R.K. Mutt Rd
Palais de Chettinad
Collège de Musique
Société théosophique
Dr. D. Deshmukh Rd
0 500 1000 m

Madras

Madras dans l'histoire

La présence portugaise

La statue de saint Thomas domine N.C.S. Bose Rd. Selon la tradition, l'apôtre aurait évangélisé l'Inde au début de notre ère.

En 1639, les Anglais obtiennent du roitelet local l'autorisation d'installer un comptoir commercial au S. d'un petit village de pêcheurs nommé Chennai. Ils voisinent avec les Portugais, établis depuis 1521 plus au S., dans le village de San Thomé, sur le lieu où débarqua et fut inhumé l'apôtre Thomas. En 1640, les Anglais inaugurent, le jour de la Saint-George, le petit fortin qui défend une quinzaine de huttes couvertes de palme : c'est l'acte de naissance de Madras. Dès 1652, le siège de l'autorité britannique sur les comptoirs du Bengale et de Java y est transféré. À la fin du XVIIe s., les Portugais sont définitivement expulsés de leur possession de San Thomé.

Rivalités franco-anglaises

Jusqu'au milieu du XVIIIe s., les Britanniques obtiennent des souverains locaux la possession des petits villages aux alentours de Fort Saint George : Triplicane, Egmore, Saidapet, San Thomé, autant de quartiers de la métropole actuelle. Mais les Français, depuis Pondichéry, leur disputent la suprématie dans le S. de l'Inde. La guerre de Succession d'Autriche (1740-1748) donnera à Dupleix l'occasion d'en découdre avec les Anglais. En 1746, les troupes françaises conduites par Mahé de la Bourdonnais s'emparent de Madras qu'elles occupent jusqu'en 1748, lorsque le traité d'Amiens en prévoit la restitution à l'Angleterre. Les combats valent à la ville noire, au N. de Georgetown, d'être pratiquement rasée ; elle sera rapidement reconstruite avec le tracé qu'on lui connaît aujourd'hui. En décembre 1758, les Français mettent à nouveau le siège devant la ville ; mais l'arrivée d'une flotte anglaise, en février 1759, les contraint à se retirer.

Capitale du Sud

La défaite française consommée après le retrait de Dupleix, Tipu Sultan tué à la bataille de Sringapatnam en 1799 *(→ p. 352)*, les Anglais ont les mains libres en Inde du Sud. Madras et son port se développent et la ville devient la capitale de la Présidence qui porte son nom et couvre une grande partie de l'Inde du Sud. Dans les premières décennies du XXe s., la grande métropole devient un centre actif de la lutte contre la présence anglaise : en 1916, la théosophe Annie Besant *(encadré p. 184)* y fonde la Home Rule

La prise de Madras par les Français en 1748

« Le pillage immense que les troupes avaient fait dans la ville Noire avait mis parmi elles l'abondance. De grands magasins de liqueurs fortes y entretenaient l'ivrognerie et tous les maux dont elle est le germe. C'est une situation qu'il faut avoir vue. Les travaux, les gardes de la tranchée, étaient faits par des hommes ivres. Le régiment de Lorraine fut seul exempt de cette contagion mais les autres corps s'y distinguèrent. Le régiment de Lally se surpassa. De là les scènes les plus honteuses et les plus destructives de la subordination et de la discipline. On a vu des officiers se colleter avec des soldats, et mille autres actions infâmes dont le détail, renfermé dans les bornes de la vérité la plus exacte, paraîtrait une exagération monstrueuse. »
Journal d'un officier de Lally Tollendal rapporté par Voltaire, dans *Précis du siècle de Louis XV*, *Œuvres historiques*, Gallimard, coll. « Bibliothèque de la Pléiade », 1957.

League qui, conjointement au Congrès, prône l'indépendance de l'Inde. Cette même année voit la naissance d'un mouvement politique spécifiquement tamoul, le Justice Party, soutenu par les élites économiques et culturelles du pays. Il s'oppose notamment à la suprématie des brahmanes assimilés aux populations de l'Inde du Nord et qui fournirent l'essentiel de ses cadres à l'administration coloniale.

Une des fresques militantes qui couvrent les murs de Madras : derrière le portrait d'Amma apparaît le visage de feu M. G. Ramachandran, dont l'actrice revendique l'héritage politique.

Madras aujourd'hui

Officiellement rebaptisée Chennai en 1996, la capitale du Sud est un acteur économique majeur du pays. Dotée d'un aéroport international ainsi que de l'un des tout premiers ports de l'Inde par où transitent, par an, plus de 30 millions de tonnes de marchandises (33,68 t en 2003), cette importante cité industrielle (construction mécanique, métallurgie, produits chimiques, tannerie…) accuse une pollution grandissante qu'augmente, dans le centre-ville, le développement effréné des moyens de transport individuels. Capitale culturelle, centre important d'enseignement de la musique et de la danse d'Inde du Sud dont rendent compte, chaque année, d'importants festivals, Madras est enfin un centre majeur de production cinématographique en langue tamoule.

1 Fort Saint George★

Situation : **C-D1**.

C'est ici que tout a commencé : une forteresse construite en 1654, 10 ans après l'établissement du modeste comptoir commercial par quelques marchands britanniques. Derrière ses hauts murs (ceux que l'on voit aujourd'hui furent achevés en 1783) se mit progressivement en place le centre du pouvoir anglais dans le S. de l'Inde : palais du gouverneur,

Naissance du Tamil Nadu

Après l'indépendance, la Présidence de Madras n'est pas démantelée ; la grande métropole continue d'administrer de vastes territoires aux populations linguistiquement diverses. En 1953, la Présidence est amputée de sa partie N., de langue telugu, pour donner naissance à l'État de l'Andhra Pradesh. En 1956, un nouveau découpage administratif rattache les districts de l'O., de langue kannada, au Karnataka. Le rêve de la création d'un vaste Dravidaland indépendant que caressaient certains héritiers du Justice Party s'effondre. Ils y gagnent un État linguistiquement homogène, autour du tamoul, grande langue de culture bimillénaire du Sud de l'Inde. L'État de Madras prend officiellement le nom « Tamil Nadué « en 1969. Un an auparavant, les élections avaient porté au pouvoir à Madras le célébrissime acteur M. G. Ramachandran, dont les portraits sont encore présents à chaque coin de rue, et avec lui son parti, le DMK, héritier du Justice Party, rebaptisé par la suite AIADMK. Après sa mort, sa partenaire à l'écran, Jayalalitha Jayaram, lui succède au pouvoir ; après quelques éclipses dues à des accusations de corruption, Jayalalitha est réélue à la tête de l'État en 2002 avant d'être battue en 2004 au profit du parti du Congrès.

Partition pour un *thali*

L'été 2004, tous les restaurants de Madras, modestes ou luxueux, ont délaissé le service sur *thali* en métal pour la feuille de bananier. Ce recours fut dicté par le souci d'abolir la vaisselle dans une ville où la pénurie d'eau est un épineux problème. L'usage est, lui, tout à fait traditionnel. Sur ce *thali* végétal, dont la pointe est dirigée vers la gauche des convives, on dispose en petits tas une partition de saveurs tamoules, dans un ordre prescrit. Elle débute sur le sel et les condiments, auxquels succèdent le premier plat, sucré, puis les différents ragoûts et sautés de légumes, et le pain sans levain croustillant *(pappadam)*, brisé et mélangé au riz. À peine un mets est-il englouti qu'il est immédiatement resservi. Pas de couverts, puisqu'on mange avec les doigts.

◀ Une simple feuille pour emballer un pique-nique ou une friandise achetée au coin de la rue : une grande partie de l'Inde demeure à l'ère du jetable écologique.

■ Variations sur le riz

Avec le Gujarat, dans le N.-O. du pays, le Tamil Nadu a développé une haute gastronomie végétarienne. Son souci d'équilibre des apports nutritifs et des saveurs est doublé d'un usage modéré des graisses végétales. À la ville comme à la campagne, le riz est le cœur des trois repas quotidiens, en grains ou sous forme de farine. Dès le petit déjeuner, il est présent dans toutes sortes de pâtes. Préparées dans des établissements spécialisés, elles ont peu à peu conquis le reste du pays. La *dosai* est une fine crêpe, mariant le croustillant d'une crêpe dentelle au moelleux d'une galette de froment, dégustée seule *(sada)*, ou farcie d'une purée de pommes de terre épicée *(massala)*. Les *idli* sont des brioches de riz, nacrées par une cuisson à la vapeur. La pâte est la même que celle des *dosai* et repose sur une légère fermentation, favorisée par le climat humide de l'Inde subtropicale. Il en existe quantité de formes, selon les moules utilisés, de la « brioche-bouton » à l'épaisse galette découpée en parts. Pour débuter la journée, on a encore le choix d'un *puttu* (boudin de pâte étuvé, servi avec de la noix de coco râpée, des bananes et du sucre), d'*idiappam* (nouilles de riz cuites à la vapeur) ou d'*appam* (pâte de riz et de lait de coco, fermentée à la bière de palme et cuite en petites crêpes).

▲ Avant d'être réduits en poudre, les rhizomes de curcuma sont débarrassés de leur peau ; toute la subtilité de la cuisine indienne réside dans le choix et le dosage des multiples épices employées.

◄ Emballage des cuissons à l'étouffée, la feuille du bananier plantain est le plateau-repas jetable des repas de fête.

■ Une diététique de pois

Après le riz, les légumineuses (*paruppu* en tamoul, équivalent du *dal* nord-indien), nécessaires apports en protéines, sont diversement employées pour leur valeur nutritive, bien plus que pour leur goût, peu prononcé et masqué derrière les mélanges épicés, ou *podi*. Le *rasam*, brouet léger et poivré, et le *sambhar*, gruau de pois acidulé, entrent dans la composition des *thali* du déjeuner et du dîner ou servent d'accompagnement aux *dosai* et aux brioches de riz. De nombreuses recettes de ces potages parfumés se sont perdues, faute d'avoir été recueillies et consignées, mais elles restent suffisamment variées pour témoigner d'une fascinante diversité de combinaisons. Ils sont préparés avec des lentilles roses *(thuvaram paruppu)* et du petit soja vert *(ulutham paruppu)*, légumineuses les plus populaires en cuisine tamoule, le second entrant dans la composition des pâtes fermentées pour la confection des *idli* et des *dosai*.

Se servir de ses doigts – ceux de la main droite uniquement – n'est pas une manière réservée à l'Inde du Sud ; de la côte de Coromandel à celle de Malabar, c'est la main tout entière qui officie, puisant et empilant tout à la fois le riz, les sauces et le pappadam émietté, pour en faire une bouchée copieuse. ►

■ Saveurs satellites

Végétariennes ou carnées, les autres préparations ne sont que des satellites du riz et empruntent leurs saveurs aux aromates locaux, tels le tamarin, la noix de coco, le poivre et les feuilles de curry. L'aigre-doux et le pimenté – la cuisine tamoule est à juste titre réputée l'une des plus relevées de l'Inde – en sont les notes dominantes. Outre le riz bouilli *(sadham)* et le *paruppu*, un menu complet comprend du yaourt *(tayir)* et deux ou trois préparations de légumes frais, agrémentés de noix de coco râpée ou de lait de coco, plus des currys pimentés de poisson et de viande pour les classes qui peuvent, financièrement ou socialement, en consommer. L'eau, le *mor* (lait caillé salé) et l'eau de coco sont les boissons les plus courantes, tandis qu'en ville on aime à débuter ou conclure un repas en buvant à petites gorgées un thé aux épices ou un café au lait sucré.

secrétariats, baraquement et terrains d'exercice pour la troupe, mais aussi lieu de culte. Les Anglais partis, le Fort n'a pas perdu pour autant ses fonctions officielles, puisqu'il abrite aujourd'hui une partie de l'administration du Tamil Nadu.

Combien de temps : 1 h 30.

Le musée

Ouv. 10 h-17 h, f. ven.

Abrité dans l'ancien mess des officiers, ce musée offre, sur trois niveaux, souvenirs et documents évoquant la présence britannique en Inde. Au 3e étage, une petite section est consacrée à la présence française. Près de l'entrée est exposée la minuscule cage dans laquelle un officier britannique, le capitaine Anstruther, fut détenu durant cinq mois en Chine.

L'église Sainte-Marie

Achevée en 1680, l'église fut conçue comme une partie du système défensif du Fort ; l'architecte militaire qui présida à sa construction la dota de murs de 2 m d'épaisseur. Des précautions bien utiles qui lui permirent de résister aux bombardements français du XVIIIe s. et de servir de refuge à la population civile. L'intérieur, peint en blanc et orné de céramiques, renferme de nombreux monuments funéraires et commémoratifs. À noter, du côté O., la **galerie en bois**, sculptée d'oiseaux et d'éléphants.

Au N. de l'église Sainte-Marie, un ensemble de bâtiments en partie laissés à l'abandon *(on ne visite pas)* abritèrent les résidences de lord Wellesley, futur duc de Wellington, et de Robert Clive (1725-1774), un des fondateurs de l'Empire britannique en Inde, qui fit de Madras la base de ses expéditions militaires.

Les bâtiments des secrétariats

À l'O. de l'église.

La partie la plus ancienne, qui remonte à la fin du XVIIe s, fut le cœur de l'administration britannique de la Présidence de Madras.

La ville noire en 1769

« [La ville noire] renferme un peuple nombreux que les Anglais évaluent à quatre cent mille âmes [...] Quoiqu'elle porte le nom de ville noire, une grande quantité de blancs y habitent, qui sont de toutes nations, et qui ont des magasins fournis des plus riches marchandises de tout le pays ; il y a entre autres une nombreuse colonie de marchands arméniens très riches qui ont des magasins immenses. Parmi les Indiens qui habitent Madras, il y a quantité de Guzarates, banquiers fort riches, et marchands de perles, de pierreries et de corail ; enfin cette ville est en tout temps un des entrepôts les plus riches du monde, et elle n'a pour lors d'autre défense qu'un mur de terre à hauteur d'appui sans aucune garnison ni aucune espèce de défenseurs. »

Maistre de La Tour, *Histoire d'Ayder Ali Khan*, cité par Guy Deleury, *Les Indes florissantes. Anthologie des voyageurs français 1750-1820*, Robert Laffont, coll. « Bouquins ».

2 Georgetown★

Situation : **C-D1** ; inscrit à l'intérieur d'un quadrilatère limité au S. par NSC Bose Rd, au N. par Old Jail Rd, à l'O. par VOC Rd et à l'E. par la promenade du bord de mer.

Dès la fin du XVIIe s. une « ville noire » se développa, au N. de Fort Saint George, domaine des artisans et des employés de la ville européenne, tisserands et teinturiers, mais aussi négociants et armateurs, venus pour beaucoup de l'O. indien, Marwars du Rajasthan ou Gujaratis, Arméniens et Juifs. Le quartier fut entièrement reconstruit dans la 2e partie du XVIIIe s. avec son réseau de rues à angles droits. Il reste aujourd'hui le principal centre économique de la ville : grossistes regroupés par spécialités, artisans, marchés de fleurs, de fruits, de légumes et d'épices. Une promenade haute en couleur et en parfums.

De hautes tours dressées tels des minarets signalent la High Court de Madras : c'est dans le passé musulman de l'Inde que les Anglais puisèrent leur inspiration quand ils conçurent ce palais de justice.

Combien de temps : 2 heures.

NSC Bose Rd et North Beach Rd

Sur les avenues extérieures subsistent d'imposants édifices, anciens sièges de banques et de compagnies de commerce. Le plus bel ensemble se trouve sur North Beach Rd avec l'alignement des bâtiments de la **Hong Kong & Shanghai Bank** (1923), de la **Poste centrale** (1884), de la **Magistrates Court** (« siège de la Magistrature », 1910) et de la **State Bank of India** (1896).

Côté NSC Bose Rd, on peut également voir l'**Anderson's Church** (1859), l'une des nombreuses églises que les missions chrétiennes établirent dans le quartier.

High Court (palais de justice)

NSC Bose Rd.

Par ses volumes et ses dimensions, le bâtiment, achevé en 1893, rappelle les édifices néogothiques dont la période victorienne dota les bords de la Tamise. Son immense coupole culmine à 53 m du sol, son sommet supporta, jusque dans les années 1970, le phare de la ville dont le signal portait à plus de 30 km.

L'entrée côté NC Bose Rd donne accès aux cours intérieures qui desservent bureaux et galeries où, sous les ventilateurs, des bataillons de secrétaires penchées sur leurs machines s'emploient à alimenter toujours davantage les archives du lieu.

L'**université de droit** *(à l'O. du bâtiment)* fut achevée en 1899 dans un style similaire.

Du palais de justice, vous suivrez NSC Bose Rd vers l'O. (c'est-à-dire en tournant le dos au bord de mer), croiserez à dr. Poophams Broadway, artère principale du quartier que bordent de nombreux anciens bâtiments de commerce, pour aboutir à Badrian St. où vous tournerez à dr. : une débauche de couleurs et de parfums annonce le marché aux fleurs.

Les marchés

Le marché aux fleurs *(Badrian St.)* est particulièrement animé le matin lorsque les grossistes déchargent leurs ballots et que les détaillants tressent d'une main experte les guirlandes que les fidèles iront déposer en offrande à la divinité. Plus haut, la rue croise Audiappa Naicken St., où se tient le **marché aux fruits, aux légumes et aux épices,** « ventre » de Madras.

En suivant Audiappa Naicken St., à dr., vous croiserez à nouveau Poopham Broadway et continuerez tout droit jusqu'à Armenian St.

■ Le Binny's

À l'angle de Poopham Broadway et Armenian St.

Ce bâtiment à véranda rythmé de colonnes doriques abrite, depuis le début du XXe s., l'un des plus anciens commerces de tissus de la ville.

Prendre à dr. sur Armenian St.

■ L'église Arménienne (Armenian Church)

Ouv. 9 h 30-14 h.

Sous le campanile de l'église Arménienne est inhumé Haruthiun Shmavonian (1750-1824), qui fonda, en 1790 à Madras, le premier journal imprimé en arménien au monde.

Passé le haut porche surmonté d'un fronton de style hollandais, on entre dans une vaste **cour** joliment fleurie et agrémentée d'oiseaux en cage. On y découvre également près de 350 **pierres tombales** gravées de caractères arméniens : la première église aurait été édifiée à l'emplacement d'un cimetière déjà existant.

La présence arménienne à Madras, tout comme celle des Juifs, est très ancienne, peut-être antérieure au développement de la ville sous l'impulsion des Britanniques.

L'**église** actuelle fut construite en 1772, succédant à un édifice plus ancien, détruit lors du siège de Madras par les Français en 1746-1748. Elle conserve sur un ambon en avant de l'autel une **bible arménienne** imprimée en 1686.

Séparé de l'église, le **campanile** possède toujours ses six cloches, que vient sonner, chaque dimanche, le gardien des lieux, Michael Stephen, unique représentant de la communauté arménienne de Madras.

3 Government Museum★★

Situation : C2

Fondé en 1851, le musée couvre l'ancienne Présidence de Madras, c'est-à-dire le Tamil Nadu d'aujourd'hui et une partie importante du Karnataka et de l'Andhra Pradesh. Introduction indispensable à un voyage en Inde du Sud, il possède une des plus importantes collections archéologiques de l'Inde ; dans la galerie des Bronzes se trouvent les splendides réalisations des artistes colas.

POINT FORT

La galerie des Bronzes★★★

Le domaine du musée de Madras comprend également un musée destiné aux enfants (Children's Museum), la Galerie nationale d'art (National Art Gallery) et une section d'art moderne. Ces différentes expositions sont d'un intérêt très secondaire pour un visiteur de passage.

Visite : ouv. 9 h 30-17 h ; entrée payante. Un seul billet donne accès à tous les bâtiments du musée ; les sacs doivent être déposés à la consigne.

Combien de temps : prévoir un minimum de 2 h.

La section archéologique

De part et d'autre de cette vaste salle en longueur, sont aménagées des niches successives, chacune dédiée à une période particulière.

Le Tamil Nadu *(côté g.)*.

1re niche : les Pallavas (600-850). Ils sont représentés ici par plusieurs sculptures monumentales parmi lesquelles se distinguent un **dvarapala cornu** et un **Vishnou** dont la force d'expression et le modelé sont caractéristiques de la période.

Maîtres de l'Inde du Sud durant plus de deux siècles depuis leur capitale de Kanchipuram, les Pallavas ont notamment laissé les splendides sanctuaires rupestres de Mahabalipuram *(→ p. 214)*.

2e niche : les premiers Colas (850-1100). Protecteurs des arts, ils permirent le développement de l'art du bronze qui, à leur époque, a livré de véritables merveilles, et ornèrent leurs temples d'admirables sculptures : le musée en conserve des exemples choisis, comme cet **Ardhanarishwara*** (Shiva androgyne) appuyé sur son taureau Nandi, dont la silhouette idéale et la somptueuse parure sont représentatives de cette époque.

3e niche : les derniers Colas (1100-1350). Ceux dont les possessions se réduisirent comme peau de chagrin sous les coups de boutoir des dynasties voisines n'en perpétuèrent pas moins les splendeurs de la période précédente, aboutissant à un véritable classicisme, comme une nostalgie de la puissance perdue. Ainsi ce majestueux **Vishnou allongé*** entouré de ses deux déesses.

Les Colas, ces conquérants qui étendirent leurs possessions jusqu'en Indonésie, furent aussi de grands bâtisseurs ; à preuve, le temple de leur capitale Tanjore, ou ceux des environs, Gangaikondacholapuram et Darasuram.

4e niche : Vijayanagar. À voir principalement une figure de **Vishnou assis** *(sur Vijayanagar → Hampi p. 335)*.

5e niche : période moderne après 1600.

Karnataka et Andhra Pradesh *(côté dr.)*.

Pour suivre les descriptions, repartir de l'entrée de la salle.

1re niche : les Chalukyas (VI-IXe s). La période *(→ p. 312)* était au monumental ; voir ainsi deux **dvarapalas** et un **Ganesha**.

2e niche : les Nolambas (850-1100). Cette petite dynastie de l'E. du Karnataka a laissé de belles représentations sculptées telle cette **Dakshinamurti** au visage grimaçant, héritière sans doute d'un ancien fonds dravidien.

3e niche : les Hoysalas (fin Xe s.-1347). L'art des Hoysalas *(→ arrêt sur images p. 328-329)*, immédiatement reconnaissable par la finesse et la minutie de ses ornementations, est magnifiquement représenté ici par un **encadrement de porte**** (XIe s.), véritable dentelle de pierre dont des génies soutiennent la

Vijayanagar, c'est la pompe impériale. Dans l'architecture, mais aussi dans les sculptures où les déesses, comme ici Kali (XVe s.), s'imposent par leur puissance plus que par leur grâce.

corniche et où apparaissent de gracieuses danseuses accompagnées de musiciens ; un Ganesha figure au linteau.

4e niche : **Vijayanagar**. Cette section abrite un des chefs-d'œuvre du musée : un **sage appuyé pensivement sur son bâton***, véritable croquis saisi sur le vif.

5e niche : la période moderne après 1600.

À l'extrémité de la salle, un ***escalier*** *sur lequel veille un magnifique Surya des débuts de la période cola, conduit aux* ***galeries*** *qui courent le long des murs de la salle. Pour suivre l'ordre chronologique il convient de partir du côté de l'entrée du bâtiment.*

Mohenjo-Daro *(au-dessus de l'entrée, entre les deux galeries)*. La grande civilisation urbaine de Mohenjo-Daro, contemporaine des grandes cités de l'Euphrate avec lesquelles elle entretenait des relations, s'épanouit dans la vallée de l'Indus entre le IIIe millénaire et 1 800 av. notre ère env. Considérée comme la première civilisation de l'Inde, elle a laissé peu d'œuvres d'art, son legs le plus célèbre étant la petite danseuse de bronze exposée au musée national de Delhi. On peut voir ici des outils et des sceaux mis au jour sur le site, ainsi que des figurines de terre cuite, déesses mères et animaux.

Les Mauryas fondèrent le premier grand empire de l'Inde dont les territoires englobaient tout le N. du sous-continent, du Bengale aux côtes de l'océan Indien. Son représentant le plus illustre fut l'empereur Ashoka (v. 269-232), qui favorisa le bouddhisme dans ses États et parsema son royaume de colonnes commémoratives dont le chapiteau en forme de lion est devenu un des emblèmes de l'Inde moderne.

La sculpture du Nord de l'Inde *(galerie)*

Commencer la visite par la galerie de g. en partant de l'entrée du bâtiment.

Les Mauryas (IVe-IIe s. av. notre ère). Cette grande période est représentée par le moulage en plâtre d'un **porteur de chasse-mouches** *(chauri-bearer)* dont l'original se trouve au musée de Delhi.

L'art de Mathura. Cette période est représentée par une splendide **jeune fille** sous les branches d'un arbre sal (*sala bhanjika*, thème iconographique fréquent à cette période) et un **buste de Bouddha**.

Mathura, une des sept cités saintes de l'Inde, fut, dans les premiers siècles de notre ère, la capitale de la dynastie des Kushanas. Centre artistique majeur à cette époque, elle donna naissance aux premières représentations de Bouddha sous une forme humaine. Ses environs, considérés comme le lieu de naissance de Krishna, servirent de cadre aux légendes attachées au dieu.

L'art du Gandhara. Cet art, appelé également gréco-bouddhique (IIIe s. av. notre ère-IIIe s. apr.), se développa dans les royaumes indo-grecs laissés par Alexandre le Grand, dans la région de l'actuel Afghanistan. Le Bouddha y est représenté sous une forme humaine, mais selon les canons de l'art hellénistique. Il est également figuré assis à l'occidentale, comme celui que l'on voit présenté ici et qui emprunte ses traits à l'Héraclès grec.

L'art des Gupta. C'est le premier âge classique de l'art indien (milieu du IIIe s.-milieu du VIe s.) ; la statuaire atteint une plénitude des formes : visages apaisés et sereins, lignes harmonieuses.Un bouddha assis exposant la doctrine illustre cet apogée de l'art indien.

L'art de l'Orissa. À partir du VIIe s., cette région fut gouvernée par plusieurs dynasties successives qui favorisèrent l'émergence d'un art très orné au plan architectural et dont la sculpture privilégie l'observation de la nature et des humains. Deux belles **danseuses** illustrent les exigences propres à l'art de l'Orissa.

Revenir vers l'entrée du bâtiment par la galerie de dr.

La sculpture des Palas et des Senas. Ces deux dynasties régnèrent sur le Bengale et une partie de l'Inde du Nord : de 750 au début du XIe s. pour les Palas, souverains bouddhistes, puis du XIe au XIIIe s pour les Senas hindous. À l'époque de ces derniers appartiennent le **Ganesha** et le **Vishnou** exposés ici.

L'écriture. Les quatre niches suivantes sont consacrées à des témoignages épigraphiques des différentes langues de l'Inde du Sud : tamoul, kannara, telugu, nagari des Pallavas de Kanchipuram ; on y découvre aussi les beaux caractères soignés du brahmi.

Le brahmi, qui s'écrit de g. à dr., est le système alphabétique servant à transcrire le sanskrit. Déjà utilisé à l'époque d'Ashoka (IIIe s. av. notre ère), son origine demeure inconnue ; il dériverait d'un alphabet sémitique ou phénicien.

*Depuis le haut de l'escalier où trône la statue de Surya, suivez le couloir où sont présentées plusieurs stèles de héros ainsi que deux stèles de **sati**. Il débouche sur le bâtiment principal du musée.*

Le bâtiment principal

La galerie hindoue. On y voit surtout des fragments architecturaux décoratifs classés par thèmes : chapiteaux, encorbellements, *kudu*.

On appelle kudu des motifs décoratifs en forme de fer à cheval qui ornent les corniches des temples.

Le bûcher des veuves

Alors qu'il conduisait un sacrifice en l'honneur de Vishnou, Dakhsa, père de Sati, première épouse de Shiva, omit d'inviter son gendre. De colère, Shiva anéantit l'assemblée et Sati se jeta dans le bûcher du sacrifice. Sati renaîtra sous les traits de Parvati et Shiva l'épousera à nouveau. Telle est l'origine brahmanique de la coutume des *sati*, attestée au moins depuis le IVe s. av. notre ère (particulièrement au Rajasthan), qui contraint les veuves à s'immoler sur le bûcher de leur époux défunt. Des stèles commémoratives dressées sur le lieu de leur sacrifice rappelaient leur geste. Cette pratique toucha également les harems des princes et des souverains : un voyageur italien du XVe s. rapporte que, à la mort du roi de Vijayanagar, 3 000 femmes de son harem périrent sur le bûcher. Dans la société hindoue traditionnelle, notamment parmi les castes supérieures, un terrible ostracisme frappait les femmes à la mort de leur époux. À l'interdiction du remariage s'ajoutait l'exclusion sociale : condamnée à vivre dans la demeure de sa belle-famille, la veuve ne recevait plus qu'un pauvre repas quotidien, couchait à même le sol, et toute la maisonnée évitait le contact avec elle. La crémation des veuves fut officiellement interdite à Delhi par Metcalfe en 1809 et dans le reste de l'Inde par Bentick en 1829. Pourtant, il ne se passe pas d'année sans que l'on signale des cas de suicides de cette sorte.

La galerie d'Amaravati. La section bouddhique se résume pratiquement à la présentation des vestiges mis au jour à Amaravati (Andhra Pradesh), grand centre bouddhiste, actif du IIIe s. av. notre ère au IIIe s. apr. Au cœur de la ville s'élevait un immense stupa dont on voit ici une partie de la décoration.
À dr. de l'entrée sont disposés en un immense panneau des **bas-reliefs** illustrant les mythes liés à l'histoire de Bouddha : des compositions pleines de vie où l'on reconnaît des scènes telles qu'une adoration de Bouddha par de saintes femmes, le partage de ses reliques après sa mort, ou encore des épisodes des *Jataka*, recueil narrant les 547 vies antérieures du Bouddha historique.
Du côté g. de la salle, voir aussi un beau **relief** représentant un stupa surmonté de trois scènes de la vie de Bouddha.

La **galerie jaïne** présente essentiellement des statues de **tirthakanras** de différentes époques.

Le reste du bâtiment présente les **collections zoologiques**, succession de vitrines remplies d'animaux empaillés et aussi un squelette de baleine.

Les plus anciens bronzes découverts en Inde remontent au VIIe s. av. notre ère. Mais c'est à partir du VI-VIIe s. de notre ère que se développa l'usage des idoles de bronze : il fallait alors un support à la *bhakti*, dévotion personnelle à la divinité prônée, dans leurs poèmes, tant par les Nayanars shivaïtes que par les Alvars vishnouites. La multiplication des processions rendit nécessaire la création d'idoles susceptibles d'être transportées.

Le Shiva dansant (Nataraja) fut l'un des thèmes privilégiés des sculpteurs chola, tant pour des raisons religieuses que pour les possibilités plastiques qu'offrait cette image (bronze cola du XIe s.).

La section des Bronzes*** (Bronze Gallery ; *à g. du bâtiment principal*)

Rez-de-chaussée. Deux cents bronzes, sur les 600 que détient le musée, sont exposés ici. les plus anciens sont bouddhistes et datent du IVe s. de notre ère, les plus récents de la période des Nayaks, au XVIIe s.

Bronzes colas***. Cette dynastie produisit de véritables chefs-d'œuvre restés inégalés. Quelques pièces maîtresses à ne pas manquer : contre le mur du fond, un magistral **nataraja***** du XIe s dont Rodin écrivit qu'il représentait la plus parfaite illustration du mouvement rythmique *(→ Bibliographie)*. À sa g., un **Subramaniya***** provenant de Tanjore (XIIIe s) où s'est perpétué jusqu'à nos jours l'art des bronziers. Au centre de la salle, sur un plateau tournant, un **Ardhanarishwara***** du XIe s.

1er étage. Les présentations se poursuivent dans la galerie où sont exposées les pièces les plus anciennes, des **bouddhas** des IIIe et IVe s. provenant d'Amaravati.

4 Mylapore

Situation : C3

Lorsque les Portugais, au tout début du XVIe s., s'établirent sur la côte de Coromandel, ils prirent possession d'un petit village de pêcheurs, Mylapore, près duquel une église marquait, sans doute depuis la fin du IVe s., la sépulture de l'apôtre Thomas. Ils nommèrent San Thomé leur nouvelle possession, tandis que Mylapore, devenue la ville noire, s'agrandissait progressivement vers l'O. Aujourd'hui, San Thomé et Mylapore constituent deux quartiers jumeaux de la ville. Au plus près du rivage, San Thomé, avec sa cathédrale, regroupe essentiellement des institutions charitables. À l'O., Mylapore est dominé par son temple de Kapalishwara, le plus sacré des nombreux sanctuaires hindous que compte la ville.

À propos des effets du tsunami du 26 décembre 2004, lire p. 163 et 165.

On vient en famille sur la plage de Mylapore s'exercer chez les forains au tir à la carabine, déguster des poissons massala et des beignets, ou encore se promener à cheval pour les plus aventureux. Si la baignade n'est pas un plaisir populaire en Inde, ce large ourlet de sable est un lieu de promenade très apprécié des habitants.

Accès : depuis Fort Saint George, il vous faudra, pour atteindre ce quartier du S. de Madras, longer l'immense plage qui borde la ville.

Combien de temps : prévoir 2 h.

La cathédrale Saint-Thomas* (San Thome Cathedral)

Ouv. 6 h-20 h ; messe en tamoul dim. à 6 h et 18 h.

Le présent édifice fut consacré en 1896. La **tombe** du saint se trouve dans une crypte ouvrant à la croisée du transept. À l'autel figure une statue du Christ couronné ; à ses pieds, deux paons symbolisent, comme traditionnellement dans l'iconographie

Les chrétiens de saint Thomas

« Le corps de Messire saint Thomas l'apôtre est sépulturé en la province de Maabar, en une petite ville car il n'y a guère d'hommes, et les marchands n'y viennent point, car il n'y a pas de marchandises qu'ils puissent emporter, de plus c'est un lieu solitaire et fort éloigné des routes. » Si Marco Polo fait déjà état, à la fin du XIIIe s., de la tombe de l'apôtre, on ignore, en revanche, l'origine de la tradition qui fait de ce coin de la côte le lieu où il fut inhumé. La tradition selon laquelle l'apôtre Thomas aurait débarqué en Inde pour évangéliser les populations remonte aux *Actes de saint Thomas*, rédigés vers le IIe s. Il aurait été martyrisé sur le Mount Thomas – l'endroit est toujours lieu de pèlerinage – et inhumé près de la côte. La mission de Thomas donna naissance à une communauté chrétienne, goutte d'eau dans un océan hindou, qui survécut dans le silence durant des siècles, et dont l'Église syro-malabare (3,5 millions de fidèles) est aujourd'hui l'héritière. Présente essentiellement au Kerala, cette Église suit un rite oriental – celui des chrétiens d'Iraq – tout en reconnaissant l'autorité du pape. Jusqu'en 1968, sa liturgie se déroulait en araméen.

▲ Le petit port de pêche de Vizhinjam et sa mosquée, près de Kovalam au Kerala.

Christianisme et islam : une présence plus que millénaire

De très anciennes routes maritimes commerciales relient le Sud de l'Inde avec la péninsule Arabique et le Moyen-Orient. Judaïsme, christianisme et islam se sont, par ce biais, implantés et diffusés pacifiquement bien avant l'établissement de sultanats dans le Deccan (XIVe s.), les incursions guerrières musulmanes au pays tamoul (XIVe s.), ou l'arrivée des Portugais à Madras (XIVe s.), puis des autres puissances coloniales chrétiennes.

■ Des conversions de masse

Si, dans le Sud, le judaïsme s'est, pour l'essentiel, restreint à de petites communautés dans les ports marchands du Kerala ou à Goa et se réduit, à l'heure actuelle, à quelques familles, le christianisme et l'islam, présents dans la région dès leurs débuts respectifs, ont connu un développement considérable et représentent aujourd'hui des minorités religieuses importantes dans les quatre États du Sud (1/5 de la population, chacune, au Kerala).

Un tel développement ne s'explique pas par les seuls réseaux commerciaux ou par des invasions armées, mais par des conversions de masse de populations locales, qui se sont produites régulièrement à différentes périodes de l'histoire régionale. Dans l'immense majorité des cas, il s'est agi de conversions volontaires de groupes sociaux de bas statut cherchant à échapper à la discrimination sociale dont ils pouvaient faire l'objet de la part des castes supérieures.

▲ Les chiites sont nombreux en Andhra Pradesh, et notamment à Hyderabad, ancienne capitale des nizams du Deccan.

■ Le maintien des discriminations

La société hindoue a souvent maintenu les nouveaux convertis dans leur statut d'origine, et, en outre, dans les deux religions d'accueil, la hiérarchisation sociale, certes différente de celle des castes, a été tout autant pratiquée (elles ont accepté l'esclavage jusqu'à une date comparativement récente). Toujours est-il que les communautés chrétiennes et musulmanes, en Inde, sont, comme en milieu hindou, divisées en groupes de statut différent dont les plus bas restent victimes de discriminations. Un exemple : les chrétiens du Kerala forment une communauté religieuse importante, très active et influente, mais composite. Les chrétiens dits « de saint Thomas », ou « chrétiens syriens » (ils utilisaient le syriaque comme langue liturgique), affirment descendre de convertis de haute caste par l'apôtre saint Thomas dont la tombe, selon les traditions locales, se trouverait à Chennai, au Tamil Nadu. Ils constituent le groupe de plus haut statut. Les catholiques de rite latin descendent pour la plupart de groupes sociaux côtiers (pêcheurs, récolteurs de vin de palme) convertis par les Portugais aux XVIe et XVIIe s. Leur statut, moins considéré que celui des « syriens », est cependant supérieur aux « nouveaux convertis », pour la plupart descendant de groupes de bas statut convertis par des missions protestantes à l'époque de la domination britannique (à partir du XIXe s.). De nombreux nouveaux convertis sont encore victimes de discrimination pour « intouchabilité ». Et ces divers groupes évitent tout mariage entre eux.

▲ École catholique à Cochin. L'Église catholique est de loin la plus importante des Églises chrétiennes au Kerala avec plus de 4 millions de fidèles.

■ Entre orthodoxie et éclectisme

Le fait d'affirmer, dans certains contextes, une identité religieuse et sociale distincte, l'une des motivations mêmes des conversions passées, n'est pas sans ambiguïtés et crée une tension, au sein de l'islam comme du christianisme, entre la volonté de marquer une altérité plus ou moins radicale et le fait que les fidèles sont intégrés à une société plus large, dont ils partagent des règles. Sur le plan des cultes, cela se traduit souvent par une diversité d'attitudes dans la pratique religieuse, depuis des positions marquées par une orthodoxie stricte jusqu'à un certain « métissage » avec les pratiques hindoues. Face à la maladie ou au malheur, en particulier, il n'est pas rare de voir des musulmans ou des chrétiens aller dans des temples hindous, des chrétiens et des hindous se rendre sur la tombe d'un saint musulman (dargah), des hindous et des musulmans consulter un exorciste chrétien – même si cela doit se faire parfois avec discrétion.

▲ Affiche du Christ à Cochin, où se trouve la plus vieille église de l'Inde, Saint-François, érigée en 1516. Les messes y sont aujourd'hui célébrées en anglais et en malayalam.

La cathédrale Saint-Thomas est un ample vaisseau néogothique, dominé par une flèche qui culmine à 50 m du sol.

chrétienne, la résurrection ; ils rappellent aussi le nom du village originel, Mylapore signifiant « cité des Paons ». En arrière de l'autel, le vitrail représentant l'incrédulité de Thomas est l'œuvre d'un atelier munichois. La chapelle à g. du maître-autel est dédiée à Notre-Dame de Mylapore : la statue de la Vierge, datée de 1543, provient du Portugal.

Le petit **musée** adjacent *(ouv. 10 h-12 h 30 et 15 h 30-17 h 30)* renferme quelques reliques découvertes dans la tombe lors de son ouverture par les Portugais en 1523 : quelques fragments d'os et la pointe de la lance qui tua l'apôtre.

Emprunter Kutchery Rd bordée de maisons à un étage, construites au début du XXe s pour les classes moyennes indiennes.

Le temple de Kapalishwara

Ce temple shivaïte du XVIIe s est l'héritier d'un édifice plus ancien, sans doute détruit par les Portugais, déjà chanté par les poètes du VIIe s. Deux **gopurams** en gardent l'entrée : celui de l'E., le plus haut, est aussi le plus récent (1906) ; celui de l'O., moins élevé, date de la fondation de l'édifice. À l'intérieur, vous verrez surtout le **mandapa** situé devant l'autel et dont la décoration sculptée est héritière du style de Vijayanagar. Trois fois l'an, le temple de Kapalishwara est à la fête avec une spectaculaire procession qui conduit Shiva, juché sur son char, le long des larges rues qui entourent l'édifice. Le reste de l'année, le gigantesque véhicule est conservé près de l'entrée occidentale.

Revenir sur Kutchery Rd, puis poursuivre sur Luz Church Rd.

L'église de la Luz (Luz Church)

Vis. 6 h-20 h.

Une façade baroque blanchie à la chaux annonce la plus ancienne église de Madras qui fut construite au milieu du XVIe s. à l'initiative d'un moine franciscain. La date inscrite au fronton est celle de l'apparition miraculeuse de la lumière qui, cette année-là, guida des marins portugais en perdition. L'intérieur, très dépouillé, conserve à l'autel un **retable baroque** recouvert d'argent.

5 Mont Saint-Thomas*

Situation : hors plan ; à 10 km S.-O. du centre-ville par Anna Salai Rd et Mount Rd.

La découverte de Madras ne serait pas complète sans une excursion vers le mont Saint-Thomas, au pied duquel se déploient les quartiers résidentiels de la ville. Une route asphaltée conduit jusqu'au sommet : un calvaire monumental construit en 1963 attend les pèlerins ainsi qu'un belvédère d'où l'on découvre un large panorama sur l'agglomération. Une plaque rappelle que Jean Paul II y fit halte lors de sa visite en Inde en 1986. Près de là, une petite église remonte à la période portugaise. Ici, le 3 juillet, jour de la fête du saint, se déroule un important festival.

Notre-Dame-de-l'Attente (Our Lady of Expectation)

Vis. t.l.j. 8 h-20 h.

Cette petite église, construite au XVIe s. et restaurée au XVIIIe s., s'élève à l'emplacement traditionnel où mourut l'apôtre. Sur l'autel est conservée une **croix de pierre**, sculptée, selon la croyance locale, par Thomas lui-même pour diriger sa prière. En 1558, cette croix exsuda de l'eau miraculeuse ; selon les chroniques, le phénomène fut constaté à plusieurs reprises jusqu'en 1704. À dr. du **retable en bois peint** qui orne l'autel est conservée une précieuse **icône**, peinte dit-on par saint Luc, et qui fut transportée dans ses pérégrinations par l'apôtre Thomas. À g., un petit **reliquaire** expose des fragments d'os de l'apôtre.

Redescendre du mont en direction du centre-ville.

Little Mount

À 3 km de Notre-Dame-de-l'Attente.

Autre étape du pèlerinage dédié à saint Thomas, cette petite éminence abrite la **grotte** où il trouva refuge pour échapper aux persécutions. À l'intérieur de la cavité, le gardien des lieux se fera un devoir de vous indiquer l'ouverture miraculeuse par où s'échappa un jour Thomas, et dans la roche l'**empreinte** creusée par les bras du saint lorsqu'il restait en prière. En arrière de la grotte, une autre cavité abrite une **source** miraculeuse dont les fidèles en visite ne manquent pas de boire l'eau.

6 Les rives de l'Adyar

Situation : C3

L'estuaire de l'Adyar conserve en partie son abondante végétation de banians, de palmiers ou encore de manguiers du temps où l'on venait y chasser le léopard, jusqu'à l'arrivée des Britanniques. À la fin du XVIIIe s., ces rives luxuriantes accueillirent de magnifiques propriétés dont certaines demeurent. Nombreuses sont celles qui abritent des clubs ou des institutions. Une courte promenade en voiture vous permettra de découvrir les plus remarquables.

Combien de temps : 2 heures.

Le siège de la Société théosophique (Theosophical Society)

Rive S. ; vis. 8 h 30-10 h 30 et 14 h-16 h 30, f. lun.

C'est un havre de paix en lisière de la ville trépidante, une centaine d'hectares verdoyants d'une nature domestiquée où nichent plus de cinquante espèces d'oiseaux. Autour du **pavillon Blavatsky**, magnifique construction du XIXe s., les théosophes ont construit un ensemble d'édifices destinés à abriter salle de cours et de méditation, bibliothèque, musée *(headquarters building)*, logements pour les visiteurs, imprimerie…

La Société théosophique

Le 17 novembre 1875, le colonel britannique Henry Olcott et l'aristocrate russe Elena Petrovna Blavatsky fondent la Société théosophique à New York. Ce mouvement – marqué par le spiritisme et l'occultisme fort répandus à l'époque et jusqu'au début du XXe s. parmi certaines élites européennes – vise plusieurs buts : la fraternité universelle, l'étude des vérités cachées contenues dans les religions anciennes et traditionnelles, l'étude de mystères de la nature, l'exercice des pouvoirs surnaturels des êtres humains. Les trois articles majeurs de la doctrine sont l'universalité du divin, l'éternité de l'univers et la nature cyclique de toute manifestation (réincarnation). Convaincus que le siège du mouvement ne pouvait se trouver qu'en Inde, les deux fondateurs gagnent le sous-continent dès 1879 et s'établissent à Madras en 1882. Cette doctrine, où les apports hindouistes et bouddhistes sont très importants, reçoit de nombreuses adhésions. Annie Besant prend la tête du mouvement théosophique en 1891, à la mort d'Elena Blavatsky. Anglaise établie en Inde, elle s'engage également aux côtés des nationalistes indiens et préside même la session du Congrès de 1917. La Société théosophique compte des branches dans le monde entier et poursuit sa mission d'enseignement.

Dans le parc sont disséminés des **lieux de culte** de toutes les religions, conformément à la pensée des théosophes qui se veut universelle : chrétienne, musulmane, hindoue, bouddhiste, sikh ou encore zoroastrienne. On y verra également un spectaculaire **banian** vieux de près de cinq siècles.

■ Le Collège de musique (College of Carnatic Music)

Traverser l'Adyar en direction du centre-ville, puis tourner à dr. de manière à longer la rive à distance, l'entrée du collège se trouve à 500 m du croisement. Les cours du collège de musique sont dispensés t.l.j. de 10 h à 14 h. On peut obtenir l'autorisation d'y assister en s'adressant au principal (☎ 249.37.217).

Le conservatoire de la musique de l'Inde du Sud s'abrite dans l'une des plus anciennes constructions d'agrément édifiées sur les rives de l'estuaire : le **Brodie Castle**, achevé en 1798. Il faut faire le tour du bâtiment, qui a certes connu des jours meilleurs, pour gagner l'immense véranda ouvrant sur le fleuve, face à l'autre rive où une nature encore sauvage s'avance jusqu'au bord de l'eau.

■ Le palais de Chettinad

À 1 km en aval du précédent.

L'ensemble est soigneusement entretenu et somptueusement meublé. En l'absence du maître, les gardiens du palais vous conduiront dans certaines parties communes du palais et dans ses jardins.

Le palais de Chettinad appartient toujours aux descendants du raja Annamalai Chettiar qui le fit construire en 1920.

Cap Comorin* (Kanyakumari)

À l'extrême sud de l'Inde, Kanyakumari (« cap de la Vierge »), sépare les eaux des mers d'Oman et du Bengale. La petite ville et ses environs sont considérés comme sacrés *(kshetra)* pour les hindous comme pour les chrétiens qui ont adapté le mythe local. La ville est, en effet, dédiée à la déesse Devi aussi bien qu'à la sainte Vierge, Devi-Parvati ayant accepté de demeurer à jamais vierge pour pouvoir libérer le monde des démons. Se baigner dans l'océan équivaut pour les fidèles à se purifier dans les eaux du Gange, et les petites criques de sable blond, tout comme le bassin sacré du temple de Kumari Amman, attirent des foules de pèlerins lors des deux festivals annuels.

Situation : à 90 km au S de Trivandrum, 242 km au S. de Madurai.

20 000 hab.

☏ **04652**

ⓘ au S. de la ville, sur Main Rd (B2) ☏ 71.216 ou 71.276 ; ouv. lun.-ven. 10 h-17 h 30.

✈ aéroport le plus proche à Trivandrum.

Gare au N. du centre-ville, réserv. ouv. lun.-sam. 8 h-12 h et 14 h-16 h, dim. 8 h-14 h.

🚌 à l'O. du centre-ville, à 400 m de Main Rd (réserv. 7 h-21 h).

Cap Comorin, mode d'emploi

Accès : trains directs de Trivandrum, Madras (Chennai), Bombay (Mumbay) et Bangalore ; liaisons de bus de Trivandrum, Rameswaran, Madurai, Kodaikanal.

Combien de temps : 1/2 j. permet de visiter à pied les principaux centres d'intérêt de la ville (pendant les festivals, compte tenu de la foule, envisagez au moins 1 j.). Mais laissez-vous bercer par l'ambiance de « ville sainte « et profitez du bord de mer et des plages ; comptez 2 j. avec une visite des environs.

S'orienter : la principale artère de la ville, Main Rd, sur laquelle se trouvent les principaux centres d'intérêt, est orientée N.-S., avec vers l'E., de belles échappées sur la mer.

Les festivals : dédiés à la déesse Devi, ils attirent d'énormes foules. Mai-juin, le **festival de Chitra Purnima** dure 9 j. : chaque matin et chaque soir, la statue de Devi est portée en procession dans la ville juchée sur un énorme chariot aux roues de bois plein. Le 10e jour, d'importantes festivités nautiques (courses, bains rituels) clôturent ce premier festival • sept.-oct., **festival de Navratri** : la statue de la déesse est conduite en procession à Mahadanapuram, à 4 km de la

À ne pas manquer

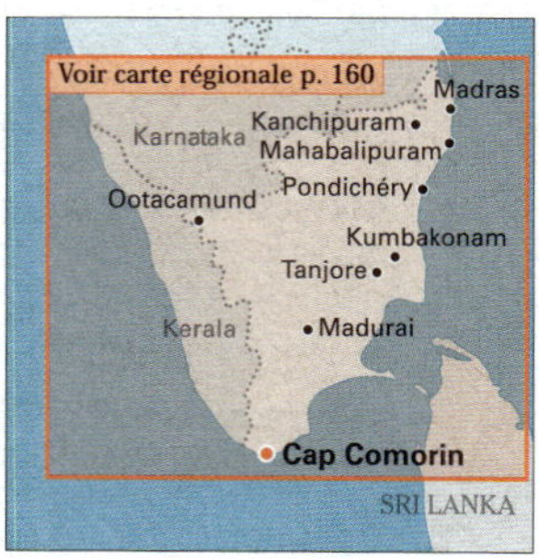

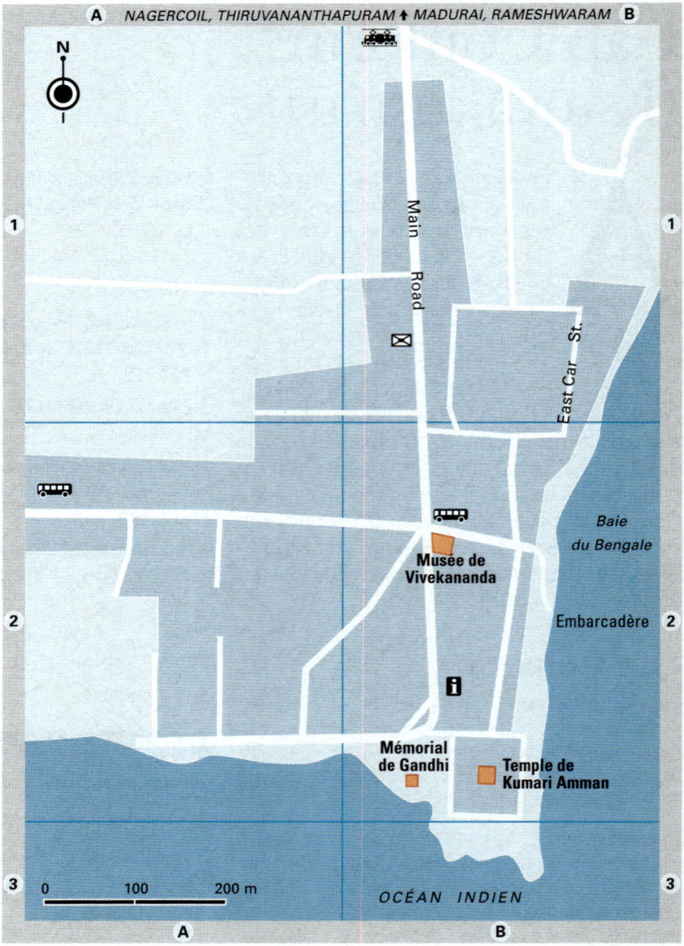

Cap Comorin (Kanyakumari)

ville, là où elle aurait vaincu les démons ● déc., les chrétiens célèbrent la Vierge Marie ; les processions attirent les foules chrétiennes, essentiellement en provenance du Kerala voisin.

Hébergement : si possible dans un hôtel qui possède des chambres avec vue sur l'océan, comme le *Maadhini* sur East Car St. (☎ 24.67.87), ou avec piscine comme le *Singaar*, au N.-E. de la ville (☎ 24.79.92). Attention : réserv. très à l'avance si vous résidez à Cap Comorin pendant les festivals.

Restaurants : là aussi privilégiez les petits restaurants avec terrasse (ou vue) sur l'océan : hôtel *Anantha*, *Sri Ramdev Restaurant*.

Plages : les magnifiques plages sont dangereuses en raison des vagues et des courants.

Préférer les plages désertes, juste après un petit village appelé lui aussi Kovalam, comme la petite ville balnéaire du Kerala (rickshaws ou bus locaux à partir du Bus Stand).

Visiter Cap Comorin

■ Le musée de Vivekananda B2

Main Rd, au S. du centre-ville, près de l'OT ; ouv. 8 h-12 h et 14 h-20 h.

L'itinéraire spirituel du Wandering Monk (« Moine errant »), surnom donné à Vivekananda *(→ encadré)*, est illustré par une série de 41 panneaux et une abondante collection de photographies.

■ Le temple de Kummari Amman B2

À la pointe S. de la ville ; ouv. 4 h 30-11 h 45, 17 h 30-20 h 30 ; photos interdites, laisser obligatoirement appareils et caméras à l'entrée.

Les non-hindous sont autorisés à pénétrer dans les cours extérieures et aux abords du bassin sacré, à condition, pour les hommes, d'être torse nu et de porter un dhoti ; pour les femmes, de porter un sari et un choli. L'intérêt de la visite tient surtout à l'ambiance qui règne autour du bassin sacré, à la foule des pèlerins et des fidèles, puisque vous ne pourrez pas pénétrer dans le sanctuaire.

■ Le mémorial de Gandhi et les Ghâts B2

Ouv. 7 h-12 h 30 et 15 h-17 h.

Le monument fut élevé pour recueillir les cendres du Mahatma Gandhi avant qu'elles ne soient dispersées dans la mer. Chaque année, le 2 oct., date anniversaire de la naissance du Mahatma, un rayon de soleil illumine l'endroit précis où fut conservée l'urne funéraire.

Juste à côté du temple, au S. et à l'E., des volées de marches descendent jusqu'à la mer, permettant aux pèlerins de se baigner dans les eaux sacrées du cap.

■ Le mémorial de Vivekananda B2

Sur un îlot au S. de la ville ; traversée toutes les 30 mn depuis l'embarcadère des ferries au S.-E. du centre-ville ; vis. 7 h-11 h et 14 h-17 h ; accès payant.

À 500 m du rivage sur un îlot rocheux, un mémorial bâti en 1970, censé réunir tous les styles architecturaux et décoratifs de l'Inde, fut élevé à la mémoire de Swami Vivekananda. Le philosophe y serait venu à la nage en 1892 pour méditer. C'est là qu'il aurait conçu l'ordre monastique de Sri Ramakrishna dont il fut le fondateur. Son immense notoriété dans toute l'Inde fait de son mémorial, dominé par une haute statue, un autre but de pèlerinage de la ville.

Un hindouisme moderne

Né à Calcutta en 1863 dans une famille aisée, Narendranath Datta (devenu Swami Vivekananda) étudie le droit avant de devenir moine et, en 1882, disciple de Ramakrishna Paramahansa (1836-1886). Ce dernier s'inscrit dans la tradition de la *bhakti*, qui assure la libération spirituelle par l'adoration de la divinité, et enseigne l'universalité des religions musulmane, chrétienne, hindoue, le tout réglé par une discipline souple, qui attire les intellectuels bengalis. Avant de mourir, Ramakrishna nomme Vivekananda son successeur. Celui-ci reprend la direction de l'ashram et, en 1887, fonde l'ordre de Ramakrishna. Il fait évoluer la pensée du maître et centre son enseignement sur le *karma* (l'action désintéressée, surtout sociale) comme voie d'accès au divin, substituant à l'universalisme un hindouisme militant. Il voyage en Europe et aux États-Unis, participe au Parlement des religions (Chicago, 1893), au Congrès de l'histoire des religions (Paris, 1900). Ses talents d'orateur impressionnent les auditoires et il fait de nombreux adeptes. Il revient en Inde en 1897, fonde un monastère, le Belur Math, puis la Ramakrishna Mission vouée au service social. Il meurt en 1902, à l'âge de 39 ans. Son œuvre est composée essentiellement de conférences et d'entretiens réunis et transmis par un disciple en anglais. Romain Rolland la fera connaître en France. Entre autres ouvrages, on lui doit : *Les Yogas pratiques, Le Yoga de la connaissance, L'Idéal d'une religion universelle.*

Environs de Cap Comorin

Accès : les environs décrits ci-dessous sont tous situés au N.-O. de la ville sur la route de Trivandrum. Si vous ne disposez pas d'une voiture particulière, de nombreux bus au départ du la gare routière vous permettront de vous y rendre.

1 Marthuval Malai *15 km N.-O.*

Accès en rickshaw à partir du village de Pothaiyadi.

Cet ensemble rocheux qui domine les environs, très visible en saison sèche, est une curiosité naturelle qui aurait été déposée ici par Hanuman, le dieu singe. Selon la légende, lors de la guerre entre Rama et le roi Ravana du Sri Lanka, Lakshmana, frère de Rama, fut blessé par une flèche empoisonnée. Pour le sauver, Hanuman partit chercher des herbes médicinales dans les monts Kailash, mais trouva plus pratique de rapporter un morceau de montagne plutôt que les seules herbes... Sur le chemin du retour, une partie de la montagne serait tombée ici, créant les Marthuval Malai, dont le nom signifie « montagne-médecine ». Quelques sadhus vivent dans ses grottes, infestées de cobras, dit-on.

2 Le temple de Suchindram* *18 km*

Ouv. 3 h-15 h et 14 h-20 h ; vis. autorisées, les hommes doivent être torse nu.

En déc.-janv., lors du festival du temple *(Chariot Festival)* qui dure 10 j., les trois divinités sont promenées en procession sur leurs chars.

La déesse Devi devait épouser Krishna ; mais le monde était alors la proie des démons. Vishnou assura Devi que si elle renonçait à son mariage avec Krishna (qui l'attendait à Suchindram pour s'unir à elle) et si elle demeurait éternellement vierge, elle pourrait ainsi sauver le monde de l'emprise des êtres malfaisants.

Shiva aurait résidé dans ce temple (XVIIe et XVIIIe s.) au haut gopuram pendant la lutte entre Devi et les démons. Les divers halls sont soutenus par 1 108 **piliers** représentant des femmes portant une lampe à huile ; certains dits « musicaux « émettent un son quand on les frappe légèrement de l'ongle. La démonstration vous en sera inévitablement faite par les guides « bénévoles « qui vous attendent pour vous montrer également les bas-reliefs érotiques du temple.

Ne manquez pas le **sanctuaire**, avec les rares figurations de Vishnu, Brahma et Shiva côte à côte.

3 Nagercoil et Kolachel

Nagercoil *(19 km)*, importante ville commerçante, est un centre artisanal réputé (flûtes en bambou et bijoux traditionnels). Vous pourrez y découvrir un temple (VIIIe s.) dédié à Shiva Nagaraja, le « roi des serpents » .

Poursuivez vers l'O. jusqu'à **Kolachel** *(35 km)*, grand port commercial, pour voir son ancien **fort danois** et profiter de sa belle **plage**.

4 Le palais de Padmanabhapuram** *41 km*

En bus, descendre à Tuckalay et prendre un rickshaw pour les 2 km restants ; ouv. 9 h-16 h 30, f. dim. - lun.

La ville de Sri Padmanabha fut la capitale du royaume de Travancore jusqu'au XVIIe s. avant d'être supplantée par Trivandrum. Le Travancore couvrait alors une partie du Kerala et une partie du Tamil Nadu. Bien que situé dans l'État du Tamil Nadu, le palais Padmanabhapuram est géré par le département d'Archéologie de Trivandrum (un souvenir de l'ancien royaume de Tranvancore).

La ville et le palais sont également connus sous le nom « Kalkulam », qu'ils portèrent jusqu'à ce que le treizième maharaja, Marthandha Varma, la consacre à Vishnou en 1750 et lui donne son nom actuel.

Résidence des maharajas de Travancore de 1550 à 1790, ce palais en bois, le plus grand de toute l'Inde du Sud, est protégée par une enceinte, véritable merveille de teck et de granit dans le style de l'architecture kéralaise traditionnelle : galeries extérieures en bois ouvragés, colonnes de bois sombres ou de pierre, toit de tuiles et murs en brique rouge.

L'**entrée** du palais abrite des sculptures en bois de **dravapala** du XVIIe s. et des jarres chinoises. Les deux premiers étages abritent les **appartements royaux**, d'étroites galeries donnant sur le patio ou le jardin extérieur et l'appartement des femmes, aux délicats plafonds en bois de rose ornés de motifs floraux. Le sol – sur lequel on marche pieds nus – est fait d'un savant mélange de coquillages réduits en poudre, mélangés à du blanc d'œuf et de la chaux, liés avec le suc de plantes locales (palmier et noix de coco). Les fenêtres de la **salle d'audiences** sont ornées de jalousies finement sculptées et incrustées de mica. Les murs du 3e étage conservent une quarantaine de **peintures murales** datant des XVIIe et XVIIIe s. d'une rare beauté qui illustrent la mythologie hindoue, essentiellement shivaïque et krishnaïque.

Dans les étages, les planchers lisses comme des miroirs doivent leur couleur sombre et leur patine parfaite à leur entretien traditionnel, par frottement de demi-noix de coco dont la surface a été passée au feu. De nos jours encore, les Keralais entretiennent leurs parquets de cette façon, mais en utilisant des demi-noix de coco fraîches.

Kanchipuram★

Situation : à 76 km S.-O. de Madras, 113 km N. de Pondichéry, 128 km N.-E. de Tiruvannamalai.

☎ **04112**

Gare ferroviaire : à la lisière E. de la ville, à 3 km du temple de Kailasanatha.

🚌 **dans le centre-ville (A1).**

Hébergement : des hôtels convenables permettent de faire étape : ainsi l'hôtel *Tamil Nadu*, Railway Station Rd, face à la gare de chemin de fer ☎ 225.53.

À ne pas manquer

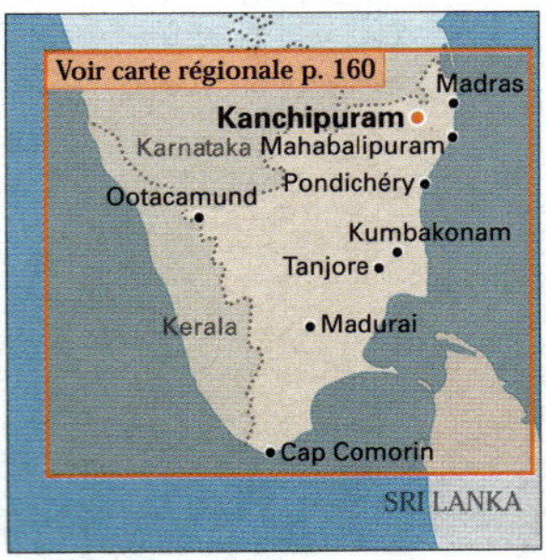

Sous ses airs de gros village, Kanchipuram n'est rien moins que la Bénarès du Tamil Nadu, l'une des sept cités saintes de l'hindouisme, la seule située dans le Sud. Trois d'entre elles sont dédiées à Shiva, trois à Vishnou. Kanchi, comme est dénommée couramment la cité, présente cette particularité d'être vouée aux deux divinités. Deux quartiers, Shivakanchi et Vishnoukanchi, divisent la ville qui fut aussi la capitale de la dynastie des Pallavas. Sa sainteté et son importance historique lui ont valu une riche parure architecturale, depuis l'apparition de l'architecture de pierre au VIIIe s. jusqu'à l'époque de Vijayanagar. Kanchi est connue pour ses somptueux saris renommés dans toute l'Inde, à l'égal de ceux de Bénarès, une activité artisanale déjà florissante à l'époque des rois pallavas.

Kanchipuram dans l'histoire

■ La période bouddhique

Avant de se vouer à Shiva et à Vishnou, Kanchi fut un des principaux centres de diffusion du bouddhisme en Inde du Sud. Xuanzang, pèlerin chinois qui visita la ville au VIIe s., y dénombra « une centaine de couvents où l'on compte environ dix mille religieux » contre « quatre-vingt-dix temples des dieux » (hindous). Il rapporte également la tradition selon laquelle le Bouddha en personne visita la ville à plusieurs reprises. Jusqu'à l'extinction du bouddhisme en Inde, vers le XIIe s., Kanchi lui donna quelques figures marquantes de philosophes et de fondateurs de monastères. Parmi elles, celle de Bodhidharma, dont la légende veut qu'il ait été le fils d'un roi pallava de Kanchi, qui partit en Chine, y fonda le monastère de Shaolin, berceau de la secte chan et des arts martiaux chinois, et ancêtre du zen japonais.

■ La splendeur des Pallavas

Kanchipuram connaît son apogée entre le VIIe et le début du VIIIe s. Elle est alors la capitale des Pallavas, rois lettrés et protecteurs des arts, maîtres d'œuvre des splendeurs de Mahabalipuram. Inscrite à l'intérieur d'un périmètre de près de 16 km, la ville couvrait une superficie plus importante que celle d'aujourd'hui, comme en témoigne la situation désormais isolée du temple de Kailasanatha. Elle était parcourue de larges avenues, assez vastes pour que s'y croisent les chariots, et abritait un marché florissant où les articles locaux s'échangeaient contre les produits venus de l'Extrême-Orient. Les textes anciens mentionnent également l'existence d'un système bancaire qui reversait un intérêt sur le capital déposé. On comptait enfin plusieurs quartiers d'artisans, quatre pour les seuls tisserands, l'un d'eux étant exclusivement dédié à la confection des parures royales. Après la chute des Pallavas, les dynasties suivantes, Colas et Vijayanagars, eurent à cœur de préserver et d'embellir les temples d'une ville qui avait désormais perdu son statut de capitale.

Les sept villes saintes de l'hindouisme – Bénarès (Varanasi), Hardwar, Ujjain, Mathura, Ayodhya, Dwarka – sont toutes situées dans le Nord à l'exception de Kanchipuram, dans le Tamil Nadu.

L'activité commerciale de la ville au temps des Pallavas suscita la création d'un collège des marchands, sorte de chambre de commerce dont les représentants se rendaient solennellement à la porte de la ville chaque fois que le roi entrait dans sa capitale.

Visiter Kanchipuram

Combien de temps : une bonne matinée, commencée dès l'ouverture des temples *(6 h-6 h 30)*. Si vous envisagez d'y

Kanchipuram

Kanchipuram

passer la journée, profitez de la fermeture des temples *(12 h-16 h)* pour visiter le petit musée ethnographique (Museum of Folk Arts).

Se déplacer : si vous ne disposez pas de votre propre véhicule, vous pourrez louer les services d'un rickshaw qui vous accompagnera tout au long de votre visite.

Rajasimha qui ordonna la construction du temple de Kailasanatha fit également ériger le célèbre temple du Rivage, à Mahabalipuram.

Des poètes vénérés

Le brillant règne des Pallavas (VIe-Xe s.) vit l'émergence de la littérature tamoule et des chants religieux composés par des artistes aujourd'hui vénérés dans l'ensemble du Tamil Nadu. Les vishnouites révèrent les **Alvars**, 12 poètes itinérants, qui allaient de ville en ville chanter les louanges de leur dieu. On leur attribue 4 000 stances religieuses, les *Divyaprabandha*, dont certaines font référence à plusieurs temples de Kanchipuram. Aujourd'hui encore, les célébrations dans les temples vishnouites débutent par la récitation de ces stances, suivies de celle des textes sacrés sanskrits. Les adorateurs de Shiva connaissent les **Nayanars**, au nombre de 63, qui composèrent près de 800 chants dévotionnels, compilés depuis le XIe s. Leurs statues figurent souvent dans les temples shivaïtes, disposées en long cortège dans le déambulatoire autour du sanctuaire. Insistant sur la *bhakti* (« dévotion personnelle ») et accessibles aux cœurs les plus simples, Alvars et Nayanars participèrent au renouveau du brahmanisme dans la 2e partie du Ier millénaire, contribuant ainsi à l'éviction du bouddhisme hors de l'Inde.

■ Le temple de Kailasanatha** A1

Le temple, désacralisé, est ouv. de 8 h-18 h ; sanctuaire f. de 12 h-16 h.

À bonne distance de l'entrée du temple de Kailasanatha, un taureau monumental annonce le propriétaire du lieu : Shiva.

Aujourd'hui à la lisière de la ville, cet édifice dédié à Shiva est le premier temple monumental construit en Inde du Sud. Il s'agit d'une fondation royale, l'œuvre de Rajasimha (vers 690-715), vouée à célébrer les louanges du dieu tout autant que celles de la dynastie pallava : ainsi, les membres de la famille royale eurent à cœur d'embellir le temple en y ajoutant pavillons et statues.

L'**accès au temple** présente plusieurs singularités : tout d'abord, en avant du porche, une série de huit **chapelles** commémoratives (dont six accolées) où des inscriptions rappellent que deux d'entre elles furent construites par des reines. L'entrée elle-même offre une disposition unique : l'accès vers l'intérieur s'effectue, en effet, en contournant un sanctuaire secondaire abritant un lingam. Vu de loin, son vimana rappelle la silhouette du gopuram que l'on attendrait à cet endroit.

Le **mur d'enceinte** est sans doute l'un des plus richement ornés de l'Inde du Sud. Vers l'**intérieur**, il abrite sur les quatre côtés 58 niches, autant de temples en miniature. Comme les chapelles accolées au sanctuaire, elles ouvrent à l'E. ou à l'O. (contre le mur E.), le N. et le S. étant considérés comme des directions néfastes.

Les faces regardant l'**extérieur** portent des représentations sculptées des divinités, dont la diversité constitue un véritable catalogue iconographique du panthéon hindou.

On trouve, mur S., les premières représentations connuesdu dieu Ganesha et des saptamatrika ; certaines chapelles conservent des vestiges d'une polychromie très ancienne mais dont on ne peut affirmer avec certitude qu'elle remonte à l'époque des Pallavas.

Les murs O., au centre, S. et N., dans l'axe latéral du sanctuaire principal, présentent des chapelles aux couvertures surélevées avec le toit en berceau : ce sont les embryons des gopurams que l'on verra s'élever toujours plus haut dans les temples dravidiens des siècles suivants.

Le **sanctuaire**. Depuis l'entrée, on découvre tout d'abord un **mandapa**, construction à l'origine isolée puis reliée au sanctuaire par un vestibule sous le règne des Nayaks (XVIIe s.). Une des colonnes au centre du mandapa porte une inscription laissée par les Colas.

Le sanctuaire de base carrée est coiffé d'un haut **shikara*** orné à profusion de statues et de motifs architecturaux : c'est la 1re réalisation monumentale de l'architecture de pierre indienne, si l'on excepte le temple du Rivage à Mahabalipuram, de proportions moindres. Dans la salle est vénéré un **lingam** de basalte à 16 faces, sous l'autorité d'un Somaskanda qui occupe le mur du fond.

Sur le pourtour extérieur de la salle sont adossées sept **chapelles** abritant chacune une image de Shiva. Elles ouvrent vers l'E. (chapelles latérales) ou vers l'O. (chapelles à l'arrière du temple).

■ Le temple d'Ekambareshwara* A1

Vis. 6 h-12 h 30 et 16 h-20 h 30.

C'est le plus vaste et le plus saint des temples de la ville : on y vénère un **lingam** *(→ encadré)* façonné par Parvati elle-même qui avait été reléguée en ce lieu par son époux mécontent. D'origine très ancienne, sans doute antérieure aux Pallavas, le temple fut entièrement remodelé par les rois de Vijayanagar dans les gigantesques proportions que l'on découvre aujourd'hui.

L'immense **gopuram** de 11 étages (58,5 m) fut construit au tout début du XVIe s. sur l'ordre de Krishnadeva Raya (1509-1529) dont le règne marqua l'apogée de Vijayanagar *(→ Hampi p. 335)*. C'est l'un de ces *rayagopurams* (tours royales) que les souverains de Vijayanagar dressèrent dans tout le royaume en témoignage de puissance et de piété.

Et Parvati créa le lingam

Un jour qu'elle était d'humeur facétieuse, Parvati posa les doigts sur les yeux de Shiva, abîmé dans une profonde méditation. Le jeu innocent eut pour terrible conséquence de plonger l'univers dans l'obscurité et de suspendre toute vie. Furieux, Shiva envoya son épouse sur terre, près de la rivière Vegavati, pour y méditer sa faute. De la terre humide prise à la berge de la rivière, la déesse façonna un lingam qu'elle vénéra à l'abri d'un manguier. Pour éprouver sa force d'âme, Shiva envoya des trombes d'eau sur la région, mais la déesse serrait si fort le lingam entre ses mains qu'il résista au flot. On dit qu'on peut encore y voir les traces des doigts de la douce Parvati. Cette légende, rapportée dans le *Mahabharata*, explique également l'apparition du troisième œil de Shiva : comme il avait les yeux clos, un troisième lui apparut sur le front de manière à toujours éclairer le monde en dépit des facéties de son épouse.

Dans le S. de l'Inde, on vénère cinq lingams liés aux cinq éléments : la terre à Kanchipuram, le feu à Tiruvannamalai, l'eau à Tiruvanaikka (au N. de Tiruchirappaly), l'air à Kalahasti (Andhra Pradesh) et l'éther à Chidambaram.

Le temple d'Ekambareshwara est comme ces villes dont on rêve dans le désert, tout un monde clos avec ses portes, ses ruelles, ses monuments, ses salles obscures, ses arbres et les foules en attente.

Olivier Germain-Thomas,
La Tentation des Indes.

Le sanctuaire du temple d'Ekambareshwara.
Dans une pénombre striée par les rais de lumière échappés du plafond, les colonnes composent de longues et mystérieuses perspectives.
Entre les colonnes sont déposées les statues de bois qui accompagnent les processions.

Un grand réformateur

Shankaracharya, dit Shankara (v. 788-820), est probablement né à Kaladi (État du Kerala) dans une famille de brahmanes ; il aurait séjourné à Kanchipuram et prié dans le temple de Kamakshi. Menant une vie de moine errant pendant laquelle il ne cessa de prêcher, Shankara fit de nombreux disciples, établit plusieurs communautés religieuses et des temples, dont le plus important se situe dans l'Himalaya. La pensée du grand réformateur de l'hindouisme inspirera de nombreuses écoles théologiques. S'appuyant sur le *Vedanta*, recueil de textes écrits vers le IVe s. de notre ère, il reprend le message fondamental des *Upanishad*, « *tat tvam asi* » (« tu es cela »), qui établit une relation entre l'âme individuelle et l'esprit universel. Seule, l'ignorance ou la *maya*, c'est-à-dire l'illusion, empêche l'homme de percevoir cette nature non dualiste. S'il étudie, il se libérera du monde phénoménal et accédera à un autre niveau de conscience, parvenant ainsi au *mokhsa* (la libération), donc au nirvana, réalisant ainsi en lui-même l'union avec l'âme universelle.

Dans le **hall aux Mille Piliers** – les visiteurs scrupuleux n'en compteront cependant que 540 – se déploie un **bestiaire** fantastique propre aux temples de cette époque.
Le **sanctuaire** *(interdit aux non-hindous)* s'inscrit dans un immense vestibule rythmé de colonnes ; à l'arrière, sous le portique, ouvre une chapelle secondaire où les fidèles viennent déposer leurs offrandes à un monumental **Shiva Nataraja** en bronze.
L'enceinte sacrée comprend encore, au N., le temple faisant face à l'E. et un bassin sacré orné d'un kiosque et de deux portiques.

Au-delà s'élève le **manguier de Parvati** qui porte quatre branches, soit autant que de *Veda*. Sous cet arbre, vieux dit-on de 3 500 ans, Shiva apparut à Parvati. Ce mythe explique le nom donné à Shiva sous lequel il est vénéré à Kanchipuram : Ekambaranath, le « seigneur du Manguier ».

La promenade aménagée autour du manguier doit être suivie dans le sens des aiguilles d'une montre, le sens inverse étant jugé néfaste.

■ Le temple de Kamakshi Amman A1

Vis. 6 h-12 h 30 et 16 h-20 h 30.

Le présent temple remonte à l'époque des Colas puis fut agrandi par les rois de Vijayanagar. Parvati est vénérée ici, sous le nom de Kamakshi, la déesse « aux yeux lubriques ». Avec celui de Madurai, c'est le temple le plus important d'Inde du S. dédié à la *shakti*, énergie féminine qui anime toute divinité. Le grand philosophe et réformateur hindou Shankaracharya y aurait séjourné lors de sa brève existence (→ *encadré p. 194*). Les réformes de Shankaracharya ayant contribué au déclin du bouddhisme en Inde, la tradition veut que le temple de Kamakshi ait succédé à ce même emplacement à un temple bouddhiste.

Après avoir franchi l'enceinte principale, on découvre à dr. un **mandapa** isolé construit à l'époque de Vijayanagar. Il est pourvu au centre d'un kiosque surélevé sur une base en forme de tortue ; le soubassement est orné d'une **frise** majestueuse d'éléphants et de lions polychromes.

Le **temple principal** *(interdit aux non-hindous)*, sacré, est annoncé de l'extérieur par une tour revêtue de cuivre doré. L'enceinte renferme encore un **bassin**, avec son kiosque et ses colonies de poissons, près duquel figure un arbre devant lequel les fidèles déposent leurs offrandes de statuettes ou d'empilages de pierres.

Dans l'angle S.-O. de l'enceinte, l'**éléphant** du temple reçoit les savoureuses offrandes de fruits que viennent lui tendre les visiteurs.

■ Le temple de Vaikuntha Perumal* B1

Vis. 6 h-12 h 30 et 16 h-20 h 30.

Ce temple, l'un des rares consacrés à Vishnou par les Pallavas, fut érigé en l'honneur du « seigneur des Collines », sous le règne de Nandivarman II (731-796). Un vimana haut de 20 m, plus élevé que celui du temple de Kailasanatha, le signale de l'extérieur.

Le **sanctuaire** est composé, en réalité, de trois parties superposées, chacune abritant une image du dieu, assis, couché, debout. Toutes trois sont en fonction et possèdent leur propre déambulatoire. Vous remarquerez tout particulièrement le **Vishnou couché**, entouré de Rama et des déesses Lakshmi et Sita, tournés vers l'astre solaire, première manifestation de cette disposition tripartite que l'on retrouvera plus tard dans les temples vishnouites d'Uttiramerur ou de Chitrakuta à Madurai par exemple.

Le **mur d'enceinte** présente un **cycle de reliefs** rare et remarquable relatant, en une suite de scènes historiées disposées sur deux registres, l'histoire de la dynastie des Pallavas, depuis ses origines mythiques jusqu'au couronnement de Nandivarman. À l'origine, des inscriptions sur le bandeau séparant les deux registres donnaient l'explication des scènes ; réalisées dans le grès tendre, nombre d'entre elles sont très érodées. Les mieux conservées se trouvent dans la partie de la galerie située à dr. de l'entrée. On y voit des éléphants et des chevaux richement caparaçonnés, encore enduits du stuc originel destiné à recevoir la couleur, ainsi qu'un plan du temple offert par le souverain qui, sur une autre scène, ordonne l'exécution de deux prisonniers. Le long mur de dr. est occupé par des scènes de bataille, relation des combats qui opposaient alors les Pallavas aux Chalukyas. Se succèdent en rangs serrés des éléphants montés, des cavaliers et des fantassins qui montent à l'assaut en se protégeant de leur bouclier.

■ Le temple de Varadaraja* B2

Vis. 6 h-12 h 30 et 16 h-20 h 30 ; entrée payante pour le kalyana mandapa.

En approchant, l'alignement serré des boutiques vouées aux offrandes colorées et aux souvenirs religieux confirme la popularité du lieu : c'est le temple dédié à Vishnou le plus important de la ville.

Le sanctuaire est enfermé dans une double enceinte, celle de l'extérieur ouvrant par deux gopurams ; celui de l'O., que vous franchirez, culmine à 30 m de

Le dieu du désir cosmique

Kama fut la première divinité à émerger de l'Un primordial. Selon certaines traditions, il est dit fils de Vishnou et de Lakshmi. Appelé également Manmatha, « celui qui agite les esprits » , il est souvent représenté sous les traits d'un jeune homme à la beauté infinie, muni d'un arc en canne à sucre et de flèches constituées de cinq fleurs, empennées de douleur, barbelées de désir, qu'il décoche au cœur de ses victimes. Ses pouvoirs lui coûtèrent pourtant la vie : pour détruire un démon dont seul un fils de Shiva pouvait venir à bout, les dieux s'en allèrent demander l'aide du Grand Yogi. Mais trop absorbé par ses méditations, Shiva délaissait sa belle épouse. Kama lui décocha alors une flèche au cœur qui stimula l'ardeur de l'époux négligent. Furieux de s'être laissé distraire de sa méditation, Shiva foudroya le dieu de l'amour d'une flamme jaillie de son 3e œil. Une partie de l'hymne racontant le mythe de Kama est récitée lors des cérémonies de mariage. Dieu du désir cosmique et de l'amour charnel, son action détermine les lois de la renaissance chez les êtres humains.

À l'origine de la sainteté du lieu, on trouve une statue en bois de Vishnou, que Brahma aurait commandée lui-même à Vishvakarman, architecte de l'univers et patron des artisans. La statue, trop fragile pour être conservée à l'air libre, repose dans un coffre d'argent immergé au fond du bassin sacré du temple. Tous les 40 ou 50 ans, elle est sortie solennellement pour 10 jours de procession et d'adoration. La prochaine sortie aura lieu en 2019.

Aux coins du pavillon, les lourdes chaînes taillées dans un seul bloc de pierre constituent un véritable tour de force architectural.

hauteur : c'est l'œuvre des rois colas entre le XIIe et le XIIIe s. Le gopuram E. fut dressé au XVIe s. dans le style caractéristique du royaume de Vijayanagar.

La **1re enceinte** : à g. de l'axe du temple se trouve le chef-d'œuvre du lieu, un **kalyana-mandapa**** laissé par les rois de Vijayanagar. Hissé sur une plate-forme dont la base est animée de scènes empruntées au *Ramayana*, il présente un bosquet de 96 colonnes ornées d'une profusion de sculptures. Sur les colonnes extérieures et celles de l'axe central sont adossés cavaliers et chasseurs altiers, montés sur des chevaux ou des animaux fantastiques ; le reste des colonnes, magnifique répertoire du savoir-faire des sculpteurs du temps, présente de nombreuses représentations de Krishna jouant de la flûte, au plus grand ravissement des gopis qui font parfois cercle autour de lui (colonnes face au kiosque central), des différents avatars de Vishnou, d'épisodes du *Ramayana*, de scènes de danses et de portraits royaux. À g. de l'entrée, représentations des divinités du désir et du plaisir d'amour : Rati montée sur un pigeon et Manmatha sur son cygne.

Au-delà du mandapa, vers le N., se trouve le **bassin sacré** près duquel sont remisés les rathas des processions.

La **2e enceinte** est occupée par divers pavillons, certains remontant aux Colas, dont le plus remarquable se trouve à dr. de l'entrée du sanctuaire. C'est la demeure offerte par les rois Vijayanagar à l'épouse de Vishnou, appelée ici Perundevi Thayar. Lors des grandes fêtes, elle reçoit la visite de son époux, sorti de son sanctuaire et mené ici en procession.
Un haut mur délimite une nouvelle enceinte *(f. aux non-hindous)*, à l'intérieur de laquelle s'inscrit le **sanctuaire**, juché sur une petite éminence, dénommée Hastagiri, la « colline de l'Éléphant » , où Brahma aurait élevé un autel pour y prier Vishnou.

Fêtes : chaque temple célébrant au moins une fois l'an la divinité qu'elle abrite, le calendrier des fêtes de Kanchipuram est particulièrement bien rempli.
En mars-avr. a lieu la fête de Panguni Uthira, la plus importante. Pendant 10 j., on célèbre Shiva dans son temple d'Ekambareshvara ; la fête culmine le dernier jour avec le mariage de Shiva et de Parvati. La ville est alors envahie de dizaine de milliers de fidèles, venus pour beaucoup en famille des villages des alentours.

■ Les temples jaïns h. pl. par A1

Dans le faubourg de Tiruparuttikunram, au S. O. de la ville par Tirumertali St.

De l'autre côté de la rivière Vegavati, les jaïns bénéficièrent aussi de la protection des rois pallavas. Face à Shivakanchi et Vishnoukanchi, ce fut donc Jinakanchi, faubourg appelé aujourd'hui Tiruparuttikunram.

Le temple de Vardhamana *(pour visiter s'adresser à l'une des deux dernières familles jaïnes du quartier qui réside en face du temple)*. Il est dédié à Mahavira, le 24e tirthankaras des jaïns, dont la statue d'albâtre trône dans la cella. Bien que fondé sous la dynastie des Pallavas, le temple présente dans son aspect actuel un sanctuaire légué par les Colas (XIe s.) et un mandapa construit au XIVe s. Le plafond du **mandapa** présente un cycle complet de **peintures*** réalisée au XVIIe s. à l'époque des Nayaks. Remarquablement conservées *(photos interdites)*, elles illustrent des épisodes de la vie du dernier des tirthankaras, ainsi que des scènes de la légende de Krishna.

Le temple de Chandraprabha. Immédiatement au N. du précédent, ce petit sanctuaire fut aussi consacré sous le règne des Pallavas. Il ne subsiste de son état originel que les yalis dressés contre le mur extérieur du sanctuaire.

La présence d'une communauté jaïne à Tiruparuttikunram est attestée depuis le VIe s. C'était alors et jusqu'à l'époque de Vijayanagar l'un des quatre grands centres indiens de la secte des *digambara*. On y trouvait un monastère, centre d'études et de diffusion de la pensée jaïn, auquel les libéralités des souverains pallavas avaient concédé de riches terres agricoles alentour.

Mahendra Ier, premier grand Pallava (600-630), était lui-même membre de la secte jaïne avant de se convertir au shivaïsme.

■ Le Museum of Folk Arts* A1

6, Lingappa St. ; ouv. 9 h 30-17 h, f. lun. ; entrée payante.

La visite de cette petite collection d'art populaire (poupées et statuettes utilisées lors des fêtes villageoises, collections d'outils et d'artisanat traditionnel) complétera agréablement la découverte de la ville. Elle s'abrite dans une belle demeure de

brahmane, vieille de quatre siècles. À l'étage, l'ancien zenana, où étaient confinées les femmes lorsque le maître de maison recevait ses invités, présente notamment une sélection des belles **soieries** qui ont fait la renommée de la ville.
La visite s'achève par les **terrasses**, d'où l'on découvre les autres belles maisons brahmanes du quartier. Vous remarquerez sur les toits l'empilage des tuiles destiné à préserver l'intérieur de la demeure de la chaleur.

Environs de Kanchipuram

Sur l'avenue qui longe l'entrée de la citadelle, un petit cimetière abrite des tombes européennes du XIXe s., notamment celles des officiers britanniques tombés à Vellore en 1806, lors d'une révolte fomentée par la famille de Tipu Sultan, alors emprisonnée dans le fort.

1 Vellore *69 km O.*

Cernée par les marchés bruyants et colorés d'une bourgade agricole trop vite grandie, la formidable forteresse de Vellore impose sa haute muraille et le rempart de ses douves. Ce fut le cauchemar de tous les conquérants de l'Inde. Les Mahrattes s'en emparèrent au XVIIe s., en furent délogés par les troupes du raja d'Arcot au début du XVIIIe s. qui l'abandonna aux Britanniques. Les Anglais s'y retranchèrent deux ans, harcelés par les armées de Haïdar Ali. Suprême vengeance, ils y enfermèrent les proches de Tipu Sultan après la chute de Srirangapatnam en 1799. Leurs dépouilles reposent dans un émouvant cimetière à l'entrée de la ville. Subsistent également d'anciens baraquements laissés par les Britanniques sous la garde d'une église coloniale toute blanche construite au XIXe s.

De splendides cavaliers, montés sur des chevaux ou des animaux fantastiques se détachent presque entièrement des piliers du mandapa du temple de Jvarakandeshwara.

Le temple de Jvarakandeshwara *(vis. 6 h-12 h et 16 h 30-20 h 30)*. Derrière les hauts murs du temple construit au milieu du XVIe s., passé le premier gopuram (restauré en 1981), le **mandapa**★★ est l'un des plus beaux chefs-d'œuvre sculptés par les artistes de Vijayanagar. À l'intérieur, l'**allée centrale**, ornée au plafond de médaillons finement ouvragés où subsistent des restes de polychromie, s'encadre entre deux rangées de piliers reliés par de véritables dentelles de pierre. Au centre, un **kiosque** surélevé s'appuie sur une tortue.
La 2e **enceinte** abrite le sanctuaire avec ses deux ensembles accolés, l'un abritant un lingam, l'autre un Nataraja. Sous la galerie du déambulatoire sont déposées des statues de saints shivaïtes en laiton, revêtus d'habits colorés.

Le musée archéologique *(ouv. 9 h 30-17 h, f. ven. ; entrée payante)*. Il possède notamment un beau **Nataraja** en bronze de Tanjore (XIIe s.) ainsi que des **stèles** de héros ; la plus précieuse (XIe s.) raconte en tamoul les exploits du roi cola Rajadhiraja (1018-1054) lors de ses campagnes contre les Chalukyas de l'O.

Les monuments funéraires des membres de la famille de Tipu Sultan *(à la sortie de la ville en dir. de Madras, du côté g. de la route ; entrée libre)*. Dans un paisible enclos planté d'arbres et de fleurs sous la protection d'une petite mosquée, s'élèvent les tombes de la famille de celui qui donna tant de fil à retordre aux Britanniques : son épouse, Padishah begum, morte en 1834, l'épouse de son père Haïdar Ali, ou encore l'époux d'une de ses filles. Une amusante inscription à l'entrée reproduit le livre de comptes du fonctionnaire britannique chargé de garder les lieux au XIXe s.

2 Uttiramerur *30 km S.*

Deux temples justifient l'arrêt dans ce gros bourg. Datant du début du IXe s., lorsque régnaient les derniers Pallavas, ils présentent la particularité de superstructures de briques au-dessus d'une base de pierre.

Le temple de Sundaravarada Perumal *(tout au bout de la rue principale)*. Dans le quartier où résident les brahmanes, un haut gopuram (restauré en 2000), annonce le sanctuaire dédié à Vishnou. Il fut consacré vers 805, sous le règne du Pallava Dantivarnan (v. 796-817), et suit la disposition inaugurée à Kanchipuram au temple de Vaikuntha Perumal. On y trouve en effet **trois salles** superposées, abritant chacune une image de Vishnou dans une posture différente : debout, assis, et, au niveau le plus élevé, couché sur le serpent d'éternité, méditant une nouvelle création ; de son nombril naît le lotus qui soutient Brahma. D'autres images de Vishnou apparaissent dans six petites **chapelles** accolées au niveau inférieur du vimana.

Le temple de Kailasanatha. Toujours en activité, il semble, dans son bosquet de palmiers, tout droit sorti d'une gravure romantique. Shiva n'a pas été aussi heureux que Vishnou : son temple de brique à la lisière du village est en grande partie écroulé ; le mandapa n'est plus qu'un amoncellement de pierres, et le sanctuaire aux superstructures de brique tangue dangereusement. Les habitants du quartier continuent cependant d'y faire leurs dévotions ; vous pénétrerez à leur suite dans l'étroit couloir, comme un boyau de mine sommairement étayé, qui conduit au sanctuaire. Dans le vestibule, un tas de terre incongru fait l'objet d'une attention particulière : c'est le refuge du cobra qui réside dans le temple et que les fidèles viennent nourrir respectueusement chaque jour.

Kumbakonam★★

Situation : à 40 km E. de Tanjore, 146 km O. de Tiruchirapalli, 282 km S. de Madras.

☏ **0435**

🚌 **à 1 km au S.-E. du bassin du Lotus d'or.**

Gare ferroviaire : à 2 km au S.-E. du centre, au-delà du Mahamakam Tank.

Hébergement : quelques hôtels simples et bon marché ; les meilleures possibilités de logement se trouvent à Tanjore (→ p. 243).

Fête : tous les 12 ans (fév.-mars) dans le temple de Sarangapani, festival au cours duquel l'idole du temple est promenée en barque (prochaine édition en 2016).

À ne pas manquer

Tous les 12 ans, des milliers de pèlerins venus de toute l'Inde du Sud convergent vers Kumbakonam. L'année 2004 n'a pas failli à la tradition : le 28 février, dans une gigantesque bousculade, 100 000 fidèles se sont immergés, à la suite des images de Shiva et Parvati conduites en procession, dans les eaux du bassin de Mahamakam, en plein cœur de la ville. Le reste de l'année, une quinzaine de temples se disputent les faveurs des 140 000 habitants de cette grosse bourgade agricole réputée pour ses feuilles de bétel. Les plus anciens remontent aux Colas, du temps où la ville était un centre spirituel et artistique important du royaume. Quatre d'entre eux méritent la visite, auxquels s'ajoute le temple de Darasuram, merveille de l'architecture cola.

Visiter Kumbakonam

Accès : service de bus depuis Tanjore.

S'orienter : au centre de la ville s'élèvent les deux grands temples de Kumbakonam de part et d'autre du bassin du Lotus d'or (Potratamaraikolam Tank) : à l'E., le temple de Sarangapani ; à l'O., celui de Kumbeshvara.

■ Le temple de Sarangapani★

Un gopuram haut de 50 m, le plus haut de la ville, annonce de loin ce lieu dédié à Vishnou. C'est une fondation des derniers Colas (XIIIe s.) à laquelle les Nayaks ont ajouté, dans l'enceinte principale, un vaste mandapa à la décoration caractéristique de leur époque.

Le **sanctuaire** évoque un char tiré par des éléphants ; sur les roues se déploie une gracieuse **ornementation de danseuses et de musiciens**. On retrouve ces motifs de danses, les positions du bharatanatyam, à la base des **gopurams** O. et E. ; dans ce dernier, elles sont accompagnées de scènes érotiques. Vous remarquerez également de belles représentations de Vishnou et de Krishna, notamment sur le flanc S.

Immédiatement à l'O. du temple s'étend le **bassin du Lotus d'or**, avec son gracieux pavillon coloré au centre.

Le temple de Nageshwara*

De l'autre côté du bassin.

Ce temple, le plus ancien de la ville (IXe s.), a subi de nombreux ajouts au cours des siècles, notamment le haut gopuram qui en marque l'entrée.

Néanmoins, le **sanctuaire** originel est parvenu jusqu'à nous, avec les merveilleuses **sculptures**** des murs extérieurs qui en constituent l'intérêt principal et inaugurent de manière magistrale le grand art cola. Le sanctuaire se hisse sur un podium orné d'une double frise de pétales de lotus et de minutieuses scènes empruntées aux épopées hindoues. Sur les côtés, des niches abritent des statues de divinités, Shiva en maître de musique au S., Shiva androgyne à l'O., Brahma au N., dont on admirera tout particulièrement les séduisants visages comme ceux des princes et des êtres célestes qui les accompagnent.

Le temple de Kumbeshwara

C'est le plus vaste des temples de la ville (XVIIe s). Le sanctuaire est précédé d'une suite de mandapas et de galeries ornées de chevaux imposants et de lions, certaines parties, les plafonds et les chapiteaux des colonnes, conservant des traces de leur polychromie originelle. Entourée d'un vaste déambulatoire, la salle renferme un lingam composé, dit-on, des fragments du pot de terre de la légende *(→ encadré ci-contre)*.

Le temple de Rama

Au S. du temple de Kumbeshvara.

Cet édifice dédié à Vishnou est caractéristique de l'art des Nayaks (XVIe-XVIIe s.), avec son vaste gopuram orné d'une profusion de sculptures où se reconnaissent les représentations des rois. Les **murs de la cour** qui entoure le sanctuaire sont entièrement recouverts d'un cycle de peintures vivantes et colorées qui illustrent l'épopée du *Ramayana*. Pour suivre l'histoire dans son déroulement, il faut effectuer trois tours de cour.

Le bassin de Mahamakam

1 km S.-E. du centre.

La visite de Kumbakonam ne serait pas complète sans une station auprès du grand bassin sacré de la ville, entouré de **pavillons** joliment décorés dont la construction des pavillons aurait coûté son poids en or au souverain nayak qui l'ordonna.

Le pot de terre de Brahma

En prévision du déluge qui allait emporter sa création, Brahma déposa au sommet du mont Kailash un pot de terre *(khumbha)* contenant l'*amrita*, nectar qui devait présider à l'émergence de la nouvelle ère. Mais les flots montèrent très haut et entraînèrent le pot loin vers le S., à l'emplacement de l'actuelle Kumbakonam. Là, Shiva, sous les apparences d'un chasseur, décocha une flèche qui brisa le pot. Le précieux liquide se déversa dans le bassin, sanctifiant ses eaux pour l'éternité. Depuis, au mois de *masi* (fév.-mars), les fidèles viennent se baigner dans les eaux saintes afin de se délivrer de leurs péchés et se soustraire à la mort. Ce jour-là, les divinités des neufs fleuves sacrés – Ganga, Yamuna, Sarasvati, Narmada, Godavari, Kaveri, Mahadani, Payoshi et Sarayu – évoluent elles aussi en leur compagnie. Un temple est consacré aux neuf déesses sur la rive N. du lac.

Le père de la langue tamoule

En dépit de sa petite taille, le nain **Agastya**, rédacteur de plusieurs chants du *Rig Veda*, est, pour les hindous du Sud, « celui qui fit bouger les montagnes », car il obligea les monts Vinhya, situés au centre de l'Inde, à s'abaisser devant lui. Particulièrement vénéré dans le Sud, il aurait créé la langue tamoule et introduit le brahmanisme dans cette partie du pays, après l'avoir débarrassé des géants Rakshasa mangeurs d'hommes qui le terrorisaient. Il serait fils de dieu, Surya selon certaines traditions, Varuna, un des huit dikpalas, selon d'autres. Sa mère était une nymphe du paradis d'Indra. Agastya apparaît dans le *Mahabharata* et dans le *Ramayana*, où il recueille dans son ermitage Rama et Sita ; c'est lui qui donna au héros l'arc magique de Vishnou. Agastya est également considéré comme le premier des shittars, lignée de poètes mystiques dont les plus célèbres vécurent entre le xe et le xive s., et composèrent des hymnes à la gloire de la divinité, textes souvent ésotériques dont l'interprétation demeure difficile. Cette tradition perdure encore aujourd'hui.

Environs de Kumbakonam

1 Le temple d'Airavateshwara à Darasuram**

5 km S.-O.

Ce temple est, avec ceux de Gangaikondacholapuram et de Brihadishwara à Tanjore, une autre merveille de l'architecture des Colas. Construit par Rajaraja II (1150-1175) dans les dernières années de splendeur du royaume, il suit, dans des proportions plus modestes, le plan des deux précédents et, comme eux, il est orné d'une profusion de sculptures d'une grande délicatesse.

On aborde le temple par son côté E., particulièrement séduisant. Avant d'accéder au périmètre sacré, il faut franchir deux **gopurams** successifs, le premier ayant perdu sa partie supérieure.

Le **portique** qui précède le hall à piliers, avec ses roues sculptées, n'est autre qu'un ratha de pierre tiré par des chevaux. Les huit colonnes qui bordent le portique reposent sur des yalis assis, tandis que les colonnes intérieures, alternant plans rectangulaires et polygonaux, s'ornent de panneaux finement sculptés.

Le **hall à piliers** est bordé de niches abritant des statues de divinités, quelques-unes seulement, en basalte noir, appartenant à la construction originelle. Les plus belles se trouvent du côté S. : on reconnaît

Deux escaliers – celui du N. a disparu – donnaient accès au portique du temple d'Airavateshwara. Les rampes sont formées de trompes jaillissant de la gueule de lions ; à la base, deux éléphants sont montés par des ganas, nains serviteurs de Shiva.

notamment le nain Agastya *(→ encadré p. 202)*. Plus loin, figurent un Martanda, forme terrible de Shiva à trois têtes, puis un Ganesha debout et une belle représentation de Shiva en maître de musique (Dakshinamurti).
Le **sanctuaire** *(pas de vis.)* est gardé par les deux dvarapalas traditionnels.
Des **mandapas secondaires** occupent les angles de l'enceinte sacrée ; celui du N.-O. est le mieux conservé : on y voit de très jolies représentations de danseuses, près d'une tribune qui devait supporter un nataraja en bronze.

2 Swamimalai *10 km O.*

Les temples dédiés à Muruga devaient être construits au sommet d'une colline ; la région en étant dépourvue, il fallut ériger une éminence artificielle haute de 20 m pour y jucher le sanctuaire qui remonte à l'époque des Colas. On y accède par un escalier de 60 marches ; une ascension dont on sera récompensé par un ensemble de sculptures et de décoration du plus bel art cola sur les murs extérieurs du sanctuaire.

Muruga, dont l'origine remonterait à la plus haute antiquité du sous-continent, est une forme de Karttikeya, fils de Shiva et de Parvati, particulièrement vénérée dans le Tamil Nadu, où six temples lui sont consacrés. Dieu de la jeunesse, de la virilité et de la force, il est aussi le général en chef des armées de Shiva. Dans le Sud, il est identifié au monde dravidien, face au brahmanisme venu du Nord, c'est pourquoi il compte de nombreux fidèles de basses castes.

3 Le temple de Gangaikondacholapuram** *36 km N.*

Périmètre du temple ouv. du lever au coucher du soleil ; sanctuaire f. 12 h-16 h ; vis. 1 h 30 env.

De cette capitale royale restent des ruines disséminées aux alentours d'un village de quelques centaines d'âmes, et le grand édifice dédié à Shiva par le souverain conquérant. Peu visité, ce temple de Gangaikondacholapuram est l'un des plus charmants d'Inde du Sud ; dans le calme de la campagne indienne, on aura le loisir d'apprécier en toute sérénité un ensemble exceptionnel de sculptures.

On pénètre dans l'enceinte sacrée par l'E., en franchissant un gopuram aujourd'hui écroulé.

Le temple principal. Il se compose de trois parties distinctes : un vaste hall à piliers, un mandapa et le sanctuaire surmonté d'un vimana, aux arêtes

Deux belles compositions sculptées précèdent l'entrée du mandapa : au S., Shiva brandissant un crâne et, au N. (photo ci-contre), une des plus belles images du site : Shiva, assis en compagnie de Parvati dans une attitude d'une rare élégance, dépose une guirlande de fleurs sur la tête de son fidèle serviteur Chandesha. On peut voir dans cette scène, souvent représentée dans les temples dravidiens, l'illustration du triomphe de Rajendra, récompensé par les dieux auquel il avait dédié le temple.

Gangaikondacholapuram signifie la « ville du Cola qui rapporta l'eau du Gange » , c'est-à-dire Rajendra Ier (r. 1012-1044), l'un des plus brillants de la dynastie des Colas. De retour d'une campagne victorieuse au Bengale, ses armées rapportèrent pieusement de l'eau du Gange qui fut versée dans le bassin du grand temple que le roi fit construire pour célébrer sa grandeur.

légèrement incurvées, qui culmine à 55 m du sol. L'ensemble est situé sur un podium en partie recouvert d'inscriptions. Le **hall** aux 150 piliers étant fermé à la visite, on montera par la double volée de marches, l'une au N., l'autre au S., qui conduisent au mandapa. Le **sanctuaire** abrite un lingam monumental (bloc haut de 4 m), ainsi que plusieurs précieux bronzes colas que l'obscurité dissimule au regard.

Les trois faces extérieures du sanctuaire sont ornées de splendides statues de divinités, chacune placée dans une niche. Comme souvent dans l'architecture cola, les montants des niches portent des scènes secondaires, liées à la mythologie de la divinité qu'elles abritent. Au centre de chacun des côtés apparaissent les trois divinités majeures du panthéon hindou : au S., l'image de Shiva a disparu, tandis que subsistent celles de Vishnou, à l'O., et de Brahma, au N.

Le côté S. À partir de l'escalier du mandapa : Ganesha, Ardhanarishwara (forme de Shiva mi-homme mi-femme) accompagnée du taureau, puis après une niche vide, Harihara, figure syncrétique de Shiva et Vishnou, et un **magistral Nataraja*****.

Le côté O. (du S. au N.). **Splendide Gangadhara*****, scène où Shiva reçoit les eaux du Gange dans sa chevelure : Shiva émergeant du lingam, Vishnou entouré de ses deux épouses, Karttikkeya, fils de Shiva que les Tamouls appellent Subrahmanya, et Shiva.

Le côté N. Shiva détruisant la déesse de la mort – sur les montants est représentée l'histoire de Markandeya – Mahishasuramardini, c'est-à-dire Durga, montée sur son lion triomphant du démon-buffle ; Brahma accompagné de ses deux déesses ; Bhairava, forme terrifiante qu'emprunte Shiva lorsqu'il veut détruire le mal ; **Shiva détruisant Manmatha*****, une des divinités hindoues de l'amour.

Un devin promit à Markandeya qu'il mourrait à l'âge de 16 ans ; le jeune dévot n'en continua pas moins à prier Shiva. Reconnaissant, celui-ci surgit du lingam peu avant l'anniversaire fatidique et triompha de la mort.

Les temples annexes. Deux temples symétriques construits pour deux épouses du roi Rajendra s'élèvent au N. et au S. du temple ; seul celui du N. conserve une image de la déesse. Côté N., on peut voir également, au pied de l'escalier qui conduit au mandapa, un petit édifice dédié à Chandesha représenté dans le sanctuaire. Dans l'angle S.-O. enfin, le sanctuaire de Ganesha conserve une monumentale statue du dieu éléphant, la trompe enroulée autour d'une friandise, selon un thème iconographique fréquent dans l'art cola.

Madurai★★

Madurai occupe une place toute particulière dans le cœur des Tamouls. Par sa sainteté tout d'abord ; la ville serait née d'une goutte de nectar tombée de la chevelure de Shiva. Par son histoire : elle fut la capitale des Pandyas, première dynastie tamoule dont les origines se perdent dans les brumes de la légende. Enfin, près de son bassin sacré, la ville abrita le dernier des trois sangams, ces académies littéraires qui donnèrent ses lettres de noblesse à la langue tamoule. Pour les voyageurs étrangers, son grand temple de Minakshi est l'occasion d'une plongée au cœur de la spiritualité hindoue où croyances et pratiques religieuses populaires côtoient les expériences mystiques des sages.

Situation : à 128 km N. de Tiruchirappalli, 163 km N.-E. de Tanjore, 235 km S. de Cap Comorin.

923 000 hab.

☎ **0452**

ⓘ Railway Junction ☎ 27 42 888 ; hôtel *Tamil Nadu Complex*, West Velli St. ☎ 334.757.

✈ aéroport : 8 km E. ; liaisons quotidiennes avec Madras et Bangalore • Indian Airlines ☎ 331.234.

Gare ferroviaire : à 1 km du temple de Minakshi ; liaisons quotidiennes avec Coimbatore, Calcutta, Madras, Bangalore… Rens. (en anglais) ☎ 1361.

Bus : près de la gare ☎ 380.112 ou 339.754.

À ne pas manquer

Fêtes et manifestations : mi-janv., fête de Pongal (fête de la Moisson) ; courses de taureaux dans les villages • en janv.-fév., Float Festival sur le Mariamman Tepakkulam • en avr.-mai, la fête de Chithirai Purnima célèbre durant 15 j. le mariage de Shiva et de Minakshi-Parvati.

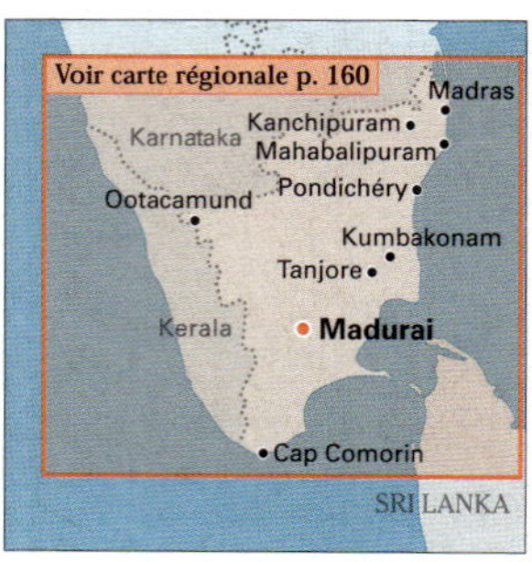

Madurai dans l'histoire

L'histoire retient que les Pandyas dominèrent le Sud de l'Inde aux IIe et IIIe s. de notre ère et ne connaît une succession assurée de souverains qu'à partir de la fin du VIe s. Contrôlant des territoires plus ou moins étendus, les Pandyas se maintinrent à Madurai jusqu'au début du XIVe s. lorsque le dernier d'entre eux fut renversé en 1311 par Malik Kafur, hindou converti à l'islam et passé au service du sultanat de Delhi avant que la ville soit conquise, en 1364, par le royaume de Vijayanagar. Après la disparition de celui-ci apparut la dynastie des Nayaks de Madurai (1565-1736), fondée par un gouverneur hindou qui proclama son indépendance. On doit aux Nayaks les principaux édifices de la ville : le temple de Minakshi en premier lieu, l'ancien palais royal, ou encore le bassin de Mariamman, à la lisière de la cité. La dynastie des Nayaks fut déposée en 1736 par un prétendant musulman au trône de Hyderabad ; les Anglais qui le soutenaient contre les ambitions françaises se déclarèrent protecteurs de la ville avant de la rattacher aux possessions de la Compagnie des Indes orientales en 1801.

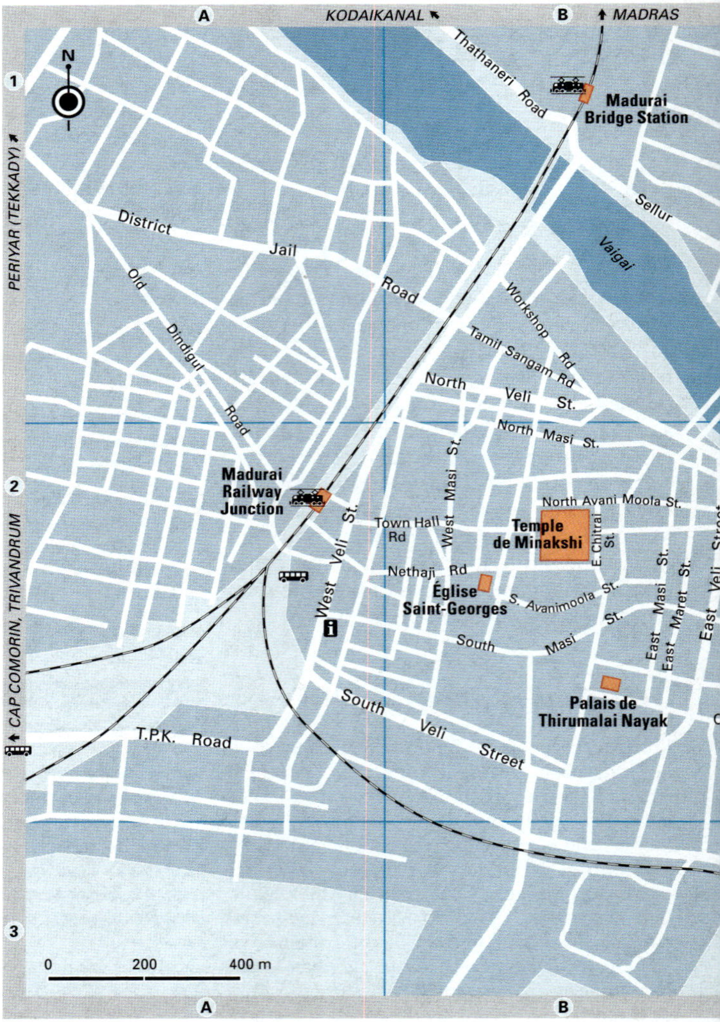

Madurai

Visiter Madurai

S'orienter : Madurai est divisée en deux par la rivière Vaigai : au S., la vieille ville autour du temple de Minakshi ; au N., la ville nouvelle où se trouvent tous les grands hôtels modernes.

Combien de temps : 1 j. suffit pour découvrir l'essentiel.

■ Le temple de Minakshi** B2

Vis. 5 h-12 h 30 et 16 h-21 h 30 ; de 12 h 30 à 16 h, seule la première enceinte est accessible.

Le grand temple de Madurai est certainement l'un des plus fascinants de l'Inde, véritable labyrinthe de couloirs obscurs, de cours et de chapelles, où s'affaire un peuple de prêtres au milieu du flot ininterrompu des fidèles. Chacun y accomplit les rites exigés par sa dévotion personnelle ou les nécessités du jour : les uns tournent autour de l'autel des neuf planètes en vue de se concilier les astres ; des jeunes femmes viennent se prosterner devant la statuette luisante de graisse qui

Douze gopurams se dressent au-dessus du périmètre sacré. Les quatre plus élevés marquent les points cardinaux sur le mur extérieur de l'enceinte. Chacun culmine à 50 m, appuyé sur une solide base de granit. Leurs neuf étages servent de tribunes à une foule de statues de stuc, peuple grouillant et bariolé de dieux et de déesses, d'êtres célestes et d'animaux fantastiques. Le gopuram S. en possède plus de 1 500. À l'intérieur de l'enceinte, d'autres gopurams, moins élevés, marquent les passages d'une enceinte à l'autre. Enfin, au cœur du temple se dressent les vimanas dorés des sanctuaires.

Le long des rues N. et S., des boutiques offrent leurs terrasses (moyennant finances pour certaines) aux photographes désireux de saisir une vue d'ensemble du sanctuaire.

assure de prochaines épousailles ; d'autres encore bombardent de boules de beurre les statues de Shiva ou de Kali en murmurant des vœux. Et tous vont se prosterner devant la véritable maîtresse des lieux, Minakshi, la « déesse aux yeux de poisson » , qui veille sur le monde et ses créatures. Le cœur du temple est cependant occupé par le sanctuaire de son époux Shiva, ici appelé Sundareshwara. Tous les soirs, les prêtres conduisent l'époux auprès de sa déesse pour que leur union revitalise l'énergie de l'univers. Ce temple double fut pour l'essentiel construit entre 1623 et 1660 par le roi nayak Thirumalai.

Vous entrerez dans l'enceinte sacrée par le flanc S., non pas en passant sous le gopuram central, car l'endroit est de mauvais augure depuis qu'au XVIIe s. quelque prêtre mécontent de son roi s'est jeté de son sommet, mais par un passage ménagé à sa gauche et qui se trouve dans l'axe du sanctuaire de Minakshi.

Le hall des Huit Déesses (ashta chakti mandapa). Dans ce bazar coloré, les fidèles viennent acquérir les offrandes – fleurs, noix de coco ou encore bananes – qu'ils déposeront ensuite devant l'idole.

En poursuivant tout droit, vous franchirez une **porte** dont l'encadrement de bronze brille de 1 008 petites lampes à huile. De part et d'autre veillent les fils de Shiva, Ganesha et Subrahmaniya.

Temple de Minakshi

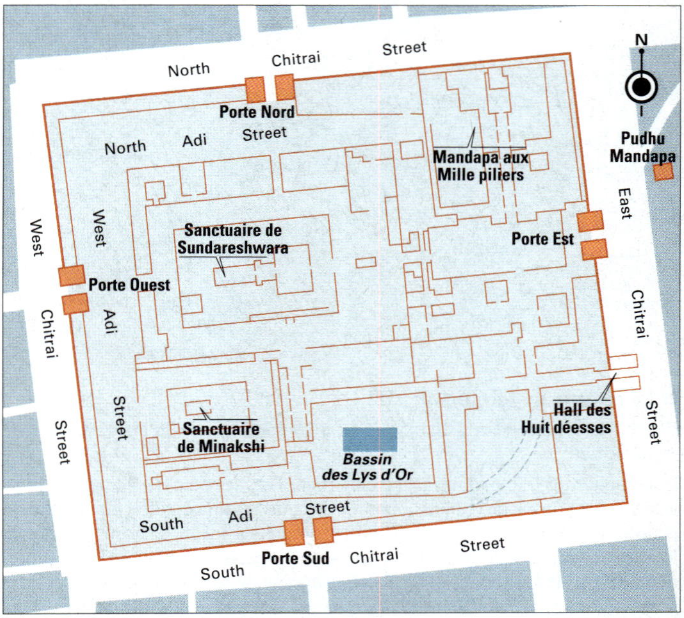

Le bassin des Lys d'or. Selon la légende, lorsque Indra s'y baigna, les eaux se couvrirent de fleurs. Les 64 miracles accomplis par Shiva en ces lieux sont rappelés par les peintures qui ornent les murs de la galerie. Des restaurations achevées en 2003 l'ont doté de gradins et de pavillons en béton : les pèlerins descendent ainsi plus facilement vers l'eau pour accomplir leurs ablutions. On dit aussi que, à l'époque du *sangam*, le bassin servait à juger la qualité des œuvres littéraires : on déposait les ouvrages à la surface de l'eau, et seuls ceux qui flottaient méritaient d'être conservés. Un hommage à la légèreté, en somme.

Le sanctuaire de Minakshi. L'entrée est gardée par deux puissants dvarapalas. Les non-hindous ne sont pas autorisés à pénétrer plus avant. Au N. de la galerie, un Ganesha monumental donne accès au domaine réservé à Shiva. Lors de la cérémonie du soir, lorsque Shiva et Minakshi se rejoignent, la procession fait halte devant la statue.

On dit que la statue de Ganesha fut découverte miraculeusement au XVIIe s. lors du creusement d'un immense bassin, à 5 km de la ville.

Le sanctuaire de Sundareshwara. Une vaste salle hypostyle l'entoure. Un spacieux **mandapa** abrite plusieurs autels et statues particulièrement vénérés. À dr. de l'entrée, les fidèles se font un devoir de circumambuler autour de l'autel des neuf planètes. Dans l'axe du temple, un petit **pavillon** est entouré de gracieuses sculptures parmi lesquelles Shiva est représenté à plusieurs reprises. C'est dans cette partie du complexe que l'on voit s'exprimer la foi populaire au quotidien. Contre un pilier à dr. lorsqu'on fait face au temple, une statuette de Kali est particulièrement vénérée par les jeunes femmes souhaitant

Le temple de Minakshi est le sanctuaire où sont célébrées quotidiennement les épousailles de Shiva et de la déesse. De nombreux autels portent les représentations du couple divin dont l'énergie créatrice anime l'univers.

Un temple en fête

Chaque jour, le dieu est conduit auprès de son épouse pour y passer la nuit. Vers 21 h, au son des trompes et des tambourins, l'idole est extraite de son sanctuaire, hissée sur un palanquin et conduite au pas de course jusqu'au sanctuaire de la déesse. Cette courte cérémonie est devenue une étape immanquable pour les touristes de passage à Madurai qui sont souvent plus nombreux que les fidèles. Tôt le matin, l'idole regagne son sanctuaire dans le même équipage.

En avril-mai se déroule **Chithirai Purnima**, fête principale de Madurai ; 15 jours durant, les fidèles célèbrent les épousailles de Shiva et de Minakshi-Parvati. Les festivités atteignent leur point culminant le 10e jour, celui du mariage proprement dit. Le lendemain, les jeunes mariés sont conduits en procession à travers les rues de la ville. Mais ce n'est que le soir qu'Alagar fait son entrée en ville, chevauchant un cheval d'or ; après une procession de 20 km depuis son sanctuaire d'Alagarkoil. Il n'est autre que Vishnou, frère de Minakshi, lequel, selon la légende, arriva en retard au mariage du couple divin. Le 12e jour, celui de la pleine lune, la statue d'Alagar est exposée à la dévotion des fidèles dans le temple de Vandiyur, près du bassin de Mariamman (→ *p. 210)*. Le retour de Vishnou à Alagarkoil, suivie d'une procession de milliers de fidèles, marque le 15e jour, fin des festivités.

Les *devadasi*

« Il appartenait à Madoura de m'offrir un spectacle terrifiant de lubricité tel qu'il me serait difficile de l'imaginer dans nos pays […]. Ce soir-là, une quarantaine de *devadasi* dansaient sur une large estrade avant d'aller adorer la déesse Minakshi. Que représentait cette danse, je ne le sais pas. C'étaient toujours les mêmes contorsions des bras, des doigts et des orteils, les mêmes déhanchements, le ventre et les seins projetés en avant : offerts […] Les filles ne me paraissaient ni très jolies, ni particulièrement gracieuses. Ce qui retenait l'attention, c'était le cercle des mâles, une bonne centaine, pressés autour de l'estrade, les yeux dilatés, la physionomie férocement bestiale. Les mystiques hindous parlent de *samadhi*, l'extase, dans laquelle l'esprit n'est plus conscient que d'un unique objet, toutes autres choses étant annihilées pour lui. Ces hommes, hypnotisés autour de cette estrade, avaient véritablement atteint un genre d'extase parfaite : la *samadhi* du rut. Les *devadasi* descendirent de l'estrade et s'engouffrèrent hâtivement dans les corridors sombres conduisant au sanctuaire de la déesse. Ce fut une ruée. La foule des hommes affolés les suivait, vaguement retenus par les gestes d'une vieille femme, sans doute une bayadère retraitée.

La terreur qui se lisait sur le visage des filles – pourtant des prostituées – serrées en troupeau, se bousculant pour gagner plus vite le sanctuaire protecteur, était aussi bouleversante que l'avidité immonde de leurs poursuivants. »

Alexandra David-Néel, *L'Inde où j'ai vécu*, Plon, 1951.

prendre époux. Les visiteurs ne sont pas admis à l'intérieur du sanctuaire, mais on peut découvrir son mandapa violemment coloré.

Contre le mur du fond, face au sanctuaire, deux monumentales **statues** de Shiva et de Kali sont bombardées de boulettes de beurre : dans une ambiance quelque peu dissipée, les fidèles rivalisent d'adresse et de piété.

Le **sanctuaire** est fermé aux non-hindous ; on peut néanmoins en faire le tour par le large déambulatoire ; sous le portique O. s'alignent des lingams ; au N. se trouve la chapelle dédiée à Kalyanasundaramurti, Shiva sous sa forme de jeune fiancé.

Au centre de la 1re enceinte se dresse un pavillon où veille le Nandi traditionnel.

Le mandapa aux Mille Piliers (airakkal mandapa). Construit au XVIe s. par les rois nayaks, il abrite aujourd'hui des **collections d'art**** *(vis. 8 h-20 h)*. À l'extrémité de l'allée centrale trône un magistral **nataraja**** de bronze. Entre les colonnes – les visiteurs scrupuleux n'en compteront que 985 –, sont présentés d'autres bronzes, des statuettes d'ivoire et diverses sculptures. On peut également découvrir, dans l'aile dr. de l'édifice, une collection de peintures sacrées.

Quitter l'enceinte sacrée par le hall des Huit Déesses.

Le Pudhu mandapa *(à l'extérieur du périmètre du temple, face au gopuram du mur oriental)*. Ce vaste hall hypostyle fut construit au XVIIe s. et témoigne, avec le gopuram inachevé à son extrémité E., d'un projet des rois nayaks de doter le sanctuaire d'une nouvelle enceinte. L'allée centrale est bordée d'une double rangée de portraits de rois et d'animaux fantastiques. Du côté du temple, une estrade de basalte recevait jadis l'idole lors de certaines cérémonies. Quant au gopuram inachevé, les dimensions de sa base auraient permis de dresser une tour deux fois plus haute que celles que l'on voit aujourd'hui.

■ Mariamman Tepakkulam D3

5 km E.

Au centre du bassin s'élève un petit temple. Lors du Float Festival *(janv.-fév.)*, les statues des divinités du temple de Minakshi, richement vêtues et couvertes de bijoux et de guirlandes de fleurs, y sont transportées sur un radeau éclairé par des centaines de lampes. Cette fête commémore la naissance du roi Thirumalai Nayak qui ordonna le creusement du bassin en 1645. Le temple voisin sert d'étape à Vishnou lors de sa visite à Madurai, au moment de la fête de Chithirai Purnima.

Le musée Gandhi D1

Ouv. 10 h-13 h et 14 h-17 h 30.

Aménagé dans un ancien palais princier, ce musée retrace les grandes heures de la vie du Père de la nation : photographies d'époque et quelques objets ayant appartenu au Mahatma. Une section retrace également la vie de Nehru.

Le palais de Thirumalai Nayak B2

Vis. 9 h-17 h.

L'ancien palais de Thirumalai est devenu le lieu de promenade favori des lointains descendants de ses sujets. Ce que l'on découvre aujourd'hui n'est qu'une partie de l'édifice initial qui couvrait une superficie quatre fois plus importante. Le transfert de la capitale des Nayaks à Tiruchirappalli au début du XVIIIe s. consacra l'abandon du palais et bientôt sa ruine. Au milieu du XIXe s., l'administration britannique décida de sauver ce qui pouvait encore l'être.

L'**immense cour** constituait le cœur du palais, le porche qui lui donne accès est une création de la fin du XIXe s. Elle est entourée d'un **portique** surélevé, rythmé par de puissants piliers hauts de 12 m. Une partie de la décoration stuquée a été restituée au XIXe s. Autour de la cour s'ordonne un ensemble de bâtiments vides à présent, mais qui, jadis, abritaient les fastes du royaume, sous leurs pinacles recouverts d'or.

De l'immense complexe du palais de Thirumalai Nayak, le théâtre est la partie la mieux conservée. Au centre de cet immense auditorium, une plateforme soutenait le trône du souverain.

Le **Swargavilasa** *(du côté g.)*, « Pavillon céleste » , est coiffé d'une coupole qui culmine à 25 m du sol. Thirumalai, le plus puissant des Nayaks qui régna sur Madurai de 1627 à 1659, fut un grand bâtisseur : on lui doit une grande partie du temple de Minakshi dans sa physionomie actuelle, le bassin de Mariamman et ce palais pour lequel il fit appel à un

Le *jallikatu*

Cette course de taureaux, très populaire mais quelque peu dangereuse, est une des réjouissances de la fête de Pongal dans les villages autour de Madurai. Son nom évoque la coutume consistant à coudre *(kattu)* une pièce d'or ou d'argent dans une bande d'étoffe *(jalli)* nouée aux cornes d'un taureau ; aux participants de décrocher leur récompense. Le jour de la course, la statue du taureau Nandi est particulièrement décorée (guirlandes de fleurs, de beignets, de billets, de fruits etc.). Les taureaux, élevés pour la circonstance, sont lavés, parés de colliers de perles et de grelots, frottés de poudre de couleurs et d'huile, laquelle les rendra plus difficiles à attraper. Ils sont lâchés dans la rue au son des tambours et des cris des femmes. Pour être déclarés vainqueurs, les participants doivent chevaucher l'animal sur 10 ou 15 m. Autrefois, les héros de ces courses épousaient des jeunes filles des familles royales et recevaient de surcroît prix et honneurs. Ces compétitions peuvent prendre des dimensions considérables, multipliant ainsi les risques d'accident. Ainsi en 2004, le *jallikattu* de Pudukottai ne réunit pas moins de 3 000 taureaux au milieu de 75 000 participants. Au terme de la course, on releva plus de 200 blessés. Après quelques années de compétition, les taureaux sont rendus aux travaux des champs.

Une fois l'an, lors de la fête de Chithirai, un précieux sceptre, remis au roi par Minakshi, était placé pour une journée dans le Pavillon céleste ; le roi et ses dignitaires venaient lui rendre hommage signifiant ainsi que la déesse était la véritable souveraine du pays.

Un spectacle son et lumière en anglais a lieu t.l.j. à 18 h 45.

architecte italien. Là se trouvait le trône royal, merveille d'or, de diamants et de pierres précieuses, auquel un pavillon plaqué d'ivoire servait d'écrin. Le **Natakasala** *(à l'angle N.-O.)*, immense théâtre où le souverain assistait en compagnie de ses hôtes de marque à des représentations de danse, abrita le palais de justice de la ville jusqu'en 1970. On y trouve désormais un petit **musée** où sont notamment conservées quelques sculptures d'époque cola.

Environs de Madurai

1 Le temple de Subrahmaniya à Tirupparankundram *7 km S.-O.*

Comme il convient pour un lieu dédié à Muruga, forme locale de Subrahmaniya, le temple se hisse au-dessus de la plaine, sur le flanc d'une colline. Là furent célébrées, selon la légende, les noces du fils de Shiva et de la fille de Parvati. On prie ici depuis des temps immémoriaux et les parties les plus anciennes actuellement conservées remontent au VIIIe s., au temps des rois pandyas : les statues des dieux ont été dégagées de la masse rocheuse.

Au bout de la longue allée bordée d'échoppes se dresse le **gopuram** coloré qui surmonte le hall d'entrée.

Le **hall d'entrée** est un mandapa à beaux piliers ouvragés. Les statues de Shiva et de Kali y reçoivent les mêmes hommages qu'au temple de Madurai, des boulettes de beurre lancées avec adresse par les fidèles. Non loin, un éléphant accorde sa bénédiction aux visiteurs. On traverse ensuite deux mandapas successifs.

Le **sanctuaire** est interdit aux non-hindous ; on peut néanmoins en faire le tour pour admirer, sur le mur arrière, une splendide **représentation d'un Shiva Nataraja****, dansant sous le regard de Parvati *(sur le panneau voisin à g.)* accompagné d'êtres célestes et de musiciens. La grotte présente cinq

Une journée à l'école

Le temple de Tirupparankundram a connu une nouvelle jeunesse depuis 1993 grâce à l'ouverture d'une école où de jeunes brahmanes viennent étudier le sanskrit et les *Veda*. L'école compte à présent 160 élèves, tous fils de prêtres. Âgés de 11 à 19 ans, ils peuvent intégrer l'école après une sélection sévère. Leurs journées bien remplies commencent à 5 h par des prières et la récitation des *Veda*. Après le petit déjeuner, à 7 h 30, ils assistent aux cours jusqu'à 12 h. Vient ensuite le temps du repas suivi de prières. À 14 h, les cours reprennent jusqu'à 16 h 30. À 17 h 30, ils s'en vont ensemble pour la *puja* dans le temple voisin, et avant le coucher, à 20 h 30, une heure sera encore consacrée à la prière. L'enseignement, qui dure cinq ans, est entièrement gratuit, ainsi que le logement et la nourriture. L'école forme l'élite des prêtres qui s'en iront, leurs études achevées, servir les grands temples du pays, à moins qu'ils ne choisissent, comme beaucoup, de s'expatrier en Grande-Bretagne, en Malaisie ou à Singapour.

représentations divines : Durga au centre, encadrée de Ganesha et de Subrahmaniya, tandis que sur les côtés apparaissent Shiva et Vishnou.

En ressortant du temple, prendre à dr. en direction du bassin sacré.

À ce niveau, du côté g., se situe l'**école de sanskrit** où l'on peut entendre chaque matin les jeunes élèves réciter les *Veda*, torse nu, dhoti serré autour de la taille et cheveux ramenés en chignon sur l'arrière du crâne.

2 Le temple d'Alagarkoil* *21 km N.*

Les Alvars chantaient déjà ce très ancien lieu de culte vishnouite, demeure d'Alagar, divinité de la procession. Les fidèles affirment qu'on y conserve une idole vieille de 2 000 ans. L'endroit est particulièrement séduisant : un haut gopuram vivement coloré au pied d'une colline verdoyante, et dans les cours du temple, des armées de singes qui se livrent d'incessantes et bruyantes querelles. Les plus anciennes parties du temple actuel remontent à la fin du XIIIe s. : c'est le sanctuaire surmonté d'un vimana doré. En avant, les mandapas furent ajoutés au XVIe et XVIIe s. par les rois nayaks.

Du temple d'Alagarkoil, un sentier grimpe à travers bois jusqu'au sommet de la colline près duquel coule une source sacrée. Une jolie promenade de 3 km à suivre en compagnie des pèlerins.

Une **petite chapelle** *(contre l'enceinte extérieure du temple)* renferme la précieuse statue processionnelle en or, qui, chaque année, est conduite vers Madurai pour la fête de Chithirai Purnima (→ *p. 209*) ; sept marches recouvertes de cuivre donnent accès au sanctuaire, ouvert une fois l'an.

Le **gopuram**, qui remonterait au règne des derniers Pandyas, à la fin du XIIIe s., présente une infinité de statues. Du côté E. (vers l'extérieur), on reconnaît au niveau inférieur **deux personnages européens** : cette rencontre laisse rêveur si l'on se souvient que Marco Polo séjourna à la cour des Pandyas. Du côté intérieur, Krishna apparaît, en compagnie des gopis dénudées qui chantent et dansent autour de lui.

Le **mandapa** qui précède le sanctuaire présente des sculptures monumentales de l'époque des Nayaks : deux rois font face au sanctuaire et accompagnent le cortège des divinités qui bordent l'allée centrale ; Narasimha, Vishnou chevauchant Garuda, Krishna… qu'encadrent de belles représentations de yalis.

Mahabalipuram★★★ (Mamallapuram)

Situation : à 54 km S. de Madras, 65 km S.-E. de Kanchipuram.

☏ **04114**

Gare la plus proche : Chengalpattu, à 30 km O.

dans le centre ; liaisons avec Madras, Pondichéry et Kanchipuram.

Hébergement : grand choix de guest-houses. Pour plus de confort, optez pour un hôtel sur la côte de Coromandel, le long de la baie de Covelong.

Selon nos informations, encore incomplètes à l'heure où nous imprimons, le temple du Rivage n'aurait pas été endommagé par le tsunami du 26 décembre 2004. **À propos du tsunami, lire p. 163.**

À ne pas manquer

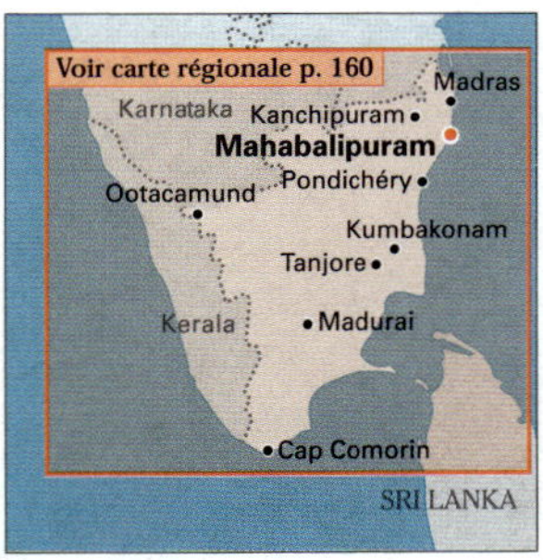

Ce village, abritant de nombreux chefs-d'œuvre, fut le port le plus important des royaumes pallavas. Il a livré d'extraordinaires témoignages de l'art rupestre indien des VIIe et VIIIe s. Des sculptures tout d'abord, merveilles de grâce et de vie, dont l'inspiration puise à la fois dans les grandes légendes hindoues et dans le plus humble quotidien – pour les artistes du temps, le bouvier occupé à traire une bufflesse méritait autant de soin que les dieux du panthéon. Des sanctuaires aussi, blocs patiemment ouvragés, entièrement dégagés de la masse rocheuse. Mahabalipuram n'attire pas seulement les amoureux des pierres : sa situation sur la côte de Coromandel en a fait un lieu de séjour apprécié, notamment des élites venues de Madras qui se retrouvent dans les grands hôtels disséminés le long de la baie de Covelong, à une dizaine de kilomètres au nord du site.

Mahabalipuram dans l'histoire

Un grand port existait déjà au début de notre ère dans cette partie de la côte de Coromandel. Il est cité par plusieurs auteurs antiques, notamment Ptolémée (IIe s.), et plusieurs monnaies romaines ont été découvertes dans les environs. Et c'est aux Pallavas que l'on doit l'extraordinaire parure architecturale que l'on découvre aujourd'hui. Encore ne s'agit-il que des édifices religieux creusés ou taillés dans la pierre, les palais royaux ayant disparu avec le temps. C'est à eux que le site doit son nom originel « Mamallapuram », « ville de Mamalla », surnom de l'un des plus grands souverains de la dynastie, Narasimhavarman Ier (v. 630-670). La cité ne survécut pas à la disparition de la dynastie et ses édifices abandonnés furent redécouverts par des voyageurs européens au XVIIe s.

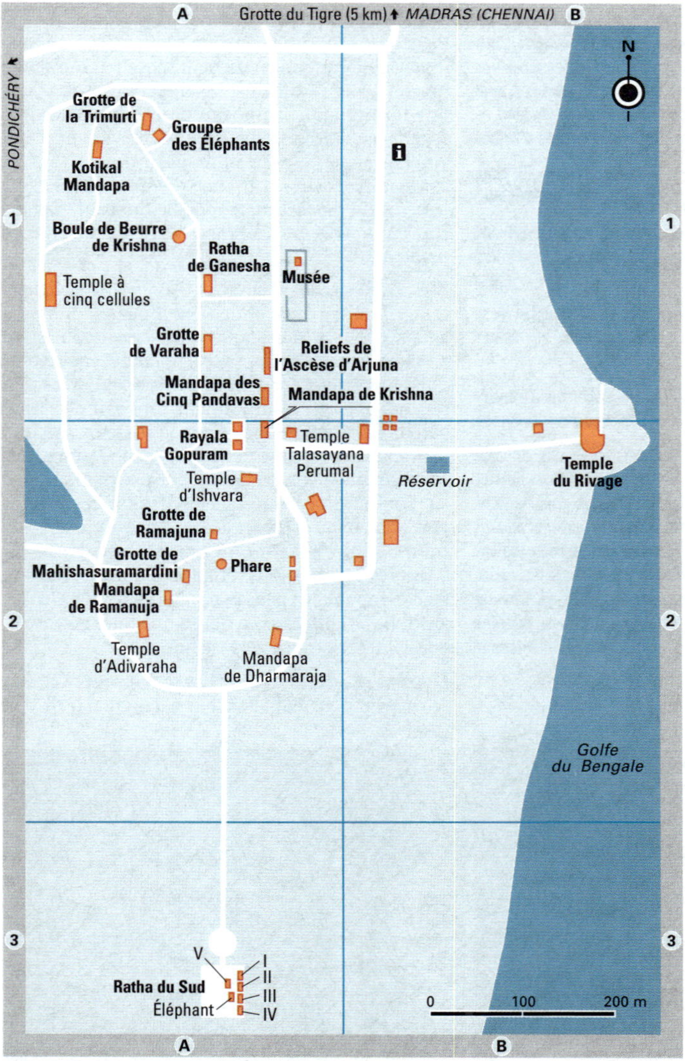

Mahabalipuram

Mahabalipuram

1 Les temples de la colline

La visite commencera par la célèbre Ascèse d'Arjuna. De là, un agréable sentier aménagé entre l'amoncellement des rochers, comme jetés par quelque main divine, permet de découvrir les principaux temples de la colline. L'itinéraire proposé ici aboutit à un accès secondaire au site, qui se trouve à 200 m des rathas du Sud.

Manifestation : en janv., important festival de danses et de musique d'Inde du Sud. S'y produisent les meilleures formations de la région, évoluant avec, en prestigieuse toile de fond, les sculptures de l'Ascèse d'Arjuna.

Combien de temps : prévoir 1 j. entier pour parcourir l'ensemble des sites.

Se déplacer : on peut sans difficulté gagner les différents centres d'intérêt à pied.

Attention, pas de possibilités de se désaltérer en chemin.

L'Ascèse d'Arjuna est également appelée Descente du Gange.

Sur la colline qui domine l'Ascèse d'Arjuna étaient aménagés des bassins dont l'eau, les jours de grandes fêtes, s'écoulait dans la faille qui partage verticalement la composition : les pèlerins y voyaient le fleuve qui, descendu de l'Himalaya, traverse les trois mondes, céleste, terrestre et inférieur.

■ L'Ascèse d'Arjuna*** A1

Plus que tout autre édifice de la ville, ce chef-d'œuvre de l'art indien du haut Moyen Âge exalte la magnificence royale ; par ses dimensions d'abord : une foisonnante composition de 27 m de long et 9 m de haut ; par sa situation ensuite, au flanc d'une éminence que couronnait un palais royal ; par son sujet enfin : l'ascèse d'Arjuna (→ *encadré p.* 217) où le héros du *Mahabharata*, modèle du guerrier et du souverain, charme hommes, bêtes et dieux par sa méditation.

À g. du fleuve, d'où émergent les gracieuses figures d'un naga de pierre et de sa compagne, divinités aquatiques à la longue queue de serpent, un ascète au visage émacié se tient sur une jambe, mains tendues au-dessus de la tête, et fixe le soleil, dans une posture yogique traditionnelle : il s'agit d'Arjuna, autour duquel s'ordonne toute la scène qui évoque le monde des forêts et des pâturages de l'Himalaya : à l'extrémité g., un berger est pensivement appuyé sur son bâton ; au-dessous d'Arjuna, des ascètes vaquent à leurs occupations autour d'un petit sanctuaire dédié à Vishnou : leur grande dévotion – prières, méditations, et aussi ablutions dans le fleuve – apporte la paix au monde et, grâce à eux, les antilopes, figurées avec un grand souci du détail, voisinent sans crainte avec le lion.

Du côté dr. du fleuve, les dieux et les êtres célestes se pressent pour assister au tête à tête entre le dieu et

À g. d'Arjuna, Shiva tend l'une de ses quatre mains dans le geste du don : il accorde enfin le mantra d'invincibilité à l'ascète.

Arjuna. Au-dessous, en une composition magistrale, un défilé d'éléphants figure le monde souterrain. C'est une des parties les plus séduisantes de l'ensemble où l'on retrouve, portées à l'excellence, les qualités propres à l'art indien témoignant d'un goût prononcé pour la nature observée dans ses moindres détails : ainsi, les oreilles découpées des pachydermes et les plis de leur ventre ; ou encore les jeunes éléphants qui dorment ou cabriolent sous la protection des adultes. Devant les défenses de l'éléphant de tête, un chat gagné par la méditation des sages, dressé sur ses pattes dans une position de yogi, pour la plus grande joie des souris et des rats qui gambadent autour de lui. À quelques mètres à dr. de la paroi, dans un groupe en ronde-bosse, figure une famille de singes occupés à s'épouiller.

■ Pancha Pandava mandapa A1

Immédiatement à g. de la paroi sculptée.

Ce sanctuaire, consacré aux cinq *(pancha)* frères Pandavas, héros du *Mahabharata*, n'est orné que d'un portique dont les piliers reposent sur des bases en forme de lions. Au-dessus des chapiteaux figurent lions et griffons montés par des cavaliers.

■ Krishna mandapa*** A2

À g. de l'Ascèse d'Arjuna.

Un portique moderne empêche de découvrir une vue d'ensemble de ce qui était, à l'origine, une paroi sculptée à l'instar de l'Ascèse d'Arjuna. L'épisode du mont Govardhana est représenté ici : Krishna soulève la montagne pour abriter ses amis les bergers des fureurs d'Indra (→ *encadré p. 218*), occasion pour les artistes pallavas de décrire avec délectation le monde idéalement harmonieux de la campagne indienne. Du côté dr. apparaît le dieu qui soulève la montagne de sa main gauche tandis que de la droite il apaise la crainte des bergers. À l'extrême dr., un vieil homme s'appuie sur son bâton, portant un enfant assis sur ses épaules.

En suivant la composition vers la g., on découvre tout d'abord Balarama, frère de Krishna et dieu protecteur des bergers, qui s'appuie sur l'épaule d'un paysan. Vient ensuite une scène de traite dont le naturalisme est empreint de la douceur et de la grâce propres aux mythes liés à Krishna : la bufflesse offre son lait tout en léchant son petit. Un pâtre berce cette idylle champêtre des accents de sa flûte. Apparaît ensuite une gopi avec ses pots de lait superposés, pris dans un cordage. Et puisque le monde des campagnes est aussi celui des joies simples, des chants et des danses, un couple de danseurs clôt la scène. On notera, sur la paroi de g.,

L'ascèse d'Arjuna

Le chef-d'œuvre de Mahabalipuram illustre un épisode du *Mahabharata*. Leur royaume perdu, les cinq frères Pandavas erraient dans la forêt, lorsque Arjuna, le plus valeureux d'entre eux, se résolut à demander à Shiva lui-même le mantra qui rend invincible. Afin de prouver sa dévotion au dieu, il gagna l'Himalaya pour y pratiquer l'ascèse. Au milieu d'une délicieuse clairière, embaumée de fleurs et resplendissante de fruits, parcourue par le doux murmure des ruisseaux et rafraîchie par une brise divine, il se tint sur une jambe, bras levés au-dessus de la tête. Le 1er mois, il prit de la nourriture tous les quatre jours ; le 2e, une fois par semaine; le 3e, tous les 14 jours et il s'abstint de toute alimentation le 4e mois. Étonnés devant tant de piété, les sages de la montagne prévinrent Shiva, le Grand Yogi, qui prit la forme d'un chasseur et, pour éprouver l'ascète, lança contre lui un sanglier. Apercevant l'animal, le héros banda son arc et s'apprêtait à lui décocher une flèche lorsque le chasseur divin lui interdit de tirer. Arjuna passa outre et s'en prit à l'importun : il lança contre lui toutes les flèches de son carquois ; aucune ne put l'atteindre. Il lui jeta les pierres qu'il arrachait à la montagne ; toutes roulèrent inoffensives au pied du dieu. Alors, voyant que le héros réunissait en lui la plus grande piété à la plus grande bravoure, Shiva accepta de lui accorder le mantra d'invincibilité.

Krishna soulève les montagnes

Krishna vécut toute son enfance parmi les bergers. Un jour, il vit ses compagnons s'apprêter à sacrifier à Indra. Pour défier le grand dispensateur de la pluie, Krishna dit aux bergers que mieux vaudrait présenter leurs offrandes au mont Govardhana, qui nourrit leurs troupeaux, et à leurs troupeaux, qui leur offrent le lait. Les bergers en convinrent : ils partirent en procession vers le sommet, Krishna cheminant parmi eux. Soudain, se dédoublant, il surgit, immense, des rochers proclamant : « Je suis la Montagne. » Par ce subterfuge, il réussit à détourner à son profit les offrandes dues à Indra. Furieux, le dieu de la pluie envoya un déluge submerger le pays. D'une main, Krishna souleva la montagne et en fit un abri où trouvèrent refuge durant sept jours et sept nuits ses compagnons les bergers. Ébloui par le prodige, Indra, apaisé, demanda à Krishna d'accepter de devenir l'ami de son fils Arjuna, héros du *Mahabharata*.

que la protection divine s'étend aux bêtes sauvages et aux animaux fantastiques : lions et chimères à tête d'homme ont également pris place à l'abri du mont.

Revenez sur vos pas, passez l'Ascèse d'Arjuna pour suivre à dr. le sentier qui conduit vers les différents temples de la colline. Laissant à g. le ratha de Ganesha que vous découvrirez plus tard, suivez le chemin qui conduit à l'extrémité N. du site.

■ La Boule de beurre de Krishna A1

Sur une éminence à g., un gigantesque bloc de granit est appelé « Boule de beurre de Krishna », en référence à la gourmandise du dieu qui, enfant, chapardait le beurre de ses amis les bergers.

Plus loin, le chemin s'engage dans un étroit passage laissé ouvert par deux énormes blocs rocheux.

■ La grotte de la Trimurti* A1

Ce triple sanctuaire est consacré *(de g. à dr.)* à la grande triade *(trimurti)* hindoue : Brahma, représenté exceptionnellement avec un seul visage, Shiva et Vishnou. Les statues divines apparaissent au fond de niches gardées par de splendides **dvarapalas**. À l'extrémité dr., sous un savant motif décoratif figurant un *makara*, apparaît la terrible **Durga Mahishasuramardini**, dressée sur la tête du démon-buffle qu'elle vient de terrasser. Permanence de l'architecture dravidienne, les parties supérieures de la façade sont ornées des motifs de gopuram que l'on retrouve dans les temples modernes à l'extérieur du site en contrebas.

Devant le sanctuaire, une **citerne** ronde creusée dans un bloc est traditionnellement appelée « baratte des gopis ».

▶ Le **Kotikal Mandapa** *(accès par un chemin face au sanctuaire)*, sanctuaire consacré à Durga, est considéré comme l'un des plus anciens du site (début VIIe s.). Il est dépourvu de toute décoration, à l'exception des deux dvarapalas, exceptionnellement représentés sous une forme féminine, mais qui ne saurait surprendre ici dans une chapelle dédiée à la terrible déesse. ◀

Depuis la trimurti, suivre le petit chemin en contrebas qui part à g. de la façade.

■ Le groupe des Éléphants* A1

Ce splendide groupe sculpté représente des éléphants veillés par un singe et un paon. Naturalisme et goût de l'anecdote charmante règnent ici encore : un éléphanteau turbulent, en jouant, s'est planté une défense dans la terre.

Revenu en vue de la Boule de beurre, gagnez maintenant le ratha de Ganesha.

■ Le ratha de Ganesha* A1

Primitivement consacré à Shiva, ce petit sanctuaire monolithe, le seul en activité sur le site, a reçu, à l'époque moderne, une statue de son fils Ganesha. Remarquez la partie supérieure imitant les gopurams maçonnés de l'architecture dravidienne.

■ La grotte de Varaha*** A1

Ce sanctuaire est consacré à Varaha le sanglier, 3e avatar de Vishnou, qui plongea au fond de l'océan pour rapporter, accrochée à une défense, la déesse Terre engloutie lors du déluge. Le mythe est rappelé ici, sur la **paroi de g**. La **paroi de dr**. présente la victoire de Vamana, 5e avatar de Vishnou contre le démon Bali. La **paroi du fond** présente, du côté g., une remarquable Gajalakshmi, la déesse Lakhsmi baignée de lait par deux éléphants au milieu d'un séduisant jardin de lotus et de fleurs, tandis que, du côté dr., apparaît la redoutable Durga, deux fidèles à ses pieds s'apprêtant à se trancher la tête pour lui en faire offrande : scène fréquemment représentée dans l'art pallava au point d'en être emblématique.

Sur la paroi de la grotte, le mythe de Varaha est traité d'une manière originale, représentative du style délicat des Pallavas : le puissant animal se fait protecteur et tient la déesse reposée sur un bras.

Par sa piété, Bali, roi des divinités secondaires, étendit son empire sur tous les mondes. Ne pouvant combattre le vertueux souverain, les dieux s'en remirent à la sagesse de Vishnou. Ayant pris la forme du nain Vamana (5e avatar), Vishnou se présenta devant le roi comme un mendiant et l'implora de lui accorder un coin de terre correspondant à trois de ses enjambées. Le roi accéda à sa demande : Vamana grandit alors démesurément et en trois pas, *(trivikrama)* enjamba l'univers entier. À la dernière enjambée, ne sachant où reposer le pied, Vishnou l'abattit sur la tête du roi et l'enfonça au plus profond de la terre où il règne depuis sur les mondes inférieurs.

Continuez sur le chemin qui grimpe doucement vers le centre de la colline.

▶ Un sentier à dr. offre la possibilité d'accéder à un plateau qui occupe l'extrémité occidentale du site. C'est là probablement que se situait le principal palais royal comme le laissent supposer des traces de maçonnerie repérées *in situ*. N'en subsiste qu'un très beau **lion en ronde-bosse** face à une estrade qui supportait peut-être le trône royal. Revenez par le même chemin. ◀

Rayala gopuram A1-2

Dans cette vaste construction laissée inachevée par les souverains de Vijayanagar *(Hampi → p. 335)*, on reconnaît la base d'un gopuram monumental avec les ornementations caractéristiques de cette époque.

▶ Depuis le Rayala gopuram, prendre presque dans l'axe du temple inachevé le sentier qui sinue jusqu'à une fourche ; arrivé à celle-ci, suivre le sentier de g. Les visiteurs exercés pourront gravir tout droit le rocher jusqu'aux vestiges de l'**ancien phare** : de là, jolie vue sur le site. L'embranchement de dr. conduit à un **sanctuaire inachevé** dont le principal intérêt est son cadre champêtre et solitaire. Dans les deux cas, revenir à la fourche pour poursuivre la visite. ◀

La grotte de Ramajuna A2

Ce sanctuaire à trois salles est dédié à Shiva ; de la décoration sculptée de son mandapa seuls subsistent les piliers reposant sur des lions assis caractéristiques de l'époque de Narasimhavarman Ier.

Descendre le petit raidillon face au temple jusqu'au chemin visible en contrebas ; prendre à dr. puis à g. à la fourche. Le chemin s'engage entre deux parois rocheuses, puis passe au pied du phare moderne.

La grotte de Mahishasuramardini*** A2

Ce sanctuaire présente la particularité d'un portique carré, ménagé à l'intérieur du mandapa, en avant de la salle centrale. Les parois latérales du mandapa conservent deux des plus beaux reliefs du site. À dr., **Durga Mahishasuramardini*****, chevauchant son lion, décoche une flèche au démon à tête de buffle ; du côté g., **Vishnou endormi****, repose sur le serpent Ananta.

Dans le mandapa de la grotte de Mahishasuramardini, Durga Mahishasuramardini livre un combat furieux : un personnage a roulé à terre tandis que le démon-buffle esquisse un mouvement de recul magistralement suggéré par la flexion de son corps et le pan de sa ceinture emporté par la violence du mouvement.

Le temple d'Olakkanatha

Au sommet de la colline.

Ce petit sanctuaire dédié à Shiva est contemporain du temple du Rivage *(→ prom. 3)*. Les parties supérieures originelles ont disparu, mais on peut encore voir, à la base des murs, de beaux **reliefs** évoquant les mythes liés à Shiva : ainsi, face N., la représentation du démon Ravana, ébranlant le mont Kailash au sommet duquel Shiva s'était retiré pour méditer.

La petite ascension vers le temple vaut également pour la **vue** que l'on découvre de là sur le site et les campagnes environnantes.

Au pied du temple, un escalier descend vers la route qui contourne la colline. En continuant tout droit, vous atteindrez les rathas du Sud à 200 m env. En prenant à dr., vous reviendrez à votre point de départ, l'Ascèse d'Arjuna, en 10 mn de marche. En chemin, vous découvrirez une paroi sculptée d'une seconde version inachevée de l'Ascèse d'Arjuna.

2 Les rathas du Sud★★★

Situation : A3.

C'est aux Pallavas que l'Inde doit l'apparition des temples monolithes, entièrement dégagés de la masse rocheuse, sans doute à l'imitation des stupas bouddhiques antérieurs de plusieurs siècles. Jusque-là, les temples étaient construits en pierres et en bois ; disparue avec le temps, leur architecture nous serait restée inconnue, si les temples monolithes n'avaient reproduit à l'identique leurs différentes formes. Les temples de Mahaballipuram, appelés localement rathas, furent réalisés sous le règne de Narasimhavarman Ier (630-v. 668).

Visite : ouv. 6 h 30-17 h 30 ; entrée payante ; le billet est également valable le même jour pour le temple du Rivage. Pour profiter de la plus belle lumière, vis. le site au soleil levant.

■ Le ratha de Draupadi★★ (I).

Le plus petit sanctuaire de l'ensemble n'est pas le moins élégant : avec son « toit » pyramidal, il évoque une hutte campagnarde. Il ouvre à l'O. par un **porche** flanqué de dvarapalas. À l'intérieur de la salle, un **relief représente Durga**, dédicataire du temple, accompagnée de fidèles, dont l'un s'apprête à se trancher la tête de son sabre pour lui en faire l'offrande, selon le modèle iconographique répandu sous les Pallavas. Les trois autres côtés sont dotés de **niches** où apparaissent également des représentations de la déesse, celle du côté N. étant la mieux conservée. Face à l'entrée, un **lion**, monture de Durga, a été dégagé d'un bloc isolé, qui, laissé brut, aurait masqué la vue sur l'entrée du temple.

■ Le ratha d'Arjuna★ (II).

Plus complexe que le précédent, ce sanctuaire présente une élévation pyramidale d'étages superposés ornés chacun, comme c'est l'usage dans l'architecture dravidienne, d'une rangée de kudus surmontés de pavillons miniatures.

La salle ouvre à l'O. sous une **frise** de nains saisis dans des postures très expressives. Les trois autres côtés du sanctuaire présentent chacun cinq niches abritant des **sculptures** d'une grande finesse qui méritent l'attention : divinités au centre encadrées de figures royales et de mithunas. Côté E. apparaît Shiva appuyé sur sa monture, le taureau Nandi ; au S., Indra monté sur son éléphant Airavata ; remarquez à dr. la pittoresque figure du *rishi* (sage) escorté de ses disciples. Les sculptures du côté N. sont en revanche très érodées.

■ Le ratha de Bhima★ (III).

Le sanctuaire imite le toit d'une chaumière ; ses côtés N. et S. ouvrent par d'élégantes colonnes reposant sur des lions.

Quatre des temples furent excavés dans un même éperon rocheux, dont la silhouette détermina la forme de chacun : ainsi, le ratha de Draupadi, le 1er que l'on rencontre en pénétrant sur le site, est moins élevé que les autres. Le 5e temple, celui de Nakuma Sahadeva, fut dégagé d'un bloc isolé.

La construction des temples de pierres et de bois s'achevait par la mise en place de la décoration sommitale, acte solennel qui accompagnait la consécration de l'édifice. Les temples rupestres étant par nécessité commencés par le haut, on réservait de même la décoration du sommet, pour l'achever lors de l'inauguration.

Chacun des étages du ratha de Dharmaraja porte la décoration traditionnelle de kudus et de pavillons miniatures superposés. À la base de la pyramide court une promenade desservant une série de cellules.

■ Le ratha de Dharmaraja*** (IV).

De conception similaire au ratha d'Arjuna (base carrée surmontée d'une succession d'étages dessinant une forme pyramidale), l'édifice, le plus important du groupe, ouvre par quatre piliers du côté O. Aux quatre coins, des blocs de section carrée portent chacun deux **reliefs de divinités** : Shiva, plusieurs fois représenté notamment (côté E.) sous sa forme androgyne d'Ardhanishwara, Brahma et Skanda. Est également représenté le roi pallava lui-même (coin S.-O.) dont une inscription nous donne le nom : Narasimha, sous le règne duquel furent réalisés la plupart des temples rupestres de Mahaballipuram. Sur les côtés, on reconnaît Shiva, Vishnou et Krishna. Sur le côté O., une gracieuse **figure féminine** porte une corbeille de fleurs.

■ Le ratha de Nakula-Sahadeva (V).

Reposant sur une base en ellipse, ce sanctuaire est dépourvu de toute représentation sculptée. Un monumental éléphant monolithe le flanque à l'E. rappelant la forme oblongue de sa toiture.

3 Le temple du Rivage***

Situation : B2.

Ici, au bord du golfe du Bengale, naquit l'architecture indienne : le temple du Rivage est, en effet, le premier exemple de construction maçonnée, comme une ébauche du Kailasanatha à Kanchipuram *(→ p. 190)* dont la fondation lui est de quelques années postérieures. Cette innovation décisive est l'œuvre du règne de Narasimhavarman II, dit Rajasimha (v. 690-715), dernier des

grands Pallavas. Posé sur le sable, avec la mer pour toile de fond, le temple du Rivage compose un des plus séduisants tableaux de l'Inde du Sud.

Visite : ouv. 6 h 30-19 h ; entrée payante ; même billet que les rathas du Sud (à utiliser le même jour). À voir de préférence au coucher de soleil. Prévoir 1 h de visite.

Accès : à 400 m du Krishna mandapa, en suivant la route qui, en face du sanctuaire, part tout droit vers la mer.

Près de la porte, une inscription laissée par les souverains colas nommait les différents temples ; une autre inscription fut découverte dans la cour lors des travaux de dégagement : elle vantait en sanskrit les mérites de Rajasimha, à l'origine du temple.

Tous deux consacrés à Shiva, les temples du Rivage présentent un plan similaire : une base carrée enserrant la salle, surmontée d'un shikara pyramidal, orné, pour le plus élevé, de la traditionnelle décoration de pavillons miniatures.

Durant des siècles, les temples furent abandonnés au sable, à l'érosion et au fracas des vagues : la légende locale veut que plusieurs édifices similaires aient été engloutis par les flots. De même, l'action conjuguée du vent, du sable et du sel a patiemment estompé les traits des sculptures qui ornaient l'ensemble et qui sont, pour l'essentiel, réduites aujourd'hui à l'état d'ébauche. Pourtant, les temples encore debout s'élevaient au centre d'un vaste ensemble dont on peut encore deviner la disposition, celle que l'on retrouve dans les constructions ultérieures encore intégralement conservées comme à Kanchipuram : un vaste périmètre sacré, délimité par un haut mur surmonté de taureaux nandis, dont un nombre significatif a été conservé. L'entrée s'effectuait par l'O. : on voit le jambage de la porte. Des sculptures ornaient le mur, images divines ainsi que représentations des rois pallavas. Dans l'espace aujourd'hui libre s'élevaient mandapas et pavillons dont on devine les soubassements.

Le **temple principal** est doté d'une enceinte propre qui détermine un étroit passage à la manière d'un déambulatoire. Il ouvre à l'E. et était précédé, comme dans tous les temples d'Inde du Sud, d'un mât honorifique *(dhvajastambha)* dont on peut voir la base. Un petit gopuram marquait l'entrée du complexe du côté du rivage. Une volée de marches donne accès à la salle qui abrite un lingam de basalte tandis que, sur le mur du fond, apparaît, très érodé, le motif du Somaskanda. Cette composition réunissant Shiva, Parvati (Uma) et leur fils Skanda se retrouve fréquemment dans les temples pallavas, généralement sur le mur du fond de la salle ou à l'arrière du temple.

Le **temple secondaire** ouvre à l'O. par une porte flanquée de dvarapalas et surmontée d'une statue de Nandi. La salle, vide, conserve sur le mur du fond un Somaskanda mieux conservé que le précédent. Entre les deux temples, protégé par un auvent à toit plat, se trouve un relief taillé dans le rocher représentant Vishnou allongé méditant la prochaine création. Les spécialistes considèrent que cette sculpture est antérieure aux sanctuaires, qui auraient été ainsi construits autour d'elle. Voyez enfin, près de l'entrée du temple secondaire, un bloc sculpté d'un lion portant sur une patte la déesse Durga.

Environs de Mahabalipuram

■ La grotte du Tigre (Tiger's Cave)

5 km N. sur la route de Madras ; accès libre.

Sous un bosquet, entre la route et le bord de mer, un sanctuaire dédié à Durga fut taillé dans la roche, probablement sous le règne de Rajasimha. Profitant de la forme du rocher, les sculpteurs ont conçu un arc monumental au-dessus de l'entrée, orné de monumentales têtes de tigres rugissants. L'entrée est flanquée de deux lions dressés. À g., deux sanctuaires secondaires ouvrent au-dessus de belles têtes d'éléphants.

Les Nilgiri Hills★

La chaîne montagneuse la plus élevée du Tamil Nadu (le mont Dodabetta y culmine à 2 637 m) est devenue, grâce à son climat tropical, une important région agricole, spécialisée dans l'exploitation du café, du thé, des fleurs, des épices et des essences rares du côté de Coimbatore. Au cœur des montagnes, Ootacamund (ou Udhagamandalam en tamoul), plus familièrement appelée Ooty, est une station d'altitude entourée d'épaisses forêts d'eucalyptus vers le Nord en direction de Mysore, et de théiers et de caféiers vers le Sud. Ancienne station climatique des Britanniques qui s'y réfugiaient lors des fortes chaleurs de moussons, elle fut même, au XXe s., la très officielle résidence secondaire du gouvernement de Madras pendant l'été. Aujourd'hui toujours très prisée des Indiens pour son climat et ses paysages de montagne, Ooty est également le point de départ de nombreuses randonnées et la meilleure ville d'accès pour découvrir les réserves naturelles des Nilgiri.

Situation : à 160 km au S. de Mysore, 300 km au N.-E. de Cochin, 100 km au N. de Coimbatore.

Alt. : 2 240 m.

82 000 hab.

☏ 423

ⓘ sur Wenlock Rd ☏ 443.977. ouv. lun.-ven. 10 h-13 h et 14 h-17 h 30 ; www.ootacamund.com

À ne pas manquer

✈ à Coimbatore (100 km de Ooty). Vols quotidiens pour Bombay, Madras, Calicut et Bangalore.

Train : la gare la plus importante est à Coimbatore, liaisons avec Bombay, Madras, Fort Cochin, Bangalore. Il existe un train quotidien reliant Madras à Mettupalayam.

🚌 de Coimbatore (on rejoint Ooty en 3 h, magnifique route de montagne à partir de Coonoor), de Bangalore (8 h), de Madras (14 h) et de Mysore (5 h) en traversant la réserve de Bandipur (→ *Karnataka, p. 355*).

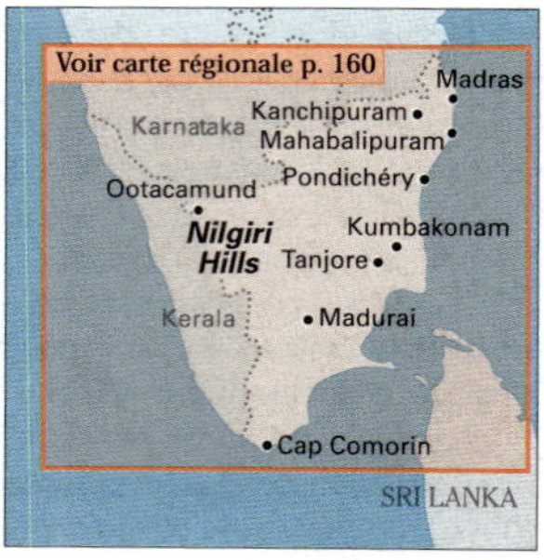

Visiter les Nilgiri Hills

Hébergement : Ooty est considérée comme une ville chère. Le *Nilgiri Woodlands* est une belle maison coloniale, mais dispose également de petits cottages, comme l'hôtel *Lakeview*, sur une colline à 4 km du centre-ville.

Où faire une pause : le *Chadan Restaurant*, dans Commercial Rd, est une excellente adresse, tout comme le *Nilgiri Woodlands* (pour son cadre). Spécialité locale : la patate douce.

Climat : de montagne, très agréable pendant la mousson d'été, mais les nuits d'hiver peuvent être très fraîches : les températures voisinent 0° C.

Activités : balades à cheval autour de la ville, canotage sur le lac artificiel et même parapente.

Nilgiri Hills

Visites : pour de courtes balades, adressez-vous à l'Ooty Tourist Guides Association ☎ 44.52.22 (près de l'arrêt des bus). Pour une visite plus complète, adressez-vous soit à l'OT, soit à Ooty à la Wildlife Warden ☎ 44.40.98 ou à une agence de Coimbatore ou de Bangalore.

Manifestations : en janv., festival du Thé ; en mai, courses de bateaux sur le lac et festival des Fleurs (3e w.-e.).

Les premiers théiers furent plantés à titre expérimental en 1835 dans la vallée de Ketti près d'Ooty. Mann fut le premier planteur à manufacturer le thé de sa plantation, établie près de Coonoor en 1854, et toujours connue sous le nom de Coonoor Tea Estate, en même temps que Rae, qui établit le Dunsandle Estate près de Kulhatty. L'aventure prend un tour industriel avec la création de la plantation de Thiashola en 1859, exploitée par une main-d'œuvre chinoise capturée durant les guerres de l'opium. La production théière sud-indienne ne prend cependant une réelle ampleur qu'au tout début du xxe s.

1 Ooty* (Ootacamund ou Udhagamandalam)

74 km N. de Coimbatore.

Accès possible depuis Mettupalayam par le Blue Mountain Train, 4 h de voyage.

Le marché (Bazaar) *(t.l.j. sur la place en face de la gare)*. À ne pas manquer, pour son ambiance très particulière de marché de montagne. Les habitants des villages alentour et les minorités tribales y vendent leurs productions traditionnelles : châles tissés, laitages et fromages frais pour les Todas *(→ encadré)*, objets en cuir et poteries pour les Kotas, miel de montagne, encens et huiles essentielles (eucalyptus, citronnelle) des Irulus, graines et fruits secs des Badagas, et même de très beaux bijoux en argent.

Le jardin botanique *(à 1,5 km au N. du centre-ville ; ouv. 8 h-18 h 30 ; accès payant)*. Créé en 1848, il rassemble sur 22 ha. des spécimens de la région des Nilgiri, mais accueille aussi, curieusement, un jardin italien et même un jardin japonais. Son rôle, depuis sa création, est essentiel pour la préservation de la flore endémique des Nilgiri et sa pépinière est célèbre chez les horticulteurs du monde entier.

2 Kotagiri

19 km à l'E. d'Ooty.

Cette petite station d'altitude (1 984 m), dont le nom signifie « village de la tribu Kota » , fut la

1re station climatique occupée par les Anglais. L'activité de ce gros bourg est liée à la culture des théiers qui entourent la ville et occupent toutes les collines le long de la route. C'est un bon point de départ pour admirer les **cascades Sainte-Catherine** *(8 km, plus 3 km à pied)* ou atteindre **Kodakanad Viewpoint** *(à 22 km)* d'où l'on découvre un panorama exceptionnel sur la plaine de Coimbatore.

3 Coonoor *19 km S. d'Ooty*

Accès possible par le Blue Mountain Railway.

Coonoor est la 3e station d'altitude (1 858 m) des Nilgiri, entourée de plantations de théiers. La cité s'étale sur les vallées et les collines, mais c'est du haut de la ville (Upper Coonoor) que vous découvrirez la beauté de son site.

Sim's Park *(ouv. 8 h-18 h 30 ; entrée payante)*, créé en 1874, rassemble plus d'un millier d'espèces de plantes, dont des magnolias, des géraniums, des camélias, des roses, des lotus dans leurs bassins. Le festival du Sim's Park, en mai, consacré aux fleurs et aux fruits, est un régal pour les sens.

Sur une colline opposée au Sim's Park, une antenne de l'Institut Pasteur, établie ici depuis 1902, étudie les plantes médicinales des Nilgiri.

Avec un peu de temps, poussez jusqu'à **Dolphin's Nose Viewpoint** *(10 km)* : la route qui serpente entre les plantations de thé débouche sur un magnifique panorama qui permet de découvrir Kothagiri et les chutes Sainte-Catherine.

4 Avalanche et Emerald Dam *35 km S. d'Ooty*

Au S. de l'Emerald Dam (« lac d'Émeraude »), Avalanche, petit village situé au bord d'un torrent, possède une modeste guest-house. Idéal pour fuir l'agitation d'Ooty et pêcher la truite, spécialité locale.

5 Le Mudumalai National Park** *70 km O. d'Ooty*

Accès par le village de Theppakadu ; (i) à Theppakadu ☎ 56.325 ; entrée payante ; ouv. 7 h-18 h, mais seulement 6 h 30-9 h et 14 h-18 h pour les balades à dos d'éléphant.

Ce parc national de 322 km², créé en 1932, forme avec les parcs voisins de Bandipur *(→ Kerala p. 355)* et de Wayanad *(→ Karnataka p. 272)* la « Nilgiri Biosphere Reserve » . Seule une petite partie du parc est accessible aux visiteurs et son accès est particulièrement réglementé pour préserver son intégrité.

La meilleure période. D'oct. à fév. car la végétation est à son apogée ; juin-sept. reste très agréable, la mousson d'été étant relativement faible ; pour voir des animaux, préférer mars-mai.

Vous trouverez en ville, à la Coopérative des femmes (Women's Coop) de beaux tissages et des broderies todas.

Le Blue Mountain Railway

Cette ligne de chemin de fer de légende fut construite par les Britanniques en 1898 pour relier Coimbatore à Ooty, leur station d'altitude favorite, *via* la petite ville de Mettupalayam, dans la plaine au pied des monts Nilgiri. Sur un parcours long de 45 km, la ligne de ce train miniature s'accroche littéralement à flanc de montagne, avec des dénivelés impressionnants et des à-pics spectaculaires. Il fallut construire 13 tunnels, et pas moins de 250 ponts pour relier les 11 gares jusqu'au terminus. Les pluies de mousson, le coût de l'entretien et l'usure du matériel avaient incité un temps les Chemins de fer indiens à ne plus l'utiliser que sur une petite portion de 19 km entre Ooty et Coonoor, avec un dénivelé de près de 500 m. Mais elle est de nouveau opérationnelle sur l'ensemble du parcours. Chaque train est composé de trois voitures, poussées et non tirées par la locomotive qui s'agrippe littéralement à la voie à crémaillère et chacune possède une plateforme où est posté un agent chargé du frein d'urgence...

L'or vert des monts bleus

Les Anglais ont fait de l'Inde ce qu'elle est toujours : le producteur de 30 % du thé mondial, ce qui la place au 1er rang (l'Inde a produit 826 165 t de thé en 2002). La majorité de cet or vert vient d'Assam, aux confins de la Birmanie, où il constitue une quasi monoculture. Darjeeling, aux portes de l'Himalaya, manufacture en quantités infimes la crème des thés noirs. Les Ghâts occidentaux, et plus particulièrement le triangle des Nilgiri, aux frontières du Tamil Nadu, du Karnataka et du Kerala, fournissent la 3e part du thé indien, avec 200 000 tonnes annuelles.

◄ **Vue des cultures aux environs de Munnar, dans les Nilgiri Hills (Kerala). Sur les 39 700 plantations de thé que possède le pays, le Sud en compte 32 000 quand le Nord n'en a que 6 700. La majorité sont de petites exploitations puisqu'on estime à 30 000 les propriétaires de plantations inférieures à 10 ha.**

L'ordre du thé

Même si, de nos jours, on cultive le thé en plaine, un produit de qualité requiert trois conditions : un sol acide, une altitude minimale de 1000 m et une humidité constante, parfaitement remplies par les Nilgiri. Il est difficile d'imaginer aujourd'hui, face à ces alignements de théiers impeccablement taillés, que cette campagne bien ordonnée fut forgée de toutes pièces. Les plantations, si bien nommées *tea estates*, en sont le nerf. Les plus grandes fonctionnent en autarcie comprenant, outre les habitations, un bazar, des lieux de culte, une école et un dispensaire. Aujourd'hui, la superficie totale cultivée dans les Nilgiri est de 77 469 ha, dont 69,5 % réservée au thé.

Les brûleries, arborant sur leur toit en zinc les noms des compagnies, en sont le cœur, toujours à proximité des cultures : la feuille fraîche ne doit pas attendre pour être manufacturée. Certaines bourgades jouent le double rôle de point de ralliement pour les planteurs et de villégiatures d'altitude pour fuir la touffeur des plaines : ici, ce sont Munnar, Coonoor et Ooty. Le Blue Mountain Railway, créé en 1898, dessert l'ensemble vers Coimbatore, qui permet de rejoindre le port de Cochin. Car la raison de tout ce remue-ménage, c'est l'exportation du produit vers l'Angleterre.

À l'aulne des enchères

Instaurées par la London East India Company en 1679, elles sont un autre héritage des Indes britanniques. Avec son arôme changeant au fil des saisons et ses qualités variant au gré des terroirs, le thé est un produit trop inconstant pour être coté en bourse. L'appréciation du produit manufacturé est donc confiée à des intermédiaires, des courtiers, qui sont aussi des experts. En véritables « nez » du thé, ils testent et

▲ La cueillette du thé se fait manuellement. Il s'agit d'une étape délicate : selon la qualité de thé désiré la coupe se fait à une feuille seulement, deux feuilles ou trois feuilles au-dessous du bourgeon.

comparent les centaines d'échantillons expédiés par les planteurs, toujours sur les mêmes critères : parfum, saveur, couleur des feuilles et de l'infusion. Ce contrôle de qualité fixe un prix de départ qui tient compte aussi de la demande. Les courtiers dirigent enfin les enchères, adjugées au plus offrant. Dans le Sud, elles se déroulent à Cochin, bourse la plus ancienne, fondée en 1947, Coonoor, créée en 1963, et Coimbatore, lancée en 1980. Ce système de bourse de proximité est particulier à l'Inde du Sud et reflète son organisation économique. La proximité des places boursières permet de réduire les coûts d'acheminement, tout en bénéficiant du conseil des courtiers qui jouent aussi le rôle d'experts agronomes.

■ Le goût du thé en acronymes

De multiples critères régissent l'établissement des catalogues de vente aux enchères. L'échelle des Ghâts détermine trois grands ensembles : les thés d'altitude *(high grown)*, qui ont le plus d'arôme, les *mid-grown*, de qualité intermédiaire, et les *low grown*, utilisés pour les *blends* ou mélanges, qu'ils soutiennent de leur saveur corsée. Tous sont des thés noirs, issus d'une oxydation contrôlée des feuilles lors de la manufacture. Celle-ci peut être « orthodoxe », c'est-à-dire respecter toutes les étapes de fabrication, qui se déroulent sur une nuit et un jour, ou CTC (*cut, tear and curl*, « écraser, déchirer, tortiller »), terme désignant la machine qui hache les feuilles, raccourcissant ainsi le processus de réaction chimique, et fournit un thé qui infuse facilement. La méthode orthodoxe donne un mélange de pousses et de feuilles, plus ou moins coupées, de tiges, de poussières et de résidus qui font l'objet d'un calibrage ou *grading*, qui permet de séparer les thés nobles, de feuilles FOP *(flowery orange pekoe)* et OP *(orange pekoe)*, et de brisures BOP *(broken orange pekoe)*, résidus *(fannings)* et poussières *(dust)* qui s'en vont, en compagnie du CTC, garnir les sachets à infuser.

▲ Emballage du thé sec pour l'exportation au début du XXe s. Introduite par les Britanniques à la fin du XVIIIe s., la culture du thé indien connut son véritable essor avec l'ouverture du canal de Suez, évitant aux caisses de thé embarquées sur les clippers un détour de 8 000 km.

Le peuple du buffle

Strictement végétariens, les Todas qui vivent dans les Nilgiri honorent plusieurs divinités, dont les plus importantes s'appellent On et Teikirzi. On est une déité mâle, le dieu de la mort, mais aussi des troupeaux ; c'est lui qui créa les Todas et leurs troupeaux de buffles (selon la tradition, il était lui-même un pasteur). Teikirzi est une divinité femelle qui enseigna aux Todas leurs lois et coutumes et leur mode de vie. Les Todas vénèrent également les sommets des monts et ont développé une forme particulière de dévotion au buffle, ce que les Britanniques appelèrent « cattle worship » . Les Todas n'ont pas de lieu de culte ; ce qui s'en rapproche le plus est la laiterie de chaque maison. Les buffles (chaque famille en possède une quinzaine, jamais entravés) constituent la principale richesse des Todas qui se nourrissent exclusivement de produits laitiers, de la cueillette et du ramassage des graines sauvages. Ils considèrent en effet qu'il est sacrilège de blesser la terre en la cultivant. Ils ne pratiquent pas la chasse ni la pêche, refusent de porter des armes et sont strictement non-violents. Leur idéal est de préserver la nature, la vie et l'harmonie du monde. Compétitions (même les jeux ou le sport), disputes, conflits, colères sont à éviter en toutes circonstances ; en cas de litige entre membres de la tribu, les Todas font appel à un médiateur élu qui l'arbitrera en haut d'une colline sacrée dédiée à cet office dans chaque village.

Chez les Todas, seuls les hommes peuvent s'occuper des buffles ; les femmes, qui élèvent les enfants et dirigent le foyer, sont renommées pour les superbes châles de cérémonie qu'elles tissent.

La visite du parc se fait en véhicule 4x4 sous la conduite des rangers. Les voitures privées sont interdites dans le parc. Vis. du camp des éléphants : bain des animaux à 6 h-9 h, dîner à 18 h t.l.j, démonstration de dressage à 17 h 45 le w.-e.

Les randonnées ne sont pas autorisées dans le parc même ; possibilité d'effectuer des balades autour de Masinagudi, guide obligatoire *(adressez-vous à Jungle Tours and Travel ☎ 56.336).* Possibilité également de rejoindre à pied Theppakadu de Masinagudi, mais seulement en longeant la route.

Hébergement : quelques modestes guest-houses dans le parc même ; le meilleur hôtel est le *Theppakadu Log House*, près de la rivière. Une autre possibilité consiste à résider à Masinagudi, 4 km avant Theppakadu en venant d'Ooty : quelques guest-houses et deux hôtels, le *Green Park Resorts* et le *Bamboo Banks* ; ce dernier le plus ancien lodge du parc, possède beaucoup de charme.

Grâce à son climat tropical de montagne, Mudumalai recèle une flore et une faune exceptionnelles qui en font l'une des plus belles réserves d'Inde. Vous y verrez bien sûr de nombreux singes (macaques à bonnet ou à queue de lion), des troupeaux de cervidés (cerfs chittal et sambar) se promenant en liberté au bord de la route, de gros écureuils (dits « géants »), des pythons, des bisons locaux, des troupeaux d'éléphants, des ours et peut-être même des tigres, des léopards et des pangolins. Le parc abrite plus de 200 espèces d'oiseaux sédentaires ou migrateurs, des aigrettes, des guêpiers, des cailles, des piverts, des hiboux et des chouettes, des calaos, des coucous… Les rivières hébergent des loutres et des crocodiles.

Pondichéry★★ (Pondichery)

Pondichéry, Yanaon (Yanam), Karikal, Mahé, Chandernagor : des générations d'écoliers ont appris à décliner les noms des comptoirs français de l'Inde. Depuis 1954, l'aventure coloniale de la France en Inde est terminée. Oubliée ? Pas tout à fait. À Pondichéry, les rues de la ville blanche portent encore leurs noms de jadis : Romain Rolland, La Bourdonnais, Saint Louis... Les agents de police portent toujours le képi, et la langue française survit, grâce à une communauté de Franco-Pondichériens, au Lycée français, dans les instituts culturels et les maisons d'édition. Promenade nostalgique entre la statue de Jeanne d'Arc et les maisons coloniales.

Pondichéry dans l'histoire

■ L'échec d'une ambition

Lorsque Dupleix (→ *encadré p. 332*) prend sa charge de gouverneur général des Établissements français dans l'Inde en 1742, le drapeau à fleurs de lys flotte sur Pondichéry depuis 1670. C'est déjà une cité fortifiée avec sa ville blanche et sa ville noire, réservée aux indigènes. Entre les deux, un étroit canal trace une frontière infranchissable. Dans la ville européenne, les premières demeures coloniales s'alignent dans l'unique rue, la rue des Français, aujourd'hui rue Dumas. En quelques années, Dupleix va faire de Pondichéry une véritable capitale à la mesure de ses ambitions. L'or afflue, des palais somptueux s'érigent, parmi lesquels celui de Dupleix où les princes indiens sont reçus avec des fastes royaux. Cette prospérité ne résistera pas au rappel du gouverneur général en 1754.

En 1761, après un long siège qui affame ses habitants, Pondichéry est prise par les Anglais, la ville blanche rasée. Deux ans plus tard, Pondichéry est rendue à la France. En 1770, la dissolution de la Compagnie des Indes fondée par Colbert en 1664, et la fin du monopole qu'elle exerçait sur le commerce attirent dans la ville de nombreux négociants et armateurs. Une nouvelle cité se construit, Pondichéry renoue

Situation : à 72 km S. de Chidambaram, 108 km N. de Mahabalipuram, 113 km N.-O. de Kanchipuram ; 165 km N. de Madras.

735 000 hab.

☎ 413

ⓘ av. Goubert (B2) ouv. 9 h-18 h ☎ 233.94.97.

Gare ferroviaire : à la lisière S. de la ville, au bout de Mahatma Gandhi Rd (A3).

🚌 à l'O. de la ville, dans le prolongement de Lal Bahadur Sastri St. (h. pl. par A2).

Consulat de France : 2, rue de la Marine (B1) ☎ 233.41.68.

Librairie française : *Kailash*, 169, Lal Bahadur St. ☎ 233.18.72 : maison d'édition franco-indienne ; grands choix d'ouvrages sur Pondichéry et l'Inde

À ne pas manquer

Dupleix, nabab blanc

En 1742, quand il atteint le sommet de sa carrière, Joseph François Dupleix (1696-1763) est depuis 20 ans en Inde ou il s'est taillé une fortune colossale grâce au commerce et à une connaissance intime du pays. Entouré de brillants officiers, parmi lesquels Bussy (→ *p. 394*), il se propose d'offrir un royaume tropical à la France. En prenant Madras aux Anglais en 1746, il devient le maître incontesté du Deccan. De Trichinopoly à Aurangabad, les princes indiens lui font leur soumission. Au titre de marquis, il ajoute celui de nabab que lui a concédé le Grand Moghol. Dans son palais de Pondichéry où, le soir venu, il joue de la viole de gambe auprès de son épouse, la bégum Joanna, une belle créole qu'il a épousée en 1740, il s'entoure d'une pompe propre à impressionner ses vassaux indiens. Ces fastes lui valent bien des jalousies dans la petite communauté française, si bien qu'à sa première défaite militaire contre les Anglais on s'emploie à le discréditer à Versailles. Louis XV, importuné par les continuelles représentations anglaises contre Dupleix, ordonne le rappel du gouverneur. Le 15 octobre 1754, Dupleix quitte l'Inde définitivement. Débarqué à Lorient, il est acclamé par une foule en liesse, qui voit en lui le héros des armes françaises en Inde. Il est pourtant désavoué par la Compagnie et condamné à ne plus servir la France qui refuse de surcroît le remboursement des avoirs considérables qu'il a laissés derrière lui. Il mourra dans le dénuement le plus complet.

avec la prospérité. Mais c'en est fini de la puissance militaire française en Inde : l'activité de Pondichéry est soumise au bon vouloir des Anglais et aux aléas de la politique européenne. Jusqu'en 1815, la ville sera prise et occupée à plusieurs reprises par les Britanniques, avant d'être rendue à la France en 1816, après le rétablissement de la paix en Europe.

■ Une fenêtre ouverte sur la France

Confettis de France loin de l'Hexagone, vestige d'une ambition impériale, qui survivra pourtant grâce à son industrie textile et au commerce, vivifié par l'ouverture du canal de Suez et le développement de la marine à vapeur, les comptoirs français jouissent de tous les attributs d'un département français sous la IIIe République : conseil général et représentation parlementaire. En même temps, la vie politique locale est progressivement dominée, puis empoisonnée, par des clans locaux dont les partisans terrorisent la population à chaque élection. Dans les premières décennies du XXe s., le territoire devient un refuge pour les nationalistes indiens pourchassés par la police anglaise. Sri Aurobindo *(→ arrêt sur images p. 240-241)* fut le plus célèbre d'entre eux.

■ Territoire de l'Union indienne

Le 1er novembre 1954 au matin, les couleurs de la jeune République indienne sont hissées solennellement par Nehru en personne. Il s'agit d'une transmission de fait des quatre comptoirs français à l'Inde, acceptée par le gouvernement de Pierre Mendès France, le règlement juridique de la question n'intervenant que le 28 mai 1956 par la signature d'un traité de cession. Encore celui-ci devait-il faire l'objet d'une ratification par le Parlement français. Retardé par le retour du général de Gaulle au pouvoir et par la guerre d'Algérie, le vote définitif n'interviendra qu'en juillet 1962. Le 16 août 1962, l'administration indienne devient de plein droit « Territoire de l'Union indienne ». Le traité entre les deux pays prévoit le maintien du Lycée français de Pondichéry sous la tutelle française et permet de même aux institutions religieuses de continuer à dispenser leurs cours en français. Il autorise l'Institut français de Pondichéry à poursuivre ses travaux pour devenir, selon le vœu de Nehru, une fenêtre ouverte entre l'Inde et la France. Les Pondichériens qui

La statue de Joseph François Dupleix domine la promenade du bord de mer.

le désirent ont, en outre, un délai de six mois pour manifester auprès du consulat de France leur désir de conserver leur citoyenneté française. À la date fatidique, le 15 février 1963, 7 106 personnes auront fait ce choix, embryon de la petite communauté franco-pondichérienne forte aujourd'hui de 8 000 membres et qui vaut au territoire sa communauté francophone, ses joueurs de pétanque et son mensuel, *Le Trait d'union*, publié depuis 1945.

Visiter Pondichéry

Accès : en train, liaisons quotidiennes depuis Madras. En bus, nombreuses liaisons avec Madras, Kanchipuram, Chidambaram…

S'orienter : entre le rivage du golfe du Bengale, policé par l'avenue Goubert, et le canal qui court parallèlement du N. au S., s'étend le damier de la ville blanche que partage en deux l'ancienne place d'Armes, rebaptisée place du Gouvernement. Au N., à l'exception du consulat de France et de l'Institut français, la plupart des bâtiments, reconnaissables à leur couleur grise, sont des dépendances d'Auroville. Le S. de la place est plutôt le domaine des expatriés, enseignants, chercheurs et pensionnaires des différentes institutions françaises. Au-delà du canal, dans la ville noire, se poursuit l'agitation brouillonne des villes indiennes.

Combien de temps : 1 j. suffit. La vieille ville se visite à pied.

L'ashram de Sri Aurobindo* B1

Ouv. 8 h-12 h et 14 h-18 h ; entrée libre.

C'est dans cette belle demeure coloniale que Sri Aurobindo *(→ arrêt sur image p. 240-241)*, réfugié à Pondichéry en 1910, se consacra à l'étude et à la méditation, entouré d'un nombre toujours croissant de fidèles. Après s'être déchaussé, on accède, au milieu d'un paradis de fleurs et de verdure, à la dalle sous laquelle reposent le maître et la Mère, compagne et successeur de Sri Aurobindo.
Tout au long du jour, des fidèles, Indiens et Européens mêlés, s'abîment en méditation, penchés sur la sépulture éternellement couverte de fleurs. L'intérieur de la demeure abrite une librairie où l'on pourra acquérir des ouvrages en français pour parfaire sa connaissance de l'un des grands esprits de l'Inde contemporaine.

Le Pondichery Museum B2

Rue Saint Louis ; ouv. 9 h 40-13 h et 14 h-17 h 20, f. lun ; entrée payante.

Cette petite collection consacrée au Territoire ne prendra guère plus de 30 mn aux voyageurs les plus curieux.

Pondichéry dans les années 1930

« Les larges rues coupées à angles droits, les maisons à architecture pompeuse [...] font penser à un Versailles tropical. [...] Parallèlement à la mer, la Ville Blanche s'étend, avec ses demeures élégantes aux toits égaux, avec ses belles lignes d'une régularité grandiose, cité bâtie dans l'ivresse de la victoire, en l'honneur de Louis le Bien-Aimé, mais dont la splendeur n'est plus qu'un fantôme. Les façades montrent des plaies profondes, les balustrades, les acrotères, d'un exquis dessin, s'effritent lentement sous les massives pluies de novembre. [...] Mais bien plus encore qu'une impression de déclin et d'abandon, ce qui frappe, en cette capitale oubliée, c'est le silence, la tristesse des rues presque désertes, trop spacieuses pour une population clairsemée. Quelques indigènes furtifs, çà et là un cipaye en uniforme kaki, deux ou trois passants casqués de blancs... Aucune animation, aucune âme à ce grand corps de pierre étendu sur la côte de Coromandel. »
Georges Delamare, *Désordres à Pondichéry*, Kailash, 1997.

À 8 km au S. de la ville, dans le hameau d'Arikemedu, les archéologues français mirent en effet au jour, au début du XXe s., les vestiges d'un comptoir commercial fréquenté, au tournant de notre ère, par les marchands venus de Méditerranée. Des pièces de monnaies romaines y furent découvertes, ainsi que des fragments de poteries, amphores originaires des cités grecques ou même de la lointaine Espagne romaine. Ce site pourrait correspondre au port de Poudoke, mentionné par Ptolémée (IIe s.).

Au r.-d.-ch. sont présentées des pièces archéologiques pami lesquelles des objets grecs et romains provenant notamment du site d'Arikemedu, des sculptures monumentales, une collection numismatique, divers véhicules du XIXe s., quelques bronzes d'époque cola.

Le 1er étage est tout entier consacré à la période coloniale française (French Gallery) : on y verra essentiellement des meubles et des bibelots des XVIIIe et XIXe s.

Pondichéry

Le temple de Ganesha (Manukala Vinayagar Koil) B1

Ouv. 5 h 45-12 h 30 et 16 h-21 h 30.

Cette enclave hindoue au cœur de la cité coloniale a traversé l'histoire de Pondichéry depuis le XVIIe s. Ni les Jésuites, ni la famille de colons propriétaires de la maison voisine ne réussirent à déloger le dieu éléphant de son sanctuaire. On raconte même que, lassé du bruit perpétuel qu'engendraient les cérémonies, le propriétaire de la maison voisine soudoya quelque homme de main pour s'emparer nuitamment de l'idole et la jeter à la mer. Le lendemain, miracle, Ganesha avait regagné son trône. Le temple conserve, dans une remise à dr. du hall, un chariot en or massif, confectionné au XIXe s. sur l'ordre d'une éminente figure locale mais qui ne fut jamais offert au temple. En 1989, il fut découvert fortuitement et conduit en grande pompe vers le lieu auquel il était destiné. Sans doute n'est-ce que du bois doré, mais la ferveur populaire eut tôt fait d'en faire un objet extraordinaire pour complaire au fils de Shiva.

La place du Gouvernement* B2

C'est l'ancienne place d'Armes de la ville coloniale, là où jadis les révolutionnaires pondichériens jurèrent, le 14 juillet 1792, fidélité à la Constitution et plantèrent un arbre de la Liberté. À sa place s'élève désormais une fontaine, gâteau blanc légué par le Second Empire. Aujourd'hui, l'Inde a repris ses droits et les pelouses grasses accueillent la sieste des habitants au plus chaud de la journée. Des fragments architecturaux provenant de temples des environs rivalisent avec les statues des grands hommes du Territoire.

Le **Raj Nivas** *(côté O.)* est le palais du gouvernement, l'ancien siège de la Compagnie des Indes construit dans les dernières années du XVIIIe s.

Le **Cercle de Pondichéry** *(au N.-O)*, construit en 1899, fut jadis le rendez-vous des élites de la colonie ; c'est toujours un club privé où l'on vient jouer au tennis et se retrouver entre soi. Le flanc S. est occupé par les bâtiments de la chambre de Commerce ; au r.-d.-ch., on devine d'anciens cafés où les Pondichériens venaient échapper au soleil.

Dans le coin S.-E., un **temple** dédié à Vishnou est l'œuvre d'un brahmane illuminé qui, il y a une dizaine d'années, a proclamé sur quelque injonction divine la sainteté de l'endroit. Depuis, il récite ses prières devant le temple, sous l'œil admiratif des passants.

Depuis la place du Gouvernement, vous suivrez tout d'abord la rue Dumas où s'élève l'hôtel de ville, imposant édifice colonial.

Des sans-culottes sous les cocotiers

Le 22 février 1790, l'arrivée du *Bienvenue* dans le port de Pondichéry confirme les rumeurs jusqu'alors vagues dont bruissait la colonie : en France, l'abolition de l'Ancien Régime est en marche. Dès le 25 février, une assemblée générale des Français du territoire est convoquée devant le palais du gouverneur. Elle décide la constitution d'une assemblée permanente de 65 membres et la rédaction de mémoires sur le modèle des cahiers de doléances : on y demande la liberté de commerce et le renforcement des défenses militaires de la colonie, quasi nulles depuis la restitution de Pondichéry en 1785. On se donne du « citoyen » avec enthousiasme, le tutoiement est de rigueur, même si les mots d'ordre d'égalité et de fraternité ne concernent pas les populations indigènes. Le corps électoral – des hommes de plus de 25 ans disposant d'un certain revenu – ne compte guère plus de 200 membres. Le 5 juillet 1791, une nouvelle assemblée générale des citoyens est convoquée dans l'église des Capucins. Elle décide d'une assemblée coloniale de 21 membres, réunissant des délégués des cinq comptoirs français de l'Inde. À la fin de mars 1793, un navire apporte la nouvelle de la fuite du roi, de sa destitution et de la proclamation de la République. Le 1er avril, on plante solennellement un arbre de la Liberté sur la place d'Armes, aujourd'hui place du Gouvernement, aux cris de « Vive la nation », « Vive la République ». Les Britanniques couperont court à l'enthousiasme en occupant le territoire le 23 août 1793, après deux semaines de siège.

■ Notre-Dame-des-Anges B2

Ouv. 7 h-12 h et 16 h-20 h.

Avec la « Paroisse », comme la surnomment familièrement les Créoles, la balade s'annonce monumentale... et patriotique avec la **statue de Jeanne d'Arc** qui, depuis son jardin, tourne le dos à la mer et fait face à la grande église de la colonie, construite en 1855, qui conserve un **plafond** joliment stuqué.

Chaque dimanche à 6 h, on peut entendre à Notre-Dame-des-Anges une messe chantée en tamoul.

Sur le flanc S., au coin de la rue Surcouf, l'ancienne **église des Capucins** (1736) laisse apparaître un fronton triangulaire. En arrière se dresse encore le squelette de son clocher. Les bâtiments abritent aujourd'hui une école religieuse autour de son cloître ainsi qu'un petit cimetière où fut enterré Bussy, héros de Gingee.

Atteindre ensuite la rue Victor Simonel où vous tournerez à g.

■ Le Lycée français B2

La plus prestigieuse des institutions françaises de Pondichéry, et aussi le plus important établissement scolaire étranger en Inde, fut créée en 1826 par le gouverneur Desbassyns de Richemont. La vaste **cour intérieure**, très élégante, est ornée du buste de son fondateur. Le lycée accueille quelque 1 200 élèves qui suivent jusqu'à la terminale le cursus scolaire français.

La vaste cour intérieure du Lycée français, très élégante, est ornée du buste de son fondateur.

Rejoindre la rue Romain Rolland que vous prendrez à dr.

■ L'ouvroir Saint-Joseph-de-Cluny* (Cluny Embroidery Center) B2

46, rue Romain Rolland ; ouv. 9 h-12 h et 14 h-17 h, f. dim. et lun.

La plus belle demeure coloniale ouverte à la visite présente la disposition traditionnelle des maisons créoles où les appartements de maître occupaient le centre de l'espace clos, tandis que les offices, les remises et les quartiers de la domesticité venaient s'appuyer contre le mur d'enceinte.

En arrière de la large véranda ouvre le **salon** principal, pièce de réception où le maître de maison entretenait ses hôtes, sous un plafond plus haut que celui des pièces adjacentes pour garantir une circulation optimale de l'air.

Au n° 17 de la rue Romain Rolland, l'*Hôtel d'Orient* offre un splendide exemple de réhabilitation du patrimoine de la ville. Cette construction, longtemps laissée à l'abandon, abrite, depuis 1999, un petit hôtel de charme (14 chambres). On peut également déjeuner très agréablement dans sa cour intérieure (☎ 234.30.67).

Les religieuses de Cluny y dirigent aujourd'hui un **atelier de broderie** qui forme puis emploie les jeunes filles nécessiteuses. Elles confectionnent sur commande des services de table et des parures de lits. Les religieuses possèdent également un autre atelier du même type, à destination des femmes mariées et des veuves.

Continuer en direction du bord de mer ; avant de l'atteindre, on croise la rue Dumas.

■ La rue Dumas B2

Autrefois baptisée rue des Français, cette rue vous ramène vers l'hôtel de ville et le centre. Elle est bordée tout du long de demeures créoles dont on devine les façades et les jardins derrière leurs murs de clôture. Au n° 38, remarquez la **splendide maison créole** qui abrite aujourd'hui l'hôtel *Pondichéry*. Au n° 19 se trouve l'**Institut français d'Extrême-Orient** (IFEO).

■ La promenade du bord de mer* B1-2

Depuis le rattachement à la République indienne, l'ancien cours Chabrol a été rebaptisé avenue Goubert, hommage au controversé père de l'indépendance. Le lieu reste la promenade préférée des Pondichériens qui, jusque tard le soir, viennent humer les embruns du golfe du Bengale. Une agréable balade de 1 500 m env. à suivre de préférence en fin de journée. Du S. vers le N.

La promenade du bord de mer (vue antérieure au 26 décembre 2004).

La **statue de Dupleix** inaugure la promenade, judicieusement orientée : le grand homme embrasse d'un même regard, et le large, et la ville qu'il a fondée.

Le **monument aux morts** : à mi-parcours, à la hauteur de l'ancienne place d'Armes, cet imposant mémorial fut dressé en 1937 en l'honneur des soldats venus des possessions françaises en Inde morts au champ d'honneur. Le monument est propriété de la République française.

La **statue de Gandhi**, plus loin, est entourée de colonnes provenant de la citadelle de Gingee, prise par Bussy.

Le **bâtiment des douanes**, bel exemple d'architecture coloniale de la première moitié du XXe s., voisine avec le phare, dressé en 1836.

Le **consulat de France** achève la promenade.

D'après les informations dont disposons à l'heure d'imprimer ce guide, comme Madras, Pondichéry aurait été protégée du tsunami qui a submergé la côte du Bengale par la digue qui borde son littoral et n'aurait à déplorer que des dégâts légers.
À propos du tsunami, lire p. 163.

L'hôtel *Pondichéry* possède deux remarquables restaurants : *Le Club*, le plus huppé des restaurants français de la ville, un des lieux préférés des expatriés ; dans les jardins, *L'Indochine*, qui propose de délicieuses spécialités d'Extrême-Orient, ainsi que quelques plats créoles.

La commémoration des deux armistices est toujours célébrée par les anciens militaires de l'armée française – ils sont encore nombreux parmi les Franco-Pondichériens pour qui le service aux armées a longtemps représenté un moyen d'ascension sociale.

■ La ville noire

Bien longtemps après la disparition de la société coloniale, l'étroit canal qui séparait la ville blanche de la ville indigène marque toujours une frontière. D'un côté, de larges rues paisibles et aérées ; de l'autre, le grouillement et l'animation de l'Inde, marchés odorants et rues encombrées que se disputent les passants, les étals des commerces et une circulation automobile pétaradante.

Le cœur de ce quartier, qu'on nomme toujours la ville noire, est le **marché central,** entre les rues Nehru, Rangapillai, Mahatma Gandhi Rd et Mission St.
On pourra voir également la **cathédrale de l'Immaculée-Conception** (**A2**), construite sous le règne de Louis XVI.

Environs de Pondichéry

1 Auroville *10 km N.-O.*

Louez un rickshaw à Pondichéry. A à l'entrée de la ville W 262.22.39 ; ouv. 9 h-12 h 30 et 13 h-17 h 30. Le Centre d'information présente une exposition où textes et photos illustrent la genèse et le développement de cette ville idéale.

Cette ville est l'amorce de la réalisation d'une utopie *(→ arrêt sur images p. 240-241)*, celle qu'amorcèrent Sri Aurobindo et la Mère en créant une cité où des hommes et des femmes venus de tous les horizons se rencontreraient pour découvrir un sens nouveau à la vie. La première pierre de cette « cité de l'Aurore » a été posée en 1968. Elle ne cesse de se développer depuis, les lieux sont ouverts à la visite.
Les constructions se répartissent en quatre zones : la zone internationale, qui devrait accueillir les pavillons des nations du monde ; la zone industrielle, où se concentrent les ateliers de la communauté (textile, fabrication d'encens) ; le centre de recherche scientifique sur les bioénergies ainsi qu'une importante activité éditoriale ; la zone culturelle avec ses écoles et ses ateliers d'art et résidentielle.

Du Centre d'information, un agréable sentier dans les bois vous conduira en 15 mn au cœur d'Auroville.

Le **Matrimandir** *(vis. 16 h-16 h 45 après avoir demandé la permission au Centre d'information)* n'est pas un temple, mais le lieu où les Aurovilliens viennent librement méditer : une sphère posée au milieu des bois et à l'intérieur, une salle vide au centre de laquelle un bloc de cristal attrape la lumière diffusée par les ouvertures ménagées dans la structure.

2 Le temple du Shiva Nataraja à Chidambaram* *72 km N.*

Il y a plus de 15 siècles, un roi lépreux se baigna dans un étang dédié à Shiva ; il ressortit de l'eau guéri. Ce miracle fut à l'origine de la construction d'un temple. Pour le servir, le roi convoqua 3 000 brahmanes du Nord de l'Inde ; leurs descendants actuels, les dikshitars, prêtres à demi nus, front rasé, cheveux ramenés sur l'arrière de la tête, s'affairent autour des temples. L'édifice initial a depuis longtemps disparu, noyé sous les innombrables ajouts laissés par la piété des dynasties successives. Quatre hauts gopurams signalent la limite du périmètre sacré. À l'exception de celui du N., dressé au XVIe s. par les souverains de Vijayanagar, ils furent construits entre le XIIe et le XIIIe s. Cette prouesse technique, si l'on songe que les carrières de granit les plus proches se trouvent à 70 km de là, se double d'une prouesse décorative : sur les jambages intérieurs, les sculpteurs colas ont laissé le meilleur de leur art en représentant les 108 positions du bharatanatyam.
Au cœur du complexe, le sanctuaire abrite la demeure du Shiva d'éther : chaque jour, à la tombée de la nuit, l'idole, un lingam de cristal, est dévoilée aux fidèles.

Immobile en son sanctuaire, le dieu voit alors la dévotion dans le regard extatique des participants qui se répandent en prières et en gémissements.

Lorsqu'ils offraient un nouvel édifice au sanctuaire de la divinité, les rois aimaient à y voir rappeler les hauts faits de leur règne ; ainsi le plafond du pavillon de danse offert à Shiva par un souverain nayak au XVIIe s.

Le temple du Shiva Nataraja est l'un des cinq sanctuaires sacrés de Shiva en Inde du Sud, celui où le dieu se manifeste sous forme d'éther. C'est ici que le maître de la danse défia la terrible Kali dans une joute cosmique qui avait pour enjeu la mise en mouvement du monde. Tout le complexe rappelle la dévolution du temple à la danse, depuis les murs des gopurams qu'animent d'éblouissantes scènes de bharatanatyam, jusqu'aux nombreux mandapas disséminés dans les cours autour du sanctuaire. En fin d'a.-m., des maîtresses de danse enseignent leur art à leurs élèves dans la pénombre des forêts de colonnes. Des instants proprement magiques.

Hébergement : des hôtels convenables permettent de passer la nuit à Chidambaram ; le plus accueillant est le *Tamil-Nadu*, face à la gare de chemin de fer ☎ 20.056.

Fêtes : deux grandes fêtes durant chacune 10 j. en déc.-janv. et mai-juin . Le 9e j. se déroule une procession du char sacré, et le 10e j., la statue de l'idole est baignée • en fév.-mars, festival de Natyanjali, pendant 5 j., les artistes de toute l'Inde viennent rendre hommage au dieu de la danse.

☎ 04144

ⓘ Railway Feeder Rd ☎ 39.739.

Gare ferroviaire : à 2 km S.-E. du grand temple ; liaisons avec Madras et Madurai.

🚌 à 1 km S.-E. du grand temple ; liaisons avec toutes les principales localités du Tamil Nadu.

Le sanctuaire de Shiva Nataraja, appelé également Tillainataraja, est enfermé dans quatre enceintes successives dont l'entrée principale se trouve à l'E.

Le **mur extérieur**, construit au XVIIe s., s'ouvre par quatre porches dépourvus de tours. L'enceinte extérieure, vaste terrain vague, sert de terrain d'entraînement aux jeunes amateurs de cricket.

Auroville

▲ Au cœur d'Auroville se dresse le Matrimandir, littéralement le Temple de la Mère. Surnommé « l'âme de la cité », c'est un lieu destiné au silence et à la méditation.

On les rencontre partout filant sur leurs motos japonaises, un enfant parfois juché sur le siège arrière. Ce sont les habitants d'Auroville, cité idéale rêvée par la Mère, utopie mystique et écologique, ferment d'une humanité nouvelle en harmonie avec la conscience universelle. Ils sont aujourd'hui près de 1 600, venus d'une trentaine de pays, parmi lesquels quelque 300 Français, formant la plus importante communauté étrangère. Si les ambitions des débuts semblent à présent hors de portée – on projetait alors une cité de 50 000 habitants –, Auroville poursuit son existence. De nouvelles constructions voient le jour parmi lesquels le tout nouvel « hôtel de ville » et, là où l'on s'attendrait à rencontrer une communauté de routards arrivés à destination, on découvre des Aurovilliens high-tech, versés dans les technologies de pointe et l'informatique.

■ Sri Aurobindo et la Mère

Aurobindo Ghose, né en 1872 à Calcutta, participa tout d'abord au combat nationaliste contre les Anglais, ce qui lui valut d'en connaître les prisons. À partir de 1910, il se détourne de l'action politique pour suivre une démarche mystique, en quête d'une religion universelle d'où émergerait une humanité nouvelle. Poursuivi par les autorités anglaises, il se réfugie à Pondichéry où il se consacre à la méditation, au yoga et à l'écriture jusqu'à sa mort en 1950. En 1920, une Française, Mirra Alfassa, le rejoint et devient sa compagne spirituelle. Née à Paris en 1878, fille d'un banquier levantin, Mirra Alfassa fit très tôt, à l'en croire, l'expérience du supranaturel : à cinq ans, elle lévitait et s'abîmait déjà dans des transes profondes ; à treize ans, elle quittait chaque nuit son enveloppe corporelle. Adulte, elle fréquente les milieux artistiques parisiens, se lie avec Matisse et Renoir, tout en poursuivant sa recherche mystique en fréquentant le gratin de l'occultisme et du spiritisme européens. À la mort de Sri Aurobindo, celle qui se fait appeler « la Mère » prend la direc-

▲ Maquette d'Auroville. La ville a été construite sur un plan concentrique qui évoque le développement d'un galaxie, et se divise en quatre zones : culturelle, industrielle, internationale et résidentielle.

▲ **Dans les années pionnières, les résidents vivaient dans des huttes sommaires construites de leurs mains. Aujourd'hui, on trouve des appartements en habitat collectif et même des villas d'un certain luxe.**

tion de l'ashram et conçoit le projet d'Auroville. Vénérée par les adeptes qui en méditent la pensée réunie dans une volumineuse bibliographie ainsi que dans des entretiens enregistrés, Mirra Alfassa est morte à Pondichéry en 1973.

■ Le rêve de la Mère

« Auroville appartient à toute l'humanité. Profitant de toutes les découvertes extérieures et intérieures, elle veut hardiment s'élancer vers les réalisations futures. Auroville sera le lieu des recherches matérielles et spirituelles pour donner son corps vivant à une unité humaine concrète. » Ces mots écrits par la Mère, extraits de la Charte fondatrice d'Auroville, furent déposés dans une urne avec 124 poignées de terre provenant d'autant de pays. Ce fut, le 28 février 1968, l'acte fondateur de la cité utopique. Depuis, une des réalisations dont les Aurovilliens sont les plus fiers est la plantation de plus de 2 millions d'arbres, ceinture de verdure autour du Matrimandir, centre de méditation, noyau central autour duquel gravitent les diverses constructions.

■ L'utopie au quotidien

Chaque nouvel arrivant – on en compte chaque année 80 environ – est tenu de prendre en charge son logement. L'argent n'ayant pas cours à Auroville, les besoins élémentaires de chacun, nourriture, électricité, eau, sont pris en charge par la communauté, en contrepartie d'un travail dans l'un des nombreux ateliers d'Auroville. Écoles, centres de soins, restaurants collectifs, sont à la disposition des résidents. Dans l'attente de l'émergence « d'individualités parvenues à une conscience supérieure qui seules ont le droit de gouverner », selon les vues de la Mère, la vie de la communauté est régie par plusieurs comités, sous le contrôle de l'assemblée générale des résidents régulièrement convoquée. Le XXIe s. n'étant pas au rendez-vous des utopies, les « vieux Aurovilliens » voient avec quelque amertume l'évolution de leur communauté, où l'on trouve de plus en plus d'Européens et aussi d'Indiens aisés, qui s'offrent un confortable lieu de retraite à Auroville, dans de belles villas où le service est assuré par les villageois des alentours.

La danse cosmique de Shiva

Shiva Nataraja, « roi de la Danse », c'est Shiva créateur du monde, qui, par son éternelle danse cosmique, anime toute chose dans l'univers. Ses quatre bras prennent possession des quatre directions du monde. Dans la main supérieure droite, il tient le *damaru*, tambourin dont la vibration rythme la création : sa forme – deux triangles reliés par la pointe – symbolise l'union des principes masculin et féminin, sans laquelle rien ne serait possible. De la main supérieure gauche surgit la flamme de la connaissance. La main inférieure droite accorde la protection aux êtres, tandis que l'autre désigne la terre qui supporte la danse. Sous son pied droit, Shiva immobilise et anéantit le nain Mulayaka, symbole des passions humaines dont le déchaînement pourrait remettre en cause l'équilibre de la création. De part et d'autre de la tête du dieu coulent les eaux du Gange, dont il a apaisé les flots tumultueux. La danse s'encadre dans un cercle de feu où se consument les passions humaines. Cette magnifique tension entre le mouvement perpétuel du monde et l'éternelle sérénité du dieu, entre le rythme et l'équilibre, magnifiquement traduit par la jambe levée du dieu, a inspiré depuis plus de mille ans les artistes indiens. Ce fut notamment un sujet de prédilection des sculpteurs de bronze.

Le 2e enclos. On y accède par les hauts **gopurams** du temple ; celui du N., le plus haut avec ses 55 m, fut construit au XVIe s. par le plus puissant des rois de Vijayanagar, Krishnadeva Raja ; on doit les autres au règne des Colas. Les gopurams de l'E. et de l'O. portent les plus belles représentations de danses sacrées ; à l'O., chaque position s'accompagne d'un texte explicatif.

Au N. de l'enclos ouvre l'immense bassin sacré, le **Shivaganga tank**, entouré d'une séduisante **colonnade★** ; à l'E. du bassin, le **Raja Sabha**, vaste hall aux mille piliers, est une des dernières réalisations du site (XVIIe s.). C'est ici notamment que l'on peut parfois assister à des leçons de danse.

Deux **sanctuaires secondaires** se dressent à l'O. du bassin. Celui du N. est consacré à Subramaniya (fin du XIIIe s.) : le fils de Shiva apparaît monté sur son paon. L'autre, le Shivakumasundari, une des plus anciennes structures du site (XIIe s.), est dédié à Ambika, un des avatars de l'épouse de Shiva. Il a été orné en 2002 d'un cycle de peintures illustrant le mythe de la déesse. On peut également voir une représentation des 10 avatars de Vishnou ainsi que des vues des grands temples de l'Inde.

Le 3e enclos. Presque entièrement occupé par une forêt de colonnes récentes, il abrite les dépendances du temple où les serviteurs du dieu s'activent au quotidien. L'endroit est particulièrement animé à la mi-journée autour de la cuisine. À dr. de l'entrée, le **Deva Sabha** héberge les statues utilisées lors des processions.
Dans l'angle N.-O., le **Nritya Sabha★**, séduisant pavillon construit au début du XIIIe s., présente, sur la base de son podium, une série de danseuses pleines de grâce accompagnées de créatures célestes.

L'enclos intérieur. On découvre enfin, sous sa toiture de cuivre doré, le sanctuaire abritant le **lingam** de cristal. Il abrite également une **statue de Shiva Nataraja**, coulée dans cinq métaux.

Tanjore★ (Thanjavur)

Avec Tanjore et ses environs s'ouvre le monde merveilleux des Colas dont le règne marqua un apogée de la civilisation de l'Inde du Sud. Sous leur règne naît la grande architecture dravidienne avec ses hauts gopurams qui s'élancent vers le ciel et ses splendides sculptures qui animent les murs. Le grand temple de Tanjore est le chef-d'œuvre de cette époque, tandis que le musée de la ville conserve une éblouissante collection des bronzes qui ont fait la célébrité de cette époque. Grâce à d'excellents hôtels, Tanjore est le point de départ idéal pour rayonner dans les alentours, à la découverte des grands temples laissés par cette dynastie. Le séjour permettra également de découvrir la riche tradition artisanale de la ville : art du bronze qui s'est perpétué jusqu'à nos jours ou peintures de Tanjore rehaussée de pierres de couleurs.

Situation : à 36 km de Kumbakonam, 55 km de Trichy, 156 km de Madurai.

215 725 hab.

☎ **04362**

ℹ Gandhiji Rd ☎ 23.09.84 (B2) ouv. 7 h-11 h et 16 h-20 h.

✈ aéroport le plus proche à Trichy.

Gare ferroviaire : au S. de la ville, à 2 km du centre ☎ 33.12.16.

🚌 Anna Salai Rd, au centre-ville ☎ 33.09.50.

Fêtes et manifestations : en janv., festival de Musique de Thiruvaiyaru • avril-mai : fête de Chithrai Brahmothsavan, au temple de Tanjore ; les festivités durent 18 j.

Tanjore dans l'histoire

■ Capitale des Colas

Si l'origine de la ville se nimbe de légendes, elle était sans aucun doute une très modeste localité lorsque Vijayalaya (v. 850-871) en fit sa capitale, fondant en même temps la dynastie des Colas. Jusqu'à la disparition du royaume au milieu du XIIIe s., la ville prospère et ses souverains règnent sur un immense empire qui s'étend de l'Orissa aux portes de l'actuel Bombay et à Ceylan, ainsi qu'à Sumatra et Java, soumises à leur tutelle.

À la tête de richesses considérables, les maîtres de Tanjore sont de pieux shivaïtes, grands bâtisseurs et protecteurs des arts. Un millénaire plus tard, on peut encore admirer leurs magnifiques réalisations architecturales : le temple de Brihadishwara à Tanjore qui en est le chef-d'œuvre, mais aussi ceux de Darasuram et de Gangaikondacholapuram, qui en apparaissent comme des répliques à une moindre échelle. L'art des Colas se distingue par les célèbres bronzes présentés dans les musées, celui de Tanjore

À ne pas manquer

Tanjore (Thanjavur) tire son nom d'un démon, Tanjan, qui terrorisait la région. Les habitants demandèrent à Vishnou de les en délivrer. Le démon vaincu exprima le vœu qu'une ville soit créée sur le lieu de sa défaite et qu'elle porte son nom.

Les grands temples colas de la région – Tanjore, Chidambaram, Gangaikondacholapuram, Kumbakonam, Darasuram, Tiruvarur et Swamimalai – peuvent se visiter à partir de Tanjore.

notamment, ou encore ceux qui ornent les murs des temples où se déploient les merveilles laissées par les sculpteurs du temps.

Nayaks et Marathes

Dévastée par les musulmans en 1310, Tanjore retrouve le rang de capitale au milieu du XVIe s. Sevvapa Nayak, gouverneur de la ville au nom des rois de Vijayanagar, proclame son indépendance. Il fonde la dynastie des Nayaks, autres grands bâtisseurs qui laissèrent de nombreuses constructions où ils ne dédaignaient se faire représenter dans leurs

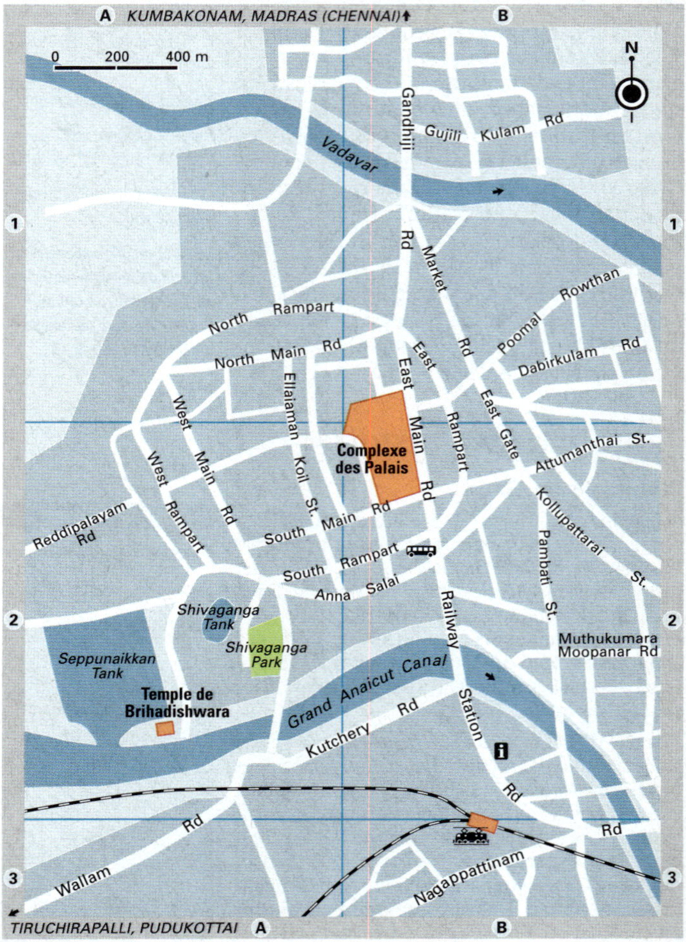

Tanjore

atours royaux. En 1676, Tanjore passe entre d'autres mains : celles de la dynastie marathe fondée par le propre frère du grand Shivaji. Ses descendants règneront jusqu'en 1855, sous la tutelle anglaise à partir du XVIIIe s. : le dernier d'entre eux meurt sans descendance et le royaume de Tanjore devient propriété de la Couronne britannique. Entre-temps, la ville connaît un bref épisode français entre 1758 et 1779 avant d'être définitivement conquise par les Anglais qui y entretiennent dès lors une garnison.

Visiter Tanjore

Accès : trains directs depuis Tiruchirappali, Mysore, Tirupati et Madras • liaisons de bus avec les grandes villes de l'État, Fort Cochin, Thiruvananthapuram et Bangalore.

Combien de temps : 1 j. suffit pour découvrir l'essentiel : 1/2 j. pour la visite du temple de Brihadishwara ; a.-m., vis. des palais au centre-ville.

■ Le temple de Brihadishwara*** A2

Ouv. 6 h-12 h et 16 h-21 h.

C'est la plus impressionnante des réalisations architecturales des Colas. Avec son vimana aux allures de

Depuis mille ans, le temple de Brihadishwara est le cœur mystique de la ville de Tanjore ; à lui seul, il résume les grandeurs de l'art des Colas.

La cour du temple est pavée d'une alternance de pierres et de briques. Le soleil de l'a.-m. la transforme en four : mieux vaut prévoir une visite matinale.

Les temples, centres de la vie urbaine

Les murs du podium qui supporte le temple de Brihadishvara sont presque entièrement recouverts d'inscriptions, la plupart en tamoul, qui rappellent les dotations dont a bénéficié le lieu, depuis sa construction jusqu'à l'époque de Vijayanagar : vaisselles d'or, statues de cuivre et de bronze, bijoux qui, durant des siècles, vinrent s'ajouter au fabuleux trésor gardé par les prêtres. Ces inscriptions donnent aussi une image précise de l'activité économique du temple : propriétaire foncier, il perçoit des revenus de ses terres, en nature, en or et en numéraire ; dépositaire d'importantes sommes d'argent, il fait office de banque en prêtant contre intérêt ou en rémunérant les dépôts (les intérêts étant alors le plus souvent consacrés à l'entretien d'une partie de l'édifice, l'alimentation en huile précieuse d'une lampe par exemple). C'est à l'époque des Colas, au tournant de l'an mille, que les temples deviennent les véritables centres de la vie urbaine : acteurs économiques – banquiers, mais aussi employeurs ou entrepreneurs –, et sociaux – ils entretiennent des hôpitaux. Ils apparaissent comme le « noyau autour duquel s'agglomérait tout ce qu'il y a de meilleur dans la vie civilisée » (K. A. Nilakantha Sastri, cité par A. Daniélou, *Histoire de l'Inde*, Fayard, 1983).

montagne qui culmine à plus de 70 m, le projet était véritablement grandiose. On le doit à Rajaraja Ier (985-1012), conquérant de l'Orissa et de Ceylan et véritable fondateur de l'empire cola. Autour de l'an mille, les temples du Sud de l'Inde n'abritaient pas seulement un sanctuaire ; ils constituaient de véritables centres économiques *(→ encadré p. 245)* dont témoigne l'ensemble des dépendances, ateliers, cuisines, magasins, construits en même temps que le sanctuaire. Cette cité religieuse était protégée par un haut mur, ce qui lui valut d'être transformée en forteresse par les Français en 1772.

Du côté E., deux gopurams successifs donnent accès à la cour principale.

Le pavillon de Nandi. Le taureau monumental, l'un des plus grands d'Inde du Sud, sinon le plus gracieux, qui fait face au sanctuaire fut taillé dans un seul bloc de près de 25 t. Selon la tradition locale, la statue ne cesserait de grandir, mettant en péril le pavillon dont l'avaient recouvert les princes nayaks au XVIIe s.

Le vimana**. Appelé *dakshinameru*, en référence au mont Meru au sommet duquel médite Shiva, il s'élève en 14 étages jusqu'à 70 m au-dessus du sanctuaire.

Au sommet est conservée la **flèche recouverte d'or** offerte au temple par Rajaraja et dont la pose, en la 25e année de son règne, marqua la fin des travaux de construction. Elle est plantée sur un dôme monolithe dont on a pu estimer le poids à 80 t. Selon les chroniques du temps, il fallut pour le hisser jusque-là construire un plan incliné long de 6 km.

Chaque étage du vimana est décoré d'une multitude de divinités et d'êtres célestes ; parmi eux, on remarquera la curieuse figure d'un Européen coiffé d'un couvre-chef aplati (sur le côté N., à g. de l'ouverture ménagée au 1er étage).

Le sanctuaire principal. Tout à l'E., le porche est une addition du temps des Nayaks. Il donne accès à deux **halls à piliers** : le premier est resté inachevé, tandis que le second accueillait chaque soir la foule des fidèles ; ils venaient entendre la récitation des *Veda* et assister aux évolutions rituelles des quelque 400 danseuses sacrées qui vivaient dans le temple. Le sanctuaire *(ne se visite pas)* renferme un lingam de quelque 4 m de haut. Le déambulatoire qui l'entoure est également fermé : on n'y verra donc pas les peintures colas qui ornent les murs.

Le festival de Thiruvaiyaru

Tous les ans au mois de janvier, cette petite localité en bordure de la Kaveri, à 13 km au N. de Tanjore, accueille les meilleurs musiciens d'Inde du Sud. Ils viennent s'y produire durant une dizaine de jours, en mémoire de Tyagaraja Swami (1759 ou 1767-1847), poète et musicien d'expression telugu et tamoule dont le cénotaphe se trouve dans le village. Sous le patronage des rois de Tanjore, il composa deux pièces de théâtre musicales et plus de 800 kirtanas (« chants dévotionnels ») en l'honneur de Vishnou et de Rama, lui-même étant un adepte de Rama. Avec Muthuswami Dikshita et Shyama Shastri, ses contemporains eux aussi protégés par la cour de Tanjore, Tyagaraja constitua le trio qui donna naissance à la musique carnatique moderne.

Les concerts débutent dès 9 h du matin : sous l'immense bâche tendue pour l'occasion, se produisent alors, dans une indifférence quasi générale, les jeunes talents qui espèrent se faire connaître. À mesure que l'on avance vers le soir, le public se fait de plus en plus fervent et c'est dans l'enthousiasme qu'il accueille, à la nuit, les plus grandes vedettes du pays. Autour de la scène, un véritable village de tentes accueille artisans, associations et petits restaurants.

À l'extérieur du sanctuaire. Les niches aménagées sur le mur extérieur abritent une série de **figures divines★★★** qui comptent parmi les meilleures représentations de la statuaire cola.

Mur S. : vous y remarquerez plus particulièrement un séduisant **Ganesha**, une paire de terribles **dvarapalas** ainsi qu'un **Kalantaka** protecteur de Markandeya.

Mur O. : voir surtout un **Harihara**, divinité syncrétique réunissant Shiva et Vishnou, et un **Shiva émergeant du lingam**.

Mur N. : **Ardhanarishwara** (Shiva et Parvati réunis dans le même être) ; Shiva recevant le Gange dans sa chevelure ; **Virabhadra** (Shiva portant un lingam dans sa coiffure) ; **Chandrashekhara★★**, Shiva au croissant de lune, ici accompagné de son énergie féminine ; les inscriptions laissées sur les murs du sanctuaire rappellent que Rajaraja vénérait tout particulièrement cette forme de la divinité. Au-delà de deux **dvaralapas** apparaît la gracieuse silhouette de **Sarasvati**, protectrice des arts, suivie d'une représentation de **Durga** tuant le démon-buffle. Un **Bhairava** (Shiva sous sa forme terrifiante) termine cette série, la plus belle de l'ensemble.

Rishabhavahana Devar.
Du fait de son humble incarnation en paysan, Shiva, accompagné de la gracieuse Parvati, n'est représenté qu'avec deux bras ; sa chevelure ramenée sur la tête à la manière d'un turban séduit particulièrement ; c'est l'unique représentation de ce type connue à ce jour.

Les temples annexes. Plusieurs sanctuaires ont été ajoutés au cours des siècles au projet initial. Le **sanctuaire de la déesse (Devi)** *(du côté N., au plus près de l'entrée)* fut construit au XIIIe s. par un roi pandya. Plus avant, un vaste **mandapa** est l'œuvre des princes nayaks au XVIIe s. Le **temple de Subrahmanya**, un des fils de Shiva *(à l'angle N. O)*, construit vers 1600, séduit particulièrement par la décoration extérieure de ses murs, alternance de pilastres et de pots dont l'ornementation d'une extrême délicatesse fait du granit un véritable ivoire ciselé.

La **cour**, enfin, est bordée d'un **péristyle** ; sur les côtés E. et S. ouvraient les ateliers et les remises du temple, tandis que, sur les côtés N. et O., se succèdent des **chapelles** abritant des lingams : par endroits subsistent des traces de polychromie.

■ Le complexe des palais B1-2

L'ensemble des palais qui occupent près du quart de la superficie de la vieille ville remonte, pour l'essentiel, aux XVIe et XVIIe s., c'est-à-dire au règne des Nayaks. Plusieurs parties sont ouvertes à la visite.

Art Gallery★★ *(ouv. 9 h-13 h et 15 h-18 h)*. Dans la cour sont disposées plusieurs statues de pierre parmi

La visite de l'Art Gallery terminée, on pourra grimper jusqu'au sommet de la tour d'où l'on embrasse du regard l'ensemble du complexe royal.

Les artisans de Tanjore

Un séjour à Tanjore ne peut être complet sans la découverte de sa tradition artisanale. Le Centre d'artisanat, situé dans l'enceinte des palais royaux *(Coop Cottage Industry Society, ouv. t.l.j. sf dim. 10 h-17 h 30)*, sera une excellente introduction. Dans cette salle d'exposition, vous découvrirez toute la richesse et la variété de la production régionale : peintures sur verre, travail du cuivre, bronzes... Si vous le souhaitez, le personnel, très disponible, vous mettra en relation avec les meilleurs artistes de la ville. Visite guidée.

La noblesse de l'art

Il faut tout d'abord grimper l'escalier obscur d'une aile décatie du palais royal. En haut des marches rongées par le temps, on débouche sur un ensemble de terrasses desservant les pièces d'habitation. De là, le regard plonge en contrebas sur d'anciennes cours, jardins et salles d'apparat, qui ont achevé leur existence en éboulis informes, mangés par la végétation. C'est ici que vit et travaille Sambaji Raja Bhonsle, l'un des peintres traditionnels de Tanjore les plus connus. Descendant d'une branche cadette de la famille royale, il en conserve l'allure altière ainsi que les obligations de sa caste : les femmes de la maisonnée ne sortent jamais de la demeure, ou alors dûment escortées et pour rendre visite à la parentèle. Sambaji Raja est surtout l'héritier des techniques que développèrent, aux XVIIIe et XIXe s., les artistes de Tanjore : des peintures rehaussées d'or et de pierres semi-précieuses qui ont fait la renommée de la ville.

Peintures de Tanjore

Sur le support encadré dans des montants en bois de jaquier, l'ouvrier préposé à cette tâche passe tout d'abord trois couches d'un enduit blanc, la

▲ Le style des peintures de Tanjore est caractéristique : couleurs vives, contours arrondis des personnages et yeux grands ouverts.

▲ À la tête d'un atelier de six ouvriers, Sambaji Raja perpétue les gestes ancestraux. Les miniatures de Tanjore ne sont plus produites que confidentiellement aujourd'hui, avec cette différence que les résines synthétiques ont remplacé les pierres précieuses.

dernière soigneusement polie pour présenter une surface lisse. Le maître sort ensuite de ses précieux cartons des calques, transmis de génération en génération par les familles d'artisans, qui permettront au dessinateur de préparer le motif. Sambaji Raja entre ensuite en action : il peint les figures en larges champs de couleurs. Viennent enfin l'incrustation de pierres semi-précieuses et l'application de feuilles d'or. Les thèmes de ces peintures sont essentiellement religieux, avec une prédilection marquée pour le jeune Krishna dont la peau bleue inspire les coloristes. Les peintures de ce type servent le plus souvent de support au culte familial.

Les bronzes de Tanjore

Swamimalai, à 36 km O. de Tanjore, sur la route de Kumbakonam : sur la rive d'un bras de la Kaveri, des huttes de branchages et des auvents, la fumée des fours que déchirent les frondaisons des palmiers, signalent l'activité des artisans bronziers. Tous appartiennent au même clan, les Sthapathys, dont les ancêtres s'établirent en ces lieux au XVIIe s. Ils trouvèrent là une argile d'une qualité sans pareille, qui permet aux sculpteurs de réaliser de véritables prouesses : elle est si fine qu'elle épouse parfaitement les moindres détails du modèle de cire, et si résistante qu'elle ne cède pas sous l'effet de la chaleur. Car on perpétue ici la technique traditionnelle de la cire perdue, qui leur aurait été transmise, selon les Sthapathys, par un envoyé de Brahma. Dans chaque atelier – il y en a une centaine totalisant un millier d'ouvriers –, un maître sculpteur, accroupi à l'ombre des canisses, façonne dans la cire d'abeille les images divines. Tout est codifié ; les proportions de l'idole à l'aide d'une échelle de 124 mesures réalisée dans un ruban de palme ; les gestes et la posture de la divinité fixés par des siècles de tradition. Il faudra trois mois de travail, durant lesquels le modèle de cire sera perpétuellement protégé de la chaleur par un linge humide, avant que les ouvriers appliquent l'argile fraîche sur la statue. Dans le moule ainsi obtenu, les fondeurs, qui entretiennent leurs feux dans les fours creusés à même le sol, verseront enfin le bronze en fusion. Ces artisans sont capables de façonner selon ces techniques des statues de bronze de plus de 2 t et de 1,50 m de haut qui s'en iront dans les temples servir de support à la dévotion populaire.

▲ Le savoir-faire des artisans bronziers ne repose pas sur l'inspiration créatrice, mais sur la dévotion envers le dieu dont ils réalisent l'image.

lesquelles un **Shiva destructeur** provenant de Darasuram et appartenant à la dernière période de la dynastie des Colas (milieu du XIIIe s.). La section la plus intéressante est incontestablement celle des bronzes, présentés dans trois salles. La 2e **salle des bronzes**** renferme les pièces les plus prestigieuses. On verra notamment, dans la partie g., un **Rishabhavahana Devar** (Shiva représenté en paysan) du XIe s. À côté, apparaît l'œuvre la plus ancienne de la collection (VIIe ou VIIIe s.) : un **Vinadhra Dakshinamurti** (Shiva en maître de musique) dont ses bras antérieurs sont disposés de manière à tenir une vina aujourd'hui disparue. Voir également le délicieux **Kannapa Nayanar** (saint shivaïte) du Xe s. Dans l'aile dr. de la salle, une gracieuse **Parvati** du XIVe s.

La Sarasvati Mahal Library *(ouv. 10 h-13 h et 13 h 30-17 h 30, f. mer.).*
L'embryon de la collection fut constitué dès la période des Nayaks (XVIe-XVIIe s.), les plus anciens manuscrits sur feuille de palme *(→ encadré p. 250)* datant du milieu du XVIe s. Mais, pour l'essentiel, le fonds de 44 000 volumes provient de la bibliothèque réunie par le roi marathe Serfoji II (1798-1832) : il comprend de très anciens textes sanskrits que le roi fit recopier lors du long séjour qu'il effectua à Bénarès, de nombreuses versions enluminées des grandes épopées indiennes, *Mahabharata* et *Ramayana*, des mythes et légendes hindoues, et aussi des ouvrages profanes, traités de botanique et de médecine notamment, issus du véritable institut scientifique que le roi entretenait à sa cour. Les **manuscrits enluminés** retiennent particulièrement l'attention : on y retrouve le goût pour les couleurs vives et affirmées des miniatures hindoues du Sud de l'Inde. Parmi les illustrations profanes, on verra notamment une série sur les costumes militaires du royaume, les portraits de dignitaires de la cour ainsi qu'une très intéressante **vue des ghâts de Bénarès** : un panorama long de près de 12 m, réalisé par un artiste britannique qui accompagna le roi lors de son voyage dans la ville sainte.

Le Royal Museum (**Serfoji Memorial Hall** ; *ouv. 9 h-18 h*). Cette partie abrita la résidence de Serfoji II, roi marathe protecteur des arts et des sciences. On y voit des restes de décoration et du mobilier de son époque, ainsi que divers souvenirs liés à sa vie.

Le Durbar Hall *(ouv. 10 h-18 h).* Jouxtant le Royal Museum, la salle d'audience des rois de Tanjore offre un moment de nostalgie au souvenir des grandeurs du passé. Précédé d'une cour laissée à l'abandon, un immense portique abritait l'estrade où se

Manuscrits sur feuilles de palme

Les plus anciens manuscrits (*talapatra* ou *patra*) sont écrits sur des feuilles de palmier latanier et remontent aux Kushanas (Ier s.). La feuille de palme fut, jusqu'au XVIIIe s., le support traditionnel des manuscrits dans le Sud de l'Inde. Les feuilles, cueillies avant leur complète maturité, étaient d'abord séchées puis coupées dans les dimensions voulues pour en faire des pages. Deux trous étaient ménagés pour passer le fil servant à les relier. Ébouillantées ensuite, puis séchées à nouveau et enfouies dans du sable humide pour en assurer la souplesse, elles étaient enfin polies à l'aide de coquillages. Le texte était soit gravé au stylet et ensuite passé au charbon pour révéler les signes, soit écrit à l'encre et parfois enluminé de peintures. En dernier lieu, on enduisait les feuilles d'un mélange de sucs végétaux pour les protéger les insectes. Les feuilles étaient reliées par un fil et serrées entre deux plaques de bambou qui constituaient la couverture.

tenait le souverain. Au plafond, sur les colonnes et sur les murs, finit de s'écailler la décoration peinte. Les constructions annexes sont en ruines et d'un accès délicat.

Environs de Tanjore

■ Le temple de Tyagaraja* à Tiruvarur

53 km E. ; liaisons par bus.

Huit hauts gopurams, de vastes salles hypostyles, une débauche de statues et de décorations, l'art dravidien a une nouvelle fois déployé tous ses fastes pour honorer l'une des idoles les plus vénérées du pays : une statue de bronze qu'Indra en personne offrit au roi Muchukunda. Elle représente Somaskanda, un des fils de Shiva, que les Pallavas (→ *p. 190*) plaçaient volontiers à l'arrière de leurs temples. La sainteté de l'idole lui vaut d'avoir son propre sanctuaire, à côté de la chapelle au lingam, au cœur mystique du temple. Sous le nom « Tyagaraja » (à ne pas confondre avec le musicien homonyme du XIXe s., (→ *encadré p. 246*) elle fut particulièrement vénérée par les rois colas dont Tiruvarur fut une des capitales. On leur doit les parties les plus anciennes de ce temple.
Trois enceintes successives entourent le sanctuaire ; l'entrée principale se trouve à l'E.

1re enceinte. C'est par le plus haut gopuram que l'on pénètre dans l'enceinte sacrée. Comme celui qui lui fait suite, entre les 3e et 2e enceintes, il fut dressé au XIIIe s. par les derniers Colas.
Immédiatement en avant du mur d'enceinte, une petite **chapelle** en forme de chariot *(ratha)* rappelle par des scènes sculptées sur ses roues la légende du roi Manunithikanda.
Sitôt franchie l'entrée, on découvre, à dr., un **mandapa** construit sous le règne des rois de Vijayanagar ; les piliers sont ornés des traditionnels yalis montés de cavaliers. Si l'accès en était autorisé, on pourrait découvrir au plafond un cycle de peintures rappelant la légende de Manunithikanda.

2e enceinte. Dans l'axe du passage, le **Rajanrayanam mandapa** remonte au XIIIe s., à l'époque des derniers Colas qui l'ornèrent des motifs traditionnels de yalis à la base des colonnes. L'allée centrale fut restaurée à l'époque de Vijayanagar.
À g., le **sanctuaire d'Achaleshwara*** mérite l'attention : il fut construit au Xe s., mais le mandapa qui le précède est un ajout du XIIe s., même s'il appartient au projet initial du temple. Il conserve surtout, dans ses niches en avancée sur les murs extérieurs, trois splendides **sculptures** appartenant au grand art des

Le roi Manunithikanda avait un fils. Comme ce dernier conduisait son char à travers les rues de Tiruvarur, il écrasa un veau qui s'était précipité sous ses roues. La vache sonna à la porte du palais la cloche réservée à qui voulait demander justice. En dépit de l'avis de ses ministres, le roi condamna son fils à subir le même sort ; le ministre du palais ayant préféré se donner la mort plutôt que d'exécuter la sentence, le roi prit lui-même les rênes du char et écrasa l'infortuné prince. Aussitôt apparut Shiva en compagnie de Parvati et de sa suite céleste ; ému par tant de piété, le dieu ressuscita le prince, le ministre et le veau.

Le nom même de Dakshinamurti explique sa position sur le mur du temple ; l'épithète signifie en effet « Celui qui regarde vers le Sud ».

premiers Colas : au N., Brahma ; à l'E., Shiva émergeant de son lingam ; au S., Shiva Dakshinamurti (en maître de musique) accompagné de son fils Ganesha et d'un sage.

Dans le temple de Tyagaraja de Tiruvarur, les colonnes s'appuient sur des animaux fantastiques : les yalis, motif décoratif très prisé sous les Colas.

3e enceinte. En son centre ; deux sanctuaires côte à côte, tous deux construits au Xe s ; celui de dr. abrite le lingam sacré que l'on aperçoit dans la pénombre de sa chapelle où vacille la flamme d'une lampe. À g., la chapelle de Tyagaraja a été restaurée au XIIIe s. à qui l'on doit les yalis sur lesquels reposent les colonnes. La cour est bordée d'un portique du XIIIe s. sous lequel sont disposées des statuettes de saints. Dans l'angle N.-O., un autel est consacré aux neuf planètes *(navagraha)*.

Tiruchirapalli★★ (Trichy)

Tiruchirapalli, communément appelée Trichy, et Trichinopoly au temps des Anglais, est tout d'abord un formidable piton rocheux qui domine la plaine à des kilomètres à la ronde. Depuis l'aube de l'histoire, il servit de forteresse à tous les puissants de la région. On y vit même, durant quelques mois, flotter le drapeau à fleur de lys du roi de France. Du sommet de cette colline, on découvre, à quelques kilomètres, la silhouette du temple de Srirangam, véritable cité religieuse et le principal intérêt de la ville.

Situation : à 54 km E. de Tanjore, 128 km S.-O. de Madurai, 167 km N.-E. de Chidambaram, 196 km N.-E. de Pondichéry.

764 062 hab.

☏ 0431

✈ aéroport à 8 km S.-E. du centre-ville. Liaisons avec Bangalore et Madras • Indian Airlines : Dindigul Rd ☏ 43.930.

Gare ferroviaire : à 1 km à l'E. du Rock Fort (B2), liaisons directes avec les grandes villes du Tamil Nadu.

🚌 à 3 km S.-O. du centre.

Fêtes et manifestations : entre déc. et janv., fête de Vaikuntha Ekadasi, dans le temple de Ranganath ; mars : fête au bassin du centre-ville.

À ne pas manquer

Le temple de Srirangam***	255
Le Rock Fort**	252

Tiruchirapalli dans l'histoire

La ville doit son existence à un promontoire rocheux qui domine de plus de 80 m la rive dr. de la Kaveri : les Colas y construisirent une forteresse que leur disputèrent les Pallavas de Kanchipuram et les Pandyas de Madurai ; les Nayaks de Madurai firent de la ville leur capitale en 1616. La position stratégique du lieu allait attirer jusqu'à la fin du siècle suivant tous les grands conquérants de l'Inde du Sud : les Marathes, les troupes du nizam de Hyderabad au XVIIIe s., puis les Français qui s'y accrochèrent au milieu du XIIIe s. La ville fut placée sous l'autorité directe de la Compagnie anglaise des Indes en 1801. Tiruchirapalli est aujourd'hui la 4e ville du Tamil Nadu par la population.

Visiter Tiruchirapalli

■ Rock Fort** B2

Ouv. 6 h-20 h ; droit à acquitter pour l'utilisation des appareils photo et des caméras, l'ascension de la colline se fait pieds nus : 433 marches en partie creusées dans le roc.

Sur un premier palier s'élève un **temple** dédié à Shiva, inaccessible aux non-hindous ; on peut néanmoins depuis l'entrée jeter un coup d'œil à ses colonnes et à ses plafonds peints.

Un petit **temple rupestre** *(à g., à la sortie de la portion couverte)* fut creusé à l'époque des Pallavas sur le

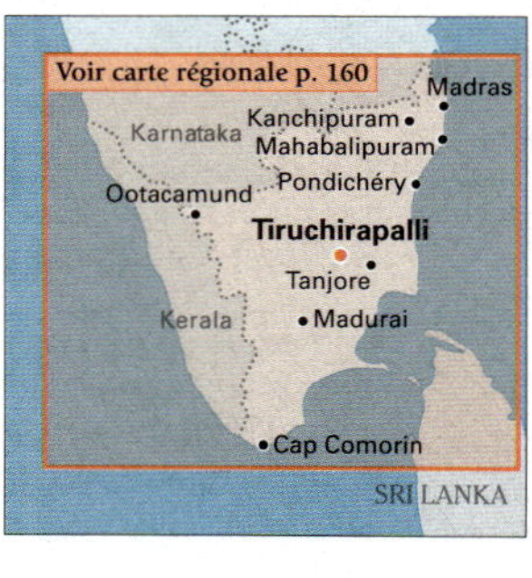

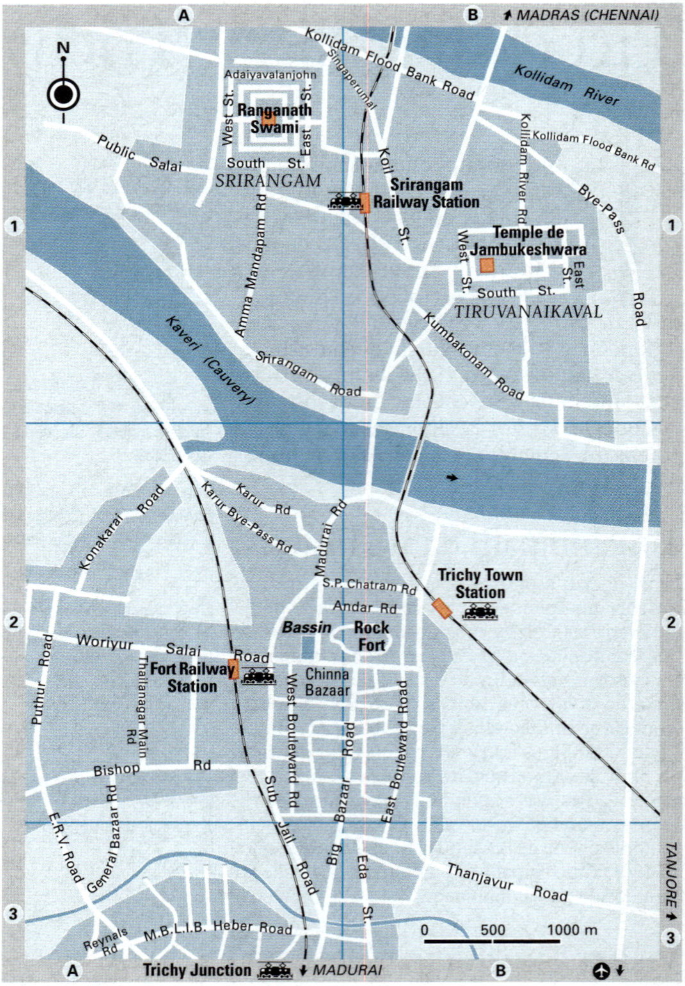

Tiruchirapalli

flanc de la colline. Précédé de quatre paires de piliers, il renferme un beau relief de Shiva Gangadhara, entouré d'êtres célestes et de rishis (VIIe-VIIIe s.) ; cette œuvre est contemporaine des temples de Mahabalipuram (→ *p. 214*).

Un **temple** dédié à Ganesha couronne la colline. Le sanctuaire est essentiellement moderne – et assez peu attrayant. Le but réel de l'ascension est en fait la splendide **vue*** que l'on découvre de là, sur la ville en contrebas et surtout sur le temple de Srirangam dont on voit surgir les 21 gopurams au-dessus d'un tapis de rizières et de cocotiers.

Les constructions qui couronnent le rocher aujourd'hui remontent au XVIe s., construites par les Nayaks de Madurai.

Après être redescendu et sorti de l'enceinte du temple, vous pourrez visiter un **2e sanctuaire** rupestre laissé par les rois pallavas.

La grotte pallava* *(à la sortie du temple, prendre la ruelle à dr. ; la grotte se trouve à env. 300 m de l'entrée du Rock Fort).* Il s'agit d'un double sanctuaire, creusé au VIIIe s., soutenu par de puissantes colonnes octogonales. Sur la paroi du fond, apparaît un ensemble de remarquables **reliefs** : on y reconnaît Ganesha, Skanda, Brahma, Surya, ainsi que Durga, devant laquelle deux fidèles sont prêts à offrir leur tête en sacrifice, selon une iconographie déjà rencontrée à Mahabalipuram. Les **dvarapalas** qui gardent l'entrée du sanctuaire sont particulièrement impressionnants.

► La promenade dans le centre de la ville ne serait pas complète sans la découverte de l'immense **bassin** qui s'étend à 500 m à l'O. du Rock Fort. Entouré de bâtiments du XVIIIe s., il sert de cadre, au mois de mars, à une fête religieuse au cours de laquelle des idoles sont promenées sur une barque somptueusement décorée. ◄

■ Le temple de Srirangam*** (Ranganath Swami) h. pl.

Sur l'île de Srirangam, à 3 km N. de Trichy ; accès permis aux non-hindous de la 7e à la 3e enceinte seulement, le cœur du temple leur est interdit.

Pour appréhender l'ampleur exceptionnelle de cette véritable cité religieuse, peut-être faut-il la découvrir du sommet du Rock Fort. Isolée sur son île qu'enserrent deux bras de la Kaveri, la ville dédiée à Vishnou tend vers le ciel ses 21 gopurams. Ils signalent, dans chacune des directions, le passage d'une enceinte à l'autre, sept au total qui se déploient en rectangle concentrique autour du sanctuaire, l'ensemble couvrant une superficie de 63 ha. Le dieu n'y

Le désastre de Trichinopoly

En 1751, la gloire de Dupleix était à son comble. Ses troupes tenaient le Deccan jusqu'à Aurangabad et au S., les princes indiens faisaient un à un leur soumission. Seul résistait encore Muhammad Ali, noble musulman retranché à Trichinopoly. Le maître de Pondichéry décide d'envoyer contre lui une armée de 10 000 indigènes, encadrés par 400 soldats et officiers français. À leur tête, le marquis Law de Lauriston, neveu du célèbre financier. Aussi timoré que son oncle était entreprenant, Law mit le siège devant Trichinopoly, sans jamais oser donner l'assaut. Il permit même à 700 soldats anglais, commandés par l'intrépide Robert Clive, de forcer le passage et de s'enfermer dans la citadelle pour en renforcer la défense. Apprenant que de nouvelles troupes ennemies marchaient sur Trichinopoly, et malgré les renforts qu'il avait reçus de Pondichéry, Law leva précipitamment le siège et alla se réfugier sur l'île de Srirangam. Assiégé, il accepta de livrer Chandra Sahib, protégé de Dupleix *(→ p. 232)*, **à l'ennemi, qui le décapita sur-le-champ. Le 13 juin 1752, Law capitulait et livrait son artillerie aux Anglais. Trente-cinq officiers et 800 hommes de troupe français furent faits prisonniers. Ce désastre sonna la fin des ambitions impériales de Dupleix en Inde. Le fils de Law, né à Pondichéry en 1768, fut le condisciple de Bonaparte à Brienne et servit l'empereur sur tous les champs de bataille européens avant de se rallier aux Bourbons.**

Le philosophe Ramanuja (v. 1050-1137), né à Kanchipuram, prônait l'unité essentielle de la divinité, influencé peut-être par le christianisme et l'islam. Il plaçait la dévotion personnelle *(bhakti)* au centre de l'expérience religieuse et admettait les hors-caste dans son ordre. Après avoir dirigé le temple de Ranganath à Srirangam, il partit pour Mysore afin de convertir le roi des Hoysalas au vishnouisme. Il passe pour avoir fondé 700 monastères en Inde du Sud. Ses adeptes le considèrent aujourd'hui comme une incarnation de Vishnou.

Un temple voyageur

Alors que l'océan primordial recouvrait encore la surface de la terre, Brahma fit surgir le haut vimana d'un temple et enjoignit Surya, dieu du Soleil, d'y rendre chaque jour le culte. Passant par là, le roi d'Ayodhya décida de transporter cette merveille dans sa capitale. Rama, dont Ayodhya était le lieu de naissance, décida, lui, que le temple devait encore changer d'emplacement : il voulait l'offrir à Vibhishana, frère de Ravana, roi de Ceylan et ennemi de Rama, mais qui, lors des batailles relatées dans le *Ramayana*, lui était resté fidèle. Vibhishana chargea l'édifice sur son épaule et prit la direction de son île. En chemin, il s'arrêta au bord de la Kaveri et déposa son fardeau pour la nuit. Au matin, il fut incapable de soulever le temple, profondément enfoncé dans le sol. Vishnou apparut et déclara que c'était ici, entre les deux bras de la rivière, qu'il souhaitait désormais résider. En manière de consolation, la statue du culte fut tournée la tête vers le S., en direction de Ceylan.

réside pas seul : outre les prêtres et les desservants du temple, toute une population vit dans de coquettes maisons le long de rues tirées au cordeau. On y trouve aussi des commerces, le long de l'axe N.-S., et toute l'animation d'une ville de l'Inde, tempérée néanmoins par la proximité de la présence du dieu.

Le temple dans l'histoire. Pour les hindous, ce temple de Rangahath Swami remonte au déluge. Les hymnes laissés par les alvars *(→ p. 192)* à partir du VIIe s. mentionnent déjà le lieu et ses enceintes successives. Pour les historiens, il a mille ans : les plus anciennes inscriptions relevées sur ses murs le datent du Xe s., au début de la dynastie des Colas. On y vénérait déjà le dieu Vishnou sous sa forme de dieu cosmique, représenté allongé sur les anneaux du serpent d'éternité aux mille capuchons, méditant la nouvelle création qui émergera de son nombril sous la forme d'une fleur de lotus. On sait qu'au XIIe s. le philosophe Ramanuja (1050-1137) en dirigea l'école théologique : il édicta les règles régissant la communauté des prêtres et l'administration du temple restées en vigueur jusqu'à l'occupation du temple, au XIVe s., par les armées musulmanes qui le transformèrent en place forte. Au XVIIIe s., les Français s'y retranchèrent de 1751 à 1752 : les troupes commandées par Law de Lauriston *(→ encadré p. 255)* s'y réfugièrent après avoir été délogées du fort de Trichy. La physionomie actuelle du temple est, dans ses grandes lignes, celle qu'il présentait au XVe-XVIe s. Il appartenait alors au royaume de Vijayanagar : ses rois successifs le restaurèrent après les destructions occasionnées par les musulmans, et en profitèrent pour imposer leur propre administration ; désor-

Les temples de l'Inde du Sud se signalent de loin par l'ampleur de leurs volumes ; à l'intérieur, de la base des murs au sommet des gopuram, se déploie l'univers gracieux de l'Inde médiévale, magnifiquement représentée par cette jeune fille apprêtant sa coiffure, un thème fréquemment repris par les sculpteurs indiens.

mais, les revenus du temple seraient affectés au trésor royal ; de désespoir, certains prêtres se jetèrent du haut des gopurams.

Les trois enceintes extérieures. Avant d'atteindre l'espace sacré proprement dit, il faudra traverser trois des sept enceintes emboîtées autour du sanctuaire qui abrite l'immense statue du dieu de 6 m de long. Dans ces quartiers où l'on compte aujourd'hui quelque 50 000 habitants, résidaient jadis les prêtres, les serviteurs du temple, les artisans et les danseuses sacrées. On y trouve aujourd'hui les commerces et les petits métiers indispensables à la vie quotidienne, et aussi les activités liées à la pratique religieuse, vendeurs d'offrandes et de guirlandes de fleurs.

Le temple de Srirangam est décrit de l'enceinte periphérique (la 7e) vers la plus centrale (la 1re).

Il aura fallu attendre 1987 pour voir achever le projet millénaire du temple de Srirangam ; cette année-là, on inaugura le gopuram du S., montagne colorée de 1 000 statues qui culmine à 70 m.

La 4e enceinte. La **chapelle de Venugopala Krishna*** *(à g.)* est empreinte de grâce. Les murs extérieurs sont ornés d'une série de **sculptures** représentant des jeunes filles dans des postures charmantes : l'une arrange sa coiffure, l'autre joue de la vina, une 3e converse avec un perroquet. Ces œuvres appartiennent au meilleur de l'art hoysala (XIIIe-XIVe s.). À g. de ce temple, une **petite chapelle** du XVIIe s. est dédiée à la poétesse Andal.

Depuis la chapelle de Venugopala, on accède à une terrasse qui permet de découvrir le vimana doré qui se dresse au-dessus du sanctuaire.

Le temple de Srirangam conserve tout particulièrement la mémoire de l'un des 12 Alvars, Andal, poétesse qui écrivit ses premiers hymnes à l'âge de 15 ans. On dit que lors de son mariage mystique avec Vishnou, elle se fondit dans la statue de Ranganath qu'abrite le sanctuaire du temple. Une chapelle lui est dédiée dans la 4e enceinte.

À côté, un petit **musée** *(ouv. 9 h-13 h et 14 h-18 h)* conserve notamment une précieuse **collection d'ivoires*** de la période des Nayaks : des rois en galante compagnie, ou encore des soldats portugais.

Dans la partie E. de l'enceinte, le **Sheshiyar mandapa** date de l'époque de Vijayanagar ; ses piliers sont ornés de chevaux montés par des guerriers, une des plus belles, et certainement la plus expressive, des réalisations sur ce thème. Le **Vellai Gopuram** voisin fut élevé au XVe s. Face au Sheshiyar mandapa, un immense **hall hypostyle** aligne ses 963 piliers de granit ; ils préservent la chapelle où sont déposées les statues utilisées pour la fête de Vaikuntha Ekadasi *(→ encadré p. 258)*.

On se rappellera que, conformément à la légende *(→ p. 256)*, le sanctuaire fait face au S.

Le reste de la 4e enceinte est fermé à la visite. Un passage dans le prolongement du Vellai gopuram permet de pénétrer dans la 3e enceinte ; pour poursuivre la visite en prenant le chemin rituel des fidèles avançant vers le sanctuaire, il est préférable de revenir à l'axe principal S.-N. du temple.

La 3e enceinte. Par le Karttika gopuram restauré au XVe s., on accède tout d'abord au Garuda mandapa, construit sous le règne des Nayaks : contre les piliers, les **effigies des rois** sont particulièrement réalistes et réussies. Dans l'angle N.-O. *(les deux dernières enceintes sont inaccessibles aux non-hindous)* se trouve le sanctuaire de **Mudal Alvar** construit à l'époque des rois de Vijayanagar.

Celle qui tue les démons

La fête la plus importante du temple, dont les célébrations se déroulent sur 21 jours, a lieu entre déc. et janv. On commémore alors Ekadasi, déesse destructrice des démons qui importunaient Vishnou. Au point culminant de la fête, le 11e jour, la statue divine, couverte d'une parure de rubis, est sortie de son sanctuaire ; la procession franchit la porte N. de la 2e enceinte qui n'ouvre que pour cette occasion et se dirige vers le hall aux Mille Piliers où un trône attend l'idole. Là, tel un souverain accordant un durbar, elle recevra un à un les hommages des statues des saints conservées dans le sanctuaire de ce mandapa. Chanteurs et musiciens accompagnent la cérémonie dont les fidèles soulignent la sainteté par un jeûne. Ce n'est pas la seule occasion où la divinité est à la fête : deux fois l'an, en janv. et en avr., la statue divine est conduite en procession autour du temple entre la 4e et la 5e enceinte. À cette occasion, des centaines de fidèles se relaient pour tirer le monumental chariot de bois, qui mètre après mètre, ne mettra pas moins de 6 h pour effectuer son tour complet. Le départ a lieu dès avant l'aube, vers 5 h du matin. L'arrivée est particulièrement spectaculaire : alors que la progression s'est déroulée lentement, le dernier tronçon du parcours, en légère déclivité, voit le cortège s'emballer et le chariot terminer sa course en fendant dangereusement une foule parvenue à cette heure à son comble.

La colline de Narttamalai offre un lieu de pique-nique idéal, à l'ombre de gigantesques manguiers avec, en prime, une vue magnifique sur les campagnes alentour, semées de petits étangs qui retiennent captifs les rayons du soleil.

De là, un passage ramène à la 4e enceinte ; dans l'angle N.-O., le **sanctuaire de Sirranganayak Nachiyar**, dont l'entrée est interdite aux non-hindous, offre à l'extérieur le beau **mandapa** peint appartenant au style de Vijayanagar.

Le temple de Jambukeshwara B1

Sur l'île de Srirangam, à 2 km E. de du Ranganath Swami.

Ce temple shivaïte est consacré au « Seigneur de Jambu », celui qui règne sur l'île que forme le centre de la Terre selon la cosmogonie puranique. Doté de quatre enceintes elles aussi concentriques et de sept gopurams, ce temple abrite dans le sanctuaire un lingam immergé dans l'eau jaillissant d'une source. Sa physionomie actuelle remonte essentiellement au XVIIe s.

Environs de Tiruchirapalli : vers Madurai

Pour gagner l'autre grande ville sainte du Tamil Nadu, on peut préférer à la route directe un itinéraire secondaire qui permettra aux voyageurs les plus motivés de découvrir d'autres facettes de la région.

Itinéraire : 179 km avec les détours ; 128 km par la route directe.

1 Narttamalai* *44 km S.*

Partez tôt le matin, à l'heure où les hommes vont travailler, pour entreprendre l'ascension d'une butte rocheuse située à 1 km à l'O. du village. Auparavant, demandez au village le gardien du site : il détient les clés du temple et vous servira de guide.
En chemin, vous découvrirez, creusées dans la roche, de nombreuses **inscriptions** : elles témoignent de

En chemin vers le temple de Vijayalaya Choleswaram, vous passerez (à dr.) devant un sanctuaire en plein air où une double rangée de chevaux et d'éléphants sert d'escorte à la divinité locale protectrice des lieux.

l'ancienneté de l'occupation des lieux qui abrita, semble-t-il, un monastère jaïn aux premiers siècles de notre ère.

Le temple de Vijayalaya Choleswaram *(au sommet de la colline)*. Petit bijou d'architecture dravidienne (IXe s.) en raison du charme de ses proportions modestes et de l'élégance de ses volumes, le temple s'élevait au centre d'un espace sacré, entouré de sanctuaires secondaires dont seuls trois subsistent. Un **nandi** monolithe fait face à l'entrée gardée par deux vigoureux **dvarapalas**. C'est à peu près tout ce qui subsiste de la décoration sculptée, si l'on y ajoute les nandis à la base de la coupole qui couronne le vimana et qui voisinent *(côté S.)* avec un Krishna jouant de la flûte.
À l'intérieur, le **hall** conserve sur ses murs une série de peintures à la datation incertaine : on reconnaît Shiva et Parvati, ainsi qu'une représentation de Vishnou. Le temple a pour particularité son sanctuaire circulaire où est conservé le lingam.

Les grottes. À l'O. du temple, contre le flanc de la colline, ouvrent deux grottes, contemporaines du sanctuaire. Celle de dr. est précédée d'un podium sur la base duquel court une frise d'éléphants et de yalis. De part et d'autre prennent place des sphinx à tête d'hommes. À l'entrée, jolie représentation de Krishna jouant de la flûte accompagné des saptamatrikas. À l'intérieur, 12 **statues de Vishnou** hautes de près de 2 m veillent sur la salle. La 2e grotte, dédiée à Shiva et également précédée d'un podium sur lequel des manguiers projettent une ombre délicieuse, offre, à la base, une pittoresque frise de nains.

2 Sittanavasal *14 km S. de Narttamalai*

Ouv. 8 h-12 h et 14 h-18 h.

La route qui sépare Narttamalai de Sittanavasal – étroite bande d'asphalte à peine assez large pour un véhicule – offre l'occasion de pénétrer dans l'univers rural de l'Inde du Sud : petits villages aux maisons de terre et de paille, existences laborieuses, et partout des écoles.

Une ascension de 5 mn conduit à mi-colline, face à un paysage d'une telle sérénité qu'il dut décider les moines à s'installer en ce lieu.

Un **sanctuaire rupestre jaïn**, creusé au IIe s., conserve des peintures contemporaines du second cycle de décoration des grottes d'Ajanta (VIIe-VIIIe s.). Le pilier à dr. de l'entrée porte l'image d'une danseuse, d'autres sont visibles sur les plafonds de la grotte où elles sont représentées sur un tapis floral en compagnie de canards et d'oie. Contre les parois de la grotte,

Le temple porte le nom du premier grand Cola, Vijayalaya (v. 866-870). Il semble néanmoins qu'il soit antérieur à son règne et ait été construit par les derniers Pallavas qui, au IXe s., tenaient encore la région.

Marco Polo et les danseuses sacrées

« Et encore vous dis qu'ils ont maintes idoles en leurs moustiers, auxquelles maintes damoiselles sont offertes [...]. Chaque fois que les moines requièrent ces damoiselles de venir au moustier pour faire la fête à l'idole, elles y viennent aussitôt, et chantent, et sonnent d'instruments, et dansent et font grandes fêtes, et ces damoiselles sont en grande quantité [...]. Ces damoiselles sont toutes nues, sauf qu'elles ont caché leur nature et elles chantent devant le dieu et la déesse. En effet le dieu se tient sur un autel sous un baldaquin, et la déesse se tient sur un autre autel sous un autre baldaquin. [...] Une fois là, elles commencent à chanter, à danser, à sautiller, à faire la culbute et font diverses réjouissances pour mettre en joie le dieu et la déesse. [...]. Ces pucelles, tant qu'elles sont pucelles, ont la chair si ferme que nul ne saurait en saisir ou les pincer en quelque endroit. Pour une petite pièce de monnaie, elles permettent à un homme de les pincer autant qu'il veut. Une fois mariées, elles ont la chair très ferme, mais non point autant. Des filles comme cela, il y en a des quantités dans tout ce royaume, qui font toutes les choses que je vous ai contées. »
Le Devisement du monde, chap. 171, trad. Louis Hambis, La Découverte, 1998.

plusieurs lits taillés dans la pierre, ainsi que des inscriptions gravées rappelant les noms de moines qui vécurent en ce lieu. Deux reliefs de tirthankaras ont également été dégagés de la roche.

3 Pudukkottai

16 km S. de Sittanavasal ; 58 km de Tiruchirapalli par la route directe.

Cette grosse bourgade agricole de 110 000 habitants fut la capitale d'un État princier dont les rajas se succédèrent sur le trône depuis le début du XVIIIe s. jusqu'à l'indépendance de l'Inde.

Le **temple de Sri Gokarneshwara** abrite la divinité protectrice de la dynastie des Thondaimans qui régna sur Pudukkottai. On traverse toute une succession de salles hypostyles avant d'arriver au sanctuaire. Il s'agit d'un ensemble de grottes communiquant entre elles, creusées au IXe s sous le règne des Pallavas. Dans une atmosphère mystérieuse qu'éclairent quelques lampes, on devine un autel consacré aux neuf planètes, de très anciennes statues de Ganesha et de Skanda dans l'antichambre en avant de la salle où se dresse le lingam sacré.

Le **musée** *(ouv. sf ven. 9 h-17 h)* conserve quelques statues provenant des sites environnants, à côté de sections consacrées à la géologie, à l'ethnologie et à la zoologie de la région, plutôt destinées aux enfants.

4 Tirumayam

21 km de Pudukkottai en dir. de Madurai ; ouv. 9 h 30-17 h 30.

Une **imposante forteresse** (XVIIe s.) domine le bourg, d'où l'on découvre un paysage plaisant. Pour le reste, à l'exception de ses murs bien conservés, le fort présente un moindre intérêt. En contrebas de l'entrée, un petit **sanctuaire rupestre** date de l'époque des Pallavas (début VIIe s.).

Depuis Tirumayam, vous pouvez rejoindre directement Madurai ou suivre un petit détour qui conduit à Chettinad (30 km jusqu'à Tiruppattur).

▶ **Chettinad** *(10 km de Tirumayam)* est la capitale de la région du même nom. Connu pour sa cuisine particulièrement relevée (les « plats à la chettinad » figurent toujours en bonne place aux menus des restaurants), le Chettinad est le berceau de plusieurs dynasties de commerçants et de banquiers, les Chettiars, dont la fortune débuta au XIXe s. Dès le XXe s., ils quittèrent leur région natale pour exercer leur activité dans les grandes villes du Tamil Nadu. Ils n'en oublièrent pas pour autant leurs origines et construisirent de **somptueux palais** dans leur petite capitale. Ces belles demeures, à l'architecture souvent ostentatoire, sont aujourd'hui confiées à des branches moins fortunées des familles. On peut aisément obtenir la permission de les visiter avec l'autorisation du gardien.

Kunnakkudi *(10 km à l'O. de Chettinad)*. Comme il convient pour un lieu de culte dédié à Subramaniya, le temple se hisse au sommet d'une colline qui domine les environs. En haut d'un escalier aux degrés inégaux, s'ouvre un vaste vestibule de l'époque des Nayaks (XVIe-XVIIe s.). Comme à l'accoutumée, des statues rappellent la mémoire de ces souverains. La partie historiquement la plus intéressante du site se trouve au pied de la colline, du côté O. Il s'agit de **grottes** creusées sous le règne des Pallavas (VIIe-VIIIe s.), où sont conservés plusieurs reliefs de qualité parmi lesquels deux dvarapalas et de belles représentations de Vishnou et de Garuda.

Poursuivre la route jusqu'à Tiruppattur *(10 km)* où l'on rejoint la route principale de Madurai *(60 km)*. ◀

5 Madurai *(82 km, 2 h de route env.)* : *→ p. 205.*

Tiruvannamalai★★

Chaque année, la nuit de la pleine lune du mois de Karttika (oct.-nov.), les desservants du temple de Shiva, massés au sommet de la colline qui domine la ville, attendent fébrilement le signal des prêtres en contrebas pour embraser le formidable bûcher de bois et de ghee qu'ils ont confectionné les jours précédents. Pendant plusieurs jours, il illuminera la nuit, à des kilomètres à la ronde. En contrebas, des dizaines de milliers de pèlerins survoltés accueillent le feu de Shiva dans les transes. Le reste de l'année, les immenses gopurams veillent sur le sanctuaire, dont le plus élevé avoisine 70 m, et guident les voyageurs vers cette grosse bourgade populeuse. Ces derniers viennent découvrir l'un des plus grands temples de l'Inde du Sud et assister, chaque soir, à la procession des idoles qui, juchées sur leurs palanquins, quittent un temps leur sanctuaire en un cortège bruyant et coloré.

Situation : à 100 km S. de Kanchipuram, 185 km de Madras.

☏ **04175.**

à 2 km au N. du temple.

Fête : chaque année, lors de la nuit de la pleine lune d'oct.-nov., fête de Karthikai Deepam.

À ne pas manquer

Visiter Tiruvannamalai

Accès : en train depuis Madurai, Tirupathi, Chidambaran, Tanjore et Trichy.

Combien de temps : compter 1 j.

Le temple d'Arunachaleshwara★★

Il a fallu presque dix siècles d'embellissements – la décoration du grand gopuram oriental a été complétée récemment – pour venir à bout de l'immense complexe voué à Shiva. Autour du temple cola du XIe s. qui en constitue le cœur ont été élevées successivement trois enceintes, toujours plus monumentales. Le lieu, où des textes anciens mentionnent déjà l'existence d'un culte au VIIe s., est l'un des édifices shivaïtes les plus sacrés du Sud de l'Inde. Il abrite un des lingams des cinq éléments, celui du feu, dernière incandescence de la colonne brûlante qui apparut en ce lieu à Parvati alors qu'elle implorait Shiva Ardhanarishwara de lui révéler son côté g., celui de son principe mâle.

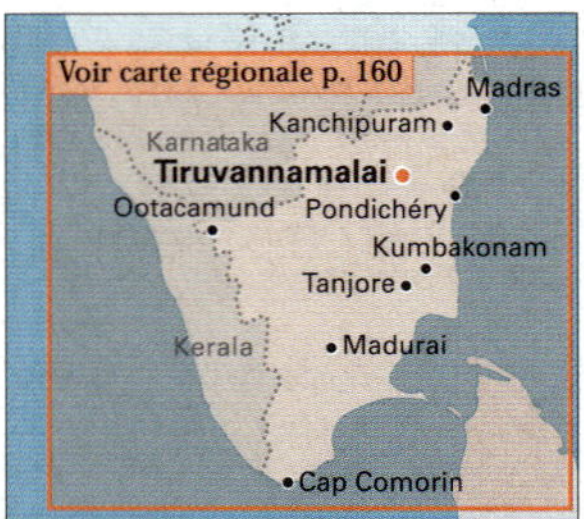

Originaire d'un village des environs de Madurai, Ramana Maharishi (1879-1950) suivit la voie ouverte par Ramakrishna, puis, à partir de 1891, décida de se retirer du monde et de se vouer au silence. Il choisit tout d'abord de s'enfouir dans une partie souterraine du temple de Tiruvannamalai, puis dans une grotte sur la colline où il vécut de 1900 à 1916. Il fonda un ashram, toujours en fonction, à la lisière de la ville, mais refusa toujours de dispenser un quelconque enseignement à ses disciples.

Shiva à la double nature

Shiva, maître des ascètes, ne vivait que d'aumônes. Or il advint que, indisposé par des herbes toxiques, il ne put aller mendier sa pitance. Parvati, Ganesha et Karttikeya mangèrent la moitié des maigres provisions, tandis que le reste fit le bonheur du rat et du paon, animaux des enfants du couple divin. Shiva reprit son bol de mendiant tandis que Parvati trouvait refuge chez son père avec ses deux fils. Narada, messager des dieux, lui apparut alors pour annoncer qu'aucune porte ne s'ouvrirait devant le divin mendiant ; il lui enjoignit de prendre la forme de la belle Annapurna, dispensatrice de nourriture. La rencontrant ainsi métamorphosée sur son chemin, Shiva la trouva si belle et la serra si fort contre sa poitrine que leurs deux corps se mêlèrent. Ainsi naquit la forme hermaphrodite de Shiva, Ardhanarishwara. Pour les exégètes hindous, cette rencontre signifie l'union de la substance et de l'énergie, de l'existence et de la conscience, prélude à toute création.

Le Kili gopuram doit son nom à Arunakirinatar, poète tamoul du XVe s., qui, selon la légende, se serait réincarné en perroquet pour chanter inlassablement ses hymnes à la divinité.

La 1re enceinte *(empruntez la longue colonnade, sous laquelle s'abritent mendiants et vendeurs d'offrandes)*. L'immense **gopuram** *(à l'E.)*, haut de 60 m, marque l'entrée principale. À la base de granit (XVIe s.) furent ajoutés, au XVIIe s., par un roi nayak de Tanjore 11 étages de briques. Le passage est orné de remarquables **reliefs** où apparaissent des danseuses saisies dans toute la grâce de leur art ainsi que différentes formes de Shiva.

On débouche ensuite dans une vaste cour. Un **mandapa aux Mille colonnes** *(côté dr.)* fut construit sous le règne du grand roi Krishnadeva dans le plus beau style vijayanagar, avec ses yalis et ses cavaliers tournés vers l'extérieur. L'accès est interdit au public, à l'exception de l'extrémité O., où est présentée une **exposition** consacrée à la mémoire de Ramana Maharishi, qui passa sa vie de dévotion à Tiruvannamalai.

Du côté S. ouvre un vaste **bassin** à degrés creusé également au début du XVIe s. et un petit **temple** très coloré, dédié à Ganesha, un des fils de Shiva.

La 2e enceinte. Elle fut construite au XIVe s. à l'initiative de Ballala III (1291-1342), un des derniers rois hoysalas *(→ arrêt sur images p. 328-329)* ; quatre gopurams font face aux points cardinaux. Plus simplement décorés que les précédents, ils rappellent cependant, dans l'ornementation de leur superstructure, le style ouvragé des temples du Karnataka. Le passage donne accès à une 2e cour, occupée par un mandapa et un autre bassin sacré.

Le sanctuaire. Avançant vers le cœur du complexe, on accède aux parties les plus anciennes du temple. La **porte** (XIe s.) de la dernière enceinte, qui, au contraire des précédentes, n'offre qu'un unique accès, c'est le Kili gopuram, la « tour du Perroquet » . Le **sanctuaire principal** (XIe s.) ouvre dans l'axe du temple ; la porte centrale est rehaussée d'une parure brillante en cuivre ouvragé. Deux **chapelles secondaires** l'encadrent, dédiées aux deux fils de Shiva : Ganesha à g. (remarquez les délicates ornementations de pierre qui unissent les colonnes) et Subrahmanya à dr. Les **murs extérieurs** du sanctuaire portent de remarquables reliefs : au S., Dakshinamurti (Shiva en maître de la musique et du yoga) ; à l'O., Shiva jaillissant de son lingam ; au N., Brahma. Le déambulatoire à portique est un ajout du XVIIe s. laissé par les rois nayaks de Tanjore.

Environs de Tiruvannamalai

■ Gingee* *40 km E.*

Gingee (prononcer *jinji*), constitué par trois collines surgies d'un paysage semé de blocs erratiques, que l'industrie des hommes a adouci de rizières et de bouquets de palmiers, est l'une des plus formidables forteresses de l'Inde : près de 15 km de remparts, hauts de 20 m et épais par endroits de 15 m, doublés aux points jugés les plus vulnérables, enserrent les pentes pour relier les trois collines, sentinelles de la ville royale en contrebas.

Depuis sa fondation par les Colas au XIe s., Gingee fut un point d'appui indispensable pour les puissances qui entendaient dominer la région. Les rois de Vijayanagar, à qui l'on doit l'essentiel des constructions, y établirent un gouverneur au début du XVIe s. En 1658, les musulmans de Bijapur en chassèrent les Nayaks qui régnaient de là sur une petite principauté indépendante. En 1667, Gingee passe aux mains des Marathes de Shivaji, pour peu de temps puisque Aurangzeb, Grand Moghol de Delhi, s'en empare en 1698. Au milieu du XVIIIe s., le drapeau du roi de France flotta même durant onze ans, après l'exploit militaire de Bussy-Castelnau (→ *encadré*). Après la prise de Pondichéry en 1761, les Français durent livrer la place aux Britanniques. En 1780, Haidar Ali y établit une garnison qui resta jusqu'à la mort de Tipu Sultan en 1799. Devenue inutile dans une région solidement tenue par les Britanniques, Gingee fut abandonnée. Elle n'est plus aujourd'hui qu'une forteresse vide, à 2 km de la petite bourgade où se sont établis les habitants de la région.

Accès : après avoir franchi plusieurs lignes concentriques de fortification (accès possible en voiture), on atteint le cœur de la partie résidentielle de la citadelle. Peu avant d'atteindre la fin de la route carrossable, un chemin à dr. longe les remparts du mur intérieur et conduit à la porte de Vellore.

La ville basse. La **porte de Vellore** est un remarquable ouvrage défensif, avec son passage en chicane caractéristique de l'architecture militaire médiévale.

Le **Kalyana mahal**, construction de plan carré, domine la ville basse ; il est prolongé d'une haute tour coiffée d'une forme pyramidale à laquelle on peut grimper pour découvrir une **vue** d'ensemble sur la ville basse. Les bâtiments qui l'entourent étaient sans doute destinés aux femmes du harem.

Contrairement à ce que les gardiens du site pourront vous affirmer, la prise de photos n'est pas soumise à l'acquittement d'un droit.

Un exploit français

Le 11 septembre 1750, 200 soldats français et 400 cipayes se présentent devant la citadelle de Gingee. À leur tête, le marquis de Bussy-Castelnau, aux ordres de Dupleix, chargé d'enlever la forteresse où se sont retranchés les débris d'une armée musulmane bousculée quelques jours plus tôt par les Français. L'entreprise est insensée, tant la place paraît imprenable. Sitôt devant les murs, Bussy lance l'assaut. On fait sauter une porte à l'explosif, on poursuit les défenseurs dans des combats de rue acharnés : au soir, la ville basse est prise. En dépit de cette victoire brillante, la position semble intenable, prise sous le feu des trois collines où s'accroche encore l'ennemi. Bussy décide sur-le-champ d'enlever les trois collines pendant la nuit; il forme trois détachements, fait construire des échelles à la hâte et, au terme d'un assaut d'une folle audace, le drapeau à fleur de lys flotte au matin sur le sommet de la citadelle. La vaillance de Bussy, qui frappa de stupeur les princes indigènes, devait beaucoup à sa valeur militaire, mais aussi sans doute à un secret : on rapporte, en effet, qu'il « éprouvait un tendre sentiment pour une fille de Mme Dupleix et ses exploits étaient comme autant de titres pour obtenir la main de celle qu'il aimait et dont il était aimé ; car à des mérites d'un ordre supérieur, le brillant officier joignait les manières les plus séduisantes » (Henri Druon, *Les Français dans l'Inde*, Paris, 1886).

Au XVIIIe s., la ville dut une triste renommée à la maladie qui frappa ses résidents, bientôt appelée « fièvre de Gingee ». Au temps de l'occupation française, près de 1 200 hommes, soldats français et cipayes, en furent victimes.

D'autres édifices occupent le périmètre, notamment d'impressionnants **greniers** monumentaux ainsi que des **écuries** pour les éléphants.
Vers l'E., se trouvent une **mosquée** tout d'abord, élevée au XVIIIe s., et à 300 m env., annoncé par son haut gopuram, le **temple vishnouite de Venkatarama**, ouvrage du temps des souverains de Vijayanagar.

La colline de Rajagiri *(ouv. 9 h-17 h 30 ; entrée payante ; prévoir de l'eau ; 45 mn d'ascension assez rude, au soleil).*

La colline la plus élevée, Rajagiri, servait de dernier carré aux défenseurs : une ascension revigorante, entre murs écroulés et fourrés bruissant de colonies de singes qui y ont élu domicile, conduit au sommet coiffé d'une citadelle, seul point d'où l'on embrasse toute la ville.

Passée l'entrée fortifiée, le chemin s'élève rapidement par des escaliers hauts et irréguliers, jusqu'à une portion plane qui contourne la colline et laisse, mangées par les broussailles, diverses constructions parmi lesquelles on reconnaît la silhouette de **petits oratoires**.
Au pied de la falaise, à dr. d'un méplat, un **sanctuaire** très ancien, antérieur sans doute à la construction de la citadelle, est signalé par une série de reliefs taillés à même la paroi. C'est là que les fidèles, jusqu'au début du XXe s., égorgeaient les buffles à la divinité locale.

L'ascension reprend ; on franchit alors les dernières **portes fortifiées**, l'une d'elles ornée d'un remarquable **makara**, jusqu'à la rampe finale qui conduit à l'entrée du fort, au-delà d'une profonde tranchée que l'on enjambe aujourd'hui par une passerelle moderne.

Dans le **fort** lui-même, une série d'édifices est encore debout ; à dr., en haut d'une volée de marches, une construction que la tradition locale désigne comme le trésor, puis une vaste **salle d'audiences** et, enfin, sur le rebord de la colline, un **temple** dédié à Ranganatha.
L'endroit se prête au repos avant d'entamer la descente par le même chemin, face au large **panorama**** ouvrant sur l'ensemble de la ville.

Le Kerala

Le Kerala occupe la partie occidentale du Deccan, pointe sud de l'Inde, et s'étend le long de la côte du Malabar, bordé à l'est par la chaîne montagneuse des Ghâts occidentaux. C'est l'une des plus belles régions de l'Inde, avec Cochin, au charme fou, ses plages infinies frangées de cocotiers, l'univers enchanteur des Backwaters et de hautes montagnes couvertes de forêts pluviales habitées par des populations tribales. C'est aussi l'une des régions les plus riches, grâce à la culture du riz, de la noix de coco, des plantes tropicales, du thé et bien sûr de toute la gamme des épices, lesquelles ont fait du Kerala une terre mythique dès l'Antiquité, et plus tard le but ultime des marchands venus d'Asie et d'Europe. Ici, dans un esprit de tolérance exceptionnel, se côtoient l'hindouisme, le christianisme et l'islam, sur fond de traditions ancestrales encore très vivantes. Fortement politisés, largement alphabétisés (pratiquement 100 % de la population), les Kéralais sont à l'origine des arts martiaux orientaux, du yoga et de la médecine ayurvédique ; passionnés de musique et de poésie, ils pratiquent au quotidien les formes traditionnelles des arts kéralais, que vous ne manquerez pas de découvrir à l'occasion des nombreux festivals. Au Kerala, l'espérance de vie est la plus longue de l'Union indienne (71 ans pour les hommes, 75 ans pour les femmes, contre 64 et 65 ans pour le reste du pays) et le taux de mortalité infantile le plus faible (0,8 % contre 4 % pour le reste du pays).

Le Kerala

Que voir dans le Kerala

La plage de Kovalam est l'une des plus belles de l'Inde.

Trois paysages, trois mondes

Le Kerala se compose de trois régions géographiques bien distinctes : une plaine côtière, une zone de plaines et de vallées et, les dominant, une chaîne montagneuse, les Ghâts. La plaine littorale, qui court du N. au S. de l'État, est une côte basse et sablonneuse, peu découpée, avec un seul port naturel, Cochin. La terre et l'eau s'y mêlent étroitement et la côte est doublée par un cordon de lagunes, les Backwaters. Humide et chaude, cette plaine littorale densément peuplée constitue une voie de passage naturelle N.-S. Entre la côte et les montagnes s'étend une plaine latéritique, dédiée aux cultures vivrières, les rizières sont omniprésentes le long des plaines fluviales.

À l'E., la chaîne montagneuse des Ghâts sépare le Kerala du Tamil Nadu. Orientée N.-S., elle culmine à plus de 2 200 m d'altitude et joue un rôle de barrière contre les moussons. Ses versants, très arrosés, permettent la culture des épices, du café et du thé, ainsi que du bois de teck. Les Ghâts sont recouverts d'épaisses forêts où survivent quelques villages de tribus aborigènes.

Une vocation commerçante

Les premières mentions historiques du Kerala, qui nous sont parvenues par Pline l'Ancien, attestent que, dès le IIIe s. av. J.-C., l'État commerçait activement avec les Phéniciens et avec Rome à qui il fournissait des épices en abondance. Diverses dynasties, les Cheras, les Pandyas, les Muziris à Cranganore, les Nannanas au N., les Ays, se partagèrent le pouvoir jusqu'au VIIIe s., mais leur histoire demeure obscure. Les Cheras constituent vers l'an 800 la dynastie la plus importante, appelée Perumal. À la suite de l'ensablement du port de Cranganore, ils transfèrent leur capitale à Quillon en 1210, puis à Trivandrum où vivent encore leurs descendants, les

De l'installation des Portugais, puis des Hollandais, Cochin a conservé sa physionomie de petite ville européenne.

Le Kerala

Dans la région de Munnar, havre de paix et de fraîcheur, les collines rondes couvertes d'un puzzle de plantations de thé ont des nuances de vert rappelant des peintures naïves.

maharajas de Travancore. Les Zamorins de Calicut, au N., profitent de cet éloignement pour développer des relations commerciales fructueuses avec les Arabes et contrôlent dès lors tout le N. du pays.

En 1498, les Portugais s'installent au Kerala et obtiennent, en 1604, l'autorisation d'établir des comptoirs sur toute la côte. Ils sont évincés par les Hollandais en 1663 au terme de rudes batailles. Ces derniers restent jusqu'en 1789 ; en effet, le pays est alors ravagé par Tipu Sultan, souverain de Mysore, fort attiré par les richesses du territoire. Les Anglais, en guerre contre lui, en profitent pour intervenir ; chassant les Hollandais, ils s'installent en maîtres au Kerala où ils développent notamment la culture du thé et la plantation des bois précieux. Sous leur domination, le territoire est divisé en deux États princiers, Cochin et Travancore (qui débordait sur l'actuel Tamil Nadu), qui furent réunis en 1949 sous le nom d'État du Kerala.
Le Kerala connut alors une vie politique mouvementée, alternant majorités socialiste (PSP), du parti historique du Congrès (et ses diverses dissidences), communistes (CPM et INC) et, à deux reprises (1956 et 1977), il fut même dirigé par un gouverneur nommé par le président indien. On dénombre actuellement cinq partis nationaux, neuf partis purement kéralais et quatorze branches locales ou dissidentes. Les principales tendances – coalisées ou non selon les élections – sont socialistes et communistes ; hindous et musulmans y sont très influents.

Richesse agricole

Le Kerala, 1er État à effectuer sa réforme agraire, s'enorgueillit de posséder le plus faible taux de natalité – ici, une garantie de richesse – et le meilleur système de communications, de disposer de dispensaires dans chaque bourgade, d'un hôpital dans chaque ville et de la meilleure couverture scolaire et universitaire de l'Inde.
L'agriculture tient toujours une place prépondérante dans l'économie de l'État, avec 4 millions d'ha cultivés (cocotier, tapioca, thé, café, coton, caoutchouc, noix de cajou, poivre, sucre de canne et riz). L'élevage tient également une place très importante (produits laitiers et volailles), tout comme la pêche, grâce à 590 km de côtes, la principale production semi-industrielle étant la crevette, largement exportée.
Une autre importante ressource est l'exploitation forestière, avec 12 millions de km^2 de plantations et réserves, essentiellement des essences rares et précieuses (teck, eucalyptus, cajou, bambou, pin, ébène, balsa, bois de rose ou de santal, etc.).
Les ressources minières sont l'argile, la pierre ponce, les silicates, le corail, le quartz et la bauxite. Le tourisme, enfin, représente une part non négligeable de revenus, avec près de 210 000 visiteurs étrangers et plus de 600 000 visiteurs venus d'autres États indiens.

Calicut (Kozhikhode) et le Nord du Kerala★

La cité marchande qui donna son nom aux « calicots » est l'ancienne capitale des Zamorins, puissants souverains locaux qui accueillirent Vasco de Gama et rivalisèrent avec Cochin. Jusqu'à la fin du XVIIIe s., Calicut fut l'enjeu acharné de luttes commerciales entre Arabes, Portugais, Hollandais, Français et Anglais. Devenue aujourd'hui un carrefour industriel important, elle fait partie de ces grandes villes au charme incontestable, fait d'animation urbaine typiquement indienne. En poursuivant vers le nord, la côte offre une succession de villages et se termine, à la frontière du Karnataka, par d'immenses plages de toute beauté qui s'étendent aux alentours de Bekal.

Calicut dans l'histoire

Avant que Cochin, sa rivale du S., ne la supplante, Calicut (de *koyil*, « palais », et *kodu*, « fortifié ») constituait le but de la course aux épices où s'illustrèrent déjà les Grecs et les Romains ; elle serait la ville de Kalaikaris, désignée par Ptolémée dans sa *Géographie* (IIe s. apr. J.-C.). Au XIIe s., les invasions répétées des Colas provoquèrent l'effondrement du royaume chera et favorisèrent l'apparition de plusieurs petits royaumes. Celui des Zamorins de Calicut se distingua grâce au commerce des épices, dont ils cédèrent le monopole aux Arabes, jusqu'à l'arrivée, vers 1486, de Pêro da Covilhã, premier navigateur des temps modernes. Parti à la recherche du mystérieux prêtre Jean sur ordre de son roi, Jean II de Portugal (r. 1481-1495), Pêro da Covilhã découvrit une nouvelle voie maritime vers ces Indes que les Arabes, maîtres de la mer Rouge et de la mer d'Oman, rendaient inaccessibles. Dix ans plus tard, Vasco de Gama trouva une route plus sûre vers les Indes orientales en contournant le cap de Bonne-Espérance et débarqua sur la plage de Kappad en mai 1498.

Situation : à 190 km au N. de Cochin.

900 000 hab.

☎ **0495**

i KTDC : bureaux à l'aéroport et à la Railway Station, mais le plus efficace est sur Ansari Park, au pied de l'hôtel *Malabar Mansion* ☎ 272.23.91.

✈ aéroport de Kalikur à 25 km. Vols pour Mumbay (Bombay), Bangalore, Coimbatore et Chennai (Madras).

Gare ferroviaire au centre-ville, Railway Station Rd : trains pour Mangalore, Trivandrum et Coimbatore.

🚌 plusieurs gares routières.

Plages : l'immense plage de Calicut est plus un lieu de promenade que de baignade. Préférez-lui la plage de Kappad, au N. de la ville.

À ne pas manquer

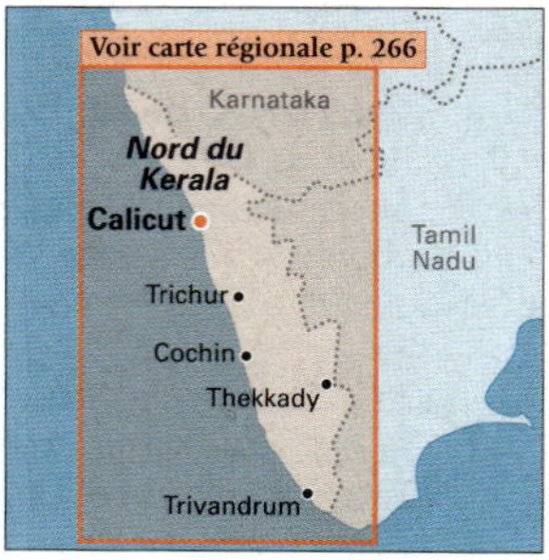

Les tentatives portugaises d'établir un comptoir à Calicut se heurtent à l'hostilité des Zamorins et des guerriers moplahs. Pedro Alvares Cabral, débarqué en 1501 à la tête d'une véritable flotte portugaise, est repoussé. Alfonso de Albuquerque, nommé vice-roi des Indes, réussit, en 1505, à reprendre la ville, mais les Portugais s'y maintiendront difficilement, continuellement harcelés par les navires zamorins. Le XVIIe s. fut une ère de compétition acharnée entre les puissances européennes. Les Hollandais soutiennent les Zamorins qui prennent la ville en 1600 et éliminent définitivement les Portugais de leurs forts en quelques décennies. Dès 1604, les Hollandais installent un comptoir, suivis des Anglais en 1615, puis des Français en 1698. Tipu Sultan, souverain de Mysore, déjà en guerre contre les Anglais, prend la ville en 1788 mais doit la céder aux Britanniques en 1790 qui l'occupent définitivement à partir de 1792.

Visiter Calicut

Combien de temps : 1/2 j. suffit; le reste peut être consacré à une excursion à Beypore et à une balade sur les Backwaters.

Hébergement : le meilleur hôtel de la ville est le *Taj Residency* sur Usha Rd ☎ 276.53.54, un peu à l'écart du centre-ville. Le *Beach Hotel* sur Beach Rd ☎ 236.53.63, face à la plage, est l'ancien Club britannique.

■ Les musées

À 5 km au N. du centre-ville ; ouv. 10 h-17 h, mer. 12 h-17 h, f. lun.

Le **Pazhassi Rajah Museum** abrite des bronzes, des peintures murales du XIe s., des pièces de monnaie, des maquettes de temples, quelques stèles hindoues. À côté, l'**Art Gallery** présente des collections de peintures traditionnelles, dont des tableaux de Raja Ravi Varma, un des plus célèbres peintres indiens. Né en 1848 près de Trivandrum, cet aristocrate fut l'un des premiers artistes à introduire dans l'art pictural classique la notion de perspective ainsi que des personnages humains en place des dieux et des déesses.

■ Le Tali Temple

Au S.-E. du centre-ville.

En principe réservé aux hindous, les hommes peuvent cependant y pénétrer s'ils portent un ***dhoti*** et s'ils sont jambes et torse nus. Dédié à Shiva, ce petit temple du XIIe s. est tout à fait caractéristique de l'architecture classique kéralaise en bois et briques de latérite, et l'extérieur seul mérite une visite.

■ La mosquée de Kuttichira

Sur GH Rd, accès autorisé sf aux heures de prière.

Cette mosquée du XIIIe s., sans minaret, fut construite dans le style des médersas de l'Arabie, avec ses cellules destinées aux étudiants en théologie. Elle date de l'époque où les Arabes contrôlaient le commerce des épices dans la capitale des Zamorins.

■ La plage de Kappad

Au N. de Calicut.

Sur cette longue et belle plage appelée Kappadakavu, Vasco de Gama aurait abordé le 27 mai 1498. Le site superbe invite à la baignade.

Environs de Calicut : vers le N. du Kerala

Accès : en voiture particulière ou en bus ; en train : 7 ou 8 trains omnibus sur la ligne ferroviaire S.-N. qui longe la côte desservent à partir de Calicut les villes de Mahé, Tellicherry (Thalassari) et Canamore.

1 Beypore *13 km S.*

À l'embouchure de la rivière Chaliyar, ce village de pêcheurs est célèbre dans le Kerala pour ses **chantiers navals** de bateaux d'inspiration arabe, les urus (*→ encadré*), énormes embarcations en teck dont la construction ne nécessite que des chevilles de bois. Les chantiers navals, au S. de la ville, sont de modestes entreprises de quelques ouvriers qui vous permettront volontiers de jeter un coup d'œil sur leurs réalisations en cours.

Le **temple dhiva**, construit au XIIe s. (*interdit aux non-hindous*), possède un étrange toit à double étage de tuiles rouges qui lui donne un faux air de pagode.

2 Les Backwaters de Calicut *12 km N.*

Nombreux bus.

Bien moins connues que celles d'Alleppey, les Backwaters de Calicut sont tout aussi passionnantes, très préservées et bien moins touristiques car essentiellement fréquentées par des familles indiennes en excursion. Plusieurs durées de promenades sont possibles à partir de l'embarcadère de Purakatri.

Pour des balades sur les Backwaters, rens. à votre hôtel ou à *Malabar House-Boats* ☎ (0495) 245.20.45.

3 Manjeri *30 km S.-E.*

Manjeri possède deux temples : **Ayyappan** (IXe ou Xe s.) et **Subrahmanya** ; ce dernier, de plan circulaire et pourvu d'une double toiture caractéristique de l'architecture du Kerala, porte des inscriptions du XIIe s.

4 Mahé* *63 km N.*

Ce petit territoire de 75 km², jadis haut lieu du commerce du poivre et de la cardamome, fut l'un des comptoirs français de 1721 à 1954. Rattaché à Pondichéry, il ne joue plus guère aujourd'hui qu'un rôle de « ville franche » où l'alcool, très rare et très cher au Kerala, coule ici à flots. Paisible cité, il faut la découvrir vers sa plage, piquetée de rochers noirs, où dorment les barques des pêcheurs. De l'épisode français témoignent quelques jolies villas, l'ancienne maison du gouverneur et le modeste monument commémorant le centenaire de la Révolution française, sur lequel une inscription en latin rappelle que, en 1789, la République fit des habitants indiens de Mahé des « citoyens à part entière ».

5 Tellicherry (Thalasseri) *67 km N.*

La ville, peuplée de Moplahs (*→ encadré p. 272*), est connue pour son bazar très animé.

Le **fort**, bâti en 1708 par les Anglais, est relativement bien conservé. Près de la plage, on peut encore visiter

Des barques de prix

Les **urus**, grandes barques de transport, sont en fait inspirées des dhows d'origine arabe et swahili qui ont assuré, des siècles durant, le transport des marchandises entre le S. du Yémen, Oman et le Qatar avec, à l'E., le golfe de Cambay, au S.-E. Calicut, Cochin, les Laquedives et les Maldives, et à l'O., Malindi, Lamu, Mombassa, Pemba et Zanzibar. Elles servirent au transport des épices vers l'Arabie, tant de l'Inde que de l'Afrique de l'Est, mais aussi au transport des esclaves bantous des côtes africaines. Les plus grandes mesurent de 30 à 35 m de long et possèdent deux mâts, gréés de voiles dites « latines ». Incroyablement rapides et maniables – sauf par vent debout –, ces voiliers, cousins des dhonis maldiviens ou des felouques de la mer Rouge, furent supplantés, dès le milieu du XXe s., par les bateaux à vapeur et sont devenus aujourd'hui une curiosité, presque un mythe, tant ils sont rares et magnifiques. La construction d'un uru traditionnel de grande taille à Beypore prend près de deux ans et son prix de revient frôle le million de dollars.

Hébergement : *Zara Resorts*, Station Rd, à l'E. de la ville ☎ (0597) 233.25.03, propose quelques chambres climatisées.

De l'époque de l'ancienne factorerie anglaise installée à Tellicherry subsistent deux petites églises, dont un temple anglican connu sous le nom de Church of South India, entouré d'un émouvant petit cimetière.

ses souterrains qui donnaient directement sur la mer. Le soir, sur cette plage, au retour des pêcheurs, se tient un marché aux poissons informel et haut en couleur.

La **plage de Muzzaplingad*** *(au N.)* est sans doute l'une des plus agréables et des plus propres de cette partie de la côte.

Hébergement : l'*Ayesha Manzil* ☎ (0497) 234.15.90, est une grande bâtisse coloniale, chère et un peu excentrée, mais pleine de charme et face à l'océan.

6 Sultan's Battery et Wayanad Wildlife Sanctuary** (Muthanga Wildlife Sanctuary) *120 km E.*

La route pour Sultan's Battery (ou Sulthan Bathery) est tout à fait spectaculaire, que l'on vienne de Cannanore ou de Calicut. On quitte rapidement la riche plaine côtière et ses rizières pour grimper à l'assaut de la montagne en une impressionnante série de lacets. À mesure que la route grimpe dans les collines, la vue sur la plaine se fait plus belle : bien au-dessous apparaissent les cultures et plantations de poivre, de cardamome, de cannelle, de café, de jasmin, de gingembre, de carry, de cumin, de muscade, puis enfin les grandes forêts d'eucalyptus.

Accès : prendre dir. Kalpetta (95 km), puis Sultan's Battery (25 km) ; le parc est à 20 km à l'E. de Sultan's Battery. Nombreux bus de Calicut à Kalpetta et de Kalpetta à Sultan's Battery.

Permis de visite : rens. : DTPC ☎ 260.21.34 de **Kalpetta,** ou Wildlife Warden Office de Sultan's Battery.

Visite : le DTPC et les agences locales proposent plusieurs circuits de 1/2 ou 1 j. avec voiture, garde et guide. Les circuits commençant le matin, organiser la vis. l'a.-m., dormir à Sultan's Battery et vis. du parc le lendemain matin. Attention, les agences locales ou le DTPC n'organisent pas de visites des parties du parc situées au Tamil Nadu (Mudumalai) ou au Karnataka (Bandipur). Agences de voyages : à Sultan's Battery, Fahita Travels ☎ 262.12.80, et Sefiya Travels ☎ 262.05.27.

Les Moplahs ou Malabars

Ils constituent une caste indienne spécifique : à l'origine, le mot désignait la population métissée issue des unions entre commerçants arabes et femmes indiennes ; par la suite furent appelés Moplahs tous les Indiens de cette région convertis à l'islam. Les hindous les tinrent longtemps tenus à l'écart dans des tâches subalternes : ouvriers agricoles, pêcheurs ou encore marins habiles, les considérant comme de dangereux fanatiques. Leurs révoltes jalonnent l'histoire indienne jusqu'à un récent passé. Les Français de la Compagnie des Indes orientales s'appuyèrent sur eux pour établir leurs comptoirs et les engagèrent souvent comme supplétifs ; le mot moplah fut déformé en « malabar », nom qui fut donné à ces redoutables guerriers et également à la région par les Français.

Le macaque à bonnet *(macaca radiata)* présent dans les forêts du Sud de l'Inde arbore une curieuse touffe de poils crâniens qui lui fait une « coupe au bol ».

Créé en 1973, le parc de Wayanad constitue la partie kéralaise de l'ensemble des réserves connues sous le nom de **Nilgiri Biosphere Reserve**, qui comprend le parc de **Bandipur,** au Karnataka, et le parc de **Mudumalai,** au Tamil Nadu *(⟶ p. 227)*. Plusieurs communautés tribales regroupées sous le vocable d'Adivasis vivent dans la réserve et ses environs, tels les Todas, les Paniyas, les Adiyas, les Kurumas ou les Kurishlas *(⟶ encadré)*. En dehors des immenses bosquets de bambous géants regroupés en bouquets, de la forêt pluviale d'altitude, vous aurez sans doute la chance de rencontrer des troupeaux d'éléphants sauvages, de rares et dangereux « bisons » indiens, certainement des daims et la fameuse chèvre sauvage, ou thar, et aussi, inévitablement, nombre de familles de macaques, curieux et insolents.

7 Bekal* *156 km N. ; 70 km de Mangalore.*
Son **fort**, qui date de 1650, offre une vue magnifique sur la baie et la plage de Pallikere ; vous pourrez aussi profiter des superbes et immenses **plages** de sable fin : Bekal Beach, au S., et surtout **Kappil Beach*** *(3 km N.)*.

☏ 0493.

ⓘ DTPC à Kalpetta ☏ 260.21.34.

Hébergement : petits hôtels à Sultan's Battery, *The Resorts* ☏ 262.05.10, le *Dwaraka* ☏ 262.03.58 ou le *KTDC Motel-Aram* ☏ 262.21.50.

Les peuples des Ghâts

Les populations aborigènes, Todas, Kottas, Irulas, Adiyas, Kurumas, Kurishlas, Khadas, Mathuvans, Malayars, Alukurumbas, Bettakurumbas, Mullukurumbas, Tenukurmbas et Paniyas, d'origine dravidienne, qui vivent dans les Ghâts furent sans doute repoussées dans ces montagnes lors de l'arrivée des Aryens. Elles survécurent isolées dans leurs denses forêts quasi impénétrables jusqu'au milieu du XIXe s. quand les Britanniques décidèrent de planter systématiquement ces hauteurs de théiers. Refoulées dans des forêts encore plus inaccessibles, elles furent décimées par les épidémies importées par les colons et ravagées par les maladies vénériennes. Les premières études sur leur mode de vie, en 1937, indiquent déjà qu'elles sont en voie de disparition. Aujourd'hui strictement protégées, l'accès à leurs villages est sinon interdit, du moins fortement réprouvé par les autorités des trois États sur le territoire desquels elles subsistent. Leur nombre total n'excède pas 7 000 individus. La tribu la mieux étudiée est celle des Todas (qui s'appellent eux-mêmes Ahls) ; au nombre de 1 200, ils vivent dans une vingtaine de villages *(⟶ encadré p. 230)*.

Hébergement : l'*Eeyem Lodge*, près de la plage de Kappil ☏ (0499) 273.63.43, simple et agréable ; le *Nalanda Resort* ☏ (0499) 478.26.62, à 14 km au S., est ravissant et climatisé !

Cochin★★★ (Kochi - Ernakulam)

Situation : à 210 km N. de Trivandrum, 56 km N. d'Alleppey, 125 km E. de Periyar.

1 400 000 hab.

☏ **0484**

ℹ Tourist Office of India, au N. de l'île de Willingdon, près de l'hôtel *Taj Malabar* ☏ 266.83.52 ; ouv. lun.-ven. 9 h-17 h 30, sam. 9 h-13 h.

ℹ KTDC (Kerala Tourism Development Corporation), Shanmughon Rd, Ernakulam ☏ 235.32.34 ; ouv. t.l.j. 8 h-19 h ; www.ktdc.com ; autres bureaux à l'aéroport et à Main Jetty, à Ernakulam. Fournissent une liste de guides agréés. Réserv. des excursions sur les Backwaters de Cochin et de places pour un spectacle de kathakali.

ℹ Tourist Desk (privé), à Ernakulam, à côté de Main Jetty ; ouv. t.l.j. 9 h-13 h 30 et 14 h-18 h 30 ☏ 237.17.61.

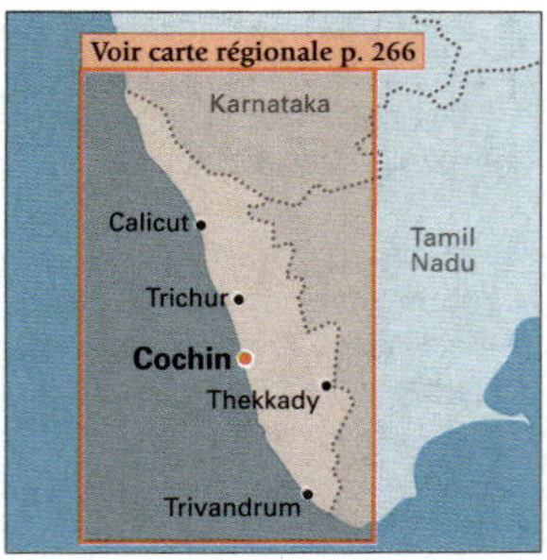

À fleur d'eau, Cochin, « reine de la mer », est située entre la mer d'Oman et un estuaire parsemé d'îlots frangés de cocotiers, accessibles par des ponts ou par ferry. Unique port naturel en eau profonde du Malabar, escale prospère sur les routes de la soie et des épices, il connaît toujours une grande activité, notamment grâce à son importante base navale. Séparée d'Ernakulam, la ville moderne, par un large plan d'eau et des îlots, Fort-Cochin l'ancienne cité, appelée aussi Mattancheri, est bâtie sur le cordon littoral d'un lagon. Dans ses venelles sinueuses, bordées de charmantes maisons portugaises vieilles de 500 ans, le passé se révèle ici et là : une église renferme les reliques de Vasco de Gama, une synagogue du XVIe s. s'élève au bout d'une ruelle d'antiquaires, un palais enluminé de chatoyantes peintures dresse sa façade jaune devant un petit temple circulaire. Le contraste avec Ernakulam est frappant : au rythme paisible du passé s'oppose l'activité commerciale bouillonnante d'un centre industriel moderne.

Cochin mode d'emploi

■ Arrivée

✈ L'**aéroport** domestique et international à Nedumbassery (40 km au N.-E. dir. Trichur) ; à 1 h 30 d'Ernakulam, 2 h de Fort Kochi. Pas de cars spécifiques pour le centre-ville, mais vous pouvez prendre à son passage dans la ville de Nedumbassery un car régulier Trichur-Ernakulam ; un trajet en taxi entre l'aéroport et Ernakulam coûte de 600 à 900 roupies pour Fort Kochi.

En train. La ville possède deux gares principales : Ernakulam Junction et Ernakulam Town (la gare de Willingdon, sur l'île du même nom, est pratiquement réservée aux marchandises), situées à l'E. d'Ernakulam et accessibles de l'embarcadère principal d'Ernakulam (Main Jetty) en rickshaw ou en taxi.

La gare de Junction (au S.) dessert Bombay (2 trains/j.), Alleppey (4 trains/j.) et Madras (3 trains/j.). La gare de Town (au N.) dessert Bangalore (t.l.j.), Delhi (t.l.j.), Trivandrum (plusieurs trains/j.).

à **Fort Kochi** (au N. de la presqu'île) : trajets locaux et liaisons avec Ernakulam ; à **Ernakulam** (à l'E. de la ville) : liaisons avec Bangalore, Mysore, Madras ou Pondichéry (de 15 à 17 h de route pour chacune de ces villes), pour Periyar (6 h), Madurai (9 h), le S. (Alleppey, 1 h 30, ou Kottayam, 2 h 30, Trivandrum, 4 h).

S'orienter

La ville est composée de deux parties distinctes : Ernakulam à l'E., quartier moderne, commerçant, très animé, et la vieille ville, Cochin proprement dite, par l'île de Willingdon. Au N., cinq îles (Vypeen, Gundu, Vallarpadam, Raman Thuruth et Bolghatty) ferment la baie, appelée Vembanad Lake. La presqu'île de Cochin est elle-même divisée en deux quartiers principaux : Fort Kochi (au N.) et son

À ne pas manquer

Spectacles : représentations quotidiennes de kathakali en plein air à Fort Kochi, sur River Rd (à 17 h, on peut assister au maquillage des danseurs), et à Ernakulam, à la See India Foundation, près de la South Railway Station (maquillage à partir de 18 h). Rens. : KTDC.

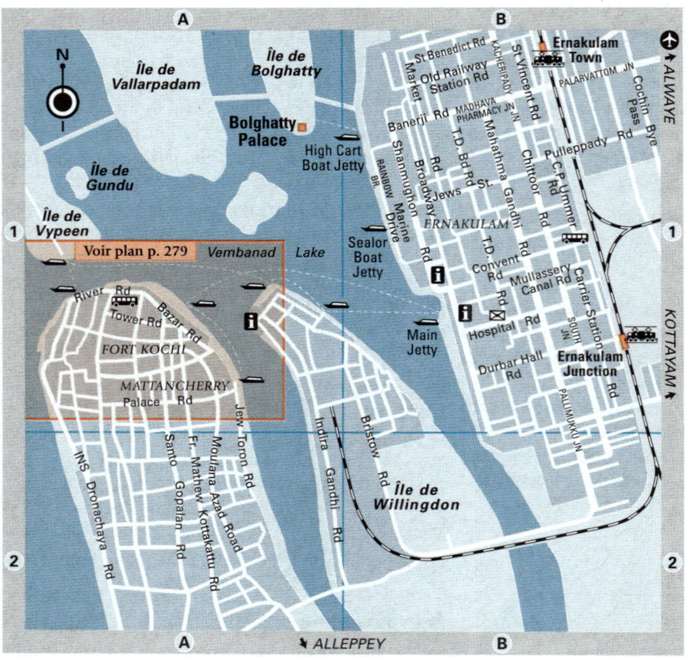

Cochin, plan I : ensemble

Hébergement : de charmants hôtels de style colonial à Fort Kochi, comme le luxueux *Brunton Boatyard* ☎ 221.54.61, la *Malabar House* ☎ 221.66.66, ou la pension *Tharavadu Tourist Home*, Princess St. ☎ 222.68.97. Dans les catégories moyennes, *The Delight Tourist Resort* ☎ 221.76.58, vieille maison portugaise près de l'église Saint-Francis, ou *The Old Courtyard* ☎ 221.63.02, ancienne demeure hollandaise • sur l'île de Willingdon : le *Casino Hotel* ☎ 266.82 21 ou le *Taj Malabar* ☎ 266.68.11, près du débarcadère • sur l'île de Bolghatty : le *Bolghatty Palace* (réserv. : bureau du KTDC), plus isolé des principaux centres d'intérêt • éviter Ernakulam, très bruyante et sans grand intérêt.

Plages : la plage publique de Cochin, au N.-O. de Fort Kochi, au bout de River Rd, est plus un magnifique lieu de promenade que de baignade, car après les « filets chinois », elle est un peu polluée. La belle plage la plus proche et la moins fréquentée est Cherai, sur l'île de Vypeen.

Marché aux poissons toute la journée sur le front de mer.

Achats : quelques boutiques dans et autour de Princess St., à Fort Kochi ; les meilleurs antiquaires sont installés à Mattancherry, dans la rue de la synagogue (bronzes, statuettes, bois peints, objets en bois de santal, fer martelé, tissages, châles et quelques merveilleux pashminas).

Une façade dans Jew Town, couleur de curcuma, l'une des épices qui firent la prospérité du port de Cochin.

beau front de mer, et Mattancherry, plus au S., dédale de petites rues tranquilles qui sinuent entre les bâtiments vénérables de l'ancien quartier juif.

■ Se déplacer

Les **rickshaws** (taxis-scooters) sont, dans Fort Kochi, très pratiques et bon marché (négocier le prix malgré le taximètre). Vous trouverez des taxis près des hôtels et des principaux embarcadères.

Les **bateaux-bus** ***(t.l.j. 6 h-22 h)***, très pratiques et bon marché, sont le moyen idéal pour se déplacer rapidement entre les différents quartiers et les îles de l'agglomération (voir ci-dessous et plan) ; la découverte de la ville en bateau offre des vues superbes. Veillez à avoir toujours de la petite monnaie sur vous, mémorisez les noms des jetées et vérifiez bien la destination du ferry que vous empruntez.

D'Ernakulam, trois jetées proposent des bateaux : de Main Jetty, pour l'île de Willingdon, Fort Kochi et l'île de Vypeen • Sealord Boat Jetty, pour Vypeen • High Court Jetty, pour l'île de Bolghatty.

De l'île de Willingdon, deux jetées : d'Embarkation, à l'E., pour Main Jetty (Ernakulam) et Vypeen • de Terminus, à l'O., pour Fort Kochi.

De la presqu'île de Cochin, trois jetées : de Mattancherry, au S., pour Main Jetty (Ernakulam), plus rarement pour Customs et Fort Kochi • de Customs, au N.-E., pour Main Jetty (Ernakulam), Vypeen et plus rarement pour Mattancherry • de Fort Kochi, au N., pour Vypeen, plus rarement pour Customs et Mattancherry.

De Vypeen, une jetée : pour Main Boat Jetty (Ernakulam) et Fort Kochi.

■ Programme

Deux à trois jours vous permettront de visiter la ville et les sites environnants.

1re journée. Visite à pied du vieux quartier de Fort Kochi, spectacle de danses kathakali (tous les soirs v. 18 h), les « filets chinois » et la vente de la pêche à la criée, la plage (au soleil couchant).
2e journée. Le matin, à pied ou en rickshaw : le quartier de Mattancherry et le Dutch Palace, la synagogue et le vieux quartier juif. Excursions l'après-midi en bateaux-bus réguliers dans les îles de Vypeen, de Willingdon et de Bolghatty.
3e journée. Excursion en bateau dans les Backwaters de Cochin.

Cochin dans l'histoire

■ Une escale marchande

Port naturel grâce à l'ouverture de la lagune sur l'océan, le site, protégé par des îles et par la presqu'île de Fort Kochi, était sans doute déjà, plusieurs milliers d'années av. J.-C., une escale pour les marchands du golfe de Cambay (Khambhat). Il a été utilisé ensuite par les navigateurs et commerçants arabes qui y achetaient les épices acheminées depuis les collines des Ghâts grâce au réseau complexe des canaux des Backwaters.

Au XIVe s., l'amiral chinois Zheng He y fait escale, avant de poursuivre son voyage vers Calicut ; c'est à cette visite que Cochin devrait ses fameux carrelets « chinois » *(→ p. 278)*. En 1406, la ville, devenue capitale du royaume de Mahodayapuram, commence à se développer. Cochin connaît ses siècles de gloire aux XVe et XVIe s. avec le commerce du poivre, or noir de l'époque : des émissaires et des commerçants affluent de Venise, de Constantinople, d'Alexandrie, d'Arabie, de Chine et de Java. Les rajahs de Cochin, alors port le plus important de la côte de Malabar, accueilleront particulièrement bien les Portugais en 1498, voyant en eux des alliés précieux contre leurs rivaux de Calicut, les Zamorins. Les Portugais y installent une factorerie en 1502, un fortin et, en 1530, saint François Xavier y établit une mission. Les Hollandais débarquent à leur tour en 1595 et fondent un comptoir ; en 1663, ils supplantent définitivement les Portugais ; leur domination s'exercera jusqu'à l'arrivée des Anglais en 1795.

■ Cochin aujourd'hui

Quelques dizaines de mètres seulement séparent Cochin, ancienne cité historique et coloniale, de la rive E. du lac de Vembanad : du quai ou du ferry pour Ernakulam, les immenses cargos du port rappellent que la tradition commerçante de la ville demeure bien vivante et que l'agglomération et ses banlieues (Kalamassery, Eloor ou Alwaye) sont la capitale économique du Kerala : industrie textile, commerce du bois, du coir (fibres de la noix de coco), du caoutchouc, du papier, du riz, du fer et du graphite.

Ernakulam, comparée à Cochin, vous décevra sans doute : industrieuse, bruyante, c'est une ville indienne moderne, avec ses magasins, ses quartiers d'affaires et ses larges rues très encombrées. Son rare intérêt est le front de mer, Marine Walk, bordé de vastes esplanades, très animé et commerçant, qui, grâce à son ouverture sur la baie et les îles, dégage le charme d'une ville de bord de mer.

1 La presqu'île de Cochin

Cochin proprement dite n'est qu'un quartier de l'agglomération d'Ernakulam-Kochi, même si les Indiens eux-mêmes utilisent ce nom pour désigner l'ensemble des deux villes (liaisons aériennes, ferroviaires ou routières), tant cette presqu'île, qui fut le cœur de la ville, en est demeurée l'âme. Immense presqu'île face à la mer d'Oman et séparée du continent par le bras d'une lagune appelée Backwaters, elle est composée de deux quartiers principaux, Fort Kochi, au N., et Mattancherry, un peu plus au S.

➤ Fort Kochi★★★

Le N. de la presqu'île de Cochin, appelé Fort Kochi, est un de ces endroits magiques comme le voyageur en rencontre peu dans le monde, rappelant tout à la fois Venise, Zanzibar, Amsterdam et Tanger, mais baignant dans cette atmosphère indienne, faite de couleurs vives voilées par l'air marin, d'odeurs incomparables de gingembre, de cannelle, de terre et de poussière mêlées. Tout est là, offert aux yeux du visiteur : anciens manoirs hollandais, entrepôts jaunis de la course aux épices, datant pour la plupart du XVe s., minuscules échoppes parfois à peine plus grandes qu'un placard sur la rue, marché aux poissons et promenades en bord de mer envahies par les marchands ambulants.

■ Les « filets chinois »★★★ II A1

River Rd.

Grande attraction de Fort Kochi, ils furent importés par les marchands chinois entre 1350 et 1450. Une trentaine de carrelets de pêche sont ainsi alignés au bord de la promenade de River, sortes d'ombrelles aux baleines de bois à l'envers, suspendues à un mât haut de 30 m. Plus loin, la promenade longe la **plage publique★★**, très animée au coucher du soleil, avec ses marchands ambulants, ses familles indiennes au grand complet, ses cireurs de chaussures et ses faux guides d'une bonne volonté désarmante.

■ St Francis Church★ II A1

Church Rd. Vis. 9 h-13 h et 14 h 30-17 h 30, f. dim. mat. ; entrée payante.

Cette modeste église, bien que la plus ancienne d'Inde, fut bâtie d'abord en bois en 1503 par les Portugais, puis remaniée en 1516, et enfin restaurée dans sa forme actuelle en 1779 par les Hollandais. D'une émouvante simplicité, elle abrite quelques pierres tombales, dont le cénotaphe de Vasco de Gama : elle accueillit provisoirement sa sépulture en 1524, avant son rapatriement au Portugal 14 ans plus tard.

Les filets chinois restent abaissés une minute dans les eaux grises du détroit de Vypeen, puis huit hommes les relèvent grâce à un complexe système de cordages et de contrepoids de pierre, pour un dérisoire butin qui est immédiatement vendu à la criée.

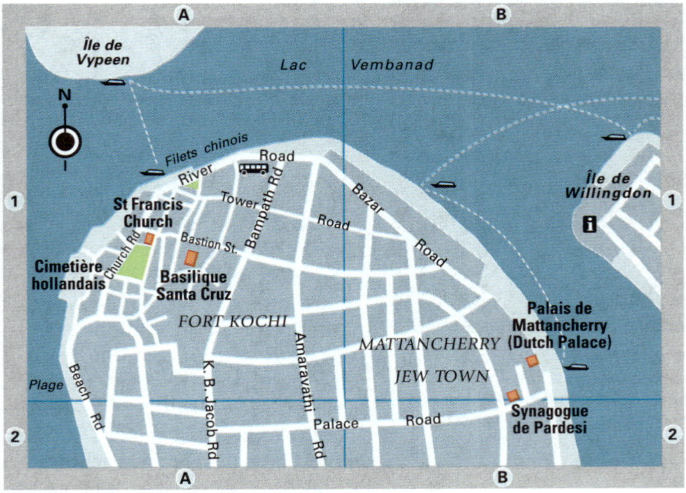

Cochin, plan II : Fort Kochi

L'ancien quartier colonial** II A1

Au N. de Fort Kochi ; dans les petites rues qui mènent du cimetière hollandais à la basilique de Santa Cruz, il va des filets chinois au N. à Elphinston Rd au S., et du front de mer à Petercelli St. à l'O.

Les **demeures coloniales*** du quartier ont échappé à la convoitise des promoteurs grâce à une protection efficace des autorités de l'État et de la ville qui interdit toute nouvelle construction et favorise la réhabilitation. Les plus remarquables, entre Dutch Cemetery Rd et Church Rd, dans le dédale de petites rues à l'O. de Church Rd, sont privées et ne se visitent pas. Si certaines sont entourées de hauts murs, d'autres sont parfaitement visibles de la rue : **Old Harbour House**, bâtie en 1808 ; **Koder House**, de la même époque, avec ses briques rouges et ses tuiles en damier ; **Pierce Leslie Bungalow**, à l'étonnant toit de bois, construite en 1868, qui mêle influences portugaises, hollandaises et kéralaises ; **Vasco House**, du XVIe s., qui fut, dit-on, la résidence de Vasco de Gama, aux vérandas et balcons de bois. D'autres maisons coloniales anciennes : **Thakur House**, le **David Hall** (de 1695), **Bastion Bungalow**, construite sur l'ancienne structure circulaire d'un bastion hollandais, sont très caractéristiques de l'architecture d'alors, mélange d'éléments indiens et européens, avec vérandas, balcons de bois et toits de tuiles.

Le cimetière hollandais* II A1

Dutch Cemetery Rd.

On n'y ressent plus guère la grandeur des anciens comptoirs : quelques dizaines de tombes bien délaissées témoignent seules du destin achevé ici de riches marchands, d'épousées mortes en couches ou de jeunes gens emportés par les fièvres.

▶ Le **fort Emmanuel**, édifié en 1503 au bord de la plage publique, dont les murs bordent vers l'intérieur Dutch Cemetery Rd et Beach Rd, a été partiellement détruit par les Hollandais en 1806. L'ensemble ne se visite pas. ◀

▲ **Réputé le plus parfumé du monde, le poivre du Malabar fut, des siècles durant, la seule note relevée des mélanges d'épices avant que le piment du Mexique, importé par les Portugais au XVIe s., ne le détrône de la cuisine indienne.**

Chères épices

Le poivre constituait une partie du trésor de Rome. La noix de muscade a donné à Venise sa richesse insolente, la cannelle a lancé les caravelles de Lisbonne vers la route des Indes, le clou de girofle a fait la fortune des marchands d'Amsterdam. Du XIVe au XVIe s., les épices sont de toutes les tables aristocratiques. On les prise alors surtout pour leurs vertus médicinales. Elles font la fortune des rajas de Cochin, des Zamorins de Calicut. Elles tournent la tête de l'Occident qui se bat pour elles jusque sur les côtes de Malabar, avec l'arrivée des Portugais venus, à la fin du XVe s., « faire des épices et des chrétiens ». Elles attirent les Hollandais au XVIIe s., qui les recensent dans l'*Hortus malabaricus*, magnifique ouvrage de botanique publié à Amsterdam, les Anglais enfin, qui organisent leur culture à grande échelle. Leur commerce va toujours son cours aujourd'hui. À Cochin, le curcuma dore les mains des femmes qui le trient et le tamisent dans les ruelles de Mattancherry, où flottent encore les arômes du poivre, du gingembre et de la cardamome.

■ Des baies de paradis

Lors de son escale au Kerala au XIVe s., le voyageur tangérois Ibn Battuta donne du traitement du poivre une description qui reste d'actualité : « Les poivriers ressemblent à des ceps de vigne ; on les plante vis-à-vis des cocotiers, autour desquels ils grimpent à l'instar des ceps [....]. Le poivrier porte de petites grappes [....]. Quand arrive l'automne, on cueille le poivre et on l'étend au soleil sur des nattes, comme on fait pour les raisins lorsqu'on veut les faire sécher. On ne cesse de le retourner, jusqu'à ce qu'il soit parfaitement sec et qu'il devienne très noir ; après quoi on le vend aux marchands » (*Voyages*, Francis Maspero-La Découverte, Paris, 1982). Le poivre est la baie d'une liane grimpante aux feuilles persistantes en forme de cœur. Récoltées avant maturité, les fruits se dessèchent, prenant une teinte noirâtre : c'est le poivre noir, qui est la baie entière, toujours recouverte de sa peau. Le poivre blanc, lui, est cueilli à pleine maturité, mis à fermenter et débarrassé de son tégument. Également cueilli avant maturité et présenté en saumure, le poivre vert conserve son éclat et sa fraîcheur. Tous possèdent une saveur âcre et brûlante.

▲ **Récolte du poivre aux Indes. Miniature du Maître de la Mazarine, extraite du *Devisement du monde* ou *Livre des Merveilles* de Marco Polo, Paris, vers 1410-1412.**

▲ **Le clou de girofle est le bourgeon récolté avant ouverture et séché d'un arbuste, le giroflier, originaire d'Indonésie. Réduit en poudre, il entre dans la composition des mélanges de curry indiens mais est également utilisé comme plante médicinale pour ses vertues antiseptiques bien connues.**

Précieuse « petite canne »

En 1501, le Portugais Pedro Alvares Cabral reçut du raja de Cochin 400 quintaux de cannelle pour avoir détruit l'État rival de Calicut. Le précieux tribut sombra avec son galion au cap des Tempêtes. On prescrivait alors la cannelle pour combattre la toux, la lourdeur du cerveau et le tremblement des jointures. Réduite en poudre, elle était dégustée sur des tranches de pain ou léchée dans le creux de la main. Son nom de « petite canne » n'est pas antérieur au XIIe s. Il fait référence à la manière d'obtenir cette épice à la saveur douce et sucrée.

Secrètes saveurs de rhizomes

Au Moyen Âge, on appelait « bois d'or » la racine de curcuma qu'on utilisait, à l'instar des Indiens, pour ses propriétés tinctoriales. En cuisine, elle colore de jaune les préparations auxquelles elle délivre son doux parfum, légèrement fruité. L'Inde est le premier producteur de ce tubercule dont la culture est parfois associée à celle du gingembre. Même si on le nomme aussi « safran des Indes », il se distingue du safran vrai, tiré des stigmates d'une iridacée qui pousse dans les montagnes du Nord du pays. Vivace poussant en buissons de feuilles lancéolées et luisantes, aux belles fleurs blanches maculées de pourpre, la cardamome relève de la famille du curcuma. Son goût fort, amer, citronné et plus ou moins camphré selon les variétés, se loge dans ses gousses, qui poussent sur des tiges rampant sur le sol. Elles sont cueillies aux ciseaux avant maturité pour éviter qu'elles ne s'ouvrent et laissent échapper leurs graines noires et parfumées. Même gamme de saveurs, en plus piquant, pour les rhizomes souterrains du gingembre, une plante au port de roseau, dont les hampes supportent des fleurettes jaune pâle, veinées de carmin.

▲ **La canelle est tirée de la seconde écorce d'un arbre au tronc rectiligne et lisse, lointain parent des lauriers et proche du camphrier. Les lambeaux d'écorce, en séchant, s'enroulent sur eux-mêmes, donnant les bâtons de cannelle à la couleur chamois caractéristique.**

■ La vieille ville** II A1

Au S., le quartier de **Parade Ground**, ombragé et aux rues semées d'herbes folles, dégage une impression de calme, sinon d'abandon. Parade Ground, jadis place d'armes des colons qui bâtirent autour ou tout près leurs bâtiments administratifs, est aujourd'hui un terrain de sport. Plusieurs hôtels charmants s'y sont récemment ouverts.

Les quartiers de **Princess St.*** et de **Loafers' Corner**, juste au N. et à l'E. de Parade Ground, abritent quelques maisons coloniales « européennes » modestes. Ce sont d'agréables lieux de promenade, plus animés, avec plusieurs boutiques et quelques modestes mais adorables pensions.

La basilique Santa Cruz *(Bastion St.)*. Ce vaste édifice date de 1887 dans sa forme actuelle, après que l'église originelle, de 1557, eut été détruite par les Anglais en 1785. Il fut reconstruit dans le style baroque tardif grâce aux dons de la communauté chrétienne du Kerala. Enfin, il fut consacré comme basilique en 1984 à l'occasion de la visite du pape Jean XXIII.

Bishop's House *(à côté de la basilique Santa Cruz, ouv. 10 h-16 h, f. lun. ; entrée payante)*. Ancienne résidence des gouverneurs portugais dès 1506, elle présente de belles arches de style gothique ; elle est aujourd'hui transformée en un petit musée indo-portugais.

Vasco de Gama

Le grand navigateur portugais (v. 1469-1524), dont les voyages furent rapportés par Castanheda dans *Historia e conquista do India*, fut chargé par le roi Manuel le Fortuné de concurrencer les navigateurs espagnols et de sécuriser la route des Indes – découverte en fait par ses prédécesseurs dès 1486 *(→ Calicut, p. 269)*. Si Vasco de Gama ne fut pas le premier défricheur de la route des Indes par le cap de Bonne-Espérance, il en demeure le symbole dans l'histoire. Nommé amiral des Indes, il entreprit les premiers contacts officiels avec le Kerala, Calicut en 1498, et installa des comptoirs sur la côte et les îles du Mozambique en 1502. Il devint vice-roi des Indes portugaises peu avant sa mort. C'est son fils, Estevao da Gama, qui, cette même année 1524, part pour l'Asie et occupera successivement Malacca puis Goa.

➤ Mattancherry**

Au S. de Fort Kochi, et à quelques minutes à pied ou en rickshaw, c'est l'ancien quartier commerçant de la vieille ville, avec ses entrepôts qui datent de l'époque de la course aux épices, un vieux palais éponyme qui servit tant aux Portugais qu'aux Hollandais ou aux rajahs locaux. Une des curiosités de Mattancherry est sa synagogue et son quartier juif. Plus animé que Fort Kochi, ce quartier, aux ruelles piétonnières et aux minuscules échoppes, est demeuré très populaire et attachant.

■ Le palais de Mattancherry** (Dutch Palace) II B1

À 300 m à l'O. du débarcadère de Mattancherry, à l'E. de la presqu'île, demandez votre chemin ; ouv. 10 h-17 h, f. ven. ; entrée payante. Photos interdites.
Appelé aussi Dutch Palace, il a été construit en fait par les Portugais en 1557 et offert au rajah de Cochin, Veema Kerala Varma. Le palais fut en partie transformé par les Hollandais en 1663 pour servir de résidence à leur gouverneur, puis il revint

finalement au rajah de l'époque qui le fit décorer de très fines peintures murales mettant en scène des épisodes du *Ramayana*. Donnant sur deux jardins, il enserre une cour intérieure où fut édifié un temple hindou.

L'accès au palais se fait par un escalier monumental qui débouche sur la salle de couronnement, au plafond de bois sculpté dans le style hollandais. De part et d'autre de la salle, les appartements du rajah, décorés de **fresques** peintes, abritent des palanquins royaux, des armes, des chaises à porteurs, des costumes brodés et divers objets royaux usuels ou de cérémonie. Deux chambres, au r.-d.-ch. ***(accès par un petit escalier intérieur qui part des appartements royaux)***, sont décorées de peintures de facture plus tardive (début du XVIIIe s.), dont une surprenante représentation de Krishna avec ses amantes, les *gopi*.

La synagogue de Pardesi** II A1

Jew Town, situé non loin du Dutch Palace, dans une impasse, demandez votre chemin ; 10 h-12 h et 15 h-17 h ; f. sam. et pendant les fêtes juives, mais le gardien est conciliant ; vis. payante.

Le bâtiment (1568), partiellement détruit par les Portugais en 1662, fut reconstruit deux ans plus tard et embelli, sous la domination hollandaise, en 1760 par un riche marchand local, Ézéchiel Raabi. De cette époque date la tour d'horloge. Outre son atmosphère et la nostalgie qui se dégage du lieu, on admirera une arche d'alliance en bois précieux sculpté, une vénérable torah du XVIe s., un lustre de Murano, des lustres en cristal offerts par la communauté juive de Belgique, et surtout le magnifique **pavement** en carreaux de faïence bleus peints à Canton. Dans la cour extérieure, le gardien vous montrera une **pierre d'angle** provenant de la 1re synagogue de la communauté juive du Kerala, alors édifiée près de Cranganore par Joseph Rabban *(→ encadré)*.

La communauté juive

Lors de son passage, Marco Polo mentionne une communauté juive installée depuis plus de 2 000 ans dans la région. Joseph Rabban, au XIe s., fut l'un de ses plus célèbres représentants, le rajah de Cranganore lui ayant même accordé la permission de fonder un « royaume juif » dans un village proche de sa capitale. Son rôle essentiel dans le commerce de Cochin apparaît à partir du XVe s. Ses membres sont alors parfaitement intégrés et acceptés tant par les rajahs que par les occupants hollandais. Il semblerait que ce soit au contact de ces derniers qu'elle ait subi des influences séfarades (des experts ont découvert des origines babyloniennes dans certains de leurs chants et rites les plus anciens). La communauté se divise à cette époque en juifs « blancs » et juifs « noirs », métis ou convertis. Commerçants prospères, ils essaiment dans toute l'Inde et, malgré une importante émigration lors de la création de l'État d'Israël, ils maintiennent une présence discrète d'une centaine de personnes dans ce quartier de Cochin.

À l'angle de la rue de la synagogue et de la rue qui mène à la jetée, une petite poste pourra même oblitérer vos cartes postales d'une étoile de David.

Chaque carreau du pavement de la synagogue est différent. L'ensemble représente la triste histoire d'une fille de mandarin amoureuse d'un homme du peuple. Selon la légende, au début du XVIIIe s., des marchands chinois les destinaient au palais du rajah, mais les Hollandais auraient glissé à l'oreille du souverain que leur peinture contenait du sang de vache... et les céramiques vinrent orner le sol de la synagogue.

La synagogue est nichée dans une impasse, au cœur de l'ancien quartier des entrepôts à poivre, dont bon nombre sont toujours en activité (dans l'impasse même et dans les rues qui y mènent, de beaux bâtiments anciens aux volets bleus). Ce quartier, aujourd'hui appelé ***Jew Town***, est un ensemble de petites rues commerçantes, abritant plusieurs antiquaires et des marchands de souvenirs. De nombreuses boutiques et maisons portent des inscriptions en caractères hébraïques et des patronymes juifs.

Les îles de la baie

Elles ferment vers le N. la baie de Cochin, appelée Vembanad Lake. Très différentes les unes des autres, ces cinq îles ne recèlent pas de curiosités majeures, mais les trois principales sont d'agréables lieux de promenade : Willingdon, résidentielle ; Gundu, minuscule, avec son port de pêche incroyablement animé ; Bolghatty et son parc – seul véritable espace vert de la ville ; ou encore Vypeen, avec ses belles plages.

Visite : le KTDC, et aussi des agences privées (demandez à votre hôtel ou à l'une des nombreuses agences de Princess St. dans Fort Kochi), organisent tous les soirs une croisière dite du « coucher du soleil » (Sunset Cruise) qui permet de découvrir en bateau les différentes îles de la baie. C'est une des grandes attractions de la ville, très prisée également des Indiens. N'hésitez pas, c'est superbe et cela donne une excellente idée de la topographie de la ville.

Willingdon

L'île est située entre Ernakulam et Cochin. Accès en bateau-bus de la jetée de Customs (Cochin), jusqu'à la jetée d'Embarkation ou de Main Jetty (Ernakulam) pour la jetée de Terminus.

En allant de Cochin à Ernakulam, au lieu de prendre le bateau-bus direct, faites une halte au N. de l'île, entre deux ferries : les deux jetées, séparées par un agréable parc en bord de mer, offrent une vue superbe sur la baie ; le snack de l'hôtel ***Taj***, en terrasse au ras de l'eau, est excellent.

Willingdon est une île artificielle, créée lors du creusement du port moderne, en eaux profondes. Reliée également par des ponts à Ernakulam et Mattancherry, elle abrite des bureaux et antennes gouvernementales, dont l'OT de l'État du Kerala ***(→ ci-dessus informations pratiques)***. Depuis le déplacement de l'aéroport de Cochin, transféré sur le continent, l'île, au N. et en son centre, est tranquille et résidentielle ; deux hôtels, le ***Taj Malabar*** et le ***Casino Hotel***, s'y sont installés. Elle abrite, à l'E. et à l'O., les quais et les entrepôts du port commercial.

Bolghatty

Accès en bateau-bus de Hight Court Jetty à Ernakulam, en quelques minutes.

Le week-end, Bolghatty, avec ses parcs et peu de voitures, est le lieu favori d'excursion pour les habitants d'Ernakulam. Très calme et reposante, elle vous changera de l'animation effrénée d'Ernakulam.

Le **Bolghatty Palace** ***(près de la jetée)***. Ce ravissant pavillon colonial en brique rouge, construit en 1744 par les Hollandais, fut transformé par les Britanniques en un petit hôtel de charme. Sa récente rénovation lui a fait perdre de l'attrait, mais il reste agréable d'y prendre un verre.

Gundu

Pas de bateau-bus. Traversée en barque en 5 mn depuis la jetée de Vypeen.

Si vous faites un tour organisé des îles de la baie, vous longerez inévitablement la côte de cette île minuscule et toute ronde, au S.-E. de Vypeen, incroyablement surpeuplée ; sa principale attraction est son port de pêche, étonnant fouillis de bateaux très colorés qui semblent amarrés les uns aux autres dans un indescriptible désordre.

■ Vypeen

Accès par bateau-bus des jetées de Fort Kochi ou de Customs.

Juste au N. de Fort Kochi, Vypeen, la plus occidentale des îles de la baie, s'étire vers le N. sur 30 km jusqu'à l'embouchure de la Periyar River. Face à la jetée de Customs, un étonnant temple, bâti au bord de l'eau, donne lieu à des cérémonies bruyantes au coucher du soleil avec pétards et feux de bengale. Très peuplée au S., elle se transforme rapidement en allant vers le N. en une succession de petites bourgades tranquilles. La côte O. n'est qu'une **immense plage**, dont la partie la plus belle, fréquentée par les dauphins, est **Cherai**, près d'un petit village qui recèle quelques gargotes et guest-houses *(de la jetée de Vypeen, bus pour Devaswamnada Junction à 25 km au N., de là on rejoint Cherai en rickshaw ou en 10 mn de marche)*.

La visite à Vypeen peut se combiner avec une excursion à la plage de Cherai et à Chendamangalam. Dans ce cas, accès depuis Vypeen en passant le pont sur la lagune jusqu'à Paravur, puis bus ou rickshaw jusqu'à Kodungallur.

À 35 km au N. de l'île de Vypeen, un pont permet de rejoindre le continent et de se diriger par la route vers le N. du Kerala sans avoir, si l'on est à Cochin, à faire le long détour par Ernakulam et par la route très fréquentée de l'aéroport.

Environs de Cochin

1 Les canaux (Backwaters) de Cochin*

Accès : l'agence qui organise l'excursion vous proposera de passer vous prendre à l'hôtel.

Si vous restez seulement quelques jours à Cochin et si vous n'avez pas le temps de découvrir les Backwaters d'Alleppey, plusieurs balades, d'une demi-journée ou d'une journée entière, en bateau sur les canaux au S. de la ville, permettent de découvrir la vie intense de ces étroites voies naturelles de communication, avec visite de plantations de cocotiers et des villages spécialisés dans le travail du coir.

Une embarcation traditionnelle sur les Backwaters de Cochin.

Un tour quotidien de 3 h sur les backwaters est organisé par le KTDC. Deux autres balades de 4 h 30 sont proposées t.l.j. à partir de Main Jetty à Ernakulam (départs 9 h et 14 h), rens. : Tourist Desk.

Les agences privées proposent des tours de 1 j., avec déjeuner à bord ou dans un petit village ; si vous disposez de 2 j. au moins, faites une croisière plus complète, en dormant une nuit sur une des anciennes barges à riz transformées en luxueux hôtels privés flottants (rens. : KTDC, agences de voyages ou grands hôtels).

2 Le Hill Palace à Thripunithura *10 km E.*

En dir. de Muvathupuzha ; ouv. 9 h-12 h 30 et 14 h-16 h 30 ; f. lun. ; entrée payante.

Cette ancienne résidence de la famille régnante de Cochin date de 1865. Le palais lui-même se compose de 49 bâtiments de style kéralais, en brique rouge et toits de tuiles, disséminés dans un vaste parc qui abrite des daims semi-apprivoisés.

Dans l'un des palais, un riche **musée du Kerala** présente des sections ethnologiques, archéologiques, une dizaine de galeries de peintures murales du XIXe s., ainsi que des statues, des meubles (lits de repos, palanquins, le trône, etc.), des sculptures et des manuscrits ayant appartenu à la famille royale.

3 Chendamangalam

Accès par un pont entre Parvur et Pallipuram, prendre un taxi.

Tout au N. de l'île de Vypeen, Chendamangalam est située au confluent de quatre rivières, dans un agréable paysage de rizières et de cocoteraies. Le village abrite le **Palliam Palace**, ancien palais des Premiers ministres héréditaires des rajahs de Cochin, transformé aujourd'hui en petit musée local, ainsi que les ruines d'un séminaire portugais et, côte à côte, une église, une mosquée et un temple hindouiste.

4 Cranganore (Kodungallur) *35 km N.*

Accès possible en bateau d'Ernakulam (Main Jetty) en 3 h ou par la route n° 17, très encombrée.

L'ancienne capitale du royaume de Mahodayapuram passe pour être l'antique cité de Muziris, citée par Pline l'Ancien. On dit ici que saint Thomas débarqua en ce lieu en 52. Le port, le plus ancien de la côte du Kerala, fut fréquenté dès le Ier s. par des marins venus d'Alexandrie. La lagune offrant un abri sûr aux navires, la ville devint un port prospère et un centre d'échanges entre la Chine et la Méditerranée grâce au commerce de la soie et des épices du Kerala, facilement transportées par trafic fluvial. Mais l'envasement progressif du port et le détournement vers le S. du cours de la rivière Periyar amorcent le déclin de la carrière portuaire de Cranganore. Exposée à la convoitise des Zamorins de Calicut, Kodungallur est progressivement abandonnée au profit de Cochin, tout en gardant une importance certaine jusqu'au XVIIIe s.

De ce passé magnifique ne témoignent plus guère que les ruines d'un **fort portugais** de 1523, rasé par les Hollandais, quelques temples hindouistes et les ruines informes de l'ancien palais des rois cheras.

La **mosquée** est édifiée sur les soubassements d'un temple brahmanique qui daterait du VIIe s. Ce passé légendaire en ferait la plus ancienne mosquée du Kerala, fondée par Malik ibn Dinar, qui apporta l'islam à Cranganore.

► **Malayattur** *(25 km E. de Cranganore et 50 km N.-E. d'Ernakulam ; prendre la route 47 et tourner à dr. à Angamali).* L'**église** a été fondée, dit-on, par saint Thomas en l'an 52. L'édifice actuel, que les fidèles datent un peu abusivement de 609 pour en faire la toute 1re église indienne, devient, à Pâques, le centre d'un pèlerinage important pour la communauté catholique. ◄

5 Munnar *153 km E.*

8 bus/j. d'Ernakulam (4 h de route) ☏ 04865 ℹ DTPC, Old Munnar ☎ 253.06.79.

plusieurs bus stands : à côté du Post Office pour Periyar, Ernakulam ou Trivandrum • sur la rive dr. de la Maharaja River (près du bazar) pour Top Station • bus stand privé dans le bazar.

Visite : le DTPC loue des bicyclettes et organise des visites des usines de thé de la ville, dont la Tata Tea Ltd. ☎ 253.05.61.

Hébergement : ***Zena Cottages,*** au S. de la ville, dir. Ernakulam ☎ 253.03.49, trois chambres au milieu des plantations de thé • ***High Range Club*** ☎ 53.02.53, sans doute le plus ***british*** des hôtels du Kerala.

Chef-lieu de la province, Munnar est une agréable station d'altitude (1 520 m) entourée de forêts et de lacs, au confluent de trois rivières, la Mudrapuzha, la Nallathanni et la Kundala. Résidence d'été favorite des Britanniques en raison de son climat, la région est aujourd'hui l'une des plus réputées de l'Inde pour sa production de thé, de poivre, de caoutchouc et de cardamome. L'air vif embaume en permanence de toutes les senteurs des épices et des fleurs. Munnar sera une étape agréable pour découvrir les monts du Nilgiri.

▶ **Top Station** *(à 35 km au N.-E., alt. 1 700 m ; en bus, se rens. sur les horaires de retour à Munnar).* Créée par les Britanniques, Top Station n'était alors qu'une sorte de « gare de triage » destinée à rassembler les récoltes de feuilles de thé qui étaient acheminées dans la vallée par un petit funiculaire, aujourd'hui en ruine. Elle constitue une agréable excursion dans les plantations, avec une vue superbe sur les Ghâts. De là, si les nuages d'altitude se dispersent, il est possible d'admirer, vers le N., les flancs du mont Anamudi (2 695 m), le plus haut sommet de l'Inde du Sud, dont l'ascension n'est autorisée qu'aux seuls botanistes accrédités. ◀

▶ **Eravikulam** *(15 km N.-E. de la ville, dir. Udumalaipettai, au Tamil Nadu ; ouv. 7 h-18 h, entrée payante ; accès en rickshaws ou taxis. Promenades de 1 h organisées par les rangers).* Eravikulam est un parc national où vous découvrirez thars

Culture de théiers aux environs de Munnar.

La neelakurinji, une des fleurs les plus curieuses de la région, couvre les collines de ses tapis bleus, seulement tous les... 12 ans ! Prochaine floraison en 2006.

Thé et café des monts Nilgiri

La culture du thé fut introduite par les Britanniques de façon expérimentale en 1832, puis industriellement dès 1878 par un certain Kanan Devan qui donna d'ailleurs son nom à la région, appelée parfois « Kanan Devan Hills ». Le thé pousse idéalement entre 1 500 et 2 000 m d'altitude, et l'État de l'Idukki le cultive sur 24 000 ha. Le nom « Idukki » est d'ailleurs devenu la marque d'un thé de qualité supérieure, tout comme l'appellation « Nilgiri ». L'Idukki produit annuellement 47 600 t de thé. Lors de vos excursions, visitez une des usines de traitement (ou brûleries) situées aux abords des villages ; vous y découvrirez comment les pousses tendres – cueillies une par une à la main – sont chauffées et roulées avant le processus de fermentation et de séchage qui précède l'empaquetage. La qualité et la finesse du thé dépendent de la taille des feuilles ; les thés les plus savoureux sont en principe obtenus à partir de feuilles presque entières et les débris servent à remplir les sachets individuels... Pour en conserver la douceur, les amateurs savourent pur le thé des monts du Nilgiri sans le mélanger *(blended)* à des thés d'autres provenances.
La culture du café, introduite par les Arabes, remonte à l'an 1600. Actuellement, l'Idukki cultive de l'arabica et du robusta sur plus de 15 500 ha (1 ha produit 320 t de grains).

(chèvres sauvages) du Nilgiri, éléphants, gaurs (bisons), cerfs sambar, écureuils géants, chats sauvages, ainsi que des tigres et bien sûr des macaques. ◄

► **Chinnar Wild Lifanctuary** *(60 km N.-E., en bordure de la frontière ; ouv. 7 h-18 h, entrée payante ; bureau à l'entrée, sur la route ; balades accompagnées par les rangers)*. De part et d'autre de la route, cette petite réserve de 90 km^2, située à la frontière du Tamil Nadu, abrite des écureuils géants, des éléphants, des daims sambar, des gaurs et de très nombreuses espèces d'oiseaux. ◄

6 L'archipel des Laquedives (Lakshadweep)

Dans l'océan Indien ; entre 220 et 440 km à l'O. de Cochin. Afin de préserver le très fragile écosystème des îles, l'accès en est limité : les visiteurs étrangers ne sont admis qu'à Bangaram, Agatti et Kadmat ; les ressortissants indiens sur les îles de Karavatti, Kalpeni et Minicoy. ☏ 484. ℹ OT à Cochin, Willingdon, IG Rd, 682003 Kochi ☎ 266.83.52 www.lakshadweep.nic.in

✈ aéroport d'Agatti, vols t.l.j. sf dim. de Cochin (AR : 300 US $ env.). Quelques vols privés depuis Goa en hiver, en principe lun., mer. et ven.

Hébergement : ***Bangaram Resort*** (pension complète, sports nautiques), ***Agatti Island Beach Resort***. Une *guest-house* sur l'île de Kadmat.

Permis de visite : indispensable, à obtenir avant votre arrivée auprès de l'OT à Cochin qui se chargera en même temps des réserv. de chambres (obligatoire). Si vous séjournez à Bangaram, le groupe hôtelier *Casino* (*Casino Hotel* sur l'île de Willingdon, à Cochin) se chargera des formalités. Fournir : photocopie des premières pages de votre passeport, celle du visa indien, attestation de transport aérien AR Cochin-Agatti.

Activités : plongée avec ou sans bouteilles, voile, kayak, planche à voile et tout ce que permettent un climat tropical, des plages de sable fin, des fonds superbes et un budget adapté.

Les 36 îles (10 seulement habitées) de ce spendide archipel corallien prolongent vers le N. l'archipel des Maldives, dont elles sont très proches par les paysages. Les lagons turquoise de ce paradis regorgent de millions de poissons multicolores, de tortues, de requins, de raies, d'anémones, de coraux, d'étoiles de mer, de bénitiers, de gorgones ou d'éponges.

Le peuplement de ces îles, situées sur une des routes maritimes commerciales les plus fréquentées de l'Antiquité, résulte d'influences. De ces différents apports est né un système social local complexe : une caste dominante, une organisation matrilinéaire, des mariages multiples, l'étonnante liberté des femmes et l'islam omniprésent. Minicoy, la plus australe, fit jadis partie des Maldives ; elle en a conservé la langue, le divehi, et les coutumes. Les autres îles, au N. du canal du 9e degré, sont divisées en deux groupes : les îles Cannamore, au S., et les îles Amindivi, au N. Leurs habitants, musulmans sunnites, sont proches des Kéralais, dont ils parlent la langue, qu'ils écrivent en divehi.

La côte sud et les Backwaters★★★

La côte sud du Malabar est une étroite et fertile bande côtière qui s'allonge entre les monts Cardamome et la mer d'Arabie. Striée de rivières qui descendent des Ghâts occidentaux, cette terre alluvionnaire, fortement arrosée par les moussons d'été, est souvent appelée le « bol de riz de l'Inde » par les Indiens. À cette ressource propre s'est très tôt ajouté le commerce des épices cultivées sur les flancs des Ghâts et transportées par les hommes sur les fleuves. Mais c'est à une curiosité naturelle, les Backwaters, que le Kerala du Sud doit la prospérité de ses royaumes : seule voie de navigation Nord-Sud, ce réseau de lagunes unique au monde par sa taille et sa densité a permis l'acheminement des richesses, des idées et des hommes. Paisible univers liquide, les Backwaters sont devenues à juste titre une attraction majeure de l'Inde, tout comme les immenses plages de sable qui s'étirent à l'infini, ponctuées, çà et là, de caps dominés par de vieux forts en ruine. Les hippies, qui s'y sont installés vers 1970, ont fait de Kovalam ou de Varkala leurs paradis terrestres, bien après que les maharajas du royaume de Travancore eurent bâti de délicats palais à Trivandrum ou à l'intérieur même du Deccan.

■ Alleppey* (Alappuzha)

Hébergement : la plus agréable pension est la *Sona Tourist Home*, à Finishing Point, à Thathampally, à 10 mn du centre-ville en rickshaw ☎ 223.52.11. Au bord du lac, le *Malayalam Resort*, Punnamada Rd ☎ 223.67.29, sympathique hôtel familial. L'hôtel *Keraleeyam Heritage*, Punnamada Rd ☎ 223.69.50, à 2 km du centre-ville, au bord du lac, est une ancienne maison de famille transformée en centre de massage traditionnel ayurvédique. Le *Marari Beach Resort* (réserv. : Casino Group ☎ 254.44.91), à 15 km au N. de la ville, offre de magnifiques bungalows sur l'océan. Pour louer de superbes maisons au bord du Vembanad Lake ou sur les canaux, rens. : Casino Group ou KTDC.

Situation (Alleppey) : à 60 km au S. de Cochin, 85 km au N. de Quillon, 155 km au N. de Trivandrum.

☎ **0477**

ℹ **DTPC à côté de Boat Jetty ☎ 225.17.96 ; ouv. 8 h-18 h • ATDC, Komala Rd ☎ 224.34.62 ; ouv. 8 h-20 h. Vente de billets pour les Backwaters, réserv. d'hébergement.**

Gare ferroviaire : à 1 km au S. de la ville, plusieurs trains t.l.j. pour Ernakulam (1 h 30), Trivandrum (3 h) et Madras (Chennai ; 15 h).

🚌 **à côté du DTPC, nombreux bus pour Ernakulam en 1 h 30.**

À ne pas manquer

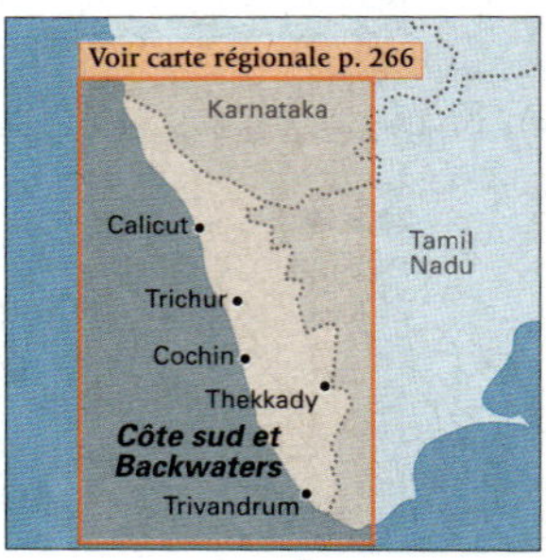

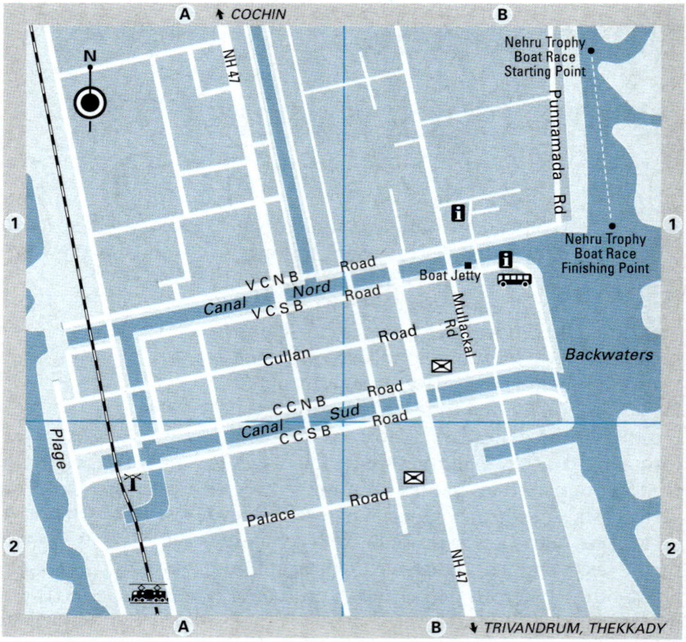

Alleppey

Jadis escale des marchands arabes et chinois, entre la tranquille plage sur l'océan et les Backwaters, Alleppey est une petite ville charmante sans prétention que ses canaux bordés de cocotiers rendent particulièrement attrayante. C'est le point de départ idéal pour une balade sur les Backwaters et vous n'aurez aucune difficulté à trouver, sur North Canal, les bureaux des diverses agences qui les organisent. Les temples de la ville ne se visitent pas.

■ Les Backwaters***

Les principales voies d'eau navigables partent d'Alleppey (60 km S. de Cochin). Si vous choisissez une croisière longue, prévoyez de dormir à Kottayam ou, plus agréablement, à Kumarakom.

Cet inextricable réseau aquatique, qui s'étend du N. de Cochin au S. de Quillon (Kollam), doit son origine à la barrière de dunes côtières sur lesquelles butent les eaux des fleuves descendus des Ghâts occidentaux, formant lagunes et lacs naturels. Ce qui aurait pu n'être qu'un gigantesque marécage a été à la fois drainé par les crues annuelles et les courants, et façonné par les hommes qui ont creusé des canaux, relié les lacs et planté les berges. Si une route, la fameuse et très encombrée nationale 47, suit la côte, d'autres voies aquatiques, avenues ou boulevards d'eau, rues transversales et venelles forment ainsi un damier liquide sur plus d'une centaine de kilomètres, le long de la côte S. du Kerala. Utilisées pour le transport, le commerce des épices, du riz, du coir ou du coprah, les Backwaters permirent le développement de la région. Cette richesse est aujourd'hui menacée par la réduction des surfaces lacustres, due à l'urbanisation, à la pollution, au manque d'entretien et à l'augmentation de la population, toujours à la recherche de terres cultivables.

Trois modes de navigation sont possibles : en ferries publics, bateaux privés, ou croisières en *kettuvalam*. Les trajets sont indiqués à partir d'Alleppey, mais les bateaux reviennent le lendemain dans l'autre sens.

Les ferries publics. La ligne régulière Alleppey-Quillon (80 km) a été un temps suspendue (rens. ☎ 225.33.08). Le trajet Alleppey-Kottayam (2 h 30 ; 6 départs/j.) traverse des paysages très variés (State Water Transport Boats), ou la très intéressante ligne Alleppey-Changanassery (au S. du Vembanad Lake, à 20 km de Kottayam et à 80 km de Quillon), en 3 h, avec 2 départs quotidiens.

Les bateaux privés réguliers. Ils assurent deux lignes principales, exploitées par plusieurs compagnies privées, dont les plus renommées sont l'ATDC (Alleppey Tourism Development Corp.) et la DTPC (District Tourism Promotion Corp.).

- Alleppey-Kottayam, en 4 h 30 (le bateau suit une route plus longue que les ferries et se faufile par de petits canaux). Plusieurs arrêts sont prévus en route, pour visiter des rizières, une ferme à serpents, une vieille église à Pulincunnu.

- Alleppey-Quillon, en 8 h, avec un départ à 10 h 30 et une arrivée à 18 h 30. Moyen idéal pour se rendre dans le S. de l'État, c'est une captivante balade, avec, en général, deux arrêts prévus en route, l'un pour déjeuner à Lekshmithuruthu, l'autre pour prendre un thé et voir les quelques boutiques des villages traversés. Vous pouvez également vous arrêter en route à l'ashram de Matha Amrithanandamayi (hébergement très simple) et continuer votre voyage le lendemain – ou même revenir sur vos pas.

Toujours employées de nos jours et sillonnées par les *kettuvalam*, lourdes barges aux allures de sampans, les Backwaters apportent l'eau nécessaire aux cultures, la nourriture avec les poissons, et constituent des réserves animalières.

La Snakeboat Race

Alleppey est célèbre pour ses courses de bateaux (Nehru Trophy Snakeboat Race) qui ont lieu le 2e samedi d'août sur le lac à l'E. de la ville. Chacun des 16 bateaux, très effilés et bas sur l'eau, mesure près de 45 m ; superbement décorés, en forme de serpent ou de dragon (un héritage chinois ?), ils portent les couleurs et les espoirs de bourgades des environs. La centaine de rameurs habillés de couleurs vives et les 25 chefs de banc, véritables célébrités locales, sont protégés du soleil par des ombrelles multicolores en soie. La semaine qui précède la course, consacrée aux entraînements, est presque aussi passionnante que la course finale, moins l'ambiance exubérante créée par les milliers de spectateurs. Les billets s'achètent le jour même de la course, un peu partout en ville, ou par avance au KTDC ou DTCP ; compte tenu de l'affluence, il est sage de réserver son hôtel à l'avance. Si vous n'êtes pas dans les pavillons réservés aux personnalités et abrités du soleil, prévoyez un chapeau ou un parapluie-ombrelle car le mois d'août à Alleppey est redoutable (chaleur et mousson). Une manifestation semblable, mais plus touristique (la Tourist Boat Race), se tient d'ailleurs depuis peu mi-janvier, saison bien plus clémente.

Les voyages en ferries vous donneront l'occasion de vous mêler à la foule indienne, aux familles partant en excursion : on vous proposera thé, fruits et gâteaux et l'on vous questionnera longuement sur votre pays, votre mode de vie, vos croyances religieuses ou sur la politique… avec force commentaires et explications pour les voisins, une preuve d'intérêt typiquement indienne.

Tous les bateaux sont équipés d'une glacière et proposent des boissons fraîches ; prévoir lunettes de soleil et chapeau !

Croisières en *kettuvalam*.** De nombreuses agences (et le KTDC) proposent de découvrir les Backwaters à bord de ces embarcations traditionnelles en bois, souvent décorées avec un goût exquis. Les bateaux sont généralement équipés d'une ou de deux cabines, avec douches et toilettes privées ; prévoir un cuisinier *(cook)*, bien se faire préciser l'itinéraire et ce qui est compris dans le prix demandé. Des agences organisent également des excursions plus thématiques de 6 h, en petits groupes, avec, lors des arrêts, la découverte des villages, de la vie lacustre, des fabriques de coir, des pêcheries.

■ Kottayam *41 km E. d'Alleppey.*

Dans une riche région de plantations d'hévéas, cette petite ville d'étape, bâtie sur une modeste colline, est l'un des terminus des balades sur les Backwaters. De là, vous pourrez revenir à Cochin ou poursuivre votre voyage vers Periyar.

☏ 0481

⛴ embarcadère à 2 km du centre-ville (dernier départ pour Alleppey à 17 h 30). Achat des billets sur place.

🚌 gares routière et ferroviaire près de l'embarcadère (liaisons avec Ernakulam, Alleppey, Periyar, Trivandrum, etc.).

Hébergement : le seul hôtel proche et convenable est le *Vembanad Lake Resort*, à 2 km du centre dir. Alleppey ☏ 236.16.33 • l'idéal est de loger à Kumarakom (15 km), où vous trouverez trois établissements : le *Kumarakom Tourist Village* ☏ 252.68.54, le très chic Coconut Lagoon, sur un îlot privé du lac de Vembanad ☏ 252.44.91, ou le *Taj Garden Retreat*, maison traditionnelle superbement restaurée, au bord du lac ☏ 252.43.77.

Les églises chrétiennes. Kottayam est la capitale du christianisme en Inde ; si vous allez jusqu'au centre-ville, vous y verrez, outre quelques belles maisons en bois, plusieurs églises : Valliapally (XIIIe s.), une des plus anciennes du Kerala, avec de curieuses inscriptions en persan ; Cheriapally, de rite orthodoxe ; ou encore Puthupally, qui attire des milliers de fidèles lors de sa procession de 10 j. en avril-mai.

▶ **Kumarakom** *(15 km à l'O. ; minibus à partir du Bus Stand de Kottayam ; trois hôtels de charme, dont le* Kumarakom Tourist Village*)*, au bord du lac de Vembanad, est une réserve ornithologique naturelle gérée par le KTDC (bureau à l'entrée de la réserve) qui y organise des balades en bateau à la découverte des oiseaux (principales migrations en hiver, de nov. à mars). ◀

■ Mannarsala *35 km S.*

Par la route de la côte, près de Haripad.

Le temple, dédié au dieu-serpent Nagaraja, est un des rares de l'État accessible aux non-hindous à condition que les hommes, en dhoti, soient torse nu et que les femmes portent un sari et un choli. Le rituel est conduit par la plus âgée des prêtresses, symboliquement mariées au dieu-serpent. Le festival annuel *(oct.-nov.)* dure deux jours et rassemble des milliers de pèlerins à la ferveur très impressionnante.

■ Le palais de Krishnapuram à Kayamkulam

46 km S. Par la route de la côte. Ouv. 10 h-13 h et 14 h-17 h, f. lun ; entrée payante.

Ce superbe palais (XVIIIe s.), à l'architecture kéralaise typique, abrite de belles **peintures murales** (XVIIIe s.) représentant l'épisode du *Gajendra Moksha* au cours duquel Gajendra, sous sa forme d'éléphant, est attaqué par un crocodile et secouru par Vishnou.

■ Quillon (Kollam) *85 km S.*

Par la route de la côte.

Quillon (prononcer ***kwaïlon***), cernée par les cocotiers et les plantations de noix de cajou, est une petite ville commerçante agréable située sur les bords du lac Ashtamudi qui clôt les Backwaters. Elle constituera une étape sympathique après une journée sur les canaux. Typiquement kéralaise, avec ses maisons de bois aux toits de tuiles rouges formant des auvents, elle abrite quelques intéressantes boutiques dans Main St. et offre l'animation d'une grosse bourgade, avec ses marchands de tissus (saris et cotons) et de cuivres, ses tailleurs à l'œuvre sur les trottoirs et ses bijouteries traditionnelles.

Grâce à sa proximité des Backwaters, Quillon offrit, dès l'époque des commerçants arabes, un débouché pour l'exportation des épices en provenance des monts de l'intérieur, du coir et des noix de cajou cultivées autour de la ville, et connut une prospérité certaine. Elle fut un port actif tant que les dhows arabes assurèrent le commerce maritime. Le développement du transport sur les grands navires de commerce, hollandais puis anglais, qui ne pouvaient y trouver un abri sûr, amorça le déclin du port et de la ville.

► **Thangasseri** ***(5 km à l'O. de Quillon)***, jadis port commerçant de Quillon, n'abrite plus aujourd'hui que les ruines d'un vieux fort portugais, quelques églises du XVIIIe s. et un phare haut de 45 m ***(ouv. 15 h 30-17 h 30)***. ◄

☏ 0474

ⓘ DTPC, près de l'embarcadère ☎ 274.56.25 ; ouv. 8 h-18 h.

Gare ferroviaire : près de l'embarcadère ; liaisons avec Ernakulam (4 h), Trivandrum (1 h).

bus stand près de l'embarcadère : toutes les 15 mn, bus pour Kottayam (1 h), Alleppey (2 h), Ernakulam (4 h) ou Trivandrum (1 h).

Hébergement : le meilleur hôtel, l'*Aquaserena*, South Paravoor (15 km vers Varkala) ☎ 251.24.10, est situé sur un îlot ; la *Government Guest House* ☎ 274.36.20, à 1,5 km du centre-ville, n'a guère changé depuis le temps où elle servait de résidence au gouverneur britannique lors de ses passages…

■ Varkala★ *110 km S.*

Varkala, implanté au milieu des rizières et des sources, est à 3 km d'une falaise qui domine la mer d'Arabie. Le village, devenu une station balnéaire prisée où ont poussé hôtels et opulentes villas, a su cependant conserver un côté fort sympathique.

Le temple dri Janardhana Swami. L'entrée du sanctuaire, dédié à Vishnou, est interdite aux non-hindous ; en revanche, vous avez accès aux cours extérieures qui abritent un banian très ancien et plusieurs oratoires.

La plage de Papanasham★. Cette immense étendue de sable fin a fait la prospérité de Varkala. On s'y prélasse la journée, on y revient le soir pour profiter du coucher de soleil, des petits restaurants délicieux au bord de l'eau ou sur la falaise ***(sur Cliffs St.)*** et admirer le spectacle des bateaux qui pêchent au lamparo. Une source émerge au pied de la falaise. Pour les hindous cependant, la plage de Papanasham demeure un lieu sacré : ici, le sage Narada rencontra des pêcheurs et les incita à prier sur la plage pour expier

☏ 0472

ⓘ DTPC, sur Cliffs St., au bord de la falaise et à côté de l'hélipad ; ouv. 8 h 30-18 h 30.

gare routière : à Temple Junction, bus pour Quillon, Trivandrum et Kovalam.

Gare ferroviaire : à 1,5 km au S. de Temple Junction, trains pour Quillon et Trivandrum (45 mn).

Hébergement : de la pension modeste (*Silver Estate*, à Kurrakani ☎ 260.34.13) à l'hôtel sympathique (*Eden Garden*, Papanassam Beach ☎ 260.39.10) ; de l'ancien relais colonial (*Government House*, à Janardhanapuram ☎ 260.22.27) au logement chez l'habitant (demandez autour de vous) ; jusqu'au très élégant *Taj Garden Retreat* (à Janardhanapuram ☎ 260.30.00), un peu en retrait du centre-ville et dominant l'océan.

La vue magnifique et l'immense plage tranquille qui s'étend au pied de la falaise de Varkala avaient séduit les routards des années 1970 qui découvrirent ce petit paradis naturel.

leurs fautes. De cet épisode, la plage tire son nom, ***papanasham*** signifiant « rédemption des péchés » ; il n'est pas rare d'y croiser des pèlerins en prière.

Sri Narayana Guru (1856-1928) est l'auteur de fables symboliques où il prêche une morale civique, politique et religieuse, souvent résumée par la formule : « Une seule caste, une seule religion et un seul dieu pour un seul peuple », d'où la ferveur qu'il continue à susciter auprès des basses castes.

Le monastère (ou matha) divagiri *(sur la colline de Sivagiri, interdit aux non-hindous)*. Sri Narayana Guru fonda ce monastère à la fin du XIXe s. et y bâtit un ashram ; de nombreux pèlerins viennent se recueillir autour de sa dernière demeure. Des processions ont lieu en nov.-déc., au cours desquelles des chars portent les statues sacrées jusqu'à la plage.

Periyar Wildlife Sanctuary★★★

En 1934, le maharaja de Travancore comprit l'importance et la nécessité de préserver la vie sauvage et la flore de ce qui n'était jusqu'alors qu'une réserve de chasse de sa famille. Il entreprit dès lors de transformer les 350 km² de ce territoire en un sanctuaire dédié à la vie animale et le baptisa « Nellikkampetty », nom qu'il porta jusqu'en 1966, quand sa gestion fut confiée au Forest Department. En 1978, il fut transformé en « Tiger Reserve » et agrandi jusqu'à sa taille actuelle de 777 km². Le Periyar Wildlife Sanctuary s'étend à une altitude qui varie entre 900 et 1 800 m, dans une des plus belles zones protégées de l'Inde du Sud où, parmi des dizaines d'espèces animales, vivent des troupeaux d'éléphants sauvages et une quarantaine de tigres. Periyar se compose de deux villages, Kumily, au nord, et Thekkady, à 4 km au sud, le plus proche de la réserve proprement dite de Periyar. Les Indiens utilisent indifféremment les trois noms pour désigner la réserve.

Periyar Wildlife Sanctuary, mode d'emploi

Accès : bus de Cochin, Coimbatore, Trivandrum, Alleppey et Kottayam.

Combien de temps : 1 ou 2 j.

Climat : de moyenne montagne ; meilleure saison, déc.-mai.

Visite : ouv. t.a. 6 h-18 h. Entrée payante : 50 roupies (permis valable 3 j). Le parc, comme toutes les réserves indiennes, ne peut se visiter seul (protection de l'environnement oblige), les hôtels et les agences locales, à Kumily ou Thekkady, proposent plusieurs formes de découverte : « **Eco-tours** » : vis. des plantations de thé, de cardamome, de poivre, de café, des ateliers de torréfaction et des villages

Situation : à 100 km S. de Munnar, 189 km E. de Cochin.

☎ **04869**

ⓘ à Kumily : IDTIO (Idukki District Tourist Information Office), sur Thekkady Rd, face à l'église Lourdes • DTPC, Thekkady Junction ☎ 232.26.20.

ⓘ à Thekkady : KTDC, hôtel *Aranya Nivas* ☎ 232.20.23, vers l'extrémité de la presqu'île. Organise également des visites du parc et des balades sur le lac • Wildlife (ou Forest) Information Center, tout au bout de la presqu'île ☎ 232 20 28, fournit des informations et organise des balades dans la jungle, ou encore loue une tour d'observation des animaux.

bus stand à Kumily.

Vous pouvez assister, tous les soirs à 17 h 30, au Nathyagriham Danse Theatre de Kumily (☎ 232.29.41), à une représentation de bharata-natyam, danse religieuse classique du Kerala.

À ne pas manquer

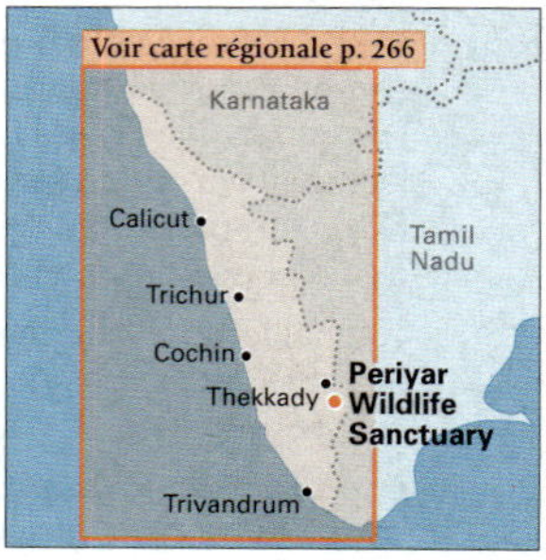

C'est aux abords du lac que l'on aura le plus de chances d'apercevoir des bandes d'éléphants sauvages.

alentour ; rens : DTIO Thekkady Junction à Kumily ☎ 232.26.20 • **balades à dos d'éléphant** : Forest Department ☎ 232.20.28, t.l.j. 9 h-17 h • **trekking** : Wildlife Preservation Officer, à Thekkady ☎ 232.20.27 ou 28, départs v. 7 h du mat. de l'embarcadère • **découvertes en bateau sur le lac** : départs à 7 h, 9 h 30, 11 h 30 et 16 h de l'embarcadère ; réserv. : Forest Department ☎ 232.20.23 • Vous pouvez également louer des **vélos**, tout au moins pour aller au petit village de Kumily, à 4 km.

Hébergement : **à Kumily**, *The Regent Tower* (☎ 232.25.70) et *The Lake Queen Tourist Home* (☎ 232.20.84) sont agréables et tranquilles ; deux hôtels sortent du lot : le *Taj Garden Retreat* (☎ 232.24.01), sur Thekkady Rd, et le *Spice Village* (☎ 232.23.15, groupe Casino), sur Thekkady Rd, 37 cottages, qui organise de nombreuses excursions et visites • **à Thekkady**, *The Periyar House* (☎ 232.20.26) est le plus abordable ; mention particulière pour le célèbre *Lake Palace* (☎ 232.20.23), à 2 km au S. de Thekkady, 6 chambres. Sur un îlot, un ancien relais de chasse du maharaja de Thekkady.

Visiter Periyar Wildlife Sanctuary

L'accès au parc depuis Cochin ou Kottayam est particulièrement beau : après les cocoteraies et les rizières de la plaine côtière, la route s'élance rapidement à l'assaut des montagnes et traverse de spectaculaires paysages de collines plantées de théiers, de caféiers, d'hévéas, de tecks, de cardamome et de nombreuses épices (poivre, cannelle, muscade), de cacaoyers ou de vergers tropicaux. Le lac artificiel (Periyar signifie « grand lac »), créé en 1895, s'étire sur 31 km. Thekkady, gros village dont le nom est parfois utilisé pour nommer le site, est implanté sur sa rive N.-E., sur une presqu'île, dans un spectaculaire paysage de vallées et de montagnes boisées aux essences tropicales variées, formant une épaisse et dense forêt.

Tout au long de la route, des **fermes d'épices *(spice gardens)*** ou des **brûleries de thé** se visitent pour la plupart, une excellente occasion de se familiariser avec la flore des Ghâts.

Le petit village de Kumily possède une **bourse à la cardamome** où, chaque mercredi, se négocient quelque 60 t de cette épice. Chaque année, le Kerala exporte

Le tigre du Bengale *(panthera tigris)* est l'un des prédateurs les plus redoutables. Il se nourrit de buffles, de singes, de sangliers, de cerfs ou de proies plus modestes comme les porcs-épics ou même les lézards.

plus de 20 000 t de poivre, cannelle, gingembre, amome (ou cardamome), clous de girofle, graines d'éleusine, de coriandre, de fenugrec.

La **faune**★★ de Periyar compte 35 espèces d'animaux sauvages, dont des éléphants (souvent visibles en troupeaux au bord du lac), des bisons (gaurs), des daims sambar (tachetés), des thars (chèvres sauvages), des macaques à bonnet, des macaques à queue-de-lion, des tigres, des écureuils géants du Malabar, des écureuils « volants », des chats sauvages, des sangliers, etc. On y dénombre 265 espèces d'oiseaux : cormorans, piverts, aigles, cigognes, etc., et aussi des cobras, des vipères, des crocodiles, des grenouilles bicolores, des grenouilles « volantes » du Malabar et des loutres.

Le **lac**★★ est une réserve ornithologique particulièrement riche, fréquentée en particulier par un curieux oiseau, le darter, qui plonge du haut des arbres dans le lac pour pêcher. Il serait le dernier descendant d'un oiseau fossile très proche des reptiles. Ne manquez pas de faire un tour en barque, de préférence tôt le matin ou au coucher du soleil, heures idéales pour apercevoir les animaux venant s'y désaltérer. Les îlots et les rivages du lac sont équipés de tours d'observation que l'on peut louer.

Préférez les petites barques privées aux grands bateaux « touristiques » du KTDC (4 excursions t.l.j. de 4 h) et des agences locales pour éviter la foule bruyante de ces embarcations et voir des animaux sur le lac…

Tigres et éléphants

Pour préserver le site, seule la partie N. du lac artificiel de Periyar est ouverte aux visiteurs. La forêt qui l'entoure se répartit en plusieurs domaines : une jungle d'herbus gras et de forêts de tecks, domaine des éléphants, des bœufs sauvages et des troupeaux de daims ; une forêt humide qui s'étend le long des cours d'eau ; et enfin, une forêt vierge tropicale et humide, appelée « Sholas », où se cachent tigres, léopards, chats et chiens sauvages, pangolins, civettes, ours ou mangoustes. Les deux principales attractions de la réserve sont les tigres et les éléphants. Les tigres, une quarantaine environ, sont des animaux solitaires, craintifs, très alertes, donc assez difficiles à observer. Plusieurs centaines d'éléphants vivent en troupeaux, dirigés par la femelle la plus âgée. Ils passent de 10 à 15 h par jour à la recherche de leur nourriture, herbes ou feuilles d'arbres. Les femelles des éléphants d'Asie ne portent pas de défenses – contrairement aux femelles africaines ; très intelligents, ils ont un odorat et une ouïe très développés ; la meilleure heure pour les observer est celle où ils viennent se désaltérer sur les rives du lac.

Trichur (Thrissur)

Situation : à 80 km au N.-E. de Cochin.

300 000 hab.

Capitale de province.

☎ 0487

ⓘ DTPC au N.-E. de Round, sur Palace Rd.

✈ aéroports les plus proches à Nedumbassery (58 km N.-E.) et Cochin (80 km).

Gare ferroviaire : Trichur Railway Station, Masjid Rd (2 h pour Ernakulam, 4 h pour Calicut). Nombreuses liaisons avec les villes du Kerala.

gare routière KRSTC Bus Stand : à l'O. de la gare ferroviaire, bus pour tout le Kerala, dont Guruwayur (1 h) pour les Ghâts et Coimbatore au Tamil Nadu.

À ne pas manquer

Guruwayur* (Env. 1)	**299**
Punnathur Kota* (Env. 2)	**300**

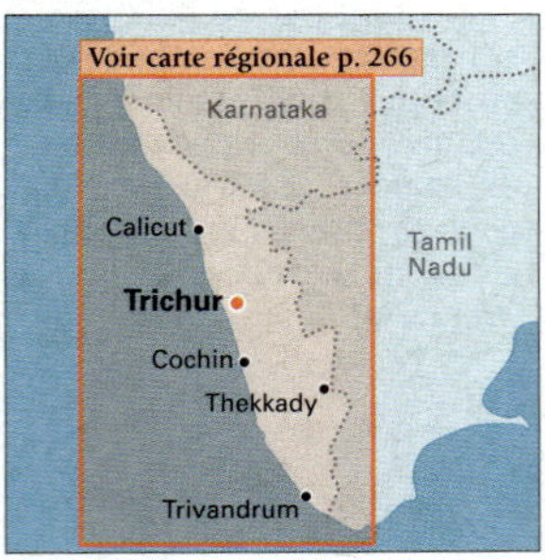

Cette petite ville joua un rôle non négligeable dans l'histoire du Kerala sous les Zamorins et pendant les colonisations portugaise, hollandaise et britannique. Aujourd'hui, elle ne revit vraiment qu'en avril-mai, lors du festival de Puram, l'un des plus importants du Sud de l'Inde, avec ses processions imposantes et ses « feux d'artifice » assourdissants. Au cœur d'une riche région agricole, Trichur est célèbre en Inde pour son immense temple dédié à Shiva, le Vadakkunnatha Kshetram, ceint de murailles, sur une colline au centre de la cité. Interdit aux non-hindous, vous ne pourrez en voir, de l'esplanade où il se dégage, que ses pavillons d'angle et son mur d'enceinte.

Visiter Trichur

Combien de temps : 1/2 j. suffit pour la ville seule, le centre se découvre aisément à pied.

S'orienter : la ville est construite autour d'un grand parc circulaire, appelé simplement « Round », qui abrite en son centre, sur une petite colline, le temple sacré de Vadakkunnatha.

Hébergement : *Government Guest House*, Palace Rd ☎ 233.20.16, agréable et climatisé ; le *Kadappuram Beach Resort* ☎ 239.49.88, situé sur l'immense plage de 10 km de long à Natika Beach (25 km à l'O. de Trichur) : bungalows dans le style des maisons traditionnelles, cuisine végétarienne, cours de yoga et massages ayurvédiques.

■ Le temple de Vadakkunnatha*

À l'intérieur du Round.

Ce temple est un étonnant et vaste complexe de sanctuaires dont le principal, le Srikoil, est dédié à Shiva ; autour du Srikoil gravitent les sanctuaires dédiés à Rama, Shankaranarayana, Krishna, Nandikesvara, Parasurama, Sasta, tous enclos dans le Nalambalam, bâtiment quadrangulaire illuminé par des centaines de lampes. Ce complexe ancien remonte probablement aux XIe-XIIe s. Les sculptures sur bois et les fresques datent du XVIIe s. Le temple comprend aussi un superbe théâtre, le **kuttampa-**

Le festival de Puram à Trichur est l'un des plus importants du Kerala.

Fêtes : janv., *marche des Éléphants*, organisée pour les touristes • fév.-mars, *fête de Shivaratri* • avr.-mai, *festival de Puram* • août-sept., *fête d'Onam*, qui sont aussi l'occasion de magnifiques spectacles divers : illuminations, feux d'artifice, processions, représentations de danse et de musique.

lam, où se déroule périodiquement des représentations du *kuttusakyar kutta*, drame dansé traditionnel du Kerala. Les édifices des temples et les gopurams sont caractéristiques de l'architecture kéralaise, avec leurs boiseries sculptées et leurs toitures dans le style des pagodes de l'Extrême-Orient et du Népal.

■ Musée archéologique

Sur Museum Rd., ouv. 10 h-17 h, f. lun ; entrée libre.

Situé dans le cadre élégant d'un ancien palais des Zamorins, le musée possède d'intéressantes collections de bas-reliefs shivaïtes, des statuettes et des maquettes de temples.

■ Art Museum

Dans le parc du zoo, ouv. 10 h-17 h, f. lun.

Ce modeste musée possède des collections d'histoire naturelle et une galerie d'art. Parmi les objets exposés figurent des bijoux traditionnels, des personnages de kathakali, quelques bronzes, des figurines en or et en argent (dont un dais en argent, en forme de capuchon de cobras du XIIIe s.), ainsi qu'une étonnante collection de **lampes à huile** traditionnelles en forme de vimana, typiquement kéralaises avec leur silhouette en forme de pagode.

Environs de Trichur*

1 Guruwayur* *33 km N.-0.*

Ce petit village constamment animé est un haut lieu de pèlerinage connu dans l'Inde entière.

Son immense **temple de Krishna***, construit au XVIe s., attire toute l'année des millions de fidèles, particulièrement durant les fêtes consacrées à Krishna et à Vishnou *(→ encadré)* ; après avoir fait leurs ablutions, les fidèles se pressent, dès 3 h, pour assister aux différentes *puja*.

Les fêtes de Puram

En avril-mai, le **festival de Puram** (ou Pooram), éclatant de couleurs et de sons, attire au temple de Vadakkunnatha une foule considérable. Il perpétue une rivalité amicale entre deux clans : deux groupes de quinze éléphants lourdement caparaçonnés se font face devant le temple, tandis que, au rythme des *chenda* (puissants tambours cylindriques frappés avec des baguettes), les cornacs, assis sur les nacelles décorées et abritées par des ombrelles de couleurs vives, agitent des éventails en poils de yak, plumes de paon... Les pachydermes, qui rivalisent en beauté et en décorations, tirent d'immenses chariots de bois aux imposantes roues pleines sur lesquels sont dressées les statues des divinités. Les fidèles sont nombreux à se cotiser – souvent par village – pour louer un éléphant à la ferme de Punnathur Kota (voir ci-dessous, env. de Trichur) et le décorer. La procession est égayée des pétarades de très nombreux feux d'artifice. Le nombre de coups tirés et leur puissance sont fonction du nombre de roupies offertes par les fidèles. Chacun tenant à démontrer sa piété en surenchérissant sur son voisin, le vacarme est permanent.

2 **Punnathur Kota*** *38 km N.-0.*

5 km O. de Guruwayur ; mal indiqué, demandez votre chemin ; ouv. 9 h-17 h, entrée libre, photos payantes.

Cet ancien palais zamorin abrite un élevage d'éléphants. La cinquantaine d'animaux qui vivent en semi-liberté est destinée aux processions prévues dans tous les temples de l'État. Assister au bain ou à la tétée d'un éléphanteau (25 l minimum) est un spectacle mémorable. En échange de quelques roupies, demandez à un guide-cornac (mahout) de vous accompagner : vous saurez tout sur les différentes races de pachydermes, leur alimentation, leur dressage, leur caractère et leur espérance de vie (75 ans au moins). Le parc de Punnathur Kota vit uniquement de dons : l'éléphant étant un animal sacré, sous la forme de monture d'Indra ou de Ganesha, par dévotion, les riches Kéralais – ou parfois un village entier – se cotisent pour acheter et nourrir les animaux dont l'entretien coûte une petite fortune.

3 **Cheruthuruthi** *32 km N.*

☎ (0488) 246.24.18 ; ouv. 9 h-12 h et 15 h-17 h.

La ville abrite le **Kerala Kalamandalam**, académie de danse et de chant créée en 1930 par le poète Sri Vallathol Narayana Menon. Son importance fut capitale pour la renaissance et la vulgarisation du kathakali, ainsi que des divers arts traditionnels du Kerala comme le mohiniyattam, qui raconte l'histoire de la déesse séductrice Mohini, ou le teyyam, danse traditionnelle des tribus du N. Malabar. Il est possible d'assister à des répétitions et même d'y suivre des cours (sessions de six mois à un an).

4 **Silent Valley National Park*** *133 km N.-O.*

*Dans les monts Kundali. Autorisations à demander auprès du Wildlife Warden Silent Valley National Park ☎ 245.32.25 de **Mukkali**, qui organise le transport en Jeep jusqu'au parc et les visites accompagnées par des rangers.*

Hébergement : le *Forest Dep. Rest-House* à Mukkali ☎ 245.32.25, géré par le Wildlife Warden Silent Valley National Park, qui délivre les autorisations de visites. Reserv. indispensable.

Ce parc national de 90 km² s'étend sur le versant E. des monts Nilgiri, dans une des dernières forêts vierges tropicales encore complètement préservée de la chaîne des Saliyas où vivent éléphants, tigres, panthères, sangliers, cerfs et bien sûr les singes, omniprésents, dont les macaques à queue-de-lion. Les villages de la région sont habités par des tribus montagnardes.

5 **Parambikulam Wildlife Sanctuary*** *185 km E.*

En bus, de Palakkad, prendre un car pour Pollachi et, de là, un autre car pour Parambikulam. L'entrée de la réserve se situe à Thunakadavu ; vis. organisées par le Forestry Department ☎ (0425) 236.72.33 ; compte tenu des trajets d'accès, compter au moins 1 j. pour une courte visite. L'idéal est de dormir à Thunakadavu. La visite peut être combinée à celle du parc d'Annamalai (Tamil Nadu).

Hébergement : à **Thunakadavu**, à la Forest Rest-House ☎ (0425) 233.72.33 • à **Anappadi** (8 km) ou Zungam (5 km), dans une hutte dans les arbres (Watch Towers ou Tree Top Hut) • à **Parambikulam**, possibilité de loger au PWS Rest-House (même tél.)

Ce sanctuaire de 285 km² s'étend tout autour d'un lac de retenue composé de trois réservoirs où ont élu domicile des dizaines de crocodiles. La réserve abrite des éléphants, quelques tigres et léopards, des chats sauvages, des gaurs, des daims, des ours et des macaques à queue-de-lion. Des populations tribales vivent là, les Khadas, les Mathuvans et les Malayars. Nombreuses possibilités de balades à pied ou en véhicules 4x4 avec guide ; excursions en bateau sur le lac de retenue.

Trivandrum (Thiruvananthapuram)

Grande ville de près d'un million d'habitants, bruyante, animée et polluée, Trivandrum, ville sainte du serpent Anantha, « monture » de Vishnou, est souvent considérée, en raison de son aéroport international, comme une banale ville-étape. Son charme se révèle pourtant si l'on quitte le centre-ville, organisé autour de la Mahatma Gandhi Road (ou MG Road), sa grande rue nord-sud. Vous découvrirez alors de grandes avenues agréables aux bâtiments de style victorien, de belles maisons kéralaises en brique, aux toits de tuiles rouges, des parcs tropicaux ombragés, un quartier très animé avec quelques bazars à ciel ouvert dans le quartier de East Fort et quelques ruelles tranquilles et tortueuses où subsiste la mémoire de l'époque où Trivandrum était la capitale princière de l'État de Travancore, qui connut son heure de gloire au XVIIIe s.

Situation : à 210 km au S. de Cochin, 266 km au S.-O. de Periyar, 16 km au N. de Kovalam.

900 000 hab.

Capitale de l'État du Kerala.

À ne pas manquer

Le Napier Museum*	**302**
Kovalam (Env. 2)**	**306**
Le palais de Padmanabhapuram (Env 4.)**	**306**

Trivandrum, mode d'emploi

Combien de temps : 1/2 j. suffit.

Hébergement : aucun établissement de charme. Les plus convenables : l'hôtel *Amritha* ☎ 232.30.91, à Thycaud Junction ; un peu plus chers, le *South Park* ☎ 233.33.33, MG Rd, l'hôtel *Saj Lucia* ☎ 246.34.43, dans East Fort, ou le *Jas* ☎ 232.46.82, à Thycaud Junction, à 300 m au N.-E. de la gare, tranquille. L'alternative est de loger à Kovalam Beach, à 16 km S. de Trivandrum *(→ p. 306)*.

Activités : The Academy of Magical Science ☎ 234.59.10 propose quelques séances de « magie » à l'indienne • la Kathakali School ☎ 243.40.66 organise des représentations chaque ven. à 19 h (maquillage des acteurs à 17 h 30) • l'Ayurveda College Hospital ☎ 246.08.23, MG Rd, pratique des massages traditionnels.

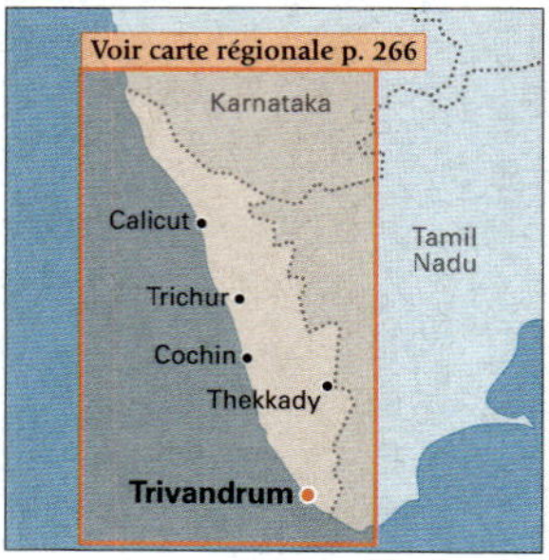

Visiter Trivandrum

☎ 0471

ⓘ Tourist Facilitation Center du KTDC, Park View ☎ 232.11.32 ; ouv. 9 h 30-17 h 30 • bureaux également à l'aéroport, à Railway Station et à la Central Bus Station.

✈ aéroport à 6 km au S. Liaisons internationales avec le Sri Lanka, les Maldives, les États du Golfe ; vols domestiques pour Bombay (Mumbai), Delhi, Madras (Chennai) et Bangalore.

Gare ferroviaire (au S. de la ville, à Thampanoor Junction) : trains pour toute l'Inde par la ligne côtière du N. (réserv. au 1er étage du Station Building, ouv. lun.-sam. 8 h-20 h, dim. 8 h-14 h).

gare routière (Central Bus Station), près de Train Station ☎ 232.38.86. Pour le N., un bus toutes les 30 mn env. (Quillon en 2 h, Alleppey en 3 h 30, Kottayam en 4 h, Ernakulam en 5 h) • cars pour Madras et Bangalore • les bus pour Kovalam partent de East Fort Station toutes les 10 mn.

■ Le Napier Museum★ B1

Dans le parc du quartier de Nathancodu, tout au N. de la ville. Ouv. mar.-dim. 10 h-17 h, mer. 13 h-17 h, f. lun.

Installé dans un magnifique bâtiment kéralais datant de 1880, le musée abrite une riche collection de **bronzes**, dont deux très anciennes **statues de Vishnou**, d'époque chera, un **Shivanataraja** (Shiva dansant) du XVIIIe s., un **Bouddha birman** du Xe s.

■ La Sri Chitra Art Gallery B1

Juste au N. du Napier Museum. Mêmes horaires que le musée.

La galerie rassemble des œuvres de différentes régions de l'Inde, dont des **miniatures** de styles rajpoute, moghol ou de Tanjore, et des sculptures, dessins, peintures et calligraphies d'Extrême-Orient (Chine, Japon, Indonésie, etc.).

La section kéralaise expose des œuvres de **Raja Ravi Varma**et de son école.

■ Le temple de Sri Padmanabha Swami A3

Dans le quartier d'East Fort, au S. de la ville, à l'O. de MG Rd.

Construit en 1733, seuls les hindous ont le droit de franchir son haut gopuram à sept étages. Au début du mois de novembre, une **procession★**, menée par les descendants de la famille royale de Travancore, conduit plusieurs statues sacrées jusqu'à la plage de Shanghumugham pour un bain rituel au coucher du soleil. Le retour se fait à la lueur des torches dans une ambiance assez extraordinaire. Ce jour-là, des spectacles de kathakali sont donnés toute la nuit un peu partout en ville.

Il est possible d'assister à des entraînements et à des démonstrations de kalarippayatu et même de s'inscrire pour une session de cours de trois mois.

■ Le sangham de Kalari A3

Dans East Fort, près du temple de Sri Padmanabha Swami ☎ 247.41.82 ; démonstrations 6 h 30-8 h 30, sf. dim. ; entrée gratuite.

Ce sangham, construit en 1956, a joué un rôle capital dans la renaissance de l'enseignement du kalarippayat, art martial kéralais *(→ arrêt sur images p. 304-305)*.

■ Le Palais Puthemalika★ (Palace Museum)

A3 ; adjacent au temple de Sri Padmanabha Swami. Vis. 8 h 30-12 h 30 et 15 h 30-17 h 30, f. lun. ; entrée payante.

L'édifice, vieux de 200 ans, fut la résidence officielle des derniers maharajas de Travancore. D'une facture kéralaise classique, en brique avec toits de tuiles et

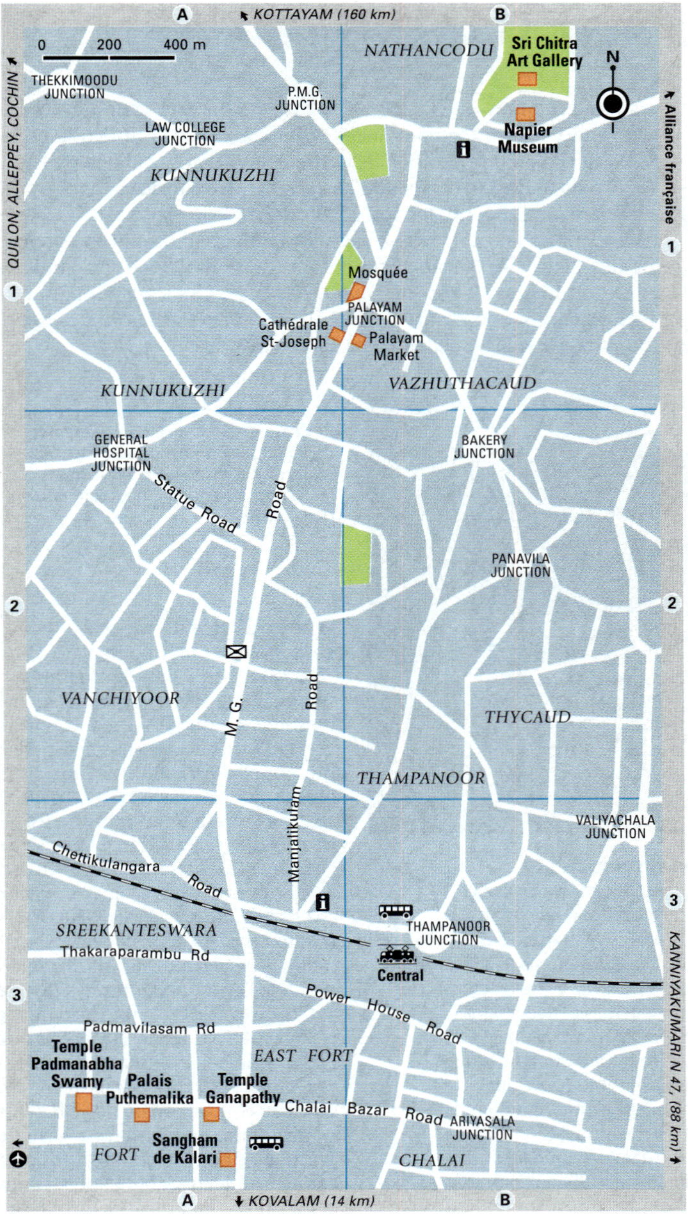
KOTTAYAM (160 km)
KOVALAM (14 km)
QUILON, ALLEPPEY, COCHIN
Alliance française
KANNIYAKUMARI N 47, (88 km)
0 200 400 m
THEKKIMOODU JUNCTION
P.M.G. JUNCTION
NATHANCODU
Sri Chitra Art Gallery
Napier Museum
LAW COLLEGE JUNCTION
KUNNUKUZHI
Mosquée
PALAYAM JUNCTION
Cathédrale St-Joseph
Palayam Market
VAZHUTHACAUD
KUNNUKUZHI
GENERAL HOSPITAL JUNCTION
Statue Road
M. G. Road
BAKERY JUNCTION
PANAVILA JUNCTION
VANCHIYOOR
Road
THYCAUD
THAMPANOOR
Manjalikulam
VALIYACHALA JUNCTION
Chettikulangara Road
SREEKANTESWARA
THAMPANOOR JUNCTION
Thakaraparambu Rd
Central
Power House Road
Padmavilasam Rd
EAST FORT
Temple Padmanabha Swamy
Palais Puthemalika
Temple Ganapathy
Chalai Bazar Road
ARIYASALA JUNCTION
FORT
Sangham de Kalari
CHALAI

Trivandrum

Trivandrum

Un foyer d'arts martiaux

Moins connue que la chevalerie du Rajasthan, la pratique des arts martiaux imprégna la société du Kerala : il y avait là une poussière de terres fertiles à défendre et les Nayars, qui détenaient la plupart des chefferies, s'en chargèrent. Aux XVIe-XVIIe s., la bravoure des milices combattantes nayars devint légendaire et fut célébrée dans de nombreuses ballades. Fait remarquable dans le contexte de la pyramide des castes, les Nayars n'étaient pas des *ksatriya*, nobles, mais ils étaient issus du monde industrieux des *sudra*, paysans et artisans. On appelle kalarippayat l'art du combat qu'ils ont élaboré au fil des âges, du nom des *kalari*, « gymnases » que chaque village mettait à leur disposition.

◄ Ouvert aux garçons comme aux filles dès l'âge de sept ans, l'enseignement du kalarippayat impose une discipline de fer. Il est dispensé chaque jour au petit matin et au crépuscule par le *gurukkal*.

■ Des gestes retrouvés

Au XVIIIe s., l'introduction des armes à feu dans les armées des rajas entraîna le déclin des techniques martiales traditionnelles, déclin qui dura jusqu'à l'indépendance du pays. Les exercices corporels survécurent cependant dans le kathakali et son répertoire de batailles ; ils faisaient, et font toujours, partie intégrante de la formation des acteurs. De nos jours, plusieurs centres raniment la tradition du kalarippayat. À l'Indian School of Martial Arts (ISMA) de Trivandrum ou au *kalari* d'Edakkad, près de Calicut, on peut non seulement assister à des démonstrations, mais aussi participer à des stages.

■ Un exercice de sagesse

Dispensée par un maître d'armes ou *gurukkal*, l'instruction du kalarippayat suit une progression scientifiquement mesurée, visant à l'acquisition d'un ensemble de qualités corporelles : agilité, souplesse, flexibilité, puissance, promptitude des réflexes et attention aux réactions de l'adversaire. Jadis, les *kalari*, vastes salles rectangulaires semi-enterrées et couvertes de feuillage, n'étaient pas que des gymnases : dédiés à la grande déesse guerrière Rana Bhairavi, ils servaient aussi de centre d'éducation générale et de lieu d'assemblée. Par-delà l'entraînement physique, le kalarippayat est resté une hygiène de vie, inspirée par les enseignements de l'Ayurveda *(→ arrêt sur images p. 42-43)*. Il repose sur une parfaite connaissance du corps humain, des différents traitements ou massages à base de plantes qui permettent de soigner entorses, douleurs, courbatures, coups et blessures, des principes diététiques qui maintiennent l'organisme en bonne santé.

◀ **Le maniement des armes n'est abordé qu'à l'issue de plusieurs années d'entraînement. Les adversaires sont alors capables de sauts spectaculaires, comme au cours de ce combat à l'épée *(puliyankam).***

La voie du kalarippayat

Fondés sur l'observation et l'analyse des comportements animaux, les exercices empruntent eux aussi leur forme à la nature. Le lion, le serpent, l'oiseau, l'éléphant, le crapaud et le coq fournissent les principaux modèles d'un programme composé de torsions, sauts, reptations, élongations et étirements. Sensibilisant les facultés d'intuition de l'élève, ces pratiques le conduisent vers une connaissance affinée de soi et d'autrui, aboutissant à une forme de sagesse exempte de toute violence.

Quatre étapes balisent les progrès de l'élève. Il lui faut d'abord acquérir la maîtrise du souffle et le contrôle du corps, qui passent par une combinaison de massages, de contorsions et d'étirements. Ce n'est qu'une fois parfaitement maîtrisés l'équilibre et la concentration totale, et acquise la confiance en soi, que l'élève peut passer à l'étape suivante : le combat.

Les techniques de combat

L'apprentissage se fait par le maniement d'armes d'abord en bois (épieux et bâtons, longs de 50 cm à 2 m), puis en métal. L'*urumi*, lame courbe et flexible de 1,20 m qu'on enroule autour de la taille, est la plus spectaculaire des armes blanches. L'enseignement du combat à mains nues ne vient qu'après, il s'appuie sur la connaissance des 107 points vitaux de l'enseignement ayurvédique. Douze de ces points sont mortels ; les autres peuvent paralyser et neutraliser l'adversaire, parfois par simple pression. On considère qu'un élève assidu peut acquérir une bonne maîtrise de cet art martial en un an et demi, à raison de deux cours quotidiens. Mais des sessions plus courtes, de 15 à 45 jours, donnent les rudiments de l'art du kalarippayat.

Au meilleur de ses disciples, le *gurrukal* enseigne l'art du combat à mains nues. ▶

d'inestimables bois sculptés, il abrite, outre des objets ayant appartenu à la famille princière, divers témoignages et peintures datant de l'époque où Travancore était la capitale des épices.

■ Le Ganapathy Temple* A3

Dans East Fort, près du temple de Sri Padmanabha Swami.
Les non-hindous pourront pénétrer dans ce temple dédié à Ganesha, à condition, pour les hommes, de porter un dhoti et,pour les femmes, de porter un sari et un choli. Tout dépend du bon vouloir des gardiens de l'entrée, mais les visites sont généralement autorisées le matin, juste avant la cérémonie de l'aube, très impressionnante, avec ses gongs, ses cloches, le claquement sec des noix de coco frappées l'une contre l'autre et les fumigations d'encens.

Environs de Trivandrum

1 La plage de Shanghumugham *8 km O.*

Près de l'aéroport ; nombreux bus, taxis et rickshaws.
Cette longue plage, plus un but de promenade que de baignade, offre le spectacle des pêcheurs rapportant leur butin, et aussi un parc d'attractions et des gargotes ; beaucoup d'ambiance le week-end.

2 Kovalam** *16 km S.*

Desservi par de nombreux bus.

Hébergement : le ***Seaview Palace*** (☎ 248.15.99), à Lighthouse Beach ; le ***Varmas*** (☎ 248.32.86), dans la même rue, avec air climatisé. L'hôtel qui sort vraiment du lot est le ***Surya Samudra Beach Garden*** (☎ 226-73-33 ; www.suryasamudra.com), mais le paradis a un prix...

Paradis des hippies des années 1970, Kovalam n'était alors qu'un bien modeste village de pêcheurs adossé à des rizières et des vergers. Ses deux baies aux plages de sable fin (Eve Beach et Lighthouse Beach) et sa douceur de vivre ont rapidement attiré des visiteurs européens de plus en plus nombreux ; avec eux sont apparus les hôtels et pensions bâtis à la hâte, les night-clubs et les bistrots sacrifiant à la mode de la saison. Malgré tout, Kovalam conserve un charme certain, grâce à son cadre splendide.

▶ **Le petit port de Vizhinjam** *(au S. de la plage de Lighthouse Beach, juste après le phare, dans une petite crique).*
Vous y découvrirez les ***vallams***, énormes barques de pêche en bois et leurs lourds filets lestés de pierres. Au retour des bateaux, à l'aube, près de 30 hommes sont requis et les tirent à terre, sur la plage, avec l'aide de la marée montante, pour une pêche souvent dérisoire. ◀

3 Peppara Wildlife Sanctuary *50 km N.-E.*

Accès en bus jusqu'à Vithurai (sur la route de Ponmudi) puis en taxi. L'excursion peut se faire en une 1/2 j. Ouv. t.l.j. 9 h-18 h, entrée payante.
Cette belle petite réserve de 53 km^2, qui marque la limite S. des Ghâts occidentaux, héberge, entre autres espèces animales, des éléphants, des macaques et de nombreux oiseaux, ainsi que la flore habituelle des parcs de la région, avec une prédominance d'eucalyptus. Elle est voisine du Mundanthurai Tiger Sanctuary, situé de l'autre côté de la frontière, au Tamil Nadu.

4 Padmanabhapuram** *65 km S.-E.*

Dans l'État du Tamil Nadu.
Ne manquez pas le superbe palais en bois des rajahs de Travancore *(→ p. 188).*

Le Karnataka et Goa

Des plages, le Karnataka n'en est pas avare : 300 km d'un long ruban de sable qui frange l'océan Indien. Seulement, l'ancien royaume de Mysore a toujours vécu tourné vers l'intérieur, les escarpements des Ghâts occidentaux lui barrant le large, et ses rivages splendides ne connaissent aucune activité touristique. Les grands hôtels, les bungalows à louer, l'animation, c'est plus au nord qu'il faudra aller les chercher, à Goa, endroit rêvé pour quelques jours de repos après un périple en Inde du Sud. Car le Karnataka se mérite : hormis le Sud où s'est tissé un réseau routier convenable, on atteindra les grands sites de l'État par de petites routes, où deux voitures peinent souvent à se croiser. Hampi en premier lieu, ancienne capitale des rois de Vijayanagar, maîtres du dernier Empire hindou entre le XIVe et le XVIe s., est aujourd'hui un petit village dont les habitants vivent parmi les vestiges grandioses d'un prestigieux passé. Badami ensuite, avec aux environs les temples de Pattadakal et Aihole, et les sanctuaires de Belur et de Halebid, seront deux autres étapes essentielles pour découvrir la diversité du patrimoine indien. À Mysore, on renouera avec des temps plus récents, celui des maharajas qui, jusqu'à l'indépendance, vivaient dans les fastes un peu kitsch de leurs résidences royales. Quant à la capitale Bangalore, elle n'offre guère, pour les visiteurs, d'autre intérêt que la présence de son aéroport.

Les entrées principales

Que voir dans le Karnataka

L'État de Goa

L'Union indienne entre en possession, en 1961, d'un territoire peuplé de 600 000 habitants qui constitue aujourd'hui le plus petit État de l'Union indienne. Côté E., les districts connus sous le nom de « Nouvelles Conquêtes » annexées par le Portugal à la fin du XVIIIe s., abritent une chaîne de collines qui culminent à 1 186 m, domaine des forêts denses, des jardins d'épices, mais aussi des exploitations minières, – fer, manganèse, bauxite –, toujours l'une des principales richesses de l'État. L'autre richesse se trouve dans les districts côtiers, les plus peuplés ; le cœur de l'État, c'est le tourisme, depuis la découverte des somptueuses plages de sable frangées de cocotiers par les hippies à la fin des années 1960. Bon an, mal an, Goa reçoit environ plus de 1,3 million de visiteurs, des Indiens pour les trois quarts.

Paysages

Ses habitants vous le diront, il y a deux Karnataka. Celui du S., au climat tropical humide, terroir des jardins maraîchers, des vergers et des fleurs. L'État est le 2e producteur de fruits de l'Inde, et le secteur horticole expédie sa production sur les marchés mondiaux. Les hauteurs des Ghâts orientaux abritent les plantations d'épices et surtout les terrasses où sont produits les trois quarts du café indien. C'est aussi le domaine de la sériciculture qui fournit les deux tiers de la soie indienne. Au N. de la rivière Tungabadhra, qui barre l'État en son milieu, commence le plateau du Deccan, vastes étendues sèches qui connaissent des températures caniculaires durant l'été. Pourtant, même dans sa partie S., le déficit en eau reste un véritable problème : les nappes phréatiques y sont au plus bas, et l'on ne peut plus compter que sur l'aménagement des fleuves Krishna et Kavery pour assurer l'approvisionnement des 20 % de terres agricoles irrigués.

Le XXIe siècle

Si l'agriculture fournit 33 % de la richesse du Karnataka, elle est désormais supplantée par le secteur tertiaire (40 % du PIB) dopé par le spectaculaire développement des nouvelles technologies, essentiellement à Bangalore qui fait figure de Silicon Valley indienne. On y compte désormais plus d'un millier d'entreprises, spécialisées dans la conception de logiciels et plus récemment dans la gestion des systèmes informatiques et des centres d'appel des sociétés internationales. La capitale de l'État est aussi, depuis plus longtemps, le principal centre de l'industrie aéronautique indienne. Le littoral sur la mer d'Oman reste peu exploité : on y trouve un seul port d'importance, Mangalore, qui ne contribue que pour 4 % au volume total du fret maritime transitant dans les ports indiens.

La plage de Bagan, dans l'État de Goa.

Relief du temple de Chennakeshava à Belur, l'une des merveilles laissées par la dynastie des Hoysalas.

Un patrimoine exceptionnel

Connu jusqu'en 1973 sous le nom d'État de Mysore, le Karnataka est aussi une terre chargée d'histoire qui a connu depuis le haut Moyen Âge une succession de brillantes dynasties, autant d'étapes décisives dans l'histoire de l'art indien. Les Chalukyas, la plus ancienne (VIe-VIIIe s.), régnèrent au N. autour de leur capitale Badami. On partira de là à la découverte d'Aihole et surtout de Pattadakal, inscrit depuis 1987 sur la liste du Patrimoine mondial établie par l'Unesco. Plus au S., ce sont les Hoysalas (XIe-XIVe s.) qui laissèrent à Belur et à Halebid les temples les plus ornés de l'Inde, de véritables ivoires. Vijayanagar (XIVe-XVIe s.) fut le dernier Empire hindou, maître de vastes territoires qui s'étendaient de la mer d'Oman au golfe du Bengale. Sa capitale fut Hampi dont les temples et les palais, au milieu d'un paysage splendide, forment le site le plus spectaculaire du Karnataka, lui aussi distingué par l'Unesco en 1986. À la même époque, le N. de l'État abrita une série de sultanats musulmans qui, alliés de circonstance, finirent par renverser la dynastie de Vijayanagar. Leurs Gulbarga, Bidar et Bijapur, conservent de nombreux et splendides témoignages architecturaux de cette époque brillante dont la découverte sera plutôt réservée aux voyageurs que ne rebutent pas des conditions d'hébergement très modestes.

Le temple de Virupaksha à Pattadakal fut pour l'Empire chalukya la « Ville du rubis du couronnement », où les rois étaient intronisés.

Badami et les temples chalukyas★★★ (Mahakuta, Pattadakal, Aihole)

Dans un paysage qui appartient déjà aux sécheresses du Deccan, loin des splendeurs tropicales du Sud, trois sites témoignent de la naissance de l'architecture hindoue. C'est là, en effet, que furent dressés au début du VIIe s. les premiers temples maçonnés, sous l'impulsion de la puissante dynastie des Chalukyas qui firent de Badami leur capitale. Non contents de donner naissance aux deux styles architecturaux de l'Inde, le style du Nord et le style dravidien, les Chalukyas patronnèrent des ateliers de sculpteurs dont les œuvres étourdissantes de virtuosité figurent encore sur les murs des temples.

Situation : Badami est à 132 km S. de Bijapur, 166 km N. de Hospet, 284 km O. de Panaji (Goa).

Badami : 29 000 hab.

Hébergement : Badami offre des possibilités convenables de logement. Rien de tel à Aihole et Pattadakal, qui ne sont que des hameaux.

Mahakuta, Pattadakal et Aihole sont desservis par des bus locaux depuis Badami. Il est également possible de louer un taxi à la journée pour visiter les trois sites.

À ne pas manquer

Le temple de Virupaksha★★★ à Pattadakal	317
Les grottes★★ de Badami	313
Le complexe archéologique★★ d'Aihole	320

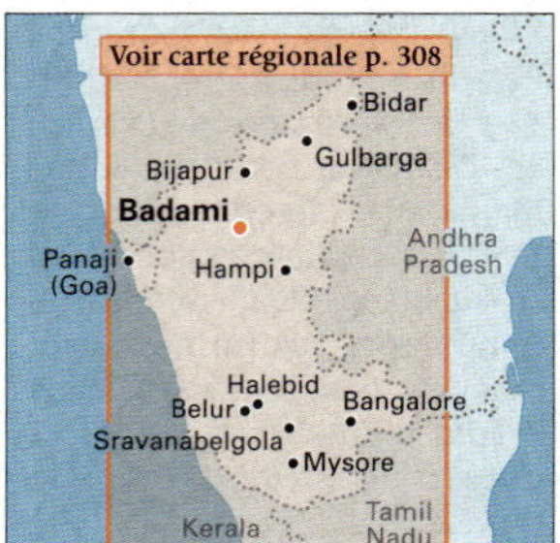

Les Chalukyas dans l'histoire

Deux siècles de domination

« Le roi, fier de ses hommes et de ses éléphants, méprise et insulte les royaumes voisins. Il est de la race des kshatriyas ; son nom est Pulakeshin. Ses vues sont larges et profondes, et il étend au loin son humanité et ses bienfaits. » Lorsque le moine bouddhiste chinois Xuan Zang découvre l'Inde dans la première moitié du VIIe s., la puissance des Chalukyas connaît son apogée. La dynastie fut fondée par Pulakeshin Ier (r. 545-567), premier d'une liste de souverains que l'on suit pendant deux siècles, grâce à de nombreuses inscriptions en sanskrit et en kannada. C'est lui qui choisit Vatapi (Badami) pour capitale et en fortifia les collines. Ses deux successeurs agrandirent leurs possessions en s'étendant vers l'O., prenant notamment la région de Goa. Pulakeshin II (r. 608-642), celui que rencontra le moine chinois, fut le plus grand des Chalukyas. Guerroyant dans toutes les directions, il s'affronta au N. au roi de Kanauj, capitale située sur le Gange, au S. et à l'E. aux Colas et aux Pallavas. Son règne

L'histoire indienne connaît deux autres dynasties appelées Chalukyas : les Chalukyas de Vengi, branche cadette de ceux de Badami, qui régnèrent sur une partie de l'Andhra Pradesh du VIIe au XIe s., et les Chalukyas de Kalyani, encore appelés Chalukyas de l'Ouest, maîtres du N. du Karnataka aux XIe et XIIe s.

Les périodes de l'architecture chalukya

• **L'art rupestre** (fin VIe s.). Les premiers règnes ne pratiquent pas encore l'architecture maçonnée ; c'est le temps des temples rupestres avec les grottes de Badami et le temple de Ravana Phadi, à Aihole. La masse brute de la pierre est animée par une splendide décoration sculptée (grotte 3 de Badami).

• **Les premières constructions** (début VIIe s.). La plus ancienne remonte au règne de Pulakeshin II : il s'agit du temple de Meguti à Aihole, daté de 634, antérieur donc aux premiers ouvrages des Pallavas, sur la côte de Coromandel *(→ p. 214)*. Il annonce l'architecture dravidienne avec son sanctuaire carré précédé d'un mandapa, tandis que, sur les murs extérieurs, sont ménagées des niches destinées à recevoir des statues. Il s'agit d'un temple jaïn, témoignage de la tolérance qui prévalait à cette époque.

• **L'époque intermédiaire** (fin VIIe s.). Apparaît alors le style nagara, avec ses shikaras caractéristiques. On en trouve de nombreux exemples à Pattadakal, à Aihole ainsi qu'à Alampur, dans l'Andhra Pradesh *(→ p. 409)*.

• **La dernière période** (VIIIe s.). Les Chalukyas occupent désormais Kanchi : ils en ramèneront dans leur capitale architectes et sculpteurs qui donneront la prépondérance aux formes dravidiennes ; d'anciens sanctuaires seront même réaménagés et dotés d'un enclos entouré de niches.

s'acheva néanmoins par une terrible défaite contre les principaux ennemis de la dynastie, les Pallavas, qui lui disputaient la suprématie sur le Sud de l'Inde. Pulakeshin II mourut, semble-t-il, au combat et Badami fut prise et occupée par les Pallavas.
Après une éclipse d'une dizaine d'années, la dynastie des Chalukyas renaît, plus brillante que jamais. Ses rois vont successivement réduire toutes les forces qui comptent dans le Sud indien, Pallavas, Colas, Pandyas, qui sont soumis à un tribut. Kanchi, capitale pallava, est occupée sous le règne de Vikramaditya II (r. 733-743). La disparition de la dynastie sera brutale : en 753, Dantidurga, roi des Rashtrakutas, dont les territoires s'étendaient dans l'actuel Maharashtra, balaya le dernier souverain chalukya, mettant un terme définitif à la puissance de Badami.

■ L'art des Chalukyas

Les quelque deux siècles que dura le règne des Chalukyas marquent une étape essentielle dans l'histoire de l'art indien. Maîtres d'une grande partie du Deccan, cet immense plateau au contact des influences venues du N. et du S. du sous-continent, les Chalukyas furent, avec les Pallavas, leurs voisins, contemporains et rivaux de l'E., à l'origine des premiers temples maçonnés de l'Inde. Sous leur règne se développèrent les deux grands styles de l'architecture indienne : le style du Nord, appelé nagara, caractérisé par ses shikaras aux arêtes curvilignes et coiffés d'un amalaka, coussin de pierre ; et le style dravidien, avec les étages successifs de ses tours pyramidales. Les sites de Badami, d'Aihole et de Pattadakal témoignent de cette extraordinaire efflorescence artistique qui fait du règne des Chalukyas un grand moment de la civilisation indienne du haut Moyen Âge *(→ encadré)*.

1 Badami★★

Une couronne de collines sèches sert d'écrin à un lac artificiel, le Bhutanath tank. C'est dans ce périmètre, alors que le bourg actuel s'étire plus à l'O. le long de la route nationale, que sont concentrés les trésors du lieu : grottes excavées contre la colline S., forteresse de la colline N., temples du rivage. L'ascension vers les grottes doit être effectuée dans l'après-midi : depuis leurs terrasses, la vue sur le lac est inoubliable, particulièrement au coucher du soleil.

Accès : Badami est reliée par des services de bus aux grandes villes du Karnataka. La ville possède sa gare, mais elle est desservie par une ligne secondaire qui rend très long l'accès par ce mode de transport.

Les grottes**

Vis. du lever au coucher du soleil ; durée 90 mn ; l'ascension ne présente aucune difficulté majeure ; les singes sont inoffensifs.

La **grotte 1** (début VIe s.) est la plus ancienne du groupe. Sous le porche, le plafond est orné d'un naga enroulé sur lui-même. Sur les parois latérales, on reconnaît à g. **Harihara**, fusion de Shiva et Vishnou dans un même être divin, tandis que, du côté opposé, Shiva sous la forme d'**Ardhanariswara** réunit les principes masculin et féminin.

La **grotte 2** (fin VIe s.), dédiée à Vishnou, présente sous le porche deux grands reliefs : à g., **Varaha**, avatar de Vishnou sous sa forme de sanglier, et à dr., le **Trivikrama**, scène au cours de laquelle Vishnou sous l'apparence du nain Vamana prend possession du monde en trois pas de géant *(→ p. 219)*.

Varaha, emblème de la dynastie des Chalukyas, figurait sur les monnaies du royaume.

La **grotte 3**, consacrée en 578 sous le règne de Pulakeshin Ier, est le chef-d'œuvre de l'ensemble. Six piliers et deux pilastres précèdent le porche ; en manière de **consoles**, de remarquables groupes sculptés figurent des couples amoureusement enlacés, dans des positions d'une grande élégance ; sur les fûts des piliers, d'autres couples apparaissent dans des médaillons.

Sous le **porche**, les parois latérales proposent un ensemble de splendides reliefs : du côté g., un majestueux Vishnou trône sur le serpent Sesha dont les cinq capuchons forment comme un dais au-dessus de la haute tiare du dieu ; du côté dr., les reliefs de Narasimha et de Trivakrama, où le nain Vamana apparaît parmi l'assemblée pittoresque constituée du roi-démon Bali et de ses courtisans. Le plafond du porche est orné d'une série de médaillons où apparaissent diverses divinités (Shiva, Indra, Varuna) autour du médaillon central occupé par Vishnou.

La **grotte 4** est un sanctuaire jaïn (fin VIe-VIIe s.) postérieur aux trois autres, où l'on voit encore la statue de culte du *tirthankara* auquel il était dédié.

Si la grotte présente une décoration moins élaborée, l'ascension vaut néanmoins la peine : de cette terrasse, on découvre les plus belles **vues** sur le lac et ses couronnes de collines.

C'est sous la forme de Narasimha, l'homme-lion (grotte 3), que Vishnou parvint à tuer le démon Hiranyakashipu ; ce dernier ayant obtenu de Brahma la faveur de ne pouvoir être tué ni par un homme, ni par un dieu, ni par un animal.

Les temples du rivage*

Depuis le pied de la colline des grottes, suivre la rive dans le sens des aiguilles d'une montre.

On découvre tout d'abord une **mosquée** monumentale dont la construction fut ordonnée par Tipu Sultan à la fin du XVIIIe s.

Rive O. Pris au milieu de ce quartier de ruelles établi en bordure du lac – le coin est nauséabond et les gamins particulièrement insolents –, apparaissent successivement deux temples : celui de **Yellamma**, construit au XIe s. par les Chalukyas de Kalyani, et celui de **Jambulinga** (699), qui fut coiffé, à l'époque de Vijayanagar, d'une tour de brique dont le principal attrait réside dans ses plafonds ornés de reliefs.

La partie la plus ancienne des temples de Bhutanath (VIIe s.) fait face au lac dont la vue est très belle le matin.

Rive N. Au coin N.-O., entre deux rochers, part le sentier qui conduit à la forteresse. Un peu plus loin, un petit **musée archéologique** local *(ouv. 10 h-17 h, f. ven.)* conserve quelques intéressantes sculptures découvertes dans les environs.

Rive E. Ici s'élève le plus bel ensemble du rivage, les **temples de Bhutanath,** dont la construction s'échelonna entre la fin du VIIe et le XIe s.

■ Le fort

Au sommet de la colline N., accès par les escaliers situés au coin N.-O. du lac. Si les ouvrages militaires sont aujourd'hui réduits à quelques pans de murs, l'ascension de 15 mn permet de découvrir des **vues** séduisantes sur le lac et ses alentours. Deux temples justifient également la promenade.

Upper Shivalaya (début VIIe s.). Au plus haut de la colline, ce temple en partie ruiné présente de remarquables **reliefs**, notamment des scènes empruntées au *Ramayana* et des épisodes liés à la mythologie de Krishna : on voit ainsi le dieu soulever la montagne pour protéger les bergers du déluge, ou encore sous son avatar de Narasimha. Ces reliefs comptent parmi les plus anciennes représentations des mythes vishnouites connues.

Malegitti Shivalaya (début VIIe s.). Spectaculairement juché sur un éperon rocheux, ce sanctuaire conserve pour toute décoration sur ces murs extérieurs deux images divines, l'une de Shiva, l'autre de Vishnou. Voir également les deux dvarapalas qui gardent l'entrée.

2 Mahakuta

Situation : à 16 km E. de Badami ; suivre dir. Pattadakal ; à 11 km, prendre à dr.

Ce petit détour vous permettra de découvrir d'autres temples de l'époque des Chalukyas ; ici, les divinités font toujours l'objet d'un culte. Les deux temples principaux se trouvent de part et d'autre d'un bassin sacré autour duquel ont pris place de nombreuses chapelles secondaires. Joliment situé au pied de collines verdoyantes, l'ensemble s'inscrit à l'intérieur d'un périmètre sacré où s'active tout un peuple de brahmanes.

Après avoir franchi le porche, vous tournerez à g, longerez le bassin au-delà duquel se dresse le temple de Mallikarjuna.

Le temple de Mallikarjuna (fin VIIe s.). Il est constitué d'un mandapa et d'un sanctuaire surmonté d'un toit dravidien pyramidal. En avant, un **Nandi** veille sous son pavillon. Les deux **dvarapalas** qui flanquent la porte extérieure sont vêtus à l'occidentale – ils portent la tunique « scythe » – et arborent de longues moustaches, inhabituelles dans les représentations chalukyas. Sur le mur extérieur du côté du bassin, vous remarquerez également un **Shiva Ardhanariswara** (androgyne) auquel la ferveur populaire a ajouté un sein en plâtre.

Vous longerez l'autre rive du bassin, où un ***pavillon*** *conserve un Shiva à quatre têtes, pour gagner au-delà le 2e grand temple du complexe.*

Le temple de Mahakuteswara (fin VIIe s.). Dédié au « Seigneur de la crête des montagnes », il présente la même disposition que le précédent. Les reliefs des murs extérieurs ont perdu leur aspect original sous des siècles de badigeon apposé par les fidèles.

3 Pattadakal★★★

Situation : à 23 km E. de Badami.

Badami fut la capitale politique des Chalukyas et Aihole le principal centre de commerce ; mais c'est à Pattadakal que les rois étaient intronisés. Cette vocation de capitale royale lui valut la construction d'une série de temples somptueux, certains édifiés pour commémorer les hauts faits du souverain. Les sept temples principaux du site, auxquels s'ajoutent le temple de Papanath, en dehors du périmètre, et le petit temple de Chandrashekhara, laissé par les Rashtrakutas, présentent côte à côte les deux styles prédominants de l'architecture chalukya : le style dravidien, surmonté d'un toit pyramidal, et le style nagara, caractérisé par ses shikaras aux arêtes curvilignes.

Visite : du lever au coucher du soleil ; entrée payante. Si vous disposez de peu de temps, voyez principalement le temple de Virupaksha, chef-d'œuvre incontestable du site.

Les temples sont décrits ici du N. au S., c'est-à-dire dans leur ordre d'apparition depuis l'entrée.

Le temple de Kadasiddheswara Ce petit sanctuaire (début VIIIe s.) est surmonté d'un shikhara dont le coussinet de pierre sommital a disparu. On remarquera principalement les **fenêtres** des

Le sacrifice du cheval

L'*ashvameda* (« sacrifice du cheval ») est sans doute l'un des rites védiques les plus anciens et les plus importants. Mêlant rites brahmaniques et populaires, il est, par sa pompe et le nombre des participants, la plus haute manifestation rituelle de la dignité royale. Destiné à marquer la puissance du souverain sur les régions conquises, seul un roi pouvait le célébrer. Le roi Pushyamitra Shuga (IIe s.) l'aurait accompli le premier. Les préparatifs duraient une année entière ainsi que la cérémonie. Un cheval blanc était sélectionné et élevé pour le sacrifice. Ensuite, il était lâché dans la nature, suivi d'une troupe des plus valeureux princes du royaume chargés de le protéger. Dans chaque territoire qu'il traversait, le prince local devait combattre ou rendre hommage. Après une année de pérégrinations, l'animal était ramené auprès du roi qui, ayant ainsi démontré son autorité sur ses vassaux, se parait du titre de *chakravartin* (« Celui qui fait tourner la roue »), souverain universel. Venait enfin le temps du sacrifice. La cérémonie du sacrifice durait trois jours entiers : oint et paré par les épouses royales, le cheval était étouffé et la 1re épouse s'allongeait contre son ventre ; le roi récitait une formule sacrée tandis que les prêtres échangeaient des obscénités avec les femmes. Puis l'animal était dépecé et ses morceaux offerts en oblation. Destiné à asseoir la puissance royale et à assurer la fécondité, ce cérémonial d'origine védique se perpétua jusque vers l'an mille.

murs S. et N. du sanctuaire – le temple ouvre à l'E. –, joli travail de pierre ouvragée orné de motifs de svastikas (la fenêtre S. est une copie). Côté N., Shiva Ardhanariswara accompagné du taureau Nandi.

Le temple de Jambulinga

De même époque que le précédent, ce petit temple est remarquable par le **médaillon** situé à la base orientale du shikara, où évolue un nataraja, entre Parvati et Nandi, et par la **frise d'oies** qui soutient la corniche de l'édifice.

Par son style, le temple de Galanatha (au centre) s'apparente à ceux d'Alampur dans l'Andhra Pradesh ***(→ p. 409).***

Le temple de Galanatha

Ce serait le plus ancien édifice du site (VIIe s.) ; porche et mandapa ont disparu, de même que le déambulatoire autour du sanctuaire. Le **shikara** qui surmonte l'ensemble est cependant digne d'intérêt avec sa belle élévation de motifs en fer à cheval *(galakshas)* superposés jusqu'au vase de pierre qui coiffe le tout.

Le temple de Chandrashekhara

Au S. du temple de Galanatha.

Ce petit édifice est un ajout des Rashtrakutas (env. Xe s.) qui prirent possession de la région après la chute des Chalukyas. Il est pratiquement dépourvu de toute ornementation, à l'exception d'une paire de **makaras** au-dessus des pilastres des murs extérieurs.

Le temple de Sangameswara

Avec ce temple débute la série des constructions de style dravidien, immédiatement reconnaissable à la **tour pyramidale** qui surmonte le sanctuaire. Elle est ici parfaitement conservée et s'élève avec grâce et rigueur jusqu'au dôme carré qui la coiffe, lui-même surmonté d'un gracieux pot de pierre. Vous remarquerez la **frise** d'oies à la base du toit et celle mettant en scène des nains, au-dessus des murs du sanctuaire. Sur ses trois côtés, le déambulatoire est doté de **fenêtres** ouvragées de motifs géométriques. Entre les fenêtres, sur l'extérieur du mur, apparaissent des images divines sculptées, assez endommagées ; certaines n'auraient jamais été terminées.

Le temple de Mallikarjuna jouxte immédiatement au S. le temple de Kashivishvanath. Cependant, il est préférable de visiter tout d'abord celui de Virupaksha : les deux édifices présentent en effet la même structure, celui de Virupaksha étant plus imposant et mieux conservé. Strictement contemporains, ils furent tous deux construits sur l'ordre des deux épouses de Vikramaditya II (733-743) pour célébrer la prise de Kanchi, capitale des Pallavas, par le roi. Sur le porche N. du temple de Virupaksha, une inscription rappelle l'événement ainsi que le nom de l'architecte responsable de ces merveilles, Gunda. On peut également voir, immédiatement au N., une colonne au fût octogonal : un long texte rappelle les exploits des règnes de Vijayaditya II (r. 696-733) et de Vikramaditya (r. 733-743).

Le temple de Kashivishvanath

Au S.-O. du précédent.

L'élévation de l'édifice (fin VIIIe s.) est particulièrement remarquable : le **shikara** est strié verticalement de cinq bandeaux décoratifs – dans ceux des angles, belle alternance de motifs en fer à cheval et d'amalakas –, qui prolongent les décrochements des murs extérieurs du sanctuaire. Le haut des murs extérieurs porte une **frise décorative** où alternent monstres et pendentifs en bijoux.

L'**intérieur du mandapa** se signale par une abondante décoration sculptée : scènes de la mythologie de Shiva et de Krishna en haut des colonnes tandis qu'au plafond se déploient neuf panneaux où apparaissent des figures shivaïtes ; au plafond du sanctuaire, une énorme fleur de lotus sculptée.

Le temple de Virupaksha***

C'est incontestablement le plus bel édifice du site et une des réussites de l'art des Chalukyas.

L'enceinte est délimitée par un mur bordé du côté intérieur d'une série de niches destinées à recevoir des statues. Le mur N. s'étant écroulé, c'est par cette brèche que les visiteurs sont aujourd'hui invités à découvrir l'édifice.

Le mur E. abrite le **porche principal** gardé par deux dvarapalas monumentaux ; il ouvre sur la rivière Malprabha qui borde le site.

Dans la cour, un colossal Nandi s'abrite dans un pavillon richement orné de sculptures où les motifs ornementaux côtoient êtres célestes, couples d'amoureux ou gracieuses jeunes filles.

Le temple lui-même est composé d'un mandapa, ouvrant par un porche sur trois côtés, et d'un sanctuaire de plan carré surmonté d'une **tour** à trois étages typiquement dravidienne. Elle est conservée entièrement jusqu'au pot de pierre sommital qui s'élève à plus de 17 m du sol, ce qui fait de Virupaksha le plus haut des édifices connus laissés par les Chalukyas.

L'extérieur. Il porte une parure composée de 35 statues de grande taille dont certaines sont d'indéniables chefs-d'œuvre. Commençant par le porche E., vous tournerez ensuite dans le sens des aiguilles d'une montre.

Le **mur E.** : le porche est flanqué à g. d'un Shiva surgissant de son lingam et à dr. d'un Vishnou Trivikrama, lançant la jambe vers le ciel ; ils sont surmontés de motifs décoratifs particulièrement soignés de makaras et d'êtres célestes.

Le **mur S. du mandapa** : le 1er relief montre un étourdissant **Shiva dansant** accompagné d'un minuscule Nandi ; la niche abrite Shiva et Parvati. Le porche S. porte *(pilier de g.)* un Ravana aux 20 bras ébranlant le mont Kailash, demeure de Shiva et Parvati. Viennent ensuite trois épisodes du *Ramayana* : le combat opposant le roi des singes Sugriva à son demi-frère Bali qui lui a volé le trône ; Ravana conduisant l'enlèvement de Sita et *(angle S.-O. du*

L'enlèvement de Sita

Dépossédé de son royaume d'Ayodhya, Rama est contraint à l'exil. En compagnie de son épouse Sita et de son frère Lakshmana, il mène une vie d'ascète au plus profond des forêts. Dans ces solitudes, Suparnakha, sœur de Ravana, roi des démons de Lanka, se présente à lui pour lui déclarer sa flamme. Éconduite, elle tente de tuer Sita sa rivale, mais Rama intervient et tranche le nez et les oreilles de l'ogresse qui, ainsi défigurée, s'en va demander vengeance à son frère. Le roi de Lanka dépêche 14 000 guerriers contre Rama, mais tous ou presque sont massacrés. Convaincu de l'inutilité de la force, Ravana décide d'employer la ruse. Manicha, démon de sa cour, se transforme en biche d'or tachetée d'argent et apparaît devant l'ermitage de Rama qui se lance à sa poursuite confiant la garde de Sita à son frère. Le vaillant chasseur ne tarde pas à forcer la bête et lui décoche une de ses flèches. Au moment de mourir, l'animal crie, contrefaisant la voix de Rama. Croyant son frère en danger, Lakshmana se précipite, laissant Sita seule et sans défense. Ravana surgit alors, s'empare d'elle, la jette sur son char et l'emporte au loin dans son royaume de Lanka (Ceylan). La longue quête de Rama à la recherche de son épouse va commencer.

Ces épisodes du « Livre de la forêt », chapitre du ***Ramayana***, sont représentés sur les murs des temples de Papanath et de Virupaksha.

Sur le chantier du temple de Virupaksha furent convoqués les meilleurs artistes du temps. Certains eurent à cœur de graver leur nom dans la pierre : l'architecte, mais aussi de nombreux sculpteurs qui laissèrent leur signature auprès des statues qui composent l'extraordinaire parure ornant l'édifice.

mandapa et du sanctuaire) Rama bandant son arc contre la biche dorée de la légende ; au-dessus de cette dernière scène, Lakhsmana, frère valeureux de Rama, résiste aux séductions de la sœur de Ravana *(→ encadré)*.

L'**extérieur du sanctuaire** : les trois murs s'ornent exclusivement de différentes formes de Shiva.

Le **mur N. du mandapa** : l'extrémité O. du mur présente un splendide Shiva au tambour appuyé sur son fidèle Nandi. Le **porche N**. mérite également l'attention : les dvarapalas sont particulièrement réussis, avec leur somptueuse parure de bijoux et leur face effrayante aux yeux exorbités ; sur le pilier de g., Vishnou est représenté chevauchant Garuda : il vole au secours de l'éléphant Gajendra menacé d'être dévoré par un crocodile.

Cette scène, du sauvetage de Gajendra par Vishnou, fréquemment représentée dans les temples d'Inde du Sud, est connue sous le nom *Gajendra moksha*.

De retour au porche E., vous entrerez à présent à l'intérieur du temple.

L'intérieur. Dans le passage qui donne accès au mandapa, le plafond présente un **relief** de Surya, accompagné de ses deux épouses, Aurore et Crépuscule, brandissant dans chaque main une fleur de lotus. Le mandapa, faiblement éclairé par des fenêtres finement ouvragées, est soutenu par 18 piliers dont les faces sont ornées de registres de minutieuses **scènes historiées** empruntées pour la plupart aux deux grandes épopées indiennes : ainsi, sur la 3e colonne à g. de l'allée centrale, plusieurs épisodes du *Mahabharata*, notamment la mort du Bhishma, et sur le pilier en avant du sanctuaire à g., le barattage de l'océan de Lait.

Bhishma, grand-père des Pandavas et commandant des armées ennemies, fut transpercé par Arjuna de tant de flèches que l'on ne pouvait glisser deux doigts entre elles et que son corps ne pouvait reposer sur le sol ; malgré ses blessures, il survécut 58 jours, veillé par ses fidèles auxquels il ne cessa de prodiguer son enseignement : dévotion, fidélité et sacrifice de soi.

Les couples d'amoureux qui figurent à la **base des pilastres** sont particulièrement séduisants tout comme la **frise d'éléphants** qui accompagne la partie supérieure de l'allée centrale.

Une petite **chapelle** en avant du sanctuaire *(côté dr.)* abrite une remarquable **statue de Durga** qui, sous sa forme de Mahishasuramardini, tue le démon-buffle : sa puissance d'expression, la grâce hautaine et toute féminine de la déesse, le corps brisé du démon en font un des chefs-d'œuvre de la sculpture des Chalukyas. Le **sanctuaire**, dont le porche est magnifiquement ouvragé, est entouré d'un déambulatoire.

■ Le temple de Mallikarjuna

Construit par la plus jeune épouse du roi pour célébrer la victoire de son époux à Kanchi, il est de dimension plus modeste que son modèle, le temple de Virupaksha, et resta inachevé. On verra principalement, à l'intérieur du mandapa, les frises d'éléphants de l'allée centrale et les couples d'amoureux à la base des pilastres contre les murs latéraux.

■ Le temple de Papanath*

Franchir le porche E. du mur d'enceinte du temple de Virupaksha, puis suivre à dr. la rive de la Malprabha ; le temple se trouve à 200 m.

Signalé par un shikara de style nagara, ce temple appartient aux ultimes années du règne des Chalukyas. Probablement construit sous Kirtivarman (743-753), dernier souverain de la lignée, l'édifice se singularise par un double mandapa et par une série de reliefs mettant en scène des épisodes du *Ramayana*.

Le porche E. Les **piliers** qui encadrent le podium portent deux reliefs particulièrement remarquables : à g., le couronnement de Rama ; à dr., Arjuna conduisant la bataille sur son char dirigé par Krishna, deux scènes qui concluent les épisodes du *Ramayana* et du *Mahabharata*. À la **base du podium**, vous remarquerez également les éléphants et les lions, traités de manière particulièrement dynamique.

Avant d'y entrer, on fera le tour du mur d'enceinte pour en découvrir les reliefs qui l'ornent.

Le mur S. Il présente des scènes du *Ramayana (à lire d'O. en E.)*. Parmi elles, on reconnaîtra, à partir du décrochement entre les deux mandapas, les épisodes liés au séjour de Rama et de Sita dans la forêt : la chasse à la biche dorée, Rama et Lakhsmana combattant les démons, Ravana aux 20 bras sur son char... Le cycle se termine par le couronnement de Rama, sur le porche principal. Des textes gravés explicitaient les scènes du *Ramayana* représentées ; quelques sculpteurs ont également laissé leur nom.

Le mur N. Sur le mur du premier mandapa, quelques épisodes du *Mahabharata* : Shiva et Arjuna décochant leurs flèches contre un ours, Shiva et Parvati sur le taureau Nandi tendant une hache magique à Arjuna.

Revenu devant le porche E., vous entrerez à l'intérieur de l'édifice.

Le 1er mandapa. Il présente la disposition déjà rencontrée dans le temple de Virupaksha : 16 colonnes en 4 rangées et des pilastres appuyés contre les murs, avec cependant, une particularité : l'effigie de Nandi, monture de Shiva, généralement à l'extérieur, fait face au porche d'entrée. Cette singularité laisse penser que le mandapa extérieur fut ajouté ultérieurement au plan initial qui présentait, comme dans tous les temples de Pattadakal, un sanctuaire précédé d'un mandapa unique. Cette extension respecte le style initial et s'intègre si parfaitement qu'elle resterait indécelable sans la statue de Nandi. Les parties supérieures de l'allée centrale sont particulièrement remarquables : lions rugissants et yalis, figures de monstres émergeant de motifs floraux, tandis qu'au plafond figure un Vishnou reposant sur le serpent Shesha, ainsi qu'un naga enroulé sur lui-même. À la base des pilastres, des couples d'amoureux dont les personnages masculins présentent des coiffures hautes et savantes.

On franchit un **porche** gardé par deux dvarapalas à la somptueuse parure.

Le 2e mandapa. Plus petit, il est soutenu par quatre piliers. Au plafond, un splendide Shiva dansant en compagnie de Parvati – une des plus belles sculptures de l'ensemble du site –, ainsi qu'un naga brandissant des fleurs de lotus.

4 Aihole★★

Situation : à 44 km E. de Badami.

La cité en bordure de la rivière Malprabha fut peut-être, avant Badami, la première capitale de la dynastie chalukya. On y trouve ainsi la plus ancienne construction maçonnée connue, le temple de Meguti, aujourd'hui très abîmé. Entourée de murs dont on aperçoit encore des vestiges, Aihole, autrefois centre de commerce très actif qui lui valut cette abondante parure architecturale, n'est plus aujourd'hui qu'un modeste hameau.

Le temple de Durga était à l'origine consacré à Surya. Le mot « Durga » fait référence ici à un fort et non au nom de la terrible déesse.

Le complexe archéologique★★

Site ouv. 6 h-19 h ; musée 9 h-17 h, f. ven. ; entrée payante.

Le temple de Durga fut construit sur un plan absidial qui évoque les chaityas, ces chapelles bouddhistes qui continuaient alors de se dresser dans la région. Il est surmonté d'un shikara aux arêtes curvilignes, typique du style nagara.

Le **temple de Durga**★★ (2e moitié du VIIe s.) s'ouvre par un porche encadré de piliers, ornés d'êtres célestes *(mithuna)*. Sur le **mur extérieur** du sanctuaire, entre les fenêtres ouvragées, une série de reliefs de divinités comptent parmi les meilleures œuvres de la période chalukya. En suivant le sens des aiguilles d'une montre, on découvrira successivement Shiva et son taureau Nandi, Narasimha, Vishnou, Vahara, Durga et Harihara. Les **plafonds** conservent une partie de leur décoration sculptée, les plus beaux panneaux se trouvant aujourd'hui au musée national de Delhi.

Consacré à l'origine à Surya – comme le laisse supposer l'édicule au sommet, où apparaissent les images de Vishnou et de Surya –, le temple de Ladkhan fut par la suite dédié à Shiva. Il porte depuis des siècles le nom d'un noble musulman qui y avait élu domicile et l'avait transformé en palais. Certains spécialistes voient dans le plan du temple de Ladkhan l'influence des constructions de bois contemporaines qui ne sont pas parvenues jusqu'à nous.

Le **temple de Ladkhan**★ (fin VIIe s.) présente un plan inédit, témoignage de l'inventivité des architectes de l'époque et de la diversité des influences mises à leur disposition par les conquêtes de leur souverain. Au-delà du porche, l'ensemble repose sur un carré, où prend place le mandapa. En avant des piliers du porche, on retrouve les images de couples d'amoureux accompagnés des personnifications des fleuves sacrés du N., Ganga et Yamuna. La **salle** est rejetée aujourd'hui sur le rebord O. de l'édifice, un ajout postérieur, tout comme le Nandi, au centre.

Le **musée archéologique** abrite une représentation des **saptamatrika** *(salle 2)*, et surtout une merveilleuse **ambika** du VIIe s. *(salle 1)*, dont la grâce et le modelé des membres rappellent en écho des canons de l'art grec, transmis à l'Inde par les successeurs d'Alexandre le Grand.

Le temple de Huchimalli

300 m au N. du complexe de Durga.

Signalé par son shikara emblématique du style du N., l'amalaka de pierre qui le coiffait ayant disparu, ce temple (début VIIe s.) fut sans doute dédié à Subramaniya (Karttikeya), un des fils de Shiva : en effet, le plafond du porche est décoré d'un **médaillon** représentant la divinité et sa monture, le paon. On remarquera également l'élégante série de **vases d'abondance** qui ornent la balustrade du porche, ainsi que les **fenêtres ouvragées** qui filtrent la lumière vers l'intérieur du sanctuaire.

Le temple de Ravula Phadi*

100 m au S. du précédent.

Il s'agit d'un temple rupestre (fin VIe s.), contemporain des grottes de Badami. Dans l'**antichambre**, du côté dr., une remarquable composition illustre le thème du **Gangadhara** (*→ encadré*) ; à ses côtés figurent Parvati et Bhagirath, le roi qui se fit ascète pour implorer le dieu. Le mandapa ouvre sur trois sanctuaires sur chacun des côtés ; la **chapelle de g.** conserve un splendide **Shiva Nataraja** à 10 bras, qui entraîne dans sa danse les saptamatrikas. De part et d'autre de la chapelle principale figurent Varaha et Durga.

Deux dvarapalas gardent l'entrée, revêtus d'un costume étranger : ils portent en effet une tunique « scythe », seul exemple connu de ce type chez les Chalukyas.

Le temple de Hucchapayya

200 m au S. du temple de Durga.

Ce temple (fin VIIe s.), présente la disposition classique de cette période ; un porche, un mandapa et un sanctuaire surmonté d'un shikara de style nagara. Le **porche** est orné de séduisants couples d'amoureux, malheureusement assez érodés par le temps ; on peut néanmoins encore voir un Shiva trônant en compagnie d'être célestes. Les plus beaux médaillons qui ornaient le plafond du mandapa sont aujourd'hui déposés au musée Prince of Wales de Bombay.

Shiva Gangadhara

Sagara, roi d'Ayodhya, désespérait de ne pas avoir de fils. Conformément à la prédiction du sage Bhrigu, la plus âgée des deux épouses du roi engendra un fils, Ansuma, tandis que l'autre mit au monde une calebasse d'où sortirent 60 000 enfants. Pour célébrer l'événement, Sagara décida d'un ***ashvameda*** (*→ encadré p. 315*), qui devait lui assurer la puissance et la gloire. Or Indra, craignant pour son propre pouvoir, vola le cheval destiné au sacrifice. Aussitôt, le roi envoya ses 60 000 fils fouiller le monde pour retrouver l'animal. Ils firent tant et si bien qu'ils mirent la terre sens dessus dessous. Voyant la création menacée, Vishnou réduisit les fils du roi en cendres.

Ansuma, parti à la recherche de ses frères, retrouva les cendres des infortunés, privées de rites funéraires. « Seules les eaux de Ganga qui réside au ciel pourraient leur assurer le ciel », prédit alors un prêtre. Trente mille ans passèrent, au cours desquels Sagara réfléchit au moyen de convaincre Ganga de venir baigner la terre. Ansuma succéda à Sagara, puis Dilipa à Ansuma. Le fils de Dilipa, Bhagirath, désespérait comme son ancêtre de ne pas avoir de fils. Il s'imposa une ascèse sévère qui lui attira les grâces de Brahma : le dieu lui accorda une progéniture et promit d'ordonner à la déesse Ganga de venir baigner les cendres des fils de Sagara. Encore fallait-il que Shiva accepte de recevoir dans sa chevelure les flots de l'impétueuse déesse. Durant une année, Bhagirath implora le dieu, demeurant immobile, bras tendus vers le ciel, debout sur un orteil. Touché par sa dévotion, Shiva accéda à la requête du roi.

Bangalore

Situation : à 139 km N. E. de Mysore, 187 km O. de Hassan, 337 km S. de Hospet.

4 300 000 hab.

Capitale du Karnataka.

☏ 080

ⓘ Government of India Tourist Office, KTC Building, 48 Church St. ☏ 558.54.18 ; ouv. 9 h 30-18h, sam.-dim. 9 h 30-13 h.

ⓘ Karnataka Tourism, F Block, Cauvery Bhavan, Kempe Gowda Rd ☏ 221.54.89 ; www.karnatakatourism.org

Gare ferroviaire : City Railway Station (A1-2) ☏ 131. Liaisons directes avec Calcutta, Madras, Delhi, Goa, Hampi, Hyderabad, Bombay, Mysore, Madurai et Tirupati.

🚌 A-B1-2.

✈ aéroport : 10 km N.-E. ; liaisons avec Madras, Cochin, Delhi, Goa, Hyderabad, Calcutta, Bombay ; liaisons internationales : Colombo, Francfort, Kathmandou, Singapour. Air India, Unity B. J. C Rd ☏ 227.77.47 • Indian Airlines, B-9 Cauvery Bhavan, Kempe Gowda Rd ☏ 141 • Lufthansa, 44/2 Dickenson Rd ☏ 558.77.40.

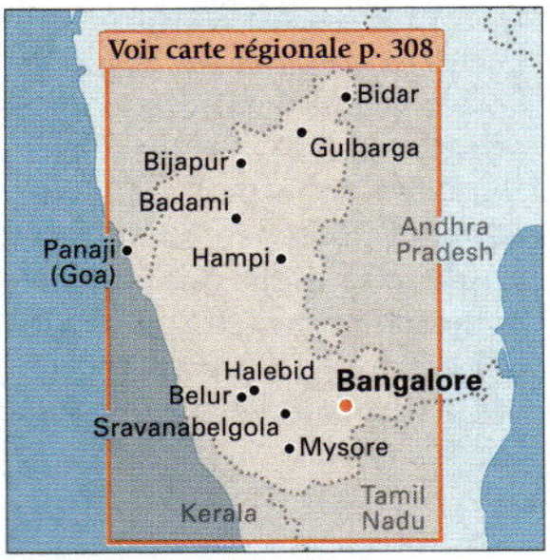

Depuis le début des années 1990, Bangalore est devenue, dans les magazines économiques du monde entier, la Silicon Valley indienne, la capitale de l'informatique indienne. La physionomie de la ville en a été bouleversée : en 20 ans, sa population a plus que doublé, grâce notamment à l'afflux de jeunes diplômés venus de toute l'Inde, qui en ont fait la métropole la plus cosmopolite du pays : le kannada, langue officielle du Karnataka, n'est plus parlé que par une minorité d'habitants. Aux nouveaux arrivants, la ville offre des opportunités professionnelles, mais aussi un cadre de vie agréable et occidentalisé, où les contraintes sociales sont plus souples qu'ailleurs. La capitale du Karnataka est devenue la ville des pubs à l'anglaise où les jeunes actifs viennent se retrouver autour d'une bière tirée à la pression, le *nec plus ultra* du *Bangalore way of life*.

Pour les visiteurs étrangers, Bangalore présente peu d'intérêt. Son aéroport international en fait, en revanche, une porte d'entrée possible en Inde du Sud, grâce à des vols directs depuis l'Europe assurés par la compagnie Lufthansa. Grâce à ses excellentes possibilités hôtelières, la ville offre une étape reposante sur les routes de l'Inde du Sud.

Bangalore dans l'histoire

Bangalore (« ville du haricot », de *bangalu*) fut fondée en 1537 : un vassal des rois de Vijayanagar y éleva une forteresse à l'intérieur de laquelle il favorisa le développement du commerce et de l'artisanat. Elle passa ensuite aux mains des sultans de Bijapur, puis dans celles des Moghols à la fin du XVIIe s. De 1759 à 1763, elle fut l'éphémère capitale de Haidar Ali, avant d'être conquise par les Britanniques. C'est sous la tutelle coloniale que Bangalore prit la physionomie qui a fait sa renommée, celle d'une agréable cité-jardin dont les 1 000 m d'altitude tempèrent les ardeurs de la saison chaude. La ville devint le refuge des administrateurs britanniques qui y prenaient leurs quartiers d'été. En 1881, elle fut rendue au maharaja de Mysore jusqu'à l'indépendance.

À ne pas manquer

Capitale de l'Inde high-tech

Dès avant l'indépendance, Bangalore s'imposa comme un centre technologique de premier plan. En 1911 fut fondé un Institut des sciences, pépinière de savants qui reste un des plus importants établissements de ce genre dans le pays. Durant la Seconde Guerre mondiale, les Britanniques installèrent des ateliers de réparation pour leur aviation militaire, donnant naissance à l'industrie aéronautique qui contribua au développement de la ville après l'indépendance. Après 1947, le gouvernement de Nehru y favorisa l'implantation d'industries électroniques : « C'est à Bangalore que se façonne le futur de notre pays », aimait à rappeler le premier dirigeant de l'Inde indépendante.

C'est aujourd'hui par centaines que se comptent les entreprises fournissant les grands groupes internationaux en logiciels, gérant leurs tâches informatiques, se chargeant de leurs centres d'appel. Certaines d'entre elles se sont hissées dans le peloton de tête mondial du secteur, comme Infosys, fondée modestement en 1981 et qui, en 1999, a été la 1re entreprise indienne à être cotée au Nasdaq de la Bourse de New York. Pour le gouvernement traditionaliste hindou conduit par A. Vajpayee, Bangalore était une des vitrines de l'Inde qui réussit, de l'*India Shining* qui servit de slogan à sa campagne électorale d'avril 2004. Sa spectaculaire défaite a rappelé que l'immense majorité des Indiens restaient exclus de cette croissance.

La capitale de l'informatique indienne est désormais concurrencée par Hyderabad, tandis que se développent des pôles d'activité informatique au Tamil Nadu et dans le Kerala. Ainsi, les nouvelles technologies seraient devenues une spécialité des États du Sud, où certains analystes et hommes politiques voudraient voir un modèle de développement pour l'Inde du IIIe millénaire.

Visiter Bangalore

■ Le Government Museum C2

Ouv. 10 h-17 h ; f. lun.

Fondé en 1866, c'est l'un des plus anciens musées de l'Inde. Ces collections modestes ne vous demanderont guère plus de 1 h de visite.

Sculptures. On y verra des œuvres réalisées sous la dynastie des Hoysalas, dans le style orné caractéristique de cette période : ainsi, la **statue de Surya**, provenant de Halebid paré d'une somptueuse coiffe, ou les pittoresques représentations des **saptamatrikas**. Voir également un beau **Krishna** appartenant à

Le Government Museum ouvre sur Cubbon Park autour duquel se dressent quelques-uns des plus imposants édifices laissés par les Britanniques : la High Court, achevée en 1864, et la Public Library (bibliothèque) avec, au N.-E. de la place, la statue de la reine Victoria et celle d'Édouard VII. Face à la High Court, le Vidhana Soudha, imposante construction de style néodravidien, fut érigé en 1954 pour abriter le Parlement de l'État du Karnataka et son gouvernement.

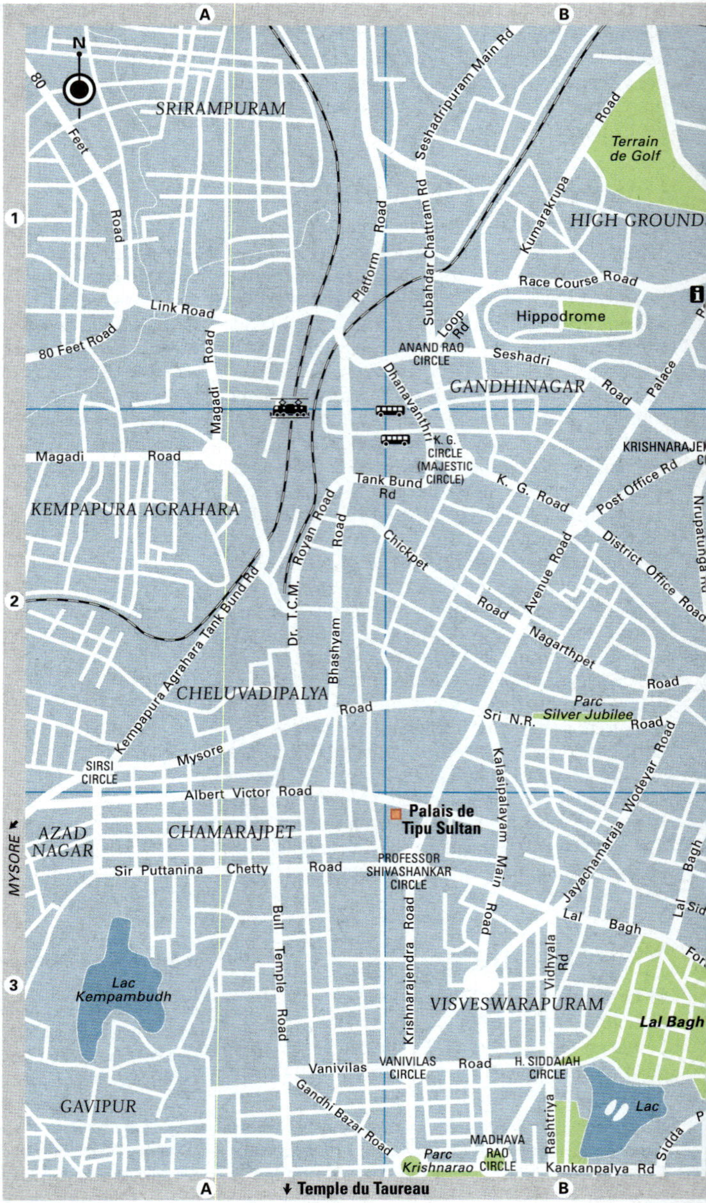

SRIRAMPURAM
Terrain de Golf
HIGH GROUND
Race Course Road
Hippodrome
Link Road
80 Feet Road
Magadi Road
Seshadripuram Main Rd
Subahdar Chattram Rd
Platform Road
Kumarakrupa Road
Loop Rd
ANAND RAO CIRCLE
Seshadri Road
GANDHINAGAR
Palace Road
Dhanavanthri
K. G. CIRCLE (MAJESTIC CIRCLE)
KRISHNARAJE
Tank Bund Rd
K. G. Road
Post Office Rd
KEMPAPURA AGRAHARA
Royan Road
Chickpet Road
Avenue Road
District Office Road
Nrupatunga
Kempapura Agrahara Tank Bund Rd
Dr. T.C.M.
Bhashyam Road
Nagarthpet Road
CHELUVADIPALYA
Mysore Road
Sri N.R. Road
Parc Silver Jubilee
SIRSI CIRCLE
Albert Victor Road
Palais de Tipu Sultan
AZAD NAGAR
CHAMARAJPET
Jayachamaraja Wodeyar Road
MYSORE
Sir Puttanina Chetty Road
PROFESSOR SHIVASHANKAR CIRCLE
Kalasipalayam Main Road
Bull Temple Road
Krishnarajendra Road
Lal Bagh Road
Lac Kempambudh
Vidhyala Rd
VISVESWARAPURAM
Lal Bagh
Vanivilas Road
VANIVILAS CIRCLE
H. SIDDAIAH CIRCLE
GAVIPUR
Gandhi Bazar Road
Lac
Rashtriya
Parc Krishnarao
MADHAVA RAO CIRCLE
Kankanpalya Rd
Sidda
Temple du Taureau

Bangalore

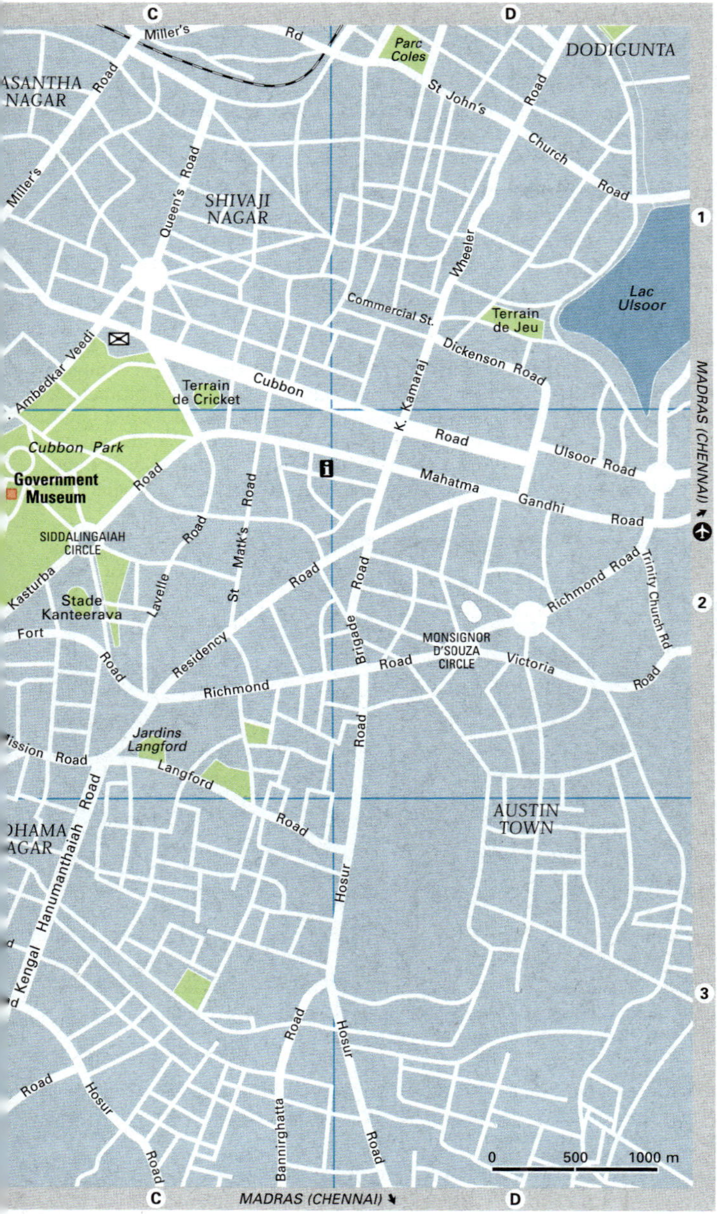
C
D
Miller's
Rd
Parc Coles
DODIGUNTA
ASANTHA NAGAR
Road
St John's
Church
Road
Miller's
Queen's Road
SHIVAJI NAGAR
1
Wheeler
Lac Ulsoor
Commercial St.
Terrain de Jeu
Dickenson Road
Ambedkar Veedi
Terrain de Cricket
Cubbon
K. Kamaraj
MADRAS (CHENNAI)
Road
Cubbon Park
Ulsoor Road
Government Museum
Road
Mahatma
Gandhi
Road
St Matk's Road
SIDDALINGAIAH CIRCLE
Road
Richmond Road
Trinity Church Rd
Kasturba
Road
Brigade Road
2
Stade Kanteerava
Lavelle
Fort
MONSIGNOR D'SOUZA CIRCLE
Road
Residency
Road
Victoria
Road
Richmond
Road
Jardins Langford
Mission Road
Langford
Road
Road
AUSTIN TOWN
DHAMA NAGAR
Hanumanthaiah
Hosur
Kengal
3
Road
Road
Hosur
Hosur
Bannirghatta
Road
Road
0
500
1000 m
MADRAS (CHENNAI)

Bangalore

la période des Chalukyas (Xe s.). Dans la 2e section du r.-d.-ch., une **stèle** de héros fut exécutée vers 890 sous la dynastie des Gangas : on y découvre, fait rare, la représentation d'une bataille navale.

Peinture. La section expose une collection de **miniatures** des différentes écoles indiennes ; le Rajasthan est particulièrement à l'honneur avec les délicieuses miniatures de Kangra, ainsi que l'école moghole. Les peintures de Mysore et de Tanjore, reconnaissables à leurs couleurs vives, sont également représentées.

■ Le palais de Tipu Sultan (Tipu Sultan Palace) B3

Vis. 9 h-17 h ; entrée payante.

Ce palais, construit en 1791 par le maître de l'État de Mysore, est un pavillon dans le style persan, décoré de nombreuses niches et d'ornements de plâtre sculpté et peint.

■ Le Lal Bagh* B3

Ouv. 9 h-19 h ; entrée libre.

Ce « jardin du Rubis » ou « jardin Rouge » fut créé par Haidar Ali et complété par son fils Tipu Sultan dans la 2e moitié du XVIIIe s. Au cours d'une promenade agréable et rafraîchissante, on découvrira d'importantes collections de plantes de la flore tropicale et subtropicale de l'Inde qui voisinent avec des espèces importées de Perse et d'Europe, et une grande roseraie. Le parc possède également une pépinière où viennent s'approvisionner les habitants de la ville *(ouv. 9 h 30-17 h 30)*.

Au centre du Lal Bagh, s'élève un pavillon de fer et de verre, construit en 1889 sur le modèle du Crystal Palace de Londres.

En bordure du parc, un monticule rocheux est considéré comme une des plus anciennes formations géologiques au monde : les spécialistes ont estimé son âge à 3 milliards d'années.

■ Le temple du Taureau (Bull Temple) h. pl. par A3

Érigé au XVIe s. dans le style dravidien, le temple du Taureau, l'un des plus anciens temples de la ville, abrite un énorme **Nandi** monolithe qui fait l'objet d'une grande vénération parmi les habitants de Bangalore.

Belur★★★ et Halebid★★★

Cette étape au cœur du Karnataka vous permettra de découvrir le plus orné des styles de l'Inde, celui des Hoysalas, qui, entre les XIe et XIIIe s., couvrirent de temples leurs États. Et comme si des murs droits ne suffisaient pas à satisfaire leur goût immodéré pour la sculpture, ils conçurent des plans en étoile, multipliant ainsi les surfaces destinées à recevoir une parure sculptée. Ils hissèrent même leurs constructions sur de hauts podiums dont les bases étaient striées de registres où se déployaient, en longues frises, les scènes des grandes épopées ou de somptueux cortèges de chevaux et d'éléphants. Quant aux sculptures elles-mêmes, figures de divinités ou motifs décoratifs, leur minutie évoque le travail de l'ambre et de l'ivoire, dont on sait qu'il fut florissant dans le royaume.

Situation : Hassan est à 187 km E. de Bangalore, 115 km S.-E. de Mysore, 275 km N. de Hospet.

Hassan : 118 000 hab.

☎ **08172**

ℹ **à Hassan : Yatri Nivas Compound, Race Course Rd ☎ 68.862.**

À ne pas manquer

Mode d'emploi

Accès : Hassan, point de départ idéal pour la visite des temples de Belur et Halebid, est accessible par train depuis Mysore et Bangalore.

Hébergement : des hôtels confortables à Hassan.

Combien de temps : 1 j. entier totalisant 100 km env. depuis Hassan sur de petites routes de campagne. Prévoir un minimum de 3 h pour le seul trajet.

En chemin, vous pourrez également visiter le temple de **Doddagadavali**, situé entre Hassan et Belur.

Se déplacer : des services réguliers de bus relient Hassan, Sravanabelgola, Belur et Halebid. Du fait de la longueur du trajet, ils ne permettent pas néanmoins d'effectuer cette promenade en 1 j. Il faut alors prévoir de passer la nuit à Belur ou à Halebid, dans des conditions d'hébergement très sommaires. Le plus confortable est de louer les services d'un taxi pour 1 j. à partir de Hassan.

Pour trouver rapidement un nom de lieu ou de personnage ou encore un mot-clé, consultez l'index en fin de volume.

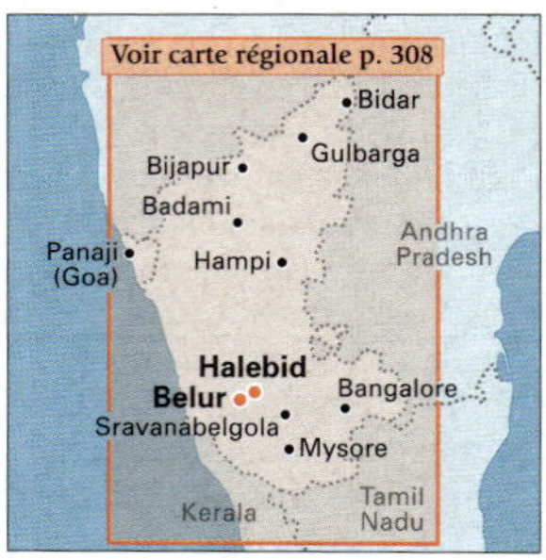

L'art des Hoysalas

▲ **Narasimha est l'une des figures les plus fréquemment représentées par les sculpteurs indiens : cet avatar de Vishnou, mi-lion mi-bête, déchira de ses crocs et de ses griffes le démon qui l'avait défié. Il est considéré dans le sud de l'Inde comme le protecteur de la famille.**

Du XIe au XIIIe s., les territoires de l'actuel Karnataka se sont couverts de temples dressés par les maîtres du pays, les rois hoysalas. Une véritable frénésie de construction, puisque les spécialistes ont recensé 648 temples construits durant les quelque 300 ans de l'existence du royaume des Hoysalas : chaque année, deux temples voyaient le jour. Cette extraordinaire efflorescence artistique supposait de considérables ressources financières et aussi un nombre d'artistes et d'artisans suffisant pour permettre de conduire simultanément plusieurs chantiers.

▲ **La période hoysala a développé un type architectural et un style inconnus ailleurs. Hissés sur de hauts podiums, les temples présentent un plan en étoile, comprenant plusieurs sanctuaires, chacun surmonté de leur propre superstructure de forme pyramidale.**

Des rois bâtisseurs

La fondation d'édifices religieux était essentiellement une prérogative royale, un sacrifice offert aux dieux pour assurer la prospérité du royaume que vantent avec lyrisme les nombreuses inscriptions gravées sur les murs des temples. Avec les ressources provenant des riches terres agricoles entre Tungabadhra et Kaveri, les conquêtes étaient le gage de cette prospérité. Ainsi, intermédiaire entre les dieux et les hommes, le roi, lui-même d'essence divine, s'assimilait au dieu Vishnou, celui qui conquit l'univers en trois pas de géant. Du reste, les soldats de la garde royale étaient nommés *garuda*, du nom de la monture traditionnelle du dieu. La fondation d'un temple s'accompagnait de dotation de terres pour l'entretenir, ce qui permettait, en outre, de peupler et de sécuriser les territoires nouvellement conquis. Le roi, cependant, n'était pas le seul à financer la construction de temples : des inscriptions mentionnent le nom de généraux et de dignitaires de la cour, et même de riches commerçants, tels ces deux associés qui financèrent le grand temple de Hoysaleswara, à Halebid.

Les artistes du royaume

L'étude des monuments hoysalas, et des milliers d'inscriptions figurant sur leurs murs, a permis de jeter un éclairage passionnant sur la société des artistes du temps. Car, ici, les œuvres sont signées

▲ **Sur la plupart des temples Hoysalas apparaît cette figure d'un homme aux prises avec un fauve. C'est le roi Sala, fondateur mythique de la dynastie, qui tua l'animal féroce qui terrorisait des ascètes jaïns. L'un d'eux lança au roi : « *Hoy*, Sala » (« Frappe, Sala »), donnant ainsi son nom à la dynastie.**

par leurs auteurs. On a relevé ainsi une centaine de noms, certains, ceux des artistes les plus célèbres, se retrouvant sur plusieurs temples du royaume. Ainsi, le sculpteur Dasoja a laissé son nom sur ses œuvres à Belur, Halebid et Sravanabelgola. Il faut alors imaginer ces maîtres se déplaçant, à la tête de leur atelier, de chantier en chantier à travers le royaume. Mais, pour la plupart, les signatures n'apparaissent qu'une fois ; on suppose alors que les artistes restaient attachés au temple pour en assurer l'entretien, moyennant une dotation de terres octroyées par le souverain. Ces signatures ont également révélé que les artistes n'étaient pas, loin s'en faut, tous originaires du royaume, mais venaient de toute l'Inde du Sud, du royaume des Chalukyas de Kalyani au N., du pays tamoul, ou encore des régions situées dans l'actuel Andhra Pradesh. Architectes et maîtres d'œuvre laissèrent de même leurs noms gravés dans la pierre. Fierté d'un beau travail accompli sans doute, ces signatures étaient aussi une manière de rappeler, pour l'éternité, le nom de ses serviteurs à la divinité.

■ Un style unique

De la base jusqu'au sommet, l'extérieur est divisé en bandes horizontales superposées qui offrent une surface d'autant plus importante à la décoration sculptée. À l'intérieur, les mandapas sont ornés de colonnes très caractéristiques de schiste soigneusement poli, annelées comme si elles avaient été façonnées au tour. Les murs sont percés de fenêtres de pierre ajourée, comme les jalis des palais et des riches demeures. La sculpture des Hoysala est tout aussi caractéristique : les personnages sont dotés de visages potelés, aux yeux assez petits – particularité quasi unique dans l'art de l'Inde –, un éternel sourire aux lèvres, la chevelure bouclée en forme de coquille d'escargot. Ils sont coiffés de couronnes monumentales, semblables aux tours surmontant les sanctuaires. Autres figures propres à l'art hoysala, les madanikas, gracieuses jeunes filles servant de consoles entre la base du toit et le haut du mur.

▲ **Grâce au schiste tendre et facile à travailler, et influencé peut-être par le travail de l'ivoire et de l'ambre, l'art hoysala est l'un des plus ornés de l'Inde.**

1 Le temple de Doddagaddavali*

Situation : à 16 km N. de Hassan. Service de bus depuis Hassan, se rens. sur les horaires de retour.

À quelques kilomètres de la route de Hassan, au milieu de jolis paysages agricoles, le petit bourg conserve à sa lisière un temple hoysala dont la visite justifie le détour. Il fut achevé en 1112, grâce aux libéralités d'un riche marchand, et dédié à l'origine à Vishnou.

Visite : demandez le gardien qui loge à proximité du temple.

Les murs extérieurs, contrairement aux grands temples de cette époque, sont quasiment dépourvus de toute décoration. Seuls attirent le regard les élégants **shikharas** qui surmontent les divers temples, et au centre desquels se dresse une représentation particulièrement plaisante de l'emblème des Hoysalas : le roi Sala aux prises avec le fauve de la légende.

À l'intérieur, 4 sanctuaires ouvrent sur un mandapa central dont les 16 colonnes témoignent de l'art des sculpteurs hoysalas. Ce temple est connu pour les dvarapalas qui flanquent l'entrée du sanctuaire de Kali (au N.) : deux hautes figures de **monstres**** décharnés, aux traits particulièrement repoussants, qui sont le seul exemple de ce type connu. Cette chapelle était dédiée à l'origine à Vishnou, comme en témoigne au linteau le relief de Narasimha, un des avatars du dieu. Les autres chapelles sont dédiées à Bhuthanatha (Shiva seigneur des Esprits), à Bhairava forme terrifiante de Shiva, et à la douce Mahalakhsmi à l'O., où le linteau s'orne d'un nataraja.

Le royaume des Hoysalas

Les Hoysalas ont régné du XIe au XIIIe s. sur une grande partie de l'actuel Karnataka. Tout d'abord vassaux des Chalukyas de Kalyani, ils s'affranchirent de leur tutelle en proclamant leur indépendance. Ce fut l'œuvre du roi Bittideva (selon les sources, 1132-1141 ou 1110-1142) qui, depuis sa capitale de Belur, conduisit plusieurs campagnes victorieuses contre les royaumes voisins et ennemis, les Chalukyas au N. et les Colas au S. Né jaïn, Bittideva fut converti au vishnouisme par le sage Ramajuna *(→ encadré p. 256)* et ordonna la construction de temples à Belur. Le déclin du royaume s'amorce au début du XIVe s. En 1313, le général du sultan de Delhi, Malik Kafur, prend Halebid, la capitale, et capture son roi, Ballala III (1291-1342). Sitôt libéré, ce dernier reprend le combat : à nouveau, sa capitale est mise à sac (1326). Son fils, Ballala IV (1343-1346), est tué au combat : c'est la fin de la dynastie. Déjà, plus au N., une nouvelle puissance s'apprête à reprendre la lutte des hindous contre l'expansion musulmane : le royaume de Vijayanagar. Si l'histoire des Hoysalas reste modeste au regard de l'empire des Colas, leurs contemporains, ou de celui, plus tard, de Vijayanagar, l'Inde leur doit une activité artistique et architecturale unique en son genre, qui fait de leur règne un de grands moments de la civilisation de l'Inde du Sud.

2 Belur***

Situation : à 40 km N. de Hassan.

Un haut gopuram annonce de loin l'entrée E. du périmètre sacré : c'est l'hommage que rendit un roi de Vijayanagar, plus de trois siècles après sa construction, à la beauté du temple de Chennakeshava – avatar local de Vishnou. L'édifice est l'œuvre du roi Bittideva, qui, après sa conversion au vishnouisme, se para du titre de Vishnouvardhana : il édifia ce temple, précise une inscription, pour commémorer une victoire remportée sur les Colas. L'édifice apparaît comme un véritable hymne à la sculpture avec son millier de figures, dont certaines sont considérées comme des chefs-d'œuvre de l'art médiéval indien.

■ Le temple de Chennakeshava***

Vis. du lever au coucher du soleil.
Comme à l'accoutumée, une enceinte aujourd'hui disparue déterminait un périmètre sacré au centre duquel s'élevait le sanctuaire principal, entouré de chapelles secondaires dont certaines sont parvenues jusqu'à nous.
On y trouve ici toutes les caractéristiques de l'art hoysala, plan en étoile sur un podium et goût pour l'ornementation *(depuis l'entrée orientale, suivre le sens des aiguilles d'une montre)*.

Ce jeune joueur de flûte sert de console au temple de Chennakeshava (angle S.-E.). Il s'agit sans doute de Krishna.

Les frises du podium. Dans cette partie mineure, où personnages et animaux sont parfois réduits aux dimensions de miniatures, les artistes du temps ont laissé libre cours à leur imagination et leur fantaisie. À la base, se développe une longue frise d'éléphants caparaçonnés, tous dans des attitudes différentes : tandis que les uns avancent paisiblement, d'autres se retournent, se querellent parfois. Les registres supérieurs montrent des scènes du *Ramayana* et du *Mahabharata*, des danseuses, des lions, tandis que, dans les bandes décoratives intermédiaires, apparaissent de minuscules personnages.

L'extérieur du temple. Les consoles à la base du toit présentent une galerie de jeunes filles saisies dans de gracieuses postures : une quarantaine de véritables merveilles qu'il faut prendre le temps de détailler.
La porte E. Flanquée de deux dvarapalas, elle est surmontée de reliefs : Garuda émergeant d'un splendide motif de makara, puis au-dessus, Narasimha, homme-lion avatar de Vishnou. À g. de la porte se trouvent deux des plus gracieuses **madanikas** : la première contemple sa jeune beauté dans un miroir, l'autre confie ses secrets amoureux à son perroquet.
L'angle S.-E. On y voit la plus belle des **fenêtres** de pierre ajourée : dans la partie supérieure apparaît un roi hoysala qui, accompagné de sa reine, accorde une audience à ses courtisans. Parmi les consoles, une jeune **chasseresse** dont la posture met en valeur les formes féminines.
La face S. À dr. de la porte, splendide console représentant **Mohini**, forme féminine de l'énergie de Vishnou, le pied posé sur la tête d'un démon. On admirera le souci du détail et du pittoresque avec le petit lézard qui apparaît à droite de la déesse, et la mouche posée sur le fruit du jaquier, à g.
L'angle S.-O. Ne manquez pas la jolie **chasseresse**, tendant son arc vers le ciel, avec son jupon fait de feuillages.
L'arrière du sanctuaire. Ici, les statues des divinités méritent l'attention : Harihara, divinité syncrétique mi-Shiva mi-Vishnou, Kali, Shiva, ainsi que Vishnou sous l'avatar de Vamana, qui conquit le monde en trois enjambées.
L'angle N.-O. Sous les belles figures féminines, Arjuna décoche sa flèche dans l'œil d'un poisson placé sur une colonne, en visant dans une flaque d'huile répandue au sol. Ce thème emprunté au *Mahabharata* est fréquemment représenté dans l'iconographie médiévale : au terme de cette épreuve, Arjuna obtiendra la main de Draupadi.

La face N. Voyez surtout, à g. de la porte, une **jeune fille** tirant un scorpion de son vêtement.
L'angle N.-E. Exceptionnelle, cette console représentant, non pas une jeune fille, mais un **joueur de tambour** barbu, emporté par le rythme de son instrument. La **fenêtre** est ornée d'une scène de cour similaire à celle que vous avez vue du côté opposé.

L'intérieur *(accès par la porte E.)*. La salle hypostyle est joliment éclairée par la lumière que diffusent les ouvertures de pierre ajourée. Les **colonnes** caractéristiques de l'art des Hoysalas, toutes différentes, soulignent le plan centré en croix.
Au centre, quatre gracieuses **madanikas** ornent les quatre colonnes centrales : la jeune nymphe occupée à sa coiffure porte la signature de Dasoja *(→ arrêt sur images p. 328-329)* ; la nymphe conversant avec son perroquet est également une merveille de grâce. Au plafond, le **médaillon central** représente un véritable tour de force.
Le **sanctuaire**, dont l'entrée est gardée par deux dvarapalas, abrite la statue de Chennakeswara, forme locale de Vishnou.

La salle hypostyle du temple de Chennakeshava. Les spécialistes s'accordent à penser que les colonnes des temples des Hoysalas étaient effectivement façonnées au tour : une fois le bloc dégrossi au plus près de sa silhouette finale, il était fixé horizontalement à un axe que l'on tournait par traction animale, et façonné à la manière d'une poterie.

3 Halebid★★★

Situation : à 16 km N.-E. de Belur, 39 km N de Hassan.

Quelques vestiges d'une muraille, des soubassements de palais rappellent que le petit village d'aujourd'hui fut jadis la capitale des Hoysalas. Il en demeure surtout le temple de Hoysaleswara, incontestablement le plus orné des nombreux édifices élevés sous cette dynastie : sa construction fut entreprise vers 1121 et des inscriptions attestent qu'il fallut attendre le milieu du siècle pour voir achevée sa somptueuse parure sculptée : débauche de divinités, gracieuses jeunes filles, danseuses, animaux et scènes épiques… dont l'animation et l'exubérance forment un contraste saisissant avec l'abstraction des deux lingams vénérés dans l'obscurité de leur sanctuaire.

Visite : du lever au coucher du soleil.

Le temple de Hoysaleswara★★★

Ce temple dédié à Shiva comprend deux sanctuaires jumeaux ouvrant à l'E., chacun doté de son lingam, de son mandapa et de son taureau Nandi. Ils sont reliés par un corridor présentant, côté E., de belles ouvertures de pierre ouvragée, conformes à l'esthétique privilégiée à cette époque.

L'extérieur du temple est orné de splendides sculptures *(depuis la porte N., suivre le sens inverse des aiguilles d'une montre)*.
C'est du **côté O.**, où le plan en étoile des temples a offert encore plus de surface aux talents des sculpteurs, que se trouvent les œuvres les plus remarquables. Le **haut podium** tout d'abord mérite un examen attentif ; il déploie six registres superpo-

sés de figures animées, séparés par des gorges et des corniches ornées de délicates volutes végétales, dont les jeux d'ombre et de lumière soulignent l'animation des scènes.
Au chevet de la **chapelle N.**, de ravissantes jeunes filles, l'une occupée à sa toilette, l'autre conversant avec son perroquet. La chapelle S. (face S.) présente, entre autres divinités, un séduisant Krishna joueur de flûte.
La **porte S.** : est la plus richement ornée des portes donnant accès au temple, les autres reprenant dans leurs grandes lignes ses thèmes iconographiques et son ornementation. Chaque matin, le roi empruntait ce passage pour pénétrer dans le temple. Deux dvarapalas flanquent le passage tandis qu'au-dessus du porche, Shiva danse sur le corps du démon avec pour témoins Brahma et Vishnou : l'ensemble s'inscrit sous un arc soutenu par deux makaras ; le linteau porte une inscription gravée rappelant le nom du sculpteur, Kalidasi. Contre le montant g. de la porte, beau Ganesha dansant.
Sur le **flanc E.**, les fenêtres ouvragées ont remplacé dans la partie supérieure les grandes statues. Les frises du podium méritent néanmoins l'attention : ainsi peut-on voir, dans la partie située entre les portes S. et E. de la chapelle S., une longue scène dépeignant la bataille finale du *Mahabharata* qui se conclut par la victoire des armées d'Arjuna. En avant de chaque sanctuaire, deux pavillons abritent des statues de Nandi, celle du S. étant la plus monumentale et la plus réussie avec les parures de bijoux qui ornent le poitrail de la monture de Shiva.

Les deux **temples** *(accès par la porte N.)* présentent une disposition similaire : une chapelle au lingam, gardée par deux dvarapalas avec, en avant, un mandapa encadré de colonnes caractéristiques de l'art hoysala : une partie des consoles surmontant les colonnes a aujourd'hui disparu. Remarquables également les **plafonds** finement ouvragés. C'est dans

Les angoisses d'Arjuna

Au moment de livrer l'ultime bataille, Arjuna, héros du *Mahabharata*, est pris d'angoisse. « Voyant tous ces parents alignés pour la bataille, Arjuna, envahi de grande pitié, parla ainsi dans le découragement et la tristesse. "Voyant les miens, ô Krishna, ainsi prêts à combattre, mes membres fléchissent et ma bouche se dessèche, mon corps tremble et mes cheveux se dressent, mon arc glisse de mes mains, toute ma peau semble brûler." Le dieu qui lui sert de cocher lui répond alors : "Certaine est la mort pour qui est né, et certaine est la naissance pour qui est mort. C'est pourquoi ce qui est inévitable ne devrait pas te causer d'affliction. En outre, considérant ta propre loi d'action, tu ne dois pas trembler ; il n'est pas de plus grand bien pour le kshatriya qu'une juste bataille. Quand une telle bataille leur vient d'elle-même, comme la porte ouverte des cieux, heureux alors sont les kshatriyas. Mais si tu ne livres pas cette bataille, alors tu as trahi ton devoir et ta vertu et ta gloire, et le péché t'échoit en partage." » Véritable justification de la fonction royale, l'épisode, extrait de la *Bhagavad-Gita*, méritait d'être développé à Halebid en une longue frise, tout près de l'entrée que franchissait chaque matin le souverain.

À la base du podium du temple de Hoysaleswara court une frise d'éléphants, sans doute la plus belle réalisation de ce type iconographique présent dans la plupart des édifices hoysalas ; au-dessus apparaissent des lions, puis des scènes d'un grand brio inspirées des grandes épopées hindoues, surmontées d'une frise d'oies.

le mandapa N. que l'on trouvera la décoration la plus heureuse, face à la seule chapelle encore ouverte au culte.

Un **musée archéologique** *(à l'entrée du périmètre du temple, ouv. 10 h-17 h, f. ven.)* abrite une modeste collection de sculptures découvertes sur le site.

Des rois tolérants

Adeptes de Vishnou depuis la conversion du roi Bittideva, les rois hoysalas ne firent pas de discrimination religieuse. Leurs épouses comme leurs hauts dignitaires étaient choisis sans prendre en compte leur appartenance sectaire. Cette tolérance témoignait peut-être de la volonté de ne pas s'aliéner les populations nouvellement conquises et s'étendait à l'ensemble de la société. Ainsi, les puissants du royaume financèrent fréquemment des temples appartenant à des confessions différentes. Cet esprit de tolérance se lit également sur les murs des temples de l'époque. Plus que partout ailleurs, on retrouve figurées côte à côte les représentations des grandes divinités du panthéon hindou ; il arrive même que, dans des temples dédiés à Shiva, l'iconographie des murs extérieurs soit majoritairement consacrée à Vishnou et à ses avatars. C'était sans doute aussi une manière de glorifier sous ses formes multiples l'unicité du dieu des jaïns, que résume la prière qui promet « obéissance à Jina, l'esprit universel qui est Shiva, Brahma, Bouddha et Vishnou ».

■ Le temple de Parshvanath

500 m S. du précédent, en dir. de Hassan.

Ce temple jaïn (XIIe s.) fut dédié au 23e thirtankara dont la statue monumentale s'abrite toujours dans le sanctuaire. Il présente un bel ensemble de colonnes ouvragées à la base desquelles figurent de gracieuses danseuses. D'autres danseuses ornent également le plafond. Une partie de la décoration sculptée est restée inachevée.

■ Le temple de Kedareshwara

200 m E. du précédent.

Cette réalisation des dernières années de la dynastie des Hoysalas (XIIIe s.) présente un dispositif architectural conforme à l'esthétique de la période : un plan en étoile sur un podium orné de registres successifs de frises et la présence de colonnes caractéristiques. La décoration sculptée est en revanche moins soignée que dans le temple de Hoysaleswara ; parmi les frises ornant le podium, celles illustrant des scènes empruntées aux épopées sont les plus réussies.

■ Tiger Tank

À l'entrée du village, à dr. en venant de Hassan.

Ce « bassin du Tigre », carré et entouré de 12 pavillons, reste encore un lieu saint pour les habitants. Aussi faut-il se déchausser avant d'y pénétrer. Les bases des gradins sont ornées d'extraordinaires **frises sculptées**, et surtout de cortèges d'éléphants, qui comptent parmi les meilleurs d'un genre très prisé sous le règne des Hoysalas. Les plus beaux se trouvent du côté dr. de l'escalier, dans le prolongement de l'entrée, où l'artiste a résolu le problème des angles en tournant la tête du pachyderme et en projetant la trompe sur le côté suivant.

Hampi★★★

Sous le nom local de Hampi se dissimule le site de Vijayanagar, capitale du dernier grand empire qu'ait connu l'Inde médiévale. Ses souverains se rendirent maîtres d'une grande partie de l'Inde du Sud, entretenant des relations diplomatiques avec les grandes puissances du temps, de la Chine à la Perse, et drainant vers les bazars de leur capitale toutes les richesses du monde. Vijayanagar, c'est l'Inde en version grandiose, avec ses immenses temples destinés à la célébration de la gloire des rois plus qu'à la méditation, ses larges avenues bordées d'échoppes, ses immenses palais et places publiques… Patiemment dégagés et entretenus par des équipes d'archéologues qui se succèdent sur le site, ces vestiges imposants se dressent dans un des plus beaux paysages d'Inde du Sud, avec ses accumulations sauvages de blocs erratiques adoucies par la rivière Tungabadhra qui borde la ville au nord. Une étape qu'il ne faut manquer sous aucun prétexte.

Situation : Hospet est à 150 km S.-E. de Badami, 275 km N. de Hassan, 337 km N.-O. de Bangalore, 390 km N. de Mysore.

Hospet : 163 000 hab.

Accès à Hospet : liaisons par train et bus avec Bangalore et Bijapur.

Hébergement à Hospet : *Hotel Malligi*, J. N. Rd, très agréable avec ses vastes chambres ouvrant sur le jardin intérieur ; excellent restaurant en terrasse ☎ (0839) 42.70.38 ; malligihome@hotmail.com

À ne pas manquer

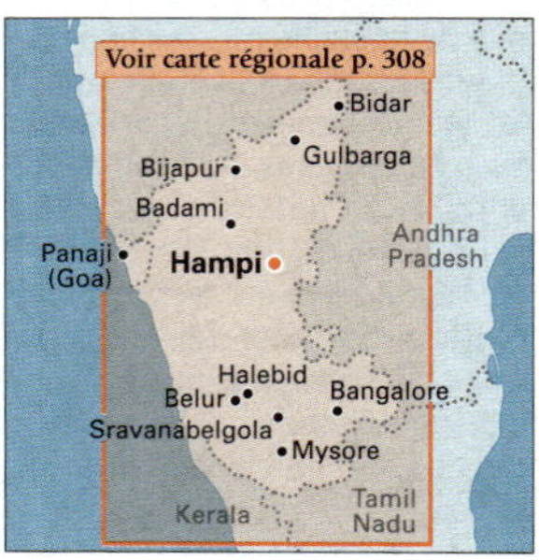

Vijayanagar dans l'histoire

Contre le sultanat de Delhi

Le premier souverain local que connaît l'histoire est le prince Harihara : un jour qu'il chassait dans la contrée, le lièvre qu'il poursuivait se retourna et mordit son chien. À l'ermite qui vivait là, il demanda la signification de ce prodige : « Établis une capitale en ce lieu », lui répondit le sage Vidyaranya qui devint le gourou des premiers rois de Vijayanagar. Une ville fut ainsi fondée vers le milieu de XIVe s. ; de là, ses souverains commencèrent par réduire l'opposition des royaumes hindous sur leur flanc S., les derniers Hoysalas notamment, avant de se lancer à la reconquête des grandes villes du Sud prises par les armées des sultans de Delhi. Ainsi, Madurai fut enlevée en 1364 et son temple de Srirangapatnam rendu au culte. Mais en même temps que refluaient les troupes de Delhi, une nouvelle force musulmane s'affirmait au N. du royaume, celle de Bijapur (→ p. 364) et de son émirat des Bahmanides créé en 1347.

L'empire du Sud

Le royaume atteint son apogée au XVe s. La ville compte alors un demi-million d'habitants, et les voyageurs étrangers, italiens, persans, arabes, sont unanimes à s'émerveiller de ses splendeurs : ils y découvrent un formidable réseau d'enceintes concentriques, de somptueux palais aux toits recouverts d'or rehaussé de pierres précieuses, mais aussi la foule des commerçants venus du monde entier pour y négocier diamants et pierres précieuses, chevaux et perles, épices et riches étoffes dont regorgeaient les boutiques et les entrepôts aménagés le long de l'immense avenue qui file à l'E. du grand temple de Virapaksha. Dès le règne de Devaraya II (r. 1425-1446), Vijayanagar contrôle toute la pointe S. du sous-continent, la frontière septentrionale est repoussée jusqu'à la Krishna, et des expéditions militaires sont lancées contre le lointain Orissa.

Sous le regard des Portugais

Des révolutions de palais hissèrent deux dynasties successives sur le trône ; celle des Saluvas (1486-1505) puis celle des Tuluvas (1505-1570). Ces derniers donnèrent à l'Inde du Sud l'un de ses plus grands souverains : Krishnadevaraya (r. 1509-1529). Peu après ce moment de gloire, survint la fin brutale de l'empire. En 1565, une armée musulmane rassemblant les cinq émirats issus du démembrement du royaume bahmanide écrasa les troupes hindoues à la bataille de Talikota. Bientôt, la capitale fut prise et livrée au pillage durant cinq mois au terme desquels il ne resta que des ruines fumantes. Les derniers survivnts de la noblesse de Vijayanagar s'enfuirent à Penukonda puis à Chandragiri *(→ p. 420)*. Dans les provinces, ils laissèrent derrière eux des gouverneurs, les nayaks *(→ encadré p. 244)*, qui proclamèrent leur indépendance. Dans leurs capitales de Madurai ou de Tanjore, ces souverains perpétuèrent pour quelques décennies encore les splendeurs de l'art de Vijayanagar.

Un roi poète

Le roi **Krishnadevaraya Tuluva** (r. 1509-1529) rédigea l'*Amuktamalyada*, poème épique en telugu racontant le mariage de Vishnou avec la poétesse Goda et une pièce de théâtre en sanscrit, l'*Ushaparinayam.* Protecteurs des arts et des lettres, il fit de sa capitale le centre de la culture hindoue dans l'Inde méridionale. Homme de guerre avisé, il se débarrassa de l'ennemi traditionnel, les Bahmanides au N., pour se lancer, comme ses prédécesseurs, à la conquête de l'Orissa. Victorieux, il ordonna, sur le chemin du retour, la construction de gopurams monumentaux dans les grands temples de ses États, les rajagopurams, que l'on peut admirer à Chidambaram ou à Sri Kalahasti. Il entretint les meilleures relations avec les Portugais qui venaient de s'établir à Goa (1510) et accueillit à sa cour leurs marchands qui laissèrent des descriptions éblouies de leur séjour.

Hampi mode d'emploi

Accès : services de bus depuis Hospet (12 km).

Hébergement : grand choix de guest-houses et restaurants. On pourra loger confortablement à Hospet.

S'orienter : les vestiges de l'ancienne cité, dispersés sur une superficie de 2 600 ha peuvent être regroupés en deux grands ensembles : la ville sacrée au N. et la ville royale au S.

Se déplacer : la ville sacrée se visitera à pied au long d'une promenade entre le temple de Virupaksha et le Vitthala

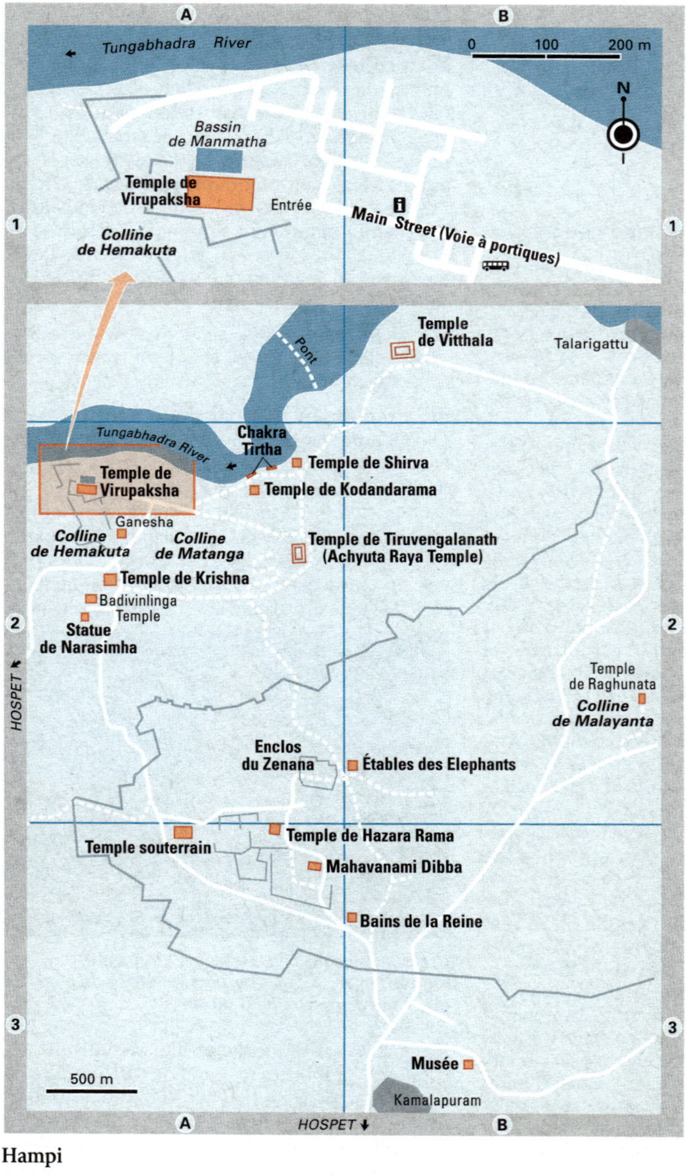

Hampi

(4 km). Si vous êtes venu en voiture depuis Hospet, demandez à votre chauffeur de vous attendre au Vitthala. La ville royale est plus étendue, il est impératif de disposer d'un moyen de locomotion : taxi, rickshaw ou encore vélo ; location près du temple de Virupaksha.

1 La ville sacrée

■ La colline de Hemakuta A1-2

Au pied du versant S. de la colline, deux monumentales **statues de Ganesha** attendent pèlerins et visiteurs : au S., Sasivekalu (« graine de moutarde »), qui dresse ses 2,40 m sous son dais de pierre ; sur le versant E., Kadalekalu, bloc monolithe haut de 4,50 m. De ce point, belle **vue** sur le temple de Virupaksha. Un chemin conduit au sommet de la colline de Hemakuta, où, enfermés dans une enceinte élevée au XVIe s., s'alignent une trentaine de **temples shivaïtes** (IXe-XIVe s.).

Du sommet, une allée descend vers le N. et le temple de Virupaksha, que l'on atteint après avoir franchi une des portes monumentales ménagées dans l'enceinte.

■ Le temple de Virupaksha** A1

Droit à acquitter pour l'utilisation d'appareils photo et de caméras. Un grand pèlerinage en nov.-déc. célèbre les noces de Shiva et Parvati.

Ce fut le temple principal de Vijayanagar, temple dynastique où les rois plaçaient leur pouvoir sous la protection de Shiva. Ce lieu de culte, dont les plus anciens témoignages architecturaux remontent au XIIe s., fait toujours aujourd'hui l'objet d'un pèlerinage.

L'entrée principale au temple de Virupaksha s'effectue par l'E., sous un gopuram haut de 50 m (XVe s.) restauré au début du XIXe s.

Dans la **1re cour** s'élèvent deux pavillons aux colonnes composites typiques de l'architecture de Vijayanagar : à g., un **hall aux 100 piliers** au fond duquel un passage donne accès aux cuisines du complexe ; à dr., un **kalyana-mandapa**, reposoir où prennent place les statues de Shiva et de Parvati lorsque sont célébrées leurs noces.
Au fond, un gopuram moins élevé donne accès à l'enceinte intérieure. Il fut construit par Krishnadevaraya pour célébrer son avènement en 1509.

Des origines légendaires

La gloire des souverains de Vijayanagar, l'étendue de leur puissance et leur héroïque combat perdu contre la déferlante musulmane ont, dès sa naissance, valu au royaume maintes légendes d'origine. Shiva y aurait épousé Pampa (dont dérive le nom de l'actuel Hampi), avatar de Parvati et fille de sage ; sous le nom de Virupaksha, Shiva devint la divinité tutélaire du royaume et figura sur ses monnaies. Le lieu est également lié au *Ramayana*. À la recherche de Sita, enlevée par le roi de Ceylan, Rama aurait fait halte en cet endroit ; il y rencontra un roi singe déchu qu'avait accompagné dans son exil son général, Hanuman. On sait que ce dernier se mit au service du héros et conduisit ses armées à l'assaut de Ceylan. Quant à la fondation même de la cité, elle serait l'œuvre des fils du souverain hindou, Sangama, qui donna son nom à la 1re dynastie de Vijayanagar. En 1335, l'empire fut fondé par trois des fils de Sangama : Harivara, Kampa et Bukka. Dès sa création, le royaume de Vijayanagar se donna pour tâche de propager l'hindouisme, son idéal religieux et moral, et de contenir l'expansion musulmane venue du Nord. Plusieurs dynasties se succédèrent : les Sanganas (1336-1486), les Saluvas (1486-1505), les Tuluvas (1505-1570), les Aravidus (1570-1584). L'empire fut anéanti à la bataille de Talikota, en 1565.

La **2e cour** enserre un ensemble de constructions datant essentiellement du XVIe s.
En avant ouvre un **mandapa** : les piliers intérieurs sont particulièrement remarquables avec leurs yalis dressés et leurs bas-reliefs où se succèdent scènes de danses, figures féminines ou tableaux d'adoration religieuse. Au plafond se déploie un cycle de **peintures** illustrant des scènes mythologiques ; du côté dr. de l'entrée, on a cru reconnaître, dans le personnage porté dans un palanquin, la représentation du sage Vydiaranya, à l'origine de la fondation de la ville.
Le **sanctuaire,** entouré d'un déambulatoire est, inaccessible aux non-hindous, mais on peut en apercevoir le lingam sur lequel s'exercent des compagnies de rats tandis que les parties hautes de l'édifice sont réservées aux bruyantes familles de singes.
La cour est entourée d'une colonnade qui abrite des **sanctuaires secondaires** ; parmi eux, celui du sage Vydiaranya à l'O., et celui de la déesse locale Pampa, au N.-O.
Du côté N., un gopuram marque le passage vers le **bassin sacré** du temple entouré de petits édifices dont certains sont antérieurs au royaume de Vijayanagar.

La voie à portiques A1

De part et d'autre des 750 m de sa course, des alignements de bâtiments à étage abritaient **boutiques et entrepôts** où s'exposaient toutes les richesses du monde connu. Une partie d'entre eux sont encore debout, pris parfois dans des constructions récentes. Un petit **musée** local *(à g.)*, aménagé dans d'anciens entrepôts particulièrement bien conservés *(ouv. t.l.j. 9 h-18 h)*, expose une collection de photographies du site et des diverses campagnes de restauration.

La longue avenue qui s'éloigne du temple de Virupaksha (au fond) en filant vers l'E. était à la fois la grande allée processionnelle et le bazar principal de la ville.

L'architecture de Vijayanagar

Le site de Hampi rassemble près de 350 lieux de culte, temples, chapelles, ou simples autels aménagés dans une anfractuosité de la roche. Certains d'entre eux sont antérieurs à la période de Vijayanagar : notamment ceux situés sur la colline de Hemakuta et aux abords du lac sacré du temple de Virupaksha. Pour les autres, ils ont été construits, quant aux plus importants, sous le règne des trois grands souverains bâtisseurs de Vijayanagar : Devaraya II (r. 1424-1446), Krishnadevaraya (r. 1509-1529) et Achyutaraya (r. 1529-1542). Dans leurs grandes lignes, ils présentent la même disposition : une longue allée processionnelle où les idoles, juchées sur leurs chars de cérémonie, étaient exhibées à la foule lors des grandes fêtes religieuses. Ces larges avenues servaient également de bazar, avec, de chaque côté, leurs alignements de boutiques. Des terrasses permettaient aux spectateurs de suivre les processions. Le temple principal est enfermé dans une ou plusieurs enceintes dont de hauts gopurams, emprunt à l'architecture tamoule, marquent les accès. Il s'ordonne ainsi : le sanctuaire où est déposée l'idole, deux antichambres et un rangamandapa, salle hypostyle fermée disposant de deux entrées latérales. Les plus grandes constructions ajoutent un déambulatoire autour du sanctuaire, ainsi qu'un mandapa ouvert en avant du rangamandapa.

À l'extrémité E. de l'avenue, un Nandi monumental fait face au temple de son maître Shiva.

Depuis le musée, vous reviendrez sur vos pas en dir. du temple pour emprunter à dr. une allée qui conduit jusqu'à la rivière.

■ La rive de la Tungabhadra*** A1

C'est l'une des plus jolies promenades du site. Le chemin dallé, en surplomb de la rivière, se fraie un passage entre de formidables éboulis de rocs. Tirées sur le rivage, près des séries de lingams creusés dans la roche, des embarcations circulaires en osier, déjà décrites par les voyageurs européens au XVIe s., se proposent de transporter les visiteurs sur les eaux calmes de la Tungabhadra.
À un détour du sentier, un passage particulièrement étroit sert d'ermitages à des sadhus en robe safran qui veillent sur un **relief de Shiva** dégagé de la masse rocheuse.

On parvient ensuite au **Chakra Tirtha**, ensemble de ghâts particulièrement saints à l'endroit où la rivière amorce une large courbe pour filer vers le N., en se glissant entre les fantastiques masses de rochers caractéristiques de la région. Au loin se distinguent les ruines des **temples** et des constructions de la ville antique qui s'étendait encore loin sur l'autre rive.
Le **temple de Kondandarama**, surplombant la rivière, conserve des reliefs de Rama, Lakshmana, Sita et Sugriva, immenses idoles sculptées dans le roc. Le temple est toujours en fonction marquant l'emplacement où, selon la légende, Laskhama, frère de Rama, aurait rencontré le roi-singe Sugriva *(→ ci-dessus)*.
Au-dessus de celui de Kondarama, un **temple** dédié à Shiva (XIVe s.) s'élève à l'extrémité d'une allée processionnelle qui file au S. vers le temple de Tiruvengalanath.

■ Le temple de Tiruvengalanath (temple d'Achutyaraya) A1

Cet ensemble dédié à Vishnou est aussi appelé temple d'Achutyaraya du nom du roi (r. 1530-1542) qui en ordonna la construction. Joliment coincé entre deux collines, Matanga à l'O. et Gandhamadana à l'E., l'édifice fait face au N., de façon inhabituelle, peut-être en hommage au temple dédié à Vishnou au Chakra Tirtha, ce lieu saint lié à la geste de Rama. Le temple est aujourd'hui désaffecté.
1re enceinte. Sur la face intérieure du haut **gopuram** qui marque l'entrée, une inscription rappelle la consécration du temple par Achutyaraya. Dans l'angle N.-O. *(à g. en entrant)*, un **hall aux 100 piliers** conserve d'intéressants reliefs, tel ce sage méditant sur une jambe.
2e enceinte. Trois **gopurams**, au N., à l'O. et à l'E., signalent les passages vers l'enceinte intérieure. Des cavaliers dressés, dans le plus pur style de Vijayanagar, semblent défendre l'accès au **mandapa** ouvert en avant du sanctuaire. Les colonnes du **mandapa** présentent une série de figures en relief, où l'on identifiera ici un jeune Krishna dégustant le beurre qu'il vient de dérober, là des pèlerins et des sages en prière, ailleurs Narasimha, homme-lion, avatar de Vishnou, et considéré dans le Sud de l'Inde comme le protecteur de la famille.
On peut pénétrer jusqu'à l'intérieur du **sanctuaire**, vide désormais de toute statue. Sur le flanc O. du temple, la **chapelle** est dédiée à la déesse ; le sanctuaire est précédé d'un mandapa où quelques reliefs présentent des scènes de cour.

Le mur extérieur S. du temple est percé d'un petit passage qui ouvre sur un sentier et conduit à un **temple rupestre** *(100 m)* dédié à Kali dont l'image terrible et bariolée se détache de la paroi rocheuse. Un brahmane en interdit l'accès.

De là, part vers le S. un sentier qui longe un petit canal d'irrigation. En le suivant, on pourrait atteindre en 30 mn la zone de la ville royale.

▶ Le sentier qui longe le flanc S. de la colline de Matanga conduit également au chemin qui permet d'accéder au sommet de cette éminence d'où l'on découvre un large point de vue sur la partie N. du site. L'ascension assez raide vous demandera 20 mn d'effort. ◀

Revenir par le même chemin jusqu'au temple de Kondarama, et continuer vers l'E. et le temple de Vitthala.

■ Vers le temple de Vitthala A-B1

À 200 m, du côté dr., à mi-hauteur de la colline, une forme pyramidale à degrés coiffe un **temple** dédié à Narasimha, antérieur à la période de Vijayanagar. Deux reliefs représentent Garuda et Hanuman.

De l'autre côté du sentier, en contrebas à g., une petite **grotte** ouvre à la base d'une butte rocheuse. Là, un vieux brahmane continue de veiller sur le temple rupestre, entretenant la flamme sacrée devant les reliefs de Rama Sita et Hanuman. Le lieu est communément appelé « grotte de Sugriva », en référence au roi-singe de la légende, qui y aurait dissimulé les bijoux de Sita.

Après quelques minutes de marche, on parvient à la **balance du Roi (King's Balance)**, structure isolée composée de deux piliers surmontés d'un linteau sous lequel sont fixés trois anneaux de pierre. On dit que, lors des grandes occasions, le roi y recevait son poids d'or et de pierres précieuses... pour le distribuer aux pauvres, il est vrai, comme le précise la croyance populaire.

■ Le temple de Vitthala*** B1

Construit au XVe s. puis embelli au XVIe s., le temple de Vitthala porte à son apogée la grandeur de l'art de Vijayanagar. Trois hauts gopurams dominent le mur d'enceinte, présents pour deux d'entre eux des épouses de Krishnadevaraya. Le temple principal, dédié à Vishnou, occupe le centre de l'espace intérieur, tandis qu'autour s'élèvent çà et là plusieurs édifices.

Face au temple, le pavillon de Garuda, monture de Vishnou, est un ratha de pierre tiré par des éléphants.

Le **hall hypostyle** qui précède le temple principal est l'une des dernières réalisations du royaume de Vijayanagar (v. 1550) où les sculpteurs du temps ont donné le meilleur de leur art. À la base du **podium** court une frise mettant en scène des chevaux et leurs palefreniers, tandis que sous la corniche apparaissent les gracieuses figures de danseuses sacrées. Au coin de la colonnade extérieure sont fixés des **anneaux** destinés à recevoir des chaînes de pierre aujourd'hui disparues.

À l'**intérieur**, sur les 56 piliers, s'adossent des yalis, tandis que, dans les parties supérieures, de hauts reliefs à motifs religieux se détachent presque

Si les yalis, chevaux ou animaux fantastiques chevauchés ou non par des cavaliers, symbolisent l'art de Vijayanagar, ces figures n'apparaissent que tard dans son histoire, au XVIe s. quand, quelques décennies avant son écroulement définitif, le royaume fait figure d'empire en dominant toute l'Inde du Sud.

Hampi

Tout autour du Vitthala s'élevaient d'autres temples liés aux mythes vishnouites mais aussi pour certains, dédiés aux alvars (→ *p. 192*). Cette zone fait aujourd'hui l'objet de fouilles archéologiques et de restauration. À l'E. du temple filait enfin une longue allée processionnelle.

entièrement du bloc de pierre. Le **plafond** est tout aussi finement ouvragé, de délicats motifs de lotus. Plus avant, une salle de danse et un vestibule précèdent le sanctuaire. Vous verrez certainement les visiteurs indiens et leurs guides frapper sur certaines colonnettes qui composent les piliers. Les sons différents qu'ils tirent de chacune d'elles en ont fait des « colonnes musicales » où les prêtres jouaient les hymnes à la divinité. Ce phénomène révèle aussi la pression que ces colonnes reçoivent des superstructures.

Dans l'angle S.-E. de l'enceinte s'élève le **kalyana-mandapa**, « hall de danse », hissé sur un haut podium et orné d'une remarquable série de reliefs.

La colline de Malayavanta B1

Avant de poursuivre votre promenade, vous pourrez grimper en voiture jusqu'au sommet de cette colline qui offre de belles **vues*** sur les amoncellements de roches de Hampi. Elle est couronné par un temple dédié à Rama, près d'une faille dans le rocher, creusée, dit la légende, par une flèche décochée par Lakshmana.

2 La ville royale

Départ : versant S. de la colline de Hemakuta.

Se déplacer : les sites étant assez espacés les uns des autres, il est impératif de disposer d'un moyen de locomotion, vélo, taxi ou rickshaw que vous conserverez pour l'ensemble de la promenade.

Le temple de Krishna A-B2-3

De retour de son expédition victorieuse en Orissa, Krishnadevaraya ordonna, vers 1513, la construction de ce temple pour y abriter une statue de Krishna enfant qu'il avait rapportée en trophée. Côté E. partait une longue allée processionnelle aujourd'hui enfouie sous la végétation. Le sanctuaire est précédé d'un mandapa ouvert puis d'un vestibule à quatre piliers ; le pilier S.-E. présente les 10 avatars de Vishnou, parmi lesquels figure, rarement représenté, Kalki, homme à tête de cheval, qui sera la dernière manifestation de Vishnou à la fin des temps.

La statue de Narasimha A2

Au S. du temple de Krishna, un petit chemin au milieu d'une bananeraie conduit à cette statue colossale de l'homme-lion, avatar de Vishnou.

À peu de distance sur la g., un lingam haut de 3 m, le Badavilingam, baigne dans un bassin perpétuellement alimenté en eau par un canal.

Krishnadevaraya offrit à sa capitale ce Narasimha qui, malgré sa hauteur (6,70 m), présente une remarquable finesse d'exécution.

■ Le temple souterrain* A2

Ce temple dédié à Virupaksha, dont la structure remonte aux premières décennies du royaume, se trouve aujourd'hui en contrebas du niveau des champs. Ce qui lui vaut d'être en partie inondé. À ce complexe appartient également un mandapa isolé au S.-O. qui conserve une grande partie de sa décoration originelle.

■ L'enclos du zenana A2

Vis. 7 h-19 h ; entrée payante.

Avec ce complexe, on entre dans la zone des palais de la ville. Un mur de clôture et des tours de guet isolées protégeaient le quartier des femmes du harem royal. À dr. de l'entrée subsiste un **pavillon** surgissant d'un bassin qui devait servir de lieu de détente.

À l'angle N.-O. de l'enceinte, un ensemble de **galeries voûtées** *(f. au public)* était réservé à la domesticité. À l'E. de celles-ci, une **plate-forme** à trois degrés est l'unique survivance du palais de la Reine : on peut encore y voir, notamment du côté E., des restes de décorations peintes.

Le **Lotus Mahal** est le seul édifice d'importance encore debout à l'intérieur du périmètre et l'un des plus gracieux du site. Élevé sur une plate-forme, il offre les perspectives toujours variées de ses arcs polylobés du r.-d.-ch., appuyés sur 24 piliers massifs. L'étage, auquel on accède par un escalier ménagé dans l'angle N.-O., est dominé par 9 structures pyramidales, à l'image des shikaras des temples, de dimensions variées pour éviter toute monotonie.

On franchit un passage ménagé dans le mur E. du zenana.

■ Les étables des éléphants* (Elephants Stables) B2

Ce vaste édifice, véritable monument dédié aux pachydermes, a des allures de palais : de part et d'autre d'un pavillon central se répartissent 10 stalles

Les sanctuaires annexes

Autour du sanctuaire, on trouve toujours des chapelles annexes rendues nécessaires par l'évolution du culte qui, insistant sur le développement de la *bhakti*, multipliait fêtes et processions. Ainsi, au N. du sanctuaire : la chapelle consacrée à la déesse ; et le kalyana-mandapa (salle du mariage), hall hypostyle ouvert au centre duquel une estrade est destinée à recevoir les statues du couple divin. Des salles aux 100 piliers peuvent compléter le dispositif. Les grands temples possèdent également leurs cuisines et les remises attenantes où est préparée la nourriture distribuée aux pèlerins. Les édifices disposent enfin de leur bassin sacré autour duquel sont disposés de petits oratoires.

Pour les souverains d'alors, les éléphants constituaient un bien très précieux, au point que, lorsque les armées musulmanes pillèrent la ville, elles furent autorisées à tout emporter à l'exception des pachydermes que s'était réservés le sultan.

L'ensemble du Lotus Mahal était recouvert de stuc, dont quelques fragments subsistent dans les écoinçons des arcs.

L'empire de Vijayanagar

Vijayanagar est le dernier empire hindou qu'ait connu le sous-continent, une puissance capable de résister aux assauts des conquérants du Nord, sultans du Deccan ou de Delhi, qui lançaient leurs cavaliers à la conquête des fabuleuses richesses du Sud. Vijayanagar est aussi un style, une architecture grandiose, dont les plus grands de ses souverains laissèrent d'imposants témoignages avec les hauts gopurams dont ils jalonnèrent les territoires qu'ils avaient conquis.

Une société colorée

Vijayanagar est sans équivoque un royaume hindou : les légendes qui entourent la fondation de la ville renvoient aux plus anciennes épopées brahmaniques. La flèche de Rama n'entailla-t-elle pas profondément un rocher du site, et une grotte près du rivage ne servit-elle pas de cachette pour les bijoux de son épouse Sita ? Il faut pourtant imaginer, dans cette ville qui comptait sans doute plus de 500 000 habitants et que les voyageurs européens décrivaient comme plus vaste que Londres ou Lisbonne, des communautés issues de toutes les régions et de tous les cultes du sous-continent. Des jaïns y possédaient leurs lieux de culte : un des plus anciens temples de la ville leur appartenait. Des musulmans aussi, dont la communauté florissante était la protégée du souverain : ils étaient les intermédiaires indispensables pour commercer avec le golfe Persique d'où s'importaient notamment les pur-sang qui faisaient la gloire de tous les princes de l'Inde. Les rois de Vijayanagar toléraient aussi les petits sultans musulmans accrochés à la côte, maîtres de quelques-uns des 300 ports que comptait le royaume. On y vit même, dans les dernières décennies de l'existence du royaume, quelques voyageurs portugais venus de leur nouvelle possession de Goa.

▲ **Le Hazara Rama est porté par 4 colonnes caractéristiques de Vijayanagar : elles sont composées le plus souvent de 3 cubes, dont les faces s'ornent de reliefs, séparés entre eux par des blocs à 8 ou 16 pans.**

L'empire continental

Poussant leur avantage aussi loin qu'en Orissa, les rois de Vijayanagar se virent bientôt maîtres d'immenses territoires qu'ils accordèrent en fief à leurs plus fidèles courtisans ou aux anciens princes détrônés à qui ils laissèrent leurs anciennes possessions, pour peu que ces derniers s'engagent à entretenir à leurs frais une troupe en ordre de marche au premier signe du souverain, selon un principe déjà répandu dans le monde arabo-musulman. L'ensemble des vassaux étaient conviés une fois l'an, pendant neuf jours au mois de septembre, à venir dans la capitale impériale prêter serment d'allégeance à leur souverain. Grâce aux pompes déployées par les architectes du royaume, Vijayanagar pouvait paraître alors comme le centre du monde. Les longues et larges perspec-

▲ À la base du Mahavanami dibba, cette haute plateforme inconnue ailleurs en Inde et au sommet de laquelle trônait le souverain, se déployaient des frises évoquant la gloire des règnes, campagnes militaires, expéditions lointaines, scènes de cour ou réceptions d'ambassadeurs étrangers.

tives, inconnues ailleurs, où d'ordinaire les marchands proposaient toutes les richesses de l'Orient, étaient pour l'heure tendues de bannières et d'oriflammes. Massés sur les terrasses des boutiques, les habitants de la ville acclamaient le défilé des éléphants et des chevaux caparaçonnés d'or et de pierres précieuses qui conduisait les vassaux vers leur souverain. Après avoir été reçus dans la salle d'audience royale lambrissée d'ivoire, ils rendaient hommage à leur maître, hissé au sommet du Mahavanami dibba.

■ Le style de Vijayanagar

Le style de Vijayanagar, c'est son granit, pierre au grain fin exploité dans les carrières des alentours de la capitale, mais trop dure pour permettre les dentelles de pierre qu'affectionnaient les artistes du temps des Hoysalas. Le raffinement de la décoration éclatait dans la couche de plâtre ou de stuc recouvrant la pierre

▲ Les bains de la Reine dans la ville royale (de Vijayanagar) témoignent des influences de l'architecture musulmane.

▲ Le hall hypostyle du temple de Vitthala est un chef-d'œuvre de l'art de Vijayanagar ; c'est aussi sa dernière réalisation monumentale, achevée quelques années avant la disparition du royaume.

peinte de couleurs vives. De rares exemples de peinture nous sont parvenus : le plafond du 1er mandapa du temple de Virupaksha porte le cycle de peintures le plus complet. Les colonnes dites composites, ornées de colonnettes, comme au temple de Vitthala par exemple, n'apparaissent qu'au XVIe s. comme les yalis, qui viennent souvent s'appuyer contre elles. Les bâtiments civils, tels le Lotus Mahal, le bain de la Reine ou encore les étables des éléphants, témoignent d'influences plus diverses. Réunissant des éléments empruntés aux Chalukyas et aux Colas, le style de Vijayanagar conserve une prédominance dravidienne faite de traditions tamoule, kéralaise et telugu. On reconnaît également des emprunts à l'architecture musulmane, comme les arcs ou les coupoles.

ouvrant par un bel arc sur l'esplanade. Chacune est coiffée d'une coupole de forme chaque fois différente tandis que le pavillon central est surmonté d'une haute superstructure, jadis peut-être terminée par un shikara. Les éléphants étaient attachés par des chaînes fixées au plafond.

Dans l'angle N.-O., un bâtiment ouvrant sur l'esplanade par une belle série d'arc passe pour avoir abrité un **corps de gardes**.

Sortez de l'enceinte du zenana par le même chemin.

■ Hazara Rama A3

Ce temple aux « 1 000 Ramas » fut la chapelle royale de Vijayanagar, réservée à l'usage du souverain. Comme tel, il présente un certain nombre de caractéristiques qui le distinguent des autres temples de la ville.

L'extérieur du **mur d'enceinte** est entièrement recouvert de cinq registres de bas-relief, comme s'il s'agissait de glorifier aux yeux du peuple la puissance de la dynastie : on y voit *(de bas en haut)* des cortèges d'éléphants, de chevaux, de soldats, certains d'entre eux se livrant à des exercices de combat, et dans la partie supérieure deux frises de danseuses et de musiciens.

C'est par un **portique** saillant à quatre piliers, et non par un gopuram, que l'on entre dans l'enceinte sacrée.

Le **1er hall** est soutenu par quatre splendides **colonnes** de pierre noire finement polie d'où surgissent des bas-reliefs de divinités, Ganesha, Hanuman, Durga… Au plafond, le médaillon central s'orne d'un délicat motif de lotus.

Le **sanctuaire principal** (XVe s.), au centre, fut dédié à Vishnou. Il est aujourd'hui désaffecté. Il est précédé d'un mandapa ouvert à huit piliers. Les pavillons annexes lui sont postérieurs.

Les **murs extérieurs** présentent un grand intérêt. Autour du mandapa, une série de reliefs illustrent les épisodes de la geste de Rama, souverain idéal de la mythologie hindoue, dans des scènes particulièrement animées.

La **face O.** du sanctuaire conserve, aux côtés d'un Krishna joueur de flûte et brandissant un serpent, une rare représentation de Vishnou sous les traits de Bouddha ; on la retrouve également du côté N.

Le **temple de la Déesse** *(au N.-O. du sanctuaire principal)* remonte probablement au règne de Krishnadevaraya ; ses **murs extérieurs** s'ornent également de scènes du *Ramayana*, ainsi qu'à l'entrée où deux bas-reliefs montrent le roi en compagnie d'un sage.

■ Le complexe royal A3

Au S. du Hazara Rama.

Cette vaste esplanade jonchée de fragments architecturaux dégagés par les archéologues était le centre du pouvoir au temps du royaume de Vijayanagar, là où les souverains accordaient leurs audiences et où ils étaient probablement couronnés.

La 1re carrée où des empreintes de piliers suggèrent un vaste et luxueux ensemble hypostyle, sans doute la **salle d'audience** du souverain.

D'autres **soubassements**, dont certains ornés de remarquables frises de bas-relief, et des amas de blocs informes signalent que l'endroit abritait de nombreux bâtiments officiels dont l'usage reste à définir. Sans doute abritaient-ils le palais royal.

Au S. de l'esplanade ouvre un immense **bassin** dont les degrés de schiste ont été dégagés au milieu des années 1980. On peut voir tout autour les aqueducs de pierre qui l'alimentaient en eau.

Le **Mahavanami dibba***, structure unique aux dimensions colossales, permet d'imaginer l'ancienne splendeur du royaume. C'est, pense-t-on, en haut de cette terrasse, à la vue de tout le peuple réuni, que le nouveau souverain recevait le sceptre royal. De cet endroit aussi, il assistait, entouré de sa cour, aux parades et cérémonies officielles qui se déroulaient sur l'esplanade en contrebas. L'ensemble était entièrement peint et coiffé d'un pavillon à colonnes de plusieurs étages.

L'édifice se présente sous une forme pyramidale à trois degrés dont la construction fut conduite en plusieurs étapes, du XIVe au XVIe s. Les degrés sont ornés de **frises de bas-reliefs**, représentant défilés d'éléphants et de chevaux, de soldats, de danseuses et de musiciens. Les plus fines se trouvent du côté O., sur des plaques de schiste installées au XVIe s. sur la structure originelle.

Côté O., un long **escalier** qu'empruntait le souverain conduit au sommet de la plate-forme. Un 2e accès existe du côté opposé.

Au pied de la plate-forme, du côté N., gît une colossale **porte** de pierre monolithe dont la décoration imite le bois. Son emplacement originel demeure inconnu.

Sur le côté E. du *Mahavanami dibba*, un double escalier conduit à une salle intermédiaire ornée d'intéressants reliefs : des personnages d'allure étrangère sont représentés, coiffés de chapeaux coniques : le souvenir sans doute de quelque ambassade venue de Chine.

■ Le bain de la Reine* (Queen's Bath) B3

À l'extérieur, des murs nus ; passé l'entrée, on découvre un charmant décor architectural de balcons et d'encorbellements, qui, à l'origine,étaient recouverts de stuc dont subsistent quelques traces. Au centre, un vaste bassin complétait le dispositif. Cet endroit délicieux ouvre sur les environs par des baies délicatement ouvragées.

■ Le musée B3

Ouv. 10 h-17 h, f. ven.

On y verra tout d'abord une très jolie **maquette** de l'ensemble du site. Les deux salles suivantes présentent quelques objets mis au jour lors des diverses campagnes archéologiques. On retiendra plus particulièrement un **buste royal** du XVIe s. dont la haute coiffure rappelle celle que portent les représentations de Rama dans le temple de Hazara Rama ; quelques petits **objets de bronze** et de **poteries** évoquent le cadre quotidien des dignitaires du royaume.

Mysore*

Situation : à 115 km S.-E. de Hassan, 139 km S.-O. de Bangalore.

786 000 hab.

☎ 0821

ⓘ Old Exhibition Building, Irwin Rd (A1) ☎ 442.096.

✈ à Bangalore.

Gare ferroviaire (A1) ☎ 131 ; liaisons avec Bangalore et Madras.

🚌 Gare routière (B2) ☎ 425.819 ; liaisons avec les principales localités de l'État.

À ne pas manquer

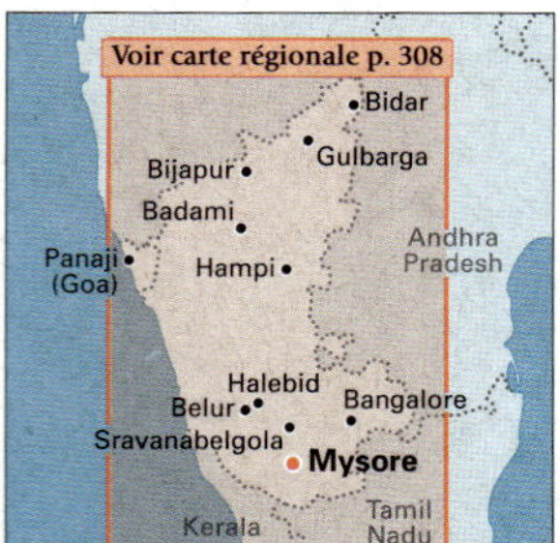

« Prière de laisser les fenêtres fermées afin d'éviter les moustiques et les singes », lit-on dans les chambres des hôtels modernes du centre-ville. Car Mysore n'a pas usurpé son nom de cité-jardin, même si le développement anarchique de la circulation automobile nimbe aujourd'hui les espaces verts d'un halo nauséabond. Relativement récente au regard de la longue histoire de l'Inde, la ville conserve peu de monuments anciens. On y verra surtout l'ancien palais royal, magnifiquement illuminé chaque dimanche soir. Les environs immédiats recèlent les vestiges du passé : le temple de Somnathpur, une des merveilles de l'art opulent des Hoysalas, et Srirangapatnam, capitale de Haidar Ali et de son fils Tipu Sultan qui défièrent, à la fin du XVIIIe s., la puissance des Anglais avec le soutien de la France. D'excellents hôtels font de Mysore une étape reposante sur les routes de l'Inde du Sud. La ville est renommée pour ses articles en bois de santal, ses saris en soie et son encens, fabriqué dans de nombreux petits ateliers familiaux.

Visiter Mysore

Combien de temps : 2 j. pour vis. sans hâte les trois centres d'intérêt majeur qu'offrent la ville et ses environs : le palais royal, le temple de Somnathpur, Sriranragapatnam avec la résidence de Tipu Sultan.

■ Le palais du Maharaja* B2

Ouv. 10 h-17 h 30 ; entrée payante ; conservez votre billet : il vous sera demandé à l'issue de la vis. qui s'effectue pieds nus ; prévoir 2 h.

À défaut d'une histoire de pouvoir, le palais royal de Mysore raconte celle des fastes dont tenaient à s'entourer les souverains de l'Inde, même, et peut-être surtout, lorsqu'ils étaient sous la tutelle des Britanniques. Ils créèrent un univers fabuleux où les portes étaient d'or et d'ivoire, où des serviteurs en livrée de soie tendaient à leurs maîtres des aiguières serties de

À l'intérieur du palais, des colonnes de fer fondues au Pays de Galles et des vitraux écossais où transparaissent les innovations de l'Art nouveau, cohabitent avec les arcs festonnés orientaux et le bois de teck venu de Birmanie, dans un capharnaüm visuel parfois assez réjouissant.

pierres précieuses, tandis que, derrière leurs jalousies, les femmes du harem chuchotaient dans leurs saris rutilants. Ils firent appel à un architecte anglais, Henry Wilson, qui avait gagné ses lettres de noblesse en dessinant le palais du vice-roi à Simla (État de Himachal Pradesh), capitale d'été des Indes britanniques. Ainsi, le palais principal, construit en 1897 pour succéder au précédent, détruit par un incendie, se para d'arcs, de tours et de clochetons conformes au style indo-musulman qui faisait figure d'art officiel dans la colonie.

Le Kalyana mandapa. Cette vaste salle achevée en 1912 était destinée à abriter les célébrations des mariages princiers. La verrière où se déploient des paons multicolores fut réalisée à Glasgow ; les colonnes de fer sont galloises, et au sol, les carreaux de céramique, anglais. Le roi de Mysore fit appel à des artistes indiens pour exécuter les grandes compositions qui ornent les murs de la salle : en 26 tableaux, réalisés entre 1934 et 1945, elles illustrent les cérémonies de Dussehra, notamment la longue procession qui, partant du palais, traverse la ville. Une salle annexe propose une galerie de portraits de la famille royale sous l'autorité d'Édouard VII et de la reine Alexandra.

Le Durbar Hall. Un **escalier de marbre** italien conduit à cette gigantesque tribune au centre de laquelle l'estrade royale accueillait le trône d'or de la dynastie. Sur les gradins pouvaient prendre place,

Hébergement : nombreux hôtels de toutes catégories.

Fête : en sept.-oct., la fête de Dussehra, en l'honneur de Durga, divinité tutélaire de la ville, prend ici des dimensions particulièrement fastueuses. Spectacles, illuminations, processions se succèdent pendant 10 j. Les festivités atteignent leur apogée le dernier jour : l'ancien maharaja conduit un fabuleux défilé d'éléphants caparaçonnés d'or et d'argent, de chameaux et de chevaux richement harnachés, de palanquins, d'idoles couvertes de fleurs, de musiciens et de danseurs venus de tout le Karnataka.

Mysore

selon leur rang, plusieurs centaines d'invités. Tous faisaient face à l'esplanade où se déroulaient processions, parades et défilés militaires. Cette tribune des audiences publiques servait essentiellement lors des célébrations de Dussehra ; on l'utilise encore pour des concerts et des manifestations artistiques.

De là, un couloir conduit à la salle suivante ; en chemin, une **porte en bois de rose** incrusté d'ivoire donne accès à la **chapelle de Ganesha** *(f. au public)* sous la protection duquel est placé le palais. Du reste, l'idole survécut quasi miraculeusement à l'incendie qui ravagea l'ancien palais à la fin du XIXe s.

L'Amba Vilas. Gardée par une porte aux lourds **vantaux d'argent massif**, cette salle des audiences d'apparat rutile de dorures sous sa **verrière** ornée de paons et ses plafonds en bois de teck. Une double rangée d'arcs festonnés, rehaussés de marbre incrusté de pierres semi-précieuses à la manière du Taj Mahal, à Agra, conduit au dais qui protégeait le trône d'or de la dynastie. Il y est encore replacé de nos jours, durant la fête de Dussehra, lorsque les héritiers de la famille royale sont autorisés à conduire des cérémonies.

Le Residential Museum *(en arrière du bâtiment principal ; ouv. 10 h 30-18 h 30 ; entrée payante)*. Cette collection sans intérêt majeur présente mobilier, palanquins, instruments de musique ayant appartenu à l'ancienne cour.

■ Le Jagamohan Palace A1

Ouv. 8 h 30-17 h ; entrée payante.

Ce palais, construit en 1900 pour servir de cadre aux cérémonies de mariage du maharaja de l'époque, abrite aujourd'hui une collection d'art et d'histoire. Des **photos anciennes** voisinent avec des **miniatures** mogholes et rajasthani dont de remarquables portraits des empereurs moghols : Akbar, Shahjahan, Jahangir, Aurangzeb. L'étage accueille une collection d'instruments de musique et des peintures de Mysore (→ *encadré p. 351*).

■ Chamundi Hill B3

3 km S.-E., puis 12 km de route asphaltée jusqu'au sommet ; les voyageurs les plus courageux pourront entreprendre l'ascension à pied en suivant un escalier d'un millier de marches ; vis. 7 h 30-14 h, 15 h 30-18 h et 19 h 15-21 h.

C'est au XVIIe s. que les rois odeyars édifièrent au sommet de cette butte de granit un temple à la divinité tutélaire de leur dynastie, Chamundi. Le temple actuel remonte au début du XIXe s. et fut doté alors

Les peintures de Mysore

La grande tradition artistique de Vijayanagar se perpétua grâce aux nayaks de Madurai et de Tanjore, mais aussi aux Odeyars de Mysore. Tous continuèrent d'encourager les arts et les lettres, offrant l'asile aux artistes et aux poètes en fuite après la chute de Vijayanagar. Deux écoles se développèrent : celle de Tanjore et celle de Mysore. Le style de Mysore se reconnaît aux formes arrondies des personnages, dont les silhouettes et les traits sont ombrés (visage, nez, sourcils, lèvres) pour accentuer le relief. Le raja Mummadi Krishnaraja, auteur du traité ***Srittatvanidhi***, établit les proportions, les formes et les méthodes de représentation des dieux : les yeux, dont l'expression est essentielle, étaient peints en dernier et « ouverts » lors d'un rituel particulier. Les décors (meubles, piliers, trônes...), les costumes et les bijoux sont inspirés de ceux des rois et des nobles de Mysore. Comme à Tanjore, certaines parties du tableau (bijoux, trône, éléments d'architecture) sont en relief, recouverts d'une feuille d'or.

La déesse Durga, sous la forme de Chamundi, combattit le démon Mahishasura : le combat final aurait eu lieu sur cette colline.

Près du temple de Chamundi, un petit bazar propose souvenirs et friandises aux promeneurs.

Avant d'atteindre le sommet de la colline de Chamundi, vous rencontrerez un colossal Nandi monolithe de près de 5 m de haut, luisant de la graisse déversée par les fidèles.

Au pied de la route qui conduit au sommet de la colline de Chamundi, le Lalitha Mahal, ancien palais réservé aux hôtes du maharaja de Mysore, abrite aujourd'hui un hôtel.

Des roitelets sans pouvoir

Une lignée prestigieuse, les Odeyars font remonter la fondation de leur dynastie à la fin du XIVe s. ; des palais somptueux pourraient laisser croire que les maîtres de Mysore furent puissants et se couvrirent de gloire. Leur véritable indépendance commence dans la 2e moitié du XVIe s., après la chute de Vijayanagar, avec le raja Odeyar qui proclame sa souveraineté sur des territoires appartenant jusque-là à l'empire déchu. À l'abri des grandes campagnes mogholes du XVIIe s., ils règnent sans éclat particulier depuis leur capitale de Srirangam. Au XVIIe s., ils possèdent également un palais sur les lieux où s'élèvera plus tard la ville de Mysore. En 1766, à la mort du roi Krisnaraja, le général en chef de l'armée du royaume Haidar Ali s'empare du pouvoir : avec son fils et successeur Tipu Sultan, il défie les Anglais jusqu'en 1799. C'est la période de gloire de l'État de Mysore, lorsque l'écho de ses faits d'armes retentit jusque dans les chancelleries européennes. C'est aussi l'époque où la France des rois, puis celle de la République jusqu'à Bonaparte entrevoit la possibilité de rétablir sa situation en Inde en s'appuyant sur le maître de Mysore. La mort de Tipu Sultan en 1799 met un terme à ces espoirs. Les Anglais victorieux rétablissent sur le trône l'héritier des Odeyars, un enfant de trois ans. Jusqu'à l'indépendance de l'Inde, les Odeyars se succéderont sur le trône, étroitement contrôlés par les Britanniques qui exercent la réalité du pouvoir.

d'un haut gopuram. Grimper jusque-là, c'est aussi se mêler aux autochtones qui ont fait du lieu leur but d'excursion et de pique-nique favori.

La **porte** monumentale en argent massif s'orne de 28 reliefs illustrant le mythe de Chamundi : c'est un don que fit le descendant des rois de Mysore en 1960. À l'intérieur, on trouvera une salle hypostyle et un temple inspirés de l'art des Hoysalas. Tous les ans, après la fête de Dussehra, l'idole est promenée en procession sur son char autour du temple.

Environs de Mysore

1 Srirangapatnam** *14 km N.-E.*

Ouv. 9 h-17 h, f. ven.

C'est depuis cette forteresse, située sur une île de la Kaveri, que Haidar Ali puis son fils Tipu Sultan défièrent la puissance britannique à la fin du XVIIIe s. À leurs côtés servirent des officiers français cherchant à venger l'humiliation infligée par les Anglais à la France en 1761. Les ouvrages militaires et le palais de Tipu furent rasés sur l'ordre des Britanniques. Le palais d'Été, en revanche, a été préservé. Il servit de résidence à lord Wellesley, futur duc de Wellington, gouverneur de la région entre 1801 et 1802.

La forteresse. La **porte de Bangalore**, côté E., ouvre sur la **Jama Masjid**, mosquée construite en 1787 par Tipu Sultan. Longer ensuite l'intérieur du mur en suivant le sens inverse des aiguilles d'une montre.

Le Watergate. C'est au pied de cette poterne que Tipu Sultan trouva la mort, sabre en main, lors de l'assaut final conduit par les Anglais en 1799. Une stèle en marque l'emplacement.

Les prisons (Dungeon ; *près de la porte de Delhi*). De nombreux Britanniques y furent détenus à partir de 1780, date de la défaite anglaise de Pollipore, et certains ne furent libérés qu'à la prise de la ville en 1799. On voit encore les dalles percées d'un trou où passaient les chaînes qui retenaient les prisonniers, mains liées et contraints de manger comme les chevaux dans des écuelles creusées dans le mur.

Le Lal Mahal. Quelques pans de murs signalent encore l'emplacement du palais de Tipu Sultan qui fut rasé par les Anglais. Selon les descriptions laissées par les voyageurs du temps, il était doté, au-dessus de l'entrée principale, d'une grande galerie ornée de pilastres de bois et soutenue par des piliers de pierre d'où le maître de Mysore regardait évoluer ses troupes sur le vaste midan, terrain de parade qui s'étendait devant.

Le temple de Sri Ranganath. Ce temple très ancien (IXe s.), qui a donné son nom à la ville, fut restauré au fil des siècles par les Hoysalas, les Odeyars puis enfin par Haidar Ali. On y verra notamment le hall précédant le sanctuaire qu'ont laissé les souverains hoysalas. On vénère ici une statue de Vishnou reposant sur le serpent Ananta.

Le palais d'été (**Dauria Daulat Mahal** ; *vis. 9 h-17 h*). La résidence d'agrément de Tipu Sultan est un gracieux pavillon en bois de teck, planté au milieu d'un vaste jardin. Les murs extérieurs, sous le portique, portent de vastes **panneaux peints** relatant les victoires de Haidar Ali contre les Français : ainsi, la reconstitution de la bataille de Pollipore, 1re grande victoire (1780) du maître de Mysore ; plus loin, le défilé d'un régiment de cavalerie française conduite par Lallée qui, après avoir servi sous Bussy, puis aux côtés de plusieurs princes indiens, resta au service de Haidar Ali jusqu'à sa mort au combat en 1790.

Les peintures du palais d'été, exécutées à l'époque de Tipu Sultan, furent recouvertes par les Anglais après leur victoire de 1799, puis restaurées par un artiste indien sur l'ordre du vice-roi des Indes au milieu du XIXe s.

À l'intérieur du palais sont conservées quelques portraits des maîtres de Mysore et de leur parenté, ainsi que quelques tableaux évoquant cette époque. On verra également avec intérêt une maquette de l'île de Srirangapatnam au temps de Tipu Sultan.

Le mausolée de Haidar Ali et de Tipu Sultan *(ouv. du lever au coucher du soleil)*.
Au centre d'un vaste jardin, se dresse l'austère mausolée construit par Tipu Sultan en 1784. Il y fut inhumé, avec les honneurs militaires rendus par les Anglais, et repose aux côtés de son père dans la crypte. Sous la coupole est conservé le cénotaphe de Haidar Ali au centre, et celui de son fils immédiatement à côté, recouvert d'un châle imitant la peau d'un tigre, animal que le roi avait choisi pour emblème de son règne.

Un capitaine de dragon à Mysore

« En général, la ville est bien bâtie. Il y a de très beaux édifices comme par exemple les quartiers pour la cavalerie. Les rues y sont larges et bien percées. Il y a de belles fontaines. Il y a beaucoup de Maures et de brames en cette ville, ce qui la rend très florissante. Elle est assise sur une île entourée du Colram. Il y a un fort beau pont pour y entrer dont la tête est défendue par un pentagone avec 16 pièces de canons. Les murailles sont très hautes. Entre la première et la seconde, il y a un terre-plein avec des tours de distance en distance garnies d'artillerie. Cette première muraille est protégée par la seconde et par d'autres batteries. Mais il y a des hauteurs aux environs de la ville qui la commandent dans différentes parties, nommément la place d'armes et le palais parce que la ville est bâtie sur un terrain inégal. La vieille ville est séparée de la nouvelle par un fossé noyé. [C'est là que] sont les bazars et tous les approvisionnements publics. Généralement parlant cette ville est aussi bien tenue qu'il est possible. Aussi est-ce la résidence du souverain et le lieu auquel il s'intéresse le plus. [...] Il y a un houlevari perpétuel dans cette ville jour et nuit, les troupes, l'artillerie, les éléphants sont en mouvement. Il paraît que le Nabab va continuer la guerre. »
***Relation de Claude Hugau, capitaine de dragon envoyé par la France auprès de Haidar Ali en 1771-1772,* Maisonneuve et Larose, 2001.**

Mysore

2 Les jardins de Brindavan *19 km N.-O.*

Bus n° 365 depuis la gare routière de Mysore. Les jardins sont illuminés chaque soir de 19 h à 19 h 55 ; dim. 19 h-20 h 55.

Ces jardins fameux, de style moghol, ont servi de décor à de nombreuses scènes de films ; ils sont situés près du gigantesque barrage de Krishnaraja Sagar, sur la Kaveri.

3 Le temple de Somnathpur*** *35 km E.*

Vis. 9 h-17 h 30 ; entrée payante.

Voilà sans doute le mieux conservé des temples de l'époque des Hoysalas. Inscrit à l'intérieur d'un périmètre sacré bordé de 64 chapelles, il conserve l'intégrité de ses superstructures, notamment les trois shikaras qui coiffent chacun des trois temples. On retrouve les caractéristiques de l'art des Hoysalas, plan du temple en étoile pour offrir encore plus de surface à la décoration sculptée, colonnes annelées ou encore fenêtres ajourées. Une visite indispensable pour découvrir un des sommets de l'art indien du Moyen Âge.

Les murs extérieurs du temple de Somnathpur sont occupés par un peuple de 200 divinités qui reposent, comme à l'accoutumée, sur une série de registres de frises dont la qualité d'exécution est ici particulièrement remarquable.

Le temple est dédié à Vishnou sous trois formes distinctes : Keshava, Venugopala et Janardana. À l'entrée du périmètre sacré, une **stèle de basalte** surmontée de reliefs représentant les trois formes divines, rappelle la fondation du temple, œuvre d'un général du roi Narasimha III (1254-1291). Les **chapelles** contre le mur d'enceinte abritaient chacune une statue de divinités ; elles ont disparu aujourd'hui.

Au secours des tigres

Symbole de l'Inde, le tigre était en voie de disparition à la fin des années 1960 : près de 40 000 à la fin du XIXe s., mais seulement 2 000 en 1970. La faute en incombait à la chasse, sport favori des gentlemen et des rajas au temps de l'Empire, mais également à la déforestation qui privait l'animal de son habitat naturel. Après l'interdiction de la chasse en 1970, le **Project Tiger** fut lancé en 1973 : campagne de sensibilisation du public, importante récolte de fonds, en Inde mais aussi à travers le monde – le WWF contribue généreusement au financement du projet –, mesures draconiennes pour préserver l'ensemble de l'écosystème qui permet la survie du grand fauve ; enfin, chasse sans merci aux braconniers toujours actifs en raison du prix élevé qu'atteignent les os de tigre sur les marchés d'Asie où ils sont utilisés dans la pharmacopée traditionnelle. Aujourd'hui, le Project Tiger concerne 27 réserves, couvrant une superficie de 35 000 km². Fin 2003, on y recensait 1 576 individus sur les quelque 4 000 que compterait le pays. Un résultat encourageant pour la sauvegarde de l'espèce et qui témoigne également de la bonne santé de l'ensemble de l'écosystème : placé à l'extrémité de la chaîne alimentaire, ce grand prédateur a besoin pour survivre d'un nombre de proies suffisantes, elles-mêmes dépendantes des ressources végétales et forestières.

Comme à l'accoutumée, le triple sanctuaire se hisse sur un **podium** dont les plinthes sont ici dépourvues de décoration.

À l'**extérieur du temple**, des frises de **reliefs sculptés** courent à la base des murs : éléphants, chevaux, scènes épiques, motifs ornementaux se succèdent avec un grand bonheur. Éléphants et chevaux, dans les registres inférieurs, méritent une attention particulière ; au chevet, la frise de cavalcade se transforme en bataille : un cavalier se retourne pour frapper les fantassins ennemis dans une scène d'une belle vigueur. Les **statues**, somptueusement parées et encadrées de délicats motifs, représentent principalement des formes de Vishnou et autres divinités liées à lui, mais également des images de Shiva ou de Ganesha. De nombreuses statues sont signées du nom de leur créateur, autre particularité de l'époque hoysala *(→ arrêt sur images p. 328-329)* : un certain Mallithamma n'en réalisa pas moins de 40.

L'**intérieur** présente un espace central desservant les trois sanctuaires, chacun précédé d'une antichambre. Le hall commun, avec ses **colonnes** caractéristiques, est surmonté de plafonds ouvragés d'où émergent de somptueux **pendentifs**. Les statues originelles du sanctuaire de Keshava *(face à l'entrée)* ont disparu ; mais dans la chapelle de Venugopala *(à g.)*, on peut voir un ravissant Krishna à la flûte et celle de Janardana *(à dr.)*.

4 Bandipur *80 km S.*

À 80 km N. d'Ooty ; accès en bus depuis les deux villes ; vis. 6 h-9 h et 15 h 30-18 h 30 en jeep ou à dos d'éléphant. Hébergement en lodges ; rens. à Mysore : Field Director, Project Tiger, Aryana Bhavan, Ashokapuram ☎ 480 901.

La réserve naturelle de Bandipur est une pionnière du Project Tiger *(→ encadré p. 354)*; créée en 1973, elle quelque 80 tigres et 3 500 éléphants sauvages, deux espèces vedettes de cette zone protégée.

Sravanabelgola★

Situation : Hassan 46 km O., Mysore à 93 km S., Bangalore 150 km E.

Hébergement : le lieu n'offre que des hôtelleries pour pèlerins, au confort plus que rudimentaire.

À ne pas manquer

Chandragupta, fondateur de la dynastie des Mauryas, est le premier grand souverain dont l'histoire indienne conserve la mémoire.

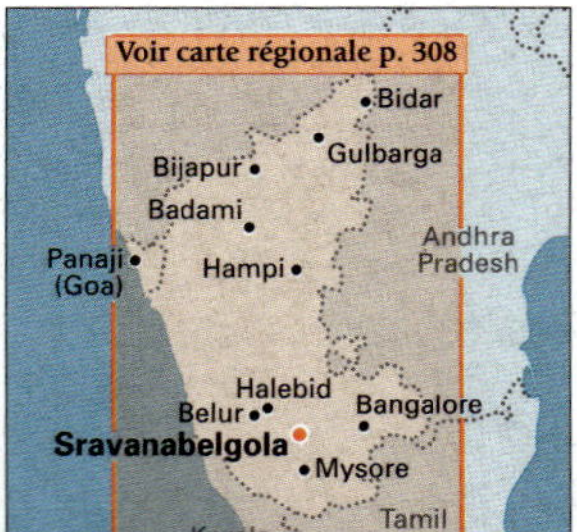

Sur la route qui relie Hassan à Mysore, deux collines ponctuent le paysage. Entre les deux, un lac, le lac Blanc (Belgola) qui a donné son nom à la petite localité. Depuis l'aube des temps, le lieu est dédié à la dévotion jaïne : le fils du premier des tirthankaras y médita après s'être détourné des vanités du monde. Au sommet de la plus haute des collines, son effigie de pierre, haute de près de 18 m, rappelle son héroïsme aux milliers de pèlerins venus de toute l'Inde pour entreprendre, pieds nus sur la pierre surchauffée, l'ascension de cette « colline inspirée ».

Sravanabelgola dans l'histoire

Les nombreuses inscriptions laissées sur les deux collines jumelles, Chandragiri et Indragiri – appelée aussi Vindhyagiri – rendent compte de l'histoire du site entre 600 et 1830 : la légende attachée à son origine, lieu d'ascèse de Bahubali, et son ancienneté. On raconte en effet qu'au IIIe s av. notre ère Chandragupta, roi de Pataliputra, décida d'abandonner le pouvoir pour se consacrer à la méditation. Il se retira sur la colline d'Indragiri, tandis que son guru, le maître jaïn Badrabahu, s'installait sur celle de Chandragiri ; ils y poursuivirent un jeûne à mort. Des inscriptions dédicatoires attribuent la statue de Bahubali, appelée ici Gomasteswara, à Chamundaraya, ministre de Rajamalla, roi des Gangas, qui en ordonna l'érection à la fin du Xe s. Au sommet de la colline de Chandragiri se dressent plusieurs temples de style dravidien, construits entre le VIIIe et le XIIe s.

Visiter Sravanabelgola

Accès : en bus depuis Hassan, Mysore et Bangalore.

Combien de temps : 4 h si vous souhaitez entreprendre l'ascension des deux collines.

Visite : il est impératif de commencer l'ascension tôt le matin ; dès 11 h, les marches taillées dans le granit deviennent brûlantes.

■ Indragiri

Vis. du lever au coucher du soleil ; ascension de 15 mn, mais assez rude par de hauts escaliers sans un coin d'ombre. Vous grimperez pieds nus, en évitant d'arborer des articles de cuir dont l'usage est prohibé chez les jaïns.

Depuis le sommet de la colline, on découvre de séduisantes vues sur les alentours et le lac en contrebas, cerné de pavillons offerts par les souverains de Mysore aux XVIIe et XVIIIe s. La statue se dresse au centre d'un complexe construit au XIIe s. ; sous la galerie qui entoure la cour sont disposées les effigies des tirthankaras.

La **statue de Gomasteswara**★ fait l'objet d'un culte, desservi par un brahmane hindou. Des sourcils sévèrement plissés et la moue dédaigneuse des lèvres suggèrent le dédain du sage à l'égard du monde, sa force d'âme et surtout sa fusion avec l'univers, comme en témoignent les branches qui s'enroulent autour de ses membres, et les cobras indifférents qui rampent à ses pieds.

Célébration d'une puja au pied de la statue de Gomasteswara. Haute de 17,70 m, c'est la plus grande statue monolithe d'Inde.

Tous les 12 ans, une grande fête réunissant tous les jaïns se déroule au pied de la statue ; elle est ointe de beurre clarifié mêlé à du miel, des fleurs, des parfums, des bijoux et des pièces de monnaie. La dernière a eu lieu en 2000. Prochaine édition 2012.

■ Le village

Redescendu de la colline, s'engager à dr. dans la ruelle principale du village jusqu'à une esplanade autour de laquelle se dressent les principaux temples du site.

Le **Jain Matha** (XVIIIe s.) renferme un beau cycle de **peintures** du XIXe s., illustrant les légendes des tirthankaras.

L'athlète de Dieu

Après un règne long et glorieux, Adinatha, roi d'Ayodhya, décida de renoncer au monde pour vivre en ascète, devenant le premier des 24 tirthankaras, lignée de saints vénérés par les jaïns. Il laissa le trône à son fils aîné, Bharata, tandis que les cadets obtenaient des fiefs en apanage. Mais l'orgueilleux Bharata, à qui le seul trône d'Ayodhya ne suffisait plus, décida d'annexer les territoires de ses frères, leur ordonnant de se retirer à leur tour dans la forêt. Tous s'exécutèrent, sauf un, **Bahubali**, le « jeune aux bras puissants ». Chacun leva son armée, mais au moment de la bataille, les sages du royaume proclamèrent qu'un tel massacre était un crime et ordonnèrent aux deux frères ennemis de s'affronter en combat singulier. Grâce à sa force extraordinaire, Bahubali eut rapidement le dessus ; il se saisit de son frère, le souleva mais au moment de le projeter au sol, il jugea que le spectacle d'un roi roulant dans la poussière n'était pas convenable et le déposa délicatement à terre. Déclaré vainqueur, Bahubali ne profita pas de son triomphe, mais décida au contraire de rendre le pouvoir à son frère. Quant à lui, il prendrait, de son plein gré cette fois, le chemin de la forêt pour y méditer sur la vanité du monde. Il fit retraite sur une haute colline, celle de Sravanabelgola, pour y atteindre l'illumination. Durant un an, il se tint debout, si immobile que la végétation lui grimpa aux jambes, avant d'atteindre la délivrance. À Sravanabelgola, il est communément appelé Gomasteswara.

En mars-avril, le Bhandari Basti sert de cadre à un festival au cours duquel les idoles sont hissées sur des chars et conduites en procession.

À dr., le **Bhandari Basti** (XIIe s.) est un vaste temple, comprenant une succession de salles précédant le sanctuaire où demeurent les statues des 24 tirthankaras. L'ensemble conserve de belles décorations sculptées, notamment la **porte centrale** donnant accès au sanctuaire, bordée de fenêtres de pierre ajourée et que surmonte l'effigie du 12e tirthankara.

Chandragiri

Sur cette 2e colline moins élevée que la précédente, dont le nom signifie « mont de la Lune », s'élèvent plusieurs temples jaïns inscrits à l'intérieur d'une enceinte.

Le **temple de Chamundaraya** fut construit à la fin du Xe s. par un ministre du roi Rajamalla Ier qui fit sculpter la statue de Gomasteswara ; il renferme une image de Neminath, 22e tirthankara qui, selon les légendes jaïnes, fut contemporain du *Mahabharata* et était le cousin de Krishna ; au-dessus du temple, une tour-sanctuaire renferme la statue d'un autre tirthankara.

Le **temple de Chandragupta** (XIIe s.) présente des bas-reliefs relatant la vie du grand souverain maurya et de son maître Bhadrabahu.

Le **temple de Pashvanatha** (XIIe s.) abrite une statue haute de 5 m du 23e tirthankara auquel il est dédié et qui lui a donné son nom.

Sur la colline, on peut également voir la **grotte de Bhadrabahu** où le célèbre maître se serait retiré pour s'y laisser mourir ; une dalle porte l'empreinte de ses pieds à l'endroit où il aurait atteint le nirvana.

Les sultanats du Deccan★★ (Gulbarga, Bidar et Bijapur)

Ces trois anciennes capitales musulmanes s'adressent plutôt aux visiteurs passionnés d'art et d'histoire. Ils y découvriront l'un des trésors de l'art musulman en Inde, le Gol Gumbaz de Bijapur, mais aussi tombeaux, mosquées, forts et palais laissés par de puissantes dynasties aujourd'hui oubliées. L'idéal est de visiter ces sites lors d'un trajet entre Hyderabad, dans l'Andhra Pradesh, et Badami. Il est alors impératif de prévoir une halte pour la nuit, cet itinéraire étant impossible à réaliser en une seule journée. Hors des sentiers battus, ces localités offrent des possibilités hôtelières très restreintes, les meilleures étapes étant Gulbarga et Bijapur.

Situation : au N.-E. du Karnataka ; Bidar, 136 km N.-O. de Hyderabad.

À ne pas manquer

Le Deccan musulman

La dynastie des Bahmanides

Depuis l'an mille, les aventuriers musulmans, turcs, afghans, persans, caucasiens et arabes, avides de richesse et de gloire ont fait de l'Inde l'ultime frontière de leurs exploits. L'un d'eux, l'Afghan Zafar Khan, s'empara du Deccan à la barbe du sultan de Delhi. Avec l'aide d'officiers persans et hindous, il proclama son indépendance en 1347 et choisit Gulbarga pour capitale. Une dynastie était fondée, celle des Bahmanides, qui jusqu'en 1527 occupa solidement un immense territoire au centre du sous-continent, avec pour seul rival vers le S. le royaume de Vijayanagar. En 1424, Bidar devint leur nouvelle capitale.

Durant trois siècles, 19 souverains se succédèrent sur le trône, les uns cruels et débauchés, tels Ala ud-Din Bahmani II (r. 1435-1457) ou Humayun Bahmani (r. 1457-1461), les autres furent grands conquérants, tel Firuz Shah Taj (r. 1397-1422) qui agrandit ses territoires aux dépens de Vijayanagar et fut aussi grand bâtisseur : Gulbarga lui doit sa Grande Mosquée, construite par des architectes venus de Perse.

Un soir d'ivresse, Ala ud-Din Bahmani II ordonna le massacre de tous les étrangers de sa capitale : en une nuit, 2 200 hommes périrent dont son Premier ministre ; quant à Humayun Bahmani, il aimait à faire dépecer ou bouillir dans l'huile ceux qui avaient eu le malheur de lui déplaire.

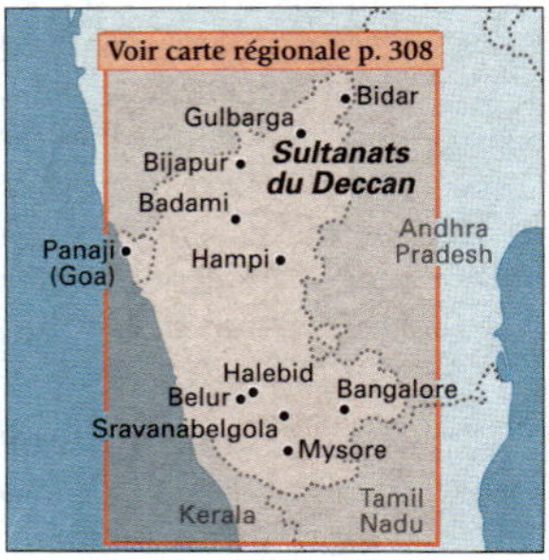

Cinq petits émirats

À partir du règne de Mahmud Shah (r. 1470-1518), les derniers Bahmanides, confits dans la boisson et les délices de leur harem, ne furent plus que des jouets entre les mains d'une dynastie de Premiers ministres turcs qui exerçaient en réalité le pouvoir. En 1527, Amir Barid se proclama souverain et s'empara du trône de Bidar. C'en fut fini du pouvoir des Bahmanides, dont le royaume éclata en cinq émirats indépendants : Bidar, Berar, Ahmadnagar, Golconde et Bijapur. Les Barides régnèrent à Bidar jusqu'en 1609, lorsque les rois de Golconde et de Bijapur se partagèrent leur territoire. À Bijapur, la dynastie des Adil Shahi réussit à se maintenir jusqu'à la conquête d'Aurangzeb en 1686 lors de la campagne du Moghol dans le Deccan qui se conclut par la prise de Golconde. Le temps de leur règne, les Adil Shahi auront édifié un des plus impressionnants édifices musulmans de l'Inde, le Gol Gumbaz.

1 Gulbarga

Situation : à 110 km S.-O. de Bidar, 157 km N.-E. de Bijapur, 220 km O. de Hyderabad, 584 km de Bangalore.

Avoir compté jusqu'à six ministres au gouvernement de Bangalore a valu à cette grosse bourgade étalée sur le plateau du Deccan une université toute neuve. Elle est venue s'ajouter au Collège de médecine et au grand hôpital régional. Mais ce n'est sans doute pas assez pour réparer les ornières des rues défoncées de la ville dont se plaignent amèrement les habitants. Les très rares visiteurs viennent découvrir les vestiges de la 1re capitale des sultans bahmanides, qui régnèrent ici de 1347 à 1428. Ils y dressèrent de somptueux mausolées, ainsi qu'une formidable forteresse, hérissée de canons. La plus grande fierté des habitants est la Grande Mosquée, construite sur le modèle de celle de Cordoue, assurent-ils unanimement.

Accès : liaisons par train et bus avec Bangalore et Mysore. Bus locaux vers Bijapur et Bidar.

Hébergement : *Hôtel Mayura Bahami*, Public Garden ☎ (08472) 20 644 ; une dizaine de chambres convenables dans un jardin en lisière de la ville. Le soir, le restaurant en plein air est le r.-v. des étudiants et des professeurs de l'université de la ville.

Combien de temps : 3 h pour découvrir l'essentiel.

La citadelle

Aujourd'hui ouverte à tout vent, la redoutable citadelle qui abritait le pouvoir des sultans fut construite par le premier d'entre eux, Ala ud-Din (Hasan Bahman Shah, r. 1347-1358). Elle était défendue par une double muraille, large par endroits de 16 m, doublée de douves de 30 m de large ; 15 puissants bastions semi-circulaires venaient compléter le système défensif. À l'intérieur, palais et casernements ne se signalent plus que par des monticules recouverts de végétation où quelques habitants sont venus construire de précaires habitations.

Le **Bala Hisar**, terrible donjon aveugle, se dresse au centre de l'esplanade. À son sommet étaient placées les pièces d'artillerie, toujours pointées vers le lointain ; seuls manquent les affûts qui permettaient leur rotation. Un large escalier sur la face N. *(vous êtes entré dans la citadelle par l'E.)* permet de grimper au sommet sans difficulté.

La Grande Mosquée* (Jama Masjid).

Cette magistrale réalisation architecturale (XIVe s.) où se rencontrent la rigueur algébrique musulmane et l'exubérance indienne justifie à elle seule le long

Le Dargah de Hazrat Bandanawaz Gesu Daraz.

détour. Dépourvue de cour, exemple unique en Inde, la mosquée offre à l'intérieur la parfaite géométrie de ses 9 allées, disposées sur 14 travées, l'ensemble composant une forêt de piliers reliés par de gracieux arcs pointés.

Les Haft Gumbaz (les Sept Coupoles).

À la lisière E. de la ville se dressent les mausolées de quatre des sultans bahmanides. L'intérieur est fermé à la visite, mais on peut l'apercevoir à travers les grillages. Le plus impressionnant est celui de **Firuz Shah Taj ud-Din Bahmani** (r. 1397-1422), le plus éloigné de l'entrée, surmonté de deux coupoles : à l'extérieur, les auvents soutenus par des encorbellements sont empruntés à l'art indien, tout comme les jambages encadrant les portes.

Le Dargah de Hazrat Bandanawaz Gesu Daraz*

Ce complexe religieux, situé à l'E. de la ville, fut construit, au cours des siècles, autour de la tombe d'un sage soufi du XVe s., de la famille des Chishti. Sur la 1er esplanade, à g., se trouve le **mausolée** *(seuls les hommes y sont admis, la tête couverte)* où viennent prier hindous et musulmans. Dans la 2e cour, bordées de madrasas (universités religieuses) et de lieux de prière, un **arc** monumental (XVIIe s.) relie les deux côtés de l'esplanade ; il est orné de stucs où dans des médaillons apparaissent des animaux.

Cette dynastie des Chishti donna plus tard un conseiller, Sheikh Salim Chishti (1480-1572), à l'empereur moghol Akbar, qui voulut construire sa ville idéale de Fatehpur Sikri autour du tombeau du sage.

Les sultanats du Deccan

Revenant sur vos pas, vous longerez tout de suite à g. un petit **oratoire** : les femmes en mal d'enfant viennent y nouer des fils colorés sur les grilles. Le mausolée de **Khabla bacha** conserve sa décoration du xve s.

2 Bidar

Situation : à 110 km N.-E. de Gulbarga, 136 km N.-O. de Hyderabad.

Cette grosse bourgade agricole étirée sur le plateau du Deccan conserve les vestiges de son prestigieux passé, du temps où elle était capitale d'empire. Un fort, à l'intérieur duquel on peut encore voir un des plus beaux palais princiers de la région, une grande rue dont l'aspect n'a guère changé depuis le Moyen Âge, et d'orgueilleuses mosquées, inspirées de l'architecture persane.

Combien de temps : en 3 h, vous aurez fait le tour de l'essentiel.

Accès : en train, liaisons avec Bangalore et Hyderabad ; en bus, services avec Bangalore, Hyderabad, Gulbarga.

La ville

La porte de la Victoire (Fateh Darwaza). Venant de la grande route de Hyderabad, on accède à la ville basse par ce bel ouvrage militaire avec son passage en chicane et ses mâchicoulis. C'est une des cinq portes de la ville, protégée par une enceinte peu élevée de près de 5 km de circonférence et jalonnée de bastions. Ce système défensif remonte à la fin du xve s. mais a subi, semble-t-il, quelques modifications ultérieures.

Au-delà de la porte, on découvre un réseau de rues se coupant à angles droits, qui conserve, dans ses grandes lignes, son aspect ancien : des maisons basses abritent des échoppes, certaines d'entre elles s'appuyant encore sur des **murs médiévaux**, notamment dans la rue principale qui traverse la ville de part en part, depuis Fateh Darwaza jusqu'au fort. Au 1er tiers de son parcours, la rue croise une place marquée par le **Chaubara**, haute tour circulaire qui servait de poste d'observation, abritant aujourd'hui une horloge.

De la place du Chaubara, vous pouvez rejoindre l'entrée du fort en 15 mn. Cette courte promenade vous permettra de découvrir les principaux monuments de la vieille ville.

Les khanqahs *(dos tourné à Fateh Darwaza, empruntez la rue qui part à dr. de la place)*. Bidar comptait un nombre important de khanqahs, monastères de derviches construits autour de la tombe d'un saint. Le **khanqah de Shah Abul Faid** *(à 100 m du côté dr. de la rue)* s'inscrit dans un enclos dans lequel on pénètre par une jolie porte ouvragée. Un peu plus loin, le **khanqah de Shah Wali ullah al-Husaini** *(côté g. de la même rue)* conserve une vaste salle à trois arches.

Revenant vers le Chaubara, vous tournerez à dr. en direction du fort.

La madrasa de Khwaja Mahmud Gawan* *(côté g. de la rue)*. Cette impressionnante construction fut le centre d'enseignement religieux majeur de la Bidar médiévale. Construite en 1472, elle doit son architecture à la Perse, dont la culture imprégnait les cours musulmanes de l'Inde médiévale. L'édifice abrita bien plus tard un dépôt de poudre, dont l'explosion fut fatale pour une grande partie du bâtiment. À g. de la façade qui dissimule une petite mosquée ouvrait la **cour** de la madrasa, de gigantesques proportions autour de son bassin circulaire. Sur chacun des côtés, ouvrait un **iwan** (deux seulement subsistent), haut porche coiffé d'un dôme sous lequel les maîtres dispensaient leur enseignement. À l'étage étaient aménagées les cellules des étudiants.

■ Le fort*

Cette formidable forteresse, une des plus impressionnantes du Deccan, fut construite au XIVe s. par Ahmad Shah Bahmani (r. 1422-1435). Les sultans bahmanides furent les maîtres de toute l'Inde centrale et les plus grands seigneurs du temps, alors que le reste du sous-continent était divisé en petites principautés rivales. Le double **rempart**, long de 5 500 m et défendu par 37 bastions, est encore conservé pour une grande part.

Un pont permet de franchir les larges douves, offrant sur la g. une superbe **vue** sur le rempart. Une double porte en chicane donne accès à l'intérieur.

La haute façade de la madrasa de Khwaja Mahmud Gawan, ornée de faïences vernissées, était flanquée de deux minarets dont un seul a survécu.

Le Rangina Mahal** *(à g. ; en cas de fermeture, s'adresser au personnel du musée, ci-après)*. Cette résidence, qui appartenait sans doute à un puissant dignitaire, conserve une grande partie de sa décoration et permet d'imaginer sans peine les fastes dont s'entouraient les maîtres du Deccan. On pénètre dans un 1er jardin, traversé de petits canaux alimentant la vaste fontaine centrale. La **galerie** à g. conserve ses stucs ouvragés, véritables dentelles de fleurs et d'entrelacs où se dissimulent les oiseaux.

Face à l'entrée, un **auvent** protège l'accès à la demeure ; le plafond est en bois ouvragé, avec ses consoles et ses encorbellements, dont l'ornementation s'inspire de celle des temples hindous.

L'auvent donne accès à plusieurs pièces, qui conservent une somptueuse **marqueterie** de faïences colorées ; la dernière s'avance en balcon au-dessus des remparts. La décoration intérieure de la **porte d'entrée** est une splendeur faite d'incrustations de nacre sur le basalte noir.

Du r.-d.-ch., on accède à un 2e jardin. De là, un escalier conduit à l'étage et à d'autres pièces dont la décoration n'a pas été conservée. Des **fenêtres** ouvertes à l'étage, qu'il faut imaginer grillagées de moucharabieh, étaient réservées aux femmes. En redescendant, vous passerez par la salle de réception, où les invités prenaient place sur une estrade légèrement surélevée.

Le Lal Bagh *(ouv. 8 h-18 h ; entrée libre)*. Le « jardin Rouge » est bordé, au fond par les ruines du palais et à dr. par la mosquée royale.

La **mosquée** (1327), avec son ensemble impressionnant de fortes colonnes, présente pour toute décoration des encorbellements là encore inspirés de l'art indien. Une haute coupole vient souligner la place centrale du mihrab.

Le **Gagan Mahal**, ou palais Céleste, n'a pas résisté au temps ; au-dessus des soubassements encore en place, les étages ont croulé, laissant apparaître par endroits de splendides restes de stuc. On peut grimper sur la terrasse pour apprécier d'un coup d'œil l'ampleur de la construction, disposée autour de deux jardins.
Le **musée** abrite quelques sculptures hindoues antérieures au XIVe s., des inscriptions persanes, des fragments de céramique, ainsi que de redoutables mousquets.

Une fois ressorti du périmètre archéologique, poursuivre vers l'O. (l'entrée est à l'E.).

Le Diwan i am (**salle des Audiences**). Du côté g. de la cour s'élève l'immense **estrade** où siégeait le sultan ; il s'agit en fait d'un portique soutenu par des colonnes dont on voit les bases en place. L'ensemble était entouré de salles annexes dont ne subsistent que de hauts pans de mur.

Le Takht Mahal *(à dr. du précédent)*. La haute façade du palais, dont subsiste une grande partie de la **décoration de faïences** colorées, donne accès à une **salle octogonale**, ouvrant sur le vallon en contrebas qui était compris dans le périmètre du fort.

Continuez par le chemin carrossable de manière à contourner le vallon, où se trouve un petit temple hindou. En chemin, vous découvrirez de magnifiques ***vues*** *sur le Takht Mahal.*

Les tombeaux bahmanides*

2 km à l'E. de la vieille ville, dans le village d'Ashtur.

Soigneusement alignées au milieu de jardins jadis splendides, les tombes des 12 sultans bahmanides reprennent le plan des mausolées antérieurs de Gulbarga *(→ ci-dessous)* : une base carrée surmontée d'un tambour octogonal supportant le dôme. Ici, l'influence de la Perse est visible dans le bulbe qu'amorcent les coupoles.

Le formidable cube qui forme le Gol Gumbaz est hissé sur un podium et coiffé d'une immense coupole d'un diamètre de 37,9 m, la 2e plus grande au monde après celle de Saint-Pierre de Rome (42,4 m de diamètre).

Le **mausolée d'Ahmad Shah Wali,** construit en 1429-1430, est le seul accessible à la visite. Il a conservé sa décoration intérieure *(mur E. surtout)*, avec ses peintures de fleurs et d'entrelacs. Le **mausolée** qui le précède conserve, lui, sa décoration extérieure de faïences colorées, qui là encore ramènent vers la lointaine Perse.

Les tombeaux des Barid Shahi

Vis. 17 h-20 h, f. lun.

Les sépultures des successeurs des Bahmanides se trouvent de l'autre côté de la ville, à la lisière occidentale. De proportions plus modestes, elles s'élèvent aujourd'hui dans un jardin public.

3 Bijapur

Situation : à 132 km N. de Badami, 254 km N. de Hospet.

En dehors de son chef-d'œuvre, le Gol Gumbaz, la ville compte de très nombreux édifices laissés par la dynastie des Adil Shahi : une cinquantaine de mosquées et de mausolées, une vingtaine de palais, de vastes bassins, des restes imposants de fortifications. La ville était entourée d'une puissante muraille de 10 km de circonférence, enfermant un vaste espace que la localité actuelle ne parvient pas à remplir.

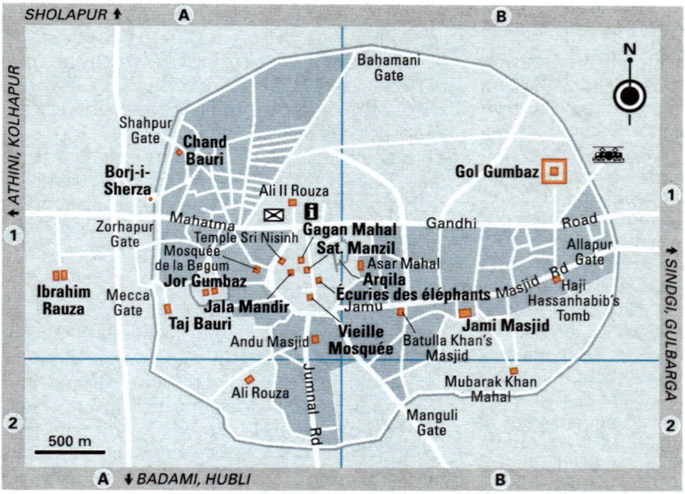

Bijapur

Accès : en train, liaisons avec Bangalore, Hyderabad, Hospet et Goa ; en bus, liaisons avec Hyderabad, Bombay, Bangalore, Gulbarga.

Combien de temps : 1/2 j. en vous limitant à l'essentiel.

Hébergement : *Hôtel Madhuvan International*, Station Rd ☎ (0835) 255.571. Propre et confortable, excellent restaurant (végétarien, pas d'alcool) dans le jardin.

Se déplacer : le cœur de la ville, où se trouve la citadelle, peut se découvrir à pied. Le Gol Gumbaz, la Jami Masjid et l'Ibrahim Rauza, plus à l'écart du centre, nécessitent d'avoir recours à un taxi ou un rickshaw.

■ Le Gol Gumbaz★★★ B1

Vis. 6 h-18 h ; entrée payante ; le billet, remis à l'entrée du périmètre, devra être à nouveau présenté à l'entrée du monument.

Avec le tombeau du sultan Muhammad Adil Shah (r. 1626-1656), la modeste cité de Bijapur conserve une prouesse de l'architecture mondiale, témoignage de l'audace et du savoir-faire des architectes musulmans.

Aux angles se dressent des **tours** de sept étages, coiffées de petites coupoles.

Sous la coupole se trouve le **cénotaphe** du souverain. Sa dépouille est conservée dans une crypte *(f. à la vis.)* où il repose entouré de ses proches parmi lesquels son épouse favorite, une danseuse hindoue.

En matière de record, le dôme du Gol Gumbaz surpasse tous les édifices au monde par l'espace intérieur qu'il recouvre : 1 682 m². Les plus aventureux pourront grimper au sommet des tours et atteindre ainsi la base intérieure de la coupole dont l'acoustique particulière permet d'entendre un chuchotement de part et d'autre d'une diagonale. De là, on découvre de beaux points de vue sur la ville.

La gloire des Adil Shahi

Avant même que disparaisse la dynastie des Bahmanides, un certain Yusuf s'affranchit de leur tutelle et proclama son indépendance à Bijapur en 1489. C'était l'un de ces intrépides aventuriers qui, dans l'Inde morcelée du XVe s., se mit au service des potentats du Deccan pour y chercher gloire et fortune. Ancien esclave, il se prétendait aussi fils du sultan ottoman Mourad Ier, seul rescapé du massacre de ses frères qu'ordonna, à la mort du souverain, l'héritier, futur conquérant de Constantinople, pour s'assurer le trône. Il régna jusqu'en 1510 sous le nom d'Adil Shah, qui devint le titre royal de la dynastie jusqu'en 1686. Neuf sultans se succédèrent qui, grâce à leurs immenses richesses, couvrirent leur capitale de somptueux édifices et entretinrent à leur cour poètes et musiciens. Ils furent aussi de redoutables guerriers, s'affrontant aux Portugais, qui fortifiaient leur emprise sur Goa, et au royaume de Vijayanagar, leur puissant voisin hindou du S. Ali Ier Adil Shah (1557-1580) participa, aux côtés des sultanats héritiers du royaume des Bahmanides, à la bataille de Talikota qui, en 1565, mit un terme définitif à l'existence du royaume de Vijayanagar.

C'est sous le règne d'Ibrahim II Adil Shah que l'historien Firishta (v. 1550-v. 1626 ou v. 1570-v.1612) rédigea en persan la chronique de la dynastie, une source capitale pour la connaissance de cette période.

Le terme *rauza* désigne un complexe funéraire comprenant un mausolée et un oratoire.

Le **musée** *(ouv. 10 h-17 h ; f. ven., entre l'entrée principale et le Gol Gumbaz ; durée 45 mn)*. Le r.-d.-ch. présente une petite collection archéologique d'œuvres sculptées hindoues et jaïns ; voir ainsi une série de **tirthankaras** parmi lesquels se distingue un Parshvanatha réalisé au XIVe s.
L'étage est consacré à la cité de Bijapur sous le règne des Adil Shahi. On y verra des cartes anciennes de la ville, des porcelaines chinoises qui témoignent des échanges commerciaux de cette époque et des objets usuels : coffret en ivoire, éventails, gobelet, etc.

■ Jami Masjjid B1

Ouv. du lever au coucher du soleil.
La construction de la Grande Mosquée de Bijapur fut ordonnée par Adil Shah, vainqueur de la bataille de Talikota et époux de la célèbre Chand Bibi *(→ encadré p. 367)*, et se poursuivit après sa mort. C'est un bel exemple du style en vigueur sous les Adil Shah : des volumes imposants mais sans lourdeur, malgré le gris du basalte utilisé dans les monuments de la ville.
Ainsi, la **coupole** surgie de la base carrée ornée de petits minarets et qui semble flotter au-dessus de l'édifice. Au pinacle, un croissant rappelle les origines turques de la dynastie. La **salle de prière** est soutenue par de massifs piliers, caractéristique de l'architecture de Bijapur, déterminant neuf nefs disposées sur cinq travées.
À l'intérieur, seul le **mihrab** est décoré de dorures et d'enluminures de motifs floraux, de médaillons et de détails architectoniques. Cette somptueuse parure fut réalisée sous le règne de Muhammad Adil Shah (1626-1656).

■ Ibrahim Rauza* A1

Ouv. 6 h-18 h ; entrée payante.
Voilà sans doute le plus élégant des monuments de Bijapur. Pas de tentation du grandiose ici, mais des volumes à taille humaine, au centre d'un jardin clos d'une enceinte. Il s'agit du mausolée du sultan Ibrahim II Adil Shah (1580-1626), séparé par un large bassin d'un oratoire construit en vis-à-vis. Le **mausolée**, à g., conserve une remarquable ornementation, dont les enluminures d'or et de couleurs ont aujourd'hui disparu. Sous la galerie, les murs extérieurs du mausolée, et jusqu'aux fenêtres de pierre ajourée, sont revêtus de **calligraphies** soignées, comme un manuscrit persan : un hommage à ce souverain lettré qui aimait à s'entourer de poètes et de musiciens et qui fut le protecteur de l'école des miniaturistes de Bijapur.
L'**intérieur**, qui abrite les cénotaphes du souverain et des membres de sa famille, présente un autre tour

de force : un plafond plat de 7 m de côté composé de dalles de pierre que rien ne semble retenir. Le secret réside dans l'exceptionnelle qualité du mortier utilisé à Bijapur.

■ L'Arqila (la citadelle) A-B1

Entrer par le côté N., depuis la Mahatma Gandhi Rd, artère principale de la ville.

Elle conserve une partie de ses fortifications doublées de douves ; dans la maçonnerie, on reconnaît çà et là des éléments architecturaux provenant de temples hindous antérieurs. L'Arqila abrite aujourd'hui le centre de la localité, avec ses commerces et ses bureaux administratifs logés pour beaucoup dans d'anciennes constructions du temps de la splendeur de Bijapur.

Le Gagan Mahal. Une arche monumentale flanquée de deux arcs plus étroits ouvrant aujourd'hui sur un jardin signale l'ancienne **salle d'audience royale**. Elle fut construite vers 1561 par Ali Ier Adil Shah ; c'est là, dit-on, que le dernier souverain de la dynastie de Bijapur, Sikander Adil Shah, hissé sur le trône en 1672 à l'âge de cinq ans, comparut en 1686, chargé de chaînes d'argent, devant son vainqueur Aurangzeb. Le dernier des Adil Shahi mourut trois ans plus tard en captivité.

En arrière de l'édifice, une petite **église** fut construite au début du XXe s. à l'aide de matériaux provenant d'édifices ruinés.

La **Vieille Mosquée** fut construite en 1320 à partir d'un temple jaïn dont le mandapa est presque entièrement conservé.

En tournant à dr. après la mosquée, on parvient 200 m plus loin à un groupe d'édifices, dont certains abritent des administrations, comme en témoignent les écrivains publics postés sur le trottoir. Le **Jal Mandir** est un joli pavillon qui occupait jadis le centre d'un bassin ; à g., le **Sat Manzil** (1583) conserve cinq des sept étages qui lui ont donné son nom. En arrière, le **Chini Mahal** sert aujourd'hui de tribunal.

■ À voir encore

Quitter la citadelle en direction de l'O. ; promenade de 1 h.

À mesure que l'on quitte le centre, les constructions se font moins denses et les rues se transforment peu à peu en cloaque jonché d'ordures où s'ébattent joyeusement des familles de cochons.

Le Jor Gumbaz *(B1)*. Familièrement surnommé « **les Deux Sœurs** », cet ensemble se compose de deux mausolées. L'un, octogonal, abrite la sépulture de Khan Muhammad, ministre au XVIIe s. du dernier

Une héroïne indienne

Tous les Indiens connaissent la geste de **Chand Bibi**, valeureuse reine qui tenta de résister bravement à Akbar les armes à la main. Née vers 1550, elle était la fille du sultan d'Ahmadnagar – un des cinq États issus du démembrement du royaume des Bahmanides – et fut, vers 1562, donnée en mariage à Ali Ier Adil Shah, vainqueur de Talikota. Le souverain mourut prématurément, sans descendance, laissant pour héritier son jeune neveu, encore un enfant. Chand Bibi remplit auprès de lui le rôle de régente, lui prodiguant de sages conseils, puis retourna dans sa patrie quand il atteignit l'âge d'homme. La mort de son frère, roi d'Ahmadnagar, la hissa à nouveau au pouvoir que lui contestait Akbar, le Grand Moghol. Chand Bibi n'eut que le temps de lever des troupes à Bijapur et dans les autres sultanats du Deccan, avant que le Moghol ne mette le siège devant sa capitale. Elle résista quatre années aux assauts ennemis, n'hésitant pas à se lancer à la défense des brèches percées dans le mur, les armes à la main, à la tête de ses troupes. Elle mourut sans capituler en 1600, traîtreusement assassinée par un de ses eunuques. La mémoire de Chand Bibi est encore vénérée dans toute l'Inde, par les hindous comme par les musulmans.

des Adil Shahi ; sous la coupole, la **chambre intérieure** a conservé sa jolie décoration. L'autre mausolée, de plan carré, est celui d'Abdul Razzak Qadir, sage qui fut le maître du fils du précédent. Ces deux sépultures font l'objet d'une grande vénération de la part des habitants de la ville, hindous comme musulmans.

Le Taj Bauri *(200 m à l'O. du Jor Gumbaz)*. Le plus grand réservoir de la ville, construit vers 1620, conserve son portail monumental composé de deux tours à bulbe reliées par un arc de 10,50 m de portée.

Vous pourrez poursuivre votre promenade en longeant le versant intérieur des remparts, dont certaines portes, comme la **Mecca Masjid** sont aujourd'hui occupées par des habitations. Au-delà de Zorhapur Gate, qui donne accès à l'Ibrahim Rauza, la **tour du Lion (Borj-i-Sherza)** conserve un colossal fût de canon qui, dit-on, sema la terreur dans l'armée du roi de Vijayanagar lors de la bataille de Talikota. Plus loin, le **Chand Bauri** (800 m de l'Ar Chand Bibi *(→ encadré)*.

Goa

On prétend que parfois, au marché d'Anjuna, on croise encore quelques hippies chenus, rescapés des délires psychédéliques des années 1960 qui ont révélé la beauté de Goa au tourisme. La région attire encore la jeunesse du monde entier ; mais, aujourd'hui sur les plages et jusqu'au petit jour, les pulsations sourdes de la techno ont remplacé les harmonies des Beatles. Pourtant, Goa n'est pas seulement un camp de vacances pour jeunes Occidentaux, mais l'une des plus séduisantes régions de l'Inde, où le tapis verdoyant noué par la végétation tropicale est piqué des taches blanches des églises laissées par la présence portugaise. Ce territoire unique en Inde fut le témoin de la rencontre entre deux civilisations : devant les maisons, les autels domestiques portent tantôt le *tulsi* sacré des hindous, tantôt la croix des chrétiens et, dans les églises, sous les figures de saints, transparaissent parfois les traits de quelque divinité hindoue. Goa, c'est encore la promesse de plages immenses et d'un merveilleux climat durant les mois d'hiver, l'endroit idéal pour quelques jours de repos après un périple à travers l'Inde du Sud.

Situation (Panaji) : 139 km S.-O. de Belgaum ; 329 km O. de Hospet ; 592 km N.-O. de Bangalore ; 593 km S. de Bombay.

☎ 0832

ℹ Dr Alvares Costa Rd, Panaji ☎ 22.41.32.

À ne pas manquer

Goa

Goa mode d'emploi

S'orienter

Le district de Bardez au N., avec ses longues plages de Candolim, Calangute, Anjuna, là où est née la vocation touristique de Goa, offre une succession d'hôtels de grand luxe près de Fort Aguada, d'établissements de catégorie intermédiaire plus au N., ainsi que de nombreuses villas et appartements à louer. Dans cette partie, la plus touristique, on trouve petits supermarchés à l'occidentale, restaurants et bars.

Au S. de Panaji, dans le district de Salcete, le tourisme est plus confidentiel, malgré quelques

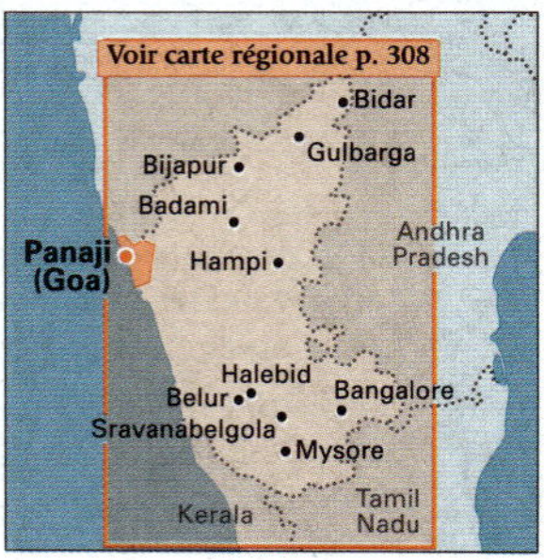

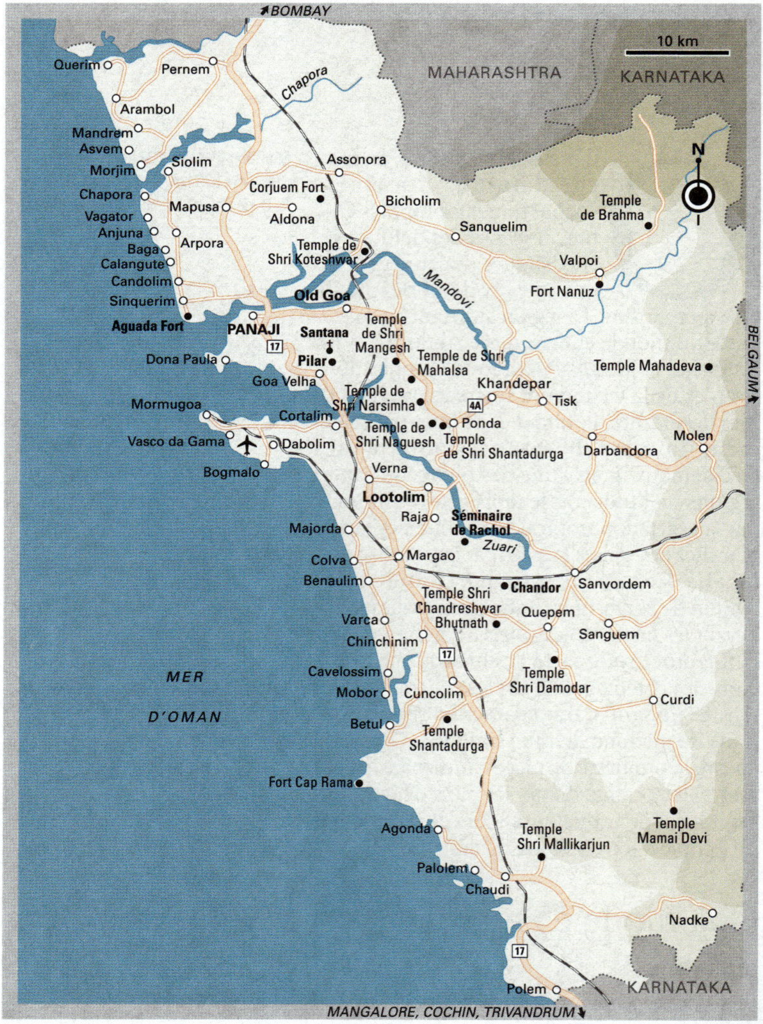

L'État de Goa

établissements de très grand luxe sur les plages du S. Là, vous partirez à la découverte des petits villages typiques du territoire, nichés au milieu d'une nature exubérante.

Les districts périphériques – les Nouvelles Conquêtes – sont des régions de hautes collines, où les églises se font plus rares et où ont subsisté les temples hindous.
Panaji, la capitale, n'offre qu'un intérêt secondaire et n'est pas un lieu de séjour.

Se déplacer

Des services réguliers et fréquents de bus relient toutes les localités de l'État. Pour circuler depuis votre lieu de résidence, la meilleure solution est de louer les services d'un taxi pour la journée. Dans les zones balnéaires du N. de Panaji, on trouve également des vélos, des scooters et des motos à louer.

Renseignements pratiques

✈ **L'aéroport de Dabolim** se trouve à 30 km S.-O. de Panaji : liaisons avec Bombay (plusieurs vols quotidiens), Delhi, Bangalore, Madras et Cochin. Durant l'hiver, Goa est également desservie par des vols charters en provenance de l'Europe. À l'aéroport, taxis et bus public conduisent à Vasco de Gama, à 3 km, d'où partent des correspondances pour les principales localités de Goa. **Compagnies aériennes** : ***Air India***, hotel Fidalgo, 18th June Rd, Panaji ☎ 224.081 • ***Indian Airlines***, Dempo House, D. B. Marg, Panaji ☎ 228.826 • ***Jet Airways***, Sesa Ghor, EDC Complex, Patto Plaza, Panaji ☎ 431 472 • ***Sahara Airlines***, Live-in Appartments, General Bernard Guedes Rd, Panaji ☎ 237 346.

Gares ferroviaires : ***Margaon*** (33 km S. de Panaji) : liaisons avec Bombay (trains rapides Konkan Railway : 8 à 9 h de trajet ; rens. : www.konkanrailway.com), Delhi, Cochin, Hyderabad, Mangalore, Madras, etc. Rens. ☎ 1345 ; vente des billets à la gare de Margaon (☎ 723.95), ainsi qu'à la gare routière de Panaji (Interstate Bus Terminal) • ***Vasco de Gama*** ☎ 512.833 : liaisons avec Belgaum, Hospet (Hampi), Agra, Delhi ; la plupart des trains au départ de Vasco de Gama font un arrêt en gare de Madgaon.

🚌 ***Interstate Bus Terminal*** à Panaji ☎ 435.054 ; liaisons avec Bombay (12 à 16 h de trajet), Belgaum, Pune, Mangalore, etc., assurées par de nombreuses compagnies privées.

La meilleure période

La période de plus grande affluence s'étend entre nov. et avr. lorsque les précipitations sont quasi nulles. Les mois les plus arrosés sont juin et juil., tandis que mai, août, sept. et oct. connaissent des averses passagères ; c'est alors la mousson qu'évitent les touristes étrangers ; la baignade est quasiment impossible et très dangereuse. Pourtant, le voyage à Goa reste possible et agréable, les averses alternant avec un soleil généreux ; de plus, tous les hôtels offrent des réductions importantes.

Fêtes et manifestations

En dehors des grandes fêtes hindoues célébrées dans toute l'Inde et des jours fériés nationaux *(→ p. 51)*, Goa possède un calendrier des fêtes qui lui est propre.
6 janv., Épiphanie : procession à l'église des Reis Magos • **fév.-mars**, Carnaval • **lundi saint**, procession franciscaine à Velha Goa • **30 mai**, Goa Statehood Day ; jour férié • **21-24 mai**, Novidade : offrande de la première récolte de riz aux autorités de l'État, c'est-à-dire au gouverneur de Goa • **3 déc.**, fête de Saint-François-Xavier, protecteur de Goa • **8 déc.**, fête de l'Immaculée-Conception à Panaji et Margaon • **17 déc.** : Liberation Day, commémoration du rattachement du territoire à l'Union indienne ; parade militaire.

Goa aujourd'hui

Retour à l'Inde

Il a fallu une intervention militaire indienne pour mettre un terme à 450 ans de présence portugaise dans le sous-continent. Devant la détermination du dictateur Salazar à s'accrocher à ses colonies indiennes, Delhi lance l'offensive le

18 décembre 1961. Dès le lendemain, le gouverneur portugais capitule, plus de 3 000 soldats portugais sont faits prisonniers et les relations diplomatiques entre les deux pays s'interrompent pendant des années. Depuis 1987, Goa est un État à part entière de l'Inde ; jusque-là, il constituait, avec Daman et Diu, autres anciennes colonies portugaises, un territoire de l'Union.

Un État prospère

D'Souza, Fernandes, Cardozo : c'est d'abord dans les patronymes que survit le passé portugais. En dépit d'une immigration hindoue et musulmane en provenance des États voisins depuis l'indépendance, la communauté chrétienne, catholique dans son immense majorité, représente encore près de 30 % de la population de l'État (estimations de 1991), contre 50 % un siècle plus tôt. Elle survit également dans le dialecte goanais, le konkani, mâtiné de nombreux emprunts au portugais, ou encore dans le titre de son principal quotidien, *O Heraldo*, même s'il est aujourd'hui publié en anglais. Aux tables familiales aussi où épices, fruits et légumes tropicaux rencontrent les mets hérités des colonisateurs portugais, à base de viande de porc notamment, comme les *chouricos*, saucisses locales. Nulle nostalgie pourtant ; la langue portugaise n'est plus en usage, et les liens avec l'ancienne métropole se sont considérablement distendus. Il s'agit plutôt d'affirmer une identité propre et d'être fier d'habiter un des États les plus développés de l'Inde, qui ne doit pas sa prospérité à sa seule vocation touristique.

1 Velha Goa★★★

D'une cité qui fut une rivale pour Lisbonne et compta jusqu'à 200 000 habitants, ne subsistent qu'une poignée d'églises, comme autant de vaisseaux blancs échoués dans une mer de palmiers. Abandonnée par les vice-rois à la fin du XVIIe s., la ville périclita rapidement, ses orgueilleux palais et ses riches demeures servirent de carrière, ne laissant au sol que leurs cicatrices bien vite recouvertes par la jungle.

À la différence de la plupart des églises goanaises, la façade de la basilique du Bom Jesus ne s'encadre pas entre deux tours, mais fut conçue à la manière d'un retable Renaissance. Au fronton, le monogramme de la Compagnie de Jésus, IHS, rappelle que les Jésuites présidèrent à la consécration de l'édifice en 1605, 10 ans après la pose de la première pierre.

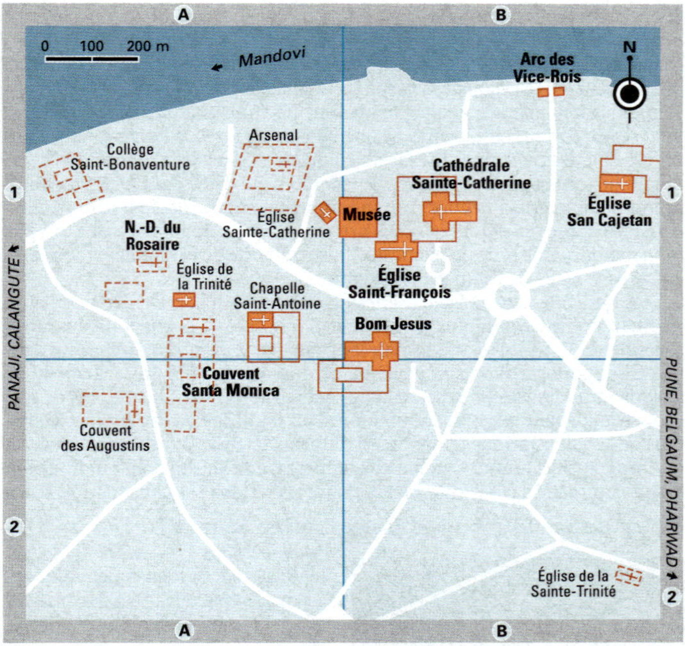

Velha Goa

Combien de temps : prévoir 4 h de promenade.

Où faire une pause : cafés et petits restaurants proposent leurs terrasses pour une halte agréable.

■ La basilique du Bom Jesus* B1-2

Vis. lun.-sam. 9 h-8 h 30, dim. 10 h 30-18 h 30 ; messes dim. 8 h et 9 h 15, lun.-sam. 7 h et 8 h.

L'intérieur présente une nef unique, que contredisent les trois portes en façade – modèle qui sera suivi dans de nombreuses églises goanaises –, barrée d'un transept. Au maître-autel, l'immense **retable** (fin XVIIe s.), dédié à l'Enfant Jésus, apparaît plutôt comme un hymne à la gloire des Jésuites. Au centre se dresse une grande statue d'Ignace de Loyola, fondateur de l'ordre – Jésus n'étant représenté que par une petite statue à ses pieds –, sous une allégorie de la sainte Trinité.

Le **tombeau de saint François Xavier** *(→ encadré p. 380)*, évangélisateur de l'Asie, est exposé dans le bras dr. du transept. Le sarcophage d'argent repose sur un piédestal de marbre (1689), don du grand-duc de Toscane Cosme III de Médicis (1670-1723), réalisé dans un atelier florentin. Sur ses quatre côtés figurent des panneaux de bronze illustrant la vie missionnaire de François Xavier. Seul celui de face est visible : il montre le saint baptisant des habitants des Moluques.

Le bras g. du transept présente **un autel du Saint-Sacrement** très ouvragé.

■ La cathédrale* (Sé) B1

Vis. 9 h-18 h.

Depuis le XVIIe s., la plus grande église de Goa est sa cathédrale, dont la construction s'acheva par l'érection de la façade en 1651, après presque un siècle de travaux. Derrière la haute façade à laquelle manque une tour abattue par la foudre au XVIIIe s., les trois nefs intérieures baignent dans des flots de lumière, largement diffusée par les ouvertures ménagées en façade et dans les chapelles latérales, offrant un saisissant contraste avec la pénombre qui règne dans les églises européennes. Au maître-autel trône un monumental **retable** dédié à sainte Catherine d'Alexandrie, célébrée le 25 novembre, jour de la prise de Goa par Albuquerque : une série de panneaux illustrent la vie de la sainte martyrisée en 307 sous le règne de l'empereur Maxence.

Sur les bas-côtés ouvrent deux séries de quatre chapelles. Deux d'entre elles méritent une attention plus particulière. Sur le côté g., la **chapelle du Saint-Sacrement** (3e à g.), avec son ostensoir pyramidal, le *trono*, que l'on trouve dans les églises portugaises, et son opulente décoration. Du côté dr., la **chapelle de la Croix-des-Miracles** (3e en partant de l'entrée) abrite une croix en bois de teck dressée au début du XVIIe s. par un moine sur la colline de Boavista, aux environs de la ville. Quelque temps après, plusieurs témoins affirmèrent y avoir vu un corps crucifié, nimbé d'un halo de lumière tandis que tout autour flottaient des oriflammes. La croix miraculeuse fut transférée dans la cathédrale en 1845.

■ L'église Saint-François-d'Assise Espírito Santo B1

Vis. 8 h-18 h.

Reliée à la Sé par les bâtiments de l'ancien palais épiscopal, l'église, consacrée en 1661, est un splendide exemple du baroque goanais.

Le remarquable **portail**** au centre de l'actuelle façade, seul exemple du style gothique manuélin à Goa, est tout ce qui subsiste d'un 1er oratoire construit par les franciscains en 1517.

Le maître-autel est orné d'un somptueux **retable** réalisé vers 1670 ; au sommet, François d'Assise embrasse le Christ en croix.

Sur les murs, une série de tableaux retrace la vie de saint François.

L'intérieur de l'église Saint-François-d'Assise Espírito Santo baigne dans la lumière diffusée par de nombreuses ouvertures à la base de la voûte qui surplombe la nef.

■ Le Musée archéologique B1

Vis. 10 h-17 h ; f. ven.

Cette petite collection est présentée dans les bâtiments de l'ancien couvent franciscain. On y verra surtout une sculpture de Vishnou du XIIIe s. et plusieurs stèles de héros (XIIe s.), l'une d'entre elles montrant une rare scène de combat naval rappelé par la représentation d'un bateau à quatre rames. Le 1er étage est consacré à la période portugaise : une série de portraits des gouverneurs du territoire côtoient celui de Vasco de Gama, réalisé au XVIe s.

■ L'Église Sainte-Catherine A1

Immédiatement à l'O. du musée.

Cet édifice (1513) remplace une 1re chapelle en bois qu'Albuquerque fit dresser en 1510, sitôt qu'il eut pris la ville au sultan de Bijapur. C'est à cet endroit que le conquérant entra dans la cité vaincue. En 1550, l'église fut agrandie pour abriter la 1re cathédrale de Goa.

Dans les environs immédiats, s'élevaient deux des plus majestueux édifices de la ville ; l'hôpital Royal et l'Arsenal.

■ L'Église San Cajetan B1

Vis. 8 h-17 h.

L'église fut construite en 1656, peu après l'arrivée de la 1re communauté de Théatins à Goa (1639). Cet ordre, fondé par saint Gaétan de Thyène en 1524, essentiellement composé d'Italiens, se vouait à la glorification du catholicisme romain. Ses églises étaient souvent somptueuses, et celle de Goa ne faillit pas à la règle : il s'agit d'un majestueux édifice en croix grecque surmontée d'une coupole, qui semble tout droit venue de Rome. Le **maître-autel** est une splendide réalisation baroque, où la Vierge de la Providence, à qui est dédiée l'église, trône au registre principal, entourée d'anges, tandis qu'au pinacle rayonne la gloire de Dieu et de son église.

■ L'arc des Vice-Rois B1

C'est sous cet arc monumental, qui marquait l'entrée principale de la ville, que chaque nouveau vice-roi tout juste débarqué recevait les clés de la ville. Vers l'intérieur, l'édifice porte une allégorie représentant une femme maintenant à terre un païen, vêtu d'une robe et coiffé d'un turban, tandis que, du côté extérieur, la niche abrite une statue de Vasco de Gama : son arrière-petit-fils, alors vice-roi de Goa, ordonna la construction de l'arc en 1597.

Poursuivez en empruntant à g. au-delà de l'arc le chemin qui s'éloigne progressivement de la rive pour atteindre la hauteur qu'occupe la chapelle Sainte-Catherine. Il vous reste à découvrir le quartier situé à l'E. de la cathédrale appelé Monte Santo.

■ Le couvent Santa Monica* (musée d'Art chrétien) A1-2

Vis. 9 h 30-17 h.

Fondé en 1606, ce fut le 1er monastère de femmes à Goa. Les bâtiments abritent aujourd'hui une école pour religieuses et un intéressant musée d'Art chrétien. Au r.-d.-ch. est exposée une collection de tissus, chasubles, dalmatiques, bannières de procession aux chatoyants motifs empruntés à la végétation tropicale. Le **reliquaire de sainte Marguerite**

À la découverte de Goa disparue

L'arc des Vice-Rois touchait l'angle occidental de leur palais, construit à l'emplacement de l'ancien fort des sultans de Bijapur. De la résidence goanaise de ces derniers, dont d'importants vestiges subsistèrent jusqu'au début du XIXe s., est encore debout un encadrement de porte ouvragé, dans les jardins de l'église San Cajetan. Devant le palais des Vice-Rois s'étendait, au S. (du côté de la terre ferme), une vaste esplanade, le Terreiro do Paço, où la bonne société de la colonie se retrouvait, la fraîcheur du soir venue.

Dans le prolongement de l'arc filait droit vers le S. l'avenue principale de la ville, la rua Direita, longue de près de 2 km. Sa partie la plus animée, le Leilão, se situait du côté du port : de part et d'autre s'alignaient de coquettes maisons aux façades blanchies à la chaux, dont la plupart abritaient des commerces au r.-d.-ch. : dans ces boutiques, les plus élégantes de la ville, les marchands européens, mais aussi juifs et arméniens proposaient toutes les richesses du monde. On y trouvait aussi le marché aux esclaves, réservoir de main-d'œuvre indispensable à la tenue et au prestige des maisons portugaises. Sur la rive de la Mandovi s'étiraient les installations portuaires sur près de 2 km ; à l'E. encore, au-delà du palais des Vice-Rois dont la façade N. donnait sur le fleuve, se trouvait l'immense bazar de la ville. Aucun des imposants édifices qui bordaient le port n'a survécu : la douane, l'Arsenal ou encore la prison.

Goa portugaise

▲ La Basilique du Bom Jesus est un vestige de la splendeur architecturale de la « Goa Dourada » (Goa Dorée), capitale de l'Orient catholique du XVIe au XIXe s. Un proverbe portugais disait : « Celui qui a vu Goa n'a pas besoin de voir Lisbonne ».

Le 25 novembre 1510 : après quatre heures de combat, Afonso de Alburquerque s'est rendu maître de Goa. Tandis que les défenseurs musulmans survivants sont exécutés un à un, les troupes portugaises prennent possession de la ville derrière un moine dominicain brandissant la croix. Pour le Portugal commence le rêve d'un empire asiatique, avec Goa pour tête de pont.

Un empire d'abondance

Sitôt la ville prise, il faut organiser la conquête. Et tout d'abord construire des églises : à Notre-Dame-du-Rosaire, à l'endroit où se tenait Albuquerque lors de la prise de la ville, à Sainte-Catherine, dont on célébrait la fête le jour de la victoire. Mais Alburquerque, devenu vice-roi des Indes portugaises, a d'autres ambitions que missionnaires. Il veut offrir un empire asiatique à son roi, et faire de l'océan Indien un lac portugais gardé par trois verrous : après Goa, il s'empare de Malacca (aujourd'hui en Malaisie) en 1511, puis d'Ormuz en 1515. Goa, promue capitale des Indes portugaises en 1530, devient le centre d'un fructueux commerce ; de Malacca viennent les épices et les richesses de Chine et d'Extrême-Orient, d'Ormuz, les fameux pur-sang arabes que les princes indiens, le Grand Moghol en tête, s'arrachent à prix d'or.

▲ L'église Saint-François-d'Assise fut érigée par les Franciscains en 1521, puis reconstruite en 1661. Le porche d'origine, de style gothique manuélin, a été conservé dans la nouvelle façade.

La conquête des âmes

Sitôt ses possessions indiennes affermies, le roi du Portugal obtient du pape le *padroado real*, mission exclusive d'assurer l'évangélisation de l'Asie. À Goa, surnommée la Nouvelle Rome, se succèdent en rangs serrés les grands ordres de la chrétienté ; les premiers sont les Franciscains, qui débarquent dès 1517 : ils construisent leur église dédiée à saint François dont le porche est aujourd'hui un des seuls exemples de gothique manuélin à Goa. Ils sont suivis des Jésuites, avec la grande figure de saint François Xavier, et des Dominicains ; puis, au XVIe s., viennent les Augustins, les Carmes déchaux, les Théatins, les Oratoriens… Les ordres, bientôt rivaux, se partagent le territoire de Goa, qui, jusqu'à la fin du XVIIIe s., ne comprend que la presqu'île de Goa et les actuels districts de Bardez, au N., et de Salcete, au S., comme les dépouilles d'un territoire conquis.

Chaque année, une centaine de procès étaient instruits, soldés par des autodafés publics et leurs sinistres bûchers. Dans tout l'Occident, le tribunal de l'Inquisition de Goa deviendra le symbole de la cruauté et de l'intolérance, dénoncée par les encyclopédistes.

Une religion de fer

Impitoyable dans la guerre, Albuquerque, *o Terríbil* (« le Terrible »), comme l'appelait Camõens, sut aussi se montrer un politique avisé. Il toléra les cultes hindous dans les territoires indiens conquis, se contentant d'interdire la pratique des satis *(→ encadré p. 177)*. Avec l'arrivée des missionnaires, le tableau change : les cultes hindous sont interdits, leurs temples systématiquement détruits. À leur place et avec leurs pierres sont édifiés églises et monastères. C'est cette frénésie de construction qui a valu aux districts centraux de Goa leur semis d'églises qui ponctuent de blanc le vert des campagnes tropicales. Saint François Xavier demande la mise en place de l'Inquisition, qui installe ses sinistres tribunaux en 1560. Les premières victimes en sont, comme dans la péninsule Ibérique, les nouveaux chrétiens, juifs contraints à la conversion alors nombreux à Goa, et soupçonnés de judaïser en secret. Puis vient le tour des hindous, notamment des brahmanes que l'on accuse de prier leurs idoles.

Vers une société métisse

Pourtant, dès le début du XVIIe s., et alors même que l'Inquisition bat son plein s'ébauche un tournant dans les relations avec les Indigènes. Certains ordres commencent à admettre des chrétiens indigènes dans leurs rangs ; on autorise les brahmanes convertis à continuer de porter leurs cordons ; en 1637, un Indien est nommé évêque. Aux côtés d'une petite minorité de *figaldos*, Portugais orgueilleux de leur rang, croit une population métisse ainsi qu'une société indigène christianisée, même si, parmi elle, subsistent les clivages de castes. Mais avec la prise de Malacca par les Hollandais en 1641, le rêve d'un empire portugais en Asie prend l'eau. Il est définitivement brisé à la fin du XVIIe s. En 1684, la ville de Goa, Velha Goa, devenue insalubre, est abandonnée ; une nouvelle capitale est construite, Panaji.

Afonso de Albuquerque (1453-1515), véritable génie militaire au service du roi Manuel Ier, conçut en quelques années la conquête d'un empire maritime. Pour favoriser l'implantation de la colonie portugaise, il encouragea ses soldats à prendre pour épouses les plus belles des captives musulmanes, pour peu qu'elles se convertissent au catholicisme, en dotant les jeunes mariés de terres agricoles.

d'Alexandrie (XVIIe s.) fournit un autre témoignage de cette rencontre entre le baroque ibérique et le baroque hindou : une sainte richement parée dont la savante coiffure esquisse même un *puttu* (ou *tilak*), ce point rouge que les femmes hindoues portent au front. La sainte foule se tient au pied un diable, telle une Durga triomphant du buffle-démon. Le 1er étage présente essentiellement de l'orfèvrerie religieuse.
Le couvent Santa Monica fut, en 1636, le témoin d'un miracle : le 8 février, le Christ en croix de l'église ouvrit les yeux et ses plaies se mirent à saigner ; le 12, le miracle se reproduisit en présence de l'évêque. La croix miraculeuse est toujours présentée à la dévotion des fidèles dans la petite église du couvent.

■ L'église Notre-Dame-du-Rosaire A1

Ouv. 8 h-17 h.

Au plus haut de la colline, ce petit oratoire se dresse à l'emplacement d'où Albuquerque dirigea, en 1510, l'assaut contre les troupes du sultan de Bijapur. À la 1re chapelle construite sitôt la victoire acquise succéda celle-ci, consacrée en 1549. L'histoire veut que François Xavier ait prêché en cet endroit à plusieurs reprises, devant des foules assemblées à ses pieds ; lors de son 1er séjour à Goa en 1542, alors que la présente église n'était pas encore construite, puis dans celle-ci durant son dernier séjour en 1552. Ce petit édifice, d'une charmante simplicité, reste marqué par le gothique manuélin.

En montant vers Notre-Dame-du-Rosaire, vous laisserez à g. les vestiges du couvent des Augustins (1602) dont ne subsistent plus que les ruines d'une des tours de la façade et la chapelle dédiée à saint Antoine, patron du Portugal ; comme un ultime défi, le dernier gouverneur portugais la fit restaurer en 1961.

2 Panaji et son district

La capitale de l'État de Goa reste une petite ville d'aspect colonial, avec ses places ombragées, ses belles constructions à véranda, ses églises blanches.

Combien de temps : 2 h suffisent.

■ Le palais Idalcao* B1

Planté au bord de la rivière Mandovi, ce bel édifice fut à l'origine un palais de plaisance pour les sultans

Le marché de Goa au XVIIIe s. C'est à Goa, grand carrefour commercial à la lisière des mondes islamique et hindou, que débarquaient les convois de chevaux venus du golfe Persique, essentiels aux armées des princes du Deccan.

La façade de l'église de Panaji fut renforcée au XIXe s. pour recevoir l'énorme cloche provenant du monastère des Augustins de Velha Goa.

de Bijapur, que les Portugais aménagèrent sitôt établis à Goa. Après l'abandon de Velha Goa à la fin du XVIIe s., il servit même de résidence aux vice-rois. Il abrite aujourd'hui les Secrétariats et c'est là que siège l'assemblée de l'État.

En arrière de l'édifice, sur le quai, se dresse la **statue de l'abbé Faria** *(→ encadré p. 379)*, dont le nom, sinon la véritable histoire, est bien connu des amoureux d'Alexandre Dumas.

■ L'église de l'Immaculée-Conception A-B1

Au S. du palais Idalcao.

Dès 1541, un oratoire se dressait sur cette butte ; c'était la 1re église qu'apercevaient marins et voyageurs arrivant à Goa, au terme d'une longue et difficile traversée. L'église actuelle fut achevée en 1619 dans un style encore marqué par les canons de la Renaissance.

■ Les jardins de Panaji (Municipal Gardens) A1

Au N. de l'église.

Ce sont les plus grands jardins de la ville. Tout autour se pressent des maisons coloniales – l'une

L'abbé magnétiseur

Sur le quai de Panaji, une statue dressée en 1945 rappelle la mémoire d'un célèbre enfant de Goa, José Custódio de Faria, plus connu sous le nom de l'**abbé Faria**. Quelques années après sa naissance v. 1756, ses parents se séparent : le père se fait prêtre, la mère religieuse. À l'âge de 15 ans, José suit son père à Lisbonne, puis à Rome, où il entreprend des études de théologie. En 1787, le père et le fils sont à Paris précédés déjà d'une réputation sulfureuse, le père soupçonné d'avoir trempé dans une conspiration, le fils de professer des opinions religieuses hérétiques. Ce dernier est embastillé. La Révolution le sort de son cachot, pour l'enfermer, en 1797, au château d'If cette fois, sous l'accusation d'avoir conspiré contre la Convention. Durant sa longue captivité, il met au point ses théories et sa pratique de l'hypnose. Libéré à la Restauration, le voilà à Paris où il étonne les foules en pratiquant l'hypnose en public. Les uns s'enthousiasment, les autres se gaussent en tournant en ridicule ce prêtre qui se prétend fils de brahmane. Il devient même le sujet d'une comédie satirique qui fait les délices du public parisien. Meurtri par cette hostilité, l'abbé Faria se retire dans un couvent où, avant de mourir en 1819, il a le temps de rédiger un ouvrage *De la cause du sommeil lucide*. Il rencontre Alexandre Dumas durant son 2e séjour parisien : l'abbé Faria deviendra l'inoubliable compagnon de captivité d'Edmond Dantès dans *Le Comte de Monte-Cristo*.

Goa

Un saint dépecé

En 1540, le pape Paul III met à disposition du roi du Portugal pour évangéliser ses possessions asiatiques François Xavier, un moine jésuite. Lorque celui-ci accoste à Goa le 6 mai 1542, il a 36 ans. Pendant 10 ans, il voyage, portant l'Évangile à travers toute l'Asie : Inde du Sud, Indonésie, Japon, incessants voyages entrecoupés de courts séjours à Goa. Il meurt en 1552 devant Canton, alors qu'il se préparait à débarquer en Chine. Commence l'extraordinaire voyage de retour de sa dépouille mortelle. Quelques mois après son inhumation, un vaisseau portugais est chargé de rapporter ses restes ; on constate alors que le corps est demeuré en parfait état et dégage même la suave odeur de la sainteté. Après plusieurs escales en Extrême-Orient où il est exposé à la dévotion des fidèles, le corps de François Xavier arrive à Goa, le 15 mars 1554. La petite communauté de jésuites organise, trois jours durant, des célébrations autour de la dépouille à laquelle on attribue déjà des miracles. Le monde chrétien se dispute ses reliques ; on dit que, lors de l'arrivée du corps à Goa, une noble Portugaise arracha un orteil d'un coup de dent. En 1614, le bras droit fut découpé et réparti entre Rome et plusieurs évêchés d'Asie. Une dent, des fragments d'os, ses entrailles même prirent à leur tour le chemin de divers lieux de pèlerinage. François Xavier fut canonisé en 1622.

d'entre elles abrite l'OT, tandis qu'au centre se dresse une haute colonne érigée en 1898 pour commémorer le 400e anniversaire de l'arrivée de Vasco de Gama. La statue du navigateur qui la surmontait a laissé place, après le rattachement du territoire à l'Union indienne, aux lions d'Ashoka, un des symboles de l'Inde indépendante.

■ L'institut Luis Menezes de Braganza A1

Ouv. lun.-ven. 9 h 30-13 h et 14 h-17 h 45.

Il fut fondé en 1871 par Luis Menezes de Braganza (1878-1938) afin de promouvoir la culture et les sciences. On pourra y découvrir une petite collection de peintures européennes du XIXe s. et surtout les azulejos qui ornent l'entrée.

■ Le quartier de Fontainhas B2

Au S. de l'église de l'Immaculée-Conception.

C'est un des coins les plus pittoresques de la ville ; ici, pas de grands édifices publics ni d'orgueilleuses églises, mais un lacis de ruelles bordées de maisons, construites pour la plupart au XIXe s. Balcons de bois fleuris, colonnades, fenêtres et portes ouvragées composent un paysage urbain des plus charmants.

■ L'Altinho* A2

Accès en voiture ou, pour les plus courageux, par le long escalier qui prend derrière l'église de l'Immaculée-Conception.

Sur cette haute colline qui domine la ville furent construits les palais officiels des autorités portugaises. Les édifices, toujours parfaitement entretenus, abritent aujourd'hui leurs successeurs indiens. Le plus imposant d'entre eux, le **palais de l'Évêché**, présente une magistrale façade blanche construite à la fin du XIXe s.

■ Le musée h. pl

À 1 km au S.-O. du centre-ville, ouv. lun.-ven. 9 h 30-17 h.

Dans cet ensemble de pavillons inauguré en 1996, et dont le béton peine à supporter l'humidité, sont présentées diverses collections illustrant l'histoire et la vie du territoire.

La section d'**art brahmanique** présente une série de stèles de satis (XIIIe au XVIe s.) et de héros comme celle provenant de Malkane (XIIe s.) où, sur trois registres, apparaissent les moments traditionnels de ce type de représentations : la prière devant le lingam, la parade et le combat. On peut également voir un Kuvaleshvara (VIIe s.), dont le visage plein est hérité de l'âge d'or des Guptas, et un char de procession (rathyatra) en bois du XVIIIe s. où apparaissent des frises de scènes érotiques.

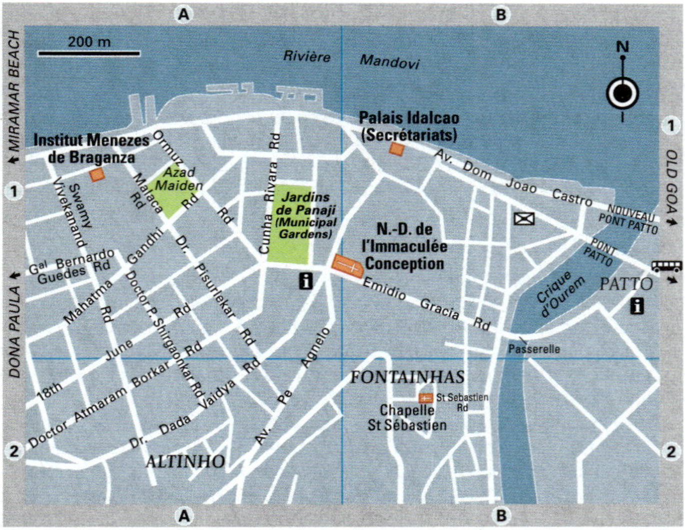

Panaji

La section d'**art chrétien** conserve une série de statues et de peintures parmi lesquelles se distingue la statue en bois d'un pape, dont le visage barbu surmonté d'une haute tiare évoque celui de Brahma.

La **collection Banerji**, réunie par cet ancien gouverneur de Goa, comprend de belles pièces anciennes, comme ce buste de Maitreya appartenant à l'art du Gandhara, ainsi qu'une importante collection de miniatures.

La section des **bronzes** et des **sculptures modernes** clôt la visite : voir une **tête de Nègre** exécutée par Camille Claudel.

3 Au sud de Panaji

Cette partie du territoire, moins touristique que le N. malgré la construction de nouveaux hôtels de luxe en bord de plage, offre les paysages typiques des campagnes goanaises.

■ Séminaire du Pilar* (Pilar Seminary)

11 km S de Panaji. Vis. du musée lun.-ven. 8 h-13 h et 14 h 30-17 h 30.

Cette vénérable institution qui domine la rivière Zuari et les frondaisons des palmiers est, depuis 1613, une vigie du catholicisme goanais, moines capucins à l'origine, pères de la Congrégation du Pilar aujourd'hui.

La Congrégation du Pilar, fondée en 1887, compte aujourd'hui 70 maisons à travers l'Inde. La vocation missionnaire initiale a aujourd'hui cédé le pas, en raison des tensions intercommunautaires que connaît l'Inde, au dialogue entre les religions. N'importe, la congrégation dirige toujours un séminaire très actif, qui compte une centaine d'élèves, et possède sa figure emblématique en la personne du père Agnelo de Souza, mort en 1927, et dont le procès en béatification est en cours à Rome.

Des origines, on peut encore voir l'**église Notre-Dame-du-Pilar** qui renferme une précieuse statue de la Vierge apportée d'Espagne par les Capucins lors de leur installation à Goa.

Un petit **musée**, géré par un père passionné d'archéologie, raconte la longue histoire du site. Connue avant les Portugais sous le nom de Govapuri (l'une des origines avancées pour expliquer le nom de Goa), la colline fut la capitale des dynasties hindoues du VIIIe s. à la conquête musulmane au XIVe s. Au S., sur l'estuaire de la Zuari, un grand port accueillait déjà depuis des siècles les navires venus du monde entier.

■ Santana** *14 km*

3 km N. du Séminaire du Pilar

L'église (fin XVIIe s.) est isolée au milieu d'une végétation luxuriante, qui colonise sans complexe les parties hautes de l'édifice. À l'intérieur, vous remarquerez la **chaire** soutenue par des atlantes qui empruntent leurs traits aux populations tribales. Un escalier conduit à la tribune où un étroit passage donne accès aux loges réservées jadis aux notables.

Le culte de sainte Anne jouit ici d'une grande popularité ; la mère de la Vierge, qui se croyait trop âgée pour enfanter, apparut, au XVIe s., à deux paysans des collines, un chrétien et un hindou. Depuis, chaque année, les deux communautés célèbrent ensemble sa fête, le 26 juil., après une neuvaine de fêtes et de prières. On y voit tout particulièrement les jeunes épousées qui viennent obtenir de la sainte l'assurance d'une nombreuse progéniture, au prix d'offrande de concombres.

■ Ancestral Goa *32 km*

À Loutolim ; vis. 9 h-18 h ; entrée payante, vis. guidée uniquement.

Dans ces délicieux jardins ouverts ont été reconstitués avec soin les lieux qui abritaient la vie traditionnelle goanaise : la cabane du pêcheur, la distillerie où est fabriqué le *feni*, alcool local tiré de l'enveloppe de la noix de cajou, la taverne avec son ancienne machine à fabriquer les sodas, et aussi la maison de maître d'un propriétaire terrien. La visite s'effectue sous la conduite d'un guide.

La **maison Araujo Alvares** *(vis. : rens. à l'entrée du parc)* est un bel exemple de demeure coloniale (XVIIIe s.). Ses pièces sont décorées de mobilier et de bibelots des XIXe et XXe s. La demeure comprenait une pièce fortifiée, n'ouvrant vers l'extérieur que par des orifices permettant de passer le canon des fusils : elle servait de refuge aux occupants en cas d'attaque de bandits.

■ Rachol Seminary *36 km*

4 km S. de Loutolim.

Au beau milieu de riches campagnes, le séminaire de Rachol est une des plus prestigieuses et des plus anciennes institutions religieuses de Goa. Fondée en 1580, elle a formé génération après génération les élites goanaises. Au tout début du XVIIe s., un jésuite anglais rédigea ici une version de la Bible en konkani, les *Christa Purana*, qui présentait les textes saints d'une manière accessible aux populations locales. Quelques années plus tard, la 1re grammaire konkani y fut imprimée, puis un dictionnaire konkani-portugais. L'église, son cloître et les bâtiments du séminaire datent de la 1re moitié du XVIIe s. ; une aile fut ajoutée à la fin du XIXe s.

L'**église Saint-Ignace-de-Loyola** fut achevée en 1622 dans le style baroque portugais. L'intérieur a été soigneusement restauré et l'autel, sous une jolie voûte à caissons, rutile aujourd'hui de tous ses ors entre des nuées d'anges en relief.

Le séminaire abrite un petit **musée d'art religieux** *(ouv. 9 h-13 h et 14 h-17 h)* que vous visiterez sous la conduite du gardien.

À proximité du séminaire gisent quelques vestiges d'un **fort** construit au XVIe s. par les sultans de Bijapur.

■ Chandor *43 km*

7 km S. de Rachol ; vis. 9 h 30-17 h ; téléphoner au préalable ☎ 784.201.

La **maison Menezes de Braganza**★, qui fait la fierté de la petite localité, aurait pu servir d'illustration à ces almanachs du temps jadis à prétentions morales. À sa mort, le père partagea sa maison entre ses deux enfants ; l'un s'employa à entretenir son héritage en l'état, l'autre s'y installa à la tête de sa nombreuse progéniture, sans trop d'égards pour le passé. C'est ce qui est arrivé à cette belle demeure, construite au XVIe s. et agrandie aux XVIIIe et XIXe s. Une aile est occupée par l'héritière de Luis de Menezes Braganza, homme de lettres et fondateur de l'institut qui porte son nom à Panaji. Cette vieille dame tente aujourd'hui, avec des moyens modestes, de conserver la décoration des lieux dans la mémoire du grand homme. La 2e est habitée par une autre branche de la famille dont les enfants poussent sans complexe leurs petites voitures entre les meubles anciens. Les deux parties sont ouvertes à la visite. Dans l'une, l'aile O., en haut de l'escalier à g., on visitera un témoin du Goa de jadis, où a été préservée une partie de la décoration ancienne. De l'autre côté du palier, la disposition des pièces est rigoureusement identique. La charmante maîtresse de maison qui y vit avec sa famille vous fera à son tour les honneurs des lieux. Des souvenirs de l'aïeul homme de lettres sont toujours exposés dans des vitrines, entourées du désordre ambiant.

Dans l'aile O., on entrera dans les vastes pièces de réception ouvrant largement sur des pelouses soigneusement entretenues. Une des plus belles parties est la **bibliothèque** avec son plafond en bois de teck, vieux de 250 ans qui a fait l'objet de soigneuses restaurations. Bibelots et objets d'art contribuent à donner une âme à la demeure. Comme traditionnellement, cuisines et espaces de service se trouvaient au r.-d.-ch.

La plage de Vagator, à l'O. de Mapusa.

4 Au nord de Panaji

Candolim, Calangute, Anjuna, le littoral au N. de Panaji égrène les noms des plages qui ont fait la célébrité de Goa : des kilomètres d'une immense bande de sable en retrait où se sont multipliés hôtels et résidences pour touristes. C'est la partie la plus animée de l'île avec sa succession de restaurants et de bars tout au long de la route qui suit la côte à distance.

À l'intérieur des terres, ne manquez pas le marché de Mapusa *(ven.)*.

Goa

Cuisine goane, cuisine baroque

La cuisine goane se savoure loin des plages et de leurs restaurants, plus complaisants à satisfaire l'appétit des touristes pour les fruits de mer et les sauces curry *ready made* qu'à faire découvrir la gastronomie locale. Créolisée par deux siècles de présence portugaise, elle est à l'image des églises de Velha Goa, de leurs jésus en ivoire et de leurs anges en ébène : une cuisine baroque, composant la tradition lusitanienne sur l'air des saveurs indiennes.

▲ L'ensemble de la cuisine indienne doit au continent américain le piment rouge, aromate essentiel des ***massala***, en provenance de l'univers amérindien du Mexique et de l'Amazonie.

À la croisée de l'Ancien et du Nouveau Monde

Précieuse escale de la route des Indes, Goa a recueilli les produits et les recettes qui s'échangeaient dans le réseau portugais, de Rio à Macao. Le raisin d'Europe, la papaye du Brésil et l'orange du Mozambique, le piment, le maïs, le manioc, la patate douce et le tabac du Nouveau Monde circulaient dans les cargaisons des caravelles. Au fil des colonies et des comptoirs du Nouveau Monde (Brésil, Mexique), de l'Afrique (Mozambique) et de l'Extrême-Orient (Malacca et Macao), le personnel, recruté ici et ailleurs, suivait les maîtres vers de nouvelles escales, interprétant pour leurs tables de nouvelles recettes, avec son propre savoir-faire et les possibilités locales. À Goa, on cuisine encore la *feijoada*, ragoût de porc aux haricots rouges, mis au point dans la colonie brésilienne, le *pil pil*, redoutable sauce au piment née au Mozambique, ou encore le *balchao*, condiment à base de crevettes, inspiré par les comptoirs d'Asie du Sud-Est. En retour, de savoureux desserts, créés sur la côte de Malabar, ont voyagé vers le reste de l'Asie. Les *dodol*, caramels moelleux à la noix de coco, sont de véritables balises de la présence portugaise que l'on retrouve à Ceylan et en Indonésie.

▲ Le ***bebinca***, roi des gâteaux goans, a été adapté en Malaisie, avant d'être acclimaté à Macao.

L'apport lusitanien

Traditionnellement, dans cette partie de l'Inde, on aime relever les plats de la note acidulée du tamarin ; le vinaigre le remplace dans les recettes luso-goanes. Il sert même à faire lever les *idli*, brioches de riz à la vapeur sud-indiennes, appelées *sanna* à Goa, et les petits pains au froment *undo*. Avec le vinaigre, on confectionne aussi les conserves de légumes et de fruits, et toute une gamme de sauces, aux arômes puissants, pour faire mijoter les plats de viande servis au dîner. C'est aux Portugais, bien sûr, que Goa doit cet usage massif de la viande, y compris celle du bœuf, tabou pour les hindous,

▲ **Largement cultivée sur la côte de Malabar, la noix de coco est la base de nombreuses préparations goannes, sucrées ou salées. La cuisine l'utilise également sous forme de lait ou d'huile.**

et du porc, interdite aux musulmans. Imité dans le reste du pays avec plus ou moins de bonheur, le *vindalho* (du portugais *vinho de alho*, « vin d'ail ») est un cocktail de vinaigre, d'ail et d'épices où marinent des morceaux de poulet ou de cochon. Les fêtes sont prétexte à perpétuer sous les tropiques le grand rituel des campagnes européennes : tuer le cochon et en cuisiner la moindre part. On cuit les pieds dans un bouillon de cardamome et de cannelle, on marine les jambons au vinaigre et on confectionne avec le cœur, les rognons et le foie, les plantureux ragoûts *sarpatel* et *cabidela*. C'est sans doute à Goa qu'est née la recette du *chouriço* : confite dans un vinaigre aux épices, la saucisse séchée est servie avec un ragoût de pommes de terre et d'oignons. Enfin, les eaux de la côte de Malabar étant trop chaudes pour le cabillaud, on adapte à la chair du requin le répertoire des recettes de morue ou *bacalhau*.

Des douceurs pour un calendrier catholique

Cette cuisine de métissage est celle des catholiques de Goa, qui ne représentent aujourd'hui que 30 % de la population. Les fêtes de Pâques et de Noël sont l'occasion de s'exercer aux recettes des pâtisseries et sucreries. Longues et compliquées, elles requièrent talent et patience, que ce soit pour confectionner les nougats aux amandes et à l'eau de rose *(maçapao)*, tourner sur des peignes des tortillons de pâte à frire *(culcul)* ou en façonner d'autres en forme de coquillages *(cormolam)*, et fourrer des montagnes de petits croissants de pâte *(neureos)* avec un mélange de noix de coco, de raisins secs, de sésame et de mélasse.

▲ **Les Franciscains, premiers missionnaires chrétiens de l'enclave, enseignèrent à la population locale l'art de faire du vinaigre à partir de la bière de palme (toddy) et de distiller l'alcool, depuis les vins doux à base de fruits jusqu'au feni, liqueur forte tirée de la noix de coco ou de la noix de cajou.**

■ Tres Magos* *9 km*

Postée en vigie au-dessus de l'estuaire de la Mandovi, cette église, emblématique de Goa, est l'une des plus anciennes, consacrée en 1555 et dédiée aux Rois Mages. Un long escalier y donne accès : vous remarquerez, au départ des deux rampes, les figures de **lions** agrémentées de volutes, motif décoratif très fréquent dans les temples de l'époque de Vijayanagar. Ce seraient là les seuls vestiges d'un temple hindou qui s'élevait à cet emplacement.

Derrière l'imposante façade frappée aux armes du Portugal, l'intérieur, restauré au XVIIIe s., abrite un bel **autel** dédié aux Rois Mages, ainsi que, sur les murs, un intéressant cycle de **peintures naïves**. À dr. de l'autel, une pierre tombale recouvre la dépouille de dom Luis de Ataide, vice-roi de Goa qui mourut en fonction en 1581. Il fut honoré par le roi pour avoir résisté en 1570, au prix d'un terrible siège de 10 mois, aux assauts d'une coalition de souverains musulmans du Deccan. Le 6 janv., l'Épiphanie est célébrée ici par une spectaculaire procession.

L'église se trouve au pied d'un **fort**, construit quelques années avant elle, et qui constituait, avec Fort Aguada, le verrou de Goa *(pas de vis.)*.

■ Fort Aguada *16 km*

Vis. 9 h 30-17 h.

Le « fort de l'Eau », ainsi nommé en raison des immenses citernes qu'il renferme, fut construit au tout début du XVIIe s., pour servir de verrou à l'estuaire de la Mandovi ; 200 canons tenaient sous leur feu l'approche des navires. Depuis les remparts, qui dominent le rivage de près de 80 m, on découvre des **vues** splendides sur Panaji et le large. Une partie du fort, en contrebas près du rivage, abrite la prison centrale de Goa.

L'Andhra Pradesh

Ce n'est pas, loin s'en faut, la région la plus touristique de l'Inde. À l'exception de la frange littorale et des collines autour de Srisailam, l'Andhra Pradesh n'est qu'un immense plateau rôti par le soleil en été. Un seul nom pourtant suffit à enflammer les imaginations : Golconde, qui, pour des générations d'Européens, résuma les formidables richesses de l'Inde. Il en reste une formidable forteresse qui, à elle seule, justifie le voyage. Plus près de nous, les nizams de Hyderabad symbolisèrent à leur tour les fastes de l'Inde. Maîtres du deuxième grand empire princier des Indes britanniques et disposant de fortunes colossales, ces rois sous tutelle parèrent leur capitale de somptueux édifices dont les silhouettes marient l'arabesque musulmane et la raideur victorienne. Si les voyageurs occidentaux sont rares, ce qui, en contrepartie, leur assure de sympathiques contacts avec la population locale, il n'en va pas de même des touristes indiens qui viennent de tout le pays visiter le temple de Tirumalai. On croise aussi des Asiatiques, Japonais surtout : ceux-là ont fait de Nagarjunakonda une étape obligée de leur périple bouddhiste en Inde. Si l'on ajoute les beaux temples médiévaux d'Alampur, l'Andhra Pradesh offre de nombreux centres d'intérêt, secondaires il est vrai en comparaison des États voisins, mais qui combleront les amoureux de l'Inde qui n'en sont pas à leur premier voyage.

Les entrées principales

Il n'y a plus de verdure, de grandes palmes [...] ; ce sont les étonnements du premier réveil au Nizam, [...] quand on a quitté la région encore si verte de Pondichéry et de Madras. On arrive sur le plateau central de l'Inde, au milieu des steppes de pierre, et tout est changé, sauf le croassement des éternels corbeaux.

Pierre Loti, *L'Inde sans les Anglais.*

Que voir en Andhra Pradesh

ORISSA
MADHYA PRADESH
43
5
Vizianagaram
Ghats orientaux
Vishakapatnam
Godavari
Rajahmundry
Eluru
ijayawada
Golfe du Bengale
100 km
HYDERABAD Ville ou site correspondant à une entrée principale de la région
Srisailam Ville ou site rattaché à une entrée principale
Kadiri Ville repère
★★★ Exceptionnel
★★ Très intéressant
★ Intéressant

La capitale de l'Andhra Pradesh a misé avec succès sur l'informatique et les nouvelles technologies pour assurer le développement de la région. À 20 km au N. d'Hyderabad, un centre technologique de pointe a vu le jour, où sont implantées les grandes sociétés internationales du secteur. La Cyber Tower, qui abrite les locaux de Microsoft, ne déparerait pas dans la Silicon Valley.

Au cœur de l'Inde

Par sa langue, le telugu, dialecte dravidien, l'Andhra Pradesh appartient à l'Inde du Sud. Par ses paysages, à l'exception de la frange côtière, le 4e État de l'Inde par la superficie appartient au Deccan, cet immense plateau au S. du bassin gangétique, limité au N. par la rivière Narmada et au S. par le bassin de la Krishna : des terres de basalte et de grès pauvres et sèches, où les rivières profondément encaissées ne suffisaient pas à l'irrigation avant la construction d'un système de barrages ; des terres surchauffées aussi, lorsque, d'avril à juin, le mercure dépasse pour de longues semaines la barre des 40 °C, avant de descendre de quelques décimales à l'arrivée de la mousson d'été, généralement peu abondante, le plateau recevant en moyenne 400 mm de pluie par an. Les régions montagneuses au N., qui culminent à 1 500 m, sont plus arrosées avec des précipitations de 1 250 mm par an. L'E. de l'Andhra Pradesh est bordé d'une chaîne de collines peu élevées, qui court du N. au S. parallèlement au rivage et sépare de l'intérieur une étroite plaine côtière. C'est là la richesse agricole de l'État : une zone tropicale irriguée par les deltas de la Godavari et de la Krishna.

D'incontestables atouts

L'agriculture demeure la principale ressource de l'État : elle fournit 50 % de son PIB et fait vivre 70 % de sa population. Grâce à sa frange littorale, l'Andhra Pradesh apparaît comme le grenier du S. : il exporte une partie de sa récolte de riz (12 millions de tonnes/an) ; c'est aussi le 1er producteur de tabac indien. Sur le plateau intérieur, coton et graines oléagineuses (tournesol, arachides) complètent la production régionale. L'Andhra Pradesh possède également d'importantes ressources forestières, notamment dans le N. montagneux. La région est encore la 2e productrice de minerai de l'Inde (manganèse, bauxite, mica baryte). L'exploitation de ces gisements a favorisé le développement d'industries, autour de la capitale, le long de la Godavari ainsi que

À Alampur, les Chalyuka laissèrent leur empreinte dans un prodigieux ensemble de neuf sanctuaires.

dans le port de Vishakhapatnam. Depuis 2002, tous les villages sont alimentés en électricité 24 h/24, grâce notamment à l'aménagement hydroélectrique de la Krishna, qui, à Nagarjunakonda, possède le plus grand barrage maçonné au monde. Avec une production de plus de 7 000 Mw, l'Andhra Pradesh exporte désormais son électricité vers les États voisins. Reste que la spectaculaire croissance économique de l'Andhra Pradesh, qui occupe désormais la 3e place en Inde en matière de production de richesses, est à mettre au compte de l'accroissement des investissements indiens et internationaux, notamment en matière de nouvelles technologies.

Gens d'Andhra Pradesh

Si le nom de la capitale, Hyderabad, appartient incontestablement au monde de l'islam, les musulmans représentent seulement 9 % de la population de l'État. Toutefois, installés presque exclusivement dans les villes, ils constituent des minorités importantes, actives et visibles. La population hindoue est fortement structurée par plusieurs communautés propres à la région, qui rivalisent plus ou moins. Ainsi, les Kammas, au pouvoir avec Rama Rao jusqu'en 2004 avec son successeur Chandrababu Naidu, ou les Reddys, chez qui se recrutent les plus dynamiques des commerçants et des entrepreneurs, traditionnellement fidèles au parti du Congrès. Par ses confins montagneux du N., l'Andhra Pradesh touche également à cette vaste zone tribale du centre de l'Inde qui, entre les rivières Narmada et Godavari, englobe le Jharkhand et une partie du Madhya Pradesh et de l'Orissa. L'État compte 6,3 % de populations tribales, réparties en une trentaine de groupes : Chenchus, chasseurs-cueilleurs ; Gonds, présents dans toute l'Inde centrale ; Santals ; ou encore Banjaras, nomades peut-être originaires du Rajasthan que l'on reconnaît aux vêtements colorés et aux lourdes parures d'argent de leurs femmes. Depuis l'indépendance, ces populations tribales ont fourni leurs contingents aux guérillas marxistes toujours actives grâce au People's War Party, conduit par les naxalites.

Les cavaliers chevauchant des montures fantastiques furent un des thèmes décoratifs privilégiés des sculpteurs de Vijayanagar.

Hyderabad*

Situation : à 208 km N. de Kurnool, 562 km N. de Bangalore, 688 km N.-O. de Madras.

3 450 000 hab. (2001), 205 000 hab. pour la ville jumelle de Secunderabad.

Capitale de l'Andhra Pradesh.

☏ **040**

APTDC, Tank Bund Rd, B2 ☏ 234.53.036.

aéroport : Begumpet (10 km N.-E.), liaisons avec Delhi, Madras, Bombay, Calcutta. Services de *pre-paid taxis* dans l'aérogare (montant de la course à acquitter au guichet). Pas de services de bus • Indian Airlines, HACA Bhawan, face au Public Gardens ☏ 233.99.333 • Air India, même adresse ☏ 232.37.243.

Gares ferroviaires à Secunderabad et Hyderabad. Liaisons avec Kurnool, Tirupati, Warangal, Madras, Delhi, Bhunaneshwar, etc. Rens. ☏ 131.

Hyderabad Bus Depot (B2-3) ☏ 248.28.685 ; liaisons avec toutes les localités de l'État et des grandes villes des États voisins.

À ne pas manquer

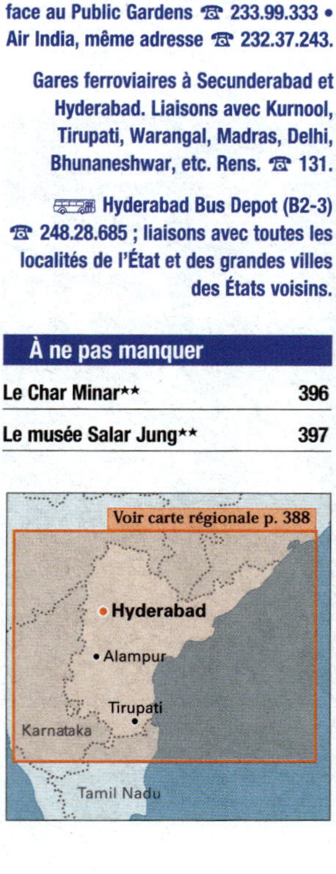

Jusqu'en 2004, Hyderabad s'est vue comme une future Singapour indienne. C'est du moins ce que proclamait l'ancien *chief minister* Chandrababu Naidu, idole des magazines et des financiers internationaux. Hyderabad était devenue le symbole de cette « Inde qui gagne » voulue par les nationalistes hindous et leurs alliés. En votant pour le Congrès, les électeurs indiens ont voulu rappeler leurs dirigeants aux réalités, celles d'une Inde où les inégalités restent criantes. Si C. Naidu, « High Tech Babu » comme aimaient à l'appeler les journalistes, a disparu de l'avant-scène politique, Hyderabad reste marquée par ses années de pouvoir. En lisière du centre-ville où se dressent les orgueilleux édifices laissés par les anciens nizams se sont implantés les sièges des entreprises vouées aux nouvelles technologies, avec, pour figure de proue, Microsoft. Concurrente de Bangalore dans le domaine informatique, Hyderabad s'attaque également à Madras et à Bombay en matière de cinéma : Tollywood (t pour *telugu*) est en passe de détrôner Bollywood (b pour *Bombay*), grâce notamment aux gigantesques studios Ramoji, à 35 km de la ville, les plus grands de toute l'Asie.

Hyderabad mode d'emploi

S'orienter

Hyderabad est traversée par la Musi, qui détermine deux quartiers bien distincts.

Au S. : la vieille ville, avec pour emblème le Char Minar ; ses nombreux bazars regroupent les activités traditionnelles de la ville : négoce des perles et fabrication de *bangles*. Dans cette partie se trouve le musée Salar Jung.

Au N. : la ville moderne s'est développée progressivement à partir du XIXe s. ; sur la rive se dressent les imposants édifices publics construits par les derniers nizams. Plus au N., le quartier d'Abids

Hyderabad

regroupe une grande partie des activités commerciales. Plus au N. encore s'étend le quartier officiel de la capitale, avec le Parlement et les secrétariats, centre du pouvoir exécutif.

Enfin, au N.-E. se trouve la ville jumelle de Secunderabad, sans grand intérêt pour les visiteurs de passage.

La colossale Mecca Masjid, la grande mosquée d'Hyderabad, est une des principales réalisations de la dynastie des Qutb Shahi. Sa construction fut achevée sous le règne d'Aurangzeb.

Se déplacer

À pied dans la vieille ville ; pour découvrir les centres d'intérêt de la ville moderne, mieux vaut, en revanche, être motorisé. Comme partout en Inde, les transports urbains sont lents et surpeuplés : empruntez de préférence un taxi ou un rickshaw.

Combien de temps

Une journée suffit pour découvrir rapidement l'essentiel ; le matin sera consacré à la vieille ville, avec le Char Minar, ses alentours et le musée Salar Jung. L'après-midi, partez à la découverte de la ville moderne. L'attraction majeure de la région, Golconde, se trouve aux portes de la ville, il vous faudra donc prévoir deux jours complets de séjour à Hyderabad.

Hyderabad dans l'histoire

De haute lutte

Une fois pillés les trésors de Golconde *(→ p. 403)* et sa puissance anéantie, le Grand Moghol se désintéresse de sa conquête ; la région sombre dans l'anarchie. Il faudra attendre 1713 et la nomination d'un vice-roi du Deccan pour rétablir un semblant d'ordre. Cet homme, c'est Nizam ul-Mulk (1671-1748), dont les descendants régneront sur Hyderabad jusqu'en 1948. Ayant hérité de la bravoure de son père, tué sous les murs de Golconde en 1687, et de la sagesse de son aïeul, lettré de Samarkand et haut dignitaire à la cour, Nizam ul-Mulk est distingué par Aurangzeb qui le nomme gouverneur de Bijapur : il a tout juste 20 ans. En 1724, après avoir tué le gouverneur de Golconde, il est le maître incontesté du centre de l'Inde.

Dupleix, faiseur de rois

À la mort de Nizam ul-Mulk en 1748, un de ses cinq fils, Nazir, pourtant déshérité par son père, fait main basse sur le trésor, sitôt connue la mort du souverain, et se proclame maître du Deccan. Un seul prince lui conteste le pouvoir : son neveu Muzaffar. En ce milieu du XVIIIe s., Dupleix *(→ encadré p. 232)* règne en maître à Pondichéry et rêve d'étendre l'influence française à l'ensemble du S. de l'Inde. Contre Nazir, qui aligne 800 Anglais dans son armée, il soutient les prétentions de Muzaffar. Sous la conduite d'un officier audacieux, La Touche, les troupes françaises, 300 grenadiers épaulés par moins de 2 000 cipayes, réussissent à s'emparer du camp de Nazir, où Muzaffar est alors retenu prisonnier. La victoire sera de courte durée : Muzaffar est tué deux mois

Des rois placés sur le trône par mes mains, soutenus par mes forces, des armées mises en fuite, des villes emportées d'assaut par ma poignée de gens, des traités de paix conclus par ma seule médiation, garantis, gardés et renouvelés par la seule crainte de me déplaire, mon alliance recherchée par toutes les puissances de l'Empire moghol, mon amitié achetée au prix des riches et vastes domaines que la Compagnie possède [...], l'honneur de ma nation porté à un point de gloire qui l'a fait préférer jusqu'ici à toutes celles d'Europe.

Bussy vu par lui-même, cité dans *Histoire de l'Inde contemporaine*.

plus tard sur la route de sa capitale Aurangabad. Bussy, qui l'escortait, proclame sur-le-champ Salabat, troisième fils de Nizam ul-Mulk, vice-roi du Deccan (1751), sans même en référer à Dupleix. Quant à l'empereur moghol, suzerain théorique, il est relégué au rang de spectateur. Jusqu'à son rappel en 1758, Bussy, secondé par une poignée d'officiers français, sera, dans l'ombre de Salabat, le véritable maître du Deccan.

■ Capitale du Deccan

Dès lors, les nizams du Deccan se tournent vers les Anglais qui en font leurs alliés indispensables dans leur lutte contre les souverains de Mysore *(→ p. 348)*, Haidar Ali et son fils Tipu Sultan . En 1763, la capitale du Deccan est transférée d'Aurangabad à Hyderabad. C'est l'une des premières décisions du successeur de Salabat, Nizam Ali Khan, dont le long règne (1762-1803) verra pour la dernière fois briller l'influence de la France au centre de l'Inde : de 1795 à 1798, le véritable homme fort de Hyderabad est un ancien lieutenant de Bussy, Michel Joachim Raymond *(→ encadré)* qui entretient pour le souverain une armée de 14 000 hommes encadrés par des officiers français.

Nizam Ali doit pourtant signer, à la fin de son règne, un accord confiant la politique étrangère de ses États à la Compagnie des Indes, lequel prévoit le stationnement de plusieurs compagnies britanniques aux portes de sa capitale. Dès lors, et jusqu'à l'indépendance de l'Inde, les nizams de Hyderabad resteront loyaux à la Compagnie des Indes, puis à la Couronne britannique. Cette fidélité fut décisive lors de la révolte des Cipayes en 1857.

1 La vieille ville

Situation : A-B3.

Enseignes en ourdou, femmes voilées, hommes portant la barbe : de ce côté-ci de la rivière Musi, l'empreinte musulmane est la plus forte. Les hindous fréquentent peu ces quartiers, d'autant, assurent-ils, qu'on y pavoise chaque fois que l'équipe de cricket pakistanaise l'emporte sur la sélection indienne. Le Char Minar, devenu le symbole de Hyderabad, est planté au centre. Tout autour s'étend le monde des bazars avec, en vedette, les deux produits qui font la célébrité de la ville : les *bangles*, bracelets de verres multicolores qui, par centaines de milliers, chatoient dans les échoppes du Lad Bazar, et les perles, dont Hyderabad est le 1er centre de négoce en Inde.

Fêtes : en sept., à l'occasion de la fête de Vinayaka Chaturthion, on célèbre Ganesha durant 10 j. Une effigie du dieu éléphant, haute de plus de 10 m, est dressée dans le quartier de Khaitabad, non loin du Lumbini Park. Le dernier jour de la fête, elle est conduite en procession pour être immergée dans les eaux du Husain Sagar • en déc. (2e w.-e.), le Lumbini Festival commémore l'héritage culturel bouddhiste de l'Andhra Pradesh : expositions et manifestations culturelles durent 3 j. • aux fêtes hindoues s'ajoutent celles du calendrier musulman (dates variables).

Monsieur Raymond

Pour se soustraire aux ambitions britanniques, Nizam Ali Khan fit appel à un officier français, Michel Joachim Raymond, qui servit sous les ordres de Bussy lors de son ultime campagne en Inde. Une fois démobilisé, il constitua à l'instar de nombreux officiers une troupe armée qu'il mit au service des princes indiens. En 1795, alors que les Anglais s'opposent à la puissance de Tipu Sultan, le voilà au service du nizam de Hyderabad. Gagné aux idées révolutionnaires, il s'entoure d'officiers jacobins comme lui, et c'est derrière le drapeau tricolore que défile son armée, dont les uniformes portent des boutons frappés du bonnet phrygien. Il fait construire dans la capitale une fonderie de canons ; les bâtiments en sont toujours visibles dans le quartier de Himayatnagar. Il meurt subitement en 1798, quelques mois avant que les Anglais n'obtiennent le démantèlement de son armée. Apprécié de la population locale, il fit ensuite l'objet d'un culte qui se manifestait autour de son monument funéraire, planté sur une colline à l'E. de la ville.

Le dernier nizam

En 1911, Mir Osman Ali Khan devient le septième nizam de Hyderabad : son royaume est, avec le Jammu et le Cachemire, l'un des deux États princiers les plus étendus des Indes britanniques et le plus peuplé. L'homme passe pour le plus riche de son temps et la rumeur lui attribue une centaine d'enfants. Alors que la paysannerie est exclusivement hindoue, les propriétaires fonciers, l'armée, la police, l'administration comptent une majorité de musulmans dans leurs rangs. Le nizam désire moderniser ses États : il fonde l'université Osmania, 1er centre d'enseignement en ourdou dans les Indes britanniques, et construit barrages, aéroports, hôpitaux... Il engage une réforme des institutions du royaume avec notamment la création d'une assemblée législative, dont le règlement impose cependant une majorité obligatoire pour les musulmans. En 1947, il refuse le rattachement de ses États à l'Union indienne. Un accord de statu quo est conclu avec Delhi. S'ensuit une année de troubles pendant laquelle les milices musulmanes sèment la terreur dans les campagnes indiennes, tandis que, dans certaines régions du royaume, les paysans opèrent une redistribution des terres sous la conduite d'une guérilla communiste. Pour mater l'insurrection, l'armée indienne conduit une opération de police dans l'ancien royaume : elle enlève sa capitale le 17 septembre 1948, bousculant la faible résistance que lui oppose l'armée du nizam.

Combien de temps : 3 h (sans vis. du musée Salar Jung).

■ Le Char Minar** B3

Ouv. du lever au coucher du soleil.

Mosquée, château d'eau, tribune d'apparat, porte monumentale, la destination première de l'édifice reste incertaine. Ses quatre minarets (signification du mot Char Minar) culminent à près de 57 m du sol. Sur la **terrasse** est aménagée une salle de prière joliment stuquée de guirlandes végétales. Le panorama sur les coupoles et les minarets de la vieille ville justifie l'ascension.

On remarquera au pied du coin S.-E. un petit **oratoire hindou** dédié à Kali. Dans les années 1980, un brahmane, convaincu de la sainteté du lieu, y aménagea, avec le seul assentiment de la déesse, un lieu de culte. Depuis, les hindous qui passent par là ne manquent pas d'implorer la déesse au pied de l'édifice emblématique du passé musulman de la ville.

Après la visite, vous pourrez vous engager dans la rue qui prolonge l'arche occidentale : là se tient le **Lad Bazar**, presque exclusivement consacré au commerce des *bangles*.

La construction du Char Minar en 1591, sous le règne de Muhammad Quli Qutb Shah, marqua de façon magistrale le développement de la ville nouvelle conçue par le souverain.

Les **Char Karman** (les « quatre arches »), au N. du Char Minar, furent dressées en 1594 par Muhammad Quli Qutb Shah pour marquer le centre de sa nouvelle ville. Elles desservaient des palais détruits sur l'ordre d'Aurangzeb.

■ Mecca Masjid A3

Au pied du Char Minar, côté S.-O.

La construction de la plus grande mosquée de la ville fut entreprise sous le règne de Muhammad Qutb Shah (r. 1612-1626). Cinq arches monumentales ouvrent sur la salle de prière, interdite aux non-musulmans. Elle renferme, entre autres reliques, un cheveu du Prophète. Depuis la vaste esplanade, **belle vue** sur le Char Minar.

■ Purani Haveli B3

Ouv. lun.-jeu. 10 h-17 h, ven. 14 h-17 h ; entrée payante.

Voilà bien longtemps que ce lieu écarté abrite un palais. L'omniprésent Muhammad Quli Qutb Shah l'offrit à son fidèle Premier ministre qui y construisit une luxueuse demeure. L'actuel palais (fin XVIIIe s.) fut construit par le deuxième nizam pour servir de résidence à son fils. Une fois monté sur le trône sous le titre de Sikander Jah (r. 1803-1829), celui-ci l'abandonna. Le palais reprit vie à partir du règne de Nawan Mi Mahmood Ali Khan, sixième et avant-dernier nizam. Ce souverain mystique, passionné de parures et de vêtements, fit aménager une immense garde-robe, longue salle de 70 m bordée de placards que l'on découvrira au cours de la visite. Les contemporains de Nawan Mi Mahmood Ali Khan lui accordaient le pouvoir de guérir les morsures de serpent ; une secte le considère toujours aujourd'hui comme son maître spirituel. Guidés par les gardiens du lieu, vous découvrirez des collections essentiellement consacrées à la vie et l'œuvre du dernier nizam.

■ Le musée Salar Jung** B3

Ouv. 10 h-17 h, f. ven. ; entrée payante ; prévoir au moins 2 h.

Par son ampleur, cette collection est digne des fastes de Golconde : des œuvres et des objets d'art du monde entier furent rassemblés par le Premier ministre du dernier nizam, Mir Yousouf Ali Khan, qui exerça le pouvoir sous le titre de Salar Jung III. L'Inde est à l'honneur avec une formidable collection de miniatures illustrant toutes les écoles du sous-continent, sans doute la plus belle du pays.

Les salles sont réparties sur deux étages dans le pavillon central, auquel s'ajoutent deux ailes où sont présentées, dans l'une les collections européennes, et dans l'autre les collections d'Extrême-Orient.

1er étage

Bronzes et peintures sur tissu *(s. 1)*. Après quelques bronzes dont les plus notables sont un **Vishnou d'époque pallava** (IXe s.) et un **Nataraja** à l'ornementation quasi baroque du XIVe s., l'attention est surtout retenue par les tissus peints, essentiellement des **kalamkaris** *(→ p. 422)* du XIXe s. La plus belle pièce *(au fond de la salle)*, réalisée au début du XIXe s. dans un atelier de Srikalahasti, illustre des épisodes du *Ramayana* : un ensemble de scènes pleines

Muhammad Qutb Shah, qui était très pieux et n'avait, dit-on, jamais manqué une des cinq prières quotidiennes depuis l'âge de 12 ans, ordonna que l'on insère dans les murs de la mosquée des briques confectionnées avec de la terre de La Mecque.

Les palais des nizams

Les nizams de Hyderabad occupèrent successivement plusieurs palais de la ville. À l'exception du Purani Haveli, aucun n'est aujourd'hui ouvert à la visite. Ils appartiennent à la fondation qui gère les biens de l'ancienne famille royale et qui en réglemente l'accès. Des projets sont en cours pour confier les plus prestigieux d'entre eux à de grandes compagnies hôtelières. Le Kothi Mahal (A2), dans la partie moderne de la ville, fut la dernière résidence du septième nizam jusqu'en 1948. Sa façade décatie se dresse en plein cœur du centre-ville. Chow Mahalla (A3), non loin du Char Minar, est un ensemble d'une dizaine de palais répartis sur 30 ha ; ce complexe fut entrepris à partir de 1750, sous le règne de Salabat, protégé de Bussy. Il est question de le transformer en hôtel de luxe. Au S. de la vieille ville, juché sur une colline, Falaknuma Palace (h. pl. par A3) fut construit à la fin du XIXe s., sur les plans d'un architecte italien, par un haut dignitaire de la cour, puis acheté en 1897 par le sixième nizam. Il servit de pavillon aux hôtes de marque du souverain. Aujourd'hui propriété du petit-fils du dernier nizam, il conserve son mobilier et sa décoration d'origine, ainsi que ses collections d'art.

POINTS FORTS

La collection d'ivoires***

Les miniatures***

Les arts de Chine***

de vie et de couleurs sur un fond rouge soutenu. Le détail de chaque scène s'assortit d'un commentaire donné dans le bas. Au centre, Shiva et Parvati trônent sous un dais dont la finesse d'exécution est étonnante.

Sculptures indiennes *(s. 1)*. À voir, du côté dr., un **bouddha** et un **bodhisattva**, chefs-d'œuvre de l'art du Gandhara (IIe s. av. notre ère), étonnant mélange gréco-indien, qui représenta pour la 1re fois Bouddha sous forme humaine. En arrière de cette vitrine, belle **tête de Scythe** de l'époque koushane (Mathura, IIe s. av. notre ère). Au fond se dresse un **Bouddha** provenant de Nelakondapallai, qui témoigne de la vigueur du bouddhisme en Inde aux IIe-IIIe s. av. notre ère. À sa g., pittoresque petit personnage de **mendiant** (Ve-VIe s.) provenant du Bundelkhand, région de Khajuraho en Inde du N.

La ville de Mathura dans l'Uttar Pradesh, capitale de la dynastie des Koushanas (Ier-IIe s.), vit naître la grande statuaire indienne. Là, Bouddha fut représenté pour la 1re fois sous forme humaine.

Sculptures sur bois *(s. 3)*. Essentiellement du mobilier du S. de l'Inde et des **étoffes** *(s. 4)* ; dans les vitrines, des costumes de cour des XVIIIe et XIXe s.

Collections enfantines *(s. 5 à 7)*. À côté d'un train électrique hors d'usage, des milliers de soldats de plomb illustrent essentiellement la grandeur de l'armée britannique des années 1930.

Ivoires*** *(s. 8)*. Cette salle réunit des pièces provenant de toute l'Asie. L'ivoire, matière subtile, a permis de véritables prouesses ; ainsi, à g. de l'entrée, cette défense réduite à la lame ajourée d'un **yatagan**. Face à l'entrée, quatre **chaises** passent pour un cadeau de Louis XVI à Tipu Sultan. Voir aussi les **crucifix** provenant de Goa *(vitrine à dr.)*.

La **statue de Rebecca** voilée *(s. 10)*, réalisée par le sculpteur italien G. B. Benzoni en 1876, fait l'admiration des Indiens.

Le perçage des perles, réalisé manuellement à Chandanpet, est une opération délicate : la nacre ne doit pas être endommagée par le foret.

Les perles de Hyderabad

Depuis des générations, Hyderabad tient sa place de capitale des perles en Inde, grâce au savoir-faire de ses artisans. Importée de Chine et du Japon, la production indienne, apparue il y a une dizaine d'années sur la côte de Coromandel, ne répond pas encore aux exigences de qualité des négociants, car les perles sont traitées sur place. Il faut tout d'abord les percer, activité presque exclusive du village de Chandanpet ; elles sont ensuite bouillies, puis placées plusieurs jours au soleil dans des bocaux de verre contenant une solution d'eau oxygénée, d'éther et d'eau. Une fois prêtes, elles sont montées en parures ou vendues au poids. Les perles blanches, plus communes, ont la faveur de la clientèle ; les plus belles présentent des reflets bleu ciel sous une lampe à ultraviolet. Plus rares et plus coûteuses sont les perles roses ou noires au subtil lustre vert.

Orfèvrerie *(s. 10)*. Quelques **pièces anglaises** témoignent du Modern Style 1900.

Peinture indienne moderne *(s. 12)*. À voir surtout, deux petites compositions d'Abanindranath Tagore, neveu de l'écrivain (1871-1951), dont un *Salon de musique* alliant délicatesse persane et culture raffinée, ainsi que deux œuvres de Raja Ravi Varna (1848-1906), grand peintre victorien indien.

Miniatures*** *(s. 13)*. Cette section, l'une des plus belles du musée, réunit les grandes écoles de l'Inde, du Gujarat (à l'O.) à l'Orissa (à l'E.), et les écoles himalayennes jusqu'au Deccan. Les **miniatures mogholes** du XVIe au XVIIIe s., héritières de la miniature persane, sont parmi les plus séduisantes : portrait de *Babur, Vierge à l'Enfant, Akbar portant un faucon*, de nombreux portraits de dignitaires, et, moins officielle, une *Conversation amoureuse* (2e partie de la salle) de la fin du XVIIIe s. : par une nuit de pleine lune, deux jeunes gens conversent sur la terrasse d'un palais. Parmi les **miniatures du Deccan**, un archer iranien et une autre *Vierge à l'Enfant* datée de 1609. Toutes les écoles du Rajasthan, aux couleurs si particulières, et des vêtements féminins de cette région sont également représentés.

La salle suivante *(s. 14)* apprend au visiteur que le ministre du nizam était aussi franc-maçon ; la salle est consacrée à cette dynastie de serviteurs de l'État des nizams : photographies, parures officielles.

2e étage

La *salle 17* est fermée, les *salles 18 et 19* appartiennent à l'Eastern Block *(→ p. 400)*.

Jouets traditionnels *(s. 16)* de l'Andhra Pradesh. À voir tout particulièrement les délicieuses **figurines en bois peint** de Kondapally.

Porcelaines d'Extrême-Orient *(s. 22)*. Quelques remarquables *imari* (objets en porcelaine) japonais du XVIIIe s., et une belle collection de pièces chinoises parmi lesquelles de beaux bleu et blanc, marque de fabrique de la grande époque des Ming (XIVe-XVIIe s.), ainsi que des céladons dont les plus anciens (XIIe-XIIIe s.) portent des motifs incrustés.

Manuscrits *(s. 23)*. Essentiellement des corans. La vitrine du fond à dr. expose des exemplaires du texte sacré calligraphié sur des chemises prophylactiques, destinées à accélérer la guérison des malades.

Tapis *(s. 24)*. Parmi lesquels de sublimes persans : l'un d'eux, qui présente une succession de motifs en gouttes d'eau sur un fond aux délicates couleurs sombres, est une pure merveille.

Salle égyptienne *(s. 25)*. Où l'on découvre aussi que le ministre n'avait pas toujours bon goût. Cette salle égyptienne rassemble les souvenirs qu'avait rapportés le dignitaire d'un voyage au bord du Nil : meubles orientaux, copie du trône de Toutankhamon, reproductions maladroites d'antiques et un surprenant patchwork de laine aux motifs pharaoniques.

French Room *(s. 28)*. **Ameublement et vaisselle** français des XVIIIe-XIXe s., de l'Ancien Régime à la Restauration. À la sortie de la salle, amusante carte de France où les noms des départements semblent avoir été indianisés par un facétieux copiste : ainsi, la Vanchi et la Chirinthe (respectivement la Manche et la Charente).

Porcelaines européennes *(s. 29)*. Les *wedwoods* anglais côtoient la porcelaine de Saxe, tandis que les porcelaines de Sèvres tiennent une place honorable.

Eastern Block : arts d'Extrême-Orient *(en cours d'aménagement)*

Le r.-d.-ch. de ce pavillon, en cours d'aménagement, devrait abriter des collections de bois sculptés, de meubles et de statuaire.

Arts de Chine*** *(s. 18)*. À voir tout particulièrement, une collection de splendides **paravents** : les plus anciens remontent à la fin de l'époque ming (XVIIe s.). L'un d'eux *(à dr. de la salle)* met en scène des sages taoïstes ; au fond de la salle, **broderies** sur soie de l'époque ming.

Arts du Japon *(s. 19)*. Hormis une importante collection de **porcelaines**, vous découvrirez avec enchantement une série d'œuvres réalisées par Ando Hiroshige (1792-1858), un des maîtres de l'**estampe** japonaise.

Western Block : art occidental *(en cours d'aménagement)*

Les **peintures européennes** *(s. 31)*, essentiellement des XIXe et XXe s., sont d'un intérêt très anecdotique. En revanche, les amateurs ne manqueront pas la magnifique collection d'**horloges** *(s. 33)*.

2 La ville moderne

Situation : **A-B1-2.**

La rive N. de la Musi est le cœur vivant de Hyderabad. Au tout début du XIXe s., la construction du palais des résidents britanniques donna le coup d'envoi du développement de la ville sur la rive g. de la Musi. En 1839 et 1857, deux ponts furent jetés sur la Musi ; dès lors, la rive g. devint le centre moderne de la cité, où résidaient les Européens qui y déployèrent leurs activités commerciales. Les nizams ne furent pas en reste : ils édifièrent dans cette partie de la ville d'imposants édifices d'apparat qui en ponctuent encore le paysage.

Se déplacer : les distances étant assez importantes, on aura recours à un taxi.

Combien de temps : prévoir 2 h.

■ La Résidence (The Residency ; University College for Women) B2

Vis. de l'intérieur : rens. au secrétariat, ouv. lun.-ven. 9 h-16 h.

L'imposante demeure remonte aux toutes premières années du XIXe s. Depuis 1798, James Kirkpatrick est le résident britannique auprès du nizam. De la présence de l'officiel britannique à Hyderabad, l'histoire a surtout retenu son amour pour une jeune princesse musulmane qu'il finit par épouser et dont il eut deux enfants. Dans les jardins de la Résidence, il lui fit construire un délicieux pavillon aujourd'hui ruiné.

La construction, du plus pur style géorgien, s'élève au milieu de vastes jardins, défendus par de hauts murs construits après la révolte des Cipayes en 1857 : témoin de la pompe britannique, ses colonnes cyclopéennes qui précèdent la façade. La Résidence est restée telle qu'elle était lorsque son dernier occupant britannique l'abandonna en 1948, avec ses salons d'apparat, sa belle véranda ouvrant sur les jardins et son escalier monumental.

■ Public Gardens A2

Les Public Gardens de Nampally, le plus grand parc urbain de toutes les villes indiennes, assure-t-on ici, font la fierté des habitants de Hyderabad. Centre névralgique de la ville moderne, ils renferment un ensemble d'édifices laissés par les derniers souverains. Le plus imposant est l'**ancien hôtel de ville**, où se mêlent les influences des architectures hindoue, avec notamment ses chhatris empruntés au Rajasthan, et musulmane. Achevé en 1913, il fut construit grâce à une souscription publique pour être offert en présent d'anniversaire au nizam. Dans les jardins sont également disséminés plusieurs pavillons, dont le **Jubilee Hall**, où le dernier nizam venait, chaque année, recevoir son poids en or.

■ Le Musée archéologique (State Museum)

A2 *Dans les Public Gardens ; ouv. 10 h-17 h, f. ven. ; entrée payante, prévoir 45 mn.*

Cette création du dernier nizam ne semble avoir connu aucun aménagement depuis son ouverture en 1930. Les collections sont présentées dans une semi-pénombre au long de salles aux murs décrépis. Les deux galeries ouvrant sur la cour présentent des collections de **statuaire monumentale**. Dans le pavillon central sont exposés quelques beaux **bronzes** *(côté g.)*, parmi lesquels un Rama et un Sita provenant de Madurai ; au centre, une momie égyptienne suscite la curiosité des visiteurs hindous pour qui le corps n'est qu'une enveloppe inutile bonne à brûler, sitôt le principe vital disparu.

■ Husain Sagar A-B1-2

Ce lac artificiel, aménagé en 1562 par Ibrahim Quli Qutb Shah, sépare Hyderabad de Secunderabad. Une digue longue de 3 km, le Bund, borde ce plan d'eau, ponctuée de 33 statues modernes de personnalités qui ont marqué l'histoire régionale. Une immense statue monolithique de **Bouddha** (18 m de haut et 350 t) a été élevée au milieu du lac. Son transport et son installation furent laborieux : à la 1re tentative, la statue sombra dans le lac.

Le **Lumbini Park**, du côté de Hyderabad ; *ouv. 9 h-21 h, f. lun.*), est un des lieux de promenade favoris des habitants, qui profitent de l'air rafraîchi par les eaux du lac.

Environs de Hyderabad

■ Warangal *138 km N.*

☏ 0870 Liaison ferroviaire quotidienne depuis la gare centrale de Hyderabad.

La double cité de Warangal-Hanamkonda fait figure de capitale régionale du N. de l'Andhra Pradesh. Capitale, elle le fut entre le XIe et le début du XIVe s. lorsque y régnèrent les souverains de la dynastie des Kakatiyas. De cette époque demeurent le temple aux Mille piliers et à la lisière de la ville, le fort dont les murailles et, les portes vieilles de près de 1 000 ans sont parfaitement conservées.

Osmania University

Un immense campus verdoyant entoure cette réalisation du dernier nizam, Mir Osman Ali Khan. L'idée d'une université à Hyderabad naquit dès 1913. En 1919 s'ouvrent les premiers locaux dans le centre de la ville moderne. Mais le souverain a plus d'ambition. Au début des années 1930, une commission est constituée qui confie la réalisation d'une nouvelle université à l'architecte belge Jasper, auteur d'un ensemble du même type en Égypte. Outre son caractère monumental, où se mêlent styles indo-arabe ou encore néogothique, l'université de Hyderabad, inaugurée en 1939, marque une étape importante dans la vie culturelle de l'Inde. C'est la 1re à préconiser une langue vernaculaire, l'ourdou en l'occurrence, comme langue d'enseignement. L'anglais l'a supplantée depuis, mais les étudiants peuvent rendre leurs travaux dans l'une des langues régionales, telugu, ourdou, marathi ou hindi. Dans ce campus à l'anglo-saxonne, quelque 10 000 étudiants disposent, autour des bâtiments réservés à l'enseignement, de résidences universitaires, d'installations sportives ainsi que d'un auditorium. L'université de Hyderabad possède 10 facultés ainsi que des instituts de langues parmi lesquelles un département de français.

Se déplacer : vous trouverez sur place taxis et rickshaws.

Le temple aux Mille piliers (Thousand Pillars Temple Hanamkonda ; *ouv. du lever au coucher du soleil ; entrée libre*). Comme les temples des Hoysalas, leurs contemporains *(→ arrêt sur images p. 328-329)*, ceux des Kakatiyas se hissaient sur de hauts podiums ; ainsi, celui de Hanamkonda, construit au milieu du XIIe s. par Rudradeva, l'un des plus puissants souverains de la dynastie dont l'histoire a conservé la mémoire.
Le triple édifice porte une riche **décoration sculptée** : les colonnes tout d'abord, surmontées de chapiteaux délicatement ornés de motifs empruntés à l'art de la bijouterie. Le plafond au-dessus du mandapa porte une figure de Gayatri, mère de Brahma, Shiva et Vishnou ; également symbole de l'énergie solaire, elle apparaît au centre d'une frise circulaire d'éléphants. Les trois sanctuaires dédiés à Shiva *(à g.)*, à Vishnou *(au centre)* et à Surya *(à dr.)* ouvrent par des portes encadrées de dvarapalas et de montants ouvragés. Devant le sanctuaire de Shiva, de délicieuses **statues** de danseuses et de musiciens font l'objet de la piété populaire, comme en témoignent leurs pieds luisants d'huile.
Face au temple principal s'élève le **mandapa aux Mille piliers,** qui a valu son nom au site. Construit en granit comme le précédent, il n'a pas passé sans dommages l'épreuve des siècles et doit aux services d'archéologie d'être encore en partie debout.

Le fort* *(8 km env. au S. de Hanamkonda)*. L'ancienne capitale des Kakatiyas, édifiée au XIIe s., s'inscrivait dans une double enceinte concentrique percée de portes aux quatre points cardinaux. Quatre routes entraient ainsi en ville et convergeaient vers le centre du cercle, là où s'élevait le grand temple de la ville.
Le temple de Svayambhu *(ouv. 8 h-17 h ; entrée payante)*. L'édifice principal de la ville, dédié à Shiva, était de proportions gigantesques ; pour cette raison sans doute, il ne fut jamais achevé, comme l'avancent les archéologues à l'œuvre sur le site. Quatre portes ouvraient sur l'aire sacrée : des ouvrages monumentaux aujourd'hui redressés. Pour le reste, on en est réduit à en imaginer la splendeur en partant à la découverte des fragments ornementaux, magnifiquement sculptés, qui jonchent le site.

Les portes du temple de Svayambhu évoquent les toranas de l'architecture bouddhique, comme on peut en voir à Sanchi, dans le Madhya Pradesh.

La colline d'Oragallu *(à 300 m au S.-E. du temple)*. Elle est accessible par une promenade en bordure d'un lac. Un énorme bloc de granit supporte un petit temple dédié à Shiva flanqué d'une ancienne tour de guet ; des marches taillées dans la roche conduisent au sommet d'où l'on embrasse du regard l'ensemble du site. C'est du nom de ce roc (*oragallu* signifie « une seule pierre ») que provient celui de Warangal.
Kush Mahal *(à 200 m à l'O. du temple de Svayambhu ; entrée payante, même ticket que pour le grand temple)*. Il s'agit d'une vaste salle d'audience de plan rectangulaire construite au XVIe s. par les conquérants musulmans avec des blocs pris aux édifices hindous ruinés.

Golconde★★★

Pour les premiers aventuriers européens, « l'Inde n'était qu'une mine de richesses immédiates et tangibles [...], une mine d'or, de rubis, d'émeraudes, de saphirs et de diamants. L'Inde, c'était Golconde », écrit Claude Farrère dans *L'Inde perdue*. À la fin du XVe s., le pouvoir des Bahmanides, maîtres du Deccan depuis plus d'un siècle, s'effondre. Cinq sultanats vont se partager les ruines d'un des plus vastes empires que l'Inde ait connus. L'un d'eux enflamma les imaginaires européens : Golconde, aux fabuleuses richesses et dont les mines livrèrent deux des plus célèbres diamants du monde, le Koh i Noor et le Régent. Plus de trois siècles après sa destruction par les troupes du Grand Moghol, il en reste une des plus formidables forteresses du sous-continent : une dégringolade de remparts, des fortins en équilibre sur des pitons rocheux, et au plus haut de la citadelle, le délicat pavillon d'où les sultans s'émerveillaient de leur pouvoir.

Situation : à 9 km O. de Hyderabad.

À ne pas manquer

La vue depuis le Baradari 406

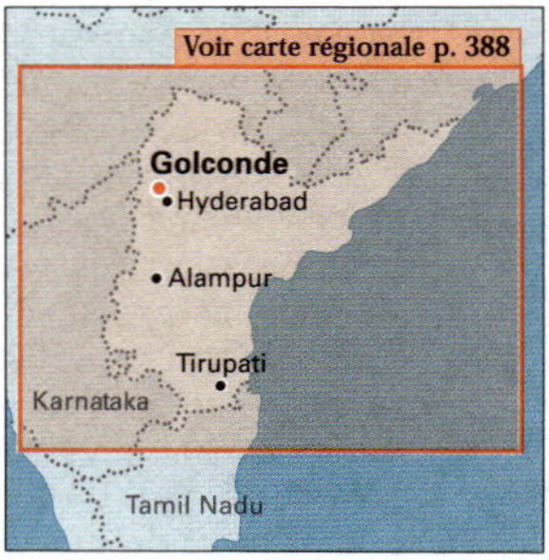

Golconde dans l'histoire

L'apogée d'une carrière

Au XIIIe s. déjà, Marco Polo décrivait une cité prospère : elle appartenait alors aux rajas de Warangal. Au siècle suivant, les Bahmanides de Bijapur y installent un gouverneur, maître en leur nom d'un territoire qui s'étendait jusqu'aux rives du golfe du Bengale. Quand s'écroule le pouvoir des Bahmanides, l'Azerbaïdjanais Quli Qutbulmulk en assume la charge. Ce chiite venu chercher fortune en Inde au milieu du XVe s. se proclame indépendant en 1512 ; l'homme, alors âgé de presque 70 ans, n'a pas renoncé à ses rêves de gloire : il se pare du titre royal de Quli Qutb Shah Ier et entreprend de reconstruire en pierres de taille la citadelle de terre de Golconde, dont la fondation remonterait au XIe s. Sage précaution : il régnera encore plus de trente ans et mourra centenaire en 1543. Son propre fils le fera assassiner.

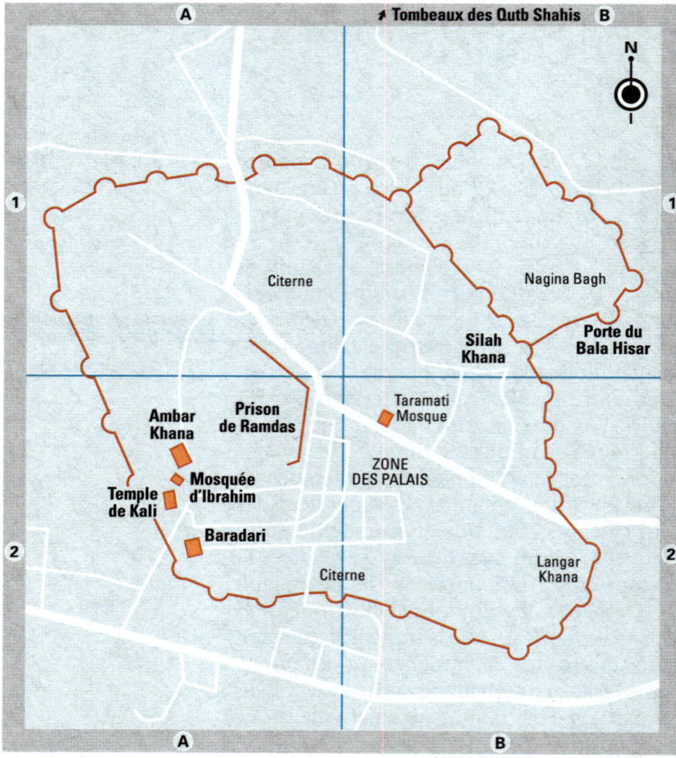

Golconde

■ La dynastie des Qutb Shahi

Jusqu'à l'abdication du dernier nizam en 1948, une minorité musulmane régna sur un océan hindou, constante de l'histoire de la région. La dynastie fondée par l'aventurier caucasien régna jusqu'en 1687. Avec la suprématie des Moghols en Inde du Nord, cette époque marque l'apogée de la puissance musulmane en Inde et aussi celui du royaume de Golconde, fabuleusement enrichi par ses célèbres mines de diamants, taillés dans les ateliers de sa capitale. La fortune du royaume favorise l'essor des ports de la côte du golfe du Bengale. Masulipatnam devient le premier d'entre eux : par là s'exportent les diamants vers l'Asie, mais également le riz, le salpêtre, les textiles, ou encore l'acier, dont l'incomparable qualité est connue jusqu'en Occident. Les navires venus d'outre-mer apportent les éléphants du Siam, les rubis de Birmanie, ou les épices de l'archipel indonésien. Des marchands venus de Perse, d'Arménie s'établissent dans le royaume, suivis des Anglais et des Hollandais qui obtiennent d'ouvrir des comptoirs commerciaux à Masulipatnam au début du XVIIe s. La puissance commerciale de Golconde fit de la côte orientale de l'Inde le centre des échanges internationaux, au détriment des ports de la côte occidentale, anciennes possessions du royaume de Vijayanagar. Ce basculement eut une importance capitale dans l'histoire de l'Inde puisque c'est par l'E. et le Bengale que les Anglais commencèrent leur lente conquête du sous-continent.

Une proie tentante

Outrageusement riche, chiite, allié des rois de Perse, le royaume de Golconde, avec celui de Bijapur, devient la hantise des Grands Moghols. Shah Jahan, constructeur du Taj Mahal à Agra, entreprend le premier de réduire l'insolente richesse de ses voisins du S. Après une fulgurante campagne en 1635-1636, il soumet deux sultanats : pour prix de leur trône, les souverains de Bijapur et de Golconde reconnaissent l'empereur comme suzerain et acceptent de payer un lourd tribut. C'est pourtant à Aurangzeb, son fils et successeur (r. 1658-1707), qu'il revient d'enlever les deux royaumes de vive lutte : le siège de la forteresse durera huit mois et ce n'est que grâce à la trahison que les armées mogholes entreront dans la ville. L'opulente Golconde n'est plus. Hyderabad, cité voisine fondée au début du XVIIe s. par les Qutb Shahi, attend de prendre la relève.

1 La forteresse

Accès : la ligne de bus 66G dessert Golconde depuis le Char Minar, au centre de la vieille ville de Hyderabad. Cependant, il est plus pratique de louer un rickshaw.

Visite : ouv. t.l.j. 9 h-17 h ; entrée payante. La visite de la forteresse s'effectue par des sentiers bien balisés entrecoupés de marches. Il est préférable d'entreprendre l'ascension par le sentier de dr. et de redescendre par celui de g., ce dernier étant plus raide et plus pénible à monter. La majeure partie de la promenade se faisant en plein soleil, il vaut mieux commencer le matin dès l'ouverture du site et emporter de l'eau (en vente à l'entrée). La visite la plus éprouvante une fois terminée, vous pourrez visiter les tombeaux des Qutb Shahi.

Combien de temps : 3 h. À l'entrée, des guides proposent leurs services.

Manifestation : un spectacle son et lumière a lieu t.l.j. dans le pavillon des Reines (à 19 h en anglais).

Les richesses de Golconde firent rêver des générations d'aventuriers ; les armées mogholes n'en laissèrent que des ruines.

Habshi Kamans *(près de l'entrée)*. Ces deux pavillons percés d'une arche monumentale abritaient les soldats abyssins de la garde personnelle des rois de Golconde. Lors de la prise de la ville par Aurangzeb, les soldats se firent tailler en pièces jusqu'au dernier pour défendre leur maître.

La porte du Bala Hisar. Unique accès à la zone des palais (Bala Hisar), elle conserve une grande partie de sa **décoration sculptée**, animaux et médaillons fleuris, tribut payé par les maîtres du royaume à l'hindouisme. Une fois la porte franchie, on accède à un vaste **portique** sous lequel, immanquablement, les visiteurs frappent dans leurs mains pour en éprouver l'acoustique. Les rois de Golconde avaient, en effet, jalonné la citadelle de lieux sonores, de sorte qu'un signal émis à l'entrée résonnait jusqu'au sommet en quelques secondes.

Nagina Bagh *(à dr.)*. Ces jardins, qu'il faut imaginer magnifiques du temps de la splendeur de Golconde, sont bordés à g. par un ensemble de bâtiments, disposés autour d'une cour, qui abritaient l'administration royale.

Vous commencerez l'ascension (360 marches), non sans avoir rendu hommage au cobra qui, selon les habitants, niche dans la motte de terre à g. du chemin. Offrandes et fleurs lui sont continuellement déposées.

Le chemin longe les trois **citernes** dont les rois de Golconde avaient doté leur ville, reliées par des canalisations de terre cuite que l'on peut voir encore en place par endroits. À dr. s'élève un impressionnant amoncellement de **rochers** au sommet duquel fut aménagé un poste de garde.

La prison de Ramdas (Ramdas Jail ; *à g.*). Dans ces anciens entrepôts fut emprisonné, durant 12 ans, Ramdas, ministre du dernier roi de Golconde accusé d'avoir détourné de l'argent de l'État. Ce fidèle de Rama consacra sa captivité à composer des poèmes en l'honneur de son dieu et à tailler dans la roche des images que l'on peut toujours voir aujourd'hui. Un songe où Rama apparut au roi décida de la libération de Ramdas.

Ambar Khana. Le trésor royal était conservé dans ce bâtiment aux allures de fortin ; une inscription en persan laissée sur un bloc de granit devant l'édifice rappelle la construction en 1642. Sur le trésor s'appuient les dernières fortifications qui défendaient le point le plus haut de la citadelle.

La mosquée d'Ibrahim. Ce petit oratoire était réservé à l'unique usage du maître du royaume. De cette terrasse, le souverain pouvait admirer en contrebas les splendeurs de ses palais et de ses jardins.

Le temple de Kali. Aménagé au creux d'un rocher, il recèle une image de la terrible déesse. Ce sanctuaire existait déjà au temps des rois de Golconde ; sans doute remonte-t-il à l'époque du fort des rois hindous de Warangal. Ces princes lettrés et tolérants ne semblaient en rien dérangés par les psalmodies des brahmanes, à deux pas de leur mosquée et de leur palais. Ce qui leur valut l'ire du pieux Aurangzeb et justifia son assaut contre la ville.

Baradari**. Parvenu au point le plus haut de la citadelle, on découvre, précédé d'une vaste esplanade, le kiosque royal où les souverains venaient, de la galerie de l'étage, contempler l'étendue de leur puissance. Là, ils donnaient audience : le souverain trônait dans la loge aménagée sous le portique, et ses interlocuteurs se tenaient respectueusement debout en contrebas. En accédant à cette loge, on appréciera l'ingénieux système de circulation d'air qui assurait de la fraîcheur au souverain.

Vous entreprendrez maintenant la descente en empruntant les escaliers très raides qui descendent du côté dr. de la colline. Ils vous conduiront jusqu'à la zone des palais.

Les palais. Ce qui fut jadis splendeur de jardins et de fontaines, pavillons aux plafonds ornés de pierres précieuses, se présente aujourd'hui comme un amas de ruines. La faute en revient aux soldats d'Aurangzeb qui pillèrent méthodiquement la décoration, mettant à bas les murs dans l'espoir de trouver quelque trésor dissimulé entre les pierres.

On traverse ainsi le **pavillon des Reines**, bordé d'une cour agrémentée d'un kiosque. Au-delà, de hautes galeries dont les superstructures abritaient les **appartements royaux** conduisent au pavillon où étaient reçus les hôtes de marque. La salle principale est encore conservée avec, au centre, son bassin d'agrément. Dans un recoin se trouvaient les latrines, dont l'évacuation se faisait par un jet d'eau actionné par un bouton installé au sol.

Ce pavillon ouvre sur une 2e esplanade où se dresse la **mosquée** réservée aux dignitaires.

Silah Khana. L'armurerie, dotée de trois étages, est le seul édifice resté debout lors du sac de la ville par les troupes d'Aurangzeb ; une attaque aurait littéralement « mis le feu aux poudres ». Le bâtiment est fermé au public mais, à travers les grillages, on aperçoit des boulets de canon et des mousquets longs de près de 4 m qui nécessitaient trois hommes.

Passé l'armurerie, on rejoint rapidement l'entrée de la citadelle.

2 Les tombeaux des Qutb Shahi★

Situation : à 1 km N. de Golconde.

À une portée de canon de la terrible forteresse s'étend la nécropole des anciens maîtres de Golconde, moutonnement de coupoles bulbeuses jaillissant des frondaisons. Le passage des siècles n'a laissé aux monuments que le gris du granit. Si la grandeur en impose toujours, il faut imaginer les raffinements : murs et coupoles rehaussés de faïences colorées à la façon persane, avec, pour écrin, de vastes jardins tirés au cordeau où s'épanouissaient les essences les plus rares, préfiguraient le paradis promis par Dieu aux croyants.

Visite : ouv. 9 h 30-17 h 30 ; entrée payante ; droit à acquitter pour l'usage d'appareils photo et de Caméscope.

Combien de temps : comptez 1 h.

Où faire une pause : à l'entrée du site, un restaurant propose nourriture et boissons.

Des rivières de diamants

« Sachez qu'en ce royaume y a plusieurs très grandes montagnes où se trouvent les diamants tout comme vous ouïrez. Car sachez que quand il pleut, l'eau court à gros torrents par ces montagnes, entraînant tout en grands ruisseaux et fondrières. Mais quand la pluie a cessé et que l'eau est partie, les hommes vont cherchant parmi les sables dans les ravines par lesquelles l'eau est venue, et ils y trouvent assez de diamants. Et l'été, alors qu'on n'y trouverait plus une goutte d'eau, ils en trouvent encore assez par ces montagnes. Ces hommes qui vont à la pêche au diamant habitent au pied des monts dans des cabanes. Mais la chaleur y est si grande qu'à peine peut-on la souffrir. Et de plus, vous dis qu'en ces montagnes y a si grande multitude de serpents grands et gros, que ces hommes n'y vont qu'avec de grandes craintes, et souvent sont dévorés par cette vermine. Mais toutes fois, ils y vont comme ils peuvent et trouvent de très bons et gros diamants [...]. Et sachez bien qu'en tout le monde ne se trouvent point de diamants, excepté en ce seul royaume : mais alors il s'en trouve en si grandes quantités, et des bons, et des gros, que le monde entier en abonde. Et surtout ne croyez pas que ce soient les bons diamants qui parviennent en nos contrées de Chrétiens ; mais vont, et sont portés, au grand Can et aux rois et barons de ces diverses régions et royaumes ; car ceux-là ont les grands trésors du monde et achètent toutes les pierres coûteuses. Celles qui parviennent à nos pays, ce n'est rien d'autre que leur rebut. »

Marco Polo, *Le Devisement du monde*, trad. Louis Hambis, La Découverte, 1998.

Hayat Bakhsi Begum (m. 1617) était de la plus haute noblesse, fille de Muhammad Quli Qutb Shah Ier, fondateur de Hyderabad ; elle épousa son cousin Muhammad Qutb Shah, appelé également à régner, et assura la régence pour son fils Abdullah Qutb Shah.

Les tombeaux des Qutb Shahi suivent tous la même disposition : une coupole posée sur un cube, l'ensemble hissé sur une haute plate-forme. Comme à l'accoutumée, un cénotaphe est placé sous la coupole, tandis que le corps du défunt, conformément aux préceptes musulmans, repose sous l'édifice à même la terre. Les mausolées sont disposés dans deux enclos successifs, entourés d'un mur d'enceinte depuis le XIXe s. Tous les sultans sont là, à l'exception d'un seul, le dernier de la lignée, malheureux héritier qui termina ses jours dans les geôles mogholes. Son mausolée inachevé se dresse à l'entrée du site. Les souverains ne reposent pas seuls ici puisque l'on compte 31 mausolées : ceux de leurs reines, les bégums, et de leurs plus fidèles serviteurs : généraux, ministres et même un danseur de cour.

Le splendide mausolée de Muhammad Quli Qutb Shah, qui décida de la fondation de Hyderabad, est le plus imposant du site.

Le 1er enclos. Deux mausolées s'imposent au regard. Le **tombeau de Hayat Bakhsi Begum**** *(à dr. de l'entrée)*, tout blanc grâce à de récentes rénovations, rivalise de hauteur avec les monuments royaux : les sultans de Golconde savaient rendre honneur aux femmes. En avant du mausolée, un modeste oratoire fut construit, dit-on, sur l'ordre d'Aurangzeb. L'empereur pria en ce lieu avant de partir à l'assaut de Golconde. Au centre de l'enclos se dresse l'imposant **mausolée de Muhammad Qutb Shah** (m. 1626) ; c'est sous son règne que fut construite la Mecca Masjid de Hyderabad. Quelques traces de faïences émaillées sont encore visibles sur la façade.

Le 2e enclos. Immédiatement à dr. de l'entrée, un bâtiment bas rectangulaire servait à la toilette des morts. Les illustres défunts étaient placés sur la plate-forme centrale pour y recevoir les derniers préparatifs avant l'inhumation. Face à cet édifice s'élève le **mausolée de Muhammad Quli Qutb Shah****. Comme pour rendre hommage aux talents de bâtisseur du souverain, tout ici est plus grand : une plate-forme haute de 6 m et une coupole qui culmine à 42,50 m. Le sobre **mausolée de Sultan Quli Qutb Shah Ier** *(à dr. du précédent)*, fondateur de la dynastie (m. 1543), de dimensions plus modestes, rappelle les sépultures des sultans bahmanides, à Gulbarga et à Bidar. On trouve aussi un petit **musée**.

Alampur★★

Dans un paysage typique du plateau du Deccan, interminable plaine plantée de tabac, de maïs et de tournesol, une petite bourgade où cohabitent hindous et musulmans recèle un ensemble de neuf temples médiévaux parmi les plus beaux de la région. Ils ont été construits au Ier millénaire de notre ère par les Chalukyas, maîtres d'œuvre des merveilles d'Aihole et de Pattadakal (Karnataka).

Situation : à 28 km N.-E. de Kurnool (situé à 179 km S.-O. de Srisailam), 208 km S. de Hyderabad.

À ne pas manquer

Hébergement : aucune possibilité sur place ; vous trouverez à vous loger à Kurnool (28 km S.-O.).

Avant d'entrer dans le village, vous apercevrez sur votre dr. le temple de Sangameshwara, dressé au milieu d'un joli jardin.

Visiter Alampur

Accès : en bus depuis Kurnool, Cuddapah, Anantapur, Chittoor et Hyderabad ; en train, Kurnool est desservi par la ligne Secunderabad-Bangalore.

Combien de temps : prévoir 1/2 j.

■ Les Nava Brahma

Les temples forment deux groupes ; vous commencerez par le groupe situé à dr. de la place lorsqu'on tourne le dos au Musée archéologique. À l'exception de Bala Brahma, ouv. au culte, les autres temples dépendent des services archéologiques et sont fermés : pour vis., rens. au musée.

En dépit de leur nom local « Nava Brahma », ces neuf temples sont tous consacrés à Shiva. Construits entre le VIIe et le VIIIe s. par les rois chalukyas, maîtres du Karnataka, ils témoignent du goût de ces souverains fastueux pour l'ornementation sculptée qui prit de plus en plus d'ampleur à mesure du temps. Tous présentent sensiblement le même plan : un temple orienté à l'E., entouré d'un déambulatoire plus ou moins large, et précédé d'un mandapa à piliers où les artistes du temps ont donné, par endroits, le meilleur de leur art. L'édifice est surmonté d'un haut shikara aux arêtes curvilignes, coiffé d'un coussinet de pierre, l'*amalaka*. Le tout compose la silhouette caractéristique des temples du Centre et du Nord de l'Inde, le style nagara. On retrouve par ailleurs le goût affirmé des Chalukyas pour les fenêtres de pierre ajourée, qui diffusent une subtile lumière à l'intérieur de la construction.

L'épithète Brahma accolée au temple dérive du nom de la divinité locale, Brahmameshwara, avatar de Parvati, qui écarte les démons et protège les villages.

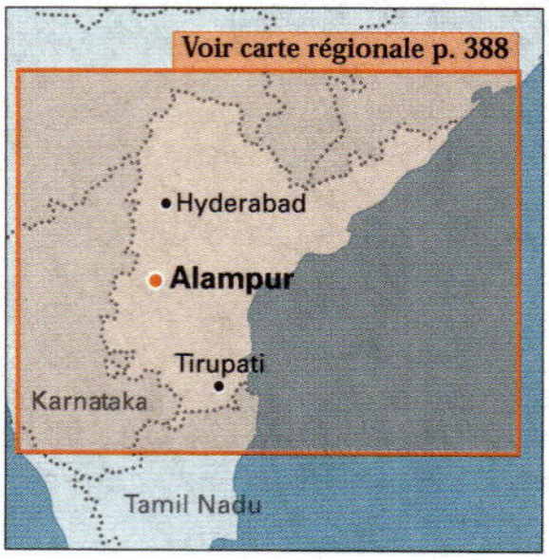

Le groupe de droite

Bala Brahma* (fin VIIe-début VIIIe s.). Toujours en fonction, il sert de lieu de culte aux habitants du village. Le temple originel a été augmenté en façade d'une colonnade ultérieure. Passant entre deux dvarapalas aux couleurs vives, on pénètre dans un 1er vestibule ; à g., une petite **chapelle** abrite les impressionnantes statues des saptamatrikas, conduites par Ganesha. Sur le plateau au centre de la chapelle sont présentés les symboles des neuf planètes, les navagraha. On passe ensuite dans le mandapa du temple. À g. du passage vers le sanctuaire, la statue de Ganesha a été déposée de sa niche pour être placée au pied du gardien de la porte. À dr., Durga, toujours fleurie et drapée dans une étoffe chatoyante, a conservé sa place originelle.

Garuda Brahma (VIIIe s.). Ce petit temple hissé sur un podium présente, au pied des jambages de la porte extérieure, les allégories de Ganga et de Yamuna, autre influence de l'Inde du Nord. Le plafond du mandapa intérieur est orné d'un splendide naga enroulé sur lui-même. Remarquable également, la qualité des chapiteaux situés au plus près de l'entrée du sanctuaire, où se déroulent des bijoux de pierre surmontés d'êtres célestes.

Svarga Brahma** (fin VIIe s.). C'est sans doute le plus réussi de tous. À l'intérieur, les colonnes portent des **chapiteaux** ornés d'un foisonnant bestiaire fantastique. L'**extérieur des murs** s'orne une remarquable décoration sculptée où l'on retrouve les grandes divinités du panthéon hindou, ainsi que des figures d'amoureux ou des scènes d'inspiration plus populaire comme, à l'extrémité du mur S., cet aveugle porté charitablement sur le dos d'un homme valide. Sur la face postérieure de l'édifice : un **nataraja**** plein de fougue emporté par sa danse créatrice est entouré de deux couples d'amoureux.

Sur la face postérieure du Svarga Brahma, un couple est particulièrement charmant : la jeune fille paraît se défendre des ardeurs de son séducteur, en le repoussant d'une main et en s'agrippant de l'autre au tronc d'un palmier ; pourtant, leurs têtes s'inclinent déjà dans la même direction en une attitude des plus gracieuses.

Padma Brahma (VIIIe s.). À l'exception des dvarapalas, ce petit temple est dépourvu de toute décoration.

Taraka Brahma (fin VIIe s.). Enclos dans un périmètre où se situe la mosquée du village, ce petit temple, le seul de son genre à Alampur, présente des pilastres extérieurs et une couverture à degrés. Sa décoration extérieure a été en grande partie mutilée.

Le groupe de gauche

Kumara Brahma (VIIe s.). Le temple, dépourvu de toute décoration extérieure, dresse cependant un élégant shikara. À l'intérieur, on verra essentiellement une frise représentant les saptamatrikas.

Arka Brahma (fin VIIe s.). Plus de shikara, ni de décoration sculptée. L'intérieur abrite une réserve où sont déposées des sculptures découvertes dans les environs, ou provenant des temples du village.

Vira Brahma (VIIe s.). Les murs extérieurs sont pourvus de niches dont la décoration sculptée a été en grande partie mutilée.

Vishva Brahma* (début VIIIe s.). Ce temple clôt la période historique de la construction des Nava Brahma. C'est lui qui a reçu la décoration la plus abondante, foisonnante jusqu'au baroque, dont, malheureusement, seule une partie a été conservée.

À **l'intérieur**, les proportions se sont agrandies, celles du déambulatoire notamment ; la décoration y est particulièrement riche avec son bestiaire fantastique, ses nagas ou ses motifs empruntés à l'art de la bijouterie. La **façade**, qui conserve des traces de polychromie, s'orne également, dans la partie supérieure, de deux **têtes d'éléphants** en ronde bosse supportant chacune une jeune fille agitant gracieusement un chasse-mouches.

Les **murs extérieurs** présentent des couples d'êtres célestes, ainsi que des scènes amusantes et pleines de naturel (murs S. et N.), comme ces singes grimpant à des palmiers. Remarquer également la décoration très complexe des superstructures surmontant les niches. La face postérieure du temple conserve un **nataraja** encadré de deux représentations de **jeunes femmes****, sans doute les plus charmantes de l'ensemble du site. Le temple est précédé d'un nandi monumental au rendu très naturaliste.

Le Musée archéologique

Ouv. 8 h-17 h.

Il abrite un important ensemble de sculptures, provenant des temples du village et des environs. Une partie d'entre elles appartient à des périodes postérieures à la construction des Nava Brahma. À noter, immédiatement à dr. de l'entrée, une magnifique statue de **Surya**** (VIIe-VIIIe s.) dont le visage à la fois délicat et hiératique évoque les splendeurs de la sculpture gupta dont les Chalukya furent les héritiers. À voir également, un relief provenant du plafond d'un temple et montrant un nataraja entouré des dikpala, les divinités des huit directions.

Le temple de Sangameshwara* *2 km N.*

Ouv. du lever au coucher du soleil.

L'édifice est légèrement postérieur aux Nava Brahma. Le recul permet d'apprécier l'élégance de sa silhouette, dominée par un haut shikara couronné d'un imposant coussinet de pierre *(amalaka)*. Les bases du podium et les murs extérieurs sont ornés d'une profusion de reliefs de grande qualité : frises de figures grotesques particulièrement enlevées ; belles figures humaines, pleines de vie, dans les médaillons qui ornent l'auvent ; sur le mur N. (le temple fait face à l'E.), deux séduisantes **naginis**** se déploient au-dessus d'une fenêtre ; à proximité, vous remarquerez des gnomes bondissant, un nataraja et, un peu plus loin, un sage en méditation qui évoque l'art de la sculpture jaïn.

L'intérieur présente un vaste mandapa à cinq nefs au fond duquel ouvre le porche vers le sanctuaire : gardé par deux dvarapalas dodus, il est encadré d'un Ganesha à g. et d'une Durga à dr., à qui la piété populaire fournit des vêtements toujours renouvelés.

Les huit *dikpala*

Dans la cosmogonie hindoue, huit divinités gardent les huit directions : les *dikpala* sont généralement représentés assis avec une jambe repliée, chevauchant leur *vahana* (animal-support). À l'E., Indra, dieu védique aux traits de jeune homme, tient la roue et le foudre à la main et chevauche Airavata, éléphant à trois têtes surgi du barattage de l'océan de Lait. Au S.-E., Agni, dieu du feu à trois têtes et au corps d'or, qui apparaît dans le *Mahabharata* aux côtés de Krishna, est monté sur un bélier. Au S., Yama à la peau rouge, premier homme et prince du royaume des morts, monte un buffle. Au S.-O., Nirriti, divinité du mal et de l'anéantissement, brandit d'une main une épée, de l'autre une tête coupée. À l'O., Varuna, qui règne sur le ciel nocturne et les océans dans le panthéon védique, chevauche un crocodile *(makara)*, parfois une tortue ou un cygne. Au N.-O., Vayu, dieu du vent, monte une antilope. Serviteur et messager d'Indra, il porte un étendard, un éventail et une flèche. Il créa l'île de Ceylan en coupant le sommet du mont Meru, demeure d'Indra, et en le projetant dans l'océan. Au N., Kuvera, divinité des richesses, veille sur sept jarres emplies de gemmes ; représenté sous la forme d'un nain à la peau blanche, avec un seul œil, trois jambes et huit dents, il chevauche une mangouste ou un cheval. Au N.-E., Isana, montée sur un taureau, côtoie un ascète décharné, avatar de Shiva.

Le temple de Sangameshwara est un miraculé : condamné à être englouti par la mise en eau du barrage de Srisailam, il fut démonté pierre à pierre et reconstruit à la lisière du village. On l'a même doté d'un jardin avant de le rendre au culte.

Au long de la Krishna
(Srisailam et Nagarjunakonda)

Situation : Srisailam : à 166 km S. de Hyderabad, 179 km N. de Kurnool • Nagarjunakonda : à 175 km N.-E. de Srisailam, 155 km S.-E. de Hyderabad.

Hébergement : à Srisailam l'APTDC gère deux *guest-houses* ; préférer le Punnami Hotel, très simple mais propre et convenable ☎ (08524) 28.83.1 • à Nagarjunakonda : *Tourist Bungalow* de l'APTDC, magnifiquement situé en surplomb du lac, malheureusement, l'entretien laisse à désirer ☎ (08680) 77.362.

À ne pas manquer

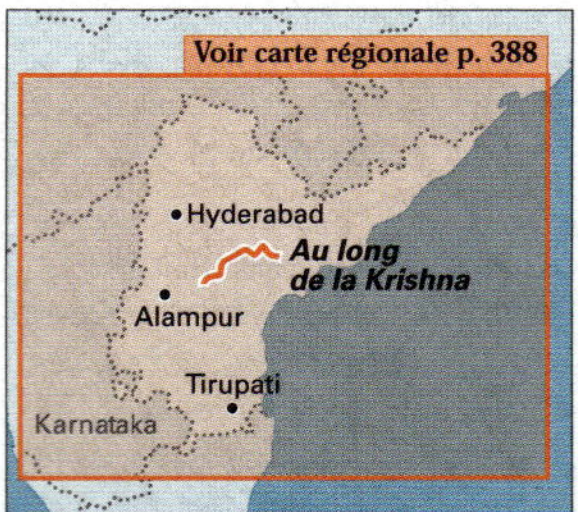

Seuls les amoureux inconditionnels de l'Inde pousseront jusque-là. Au programme, deux lieux de pèlerinage : l'un, Nagarjunakonda, s'adresse aux voyageurs épris d'histoire. Ils découvriront les vestiges d'un des plus importants centres bouddhistes de l'Inde du Ier millénaire. Promis à être submergés par les eaux de retenue du formidable barrage sur la Krishna, ils ont été démontés et replacés sur une île. La visite s'agrémente donc d'une promenade en bateau. Le second, Srisailam, est toujours fréquenté quotidiennement par des milliers d'hindous qui viennent prier l'un des douze *jyortilingam* de l'Inde, lingam de feu dans son sanctuaire au milieu d'une nature somptueuse habitée par des tribus aborigènes, à qui un petit musée est consacré. Les deux sites s'inscrivent dans un immense parc naturel, l'un des plus grands de l'Inde, où vivent notamment près de 80 tigres protégés.

Srisailam*

Jusqu'à la construction d'une route à la fin des années 1950, le temple de Shiva se nichait, comme il convient pour la demeure d'un ermite, au cœur des hautes et denses forêts des Nallamalai Hills. Il n'était alors pas rare, dit-on, de voir des tigres ou des ours rôder autour du mur d'enceinte. Les pèlerins venaient alors à pied, au terme d'une marche de 80 km, conduits par les Chenchus *(→ encadré p. 413)*, aborigènes qui leur servaient de guides. Aujourd'hui s'est développée une petite ville, cité religieuse d'auberges de pèlerins et d'ashrams, où la viande, le tabac et l'alcool sont proscrits. On pourra y passer correctement la nuit, bercé par les interminables litanies diffusées par haut-parleurs pour attirer l'attention du dieu. On dit ici que Shiva est un peu sourd, si bien que les pèlerins qui approchent du sanctuaire hurlent leur nom et frappent le lingam de la tête pour rappeler leur existence au roi des yogis.

Accès : en bus depuis Hyderabad et Kurnool.

Le temple de Mallikarjuna

Le présent édifice doit beaucoup aux souverains de Vijayanagar : au XIVe s., ils ordonnèrent la reconstruction du temple dressé sans doute depuis un millénaire, et eurent à cœur de l'embellir jusqu'à la disparition de leur empire. De leur époque, on reconnaît les quatre hauts gopurams (début XVe s.) surmontant les quatre entrées du temple. Les sculptures et les bâtiments les plus anciens ont progressivement disparu sous les badigeons et les ajouts postérieurs exigés par la sacralité du lieu.

Escorté par les mendiants et les vendeurs à la sauvette, vous suivrez la longue allée qui conduit à la porte orientale, accès principal du temple.

Le **temple de Shiva** est précédé d'un nandi monumental. Ici, tous, même les intouchables, peuvent accéder au sanctuaire et poser le front sur le lingam sacré. À dr. du temple, l'une des chapelles possède cinq lingams côte à côte, déposés ici, assure-t-on, par les cinq frères Pandavas, héros du *Mahabharata*. Au-delà, une volée de marches conduit à une 2e enceinte qui abrite le temple de la déesse, appelée ici Brahmarambika.

L'**enceinte extérieure*** est la partie la plus intéressante de l'ensemble. Ce haut mur s'anime d'une profusion de **panneaux en bas-relief**, pleins de vie : y figurent des parades de cavaliers, à cheval ou à dos d'éléphants, des scènes mythologiques, ou encore des légendes populaires liées à l'histoire du site. Les murs E. et S. sont les mieux décorés.

La face extérieure du mur d'enceinte du temple de Srisailam est ornée de scènes où perce souvent l'imaginaire des populations tribales, longtemps gardiennes jalouses du lieu.

À l'origine sans doute, quelque idole tutélaire vénérée par les Chenchus. Assimilée très tôt à Shiva, les épopées hindoues mentionnent l'existence du lieu et la divinité conserve le souvenir de son lointain passé dans son nom local, Mallikarjuna, d'origine tribale.

Fête : en fév.-mars, fête de Shivaratri ; le grand pèlerinage attire des centaines de milliers de fidèles.

Les Chenchus

Depuis des temps immémoriaux, les épaisses forêts des Nallamalai Hills servent de refuge aux Chenchus. On raconte même que leurs quatre clans sont le fruit de l'union de Shiva et d'une jeune bergère de la contrée. Ni la construction de la route de Srisailam à travers leur territoire ni l'aménagement de celui-ci en réserve de tigres n'ont réussi à détourner les Chenchus de leur mode de vie traditionnel. Regroupés en quelque 300 villages (les *gudems*) d'une dizaine de huttes – la moitié d'entre eux se trouvant dans des zones inaccessibles de la forêt –, ces semi-nomades, qui pour la plupart parlent le telugu, s'adonnent essentiellement à la chasse et à la cueillette. Chaque matin, les hommes du village partent en quête de la subsistance quotidienne : du petit gibier qu'ils chassent avec des arcs et des flèches, et des plantes de la forêt. Ils sont devenus spécialistes de la récolte du miel qu'ils commercialisent à l'occasion. Toutes les tentatives des pouvoirs publics de les sédentariser autour de projets agricoles se sont à ce jour soldées par des échecs. Les Chenchus vénèrent leurs propres divinités intégrées depuis longtemps au panthéon hindou et bénéficient de privilèges particuliers dans le temple de Srisailam.

Le bouddhisme en Inde

Les fidèles du bouddhisme ne comptent guère plus aujourd'hui que pour 1 % de la population indienne. Encore sont-ils, dans leur immense majorité, de nouveaux convertis, anciens intouchables voulant échapper à leur condition inférieure. Ils se recrutent pour beaucoup dans la communauté des Mahars (O. du Deccan) à laquelle appartenait le Dr Ambedkar, père de la Constitution indienne. Après avoir consacré sa vie à la défense des intouchables, il leur demanda, quelques années avant sa mort, de sortir de l'hindouisme en se convertissant au bouddhisme.

▲ **Bouddha dans l'attitude de la méditation.**

◀ **La conversion du Dr Ambedkar, lui-même intouchable, donna naissance dans les années 1950 au « néo-bouddhisme », mouvement aux motivations davantage politiques que religieuses.**

Une religion née en Inde

Pourtant, c'est en Inde que naquit le bouddhisme : dans les forêts du Terai tout d'abord, terres du prince Siddharta Gautama, qui décida, vers le milieu du VIe s. av. notre ère, d'abandonner son palais pour se consacrer à l'ascèse et découvrir les raisons de la souffrance humaine. C'est à Bodhgaya, dans l'actuel Bihar, qu'il atteignit l'Éveil et devint Bouddha, et à Sarnath, près de Bénarès, qu'il donna son premier enseignement. À sa mort, ses reliques furent partagées entre ses fidèles et devinrent, aux quatre coins de l'Inde, des buts de pèlerinage pour lesquels furent construits des reliquaires monumentaux. Des communautés se constituèrent, fondant monastères et universités destinés à propager la nouvelle foi.

Le patronage des rois

Il faudra cependant attendre le patronage des rois de l'Inde pour voir le bouddhisme atteindre sa pleine expansion dans le sous-continent. Ce sera fait au IIe s. av. notre ère avec Ashoka (v. 273-232), roi maurya qui fut le maître du 1er grand Empire indien. C'est après une campagne militaire qui se solda par un épouvantable massacre que ce roi guerrier aurait décidé de se convertir au bouddhisme et de prôner la non-violence. Il couvrit ses États de monuments commémoratifs, stupas et

◀ **À Bodhgaya (Bihar) s'élève le temple de la Mahabodhi, l'un des plus anciens temples bouddhistes de l'Inde encore conservés. Il constitue l'un des quatre lieux saints associés à la vie du Bouddha.**

colonnes, ces dernières, surmontées d'un lion, ayant fourni à l'Inde moderne un de ses symboles nationaux. Il favorisa, en les dotant généreusement, moines et centres d'enseigne- ment. Le bouddhisme devint religion officielle ; après la mort de l'empereur, il bénéficia encore de l'appui de ses successeurs. Alors que les princesses de la cour suivaient souvent l'enseignement du Bouddha, les rois, même hindous, continuaient de faire profiter les monastères de leurs largesses et s'entouraient volontiers de sages bouddhistes. Ainsi, les Shatavahanas, rois andhras qui, entre le Ier et le IIe s. de notre ère, furent maîtres du Deccan : à leur cour vécut le célèbre sage Nagarjuna, et sous leur règne se développèrent les grands centres bouddhistes du cœur de l'Inde.

■ Le bouddhisme dans le Deccan

En 1797, voyageant à travers l'actuel État de l'Andhra Pradesh, un officiel britannique découvrit, sur le site d'Amaravati, un stupa monumental devant lequel venaient prier les populations locales. Lorsque, 20 ans plus tard, il repassa par l'endroit, l'édifice avait disparu, entièrement démantelé par les villageois des alentours. Les fouilles entreprises sur le site révélèrent qu'il s'agissait d'un édifice construit probablement par Ashoka pour abriter des reliques du Bouddha. Dans le sol étaient enfouis des centaines de fragments sculptés contant des scènes de la vie du Bouddha, des contes bouddhiques qui témoignaient des différentes étapes de l'embellissement de l'édifice au cours des siècles, notamment sous les Shatavahanas. Nombre de ces fragments sont déposés aujourd'hui au musée de Madras. Les Shatavahanas sont également responsables du développement du site de Nagarjunakonda, dont les principaux édifices ont été sauvés de l'engloutissement sous les eaux du barrage construit sur la Krishna en 1956. À l'autre extrémité du Deccan et à la même époque furent excavées les grottes d'Ajanta, dont les merveilleuses peintures sont miraculeusement parvenues jusqu'à nous. On peut en voir des reproductions de bonne facture au musée de Hyderabad.

■ L'art bouddhiste

L'Inde doit en grande partie le développement de sa statuaire monumentale au bouddhisme. On sait que, durant les premiers siècles de son existence, le bouddhisme s'abstint de toute représentation figurée du Bouddha. C'est au contact des royaumes indo-grecs de Bactriane et des canons esthétiques importés du monde gréco-romain que furent réalisées les premières statues bouddhiques, vers le IIIe s. av. notre ère. Ce type de représentations gagna le royaume des Kushanas, contemporains des Shatavahanas, dans le N.-O. de l'Inde, et de là l'ensemble du sous-continent. Il exerça une influence déterminante sur la première grande époque de la statuaire indienne, celle des Guptas (IIIe-VIe s.). Quant au bouddhisme indien, il disparut du pays qui le vit naître vers le XIIe s.

▲ Bouddha sculpté sur les parois d'un monastère d'Ajanta. Les grottes d'Ajanta furent creusées entre 200 av. J.-C. et 650, et ornées de nombreuses peintures et sculptures illustrant la vie de Bouddha.

Le Musée tribal*

Ouv. 9 h 30-20 h.

Le petit édifice moderne dont la silhouette évoque une hutte traditionnelle est devenu le point de ralliement des Chenchus à la lisière de la ville. C'est donc en nombreuse et bruyante compagnie que vous découvrirez cette petite collection consacrée à la vie des habitants de la forêt : reconstitution d'intérieurs de huttes, avec leur outillage sommaire, leurs idoles de bois ou de terre cuite.

Nagarjunakonda**

Promis à l'engloutissement lors de la mise en eau du barrage de Nagarjunasagar, ces témoignages d'une importance historique exceptionnelle furent replacés au sommet d'une colline devenue aujourd'hui une île. Par de larges allées, entre pelouses et roseraies, on part à la découverte d'universités d'il y a 23 siècles, où des étudiants venus de toute l'Asie se retrouvaient ici pour approfondir l'enseignement du Maître. Le parti pris géométrique des constructions, les stupas muets devant lesquels venaient méditer maîtres et étudiants, tout rappelle l'épure que fut le bouddhisme des premiers siècles.

Accès : en bus depuis Hyderabad et Srisailam (*via* Rollapenta depuis Srisailam).

Combien de temps : 1/2 j. suffit.

Le site primitif, dans la vallée de la Krishna, couvrait une superficie beaucoup plus importante que l'îlot où sont regroupés aujourd'hui quelques-uns de ses vestiges. Il y eut là une véritable cité religieuse, un des plus grands centres bouddhistes d'Inde du Sud, avec ses monuments commémoratifs (stupas), ses chapelles (chaitya) et ses monastères (vihara) où les maîtres commentaient inlassablement la doctrine de Bouddha. Parmi eux, le philosophe Nagarjuna (IIe-IIIe s.), un des grands penseurs du bouddhisme toujours vénéré du Tibet à la Chine et considéré, depuis sa mort terrestre, comme un bodhisattva, un sage toujours présent au monde pour éclairer le chemin des hommes. Les diverses constructions furent édifiées en briques recouvertes d'un enduit de plâtre ou d'un parement de plaques de calcaire. Bien que réduits à leurs fondations, chapelles et monastères témoignent encore de ce dispositif ainsi que des délicates ornementations empruntées à la luxuriance du monde végétal.

L'île archéologique*

L'embarcadère se trouve au pied du barrage sur la rive dr. ; 1/2 h de traversée. Départs : 9 h 30, 10 h 30, 11 h 30, 12 h 30 et 13 h 30 ; retours : 10 h 45, 11 h 45, 12 h 45, 14 h 45 et 15 h 45. Les départs ne sont assurés que lorsque le nombre de passagers est suffisant, ce qui est généralement le cas les w.-e. Si le quota n'est pas atteint, on vous demandera de régler l'affrètement du bateau pour une somme de 2 000 roupies. Les départs de 9 h 30 et de 13 h 30 sont toujours assurés car empruntés par les employés du site. Entrée payante.

Du débarcadère, gravir les marches qui conduisent à l'entrée monumentale d'un **fort**, construit par quelque dynastie hindoue au XVIe s. Poursuivre tout droit, en laissant à dr. les **bâtiments du musée**. Au bout de l'allée, négliger les panneaux qui indiquent la direction des monuments vers la dr. pour tourner à g. Après 200 m, sur la g., ouvre une formidable **citerne** construite au IIIe s. av. notre ère. À ce niveau, du côté dr., on franchit une **porte** de l'enceinte médiévale.

Le **Simala vihara*** *(en face de la porte)* est l'un des plus grands monastères du site. On peut en voir l'espace central, bordé jadis de colonnes, sur lequel ouvraient deux chapelles, l'une abritant un stupa, l'autre une statue de Bouddha. C'est à Nagarjunakonda que l'on a identifié les plus anciennes représentations de Bouddha sous forme humaine à l'intérieur d'un chaitya. Précédant le monastère, une roue de pierre figure la roue de la Loi dont les huit branches rappellent l'Octuple Voie, huit règles qu'énonça Bouddha lors du sermon qu'il fit à ses cinq premiers disciples dans le parc aux Gazelles à Sarnath, près de Bénarès.

Le Chaitya griha. Dans cette chapelle construite au IIIe s. sur l'ordre d'une reine de Goa se lit encore le plan caractéristique de ce type d'édifices : un long vestibule, où les moines venaient méditer, terminé par une abside abritant ici un stupa. Le parement originel de calcaire est encore bien visible.

Le temple dédié à Shiva. Il s'élevait, sans doute dès le IIIe-IVe s., au milieu des édifices bouddhiques, dont il reprend le mode de construction, brique et parement de calcaire. Il était également dédié à Vishnou.

Le Chamta sri griha. Il suit le même plan que le précédent mais les dalles qui recouvraient les murs sont ici mieux conservées ; on remarque des vestiges de décoration, une frise d'oies notamment à la base du stupa.

Le Mahastupa. Autour de ce grand monument commémoratif s'ordonnait la cité sainte : un énorme stupa de 30 m de diamètre renfermait une précieuse relique, une des dents de Bouddha. L'entourant, une soixantaine de piliers gravés rappellent en pali l'histoire du bouddhisme et la mémoire des généreux donateurs.

Le musée★ *(f. ven.)*. Vous y verrez essentiellement des sculptures ainsi qu'une monumentale statue de Bouddha. Une maquette de la ville de Nagarjunakonda complète la visite.

■ Le site d'Anupu

À 7 km de l'embarcadère des ferries, par la route qui remonte la rive de la Krishna ; pas de bus publics.

D'autres vestiges de la cité antique ont été remontés sur la rive dr. du fleuve. Le plus spectaculaire est un vaste **théâtre**★ (IVe s.) où se donnaient sans doute des drames sacrés. En face, un **complexe monastique**★, bien que réduit à ses fondations, conserve l'intégralité de son plan : une grande cour centrale, bordée de piliers et sur laquelle ouvraient les cellules des moines et des élèves, ainsi que les salles destinées à l'enseignement ; on reconnaîtra ainsi un scriptorium *(à g.)* où les moines recopiaient les textes saints et, face à l'entrée, une bibliothèque dotée de bancs. On découvrira également des restes significatifs de la décoration sculptée, ainsi que deux grandes roues de pierre figurant la roue de la Loi.

Voici, ô moines, la Vérité sur la Voie qui mène à la suppression de la douleur : c'est le Noble Octuple Sentier dont les branches s'appellent foi pure, volonté pure, langage pur, action pure, moyens d'existence purs, application pure, mémoire pure, méditation pure.

Sermon de Sarnath, cité par
Louis Frédéric,
Dictionnaire de la civilisation indienne.

Le barrage de Nagarjunakonda

En 1956, Nehru lança officiellement les travaux de cet ouvrage, l'un des plus hauts barrages au monde avec ses 124 m de haut pour 4 km de long, entièrement conçu par des ingénieurs indiens. Pour l'ambitieux Premier ministre, c'était là un des « nouveaux temples de l'Inde moderne ». La construction fut achevée en 1967. Le lac de retenue couvre une superficie de 380 km^2 ; son niveau est au plus haut entre octobre et février. Les 12 turbines de conception japonaises fonctionnent durant ces mois. Le lac donne également naissance à deux canaux d'irrigation : au N., celui de Lal Bahadur, canal long de 368 km qui arrose quatre districts du Nord de l'État ; au S., le Nehru Canal, long de 388 km, qui se dirige vers la région de Vellore. Ces deux canaux d'irrigation comptent parmi les plus longs au monde. Les rives du lac sont un but de promenade très apprécié des habitants de Hyderabad qui viennent nombreux chaque fin de semaine.

Tirupati

Situation : à 135 km N.O. de Madras, 359 km N.-O. de Kurnool, 592 km S. de Hyderabad.

À ne pas manquer

Le temple de Tirumalai*	**419**
Gudimallam* (Env. 2)	**421**
Le temple de Srikalahastushvara* à Sri Kalahasti (Env. 3)	**421**

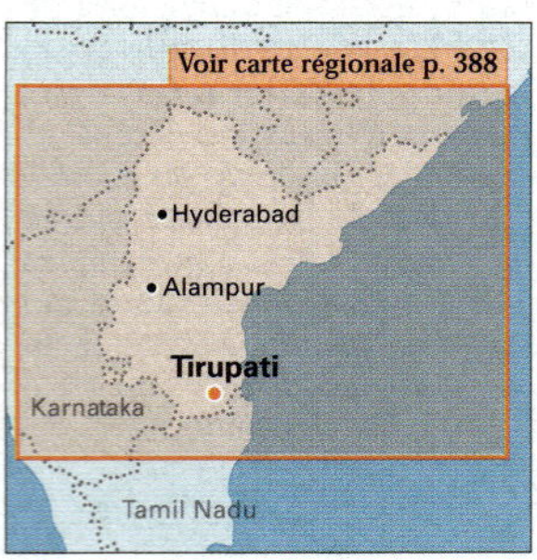

Ce gros bourg s'étale dans une plaine surchauffée, veillée par ses sept collines, les saptagiri. Depuis quelques années, les hôtels ont poussé comme des champignons et Tirupati s'est dotée d'un aéroport : en effet, c'est la première étape de l'un des pèlerinages les plus sacrés d'Inde du Sud, que tout hindou se doit d'accomplir au moins une fois dans sa vie, au prix de sa chevelure qu'il est d'usage de présenter en offrande à la divinité ; cette collecte de toisons a fait de l'Andhra Pradesh un exportateur de cheveux humains. Sur ces routes d'Inde du Sud peu fréquentées des touristes, on rencontrera les pratiques religieuses populaires. Les environs ne manquent pas non plus d'intérêt, avec le temple de Sri Kalahasti, la Bénarès du S., et ses célèbres *kalamkari*, tentures de tissu peintes, ou le sanctuaire de Gudimallam qui renferme une étrange statue de Shiva.

Accès : en train depuis Hyderabad ou Bombay. La gare se trouve à la lisière S. du centre-ville. Depuis Bombay, il est également possible de descendre à la gare de Renigunta située à 10 km.

près de la gare ferroviaire ; liaisons avec toutes les grandes localités du Tamil Nadu et de l'Andhra Pradesh.

aéroport à 15 km, liaisons quotidiennes avec Hyderabad ; 2 vols hebdomadaires pour Madras • *Indian Airlines, Hotel Vishnupriya*, face à la gare routière ☎ (08574) 22.349.

Tirumalai*

Situation : à 23 km S.-E.

Le Sri Venkateshvara Perumal, « Seigneur suprême de la montagne », est probablement le temple le plus riche de l'Inde. Véritable labyrinthe d'architecture dravidienne aux nombreux gopurams et au vimana recouvert d'or, il reçoit quotidiennement plusieurs milliers de fidèles. Ce pèlerinage étant entrepris à la suite d'un vœu, pour favoriser son

Parvenus au terme de la pénible ascension jusqu'au temple de Sri Venkateshvara Perumal, les pèlerins n'en sont pas pour autant au bout de leurs peines : l'affluence est telle qu'ils doivent attendre des heures avant de pouvoir vénérer Vishnou, appelé ici Balaji, sous sa forme la plus populaire.

accomplissement, hommes, femmes et enfants font souvent l'offrande de leurs cheveux et ressortent le crâne rasé. L'économie locale trouve son compte dans cette tradition puisque leurs chevelures alimentent une prospère industrie de la perruque.

Accès : en bus depuis Tirupati ; prévoir 1 h par une belle route à péage ; les plus courageux suivront les pèlerins par le sentier qui grimpe dans la montagne, rudes escaliers tout d'abord puis chemin plus plat par la suite. L'ascension prend 5 h env.

■ Le temple de Sri Venkateshvara

Les plus anciennes structures du temple et la salle qui abrite l'idole semblent remonter au IXe s. Tout autour se sont développées des enceintes successives avec leurs cours, leurs galeries, leurs mandapas, leurs hauts gopurams. C'est pour l'essentiel l'œuvre des derniers souverains de Vijayanagar à qui l'on doit la couverture d'or qui signale le temple. Entrant par le gopuram principal, celui de l'E., on pourra admirer les premières **galeries*** où les souverains se sont fait représenter aux côtés des divinités hindoues. Les deux mandapas à g. de l'entrée sont ornés de chevaux dressés, caractéristiques du style de cette dynastie.

Pour accéder au sanctuaire, ouvert aux non-hindous, le parcours est difficile et la patience de rigueur.

■ Le musée

Ouv. 8 h-20 h ; se déchausser.

La section de la **statuaire** présente quelques belles pièces parmi lesquelles on remarque notamment un

La dette de Vishnou

Il y a quelques jours dans l'univers des dieux, Vishnou a emprunté une forte somme à Kubera, le maître des richesses. Depuis plus de 1000 ans, ses fidèles font le pèlerinage de Tirupati pour aider leur maître à rembourser sa dette. C'est ainsi qu'en suivant la route de montagne qui se hisse à travers une magnifique végétation, on découvre, au lieu du temple solitaire qu'on attendrait, une véritable ville avec ses hôtelleries pour pèlerins, ses restaurants, ses banques et d'innombrables boutiques de souvenirs. C'est dire aussi que le temple est immensément riche, le plus riche de l'Inde, dit-on, grâce aux offrandes des visiteurs : près de 10 000 par jour, beaucoup plus durant les grandes fêtes du calendrier hindou. On rappelle encore avec émotion le chèque de 10 millions de roupies que signa, il y a peu, un riche hindou émigré en Arabie Saoudite. Une opulence qui n'a pas laissé indifférentes les autorités d'Andhra Pradesh : depuis les années 1990, elles gèrent les lieux en place des prêtres.

Venkateshvara est le nom sous lequel Vishnou est vénéré localement. La ferveur populaire le nomme également Balaji.

La fête principale du temple de Venkateshvara se déroule durant le mois d'Assayusa (sept.-oct.). Les festivités durent 9 j. durant lesquels, matin et soir, l'idole est conduite en procession sur différents véhicules. L'affluence des pèlerins est alors à son comble.

Srinivasa* du VIIIe s. et une curieuse trimurti (XVIe s.) où Vishnou et Brahma, doté de trois têtes, surgissent des flancs de Shiva.

Parmi les **bronzes**, on verra une jolie collection d'une dizaine d'alvars (XVIe s.), ces poètes du VIIIe s. révérés dans tout le pays tamoul *(→ encadré p. 192)*.

Parmi les **sculptures sur bois**, plusieurs poutres* remarquablement ouvragées. Une curiosité, ces sandales de yogi qui illustrent ce que signifie marcher sur des clous.

Rock Garden

Sur une éminence au-dessus du temple, ce petit jardin planté de magnifiques araucarias présente une curiosité naturelle : une arche de pierre creusée par l'érosion. La croyance populaire assure qu'on y vit paraître un jour l'impécunieux Venkateshvara.

L'accès au sanctuaire

Pour la plupart des pèlerins, le face-à-face avec la divinité intervient après une longue attente, sous les auvents aménagés à cet effet : 7 à 8 h est un délai raisonnable. Les Indiens fortunés bénéficient d'une faveur : des entrevues particulières leur sont réservées, une quinzaine par jour, durant lesquelles ils peuvent voir l'idole, par groupes de deux à cinq personnes, et même seuls. Ce privilège a un prix qui, selon la sainteté du moment, peut s'élever à 12 500 roupies. On peut ainsi acheter son « billet » plusieurs jours à l'avance. Quant aux visiteurs étrangers, ils bénéficient d'un autre passe-droit. Ils devront se rendre à l'entrée S. où un officier de la sécurité les conduira au bureau qui délivre les autorisations. Munis de celle-ci, ils pourront acquitter leur billet (100 roupies). Grâce à cette autorisation, et après avoir signé un formulaire attestant que, bien que non-hindous, ils vénèrent Vishnou, ils passeront devant la foule des pèlerins par un itinéraire spécial jusqu'au sanctuaire. Ce privilège est accordé également à des personnalités indiennes, et elles sont nombreuses ; il faudra donc compter 45 mn pour découvrir la statue de l'idole, pierre noire revêtue d'un caparaçon d'or.

Autres environs de Tirupati

1 Le fort de Chandragiri *12 km O.*

Ouv. 9 h-17 h, f. ven. ; entrée payante.

En 1592, les rois déchus de Vijayanagar établirent là ce qui restait de leur cour, au pied d'un amoncellement de rochers, dont le désordre évoque celui de Hampi. Au sommet, une citadelle en ruine, difficile d'accès, domine les environs, depuis l'an mille, semble-t-il. Une double enceinte de blocs cyclopéens, soigneusement appareillés, et deux portes en chicane ornées de pavillons permettent d'accéder à la ville royale où subsistent deux beaux palais, autour d'une pièce d'eau, le bassin des Lotus.

Le Raja Mahal*. Le palais principal, élégante construction mêlant styles hindou et musulman, est coiffé d'un haut vimana typique de l'Inde du Sud. La façade S. (du côté de l'entrée) est la plus ornée avec son alternance de balcons et de jalousies : elle donnait sans doute sur la place d'armes où paradait la troupe sous le regard des femmes du palais.

Un petit **musée** local *(r.-d.-ch.)* présente une collection de sculptures et de bronzes, datant pour l'essentiel de l'époque de Vijayanagar.

La salle d'audience du palais, le **Durbar Hall** *(à l'étage)*, offre un bien modeste apparat pour qui connut les fastes de Vijayanagar. Dans les galeries adjacentes sont exposées d'autres sculptures du XVIIe s., ainsi que deux jolies maquettes du site. Un panneau de bois ouvragé, orné d'un paon qui conserve sa polychromie originelle, demeure le seul témoin de la décoration intérieure du palais.

Le Rani Mahal. La délicatesse de ce petit pavillon a conduit la tradition locale à en faire le palais des reines. Sa façade conserve en effet une grande partie de sa décoration stuquée, par endroits polychrome. Les archéologues pensent qu'il s'agit plutôt des quartiers du commandant de la garnison.

2 Gudimallam* *15 km S.*

Suivre la route de l'aéroport ; puis, à 12 km env., prendre à dr. puis la 1re route à g. qui vous conduira à travers un petit village de huttes coiffées de chaume jusqu'à l'entrée du temple.

Ce temple de fondation très ancienne a fait l'objet de tous les soins des services archéologiques : après avoir été restauré, il est aujourd'hui enclos dans un périmètre protégé. Dans le sanctuaire trône l'une des plus anciennes effigies de **Shiva** (III-IVe s av. notre ère) retrouvées dans le Sud de l'Inde et la seule de son genre. L'énigmatique image repose sur un démon et s'appuie sur un monumental linga. Elle est entourée d'une petite balustrade de pierre qui porte des signes évoquant la *chakra*, roue emblème d'Ashoka (r. IIIe s. av. notre ère), grand empereur maurya d'Inde du Nord qui se convertit au bouddhisme. Sa présence confirmerait la datation la plus haute. Le temple lui-même est l'œuvre des Pallavas (IXe s.) avec sa forme caractéristique en fer à cheval. L'enceinte qui l'entoure et le porche principal furent construits à l'époque de Vijayanagar.

La croyance locale veut que, par un conduit souterrain, l'eau du Gange pénètre quelque nuit de novembre jusqu'au sanctuaire du temple de Gudimallam ; après avoir baigné la statue, elle se retire au matin, laissant flotter derrière elle des senteurs de noix de coco. L'événement a lieu tous les 60 ans ; rendez-vous en 2038 pour assister au prodige.

3 Le temple de Srikalahastushvara* à Sri Kalahasti *40 km E.*

Entre colline et rivière, le grand temple de Sri Kalahasti compose l'un des plus jolis paysages de la

Pour les pèlerins, le site de Sri Kalahasti est deux fois sacré : la colline est un bloc détaché du mont Kailash, ce sommet de l'Himalaya où médite Shiva, et la rivière est une résurgence du Gange ; s'y baigner assure la délivrance comme dans la grande ville sainte du Nord.

Le *kalamkari*

Sri Kalahasti est le centre de production d'un procédé de peinture sur tissu dont l'origine remonte à plusieurs siècles ; on en aurait retrouvé dans les sanctuaires bouddhiques du début de notre ère. Ces œuvres d'art populaire sont le fruit d'un long et minutieux processus. *Kalamkari* dérive de *kalam*, sorte de pinceau taillé dans du bambou et enroulé dans un morceau d'étoffe qui sert de réservoir à la couleur. Le tissu est tout d'abord trempé dans un bain de lait qui sert à fixer les couleurs. Le maître d'œuvre trace ensuite au pinceau et à main levée l'esquisse des motifs : scènes mythologiques empruntées au *Mahabharata*, au *Ramayana* et au panthéon hindou. Puis l'esquisse est soulignée d'un trait noir. Viennent ensuite les couleurs, à base de noir, rouge, jaune et bleu, élaborées dans l'atelier à l'aide de pigments naturels : pierre d'alun, indigo et autres composants végétaux. Entre chaque couleur, la pièce est lavée et séchée. Ainsi, la confection d'une tenture peut prendre 40 jours selon le nombre de couleurs. Les tissus peints aux motifs recherchés sont utilisés comme tentures pour décorer temples et foyers. L'État d'Andhra Pradesh a veillé à la perpétuation de cet artisanat en ouvrant en ville un centre d'apprentissage. On peut visiter les ateliers qui se trouvent dans la périphérie de Sri Kalahasti.

région. Il abrite l'un des cinq lingams sacrés de l'Inde du Sud, celui de l'air. Sri Kalahasti est aussi la capitale du *kalamkari* (*→ encadré p. 422*), dont 300 artisans continuent aujourd'hui encore à perpétuer la tradition.

On entre dans le temple par l'O., du côté de la rivière, en franchissant le gopuram haut de près de 40 m qui donne accès à l'enceinte extérieure. Cette construction isolée fut dressée en 1516 par le plus puissant des rois de Vijayanagar, Krishnadevaraya (*→ p. 336*). C'est aux souverains de cette dynastie que l'on doit l'essentiel du complexe qui entoure le sanctuaire.

La 1re enceinte. S'y trouvent deux mandapas, qui témoignent du goût des rois de Hampi, pour les chevaux dressés et les innombrables reliefs de divinités, comme dans le mandapa aux 100 colonnes à dr., et celui aux 16 colonnes en face de l'entrée.

Le temple (*entrée du côté g. de la cour*). Les deux sanctuaires, l'un consacré à Shiva, l'autre à Parvati, se hissent sur une plate-forme entourée d'un portique. Comme il convient, vous entreprendrez le tour des lieux en suivant le sens des aiguilles d'une montre. Sous une affiche moderne représentant les épousailles des deux maîtres des lieux, les statues du couple divin font l'objet d'une cérémonie célébrant leur union (*t.l.j. à 11 h*). Cette puja est suivie à 11 h 30 d'une procession à travers le sanctuaire. En arrière des statues ouvre un puits dont l'eau se révèle souveraine contre la surdité. Un parcours encadré de balustrades conduit les fidèles vers la chapelle contenant le lingam de l'air. On assure que la flamme des lampes placées près de lui vacille sous l'effet de la brise. Le portique du fond abrite les statues de laiton des 63 nayanars (*→ encadré p. 192*). Passant devant l'entrée du sanctuaire de Parvati, dirigé vers l'E., vous découvrirez à l'extrémité du dernier portique un lingam de cristal. Il fut offert au temple par Shankara lui-même. Avant de regagner la sortie, vous pourrez découvrir (*à g.*) un petit relief particulièrement vénéré où sont représentés les trois animaux à l'origine du nom du lieu : l'araignée, le cobra et l'éléphant. Le nom de la localité vient du mythe selon lequel, pendant un âge précédent, une araignée (*sri*), un cobra (*kala*) et un éléphant venaient en ce lieu vénérer un lingam. Touché par leur piété, Shiva les confondit en un seul corps, Srikalahasti, qui s'unit à la divinité.

En savoir plus

Pour aller plus loin

Petit dictionnaire

A **Abhayamudra** : geste protecteur de la main, fréquent dans l'iconographie indienne, aussi bien brahmanique (le geste de Shiva Nataraja, paume ouverte, doigts levés) que bouddhique *(→ encadré p. 242)*.

Acharya : maître, guide spirituel selon le brahmanisme, le bouddhisme et le jaïnisme.

Aditya : divinités védiques, fils de la déesse Aditi, dont le chef est Varuna.

Adivasi (« habitants originels ») : aborigènes, populations tribales.

Agni : dieu védique du feu.

Agnikula (« la lignée du feu ») : clans royaux rajputes qui seraient nés au cours d'un grand feu sacrificiel sur le mont Abu.

Ahimsa : non-violence ; non-nuisance ; attitude maîtrisée et ferme.

Airavata : éléphant blanc à quatre défenses, premier-né des éléphants et monture d'Indra.

Aiyanar : dieu protecteur des villages dans l'Inde du Sud, notamment en pays tamoul, où il passe pour le maître des démons, sans être l'un d'eux ; on lui offre des figurines d'argile représentant des chevaux et des éléphants.

Akali (du sanskrit *a-kal*, « au-delà du temps ») : parti religieux sikh nationaliste.

Akbar : 3e grand empereur moghol, né en 1542. Fils de Humayun, il lui succéda de 1556 à 1605. Esprit curieux et éclairé, il fonda une société religieuse, La Divine Foi, qui prônait une sorte de syncrétisme indo-musulman. On lui doit la construction du fort Rouge d'Agra et de la ville de Fatehpur Sikri. Sa cour fut l'une des plus brillantes de l'époque.

Alvars : poètes d'expression tamoule et dévots de Vishnou à l'époque des Pallavas. Au nombre de 12 selon la tradition, ils sont les auteurs de quelque 4 000 stances religieuses, encore lues dans de nombreux temples de l'Inde du Sud, où l'on vénère leurs statues *(→ encadré p. 192)*.

Amalaka (« sans tache », du nom sanskrit du fruit de l'*emblica myrobola*) : ornement en forme de coussinet à côtes qui couronne les temples à toiture à arêtes curvilignes.

Ambedkar, Dr Bhimrao Ramji (1891-1951) : homme politique issu d'une caste d'intouchables, éminent juriste formé aux États-Unis, principal rédacteur de la Constitution ; 1er intouchable à accéder à un poste ministériel après l'indépendance, il lutta toute sa vie pour faire sortir les intouchables de leur condition inférieure, préconisant notamment la conversion au bouddhisme pour « sortir du système des castes ».

Amitabha (« Lumière infinie ») ou **Amitayus** (« Longévité infinie ») : le plus connu et le plus populaire des Bouddhas de méditation.

Amrita : élixir d'immortalité obtenu par les dieux, avec d'autres trésors, en « barattant l'océan de Lait ».

Ananta (« sans fin ») : nom du serpent sur lequel s'étend Vishnou pour se détendre entre deux créations de monde. Personnification de l'éternité, il repose sur les eaux de l'océan primordial,.

Anda (« œuf ») : structure hémisphérique formant le sommet d'un stupa où se trouve aménagée la chambre aux reliques.

Andhaka : démon tué par Shiva.

Andhra : dynastie hindoue ayant régné sur le N.-O. du Deccan pendant les deux premiers siècles de notre ère (entre le IIIe s. av. J.-C. et le IIIe s. de notre ère).

Antarala : vestibule d'un temple.

Aux abords des temples, des marchands proposent aux fidèles bougies, huiles, poudres colorées ou guirlandes de fleurs destinées aux offrandes.

Apsaras (« venues des eaux ») : nymphes célestes associées aux Gandharvas *(→)*, elles inspirent amour et plaisir. Peintres et poètes les ont souvent figurées sous les traits de danseuses et de musiciennes célestes.

Arati : cérémonie faisant partie du culte du soir, qui consiste à offrir la lumière à la représentation de la divinité *(→ Puja)*.

Ardhanarishvara : forme androgyne de Shiva témoignant de l'ambivalence de la nature divine : le « Seigneur dont la moitié est féminine » (Shiva) symbolise l'union du dieu et de son énergie féminine *(shakti)* ; souvent représenté sous la forme d'un être hermaphrodite, possédant un côté masculin et un côté féminin.

Arhat (ou ***arhant***, « méritant ») : saint bouddhiste qui est parvenu au nirvana, c'est-à-dire qui s'est dégagé des 10 liens du karma *(→)*.

Arjuna : l'un des cinq frères Pandavas, fils du roi Pandu, héros du *Mahabharata*. Son dialogue avec Krishna, sur le champ de bataille de Kurukshetra, où il commande l'armée des Pandavas, constitue la *Bhagavad-Gita (→)*. *(→ encadré p. 333)*.

Asana : rite qui consiste à offrir un siège au dieu lors de la puja (→*)*. Et aussi posture de yoga.

Ashoka : 3e empereur (v. 273-232) de la dynastie des Mauryas, il réunit, à partir du Magadha (actuel Bihar), un immense empire. Acquis au bouddhisme, peut-être même converti après une campagne effectuée au royaume de Kalinga (Orissa), il favorisa l'expansion de cette religion (jusqu'au Sri Lanka) et l'épanouissement de l'art bouddhique.

Ashram *(ashrama)* : lieu de retraite où un ascète se retire pour méditer ; et aussi monastère où les fidèles d'une communauté religieuse se placent sous la direction d'un maître spirituel qui les enseignent.

Ashvamedha : sacrifice *(medha)* du cheval *(ashva)* ; rite védique accompli par les grands souverains pour affirmer leur puissance sur les territoires conquis *(→ encadré p.315)*

Astadikapala : gardiens des quatre points cardinaux et des quatre points intermédiaires *(→ encadré p. 411)*.

Asura : démons à l'aspect terrifiant, ennemis des dieux, qui les chassèrent des cieux sur la terre.

Atman : nom donné au principe éternel qui anime tout être, âme individuelle, soi, réalité ultime *(→ brahman)*.

Avalokiteshvara (la « divinité qui regarde vers le bas [en signe de compassion] ») : l'un des principaux bodhisattvas du Mahayana *(→)*, personnification de la charité, de la compassion. Son principal attribut est la fleur de lotus (*padmapani*, « lotus à la main »). Le dalaï-lama serait sa nouvelle réincarnation.

Avatar *(avatara)* : « descente » sur terre d'un dieu (plus spécialement Vishnou et Shiva) sous une forme humaine ou animale (ou participant des deux à la fois) pour restaurer l'ordre *(dharma)* ; par extension, transformation, métamorphose *(→ Vishnou)*.

Ayurveda (« Veda de la longue vie ») : médecine indienne traditionnelle, qui aurait été dictée et codifiée par Dhanvantari, médecin des dieux, dans l'*Atharvaveda (→ arrêt sur images p. 42-43)*.

B

Babur : descendant de Gengis Khan et de Tamerlan, Babur (1483-1530) fut le 1er empereur moghol. Sa victoire à Panipat (1526) sur Ibrahim Lodi lui ouvrit les portes du N. de l'Inde. Il régna de 1526 à 1530.

Bahadur : Héros. Titre introduit en Inde par les Moghols.

Bahmanides : dynastie indo-musulmane du Deccan fondée en 1347 à Gulbarga (Mysore). Seize sultans régnèrent jusqu'au XVIe s.

Bahubali *(→ Gomateshvara)*.

Banian *(ficus indica)* ; très répandu en Asie du Sud-Est, cet arbre possède de nombreuses racines aériennes et pendantes qui forment de nouveaux troncs en touchant le sol. Se propageant par ses « rejets », il symbolise la vie « têtue et proliférante ». Consacré à Vishnou et aux divinités de chaque village, il est particulièrement vénéré.

Banjara : peuple indo-européen disséminé sur l'ensemble du territoire indien : ils se distinguent par les coutumes, les costumes et les professions. En Andhra Pradesh, le mot désigne les danseurs et sectateurs de Krishna.

Batik : terme désignant à la fois le tissus teint, orné de dessins, figuratifs ou non, et le procédé particulier d'application.

Bhadrabahu : ascète jaïn que les Digambaras *(→)* considèrent comme le fondateur de leur secte. Il aurait été le maître de Chandragupta *(→)*.

Bhagavad-Gita : poème philosophique rédigé en sanskrit, composé entre le IIIe et le IIe s. av. notre ère. Comprenant 18 chants et 700 versets, il aurait été inséré tardivement (v. le IVe s.) dans le *Mahabharata* (VIe livre). Il met en scène Krishna enseignant la philosophie de l'action à Arjuna *(→)*. Ce texte est l'un des plus sacrés de la littérature brahmanique *(→ encadré p. 333)*.

Bhagavata-Purana : le 5e et le plus populaire des *Purana (→)*.

Bhakti (du sankrit « partager ») : attitude et philosophie religieuse consistant à adorer une divinité *(bhagavat)* jusqu'à se fondre en elle dans un acte d'absolue confiance et de pure contemplation ; chant et méditation concourent à cette fusion amoureuse. Cette dévotion est très populaire chez les sectateurs de Vishnou et de Krishna.

Bharat (Bharatavarsha) : pays du sage Bharata, dont le nom aurait été donné à toute l'Inde, selon la tradition hindoue.

Bharata : ce terme désigne, en 1er lieu l'un des ancêtres des Pandavas *(→)*, qui régna sur la tribu védique des Kurus et conquit des populations dravidiennes. Le mot qualifie aussi le *Mahabharata*. Enfin, Bharata est le nom du sage qui aurait créé le bharata-natyam *(→)* et la musique codifiée. Son nom serait la contraction des mots sankrits *bha (va)*, « émotion », *ra (ga)*, « mélodie », et *ta (la)*,« rythme ».

Bharata-natyam : danse religieuse classique de l'Inde du Sud, originaire des temples du Tamil Nadu, qui aurait été créée par Bharata *(→ « La musique et la danse », p. 114)*.

Bhikshu : moines bouddhistes ; autrefois mendiants itinérants, ils sont aujourd'hui regroupés en communautés monastiques.

Bhima (« Terrible ») : l'un des cinq frères Pandavas, héros du *Mahabharata*, doté d'une force surhumaine et surnommé « Ventre de loup » *(Vridokara)*, en raison de sa brutalité et de son appétit insatiable.

Bhumisparshamudra : geste de pacification de la terre, réservé à Bouddha Gautama : assis, il touche la terre de la main droite, posée près de son genou droit, juste avant d'atteindre l'Éveil, la prenant ainsi à témoin de son refus de la tentation. Le terme est employé pour le jina Ashobhya.

Bidi (ou **beedee**) : petite cigarette roulée à la main dans une feuille d'eucalyptus.

BJP (Bharatiya Janata Party) : parti panindien, intégriste hindou.

Bodhi : « éveil », « compréhension absolue » de toutes les réalités humaines, stade ultime de la pensée et de la méditation bouddhistes.

Bodhisattva (« Être éveillé ») : dans le bouddhisme du Mahayana*(→)*, sages qui ont atteint l'Éveil mais renoncé à la délivrance totale des réincarnations pour demeurer auprès des hommes et les aider. Le plus connu est Avalokiteshvara *(→)*.

Bouddha (« l'Éveillé ») : Siddharta Gautama naquit au VIe s. av. notre ère dans une famille princière, les Sakyas, d'où son autre désignation de Sakyamuni (le « Sage des Sakyas »). De nombreuses légendes l'entourent, consignées dans les *Jataka (→)*. Dans une Inde en proie au chaos religieux, il initia une forme de spiritualité nouvelle centrée sur le concept de Loi, rétribuant la chaîne des actes et promettant à chaque individu la délivrance du cycle des renaissances. Cette nouvelle spiritualité connut un succès immédiat.

Bouddhisme : issu du brahmanisme, le bouddhisme insiste sur le concept de douleur humaine et sur les moyens de s'en affranchir. Deux écoles majeures se divisent en de nombreuses sectes : l'Hinayana *(→)* et le Mahayana*(→)*. Le bouddhisme disparaît de l'Inde au Ier millénaire, sous les assauts de l'hindouisme. Il essaime alors dans toute l'Asie, s'acculturant avec bonheur aux différentes civilisations rencontrées (Chine, Japon,Tibet, etc.), créant chaque fois des formes particulières de religiosité à partir des concepts originels.

Brahma : dieu de la triade hindoue créateur de l'Univers *(→)*. Maître du ciel, des horizons et des *Veda*. *(→ encadré p. 97)*.

Brahman : Absolu, Âme universelle qui, selon les *Upanishad* et le *Vedanta*, se confond avec l'âme individuelle *(→ atman)*.

Brahmanes, brahmines : membres de la 1re caste de l'Inde brahmanique, on les dit nés de la bouche de l'Homme primordial. Parmi eux étaient choisis les membres chargés des sacrifices. Par droit de naissance, ils sont les seuls habilités à enseigner et à commenter les *Veda* et les traditions (et, anciennement, à pratiquer les sacrifices). Aujourd'hui, ils représentent 6% de la population env., divisés en de très nombreuses sous-castes. Leur champ d'activités est très étendu (professions libérales, administration, affaires diverses)... *Dvija (→)*, ils bénéficient de quantité de privilèges.

Brahmanisme : système religieux et social fondé sur le système des castes qui a succédé au védisme *(→)* en intégrant au panthéon originel des divinités locales (Shiva, Krishna) et en ajoutant au védisme une dimension à la fois plus philosophique et plus populaire. Ce système a consacré le pouvoir des brahmanes sur la société.

Brahmi : la plus ancienne écriture déchiffrée de l'Inde.

British Raj : désigne la période de la domination anglaise sur les Indes et cette domination elle-même.

C

Carnatique (musique) : adjectif désignant la tradition musicale de l'Inde du S. par opposition à la musique hindoustani de l'Inde du N. Cette musique populaire s'est développée dans le Karnataka au XVIIe s. sous l'impulsion de Venkatamakhi *(→ « La musique et la danse », p. 114)*.

Caste *(→ varna* et *p. 76.)*

Chaitya (« lieu saint ») : sanctuaire bouddhique.

Chakra : roue, disque, symbolisant le pouvoir royal. Roue du *dharma*, l'un des attributs de Vishnou, qu'il lance parfois comme une arme.

Chalukya : dynasties du Deccan apparues, pour la plus ancienne, au VIe s. dans la région de Badami. On distingue les Chalukyas de Badami, les Chalukyas de Kalyani et les Chalukyas de Vengi *(→ encadré p. 312)*.

Chandra : la Lune, divinité du panthéon brahmanique.

Chandragupta : fondateur et grand conquérant de la dynastie des Mauryas (v. 322-v. 298 av. notre ère).

Charpay (ou **charpoy**) : litt. « 4 » *(char)* « pieds » *(pay)*. Lit fait de sangles tendues sur un cadre de bois que supportent 4 pieds.

Chaukidar : veilleur de nuit qui sonne les heures avec son bâton. Par extension, gardien, garde champêtre.

Cheras : dynastie fondée av. le IIe s. Royaume de l'O. de la péninsule indienne mentionné dans les édits d'Ashoka (correspond en partie au Kerala actuel).

Chhatra : parasol (emblème royal). Son féminin, *chhatri*, désigne un kiosque, un petit pavillon coiffé d'un dôme.

Colas : dynastie de la côte de Coromandel, à l'origine légendaire, mais dont des souverains sont attestés du Ier au XIVe s.

Chowk : place, élargissement d'une rue, au cœur d'une ville, où se trouve un bazar.

Cipaye *(sepoy)* : fantassin indien. Mot français désignant les troupes indiennes commandées par des Européens. Leur mutinerie dans l'armée anglaise en 1857 fut considérée par les nationalistes comme la 1re lutte de libération contre l'occupant européen *(→ Histoire de l'Inde p. 90)*.

Crore : unité de mesure équivalant à 100 lakhs, soit 10 millions. Ex. : *a crore of rupees* (« 10 millions de roupies »).

D

Dagba (en pali, **dagaba**) : stupa *(→)* dans la tradition pali. A donné le mot « pagode ».

Dak Bungalow : ancien « relais de poste », encore aujourd'hui mis à la disposition des voyageurs comme gîte d'étape.

Dal : terme générique désignant plusieurs sortes de lentilles consommées presque chaque jour à travers tout le pays, principale source de protéines végétales.

Darbar (ou **durbar**) : audience publique tenue autrefois par les Grands Moghols, puis par les souverains indiens et le British Raj.

Dargah : lieu saint musulman ; tombe musulmane.

Darshana (« point de vue », « démonstration ») : sont ainsi désignés les six systèmes de philosophie hindous : Mimansa, Nyaya,

Vaisheshika, Samkhya, Vedanta et Yoga. Le mot a aussi le sens populaire de « bénédiction conférée par la simple vision d'une statue ou d'un saint personnage ».

Deva : divinités des panthéons védique, brahmanique, hindou. Ils résident dans les cieux mais n'ont pas de pouvoir créateur, à la différence des grands dieux de la triade *(→)*. Symbole des puissances cosmiques et des passions humaines.

Devadasi (« servante du dieu ») : danseuses consacrées des temples du Sud, particulièrement ceux dédiés à Shiva Nataraja *(→)*. Elles servaient également les brahmanes dévolus aux temples. Sacrées à l'origine, elles furent ensuite assimilées aux prostituées, tout en bénéficiant cependant de privilèges liés à leur statut. Le système fut aboli en 1925 par les Britanniques.

Devanagari (« écriture des dieux ») : écriture moderne du sanskrit et d'autres langues récentes indiennes, caractérisée par un tracé continu pour chaque mot : 33 signes représentent les consonnes (suivies du son *a*) et 13 signes les voyelles. Pratique, elle représente tous les sons.

Devi (« Brillante ») : ce terme désigne Parvati *(→)*, *shakti* de Shiva et principe féminin suprême.

Dharma (« loi ») : concept essentiel de la tradition indienne dès les origines, équivalant à l'ordre du monde. Pour le bouddhisme *(→ triratna)*.

Dharma-chakra (« roue de la Loi ») : symbole de la ronde sans fin des naissances.

Dharmasala : gîte pour les pèlerins.

Dhoti : vêtement masculin porté au Bengale et dans la vallée du Gange : pièce d'étoffe drapée autour des hanches dont un pan est passé entre les jambes et noué à la ceinture.

Dhyanamudra : position adoptée lors de la méditation profonde : bras fléchis, mains posées l'une sur l'autre, paumes dirigées vers le ciel et pouces joints de façon à former un triangle.

Digambara (« vêtu de ciel ») : une des deux sectes jaïnes, la plus ascétique, dont les membres vont nus, « vêtus d'espace ».

Dikpalas : les huit dieux gardiens des points cardinaux *(→ encadré p. 411)*.

Doli : palanquin porté par 2 ou 4 hommes.

Draupadi : dans le *Mahabharata*, fille du roi Draupada, elle est l'épouse des cinq frères Pandavas *(→)*.

Dravidien : adjectif formé par R. Caldwell en 1856 à partir du mot **Dravida** (Sud de l'Inde). Il désigne les populations du Sud, celles dont la langue ne dérive pas de l'indo-européen.

Durga (l'« Inaccessible ») : forme de Parvati *(→)*, sous son aspect terrible. Représentée avec deux paires de bras et portant les emblèmes de Vishnou et de Shiva, elle chevauche un lion ou un tigre pour combattre les démons. Elle peut prendre diverses formes (dont celle de Kali). De nombreux temples lui sont consacrés *(→ Aihole p. 320)*.

Dvajastambha : mât, colonne, pilier porte-bannière.

Dvarapala (« gardien de porte ») : demi-dieux, gardiens des portes des temples hindous et bouddhiques, représentés armés de lances et de massues.

Dvija (« deux fois né ») : qualificatif désignant les membres des 3 *varna (→)* supérieurs de la société brahmanique, ceux qui, par droit de naissance, peuvent accéder à l'enseignement des *Veda* et procéder aux rites sacrificiels ; ils portent le cordon sacré, symbole de leur état.

F

Fakir (de l'arabe *fukr*, « mendier ») : moine mendiant musulman appartenant généralement à une des congrégations religieuses qui visitent les lieux saints.

G

Gana (« troupe ») : serviteurs de Shiva, ils sont dirigés par Ganesha (« maître des troupes »). Ces êtres difformes, de petite taille, sont fréquemment représentés sur les frises ou les chapiteaux des temples.

Gandha : rite d'offrande de parfums à la divinité.

Gandharva : anciennes divinités védiques qui régnaient sur les eaux. Musiciens célestes se nourrissant de parfums, compagnons des apsaras *(→)*.

Gandhi, Indira (Allahabad, 1917-New Delhi, 1984). Fille et collaboratrice de Jawaharlal Nehru, elle épousa un Parsi, Firoz Gandhi, sans lien de parenté avec le Mahatma. Après la mort de Nehru et de son successeur Shastri, elle fut nommée présidente du Congrès en 1959 et Premier ministre en 1966. Elle gouverna le pays de 1966 à 1984, avec une interruption de 1977 à 1980. Elle fut assassinée par deux de ses gardes du corps sikhs en 1984 à la suite de l'attaque du temple d'Or, lieu sacré des sikhs à Amritsar, transformé en arsenal par les terroristes indépendantistes. Son fils Rajiv *(→)* lui succéda.

Gandhi (Mohandas Karamchand, dit le Mahatma Gandhi ; Purdanbar, 1869-Delhi, 1948) *(→ arrêt sur images p. 144-145).*

Gandhi, Rajiv (1944-1991) : fils d'Indira Gandhi *(→)*, il lui succéda en qualité de Premier ministre. À partir de 1989, il conduisit l'opposition. Il mourut également assassiné en mai 1991, probablement par des extrémistes tamouls.

Ganesha (**Ganapati** dans le S.) : fils de Shiva et de Parvati, c'est l'une des divinités les plus populaires du panthéon hindou. Représenté avec une tête d'éléphant, il dirige ses troupes de *gana (→)*. Dieu de la Chance, il écarte les obstacles. il chevauche un rat et son symbole est la svastika *(→)*.

Ganga : déesse du Gange, elle descendit sur terre en empruntant la chevelure de Shiva *(→ encadré p. 176)*. Représentée sous une forme anthropomorphique, elle se tient debout sur un *makara (→)*. Le mot désigne également le Gange, fleuve sacré, le plus long de l'Inde (2 700 km) qui prend sa source dans l'Himalaya.

Garbha-griha (« maison matrice ») : sanctuaire où réside le dieu dans les temples brahmaniques.

Garuda : semblable à un vautour ou à un aigle blanc à tête d'homme, le « roi des Oiseaux » est l'animal-monture de Vishnou ; il apparaît souvent sur les temples consacrés à ce dieu. Il incarne la « Parole volante », l'enseignement des *Veda*.

Gayatri : invocation au soleil, comprenant 24 syllabes et 3 vers extrait du *Rig Veda (→)*. On le récite au lever et au coucher du soleil.

Ghât (« marche ») : escaliers construits sur les rives d'un fleuve, au bord d'un bassin, qui facilitent l'accès. Et aussi escarpements montagneux permettant de passer du haut plateau du Deccan aux plaines littorales du Tamil Nadu et au Kerala.

Ghee : beurre cinq fois clarifié, utilisé en cuisine, pour les lampes des autels et divers rituels telles les oblations au feu.

Gita Govinda : poème en sanskrit, accompagné de notations musicales, composé par Jayadeva v. 1200. Il chante les amours passionnées du dieu Krishna et de Radha *(→)*. Ce texte a fait l'objet de quantité de commentaires et d'adaptations modernes.

Gomateshvara (ou **Bahabali**) : ermite jaïn représenté au Karnataka par de colossales statues *(→ encadré p. 357)*.

Gopi (« vachère ») : bergères amantes de Krishna. Gravitant autour du dieu, qu'elles égaient de leurs chants et de leurs rondes, elles représenteraient les âmes individuelles en quête d'union mystique. Elles sont souvent figurées dans les miniatures, particulièrement celles du Nord.

Gopura (ou **gopuram**) : porte d'enceinte de forme pyramidale dans les temples du Sud, décorée à profusion de divinités et de personnages mythologiques.

Gourou : maître, guide spirituel.

Graha (« planète »). *(→ Navagraha et Saptagraha.)*

Gupta : ère datée du début du règne de Chandragupta Ier (320-319 av. J.-C.).

H

Hamsa : sorte d'oie sauvage ou de cygne, animal-monture de Brahma.

Hanuman : doté d'une force colossale, il est fils du Vent. Général de l'armée des singes et allié du roi Rama, héros du *Ramayana (→)*, il est très populaire et vénéré comme une divinité.

Harihara : dieu composite réunissant Vishnou (côté g.) et Shiva (côté dr.).

Harijan (« enfants de dieu ») : le Mahatma Gandhi appelait ainsi les intouchables et les hors-castes. Le mot désigne aussi le mouvement qu'il fonda en 1929 visant à abolir l'intouchabilité.

Harmika : reliquaire au sommet d'un stupa.

Harsha (ère) : ère datée du début du règne du roi Harsha (Harshavadhana), c'est-à-dire 606 apr. J.-C.

Hinayana (« Petit Véhicule ») : terme dépréciatif utilisé par les bouddhistes du Mahayana *(→)* pour qualifier le courant Theravada (« Voie des Anciens »), qui, à leurs yeux, n'offrait que des moyens inférieurs de libération. Pratiqué en Asie du Sud.

Holi : fête du Printemps, très populaire en Inde, à l'occasion de laquelle on s'asperge de couleurs.

Hoysala : dynastie qui succéda aux Colas. Établie au Karnataka entre le XIe et le XIVe s., sa 1re capitale fut Halebid. Vassale des Chalukyas du Xe au XIIe s., elle redevint ensuite indépendante, puis fut dispersée vers 1350 *(→ encadré p. 339 et arrêt sur images p.328-328)*.

Humayun : fils de Babur, Humayun (1508-1556) fut le 2e empereur moghol. Il régna de 1539 à 1540 et de 1555 à 1556, chassé durant 15 ans du trône de Delhi par l'Afghan Sher Shah.

Hypostyle : se dit d'une salle dont le plafond est supporté par des colonnes.

I

Indra : chef des devas et dieu de la guerre dans le panthéon védique. Compagnon de Vishnou dans l'hindouisme, il incarne la jeunesse et la puissance. Il monte Airavata, l'éléphant blanc à quatre défenses, et tient l'arc magique (l'arc-en-ciel).

Intouchables *(→ harijan)* : tous les hors-castes qui sont destinés, par leur seule naissance, à accomplir les travaux impurs mais indispensables (équarisseurs, vidangeurs…). Ils furent classés *scheduled castes* (« castes répertoriées ») par les recensements anglais, avec les tribus aborigènes *(adivasi)*.

Ishvara : « seigneur », « dieu ». Concept tardif représentant les potentialités divines.

Iwan : porche monumental, très profond ; forme architecturale originaire de Perse.

J

Jagamohan : synonyme de mandapa *(→)*.

Jagannath (« Seigneur de l'univers ») : une des formes de Krishna vénérée à Pri (Orissa).

Jagati : terrasse sur laquelle s'élève un temple.

Jaïn : adepte du jaïnisme.

Jaïnisme : courant religieux, minoritaire (3 millions de personnes env.) mais très important. Contemporain du bouddhisme, il fut fondé par le prince Vardhamana, nommé Mahavira *(→* « le Grand Héros », ou Jina « le Victorieux ». Il prône la délivrance par l'ascèse totale et par la « non-nuisance » *(ahimsa)* absolue, et le respect de toute vie *(→ aussi tirthankara)*.

Jali : écran ajouré de pierre ou de marbre décorant les fenêtres. Ces claires-voies, qui permettent de voir sans être vu, correspondent aux moucharabiehs du Proche-Orient.

Jata : chignon de Shiva, tresse portée par les ascètes.

Jata-mukuta : diadème formé de mèches de cheveux tressés (sur les statues de Shiva, particulièrement).

Jataka (« naissance », en pali) : récit des vies antérieures du Bouddha.

Jati (« naissance ») : catégories sociales ou professionnelles au sein du système des castes incluant les intouchables. Le jati permet des transmissions héréditaires de savoir-faire.

Jayadeva : poète vishnouite bengali du XIIe s., auteur de la *Gita Govinda (→)*.

Jina (« le Victorieux ») : nom donné par les jaïns au fondateur du jaïnisme *(→)*.

Jyotirlinga (« lingam de lumière ») : il en existe douze à travers l'Inde, qui n'ont aucune représentation matérielle.

K

Kadamba : dynastie hindoue du Karnataka, rivale des Pallavas et des Gangas entre le IVe et le VIe s. ; certaines branches régnèrent sur de petits territoires jusqu'au XIIIe s.

Kailasha (mont) : montagne du S. du Tibet, résidence de Shiva et de Parvati, considérée comme le centre de l'univers ; aujourd'hui encore, le mont fait l'objet d'un grand pèlerinage solennel : les pèlerins en font le tour (les circumambulations durent plusieurs semaines).

Kakatiya : dynastie (XIIe-XVe s.) vassale des Chalukyas de Kalyani puis indépendante, évincée par les Bahmanides. Sa capitale fut Warangal.

Kali (« la Noire ») : déesse, de couleur noire, *shakti (→)* de Shiva. Elle est représentée sous une forme terrifiante : un collier de crânes coupés au cou et tirant une langue ensanglantée, elle danse sur un corps inanimé. Elle incarne la destruction des illusions et des apparences

Kalidasa (IVe-Ve s.) : célèbre dramaturge et poète en sanskrit de l'époque gupta ; dès le VIe s., il jouit en Inde d'une renommée considérable. Auteur, entre autres œuvres, de *Kumarasambhava (Naissance de Kumara)* et d'un drame, *Shakuntala.*

Kalpa : période cosmique correspondant à un jour de Brahma (4 milliards et 320 millions d'années solaires env.) qui se termine par la destruction totale de l'univers, suivie d'une nuit de Brahma d'une durée équivalente. Pendant cette période de calme, Vishnou repose sur le serpent Ananta *(→)* ; au matin, Brahma renaît de son nombril en même temps qu'un nouveau *kalpa* et un nouveau cosmos.

Kama : dieu du désir cosmique et de l'amour charnel *(→ p. 196).*

Kamakshi : qualificatif de Parvati*(→)*, signifiant « qui a les yeux pleins d'amour ».

Kamasutra (« aphorismes sur le plaisir ») : ouvrage en sanskrit rédigé entre le IVe et le VIe s., traitant des techniques de l'union sexuelle et de l'art de courtiser.

Karma, ou **karman** (« acte ») : doctrine selon laquelle toute action produit un effet dès cette vie ou dans une autre. Les transmigrations de chaque âme individuelle sont donc conditionnées par la somme des actes accomplis au cours de la vie présente, mais aussi des vies antérieures. Lié à la doctrine du *samsara (→).*

Karttik, Kartika ou **Karttikeya** : dieu hindou de la guerre, fils de Shiva et de Parvati, également connu sous le nom de Skanda *(→).*

Kathak (de *katha*, « histoire ») : une des formes de danse classique indienne, du N., alliant influences hindoue et musulmane et s'inspirant des grandes épopées et de la geste de Krishna. Né au XVe s., il fut codifié au XIXe s. Les mouvements élaborés des pieds sont appuyés par les grelots que les danseurs portent aux chevilles.

Kathakali : théâtre dansé, originaire du Kerala, au maquillage et aux costumes très élaborés *(→ arrêt sur images p. 118-119).*

Kayastha : caste de scribes.

Khadi : tissu de coton, filé à la main, tissé sur un métier à main et popularisé par le Mahatma Gandhi lors de sa campagne de boycottage des tissus anglais.

Khan : titre musulman introduit par les Moghols.

Khayal (ou **khyal**) : genre vocal de l'Inde du N., le plus populaire aujourd'hui.

Kinnara (fém. **kinnari**) : serviteurs de Kubera *(→)*, gardiens des richesses de la terre, créatures mi-hommes mi-animaux (chevaux ou oiseaux).

Kolam : dessin géométrique de bon augure que les femmes exécutent au seuil des maisons (*rangoli* dans le N., *alpana* au Bengale).

Konkani : langue apparentée au marathi, parlée entre Goa et Bombay et sur la côte du Karnataka.

Krishna : 8e avatar majeur de Vishnou qui revint sur terre pour débarrasser Mathura d'un tyran. Ses jeux amoureux avec Radha et les gopis *(→)* symbolisent l'union mystique avec le dieu. Son culte, centré sur la *bhakti (→)*, est très développé dans l'Inde contemporaine. Dans la *Bhagavad-Gita (→)*, il enseigne Arjuna *(→ encadré p. 333).*

Kshatriya (« ceux du pouvoir ») : membres du 2e *varna (→)* : les nobles et les guerriers.

Kubera : dieu des richesses de la terre et chef des *yaksha (→)*. Son animal est la mangouste crachant des joyaux. *Dikpala (→)* du N.

Kurma : tortue, 2e avatar de Vishnou.

Kuru (ou **Kaurava)** : nom des 100 fils de Dhritarashtra, roi d'Indraprastha, qui luttèrent contre leurs cousins, les Pandavas. Leur lutte est immortalisée dans le *Mahabharata (→).*

L

Lakh : unité de mesure équivalant à 100 000.

Lakhsma : frère de Rama *(→).*

Lakshmi : épouse de Vishnou *(→)*, divinité présidant à la fortune et la beauté. Encadrée de deux éléphants, elle est appelée Gajalakshmi.

Lassi : yaourt liquide battu, servi sucré ou salé. Boisson très populaire.

Lila (« jeu ») : le jeu des dieux qui président au cycle des mondes.

Lingam (ou **linga**) : litt. « signe ». Pierre dressée arrondie, symbole de Shiva.

Lingayat : secte shivaïte du Deccan, particulièrement puissante au Karnataka.

Lokh Sabha (« Assemblée du peuple ») : Assemblée législative *(→ Rajya Sabha)*.

Longhi : vêtement masculin, typique du Sud : pagne fait dans une cotonnade unie ou à carreaux ; il peut être porté long ou les pans relevés et glissés dans la ceinture.

Lotus *(padma)* : fleur dont la beauté triomphe des eaux troubles d'où elle naît, le lotus fait l'objet d'une symbolique - fécondité, pureté, connaissance - et d'une iconographie très riches en Asie. Les bouddhistes en ont fait le trône de Bouddha ; pour les hindous, c'est d'un lotus que naît Brahma.

M

Mahabharata : grande épopée sacrée du brahmanisme relatant la lutte des Kauravas contre les Pandavas *(→)*.

Maharaja (« grand roi »), fém. **Maharani** : titre qui servait à désigner les rois dès l'époque de la dynastie Kushan (IIe et IIIe s.).

Mahatma (« grande âme ») : titre attribué à un chef spirituel ou politique charismatique ; désigne en particulier Gandhi.

Mahavira (Vardhamana) : 24e et dernier tirthankara *(→)*, contemporain du Bouddha Shakyamuni et fondateur du jaïnisme *(→)*.

Mahayana (« Grand Véhicule ») : l'une des deux principales branches du bouddhisme pratiqué dans le N. (Tibet, Népal, Japon) qui naquit après un schisme (v. le début de notre ère). Met en valeur l'idéal du *boddhisattva* *(→)*.

Maitreya : dans le bouddhisme du Mahayana *(→)*, grand bodhisattva, futur sauveur du monde.

Makara : montures de la déesse Ganga *(→)*, ces monstres aquatiques possèdent des pattes de lion, un corps de porc, une gueule de crocodile terminée par une trompe d'éléphant, des yeux de singe et des oreilles de vache.

Mandala : diagramme symbolisant le cosmos et servant de support à la méditation.

Mandapa : salle hypostyle formant un vestibule ou une dépendance dans les temples. Le nombre de mandapas s'est multiplié dans les grands ensembles religieux : l'*ardha-mandapa* (demi-mandapa) relie le mandapa au sanctuaire ; le *kalyana-mandapa* est voué au mariage des dieux ; le *nandi-mandapa* abrite généralement une statue de Nandi *(→)* ; on traverse d'abord le *mukha-mandapa*.

Mantra (« instrument de pensée ») : formule sacrée dotée, selon la tradition, d'une énergie potentielle qui se manifeste quand elle est prononcée et répétée. Le mantra primordial est la syllabe *om*. Chaque divinité a un ou plusieurs mantras, qui la signifient.

Manu : personnage royal plus ou moins mythique, qui aurait vécu entre le Ier s. av. J.-C. et le Ier s. apr. J.-C. Il serait l'auteur des *Lois de Manu (Manu smriti)*, corpus sanskrit des lois réglementant l'ensemble de la vie religieuse et sociale fondée sur les quatre *varna* *(→)*.

Marathes : population hindoue du Deccan (Maharashtra), qui entre dans l'histoire grâce à Shivaji Bhonsle *(→)*. Dès la 1re moitié du XVIIIe s., l'expansion des Marathes est spectaculaire, culminant avec la formation de la Confédération marathe (1732-1738). L'écrasement des Marathes par Ahmed Shah, à la bataille de Panipat (1761), favorisera la pénétration anglaise.

Marathi : langue indo-aryenne parlée au Maharashtra.

Mastaka : partie supérieure du *shikhara* *(→)*, elle-même composée de plusieurs éléments.

Math : monastère hindou, centre d'une école de philosophie, lieu d'enseignement d'une secte.

Maurya : dynastie fondée en 320 par Chandragupta ; elle connut son apogée avec Ashoka *(→)* et finit en 185.

Maya : terme du Vedanta *(→)* signifiant « illusion », « caractère illusoire », » pouvoir de l'illusion ». La *maya* engendre l'ignorance et en est le produit.

Mela : « réunion » ; généralement « foire ».

Mithuna : représentation d'un couple enlacé.

Moksha (« délivrance ») : délivrance du *samsara (→)*, but ultime d'une vie idéale pour les hindous et les bouddhistes. On atteint cet état par des pratiques diverses.

Moplah : musulman de la côte du Malabar *(→ encadré p. 272)*.

Mridangam : tambour du S., aux 2 faces de tailles différentes : on en joue avec les doigts pour rythmer le bharata-natyam *(→)*.

Mudra (« sceau ») : geste de la main qui symbolise un état mental ou les pouvoirs d'une divinité, selon l'orientation de la paume et la disposition des doigts. Très utilisé dans le bouddhisme Mahayana et dans le bharata-natyam. *(→ abayamudra, bhumiparshamudra, dhyanamudra, varadamudra)*.

Muharram : 1er mois du calendrier musulman au cours duquel les chiites commémorent la mort par trahison de Hussein à la bataille de Kerbela, en Mésopotamie, en 680.

Mukhalinga : lingam où apparaît le visage de Shiva.

Muni (« silence ») : les ermites, les ascètes et le Bouddha, ceux donc qui ont fait vœu de silence et de solitude.

Muruga : divinité tamoule, dont l'attribut est une lance personnifiée, correspondant à Kartik *(→)*.

Mushaka : rat ou souris, monture de Ganesha *(→)*.

N

Nabab *(nawab)* : gouverneur dans l'Inde musulmane.

Naga, fém. **nagini** : serpents, génies des eaux et des régions souterraines, gardiens de trésors. Leur culte est très répandu dans le Sud, associé aux rites de fertilité.

Namaskar : signifiant « se prosterner », le mot est utilisé comme équivalent de « bonjour », qui se dit *namaste*.

Namputiri : brahmanes du Kerala, descendants de tribus aryennes, connus pour leur stricte observance des traditions.

Nandi : animal-monture de Shiva *(→)*. Représenté sous la forme d'un taureau à bosse magnifique, assis sous un dais de pierre face à l'entrée des temples (ceux dédiés à Shiva), il est très vénéré.

Narasimha : avatar de Vishnou, sous la forme de l'homme-lion.

Nata-mandapa : hall de danse.

Nataraja : qualificatif désignant Shiva « roi de la Danse » *(→)*.

Navagraha : les neuf planètes : aux sept planètes de notre système solaire sont adjoints Rahu et Ketu (les nœuds lunaires montant et descendant).

Nayak : gouverneurs de l'Empire vijayanagar. Profitant du déclin de cet empire, certains se proclamèrent indépendants au XVIIe s. et fondèrent des dynasties (à Tanjore, Madurai...). La dynastie dura de 1565 à 1736.

Nayanar : poètes (VIe-Xe s. env.) d'expression tamoule dévots de Shiva. Au nombre de 63, ils sont les auteurs de chants dévotionnels réunis dans le *Tevaram*, compilé entre le Xe et le XIe s. *(→ encadré p. 192)*.

Nayar : caste de guerriers du Kerala organisée de façon quasi matriarcale, qui a pris de l'importance dans la société du Kerala avec les Namputiris *(→)*.

Nehru, Pandit Jawaharlal (1889-1964) : homme politique, il prit la tête du Parti du Congrès en 1929 ; disciple de Gandhi, il s'engagea dans de nombreuses actions pour l'indépendance de l'Inde et connut la prison. Il présida le gouvernement provisoire indien créé en 1946 et fut Premier ministre de l'Inde depuis l'indépendance, en 1947, jusqu'à sa mort. Il défendit une politique de non-alignement.

Nirvana (« extinction ») : dans le bouddhisme, extinction des trois racines du mal (désir, haine et erreur), qui délivre du cycle des renaissances.

P

Padma. *(→ Lotus)*.

Padmasana : posture de méditation yogique dite « du Lotus » : assis sur le sol, dos droit, jambes croisées, genoux au sol, plantes des pieds dirigées vers le ciel.

Paisa : 1/100e de roupie.

Pali : langue indo-aryenne, contemporaine et

dérivée du sanskrit classique. Le pali est la langue sacrée du bouddhisme, encore pratiquée par les moines du Sri Lanka, de Birmanie et de Thaïlande.

Pallava : dynastie du S.-E. de l'Inde ayant régné du IIIe au IXe s., connaissant son apogée entre le VIe s. et le VIIIe s., rivale des Pandyas et peu à peu évincée par les Colas.

Pan : chique (« masticatoire ») faite à partir d'une feuille de bétel repliée où sont enfermés de la noix d'arec pilée et divers aromates, réputée pour ses vertus digestives.

Panda : prêtre brahmane de bas lignage qui exécute des cérémonies rituelles pour le compte de fidèles et qui guide les pèlerins dans les temples.

Pandaram : ascète ou *bhikshu* de l'Inde du S.

Pandava : les cinq fils de Pandu, héros du *Mahabharata* : Yudishtira, Bhima *(→)*, *Arjuna (→)*, Nakula et Sahadeva. Arjuna les conduit et Krishna les assiste en tant que conducteur de char. Leur épouse est Draupadi.

Pandit : titre honorifique attribué aux brahmanes ayant une connaissance approfondie des textes sanskrits.

Pandya : cette dynastie régna dans la région de Madurai avec des fortunes diverses pendant plus de 12 siècles, jusqu'à la prise de Madurai par les musulmans au début du XIVe s.

Pardah (transcription anglaise : *purdah*) : rideau qui cache les femmes, spécialement musulmanes, dans les maisons et les voitures.

Paria : du tamil *parayan*, désignant la caste des joueurs de tambour aux funérailles, le mot a été appliqué à tous les *harijan (→)*.

Parsis : descendants des Persans de confession zoroastrienne qui émigrèrent en Inde aux VIIe et VIIIe s. pour fuir les persécutions des musulmans.

Parvati (« fille de la Montagne ») : épouse et *shakti (→)* de Shiva, reine des esprits errants et mère de Ganesha *(→)*. Elle a plusieurs aspects, bienveillants et terrifiants *(→ Devi, Durga, Kali, Kamakshi)*. *(→ encadré p. 193.)*

Patanjali (IIe s. env.) : philosophe et grammairien du sanskrit.

Pipal *(ficus religiosa)* : arbre imposant aux racines aériennes, consacré à Vishnou. C'est sous un pipal que Bouddha connut l'Éveil à Bodhgaya. Vénéré comme arbre sacré, le couper est un crime grave. Ses feuilles sont utilisées dans la pharmacopée ayurvédique *(→ arrêt sur images p. 42-43)*.

Pir : sage musulman, tombeau d'un saint de l'islam.

Pradakshina (« vers la droite ») : circumambulation rituelle autour d'un sanctuaire ou d'un stupa, qui se fait dans le sens des aiguilles d'une montre.

Pradakshina-patha : corridor de circumambulation autour du sanctuaire d'un temple.

Prakara : mur d'enceinte d'un temple.

Prakrit : langues « communes » de l'Inde ancienne dérivées du sanskrit, langue « parfaite ».

Prana : en sanskrit, désigne « le souffle », « le souffle vital ». Le *prana* est essentiel dans le yoga qui propose de nombreuses techniques de « maîtrise du souffle » *(pranayana)*.

Prasad : nourriture consacrée, offerte à la divinité lors du culte et distribuée ensuite aux fidèles.

Puja (« culte ») : adoration du dieu à travers son image sacrée ; cérémonie rituelle, qui peut être publique.

Pujari : prêtre chargé de célébrer le *puja (→)*.

Purana (« antiquité ») : recueils tardifs (XIIe-XIVe s. env.) recensant mythes et légendes, généalogies, commentaires sur la cosmologie, les pèlerinages, etc.

Purohit : brahmane chargé des cérémonies religieuses dans une famille ou un palais.

Qawali : chant dévotionnel musulman, à l'origine venu d'Iran. Il est exécuté en groupe, avec un ou deux chanteurs guidant l'ensemble, dans un échange constant de solos et de chœurs.

R

Raga (« teinture », « couleur », « mode musical ») : terme employé principalement en musique *(→ « La musique et la danse », p. 114)*, mais aussi en peinture. Il définit le moyen de traduire et de provoquer une émotion, un sentiment, nés d'une influence extérieure (la pluie, la ronde des saisons, un moment de la journée) ou intérieure (amour, tristesse...). Ces sentiments peuvent être masculin *(raga)* ou féminin *(ragini)*.

Raj : pouvoir de contrôle, État.

Raja, **rajah**, fém. **rani** : mot hindi qualifiant le roi. Vassal des Britanniques.

Rajya Sabha : une des deux assemblées formant le gouvernement de l'Inde *(→ Lokh Sabha)*.

Rakshasa : demi-dieux, mangeurs d'hommes. Leur chef est Kubera *(→)*.

Rama : 7e avatar de Vishnou *(→)*, il est le héros du *Ramayana (→)*. Souvent représenté accompagné de son épouse Sita, de son frère Lakshma et du général des singes Hanuman *(→)*.

Ramakrishna (1836-1886) : brahmane du temple de Dakshineshwar (près de Calcutta), mystique bengali et philosophe du Vedanta *(→)*, qui prêcha l'unité des religions *(→ Vivekananda)*.

Ramayana (« Geste de Rama ») : l'une des deux grandes épopées de l'Inde qui conte les tribulations de Rama *(→)*, avatar de Vishnou, et de ses proches *(→ arrêt sur images p. 118-119)*.

Rasa : état affectif provoqué par l'émotion esthétique. Les théories esthétiques indiennes ont établi une classification rigoureuse de neuf *rasa*.

Rashtrakuta : dynastie ayant évincé les Chalukyas de Badami au VIIIe s. On en connaît plusieurs branches ayant régné au Gujarat et au Maharashtra actuels.

Rashtrapati : titre du président de l'Union indienne.

Ratha : temples monolithes d'époque pallava (Mahabalipuram) excavés dans le rocher. Et aussi grand char en bois, sur lequel les divinités sont placées lors des processions.

Ravana : roi-démon.

Ray (Satyajit ; 1921-1992) : emblème du cinéma indien, S. Ray, issu d'une famille appartenant à l'intelligentsia de Calcutta, acquit rapidement une renommée internationale. Il est également l'auteur d'essais et de nouvelles *(→ « Les cinémas de l'Inde », p. 129)*.

Rhada : gopi *(→)* préférée de Krishna. Les aventures mystiques du dieu et de la bergère, très populaires, ont inspiré poètes et miniaturistes *(→ Gita Govinda)*.

Rickshaw : pousse-pousse, devenu aujourd'hui cyclopousse, sauf à Calcutta, et souvent à moteur (autorickshaw). Très utilisé, il se faufile dans les rues encombrées des villes indiennes.

Rigveda (« Savoir des chants ») : recueil de 1 017 chants, le plus ancien et le plus sacré des quatre *Veda (→)*.

Rishi (« voyant ») : sages de l'Inde védique dont les noms et le nombre varient. Les dieux leur auraient dicté les *Veda (→)*.

Roupie (INR) : unité monétaire de l'Union indienne créée en 1542 par Sher Shah avec l'introduction d'une pièce d'argent de 170 à 175 g. La Compagnie des Indes orientales adopta cette monnaie, et la 1re roupie anglaise fut frappée à Bombay en 1677.

S

Sadhu (« bienveillant ») : ascète brahmanique, souvent doué de pouvoirs magiques.

Sahib (de l'arabe *saheb*, « possesseur », « maître ») : terme de respect, utilisé naguère à l'adresse des Européens.

Samadhi : terme technique du yoga désignant la plus haute forme de concentration, où sujet et objet se fondent, où la dualité est abolie. Désigne également l'endroit précis de la crémation d'un personnage important (le *samadhi* de Gandhi se trouve à Rajghat, à Delhi).

Samgha : la communauté bouddhique *(→ triratna)*.

Samsara : désigne le monde et son impermanence. Au sens courant : transmigration des âmes, cycle infini des naissances, des morts et des renaissances des êtres, en fonction des *karma (→)* qu'ils ont accumulés.

Samskara : rites de consécration qui jalonnent la vie d'un hindou (naissance, choix du nom, coupe de cheveux, sevrage, initiation, mariage, décès, etc.).

Sangam : assemblée de poètes et recueil de poèmes.

Sanyasin : renonçant, ascète mendiant.

Sanskrit (« parfait ») : langue indo-aryenne ancienne, tenue pour sacrée, dans laquelle sont rédigés les textes sacrés du védisme *(→)*, du brahmanisme et de l'hindouisme.

Saptagraha : les sept planètes *(→ Graha)*.

Saptamatrika : les sept *shakti (→)*, protégées par Shiva.

Sarangi : instrument musical à archet du N. de l'Inde, à 3 ou 4 cordes, avec de nombreuses cordes de résonance.

Sarasvati : déesse de la connaissance, des lettres, des arts et des sciences. Et aussi rivière mythique associée au Gange.

Sari : vêtement féminin composé d'une pièce d'étoffe de 1 m de large sur 5 m de long, drapée autour du corps. Maintenu sans coutures ni épingles, il se porte sur un *choli* (corsage) et un jupon retenu à la taille par un cordon. Il en existe de toutes sortes. Les saris de mariage sont d'un rouge intense brodé de fils d'or.

Sati : épouse de Shiva, symbole de la fidélité. Le terme désigne également l'ancienne coutume hindoue du sacrifice des veuves *(→ encadré p. 177)*.

Satyagraha : mouvement d'action non violente créé par Ghandi, portant le nom qu'il avait choisi signifiant « force de la vérité ».

Shaka : ère établie par le roi Kanishka, en 78 apr. J.-C.

Shakti (« énergie ») : énergie féminine sans laquelle un dieu ne peut agir (parfois qualifiée de parèdre), appelée souvent Bhagavati (« toute-puissante »). Bienveillantes (Parvati, Uma, Lakshmi, Sarasvati) ou terribles (Kali, Durga), elles sont très vénérées.

Shakyamuni *(→ Bouddha)*.

Shankaracharya (ou Shankara) : maître religieux et réformateur shivaïte *(→ encadré p. 194)*.

Shastra (« règle », « précepte ») : traités sanskrits non religieux, explorant tous les domaines de la connaissance, en général philosophiques.

Shesha *(→ Ananta)*.

Shikhara : tour pyramidale aux arêtes droites ou curvilignes surmontant le sanctuaire du temple. Ce type architectural est surtout répandu dans le N. de l'Inde, mais n'est pas absent dans le S.

Shiv Sena : parti intégriste hindou de Bombay, souvent à l'origine d'actions violentes.

Shiva (« gentil », « bon ») : dieu de la triade *(→)* hindoue considéré comme le grand Créateur. Il est souvent représenté en roi de la Danse cosmique (Nataraja), créatrice et aussi destructrice (Tandava), ou encore recevant le Gange dans sa chevelure *(→ encadré, p. 176)* ; il prend parfois des aspects terrifiants (Bhairava), ou une forme androgyne *(→ Ardhanishvara)*. Ses *shakti (→)* sont : Parvati, Durga, Kali, Prithivi, Uma, Ambika, et aussi des formes purement locales, telle Minakshi, à Madurai *(→ arrêt sur images p. 209)*.

Shivaïte : sectateur de Shiva. Certains sont sadhus *(→)*, allant nus, leurs cheveux longs tressés et couverts de cendre sacrificielle ; les autres se distinguent par 3 traits de cendre horizontaux en travers du front.

Shivaji, Bhonsle (1627-1680) : chef marathe, fondateur de l'Empire marathe après d'âpres combats contre les Moghols et les Adil Shah de Bijapur *(→ marathes)*.

Shunga : dynastie dont l'avènement (185-v. 70 av. J.-C.) marque un retour en force du brahmanisme contre le bouddhisme.

Sikh (« disciple ») : adepte du sikhisme. Les sikhs portent turban et barbe non coupée. De tradition combattante, ils tiennent à leur autonomie et sont à l'origine de mouvements de résistance au pouvoir en place.

Sikhisme : ce mouvement religieux et politique, fondé par Nanak en 1469 et particulièrement développé au Panjab, prône un dieu unique et rejette le système des castes.

Sitar : instrument de musique du N. à cordes pincées.

Skanda (« jet de semence ») : fils de Shiva né directement de son sperme sans intermédiaire féminin et frère de Ganesha *(→ kartikk)*. Le *Mahabharata* lui donne 31 noms.

Somaskanda : représentation de Shiva en compagnie de Parvati et de Skanda.

Stupa : monument en forme de tumulus hémisphérique qui contient des reliques du Bouddha ou de saints personnages du bouddhisme ; plus simplement, tout monument commémoratif.

Stupi : ornement en forme de vase placé au faîte d'un monument.

Subrahmanya : fils de Shiva assimilé à Skanda *(→)* ou Karttik *(→)*.

Sudra : 4e *varna (→)*, en bas de la hiérarchie reconnue de la société indienne. En général, paysans ou artisans.

Surya : dieu du Soleil. Seul de tous les dieux de l'Inde, il est représenté avec des bottes de cavalier, probablement selon un modèle d'origine perse. Il sillonne le ciel sur un char tiré par 7 chevaux.

Sutra (« fil » conducteur) : traités doctrinaux sous forme d'aphorismes ; pour les bouddhistes, discours de Bouddha.

Svastika (« de bon augure ») : représentation du char solaire. Symbole sacré et bénéfique en forme de croix aux branches coudées à angle droit vers la droite (gammée) souvent dessiné sur les murs extérieurs des maisons.

Svetembara (« vêtus de blanc ») : secte majoritaire du jaïnisme *(→ digambara)*.

Swadeshi : utilisation des seuls produits indiens prônée par Gandhi contre les produits anglais.

Swami : « maître », titre accordé à un guide spirituel.

T

Tagore, Rabindranath (1861-1941) : écrivain, issu d'une riche famille éclairée de Calcutta, il acquit, en 1913, une notoriété mondiale en devenant le premier Asiatique à recevoir le prix Nobel de littérature. Son œuvre importante (poèmes, romans, pièces de théâtre, chants) reflète le combat humaniste qu'il mena sa vie durant. En 1918, il fonda le Visva Bharati (Centre international de culture et d'études humanistes), et en 1921, le Shantiniketan (« lieu de paix »), au Bengale. La mémoire de Tagore est chère au cœur des Indiens qui lui doivent les paroles de leur hymne national.

Tala (« cycle rythmique ») : l'un des deux grands concepts de la musique savante indienne *(→ « La musique et la danse », p.114)*.

Talam : crotales, petites cymbales fixées aux doigts pour rythmer la danse.

Tampura : instrument musical à quatre cordes, correspondant à la « basse continue ».

Tandava : danse cosmique de Shiva *(→)*.

Tantra (« chaîne » ou « trame » d'un tissu) : livres sacrés des sectes shivaïstes et bouddhistes du Mahayana *(→)* dont les doctrines sont centrées sur la notion de *shakti (→)* ; l'énergie féminine de la divinité joue un rôle égal, voire supérieur à l'énergie féminine.

Tantrisme : doctrine relevant du Tantra *(→)*.

Tapa (« chaleur ») : mortifications, macérations, pénitences.

Tara (« Celle qui aide ») : dans le Mahayana *(→)*, partenaire du Bouddha Avalokiteshvara *(→)*. Il existe plusieurs *tara* ; certaines se distinguent par leur couleur (verte, blanche...) ou leur qualificatif (bienveillante, brillante...).

Tata : instrument musical à cordes et archet.

Thali : grand plateau de métal, individuel, sur lequel est traditionnellement servi le repas.

Theravada (« voie des Anciens ») : la seule école subsistant des premiers âges du bouddhisme *(→ Hinayana)*.

Tilak (ou tika) : marque religieuse ou décorative apposée sur le front.

Tirtha (« gué ») : point d'eau sacré, lieu de pèlerinage.

Tirthankara (« faiseur de gué ») : nom donné par les jaïns à leurs patriarches, qui, au nombre de 24 au cours des âges, guidèrent les hommes vers le salut.

Torana : portique décoré à l'entrée de l'enclos d'un stupa, d'un temple.

Triade : Brahma *(→)*, Vishnou *(→)*, Shiva *(→)*.

Tribhanga : triple flexion du corps (tête, corps et jambes) : un des canons de la sculpture indienne.

Triratna (« Triple Joyau ») : les trois fondements du bouddhisme : Bouddha, Dharma, Samgha *(→ ces mots)*.

U

Upanishad : textes sacrés de la révélation védique rédigés en sanskrit ; à l'origine

(VIe-IIIe s. av. notre ère), commentaires des *Veda*. Y sont consignées, en vers et en prose, sous forme d'exposés ou de dialogues, les enseignements philosophiques.

Upaveda : les 4 *Veda* secondaires : *Ayurveda* (médecine), *Dhanurveda* (tir à l'arc), *Gandharvaveda* (musique), *Shilpashastra* (art).

V

Vahana (« monture ») : animal-monture des divinités : Vishnou monte l'aigle blanc Garuda *(→)* ; Ganesha, le rat ; Brahma, l'oie ; Shiva, le taureau Nandi *(→)*.

Vaishya : 3e caste *(→)* aujourd'hui adonnée au secteur du commerce et de la production.

Varadamudra : geste qui dispense les bienfaits, en général attribué à Ganesha.

Varaha : 3e avatar de Vishnou *(→)* ; sous la forme de sanglier, il alla repêcher la Terre au fond des océans.

Varna (« couleur », « catégorie ») : castes de la société brahmanique au nombre de 4. Par ordre d'importance sociale : *brahmana, ksatriya, vaishya, sudra (→ ces mots et « Y a-t-il un système des castes en Inde ? » p. 76)*.

Varuna : divinité majeure du védisme, maître du ciel nocturne et des eaux, adversaire de Mitra, dieu du jour. Secondaire dans l'hindouisme, il est parfois représenté debout sur un *makara (→)*.

Veda (« Savoir ») : Révélation, Savoir révélé aux *rishis (→)*. À l'origine transmis de maître en maître, ils furent consignés par écrit quelques siècles av. notre ère. Les textes qui les constituent sont regroupés en 4 grands recueils sacrés : *Rigveda, Yajurveda, Samaveda* et *Atharvaveda*.

Védisme : forme religieuse et sociale antérieure au brahmanisme.

Vedanta (« la fin du *Veda* ») : désigne les *Upanishad*, et surtout leur courant de pensée le plus fameux qui traite essentiellement de l'unité fondamentale entre *atman (→)* et *brahman (→)*. Shankaracharya *(→)* développa cet enseignement et lui donna sa forme classique.

Vedika : balustrade autour d'un stupa.

Vijayanagar : dynastie hindoue fondée par Harihara en 1336 qui bâtit un empire anéanti à la bataille de Talikota en 1565 *(→ nayak* et *arrêt sur images p. 344-345)*.

Vihara : monastère bouddhique.

Vikrama : ère hindoue dont l'origine se place en 58 av. J.-C.

Vimana : tour-sanctuaire de type pyramidal, équivalent, dans les temples du S., à la tour appelée *shikhara* au N.

Vina : instrument de musique à cordes pincées du S.

Vishnou : l'une des divinités de la triade *(→)*, dont l'importance est considérable car il maintient l'univers. Il apparaît sous dix avatars, les deux principaux étant Krishna *(→)* et Rama *(→)*, et aussi : Matsya (poisson), Kurma (tortue), Varaha (sanglier), Narasimha (homme-lion), Vamana (nain), Parashurama (Rama à la hache), Bouddha *(→)* et Kalkin (homme à tête de cheval) *(→ arrêt sur images p. 100-101)*.

Vivekananda (1863-1902) : il fit connaître la philosophie de son maître Ramakrishna en Inde, en Europe et aux États-Unis. Fondateur de la Mission Ramakrishna, laquelle créa de nombreux ashrams, écoles et dispensaires *(→ encadré p. 187)*.

Y

Yajgnopavita : cordon sacré, emblème des *dvija (→)*, qui se porte sur l'épaule g. et passe sous le bras dr.

Yaksha, fém. **Yakshi**, **yakshini** : génies et nymphes des forêts, dont le chef est Kubera *(→)*. Souvent représentés aux entrées des sanctuaires bouddhiques où ils servent de gardiens, ils figurent également au répertoire de l'iconographie brahmanique.

Yali : sculptures de piliers.

Yama : divinité présidant au royaume des morts.

Yoga (de la racine YUG, « atteler ») : discipline alliant la maîtrise de l'esprit et du corps, par le biais de techniques mentales et physiques précises, et aussi l'un des six *darshana (→)*. Le but du yoga est d'accéder à la délivrance dès cette existence. Les différentes techniques, classifiées et codifiées selon les moyens utilisés, ont donné plusieurs écoles, dont les principales sont le Rajayoga, le Hatha yoga, le Bakhti yoga, etc.

Yogi, fém. **yogini** : adepte d'un des courants du yoga. Le féminin *yogini* possède également le sens de « démon femelle, doué de pouvoirs maléfiques ».

Yoni : associée au lingam *(→)*, elle en est le symbole féminin. De forme circulaire ou ovale, ou encore triangulaire ; on dresse le lingam en son milieu.

Zamindar : litt. « gardien de la terre ». Collecteur d'impôts fonciers dans l'Empire moghol correspondant aux fermiers généraux. Depuis lors, ce terme désigne les grands propriétaires terriens.

Bibliographie

Généralités

Angot M., *L'Inde classique*, Les Belles Lettres, coll. « Guide des civilisations », 2001.

Auboyer J., *La Vie quotidienne dans l'Inde ancienne, IIe s. av. J.-C.-VIIe s.*, Hachette, 1961.

Biardeau M., *L'Hindouisme, anthropologie d'une civilisation*, Flammarion, 1981 ; coll. « Champs », 1997.

Dumont L., *Homo hierarchicus, essai sur le système des castes*, Gallimard, 1967, 1986 ; *La Civilisation indienne et nous, esquisse de sociologie comparée*, EHESS, 2002.

Frédéric L., *Dictionnaire de la civilisation indienne*, Robert Laffont, coll. « Bouquins », 1987.

Renou L., *La Civilisation de l'Inde ancienne*, Flammarion, coll. « Champs », 1981, 2002.

Renou L. et **Filliozat J.** (dir.), *L'Inde classique*, t. I, rééd. Maisonneuve, 1985 ; t. II, rééd. EFEO, 1986.

Histoire

Boivin M., *Histoire de l'Inde*, PUF, coll. « Que Sais-Je ? », n° 489, 2001.

Clément C., *Gandhi, athlète de la liberté*, Gallimard, coll. « Découvertes », 1989.

Lapierre D. et **Collins L.**, *Cette nuit, la liberté : l'épopée de l'indépendance de l'Inde*, Robert Laffont, 1975, Pocket, 2004.

Markovits C. (dir.), *Histoire de l'Inde moderne, 1480-1950*, Fayard, 1994.

Morineau M., *Les Grandes Compagnies des Indes orientales, XVIe-XIXe s.*, PUF, coll. « Que Sais-Je ? », 1999.

Pouchepadass J., *L'Inde au XXe s.*, PUF, 1975.

Roux J.-P., *Babur, histoire des grands Moghols*, Fayard, 1986.

Wheeler M., *L'Inde avant l'histoire*, Sequoia, 1967.

Zins M. J., *L'Histoire politique de l'Inde indépendante*, PUF, 1992.

- **L'Inde des Français**

Biès J., Littérature française et pensée hindoue des origines à 1950, Klincksieck, 2000.

Brégeon J., *Un voyage de France en Inde*, Kailash, 1992.

Deleury G., *Le Voyage en Inde : anthologie des voyageurs français (1750-1820)*, Robert Laffont, coll. « Bouquins », 2003.

Farrère C., *L'Inde perdue*, Kailash, 1992.

Gauthier J., *La Conquête du paradis*, Kailash, 1993.

Glachant R., *Histoire de l'Inde des Français*, Plon, 1961.

Trois siècles de présence française en Inde. Actes du colloque du 21 sept. 1994, La Documentation française, coll. « Notes africaines, asiatiques et caraïbes », 1995.

Vincent R. (dir.), *Pondichéry : 1674-1761, l'échec d'un rêve d'empire*, Autrement, coll. « Mémoires »,1993.

Weber J., *Pondichéry et les comptoirs français de l'Inde après Dupleix : la démocratie au pays des castes*, Denoël, 1996.

Zuili G., *Pondichéry, Chandernagor, Karikal, Mahé, Yanaon : les anciens comptoirs français de l'Inde*, Chêne, 2003.

Société contemporaine

Bernard J.-A., *L'Inde, le pouvoir et la puissance*, Fayard, 1985.

Bombay-Mumbay : de fureur et de tendresse, Autrement, 2000.

Busquet G. et **Beaune C.**, *L'Inde aujourd'hui*, Jeune Afrique, 1981 ; en collaboration avec C. Nacher, *La Vie en Inde*, Solar, coll. « Guides-Contacts », 1991.

Busquet G. et **Delacampagne C.**, *Les Aborigènes de l'Inde*, Arthaud, coll. « Notre temps », 1981.

Deleury G., *Le Modèle hindou*, Kailash, 1996 ; *L'Inde, continent rebelle*, Éd. du Seuil, 2000.

Deliège R., *Les Intouchables en Inde : des castes d'exclus*, Imago, 1998 ; *Le Système des castes*, PUF, coll. « Que Sais-Je ? », 1993 ; *Gandhi*, PUF, coll. « Que Sais-je ? », 1999 ; *Les Castes en Inde aujourd'hui*, PUF, 2004.

Dupuis J., *L'Inde et ses populations*, Bruxelles, Complexe, 1982 ; *L'Inde, une introduction à la connaissance du monde indien*, Kailash, 1992.

Durand-Dastès Fr., *Géographie de l'Inde*, PUF, coll. « Que Sais-Je ? », 1981.

Étienne G., *L'Économie de l'Inde*, PUF, coll. « Que Sais-Je ? », 1985.

L'Inde : séduction et tumulte, Autrement, 1985.

L'Inde et la question nationale, revue *Hérodote*, n° 71, 1994.

Jaffrelot, C. (dir.), *L'Inde contemporaine de 1950 à nos jours*, Fayard, 1997.

Racine J. et **J.-L.**, *Une vie paria*, Plon-Unesco, coll. « Terre humaine », 1995.

Zins M. J., *La Politique de l'Inde*, PUF, 1994.

Philosophie et religions

Arvon H., *Le Bouddhisme*, PUF, coll. « Que Sais-Je ? », 1991.

Aurobindo S., *La Synthèse des yogas*, Buchet-Chastel, 1994 ; *Les Fondements de la culture indienne*, Buchet-chastel, 1997.

Bareau A., *En suivant Bouddha*, Philippe Lebaud, 2000.

Chenet F. (dir.), *Nirvana*, Cahiers de L'Herne, 1993.

Conze E., *Le Bouddhisme*, Payot, coll. « PBP »,1995.

Deleury G., *Les Grands Mythes de l'Inde ou l'Empreinte de la tortue*, Fayard, 1992.

Desjardins A., *L'Hindouisme et nous : yoga et spiritualité*, La Table ronde, nlle éd. 1992 ; *Les Chemins de la sagesse*, 3 vol., La Table ronde, rééd. 1990.

Doniger W., *Siva, érotique et ascétique*, Gallimard, coll. « Bibliothèque des sciences humaines «, 1993.

Droit R.-P., *L'Oubli de l'Inde, une amnésie philosophique*, Le Livre de Poche, coll. « Essais », éd. revue et corr. 1992.

Du Breuil P., *Les Jaïns de l'Inde*, Aubier, 2001.

Dumézil G., *Mythe et épopée*, Gallimard, coll. « Quarto », 1995.

Eliade M., *L'Inde*, L'Herne, 1988 ; *Le Yoga : immortalité et liberté*, Payot, coll. « Bibliothèque historique », 1991.

Esnoul A.-M., *Ramanuja et la mystique vishnouite*, Éd. du Seuil, coll. « Maîtres spirituels », 1973.

Fenga P. et **Michael T.**, Le Yoga, PUF, coll. « Que sais-Je ? », n° 643, 2003.

Filliozat J., *Les Philosophies de l'Inde*, PUF, coll. « Que sais-Je ? », n° 932, 1995.

Gonda J. (dir.), *Les Religions de l'Inde*, 3 vol. : *Hindouisme, Bouddhisme, Jaïnisme*, Payot, 1962-1966.

Guyon E., *Les Philosophies bouddhistes*, PUF, coll. « Que Sais-Je ? », n° 3003, 1997.

Herbert J., *La Mythologie hindoue*, Albin Michel, coll. « Spiritualités vivantes », 1979 ; *L'Hindouisme vivant*, Dervy-Livres, coll. « Mystiques et religions », 1983 ; *Le Yoga de l'amour*, Albin Michel, coll. « Spiritualités vivantes », 1992.

Krishnamurti J., *Commentaires sur la vie*, Buchet-Chastel, 3 vol., 1957, 1973, 1974, réimp. 1994.

Malamoud C., *Cuire le monde : rite et pensée dans l'Inde ancienne*, La Découverte, coll. « Textes à l'appui «, 1989.

Martin-Dubost P., *Sankara et le Vedanta*, Éd. du Seuil, coll. « Maîtres spirituels », 1973.

Nityabodhananda S., *Mythes et religions de l'Inde*, Maisonneuve et Larose, 2001.

Renou L., *L'Hindouisme*, PUF, coll. « Que Sais-Je ? », n° 475, 1991.

Sailley R., *Les Déesses de l'Inde*, Éd. du Cerf, coll. « Bref », 1999.

Tardan-Masquelier Y., *L'Hindouisme : des origines védiques aux courants contemporains*, Bayard-Centurion, 1999.

Varenne J., « La Religion védique », dans *Histoire des religions*, Gallimard, coll. « Encyclopédie de la Pléiade », 1970 ; *Vocabulaire de l'hindouisme*, Paris, Dervy-Livres, coll. « Mystiques et religions », 1985 ; *Dictionnaire de l'hindouisme*, Éd. du Rocher, 2002.

Weber M., *Hindouisme et bouddhisme*, Flammarion, coll. « Champs », 2003.

Zaehner R.-C., *L'Hindouisme*, Desclée de Brouwer, 1972.

Arts

• **Généralités**

À la cour du Grand Moghol, Paris, Bibliothèque nationale, 1986.

L'Art indien, Flammarion, coll. « La grammaire des styles », 1984.

Barrett D. et **Gray B.**, *La Peinture indienne*, Skira, 1963.

Basham A. L., *La Civilisation de l'Inde ancienne*, Arthaud, coll. « Les grandes civilisations »,1988.

Craven R. C., *L'Art indien*, Paris, Thames & Hudson, coll. « L'Univers des formes », 1991.

Daumal R., **Bharata** *: écrits sur l'origine du théâtre, la poésie et la musique en Inde*, Gallimard, 1972.

Loth A.-M., *Art de l'Inde, diversité et spiritualité*, Bruxelles, Éd. Chapitre Douze, 1994.

Michell G. et **Davies P.**, *The Penguin Guide to the Monuments of India*, Londres, Viking, 1989.

Mode H., *L'Art populaire de l'Inde*, Pygmalion, 1985.

Okada A., *Le Grand Moghol et ses peintres. Miniatures de l'Inde au* XVIe *et* XVIIe *siècles*, Flammarion, 1992.

Sivaramamurti C. et **Balbir N.**, *L'Art en Inde*, photographies de J.-L. Nou, Mazenod, 1974.

Varenne J., *L'Art de l'Inde*, Flammarion, 1983.

• **Musique**

Sangeet, la musique indienne : discographie, bibliographie, Ville de Paris, Discothèque des Halles, 1986.

Shankar R., *Musique, ma vie*, Paris, Stock Musique, 1970, 1980.

Sorrell N. et **Narayan P. R.**, *Indian Music in Performance, a Practical Introduction with Accompanying Cassette Recording*, Manchester, Manchester University Press, 1980.

Wade B. C., *Music in India : The Classical Traditions*, New Delhi, Manohar Publications, 1987, réimp. 1991.

• **Danse, théâtre**

Béranger E., *À la rencontre des danses de l'Inde*, Paris, Ailleurs Connaître, 2001.

Chemana M., *Kathakali, théâtre traditionnel vivant du Kerala*, Gallimard, coll. « Connaissance de l'Orient », 1994.

Lusti-Narasimham M., *Bharatanatyam, la danse classique de l'Inde*, Adam Biro, 2002.

Martin-Dubost P., *Théâtre dansé du Kérala*, La Différence, coll. « Mobile Matière », 1990.

Mazeran A., *Visages de la danse indienne*, Alain Mazeran Éd. d'art, 1988 ; *Gita Govinda*, Alain Mazeran Éd. d'art, 1988 ; le célèbre poème lyrique est ici luxueusement illustré de photos chorégraphiques.

Michael T., *La Symbolique des gestes de mains, Hasta ou Mudra selon l'Abhinaya Darpana*, Éd. du Sémaphore, 1985.

Salvini M., *L'Histoire fabuleuse du théâtre kathakali à travers le Râmâyana*, Éd. Jacqueline Renard, 1990.

Venkataraman L. et **Pasricha A.**, *La Danse classique indienne. Une tradition en transition*, Éd. EDL, 2003

• **Cinéma**

Micciolo H., *Satyajit Ray*, Lausanne, L'Âge d'homme, 1982.

Parain P., *Regards sur le cinéma indien*, Éd. du Cerf, coll. « 7e art », 1969.

Passek J.-L., *Le Cinéma indien*, Centre Georges-Pompidou-L'Équerre, 1983.

Thoraval Y., *Les Cinémas de l'Inde*, L'Harmattan, 1998.

Vasuved A. et **Lenglet P.**, « Les cinémas indiens », *Cinémaction*, 1984.

• Albums, reportages photo

Auboyer J., *Buddha. Le chemin de l'Illumination*, photographies de J.-L. Nou, Éd. du Seuil, 1982 ; *Inde*, photographies de J.-L. Nou, Nathan, 1986.

Barnard N., *Les Artisans de l'Inde*, photographies de R. Beeche, Flammarion, 1994.

Bedi R. et **R.**, *L'Inde sacrée des sadhus*, Albin Michel, 1992.

Burton R., *Le Kama Soutra illustré*, Gremese Interntional, 1996.

Gill K., *L'Inde fabuleuse*, Minerva, 1992.

Michaud R. et **S.**, *L'Inde des Mille et une Nuits*, Chêne, 1985 ; *La Route de la soie*, Arthaud, 1985.

Mountford G., *L'Inde sauvage*, Soline, 1992.

Quigley D. et **Srivastava V.**, *L'Inde des tribus oubliées*, Chêne, 1993.

Reymond J.-P., *L'Inde des jaïns*, Atlas, 1991.

Singh R., *Kérala, côte des épices*, Le Chêne, 1986.

Spahni J.-C. et **Bruggmann M.**, *La Route des épices*, Silva, 1991.

Littérature

• Généralités

Balbir N., *Genres littéraires en Inde*, Presses de la Sorbonne nouvelle, 1994.

Baneth-Nollaitehas E. L., *Le Roman anglo-indien : de Kipling à Paul Scott*, Presses de la Sorbonne nouvelle, 1999.

Les Belles étrangères : 20 écrivains indiens, Philippe Picquier Poche, 2002.

Christian, P., *L'Inde des romans*, Kailash, 1995.

Littératures de l'Inde, revue Europe, n° 864, avril 2001.

• Classiques indiens

Adigal I., *Le Roman de l'Anneau : Shilappadikaram*, trad. A. Daniélou et R. S. Denikan, Gallimard, coll. « Connaissance de l'Orient-Unesco », 1961.

La Bhagavad-Gîtâ, prés. et trad. A.-M. Esnoul et O. Lacombe, Éd. du Seuil, coll. « Points Sagesses », 2000.

La Bhagavad-Gîtâ, trad. C. Rao et J. Herbert d'après Sri Aurobindo, Adrien Maisonneuve, 1991.

Biardeau M., *Le Mahabharata*, 2 vol., Éd. du Seuil, 2002.

Bilhana, *Contes du perroquet*, trad. A. Okada, Gallimard, coll. « Connaissance de l'Orient-Unesco », 1984 ; *Poèmes d'un voleur d'amour*, trad. A. Okada, Gallimard, coll. « Connaissance de l'Orient-Unesco », 1988.

Chandidasa, *Les Amours de Radha et Krichna*, Stock, coll. « Bibliothèque cosmopolite », 1988.

Le Chant ultime : trois nouveaux poèmes de la Bhagavad Gita, Arfuyen, 2001.

Les Cinq Livres de la sagesse : Pancatantra, Philippe Picquier, 2000.

La Cité d'or et autres contes, trad. L. Verschaeve, Gallimard, coll. « Connaissance de l'Orient-Unesco », 1979.

Contes du vampire, trad. L. Renou, Gallimard, coll. « Connaissance de l'Orient-Unesco », 1963, 1985.

Daniélou A., *Le Kama Sutra. Le bréviaire de l'amour*, Éd. du Rocher, 1992.

L'Hindouisme, textes recueillis et prés. par A.-M. Esnoul, Fayard-Denoël, 1972.

Lebail P., *Six Upanishads majeurs : Kena, Mundaka, Isha, Katha, Aitareya, Prashna*, Courrier du Livre, coll. « Religions et philosophies orientales », 1971.

Le Mahabharata, adaptation de J.-C. Carrière, Pocket, 1992.

Le Mahabharata, trad. J.-M. Peterfalvi, Flammarion, coll. « GF », 1985-1986.

Mythes et légendes extraits des brahamana, trad. J. Varenne, Gallimard, coll. « Connaissance de l'Orient-Unesco », 1967.

Pancatantra, trad. E. Lancereau, Gallimard, coll. « Connaissance de l'Orient-Unesco », 1991.

Le Ramayana, version hindi de Tulsî Dâs, trad. Charlotte Vaudeville, Les Belles Lettres, coll. « Le monde indien », 1977.

Shiva, le seigneur du sommeil, trad. Alain Porte, Éd. du Seuil, coll. « Points sagesse », 1993.

Théâtre de Kalidasa, Gallimard, coll. « Connaissance de l'Orient », 1996.

Valmiki, *Le Ramayana*, Gallimard, coll. « Bibliothèque de la Pléiade », 1999.

Varenne J., *Upanishads du yoga*, Gallimard, coll. « Connaissance de l'Orient-Unesco », 1990.

• **Romans**

Annadurai C. N., *Râdâ de Rangoon*, POF, coll. « D'étranges pays »,1985.

Banerjee C., *La Maîtresse des épices*, Philippe Picquier Poche, 2002.

Banerji B. B., *La Complainte du sentier*, trad. Fr. Bhattacharya, Gallimard, coll. « Connaissance de l'Orient-Unesco », 1985.

Banerji T. R., *Radha au lotus*, trad. Fr. Bhattacharya, Gallimard, coll. « Connaissance de l'Orient-Unesco », 1975.

Bhattacharya L., *La Descente du Gange*, Christian Bourgois, 1993.

Chatterji B. C., *Le Testament de Krishnokanto*, trad. N. Dé, Gallimard, coll. « Connaissance de l'Orient », 1988.

Desai A., *Un héritage exorbitant*, Stock, coll. « Bibliothèque cosmopolite », 1992 ; *La Claire Lumière du jour*, Denoël, 1993.

Devi M., *Indiennes : Rudall et autres nouvelles*, trad. M. Morin, Actes Sud, 2004.

Divakaruni C. B., *Ma sœur, mon amour*, Plon, 2000 ; *Mariage arrangé*, Philippe Picquier, 2001 ; *Les Erreurs inconnues de nos vies*, Philippe Picquier, 2002.

Ghosh A., *Les Feux de bengale*, Éd. du Seuil, 1990.

Gupta, B. P., *Gange, ô ma mère*, Gallimard, coll. « Du monde entier », 1967.

Hariharan G., *Les Mille Visages de la nuit*, Zoe, 1996.

Hesse H., *Siddhartha*, Grasset, coll. « Les cahiers rouges », 2002.

Kakar S., *L'Ascète du désir*, Éd. du Seuil, 2000.

Kanga F., *Grandir*, Philippe Picquier, 2002.

Kipling R., *Le Livre de la jungle ; Simples contes des collines ; Le Retour d'Imray*, Robert Laffont, coll. « Bouquins », 1988.

Larneuil M., *La Petite Marche du Telengana*, Albin Michel, 1968 ; *Le Vautour et l'Enfant*, Albin Michel, 1971.

Manganelli G., *Itinéraire indien*, Le Promeneur, 1992.

Markandaya K., *Le Riz et la Mousson*, J'ai lu, 2001.

Mehta G., *La Maharani*, Presses de la Renaissance, 1989.

Mehta R., *À l'ombre du halevi*, Kailash, 1993.

Mistry R., *L'Équilibre du monde*, Albin Michel, 1998.

Naipaul V. S., *Le Masseur mystique*, Gallimard, coll. « Du monde entier », 1965 ; *Une virée dans le Sud*, Christian Bourgois, 1989 ; *L'Énigme de l'arrivée*, Christian Bourgois,1993.

Narayan R. K., *Swami et ses amis*, Le Livre de Poche, 1986 ; *Le Licencié ès lettres*, Acropole, 1985 ; *Le Professeur d'anglais*, Acropole, 1986 ; *Dans la chambre obscure*, Acropole, 1987 ; *Le Guide*, Belfond, 1990 ; *Mémoires d'un Indien du Sud*, Anatolia, 1993 ; *Sous le banian*, Belfond, 1994 ; *L'Ingénieux Mr Sampath*, Belfond, 1996.

Nasreen T., *Lajla : la honte*, Stock, coll. « Cabinet cosmopolite », 1994.

Pasolini P. P., *L'Odeur de l'Inde*, Denoël, 1982.

Ray S., *La Nuit de l'indigo*, Presses de la Renaissance, 1987 ; *Les Criminels de Katmandou*, Kailash, 1997 ; *Le Mystère du dieu éléphant*, Kailash, 1997 ; *Le Brigand du Kailash*, Kailash, 2001.

Roy A., *Le Coût de la vie*, Gallimard, 1999 ; *Le Dieu des petits riens*, Gallimard, coll. « Folio », 2000.

Rushdie S., *Les Versets sataniques*, Christian Bourgois, 1993 ; *Les Enfants de minuit*, Plon, 1997 ; *La Honte*, Plon, 1997.

Ryman R., *Le Trident de Shiva*, Pocket, 1992.

Seth V., *Un garçon convenable*, Grasset, 1995.

Sharma B., *La Colère des aubergines*, Philippe Picquier Poche, 2002.

Singh K., *Une épouse pour le sahib et autres récits*, Philippe Picquier Poche, 2001 ; *Delhi*, Philippe Picquier, 2003 ; *Je n'entendrai pas le rossignol*, Philippe Picquier, 2004.

Sutcliffe W., *Vacances indiennes*, Denoël, 2003.

Tabucchi A., *Nocturne indien*, 10/18, 2004.

Tagore R., *La Maison et le Monde*, Payot, coll. « PBP », 1991 ; *L'Offrande lyrique*, Gallimard, coll. « Poésie », 1971 ; *Souvenirs*, Gallimard, coll. « Du monde entier », 1991 ; *Le Vagabond et autres histoires*, Gallimard, coll. « L'Imaginaire », 2002 ; *La Petite Mariée*, suivi de *Nuage et soleil*, Gallimard, coll. « Folio », 2004.

Tharoor S., *Le Grand Roman indien*, Éd. du Seuil, coll. « Points », 2002 : *L'Émeute*, Éd. du Seuil, coll. « Points », 2004.

• **Témoignages, essais, récits de voyage**

Boulet M., *Dans la peau d'un intouchable*, Éd. du Seuil, 1994.

Brunton P., *L'Inde secrète*, Payot, 1983.

Clausel J., *Indes*, Payot, 1994.

Clément C., *Pour l'amour de l'Inde*, Flammarion, 1993.

David-Néel A., *L'Inde où j'ai vécu*, Pocket, 1985.

Daya P., *Ma vie d'intouchable*, La Découverte, 1996.

Deleury G., *Renaître en Inde*, Stock, 1976.

Gandhi, *Autobiographie* ou *Mes expériences de vérité*, PUF, coll. « Quadrige », 1990 ; *Lettres à l'ashram*, Albin Michel, coll. « Spiritualités vivantes », 1989.

Germain-Thomas O., *La Tentation des Indes*, Plon, 1981.

L'Inde du Bouddha, vue par des pèlerins chinois sous la dynatie Tang (VIIe s.), texte établi par C. Meuwese, prés. par Etiemble, Calmann-Lévy, 1968.

Kripalani M.-C. et **Goburdhun-Jani M.**, *Indiennes en mouvement*, Des femmes.

Jayakar P., *Indira Gandhi*, Plon, 1994.

Loti P., *L'Inde, sans les Anglais*, Christian Pirot, 1989.

Mahodaya M. de, *Danseuse sacrée*, Robert Laffont, coll. « Vécu », 1990.

Maindron M., *Dans l'Inde du Sud*, 2 vol., Kailash, 1992.

Malraux A., *Antimémoires*, Gallimard, coll. « Folio ».

Michaux H., *Un barbare en Asie*, Gallimard, 1933-1967.

Moravia A., *L'Inde comme je l'ai vue*, Flammarion, 1963.

Naipaul V. S., *L'Inde : un million de révoltes*, Plon, 1992 ; *L'Inde*, 10/18, 2001.

Nehru J., *La Promesse tenue*, avant-propos de Rajiv Gandhi, L'Harmattan, 1986.

Poitevin G., *Inde, les marginaux de l'éternel*, L'Harmattan, 1984.

Rairkar H. et **Poitevin G.**, *Inde, village au féminin : la peine d'exister*, L'Harmattan, ACIAD, 1985 ; *Inde, le développement, une impasse ? Trois études indiennes*, L'Harmattan, ACIAD, 1985.

Vincent R., *Mohini ou l'Inde des femmes*, Éd. du Seuil, 1977.

Vinoba A. B., *La Révolution de la non-violence*, Albin Michel, 2000.

• **Bandes dessinées**

Ceppi D., *La Méditation de Surya*, Castermann, 1983 ; *Pondichéry, filiation fatale*, Castermann, 1995.

Dodo, Ben Radis et **Jano**, *Bonjour les Indes*, Humanoïdes Associés, 1991.

Manara M., *Rêver, peut-être*, Casterman, 1989.

Cuisine

Bourzat C., *Saveurs indiennes*, photographies Laurence Mouton, Le Chêne, 2003.

Mendes A., *La Cuisine indienne* : 230 recettes, Albin Michel, 2002.

Papin J., *L'Inde gourmande. Encyclopédie de la cuisine indienne*, Philippe Picquier, 1999.

Index thématique des encadrés

Index général

Les nombres en **gras** signalent les pages où le lieu reçoit un traitement plus développé ;
les numéros de page en **bleu** indiquent une carte ou un plan ;
ceux en *italique*, une illustration séparée de l'entrée correspondante.

Hampi : nom de lieu
Shiva : nom de personne ou de divinité
DRAVIDIEN : mot clé

Index

Index

GUIDES BLEUS

GUIDES BLEUS FRANCE

- Alsace, Lorraine
- Bordelais, Landes
- Bordeaux
- Bretagne Nord
- Bretagne Sud
- Champagne-Ardenne
- Corse
- Côte d'Azur
- France
- Languedoc-Roussillon
- Marseille
- Nord-Pas-de-Calais
- Normandie
- Paris
- Pays basque (France et Espagne)
- Pays de la Loire
- Périgord, Quercy
- Picardie
- Poitou-Charentes
- Provence
- Rhône-Alpes
- Toulouse

GUIDES BLEUS MONDE

- Antilles, îles du Vent, Guyane
- Bruxelles et la Wallonie
- Chine : de Pékin à Hong Kong
- Chine du Sud-Ouest
- Égypte
- Espagne Centre et Nord
- Espagne du Sud
- États-Unis : Ouest américain
- Grèce
- Inde du Nord : vallée du Gange, marches du Deccan
- Inde du Sud
- Israël
- Italie du Sud
- Jordanie
- Lacs italiens, Milan et la Lombardie
- Maroc
- Mexique
- Norvège
- Portugal
- Rajasthan et Gujarat : l'Inde des Caravanes
- Syrie
- Toscane
- Tunisie
- Turquie
- Venise et la Vénétie

HACHETTE
Tourisme

Que voir en Inde du Sud

LES PYJAMASQUES

Gallimard Jeunesse/Giboulées
Sous la direction de Colline Faure-Poirée et Hélène Quinquin

Conception graphique : Néjib Belhadj Kacem · © Gallimard Jeunesse, 2007
ISBN : 978-2-07-061507-0 · Numéro d'édition : 337670 · Premier dépôt légal : octobre 2007 · Dépôt légal : avril 2018
Loi n° 49956 du 16 Juillet 1949 sur les publications destinées à la jeunesse
Imprimé en France par Pollina - 84779B

IMPRIM'VERT
Votre imprimeur agit pour l'environnement

PEFC
10-31-2065

Romuald

Les Pyjamasques et Lilifée

Il est jeudi-moins-le-quart et le vent de minuit
souffle sur la ville endormie.
Plus légère qu'une aile de papillon, Lilifée
se laisse emporter au-dessus des maisons.
– Ce soir, j'ai besoin de neige et d'inspiration !
se dit-elle en sautillant de nuages en nuages
pour faire tomber leurs flocons.

FRUZ

Alors que la ville se couvre d'un beau manteau blanc, Lilifée se met à l'ouvrage. Ce soir, elle veut laisser libre cours à son imagination ! Telle une artiste inspirée, elle entasse la neige savamment et se met à la sculpter avec talent ! De ses mains, la petite fille fait naître un visage rêveur, venu d'un autre lieu et d'un autre temps.

– Plus qu'à lui chercher des étoiles pour les yeux, et quelques rayons de Lune pour les cheveux ! se dit-elle.

Soudain, elle entend comme des bruits de pas dans la neige. Des bruits qui se rapprochent à toute vitesse !

Qui cela peut-il être ?

…LES PYJAMASQUES ARRIVENT EN TROMBE !! Ils déboulent et font les fous en éclaboussant de la neige PARTOUT !! Lilifée hurle et se demande qui sont ces trois pénibles-là qui ne s'essuient même pas les pieds avant de marcher sur SA neige toute propre !

Heureusement, elle n'est pas du genre à se laisser embêter! Grâce à sa robe, tissée en fils d'étoile filante, elle éblouit les trois mal élevés! Yoyo, Bibou et Gluglu en prennent plein la vue!

Encore un peu groggy, ils relèvent le nez.
Yoyo et Gluglu trouvent Lilifée si jolie qu'ils en restent bouche bée, pendant que Bibou se demande bien qui elle est!
– Dites donc, les trois sauvageons, vous ne pourriez pas aller ailleurs pour faire votre cirque? Vous me dérangez en pleine «création artistique»! leur dit-elle.

Les Pyjamasques adorent la sculpture de Lilifée ! Ils veulent faire comme elle !
– Je pourrais sûrement t'aider ! lui dit Yoyo. Même qu'au ski, j'ai ma troisième étoile et j'adore manger des glaces !
– Ne l'écoute pas, il ne saurait même pas faire une boule de neige.
Choisis-moi plutôt ! s'écrie Gluglu.
– Ces deux là sont bien trop maladroits, laisse-moi finir ton bonhomme de neige avec toi, renchérit Bibou.
– BON D'ACCORD ! dit Lilifée qui finit par les trouver sympathiques. À votre tour !
Faites chacun le plus beau bonhomme de neige possible, et je verrai qui pourra m'aider à finir le mien !
Les Pyjamasques s'activent alors...

ALCON

... et deux minutes plus tard:
– QU'EST-CE QUE C'EST QUE ÇA? s'exclame Lilifée. J'avais demandé un JOLI bonhomme de neige! Je ne vois là que trois œuvres de mauvais goût! Tout juste bonnes à faire peur aux oiseaux!
– C'est la faute à Yoyo, il a pris toute la bonne neige! dit Gluglu.
– Même pas vrai, proteste Yoyo, c'est Bibou qui n'arrête pas de renverser mon bonhomme avec ses ailes!
– C'est parce que tu t'es moqué de moi! réplique Bibou. Et PLAF! Une tarte à la neige pour Yoyo! Lilifée les trouve navrants!
– J'aurais mieux fait de rester chez moi que de rencontrer ces trois pots de colle! Surtout qu'en plus, demain j'ai école!

Pendant que Lilifée tente discrètement de se faire la belle,
les Pyjamasques se chamaillent pour pouvoir jouer avec elle.
Gluglu s'apprête à lancer des boules de neige sur ses amis.
Mais ce n'est pas malin, car à cause de son pouvoir,
elles lui restent collées dans les mains !
Bibou quant à elle, ramasse un gros tas de neige
et bombarde ses rivaux ! Mais tout ce qu'elle arrive
à faire, c'est d'énerver Yoyo.

Et quand un chat bleu voit rouge, il tire sur tout ce qui bouge! Plus moyen de l'arrêter!
– Il est maboule! Il est givré! Tous aux abris! s'écrient ses amis. Au milieu de tout ce chahut, un des projectiles vient s'écraser sur la sculpture de neige de Lilifée. Ouh! Tremblez petits Pyjamasques! Il ne faut jamais réveiller la neige qui dort!

L'air vexé, voilà que la grosse tête blanche se tourne vers les Pyjamasques. Un bras surgit, et puis un autre, et bientôt, c'est tout le corps d'un colosse de glace qui s'extirpe de la neige!

– Ça alors! Un A.B.D.N.! s'étonne Bibou.

– Un A.B.D quoi? demande Lilifée.

UN ABOMINABLE BONHOMME DE NEIGE !!
s'écrient les Pyjamasques en prenant la « poudreuse d'escampette ».
Mais à se faire traiter de « pas-beau-minable », voilà que
le bonhomme se met en boule et les éjecte comme des quilles.

En général, les bonshommes de neige restent de glace, mais celui-ci les suit à la trace. Pendant un long moment, les quatre enfants se hâtent et tentent de semer cet espèce d'iceberg à patte!

GROGAROU

Coincés dans une impasse, les Pyjamasques pourraient facilement s'échapper. Mais pas question de laisser Lilifée en danger!
– Eh tête d'igloo, si tu approches, on t'attaque! lance Yoyo.
Mais du calme! Tout ce que veut ce bonhomme-là, c'est offrir à Lilifée, la fleur de glace qu'il vient de sculpter avec ses gros doigts.
– Vous voyez ce qu'il arrive à faire? Lui au moins, il s'applique au lieu de se chamailler tout le temps, comme vous! dit-elle aux Pyjamasques, avant de les quitter.
Mais en secret, Lilifée a hâte de les retrouver car avant de les rencontrer, elle ne s'est jamais autant amusée!